MUSIK – UND
DIE GESCHICHTE DER PHILOSOPHIE
UND NATURWISSENSCHAFTEN
IM MITTELALTER

STUDIEN UND TEXTE ZUR GEISTESGESCHICHTE DES MITTELALTERS

BEGRÜNDET VON

JOSEF KOCH

WEITERGEFÜHRT VON

PAUL WILPERT UND ALBERT ZIMMERMANN

HERAUSGEGEBEN VON

JAN A. AERTSEN

IN ZUSAMMENARBEIT MIT

TZOTCHO BOIADJIEV, KENT EMERY, JR.
UND ANDREAS SPEER (MANAGING EDITOR)

BAND LXII

FRANK HENTSCHEL (HRSG.)

MUSIK – UND
DIE GESCHICHTE DER PHILOSOPHIE
UND NATURWISSENSCHAFTEN
IM MITTELALTER

MUSIK – UND
DIE GESCHICHTE DER PHILOSOPHIE
UND NATURWISSENSCHAFTEN
IM MITTELALTER

FRAGEN ZUR WECHSELWIRKUNG VON 'MUSICA' UND 'PHILOSOPHIA' IM MITTELALTER

HERAUSGEGEBEN

VON

FRANK HENTSCHEL

BRILL
LEIDEN · BOSTON · KÖLN
1998

This book is printed on acid-free paper.

Library of Congress Cataloging-in-Publication Data

Musik – und die Geschichte der Philosophie und Naturwissenschaften im
  Mittelalter : Fragen zur Wechselwirkung von "musica" und
  "philosophia" im Mittelalter / herausgegeben von Frank Hentschel.
       p.   cm. — (Studien und Texte zur Geistesgeschichte des
  Mittelalters, ISSN 0169-8125 ; Bd. 62)
    Essays, chiefly in German; 5 in English and 1 in French.
    Includes bibliographical references and index.
    ISBN 9004110933
    1. Music—500–1400—History and criticism.   2. Music—500–1400–
  –Philosophy and aesthetics.   3. Music—Theory—500–1400.
  I. Hentschel, Frank.   II. Series.
  ML170.M89   1998
  780'.9'02—dc21   98–6913
                                                              CIP

Die Deutsche Bibliothek - CIP-Einheitsaufnahme

**Musik – und die Geschichte der Philosophie und
Naturwissenschaften in Mittelalter** : Fragen zur Wechselwirkung
von "musica" und "philosophia" im Mittelalter / hrsg. von Frank
Hentschel. – Leiden ; Boston ; Köln : Brill, 1998
  (Studien und Texte zur Geistesgeschichte des Mittelalters : Bd. 62)
  ISBN 90–04–11093–3

ISSN 0169-8125
ISBN 90 04 11093 3

PRINTED IN THE NETHERLANDS

INHALT

VORWORT

Der Begriff *Musik*, der auch im Namen der Disziplin *Musikwissenschaft* enthalten ist und auf deren Gegenstand hinweist, besitzt im Wortschatz des Mittelalters kein Äquivalent. Der mittelalterliche Begriff *musica* bezeichnet einen Ausschnitt aus einer Wirklichkeit, der anders ausfällt als der Ausschnitt, der mit dem neuzeitlichen Begriff *Musik* umschrieben wird.

Die von der Deutschen Forschungsgemeinschaft (DFG) geförderte und vom Thomas-Institut der Universität zu Köln organisierte Tagung *Musik—und die Geschichte der Philosophie und Naturwissenschaften. Fragen zur Wechselwirkung von 'musica' und 'philosophia' im Mittelalter* (Köln, 29. Mai bis 1. Juni 1997), widmete sich diesem Problem, indem sie versuchte, *musica* in den kulturellen Gesamtzusammenhang einzuordnen, dessen Teil sie war.

Die Beiträge, die auf diese Tagung zurückgehen, konzentrieren sich auf Beispiele, die diesen Zusammenhang schlaglichtartig aufhellen und zu weiterer Forschung anregen möchten. Es bietet sich dabei an, mit solchen Beiträgen zu beginnen, die sich der Frage nach dem Gegenstand der *musica* zuwenden. Dementsprechend enthält der erste Teil unter der Überschrift *Klang oder Zahl?* die Vorträge von Cecilia Panti, Eva Hirtler und dem Unterzeichnenden. Sie richten sich auf die naturphilosophische (man würde heute sagen *akustische*) Frage, was Klang ist, sowie auf die wissenschaftshistorische Frage, wie aus diesem Klang ein Gegenstand entsteht, der von der *arithmetica* geprägt wird. Denn ihr wird die *musica* in Anlehnung an Boethius' Konzept des *Quadriviums* und an Aristoteles' „Zweite Analytiken" unter- und zugeordnet.

Den grundlegenden Begriffen *concordia, proportio, consonantia* gehen im zweiten Abschnitt Stephen Gersh und Michael Walter nach. Alle drei Begriffe kennzeichnet neben ihrem teilweise wesentlich oder gar ursprünglich musikalischen Sinn eine schillernde Bedeutungsvielfalt, so daß ihre Untersuchung nachgerade dazu prädestiniert erscheint, historische und kulturelle Querverbindungen herzustellen. Dieser semantischen Vielschichtigkeit entspricht die Vielschichtigkeit des Begriffs *musica*.

Den umfangreichsten Abschnitt bilden die Beiträge, in denen

sich Andreas Speer, Udo R. Jeck und Christian Meyer, Alison M. Peden und Calvin M. Bower der *musica in Kommentaren und Glossen* – nämlich zu Platons „Timaios", Texten des Ps.-Dionysios Areopagita sowie Martianus' „De nuptiis Philologiae et Mercurii", schließlich Macrobius' „Commentarii in Somnium Scipionis" und der „Institutio musica" des Boethius – zuwenden.

An Platons „Timaios", dem für die Erforschung der mittelalterlichen Platonrezeption vorrangige Bedeutung zukommt, wird im Hinblick auf die mittelalterliche *musica* vor allem die Konstruktion der Welt wichtig, die vom Demiurgen nach harmonischen Gesetzmäßigkeiten vorgenommen wird. In den neuplatonischen philosophisch-theologischen Abhandlungen des Ps.-Dionysius Areopagita spielt *musica* immer wieder eine beachtenswerte Rolle, die auch in den Kommentierungen des lateinischen Westens (insbesondere im 13. Jahrhundert) eine Würdigung erfährt.

Mit Martianus Capella und Macrobius liegen dem Mittelalter spätantike lateinische Texte vor, die antikes Wissen überliefern. Die *musica* tritt hier immer schon im Verbund mit anderen *artes* und *scientiae* auf; daher schreiben die mittelalterlichen Kommentatoren oder Glossatoren dieser Texte aus der Perspektive eines allgemeineren, kulturell verankerten Wissens heraus. Um so aufschlußreicher ist es aus diesem Grunde, wenn konkrete musiktheoretische Probleme behandelt und spezielle Literatur zur Lösung solcher Probleme herangezogen wird.

Die „Institutio musica" des Boethius, die zusammen mit seiner „Institutio arithmetica" und seiner verlorengegangenen Schrift zur Geometrie das antike Wissen – als Teil des *Quadriviums*, des vierfachen Weges zur philosophischen Erkenntnis – kanonisch zusammenfassen sollte, bildet freilich einen Sonderfall, weil sie sich ausschließlich auf die *musica* richtet und sich daher als paradigmenkonstituierender Standardtext für diesen Wissensbereich etablierte und ausführliche Glossierungen erfuhr.

Kommentierung und Glossierung leiten bereits zum *pädagogischen Kontext* über, den die Beiträge von Matthias Hochadel und Max Haas untersuchen. Der Beitrag von Matthias Hochadel knüpft dabei direkt an die Bedeutung der „Institutio musica" des Boethius an, insofern er deren Stellung an der Universität untersucht, während Max Haas grundlegende kognitionspsychologische Fragen bezüglich der pädagogischen, die Denkfähigkeit und -weise prägenden Funktion der Lehre der *musica* aufwirft.

Die *Anwendung philosophischer Ideen im praxisbezogenen Kontext* behandeln Wolfgang Hirschmann und Klaus-Jürgen Sachs. Fragt Wolfgang Hirschmann nach der Bedeutung wissenschaftstheoretischer, zumeist auf Aristoteles zurückgehender Konzepte im Rahmen einer praxisbezogenen Lehre des 13. Jahrhunderts, so untersucht Klaus-Jürgen Sachs die Berufungen auf die aristotelische Politik.

Klaus Wolfgang Niemöller und Jan A. Aertsen beleuchten Aspekte des Zusammenhangs von *musica und metaphysica.* Beide Beiträge verbindet der Aspekt der *harmonia* der Schöpfung: Die Beziehung der Teile der Schöpfung aufeinander, aber auch ihre Erkennbarkeit durch den Menschen basiert auf *harmonia* oder *concordia.* Sofern hiervon alles Seiende betroffen ist, fällt der Gegenstandsbereich der *musica* mit dem der Metaphysik zusammen, die das „Seiende als Seiendes" behandelt.

An derartige *fachübergreifende Denkmuster* knüpfen unmittelbar die Beiträge von André Goddu und Lawrence Gushee an. Denn der Gedanke der harmonischen *machina mundi* gehört nach André Goddu zu den wichtigen kulturellen Axiomen, die Kopernikus zur Konzeption seines neuen astronomischen Weltbildes geführt haben. Einer verwandten Beziehung spürt Lawrence Gushee auf biographischer Ebene nach, indem er versucht, das „scientific network" transparent zu machen, in dem sich der Astronom, *musicus* und Mathematiker Johannes de Muris im Frankreich des 14. Jahrhunderts bewegte.

Es bleibt zu hoffen, daß die hier vorgelegten Beiträge einen Anreiz zu weiterer Forschung liefern, der Interdisziplinarität notwendig eingeschrieben ist, weil die modernen Schemata der Wissenschaften nicht mit denen des Mittelalters zusammenfallen. Zugleich will dieses Buch dazu verhelfen, die Augen dafür zu öffnen, daß Entstehung und Besitz von Wissen – auch wohl in der Gegenwart, für die man das Mittelalter als Gleichnis betrachten mag – nicht ohne den kulturellen Gesamtzusammenhang zu denken sind, in dem es auftrat.

Abschließend sei den studentischen Hilfskräften des Thomas-Institutes für ihre Unterstützung beim Korrekturlesen gedankt und natürlich den Autoren, ohne deren freundliche Mitarbeit weder die Tagung noch das vorliegende Buch zustande gekommen wären.

Köln im Dezember 1997 Frank Hentschel

KLANG ODER ZAHL?

ROBERT GROSSETESTE'S THEORY OF SOUND[*]

Cecilia Panti

Robert Grosseteste presents his theory of sound in two early writings, the „De artibus liberalibus" and the „De generatione sonorum", and in one of his most famous works of maturity, the commentary on the „Posterior Analytics". Although the theory of sound occupies only a small place in his reflection on nature and natural phenomena, nevertheless it presents us with some originality, mainly derived from Grosseteste's attempt to explain the nature of sound, in the commentary on the „Posterior Analytics", in terms of his metaphysics of light. After summarizing Grosseteste's main ideas about the problem, I will briefly take into consideration some anonymous glosses on the first book of Boethius' „De institutione musica", which bear a close relationship to Grosseteste's theory of sound and may represent, according to Alison White Peden, either his exposition of the „De musica" or adaptation of his thought[1].

There is still disagreement in dating Grosseteste's works on philosophy and science, since documentary evidence of his activities before 1235, when he became bishop of Lincoln, is sporadic[2]. In any case, the doctrinal content and sources of the „De artibus liberalibus" and the „De generatione sonorum" indicate that they were composed in the years 1190-1209, when Grosseteste was in association with the Hereford diocese and, perhaps, with Hereford

---

[*] I am grateful to Prof. Joseph Goering, Prof. Michael Gorman and Frank Hentschel for their precious help in the preparation of this paper.

[1] A. WHITE, „Boethius in the Medieval Quadrivium", in: M. GIBSON (ed.), *Boethius. His Life, Thought and Influence*, Oxford 1981, p. 162-205, here p. 184-5.

[2] The most recent reconstruction of Grosseteste's early and mid life is J. GOERING, „When and where did Grosseteste study theology?", in: J. McEVOY (ed.), *Robert Grosseteste: New Perspectives on his Thought and Scholarship*, Turnhout 1995 (Instrumenta Patristica 27), p. 17-51. This essay tries to answer the question of when and where Grosseteste acquired his expertise in theology. Goering adduces new documents and re-examines previous reconstructions of Grosseteste's career, in particular: R. W. SOUTHERN, *Robert Grosseteste: The Growth of an English Mind in Medieval Europe*, Oxford 1986 (2nd editon 1992); J. C. RUSSELL, „Some Notes Upon the Career of Robert Grosseteste", in: *Harvard Theological Review* 48 (1955), p. 199-211; D. A. CALLUS, „Robert Grosseteste as Scholar", in: D. A. CALLUS (ed.), *Robert Grosseteste, Scholar and Bishop*. Essays in Commemoration of the Seventh Centenary of His Death, Oxford 1955, p. 1-69.

schools. Thus, these works are probably among the earliest extant works by Grosseteste[3].

The aim of the „De artibus liberalibus" is to show the moral and practical utility of the seven liberal arts for human activities and for preserving them from error[4]. Music, being the art which teaches how to harmonize the proportions of movements, is particularly useful for healing, since illness results from a loss of proportion among the spirits of the human body. Therefore music can be used to cure the diseased body[5].

The very definition of music as *modificatrix* of movements allows Grosseteste to outline a brief excursus on various kinds of movements and their proportions. From this, he eventually develops a rather long description of the process of sound formation. According to him, the sound is generated by a violent strike, which causes the separation of some parts of the sounding body from their natural position. This causes a continuous backwards and forwards movement of the parts of the sounding body, which movement is evident to the sight and touch. When the vibrating parts move from their place, their longitudinal diameter extends, while the latitudinal is compressed; and a reverse extension and compression occurs in their return. The extension and compression of the vibrating parts, passing through the body, are the sound, or, as Grosseteste adds in the „De generatione sonorum", they are the natural speed which causes sound (*sonus vel velocitas naturalis ad sonum*)[6]. Moreover, since within two opposite movements there is always a *quies media*,

---

    ³   Edited in L. BAUR, *Die Philosophischen Werke des Robert Grosseteste, Bischofs von Lincoln*, Münster, Westfal. 1912 (Beiträge zur Geschichte der Philosophie des Mittelalters 9), p. 1-10. On Grosseteste's connection with the Hereford diocese, fully documented between 1196 and 1198, see SOUTHERN, *Robert Grosseteste* [n. 2], p. 63-70 and the preface to the 2nd edition, p. lvii-lx; see also GOERING, *When and Where* [n. 2], p. 20-21. On the dating of the „De artibus liberalibus" and the „De generatione sonorum" see R. C. DALES, „Robert Grosseteste's Scientific Works", in: *Isis* 52 (1961), p. 381-402, here p. 383-385; J. McEVOY, „The Chronology of Robert Grosseteste's Writings on Nature and Natural Philosophy", in: *Speculum* 58 (1983), p. 614-655, here p. 615-616.
    ⁴   BAUR, *Die philosophischen Werke* [n. 3], p. 1, 1-12. See also A. TOGNOLO, „Il 'De artibus liberalibus' di Roberto Grossatesta", in: *Arts Libéraux et Philosophie au Moyen Age*, Montréal, Paris 1969 (Actes du Quatrième Congrès International de Philosophie Médiévale), p. 593-597; J. McEVOY, *The Philosophy of Robert Grosseteste*, Oxford 1982, p. 229-230, 257-260, 505-506. An Italian translation of the „De artibus liberalibus", based on Baur's edition, is in ROBERTO GROSSATESTA, *Metafisica della luce*, ed. P. ROSSI, Milano 1986, p. 97-105.
    ⁵   See BAUR, *Die philosophischen Werke* [n. 3], p. 2, 11-14 and p. 4, 35-5, 20.
    ⁶   Ibid., p. 2, 11-3, 17 and p. 7, 5-20.

it is necessary that the sound resulting from these movements be imperceptibly interrupted and rhythmic (*interruptus et numerosus*)[7].

This explains the generation of sound, but what causes the sound to be heard? According to Grosseteste, the sense of hearing is an affection (*passio*) of the body which is perceived by the soul and caused by the movement of the air inside the ear, under the stimulation of the vibrating air which enters into it. Grosseteste explains such a process in terms of the Augustinian doctrine of the numbers, or rhythms of the soul[8]. The broken and fragmentary sound produced by the trembling parts has a corresponding sounding number, which reaches the ear together with the sound and causes the soul to send forth a number to identify that received by the sense. When the number sent by the soul finally reaches the memory, the soul issues another number, called *sensualis*, which, if it equals that stored up in the memory, causes pleasure within the soul; if not, it causes noise[9].

The first part of the „De generatione sonorum" repeats almost verbatim the description of sound generation presented in the „De artibus"[10], but does not mention the theory of sound perception based on the Augustinian numbers of the soul. Following Augustine's „De quantitate animae", hearing is here simply defined as a *passio corporis non latens animam*[11]. The last three quarters of this short treatise investigate the nature and properties of the voice, the articulate sounds of the language and their relationship with the written words[12].

To explain the difference between the movements producing vowels and those forming consonants, Grosseteste uses an example

---

[7] Ibid., p. 3, 16.

[8] Ibid., p. 3, 30–4, 9. See AURELIUS AUGUSTINUS, *De musica*, ed. G. MARZI, Firenze 1979 (Collana di classici della filosofia cristiana 1), VI, 6, 16, p. 534-536. For this Augustinian doctrine see ibid., p. IVsq.; S. VANNI ROVIGHI, „La fenomenologia della sensazione in sant'Agostino", in: *Rivista di filosofia neoscolastica* 54 (1962), p. 18-32. This study is now edited in ead., *Studi di filosofia medievale. Da Sant'Agostino al XII secolo*, Milano 1978 (Scienze filosofiche 19), tom. 1, p. 3-21.

[9] BAUR, *Die philosophischen Werke* [n. 3], p. 3, 36–4, 5.

[10] The „De generatione sonorum" is edited by BAUR, *Die philosophischen Werke* [n. 3], p. 7-10. It was Baur who first noticed the verbal parallels in Grosseteste's description of sound generation in the „De artibus", the „De generatione sonorum" and the „Commentarius in Posteriorum Analyticorum libros" (see ibid., p. 58*-59*).

[11] Ibid., p. 7, 23. AURELIUS AUGUSTINUS, *De quantitate animae* XXV, 48 (PL 32, col. 1063). See also VANNI ROVIGHI, *La fenomenologia* [n. 8], p. 10-12.

[12] BAUR, *Die philosophischen Werke* [n. 3], p. 8-10.

from dynamics, which clearly shows his growing scientific interest in natural problems. He says that the moving power by which a vowel is formed moves the spirits and instruments of the voice to generate a sound (the vowel) exactly similar to the moving power itself. But, he adds, this cannot happen for consonants, since their actual sound results from two different movements: one forming a vowel (*ad formandum sonum vocalis*), the other shaping the consonant (*motus soni consonantis*). The resulting *motus compositus* is thus derived from two different inclinations, as is the movement of a falling body which is pushed down by gravity and lengthwise by an external force at the same time. Thus, although the sound of each consonant may be shaped in the mouth without being accompanied by the sound of a vowel, only the actual conjunction of the two makes the consonant be heard. Therefore, the syllable is uttered *ex uno spiritu et uno accento*, even if it is formed by many letters[13].

Some final points must be made about these two works, since some doctrinal differences make them remarkably dissimilar. First of all, the Augustinian theory of the numbers of the soul is completely absent from the „De generatione sonorum". Secondly, in the „De generatione sonorum" Grosseteste refers to the Aristotelian division of the soul into vegetative, sensitive and rational, while in the „De artibus" he divided the powers of the soul into *ratio, concupiscibilis* and *irascibilis*, according to the Platonic doctrine accepted by the Fathers[14]. Thirdly, some new sources, Priscian, Isidore but, above all, Aristotle's „De anima" (or Avicenna's commentary upon the same)[15] are added in the „De generatione sonorum" to Macrobius and Augustine, which are the main sources of the „De artibus liberalibus".

In spite of the differences just outlined, the two treatises share the theory of sound as caused by the small moving parts of the body and the explanation of the dilatations and contractions of their di-

---

[13] Ibid., p. 9, 26-10, 20. According to N. van Deusen, *Theology and Music at the Early University: The Case of Robert Grosseteste and Anonymous IV*, Leiden, New York, Köln 1995 (Brill's Studies in Intellectual History 57), p. 7-9 and p. 192-193, Grosseteste's passage from the „De generatione sonorum" is loaded with musical significance. I have not been able to confirm this: the meaning of *sonus consonantis*, which according to van Deusen „immediately brought music to mind" (ibid., p. 9), in this context is clearly that of „sound of a consonant", and not of „consonant sound" (ibid., p. 193, n. 13).

[14] Ibid., p. 4, 30-31 and p. 7, 30. See McEvoy, *The Philosophy* [n. 4], p. 259.

[15] McEvoy, *The Philosophy* [n. 4], p. 506.

ameters, which, together with the parallelism, in the „De generatione sonorum", between a falling body and the uttering of a consonant, seem to be Grosseteste's own theories. But his own development of thought had to shape and further refine this very doctrine
of sound. Grosseteste's metaphysics of light, particularly his theory
of the incorporation of light into matter, which he gradually developed around 1220-1230[16], and his acquaintance with Aristotelian
philosophy brought about a new solution to the problem of sound
generation.

It is impossible, here, to outline the functions of light in Grosseteste's mature theology, cosmology and philosophy[17]. For the present aim, it is sufficient to stress, adopting James McEvoy's own
words, the English master's idea that light is the source of all causal
action in the sublunary world:

> In Grosseteste's fully mature thought, the earth's place at the geometri-
> cal centre of the universe gives a solid, scientific reason why it is most
> receptive of the light of all the heavens. Light is the unique connection
> or influence between heavens and earth and the explanation of all
> earthly phenomena is found in its presence and action, from the flux of
> tides to the presence of vegetation on earth. Every natural body on
> earth has something of celestial light and luminous fire in it; light incor-
> porated in the elements is the explanation of sound and colour, of the
> generation of heat through the repercussion of matter's particles, of the
> animal spirits, and of all five senses and their *spiritus*[18].

Thus, according to Grosseteste, a celestial fire, or light, is incorporated in the air which permeates every natural body. What is the
origin of this doctrine of light-incorporation? As regards the study
of the sources of the medieval metaphysics of light, its fundamental
Neoplatonic origin has been established and documented, but con-

---

[16] Id., *The Chronology* [n. 3], p. 639-640.
[17] A study on the thematic of light from Antiquity to the Middle Ages is K. HEDWIG,
'*Sphaera Lucis*'. *Studien zur Intelligibilität des Seienden im Kontext der mittelalterlichen Lichtspekulation*, Münster 1980 (Beiträge zur Geschichte der Philosophie und Theologie des
Mittelalters N.F. 18). On the Grossetestian metaphysics of light, and for further bibliography on this subject, see C. K. McKEON, *A Study of the 'Summa philosophiae' of the Pseudo-
Grosseteste*, New York 1948 (Columbia Studies in Philosophy 10), p. 156-166; McEvoy, *The
Philosophy* [n. 4], particularly sections Two, Three and Four; GROSSATESTA, *Metafisica
della luce* [n. 4], p. 7-20; A. SANNINO, „Metafisica teologica e filosofia naturale in Roberto
Grossatesta", in: *Studi filosofici* 14-15 (1991/1992), p. 125-143; A. SPEER, „Physics or Metaphysics? Some Remarks on Theory of Science and Light in Robert Grosseteste", in
Veritas, 41, 163 (1996), p. 411-422.
[18] McEvoy, *The Philosophy* [n. 4], p. 182.

cerning light-incorporation it seems necessary to consider also the influence of Aristoteleanism[19]. Albert the Great, in his commentary on the „De anima", refers to the doctrine of light-incorporation as developed by modern masters, and this clearly testifies that it was a fashionable doctrine in the thirteenth-century university milieu. According to him, this theory originated from a *sententia* by Aristotle saying that „natura diaphani est in igne, et in aere et in aqua ex communicatione cum perpetuo superiori corpore" and from the identification between *diaphanum* and *lux*: „diaphanum autem est substantia spiritualis in genere corporis, et ideo etiam lucem talem substantiam esse oportet"[20]. According to this doctrine, even sense perceptions are due to light:

> Dicunt etiam isti, quod media sensuum habent duas operationes, opera-tionem scilicet naturae ... et operationem animae, quando spiritualiter recipit formas sensibilium et immutat organa sensuum ad sentire. Et hanc operationem spiritualem in omni medio sensuum attribuunt sub-stantiae spirituali, quae est lux orbis immixta elementis[21].

As regards Grosseteste, the origin of the doctrine of light-incorpo-ration has been connected with a background of two Neo-Platonisms: Augustinian and Avicennian. Grosseteste adopted „Au-gustine's and Avicenna's view of light as a *tertium quid*, whose pres-ence is indicated by its activity and operation"[22]. This theory of light-incorporation is presented by Grosseteste, probably for the first time, in his commentary on the *Posterior Analytics*, where its ex-position is associated with the digression on sound generation[23].

---

[19] Ibid., p. 149-150.
[20] See ALBERTUS MAGNUS, *De anima*, ed. C. STROICK, Münster, Westfal. 1968, Opera omnia, tom. 7, pars 1, II, 3, cap. 6, p. 104, 50-59 and 80-85 and cap. 11, p. 114, 30-33 and 51-53; ARISTOTELES, *De anima* II, 7, 418b4-10.
[21] ALBERTUS MAGNUS, *De anima* [n. 20], II, 3, 11, p. 114, 61-68.
[22] McEVOY, *The Philosophy* [n. 4], p. 282.
[23] ROBERTUS GROSSETESTE, *Commentarius in Posteriorum Analyticorum libros*, ed. P. ROSSI, Firenze 1981 (Corpus Philosophorum Medii Aevi. Testi e studi 2), II, 4, p. 384-387. An English translation of the passage concerning sound can be found in A. C. CROMBIE, *Robert Grosseteste and the Origins of Experimental Science 1100-1700*, Oxford 1953, p. 113-115. There is disagreement in dating Grosseteste's major work on philosophy and science. Three main reasons prevent us from finding a suitable date: 1) the testimony of Nicolas Trivet (writing in Oxford in about 1320) that Grosseteste wrote the commen-tary when he was a master of Arts, which is generally thought to have been before 1209; 2) the necessity of placing the commentary after the composition of his „De fluxu et refluxu maris", that is, after 1227ca.; and 3) the evidence that Grosseteste's knowledge of Greek was still very primitive at the time when he wrote the commentary. According

The digression on sound derives from Grosseteste's explanation that echoes, reflections and rainbows are all different forms of re-percussion of light falling on solid surfaces. In his account of echoes, Grosseteste repeats the very same passage on the generation of sound from the „De artibus liberalibus" and the „De generatione sonorum", interpolating it with his theory of light-incorporation.

The substance of sound, Grosseteste says, is light imprisoned in pockets of the thinnest air (*substantia autem soni est lux incorporata in subtilissimo aere*)[24]. When a sounding body is struck, little parts of it are separated from their natural position and begin to vibrate. Their vibration produces an alternate extension and compression of their longitudinal and latitudinal diameters, and when this move-ment reaches the pockets of light lying in the body, then a sound is generated:

> Hic itaque motus extensionis et constrictionis [partium trementium] in eodem [sonativo] secundum diversos diametros, cum pervenit ad natu-ram luminis incorporati in subtilissimo aere quod est in sonativo, sonatio est[25].

The definition of sound as an effect of light is founded on the doc-trine of light-incorporation: every natural body, Grosseteste contin-ues, has in itself a celestial luminous nature and luminous fire, and the first incorporation of it is in the most subtle air[26].

The vibration of the air caused by the movement of the trem-bling parts is transmitted to the contiguous air, and this generation progresses in every direction in straight lines. When it is obstructed

---

to McEvoy, *The Philosophy* [n. 4], p. 512-514, Trivet's assertion probably refers to a now lost summary of the „Posterior Analytics", written by Grosseteste before the extant commentary. Thus, considering that the theory of incorporation of light presented in the commentary was invoked for the first time in the „De fluxu", McEvoy proposes the period 1228-30 as the most suitable for dating this work. SOUTHERN, *Robert Grosseteste* [n. 2], p. 131-133, rejected these considerations. He refuses the attribution of the „De fluxu" to Grosseteste and believes Trivet's statement to be true, although he denies the as-sumption that Grosseteste wrote the commentary for an Arts course. Thus, basing his judgement on the supposition that most of Grosseteste's scientific writings were written before his engagement in theological studies, he finally places it in the period 1220-1225. The problem of dating the commentary is relevant for us mainly to account for Grosseteste's use of his theory of light-incorporation in describing the nature of sound. In fact, if we lean toward an early date, the digression on sound in the commentary will be the first instance in which Grosseteste expounds his theory of incorporation of light.

[24] GROSSETESTE, *Commentarius* [n. 23], II, 4, 468, p. 386.
[25] Ibid., 479-82.
[26] Ibid., 482-4.

by a solid body, the air reverberates, and coming back from the body causes a second excitement of the pockets of light, which is the echo we hear:

> Cum autem pervenit hec generatio ad obstaculum in quo non potest aer, predicto modo motus, generare consimilem motionem, partes aeris trementes in se retunduntur et reverberantur, et generantur secundum viam reversam iterum tremor et motio in aere, et redit sonatio propter obstaculum, sicut radius visualis, cum se non possit generare secundum incessum rectum, regenerat se revertendo. Partes enim aeris intumescentes et collidentes se ad obstaculum necessario via reversa intumescunt. Hec igitur repercussio perveniens usque ad luminosum, quod est in aere subtilissimo, est sonatio rediens, et hec est echo. Quodlibet igitur istorum trium [yris, apparentia et echo] secundum substantiam et veritatem est reversio luminis, sed yris est reversio luminis in roratione nubis, apparentia est reversio luminis visualis, echo est reversio luminis incorporati predicto modo[27].

Thus, according to the explanation of Grosseteste, a sound is generated when the movement of the vibrating air touches the air-pockets of light, while the echo is the backward movement of the air touching them a second time (*repercussio perveniens usque ad luminosum*), or even, as he says at the end of the passage, the very coming back of the pockets of light (*reversio luminis incorporati*) from the solid body.

Unfortunately, Grosseteste is so concise in drafting this theory that he leaves more problems open than solved: do these pockets of light move and tremble together with the vibrating air which touches them? Are they located everywhere or just in natural bodies? Is echo the coming back of the embodied light or the vibrating air which touches again these pockets? And, above all, why is the embodied light perceived as sound? As far as I have seen, no work by Grosseteste addresses such problems, and it is hard to infer solutions from Grosseteste's later development of thought.

As regards echo, Southern, summarizing this very passage from the „Commentary", asserts that „an echo is produced when the original sound is obstructed by a solid body in which it sets up a similar excitation of pockets of light within it"[28]. In other words, he seems to suggest that, according to Grosseteste, the reverberating

---

[27] Ibid., 487-500, p. 387.
[28] SOUTHERN, *Robert Grosseteste* [n. 2], p. 158.

sound is produced by the vibration of the pockets of light lying in the obstacle itself. On the other hand, Rossi identifies the „most subtle air" with ether, and suggests that ether, whose essence is light, propagates the vibration. When the vibration is obstructed by a solid body, the ether transmits the motion in the opposite direction[29].

As regards the problem of sound perception, in works of maturity, such as the „Hexaëmeron", Grosseteste does not refer to the Augustinian doctrine of the „numbers of the soul", presented in the early „De artibus liberalibus" but already abandoned in the „De generatione sonorum", as we have seen. Still following Augustine – but also Avicennian influences are detectable – Grosseteste develops his theory of sense perception, asserting that light is the active element in all external senses and that while vision is caused by pure, unmixed light which is diffused through the eyes, hearing results from the action of light mixed with the purest air:

> Lux quoque secundum Augustinum est id quod in natura corporea est subtilissimum ... Et ideo est ipsi anime in agendo per corpus velud instrumentum primum, per quod instrumentum primo motum movet cetera corpulenciora. Lux itaque instrumentalis anime in sentiendo per sensus corporeos „primum per oculos sola et pura diffunditur emicatque in radiis ad visibilia contuenda, deinde mixtura quadam primo cum aere puro, secundo cum aere caliginoso atque nebuloso, tercio cum corpulenciore humore, quarto cum terrena crassitudine, quinque sensus cum ipso ubi sola excellit oculorum sensu efficit". Lux igitur est per quam anima in omnibus sensibus agit et que instrumentaliter in eisdem agit[30].

This doctrine of light as first instrument of the soul is probably to be connected with the Platonic „astral body", or aetheric vehicle,

---

[29] GROSSATESTA, *Metafisica della luce* [n. 4], p. 19-20.

[30] ROBERT GROSSETESTE, *Hexaëmeron*, ed. R. C. DALES, S. GIEBEN, Oxford 1982 (Auctores Britannici Medii Aevi 6), p. 98, 5-16. The quotation is from AUGUSTINUS, *De genesi ad litteram* XII, 16 (Corpus Scriptorum Ecclesiasticorum Latinorum 28: 1, p. 401). In his sermon „Ecclesia sancta celebrat" (London, British Museum, Royal 6.E.5, fol. 107c) Grosseteste asserts: „Habet humana anima potencias de foris apprehensivas, quinque viz sensus corporeos, quibus apprehendit exteriora singularia, colorata viz ignea luce illuminata visu, sonancia vero ictu aeris subtilissimo auditu, olencia autem motu aeris fumoso olfactu, sapida vero moto humore aqueo gustu, frigida vero et calida, humida et sicca terrestritate mota tactu, ignea tamen luce et virtute agente et movente inferiorum elementorum potencias tam instrumentis sensitivis quam in ipsis sensatis". Quotation from: J. McEVOY, „The Sun as 'res' and 'signum': Grosseteste's Commentary on 'Ecclesiasticus' ch. 43, vv. 1-5", in: *Recherches de Théologie ancienne et médiévale* 41 (1974), p. 38-91, here p. 71, 2-3; See also McEVOY, *The Philosophy* [n. 4], p. 287-288.

which was thought to be of a nature akin to light, fire of the *quinta essentia* of the heavens. This conception of „instrumental" light, historically linked also with the Aristotelian, medical and Stoic doctrine of *pneuma*, in Grosseteste's own development of thought was first elaborated in his „De cometis", where we are presented with an alchemical-astrological theory of the incorporation of the celestial nature into terrestrial bodies[31]. Every terrestrial mixture has a bodily-spiritual celestial nature in it. This celestial substance is incorporated in the body by the action of the planet dominating it. This very action can cause a separation of the heavenly matter and a consequent corruption of the body itself[32]. This is not the light-incorporation theory that Grosseteste later developed, but, as McEvoy suggests, „it may be the base metal from which that was sublimated"[33].

The definition of sound as embodied light and the doctrine of light-incorporation have been considered to be Grosseteste's own theories, in the sense that his own reflection on traditional, neoplatonic light-speculation and Aristotelean learning produced something new and original: Southern asserts that on sound generation Grosseteste makes his most original suggestion and that his explanation is „very extraordinary"[34]. Moreover, McEvoy underlines the novelty of the theory of light incorporation: „That light is incorporated into the atmosphere is not an idea of any great consequence, but that it becomes incorporated into solid bodies within the air, which is their subtlest matter, is of more significance"[35].

It would be interesting to know whether Grosseteste was really

---

[31]   On Grosseteste's „De cometis" see McEroy, *The Chronology* [n. 3], p. 624-626. On the incorporation of celestial nature and its connection with medieval alchemy see M. PEREIRA, „Il cielo sulla terra. Dalla 'Tabula smaragdina' alla quintessenza alchemica", forthcoming in *Cieli e terre nei secoli XI e XII. Orizzonti, percezioni, rapporti*. Atti della XIII Settimana Internazionale di studio. Mendola, 22-26 agosto 1995, Milano (Miscellanea del Centro di Studi Medioevali). I wish to thank Dr. Michela Pereira for her kind permission to refer to her shortly to be published study and for her valuable comments and suggestions. I am also grateful to Prof. Albert van der Schoot, who drew my attention to the interesting study by P. D. WALKER, „Ficino's 'spiritus' and Music", in: *Annales musicologiques. Moyen Age et Renaissance* 1 (1953), p. 131-150. In this essay, Walker investigates Ficino's doctrine of *spiritus* and its connection with Neoplatonic pneumatology. There are similarities between Ficino's and Grosseteste's doctrine which deserve to be studied.

[32]   See McEVOY, *The Chronology* [n. 3], p. 625-626.

[33]   Ibid., p. 626.

[34]   SOUTHERN, *Robert Grosseteste* [n. 2], p. 157-159.

[35]   McEVOY, *The Chronology* [n. 3], p. 639-640.

the first medieval master to develop such theories, but such an inquiry would be beyond the limits and aims of the present study. As mentioned above, Albert the Great testifies that the doctrine of light-incorporation was quite a fashionable idea among contemporary *doctores*[36]. Moreover, the very theories of sound and hearing as effects of light did not fail to raise some interest: they are mentioned, in fact, in the anonymous „Summa philosophiae" – formerly attributed to Grosseteste himself – probably written between 1265-75 by a scholar deeply influenced by Grosseteste's philosophy[37]. The author of the „Summa" considers sound as made up of two different elements: air and light. The latter is embodied in the most subtle air and is the cause of hearing. It is interesting to notice that the author refers to this theory as developed by Augustine and Avicenna:

> Lux enim praedicto modo incorporata subtilissimo aëris effectiva est sensibilitatis soni iuxta Augustinum, ipsaque est perfectio cuiuslibet sensus atque sensibilis teste Avicenna[38].

He says also that the pitch of sound results from the proportion of light embodied in the air, and that the species of sound multiplies *circulariter*, thanks to the nature of light[39]. This last opinion is referred to also by Albert the Great:

> Istae igitur et similes sunt rationes, quae induxerunt multos de nostris doctoribus, quod dixerunt unum esse movens in omnibus sensibilibus. Sed cum deberent specificare, quid sit illud, diverterunt in duas vias. Quidam enim dixerunt hoc esse lucem, propter quinque rationes potissimas ... Alia autem est, quia dicunt lumen ... circulariter diffundi; circularem autem multiplicationem vident in omnibus sensibilibus, quia intentiones sensibiles circa rem sensatam ad aequalem distantiam circulariter ubique generantur; et talem motum in inferioribus non dicunt esse nisi luminis[40].

---

[36] See note 20 and note 40.

[37] The „Summa" is edited in BAUR, *Die philosophischen Werke* [n. 3], p. 275-643. See also CROMBIE, *Robert Grosseteste* [n. 23], p. 162-164 and McKEON, *Summa philosophiae* [n. 17], p. 166-174.

[38] BAUR, *Die philosophischen Werke* [n. 3], p. 510, 35-37.

[39] Ibid., p. 510, 37-511, 3.

[40] ALBERTUS MAGNUS, *De anima* [n. 20], II, 3, 6, p. 104, 80-105, 7. According to C. Stroick, Albert refers to Peter of Spain's *Expositio libri de anima*. See PEDRO HISPANO, *Expositio libri de anima*, ed. P. M. ALONSO, Madrid 1952 (Obras filosóficas 3), p. 278-279: „omne corpus compositum habet in se naturam celestem ut lucem incorporatam, qua

That the theory of light-incorporation and its application to acoustics is mentioned and discussed in philosophical works of the thirteenth century is not surprising. Indeed, it is interesting to see that these ideas were employed, at least in one case, in a musicological context.

It was Alison White Peden who first noticed the relationship between Grosseteste's thought on sound and light and the content of a set of anonymous glosses on the first book of Boethius' „De institutione musica", probably belonging to the thirteenth century[41].

First of all, the glossator introduces the Augustinian theory of sense perception also held by Grosseteste[42]:

> Lux est essentia cuiuslibet sensus et sensibilis, sed non incorporata visibilis est per se et per illam color videtur. Subtilissimo et tenuissimo aeris incorporata sonus est, fumo aeris incorporata odor est, humido et grosso aeris (aeris et grosso O) incorporata et subtili aque sapor, terreo incorpo-

---

mediante conservatur et est forma eius particularis in sua materia ipsam perficiens et, sicut sine hac natura conservante non potest conservari compositum, similiter nec potest in aliquam operationem exire nisi per absolutionem huiusmodi virtutis ... Sic igitur intelligendum quod omnia sensibilia communicant in natura lucis, scilicet, non tanquam in aliquo quod sit de eorum essentia sed tanquam in aliquo per quod omnia immutent sensus proprios".

[41] WHITE, *Boethius* [n. 1], p. 184-5. The glosses are transmitted by two manuscripts containing Boethius' „De institutione musica": Oxford, Bodleian Library, Ashmole 1524 (hereafter referred to as O) and Milano, Biblioteca Ambrosiana, Q.9.Sup. (M). O, which White refers to, containes six mss. of different date and origin. The part occupied by Boethius' „De institutione musica" is probably of Flemish origin and belongs to the period 1150-1200. The glosses to the first book were added in the margin by a 13th century hand, according to White, but Calvin Bower attributes them to a 14th century hand. See C. M. BOWER, „Boethius' 'De institutione musica': a Handlist of Manuscripts", in: *Scriptorium* 42 (1988), p. 205-251, here p. 227 (description and bibliography on O). M belongs to the 12th century and was written, according to Bower, at Christ Church in Canterbury. Marginal glosses are added by a 14th century Italian hand. See ibid., p. 223 (description and bibliography on M). I am grateful to Dr. Michael Bernhard, who pointed out to me the presence in M of marginal glosses belonging to the same tradition of those transmitted by O, and offered me the opportunity to compare my transcription of these glosses with his transcription of the text of the „Glossa maior", a broad tradition of glosses began during the Carolingian Renaissance and developed through the following four centuries. The „Glossa maior" is now almost entirely edited: *Glossa maior in institutionem musicam Boethii*, ed. M. BERNHARD, C. M. BOWER, tom. 1-3, München 1993, 1994, 1996 (Bayerische Akademie der Wissenschaften. Veröffentlichungen der Musikhistorischen Kommission 9, 10, 11). Apart from „a few word glosses" and a gloss on the nature of sense perception (see hereafter note 43), the tradition of M and O is different from that of the *Glossa maior*. I translated the glosses of M and O with the intention of preparing a critical edition of the text, but the work is still in progress.

[42] See above, note 30.

rata tangibile. Lux igitur non incorporata subito diffunditur usque ad obstaculum. Sonus non subito sed paulatim (M, f. 3v; O, f. 3r)[43].

The anonymous scholiast presents us also with the very theory of sound as incorporated light, and the description of sound generation is remarkably similar to Grosseteste's, except for the description of the contractions and extensions of the diameters of the moving parts, which is absent from the glosses. Besides, the glossator thinks that the air-pockets of light are pushed out from the sounding body and that this is the cause of sound:

Cum corpus violenter percutitur, violenta percussione concutitur, et in parte constringitur, in parte dilatatur, et sic a situ naturali fit partium illius recessus. Natura vero econtra inclinat eas ad situm naturalem et movet. Atque ipsa natura ... sua inclinatione (*om.* O) lucem in aereo incorporatam, que est substantia soni, facit egredi (facit egredi que est substantia soni O); sicque fit sonus (M, f. 3v; O, f. 2v).

Cum per violentiam egresse sunt partes corporis a situ naturali, natura eas inclinat et movet ad situm naturalem. Cumque inclinatione prima reduxerit partem aliquam ad suum situm, fortitudine impulsus nature contingit quod transit situm. Quapropter (per *add.* O) eandem partem per viam oppositam secundo (ideo *fort.* O) inclinat et movet ut ad situm naturalem redeat. Cumque rursum pervenit ad situm naturalem forsitan excedit illum situm fortitudine nature impellentis, donec tandem motu paulatim decrescenti cesset huius ictus et reditus. Necesse est ergo quod sonat quam diu sonat tremore, et totum sonum ex multis sonis esse compositum, sicut totus motus corporis tremebundi ex multis motibus componitur. Maior itaque virtus inclinans partes corporis concussi ad situm naturalem, velocius eas movet et numerosius, minor virtus tardius et minus numerose. Sicut igitur est proportio virtutis ad virtutem sic erit proportio velocitatis ad velocitatem, et ita erit (*om.* O) proportio numeri motuum ad numerum (*om.* O) motuum et similiter soni ad sonum (M, f. 4r; O, f. 3r).

Finally, as in the pseudo-Grossetestian „Summa philosophiae", the anonymous scholiast asserts that the pitch of sound results from the proportion of embodied light:

Soni namque ad sonum est proportio sicut lucis incorporate egredientis, que est substantia soni, ad lucem aliam incorporatam. Maior autem virtus lucem subtiliorem egredi facit, et minor grossiorem, sicut videmus

---

[43] As regards sense-perception, M (f. 7r) and O (f. 5r) share with the *Glossa maior* (cf. above, note 41) an important philosophical gloss explaining each sense in relation to one of the four elements. See *Glossa maior* [n. 41], I, p. LI and p. 219. For the Augustinian source of such a topic see WHITE, *Boethius* [n. 1], p. 165.

in hiis que emittunt lucem visibilem, quod lucens maius magnitudine et potentia eundem aerem subtiliori et clariori perfundit lumine (M, f. 4r, O, f. 3r).

An interesting aspect of these glosses is that the theory of sound as embodied light was applied to solve a typical problem of speculative music, that is to say, how the harmony of the celestial spheres is produced. In contrast to what Boethius and many of his medieval commentators believed (namely, that the celestial harmony derives from the movements of the planetary spheres), the anonymous scholiast thinks that it is produced by the light which is poured forth continuously from the celestial body. While entering the sublunary air, the part of this light which reaches us without incorporation is simply visible, while the part which is incorporated in the most subtle air is perceived as sound. But, the author adds, the celestial sound is not audible to us, because its composition is less dense than that of our hearing:

> Non igitur putandum quod intelligat Boetius armoniam celestem fieri per hoc quod unum corpus superceleste (celeste M) aliud violenter impellat et sic ex eo sonum eliciat (-ceat M). Sed lux, que in istis corporibus complexionatis est incorporata et ligata, non egreditur nisi occasione percutientis (-cussientis O). Sed a corporibus celestibus continue lux diffunditur et penetrat partes huius aeris, et quod illius lucis absque incorporatione in subtili aeris venit ad nos visibile est; quod vero in aeris subtilissimo de illa luce incorporatur, et sic pervenit ad nos quantum est de natura sua audibile, est et sonus. Nobis tamen audibile non est, quia compositio nostri audibilis grossior est quam sit illius soni compositio (O, f. 2v; M, f. 3v)[44].

Therefore „estque sonus eorum non ibi ubi ipsa corpora sunt, sed in hoc aere ubi ipsa non sunt" (O, f. 2v; M, f. 2v).

At first glance, it seems unlikely that these glosses may represent Grosseteste's exposition of the Boethian musical work, particularly if we accept the traditional view that Grosseteste taught Arts before 1209. At that date, in fact, his theory of sound as embodied light was not developed, as the „De generatione sonorum" and the „De artibus liberalibus" testify. Secondly, as far as I have seen, the theory, presented in the glosses, of the celestial harmony as an effect of light is not mentioned in any work by Grosseteste. A large part of his „De luce", for instance, is devoted to the study of the celestial

---

[44] See also WHITE, *Boethius* [n. 1], p. 203.

spheres and how the *lux* acts on them, but there is no mention of the celestial harmony as caused by the embodied light[45]. Thirdly, the theory of sound as incorporated light is presented also in the spurious „Summa philosophiae", and the principle of light-incorporation was not so unusual in the thirteenth century, as mentioned above.

Thus, the attribution of the glosses to Grosseteste seems, at first sight, quite doubtful. But recent reconstructions of the English master's mid-life give reasons for thinking that Grosseteste, in the period 1220-1230, and particularly between 1220 and 1225 – that is to say, when he wrote the „Commentary on the Posterior Analytics" and developed his doctrine of light-incorporation – was still connected with scholastic activities, and, probably, also with Arts teaching[46]. Besides, if we consider Grosseteste's love for music, harping and singing, which became legendary in medieval England[47], and his conception of music as a therapy for illness, presented in the „De artibus", then the foregoing hypothetical attribution, doubtful as it is, is surely worthy of further investigation.

---

[45] See ed. BAUR, *Die Philosophischen Werke* [n. 3], p. 51-59, particularly p. 55-59.

[46] See GOERING, *When and Where* [n. 2], p. 35sq. and SOUTHERN, *Robert Grosseteste* [n. 2], p. 63-70.

[47] McEVOY, *The Philosophy* [n. 4], p. 42-43 and p. 476.

DIE *MUSICA* IM ÜBERGANG VON DER
SCIENTIA MATHEMATICA ZUR *SCIENTIA MEDIA*

Eva Hirtler

In „De institutione arithmetica" gibt Boethius ein Modell, das die Beziehung der vier Wissenschaften des Quadriviums bestimmt[1]. Unterschieden werden zunächst Mengen und ausgedehnte Größen *(multitudines* und *magnitudines)*. Die letzteren werden weiter aufgeteilt in unbewegliche und bewegliche, wobei die ersteren den Gegenstand der Geometrie, die letzteren den der Astronomie bilden. Die Unterteilung der Mengen folgt einem anderen Prinzip: Hier wird unterschieden zwischen für sich bestehenden und solchen, die auf anderes bezogen sind (*ad quiddam aliud*[2]).

Worauf sie bezogen sind, bleibt in diesem Ausdruck noch unbestimmt. Die Erläuterung der für sich bestehenden erweist diese als natürliche Zahlen wie 3, 4, 5 etc. Sie werden der Arithmetik zugeordnet. Für die auf anderes bezogenen werden als Beispiele unter anderem das Doppelte und die Hälfte genannt. Damit wird das zuvor unbestimmte andere als Zahlen im Verhältnis zu anderen konkretisiert. Kurz danach jedoch werden „Ordnungen der musikbezogenen Abmessung" (*musici modulaminis temperamenta*[3]) genannt, an denen die Zahlenverhältnisse erkannt werden sollen. Durch die Wahl des Ausdrucks wird auf einen Gegenstand verwiesen, an dem Zahlenverhältnisse bestimmt werden sollen. Die vorige Einschränkung des unbestimmten anderen auf Zahlenverhältnisse wird in einem zweiten Schritt also wieder erweitert auf einen über bloße Zahlenverhältnisse hinausgehenden, umfassenderen Gegenstand der *musica*.

An späterer Stelle innerhalb des ersten Kapitels wird dieser Gegenstand, jetzt leicht abweichend als *musica modulatio* gefaßt, konkretisiert als Abmessung der verschiedenen in der praktischen Mu-

---

[1] BOETHIUS, *De institutione arithmetica*, ed. G. FRIEDLEIN, Leipzig 1867, Nachdr. Frankfurt 1966, I, 1.

[2] Ibid., p. 8, 26.

[3] Ibid., p. 9, 3.

sik gebräuchlichen Intervalle Quarte, Quinte und Oktave[4]. Als verschiedene Arten von Klängen werden sie auf bestimmte Zahlenverhältnisse bezogen. Daß die *musica* nicht einfach als Disziplin für Zahlenverhältnisse gedacht ist, die der Arithmetik, die für sich bestehende Zahlen behandelt, gegenübergestellt würde, zeigt sich ergänzend in dem Umstand, daß verschiedene Arten von Zahlenverhältnissen und Rechenverfahren mit ihnen bereits im ersten Buch in den Kapiteln 21 bis 31 vorgestellt werden.

So bilden explizit Zahlenverhältnisse den Gegenstand der *musica*, durch den Verweis auf die musikalischen Intervalle aber, deren Unterschiede bei der Saitenmessung mit ihrer Hilfe bestimmt werden, ergibt sich indirekt die Messung und Berechnung von Tonrelationen, realisiert an Strecken, als vollständiger Gegenstand. In „De institutione musica" wird der Musikbegriff um einen zusätzlichen Aspekt erweitert. Hier werden die Zahlenverhältnisse als Mittel der Intervallberechnung wieder aufgegriffen. Sie bilden einen Teilbereich in der ausführlichen Behandlung des Tonsystems und physikalischer Aspekte bei der Klangentstehung. Die auf diese Gebiete bezogene *musica* selbst wird jedoch nur als Teil einer übergeordneten Vorstellung von Musik aufgefaßt, die sich auf den Kosmos erstrecken soll. Sie wird aufgeteilt in verschiedene Arten, *musica mundana*, *musica humana* und *quae in quibusdam constituta est instrumentis*, die in bestimmten Instrumenten angelegte *musica*, später allgemein als *musica instrumentalis* gefaßt[5].

Boethius nennt als Beispiele für die *musica mundana* die geordnete Abfolge der Jahreszeiten und das Zusammenwirken der Elemente, die *musica humana* soll im „gleichsam konsonierenden Zusammenwirken" von Körper und Seele (*quaedam coaptatio et veluti gravium leviumque vocum quasi unam consonantiam efficiens*)[6] bestehen. Ein gemeinsames Prinzip für alle Arten nennt Boethius nicht.

In der pythagoreisch-platonischen Tradition allerdings werden Zahlenverhältnisse als Prinzip angenommen. Dies geschieht teils ohne nähere Bestimmung, teils werden diejenigen Zahlenverhältnisse genannt, die sich bei der Saitenmessung für die Intervalle Oktave, Quinte, Quarte und den Ganzton ergeben. Dieses Modell bleibt vor allem durch Platons „Timaios" auch in späterer Zeit be-

---

[4] Ibid., p. 11, 10-14.
[5] Boethius, *De institutione musica* [Anm. 1], p. 187, 21-22.
[6] Ibid., p. 187-189.

kannt[7]. Auch in „De institutione arithmetica" wird allgemein, ohne Rekurs auf die genannten Intervalle und deren Zahlenverhältnisse, eine ontologische Priorität der Zahlen gegenüber qualitativen Bestimmungen der Gegenstände angenommen und deswegen die Arithmetik zur höchsten Wissenschaft erklärt. Dies wird damit begründet, daß bei sinnlich erfahrbaren Gegenständen nach Abstraktion von allen Qualitäten noch die Bestimmtheit als Quantum übrigbleibt. Davon ausgehend werden in einem weiteren Schritt Zahlen als göttliches Ordnungsprinzip für die Schöpfung des Kosmos hypostasiert und damit im Sinn platonischer Ideen aufgefaßt[8].

Bezüglich dieser Idee der Harmonie aus Zahlen ergänzen sich beide Schriften von Boethius: In „De institutione arithmetica" werden sie ohne genauere Bestimmung und ohne Rekurs auf die Konsonanzen zum Ordnungsprinzip alles Seienden erklärt, in „De institutione musica" wird vom Phänomen der Konsonanzen ausgegangen und eine analoge Ordnung des Kosmos hypostasiert, aber ohne bei der Aufzählung der Beispiele auf die durch Saitenmessung auffindbaren Zahlenverhältnisse der Konsonanzen einzugehen. Diese Unterschiede mögen ihren Grund darin haben, daß sich keine bestimmten Zahlenverhältnisse, seien es die der Konsonanzen oder andere, als universelles Ordnungsprinzip im Sinn wissenschaftlicher Erkenntnis verifizieren lassen. Trotzdem bleibt die Vorstellung, es lasse sich ausgehend vom Phänomen der Konsonanzen auf eine im Materiellen wirksame Idee der Harmonie schließen, über Jahrhunderte für die Musikauffassung wirksam.

In dieser Form wird der Begriff der *musica* dem Mittelalter tradiert. Die Adaption der platonischen Schriften, insbesondere des „Timaios", im 12. Jahrhundert[9], stiftet einen philosophischen Zusammenhang, innerhalb dessen die tradierten Bestimmungen zum Verhältnis von Arithmetik und *musica* auf der Grundlage der pythagoreischen Vorstellung von der konstitutiven Bedeutung der Zahlen auch bei zunehmender Reflexion Geltung behalten.

Im 13. Jahrhundert setzt jedoch mit der Rezeption der „Zweiten Analytik" und der Schriften zur Naturerkenntnis von Aristoteles

---

[7] Cf. PLATON, *Timaios* 43d.
[8] BOETHIUS, *De institutione arithmetica* [Anm.1], p. 10, 10–11, 3.
[9] Cf. A. SPEER, *Die entdeckte Natur*, Leiden, New York, Köln 1995.

eine intensive kritische Auseinandersetzung mit der boethianischen Tradition ein, die auch die pythagoreisch-platonischen Grundlagen selbst in Frage stellt. Aristoteles teilt die Wissenschaften in *metaphysica*, *mathematica* und *physica* ein mit der näheren Bestimmung, daß die *mathematica* die Dinge abstrahiert von Materie und Bewegung behandelt[10]. Boethius übernimmt in „De Trinitate" diese Einteilung[11]. Ob er sie auch in „De institutione arithmetica" und „De institutione musica" voraussetzt, geht aus dem Text nicht hervor. In der doppelten Bestimmung des Gegenstandes der *musica* einerseits als bloßes Zahlenverhältnis und andererseits mit Bezug auf den Klang zeigt sich jedoch genau das Problem, die *musica* unter diesen aristotelischen Prämissen den mathematischen Wissenschaften zuzuordnen. Wird, wie zuerst in „De institutione arithmetica", als Gegenstand der *musica* das Zahlenverhältnis bestimmt, ein Gegenstand, bei dem von allen sinnlich wahrnehmbaren Qualitäten abstrahiert wurde, ist kein Unterschied zur Arithmetik gegeben. Dementsprechend werden, wie erwähnt, Zahlenverhältnisse schon in „De institutione arithmetica" behandelt. Wird aber bei der Bestimmung des Gegenstandes der *musica* auf den Klang Bezug genommen, wie dies anschließend geschieht, wird ein sinnlich wahrnehmbares Merkmal zur Unterscheidung vom Gegenstand der Arithmetik herangezogen. Die *musica* abstrahiert dann nicht vollständig von allen sinnlich wahrnehmbaren Merkmalen und entspricht so nur partiell dem Kriterium mathematischer Wissenschaften. Aristoteles unterscheidet deshalb Harmonik, i.e. *musica*, Optik und Astronomie von den rein mathematischen Wissenschaften Arithmetik und Geometrie.

Diese Unterscheidung vollzieht Boethius in „De institutione arithmetica" bei der Einteilung der Disziplinen des Quadriviums nicht mit. Denn bei ihm werden unter diesem Begriff rein mathematische Wissenschaften und solche mit physikalischen Bestimmungen gleichermaßen subsumiert. Sobald allerdings die aristotelische Wissenschaftseinteilung streng übernommen wird, wird die überlieferte Zuordnung der *musica* bei Boethius zum Problem. Einige Stadien der Auseinandersetzung mit der boethianischen Tradition sollen im folgenden, vorwiegend an Kommentaren zur „Zweiten Analytik", dargestellt werden, beginnend bei Robert Grosseteste über Albertus Magnus bis zu Thomas von Aquin. Da-

---

[10]   Cf. ARISTOTELES, *Metaphysik* VI,1 1026a.
[11]   BOETHIUS, *De Trinitate*, PL, tom. 64, col. 1247-1256, hier: col. 1250.

neben werden zwei weitere zeitgenössische Texte, in denen der Stand der Aristotelesrezeption unmittelbar reflektiert ist, die Pariser Quaestionensammlung und „De ortu scientiarum" von Robert Kilwardby, untersucht[12].

Aristoteles unterscheidet in der „Zweiten Analytik" sinnlich wahrnehmbare Gegenstände ihrer Substanz nach von mathematischen und konkretisiert dies im Hinblick auf das Verhältnis von Arithmetik und Harmonik[13]. Die Intervalle, der Gegenstand der Harmonik, sind als sinnlich wahrnehmbar der Substanz nach von dem abstrakten Gegenstand der Arithmetik unterschieden; durch Zahlenverhältnisse ist jedoch ihre Form bestimmt. Bezüglich der mathematisch bestimmten Form kann die Arithmetik Beweise für akustische Sachverhalte liefern, die durch die Wahrnehmung gegeben sind. Aristoteles unterscheidet deshalb zwischen der nur auf dem Gehör beruhenden Harmonik, die den Gegenstand gibt, und der mathematischen, die in der Anwendung arithmetischer Verfahren auf die Form besteht und Beweise liefert[14]. Hierfür gibt Aristoteles selbst kein Beispiel, doch ist z. B. das *pythagoreische Komma*, die Differenz zwischen zwölf Quinten und sieben Oktaven, schon in der Antike bekannt.

Solche mathematischen Beweise konnten zu Aristoteles' Zeiten und über das Mittelalter hinaus im akustischen Bereich nur auf die Intervallverhältnisse angewendet werden. Andere akustische Sachverhalte wie Frequenzen und Schallentstehung waren nicht mit diesem Grad an wissenschaftlicher Exaktheit bestimmbar. Dementsprechend bezieht die Harmonik ihren wissenschaftlichen Rang in erster Linie aus der Intervallberechnung. Zwar wird der mathematische Anteil deshalb auch bei Aristoteles wichtiger als der physikalische eingeschätzt, aber der Gegenstand selbst wird als sinnlich wahrnehmbarer, wie erwähnt, der Substanz nach von den mathematischen unterschieden.

---

[12] Cf. E. HIRTLER, *Die Musik als scientia mathematica von der Spätantike bis zum Barock*, Frankfurt/M, Berlin, Bern et al. 1995 (Europäische Hochschulschriften 36/137).

[13] Bei Platon und Aristoteles wird begrifflich unterschieden zwischen der wissenschaftlichen Untersuchung von Intervallen, Harmonik genannt, und der künstlerischen Formung und Ausübung, der μουσική. Boethius und die späteren Autoren verwenden für beides den Begriff der *musica*. Erst mit der Aristotelesrezeption wird teilweise der Begriff der Harmonik für die Untersuchung der Intervalle wieder verwendet, ohne daß er systematisch von dem der *musica* unterschieden würde.

[14] ARISTOTELES, *Analytica Posteriora* I, 13, 78b35-79a8.

Robert Grosseteste

Aus Robert Grossetestes kommentierenden Erklärungen zur „Zweiten Analytik"[15] ergibt sich folgendes Bild vom Gegenstand der *musica* und ihrem Verhältnis zu den anderen Disziplinen des Quadriviums: Die *musica* legt als Gegenstand den *numerus relatus* zugrunde, während die Arithmetik den *numerus* überhaupt (*simpliciter*) behandelt[16]. Damit folgt Robert Grosseteste der boethianischen Tradition. Die *musica* ist der Arithmetik untergeordnet. Das Verhältnis beider soll aber nicht als solches von *genus* und *species* bestimmt sein. In diesem Fall, so Grosseteste, sind die Gegenstände beider Wissenschaften der Substanz nach identisch, und der Gegenstand der untergeordneten Wissenschaft bildet eine *species* desjenigen der übergeordneten[17]. Der *numerus relatus* aber, der Gegenstand der *musica*, soll nicht als Verhältniszahl in dem Sinn gedeutet werden, daß es sich um ein Abstraktum handle, eine Zahl mit der zusätzlichen Bestimmung, auf eine andere bezogen zu sein. Das Verhältnis soll statt dessen als Bezogenheit auf etwas gedeutet werden in dem Sinn, daß damit ein Zusammengesetztes (*compositum*) bezeichnet wird[18]. Der Begriff des *compositum* wird von ihm zuvor verwendet[19], um einen Gegenstand, bestehend aus Form und Materie, zu bezeichnen. Die Wahl dieser Begriffe durch Grosseteste verweist auf die „Physikvorlesung" von Aristoteles, wo Form und Materie als zwei Naturen eines sinnlich wahrnehmbaren Gegenstandes bestimmt werden[20].

Die Argumentation zum Gegenstand der *musica* ist vollständig analog dazu gehalten. Zwar orientiert sich Grosseteste bei der Erläuterung dessen, worauf die Zahl bezogen sein soll, mit dem Ausdruck der Hinordnung auf etwas (*dispositiones ad aliquid dictae*[21]) an Boethius (*ad quiddam aliud*) und verwendet an dieser Stelle die entsprechenden Begriffe zu Aristoteles, *forma* und *materia*, nicht. Aber vom Gegenstand der *musica*, dem *compositum*, werden genau die ent-

---

[15] ROBERTUS GROSSETESTE, *Commentarius in Posteriorum Analyticorum Libros*, ed. P. ROSSI, Florenz 1981.
[16] Ibid., p. 138, 78-79.
[17] Ibid., p. 194, 140-144.
[18] Ibid., p. 195, 159-160.
[19] Ibid., p. 141, 135-136.
[20] ARISTOTELES, *Physica* 194a12-16.
[21] GROSSETESTE, *Commentarius* [Anm. 15], p. 195, 159.

sprechenden Bestimmungen ausgesagt. Grosseteste führt aus, daß das *compositum* nicht als Zahl bestimmt werden könne, weil der Teil nicht als Bestimmung des Ganzen genommen werden dürfe[22] (genau dies war von ihm im Hinblick auf *forma* und *materia* an der genannten Stelle zuvor entwickelt worden). Des weiteren werden diesem *compositum* zwei Naturen zugesprochen. Dieses Argument kommt bei Grosseteste schon an anderer Stelle vor, um zu bezeichnen, daß bei der Bestimmung von Gegenständen der Geometrie mit Zahlen operiert werden kann[23]. Hier wird es in der Weise interpretiert, daß die untergeordnete Wissenschaft zu ihrer eigentümlichen Natur hinzu noch die Bedingungen schaffe, sich diejenige der übergeordneten zu eigen zu machen[24].

Grosseteste folgt Aristoteles auch in der Aussage, daß die mathematischen Wissenschaften die Formen von Gegenständen untersuchen. Die Eigenständigkeit des Gegenstandes der *musica* wird von ihm – über den Wortlaut der „Zweiten Analytik" hinaus – hervorgehoben. Nicht nur wird der dortige Satz aufgegriffen, die Mathematiker wüßten oft zwar die Gründe (*propter quid*) für Gegenstände untergeordneter Wissenschaften, kennten aber die Gegenstände selbst oft nicht (*quia*), sondern Grosseteste bestimmt als Folge der unterschiedenen Naturen auch, daß die übergeordnete Wissenschaft die Gründe für die eigentümliche nicht-mathematische Natur des untergeordneten Gegenstandes nicht angebe[25].

Mit der Bezeichnung des Gegenstandes orientiert sich Grosseteste also an der boethianischen Tradition. Diese interpretiert er aber weitgehend gemäß aristotelischen Bestimmungen, ohne allerdings explizit den Gegenstand der *musica* den sinnlich wahrnehmbaren Gegenständen zuzuordnen. Grosseteste folgt Aristoteles aber so weit, daß die Zahl als Form des Gegenstandes der *musica* bezeichnet wird.

Dessen Materie aber wird nur sehr vage als *dispositio ad aliquid* umschrieben. Darin deutet sich wiederum eher eine Orientierung am kosmologischen Musikbegriff an, demzufolge die *musica*, wie gezeigt, die Lehre von Harmonie bewirkenden Zahlenverhältnissen in unterschiedlichsten materiellen Gegenständen sein soll. Auch in

---

[22] Ibid., p. 195, 160-163.
[23] Ibid., p. 137, 65 – 138, 67.
[24] Ibid., p. 196, 173-175.
[25] Ibid., p. 196, 177-179.

einer weiteren Passage weicht er von der aristotelischen Vorlage im
Sinn einer Umdeutung gemäß pythagoreisch-platonischer Vorstellungen ab. Er bestimmt im Text nicht nur das Verhältnis von *musica* und Arithmetik in der geschilderten Weise, sondern greift auch
die Unterscheidung von *musica mathematica* und *musica secundum auditum* aus der „Zweiten Analytik" auf. Dort bezeichnet ἁρμονικὴ
μαθεματικὴ die Anwendung arithmetischer Verfahren auf den Gegenstand der ἁρμονικὴ, insofern er zahlenbestimmt ist. Sie ist vom
Inhalt her also nicht von bestimmten Teilgebieten der Arithmetik
unterschieden. Grosseteste jedoch bestimmt als Gegenstand der
musica mathematica den *numerus relatus* und als solchen der *musica secundum auditum* den *numerus relatus sonorus.* Dieser letztere wird ausdrücklich als *numerus relatus* mit der Spezifikation des Klingens bestimmt,
als der Substanz nach identisch mit dem *numerus relatus*, der als *genus*
des *numerus relatus sonorus* bestimmt wird[26].

Damit wird die Beziehung von *musica mathematica* und *musica secundum auditum* abweichend von Aristoteles interpretiert; denn dieser
bestimmt sie so, daß die letztere den Gegenstand durch die Wahrnehmung gibt und die erstere zu Fragen der quantitativen Form-
bestimmtheit dieses Gegenstandes Beweise gibt. Bei Robert Grosseteste dagegen sind für das Verhältnis beider Wissenschaften zwei
Deutungen möglich. Zum einen kann im Begriff der *musica mathematica* das Attribut *mathematica* schon im aristotelischen Sinn verstanden sein, bezogen ausschließlich auf abstrakte Größen, und der von
ihm apostrophierte Gegenstand der *musica mathematica*, der *numerus
relatus*, wäre dann als Verhältniszahl zu bestimmen. Dies stünde
jedoch in Widerspruch zu seiner Aussage, wonach der Begriff der
Zahl beim *numerus relatus* nur die Form eines *compositum* bezeichnen
soll.

Plausibler ist eine zweite Deutung: Entsprechend der Bestimmung der Gegenstände beider Wissenschaften (*numerus relatus*
und *numerus relatus sonorus)* als *genus* und *species* wäre die *musica mathematica* die allgemeinere Disziplin, die zahlbestimmte Gegenstände
überhaupt zum Thema hat, und die *musica secundum auditum* wäre ihr
als Spezialbereich zur Untersuchung klingender zahlbestimmter
Gegenstände untergeordnet. So gesehen, zeigt sich eine deutliche
Affinität zum Musikbegriff der pythagoreisch-platonischen Tradi-

---

[26]   Ibid., p. 194, 144–195, 145.

tion, in der die auf Klänge bezogene *musica* eine unter mehreren Arten in einem übergeordneten, auf den Kosmos bezogenen Musikbegriff ist. Auch für diese Deutung gibt es im Text keine weiteren Belege, jedoch wird sie gestützt durch die Tatsache, daß Robert Grosseteste in anderen Schriften noch auf diesem Musikbegriff aufbaut. Außerdem zeigen sich ganz ähnliche Überlegungen in Schriften anderer Autoren dieser Zeit, so in den Pariser *Quaestiones* und bei Robert Kilwardby.

Die Quaestionensammlung der Pariser Universität

Der Text der „Quaestiones" wird von Claude Lafleur auf die Zeit um 1240 datiert[27], also etwas später als der behandelte Kommentar von Robert Grosseteste. Der von Max Haas aus der Münchner Handschrift edierte Teil über die *musica*[28] weicht in einigen Punkten ab von dem der von Lafleur edierten Handschrift *Barcelona Ripoll 109*. Sofern diese Unterschiede die Thematik des Beitrages berühren, werde ich darauf jeweils eingehen.

Der Gegenstand der *musica* wird als *contractus numerus in proportione sonoritatis*, als eingeschränkte Zahl im Verhältnis der Klanglichkeit, gefaßt[29]. Ihm übergeordnet ist der *numerus contractus*, der wiederum dem *numerus* untergeordnet ist. Diese Einteilung bildet die Entsprechung zu den Begriffen *numerus*, *numerus relatus* und *numerus relatus sonorus* bei Grosseteste. Der Begriff der *contractio* wird mit Bezug auf diesen Zusammenhang von Robert Kilwardby wenig später in seiner Schrift „De ortu scientiarum"[30] erläutert. Er unterscheidet zwei Arten von Einschränkungen, die *contractio eiusdem generis* und die *contractio per differentiam alterius generis*[31]. Die erste bezeichnet das Verhältnis von Gattung und verschiedenen Arten. Kilwardby erläutert das am Beispiel verschiedener Dreiecksformen, rechtwinklig, gleich-

---

[27] Cf. C. LAFLEUR, *Le „guide de l'étudiant" d'un maître anonyme de la faculté des arts de Paris au XIIIe siècle*. Édition critique provisoire du ms. Barcelona, Arxiu de la Corona d'Aragó, Ripoll 109, Québec 1992, p. 12.

[28] M. HAAS, „Studien zur mittelalterlichen Musiklehre I", in: *Forum musicologicum. Basler Beiträge zur Musikgeschichte 3*, Basel 1975, p. 354-359.

[29] HAAS, *Studien* [Anm. 28], p. 354.

[30] ROBERT KILWARDBY, *De ortu scientiarum*, ed. A. G. JUDY, Toronto 1976 (Auctores Britannici Medii Aevii 4).

[31] Ibid., p. 46.

schenklig etc. Da es sich um unterschiedliche Arten desselben
Oberbegriffs handelt, gehören sie zur Wissenschaft dieses Oberbegriffs, des Dreiecks[32]. Die zweite Art der *contractio* ist auf die Möglichkeit gerichtet, arithmetische Verfahren auf sinnlich wahrnehmbare Gegenstände und solche der Geometrie anzuwenden. Indem
diese Beziehung als *contractio*, als Einschränkung der Zahl, erklärt
wird, werden Gegenstände anderer Substanz über ihre quantitative
Bestimmtheit als Ableitungen aus der Zahl interpretiert beziehungs-
weise Zahlen durch ein fremdes *genus* eingeteilt.

Das Verhältnis von Arithmetik und *musica* und ihrer Gegenstände wird im Text der „Quaestiones" teils der ersten, teils der zweiten Art der *contractio* entsprechend aufgefaßt. Beide Wissenschaften
sollen sich explizit einerseits wie Allgemeines und Besonderes verhalten, trotzdem sollen sie andererseits verschieden sein in der Weise, daß die *musica* nicht die allgemeinen, in der Arithmetik behandelten Eigenschaften der Zahl, z.B. das Quadrat zu einer anderen
zu bilden, übernimmt und beide Wissenschaften unterschiedliche
Eigenschaften der Zahl behandeln[33].

Die Betonung der Verschiedenheit des Gegenstandes erklärt sich
aus dem bei Kilwardby angeführten Argument, daß eine Gattung
und ihre verschiedenen Arten in derselben Wissenschaft behandelt
werden. Der Text der „Quaestiones" folgt dem, indem er betont,
daß die *musica* als Wissenschaft überflüssig würde, falls ihr Gegenstand bereits in der Arithmetik behandelt würde (*quaestio* I)[34]. Er
kann deshalb nicht als bloßes Zahlenverhältnis genommen werden.
Demgegenüber hebt der Text die Verschiedenheit der Gegenstände hervor und verweist zur Erläuterung einer Beziehung zwischen
solchermaßen verschiedenen Wissenschaften auf ein Beispiel aus
der „Zweiten Analytik", die Übernahme von Sätzen der Geometrie, um Phänomene in der Medizin zu erklären[35].

Daß der Text gleichzeitig das damit nicht vereinbare Verhältnis
von Allgemeinem und Besonderem für die Gegenstände von Arithmetik und *musica* zugrunde legt, findet eine Begründung darin, daß
die Zugehörigkeit der *musica* zu den mathematischen Wissenschaften auch unter aristotelischen Prämissen aufrechterhalten werden

---

[32] Ibid.
[33] HAAS, *Studien* [Anm. 28], p. 358, 11-13.
[34] Ibid., p. 358, 1-5.
[35] Ibid., p. 358, 20.

soll. Die aristotelische Einteilung der Wissenschaften wird insoweit übernommen, als ausdrücklich erklärt wird, die Mathematik handele von abstrakten Dingen (*quaestio* 5)[36]. Der Unterschied zu Grosseteste besteht darin, daß dessen Setzung, im Übergang von *numerus* zu *numerus relatus* finde ein Wechsel von der Zahl, dem abstrakten Quantum, zu einem aus Form und Materie zusammengesetzten Gegenstand statt, vermieden wird. Der Gegenstand der *musica* wird statt dessen, entsprechend der Vorgabe als mathematische Wissenschaft, als Zahl, jedoch mit spezielleren als den in der Arithmetik behandelten Eigenschaften, aufrechterhalten[37]. In der Handschrift *Barcelona* wird statt speziellerer Eigenschaften der Zahl ein minimales Ausmaß der Einschränkung[38] als Grund dafür angegeben, daß der Gegenstand als Zahl bestimmt werden kann, i.e. die Zahl wird der Argumentation zufolge in ihrer Substanz nicht von der Einschränkung tangiert. Trotzdem wird auch im Text der „Quaestiones" zum Problem, daß es sich bei den speziellen Eigenschaften um sinnlich wahrnehmbare handelt, die den Gegenstand bei Anerkennung aristotelischer Prämissen als Produkt aus Form und Materie aufzufassen nötigen.

Der Zwiespalt erscheint zunächst in der erwähnten Setzung zweier einander ausschließender Modelle für das Verhältnis von Arithmetik und *musica*, nämlich als solches von Allgemeinem und Besonderem mit der Folge, daß der Gegenstand der *musica* als Teil der Arithmetik behandelt werden müßte, und zur Vermeidung dieser Konsequenz ebenso als solches von Gegenständen unterschiedlicher Substanz, was der Bestimmung des Gegenstandes der *musica* als Zahl und somit deren Zuordnung zu den mathematischen Wissenschaften entgegensteht.

Der Text bedient sich eines Tricks, um dieses Problem zu lösen. Zahl und zahlbestimmte Sache werden als austauschbare Begriffe behandelt (*numerus vel res numeralis*). Die Zahl in der Bedeutung der zahlbestimmten Sache wird nach dem aristotelischen Modell als zusammengesetzter Gegenstand mit zwei Naturen behauptet. In der Münchner Handschrift wird dazu erklärt, daß entweder von

---

[36]   Ibid., p. 359, 49.
[37]   Ibid., p. 359, 54.
[38]   „Dicitur enim talis numerus contractus, non quia sit contractus simpliciter, sed quia contrahit aliquantulum de numero simpliciter dicto" (LAFLEUR, *Guide* [Anm. 27], p. 45).

der Zahl oder der Klanglichkeit abstrahiert werden könne. So werde in der Arithmetik abstrahiert von der (sinnlich wahrnehmbaren) Sache, und die Eigenschaften würden als Zahl behandelt. In der *musica* werde im Hinblick auf den Klang, also die physikalischen Eigenschaften, von der Zahl abstrahiert[39]. Dies führt zum Problem, daß dann die *musica* bei Geltung der aristotelischen Einteilung der Wissenschaften nicht den mathematischen Disziplinen zugeordnet werden könnte, da dort Gegenstände abstrahiert von Materie und Bewegung und somit allen sinnlich wahrnehmbaren Eigenschaften behandelt werden sollen. Eine Abweichung in der Handschrift *Barcelona* läßt sich als Versuch deuten, diese Konsequenz zu vermeiden. Denn tatsächlich besteht der Inhalt der *musica* in der damaligen Zeit nicht in der Untersuchung akustischer Phänomene, sondern nur in der Intervallberechnung. In der Handschrift *Barcelona* wird als Lösung eine doppelte Abstraktion eingeführt, nämlich von der Zahl im Hinblick auf die Beziehung zum Klang wie auch vom Klang im Hinblick auf die zahlenmäßige Bestimmtheit des Gegenstandes[40]. Dies kann in dem Sinn verstanden werden, daß der spezielle Inhalt der *musica*, die Anwendung arithmetischer Verfahren am klingenden Material bei der Intervallberechnung, artikuliert werden soll. Allerdings bleibt in dieser Darstellung unklar, worin der Gegenstand der *musica* besteht, wenn sowohl von der Zahl in Richtung auf den Klang wie vom Klang in Richtung auf die Zahl abstrahiert wird.

Der Text der „Quaestiones", dies zeigt sich in der angeführten Argumentation, erweist sich als geprägt von dem Bemühen, den Gegenstand der *musica* im Spannungsfeld von Arithmetik und Naturwissenschaft zu erfassen. Dessen aristotelische Bestimmung als sinnlich wahrnehmbarer Gegenstand mit zwei Naturen ist bereits im Blickfeld, aber das Festhalten an der traditionellen Bestimmtheit als Zahl führt zu nicht lösbaren Widersprüchen.

---

[39] HAAS, *Studien* [Anm. 28], p. 358, 29-32.

[40] „Vel [...] aliter ut dicamus quod numerus in sui generalitate duplicem habet naturam: una est numeri secundum uiam connumerationis, prout abstrahit a re numerali, et de tali est arismetica; alia est numeri secundum uiam sonoritatis, prout abstrahit a sonis secundum uiam proportionis, et de tali est musica" (LAFLEUR, *Guide* [Anm. 27], p. 44).

Robert Kilwardby

Robert Kilwardbys um 1250 entstandene Schrift „De ortu scientiarum"[41] weist bezüglich der Überlegungen zur *musica* eine weitge-
hende Übereinstimmung mit den „Quaestiones" auf. Argumente,
die dort in extremer Kürze vorgetragen werden, erscheinen ganz
ähnlich bei Kilwardby in ausführlicher Darstellung.

Wie in den „Quaestiones" wird von Kilwardby die *musica* als
mathematische Wissenschaft im aristotelischen Verständnis betont,
also mit der Maßgabe, daß sie mit einem Gegenstand zu tun hat,
bei dem von Bewegung und Materie abstrahiert wird. Bei dessen
Bestimmung verbinden sich pythagoreisch-platonische mit aristotelischen Einflüssen. Die in den „Quaestiones" eingeführte allgemeine Gleichsetzung der Zahl mit einer nach Zahlenverhältnissen geordneten Sache wird von Kilwardby konkretisiert auf den Gegenstand der *musica*: An mehreren Stellen wird dieser als *numerus harmonicus vel res harmonica proportione coaptatae*[42] bezeichnet. Daß nicht unmittelbar der *numerus sonorus*, sondern der *numerus harmonicus* als Gegenstand zugrunde gelegt wird, verweist auf den platonisch-pytha-
goreischen Musikbegriff, hat aber für das Verhältnis zur Arithmetik
keine Auswirkungen. Daß es sich bei diesem Gegenstand nicht um
einen rein mathematischen Gegenstand handelt, wird von Kilwardby auch durch die nähere Bestimmung dieser in der *musica* behandelten sogenannten Zahl hervorgehoben: Sie wird als eine mit natürlichen Dingen zusammengewachsene, materiellere und zusam-
mengesetztere Zahl als die in der Arithmetik behandelte vorgestellt[43]. Ebenso konstatiert er an einer Stelle, daß die Gegenstände
der *musica* bzw. *harmonica* natürliche Gegenstände (*res naturales*[44])
seien.

Für das Verhältnis von Optik und Geometrie folgt Kilwardby
bereits weitgehend der aristotelischen Argumentation in der „Zweiten Analytik" und bezeichnet, diese paraphrasierend, den Anteil
genau, den die Geometrie als (abstrakte) mathematische Wissenschaft bei der Untersuchung des natürlichen, d.h. sinnlich wahr-

---

[41]   ROBERT KILWARDBY, *De ortu* [Anm. 30].

[42]   Ibid., p. 53, 13-14.

[43]   „[...] numerus ut a musico consideratur est numerus concretus cum rebus naturalibus. Unde est ex appositione respectu numeri de quo considerat arithmeticus, et
compositior eo et materialior" (ibid., p. 57, 14-16).

[44]   Ibid., p. 58, 10.

nehmbaren Gegenstandes der Optik beisteuern kann. Anders verfährt er bei der *musica*. Hier hält er letztlich doch an der traditionellen pythagoreisch-platonischen Zuordnung fest. Die Begründung
dafür, die es ihm erlaubt, bei ihrem Gegenstand trotz der faktischen
Zuordnung zu den sinnlich wahrnehmbaren Gegenständen an der
Bestimmung als Zahl festzuhalten, findet er im Rückgriff auf Ausführungen von Boethius in „De institutione arithmetica" zur Macht
der Zahlen in sinnlich wahrnehmbaren Gegenständen[45]. Durch sie
wird der Übergang von mathematischen zu qualitativ bestimmten
materiellen Gegenständen gerechtfertigt.

In Übereinstimmung mit dieser pythagoreisch-platonischen Vorstellung bestimmt er als Gegenstand der *musica* nicht den *numerus
sonorus*, sondern den *numerus harmonicus*. Dies wird mit der universell
harmoniebildenden Wirkung bestimmter Zahlen begründet, aus
der er auch die Einteilung der *musica* in *musica mundana*, *musica humana* und *musica instrumentalis* ableitet[46]. Damit führt Kilwardby die bei
Boethius, wie gezeigt, unverbundenen Bestimmungen eines kosmologischen Musikbegriffs systematisch zusammen. Mit der Hyposta-
sierung der Zahl als des Wesens (*essentia*) der Dinge (darin wohl Bezug auf die entsprechende Stelle in „De institutione arithmetica"[47]
nehmend) begründet Kilwardby, daß die *musica* insgesamt mathematische Wissenschaft sei[48]. Indem die platonisch verstandene Idee
der Harmonie aus Zahlen nochmals zugrundegelegt wird, kann die
aristotelische Trennung der *scientia musica* in einen mathematischen,
auf die Form bezogenen und einen physikalischen, auf die Materie
bezogenen Teil in einer übergreifenden Einheit zusammengeführt
werden. Voraussetzung dafür ist die Realität dieser kosmologischen
Vorstellung. Kilwardby behauptet sie als gegeben, jedoch zugleich
mit dem Eingeständnis, sie sei sehr verborgen[49].

Nur für die *musica* spielt die pythagoreisch-platonische Tradition
bei Kilwardby eine so große Rolle. Für die Astronomie, eine tradi-
tionell ebenfalls mathematische Wissenschaft, wird hervorgehoben,
daß ihre Gegenstände physikalisch bestimmt sind und nur, insofern
sich über sie abstrakt als Körper etwas aussagen läßt, geometrische

---

[45] „[...] numeri ipsi quandam sibi innatam vim habent per semetipsos quam rebus
tribuunt numeralem rationem accipientibus" (ibid., p. 54,16-18).
[46] Ibid., p. 52-53.
[47] Boethius, *De institutione arithmetica* [Anm.1], p. 8, 14.
[48] Robert Kilwardby, *De ortu* [Anm.30], p. 59, 29.
[49] „[...] valde occulta est, [...], tamen et est" (ibid., p. 59, 23-24).

Verfahren Anwendung finden[50]. Für die Aussagen über sie, als physikalische Gegenstände genommen, verweist Kilwardby auf „De caelo et mundo" von Aristoteles[51]. Er übernimmt für die Astronomie aus der „Zweiten Analytik" die Unterscheidung zwischen einem mathematischen und einem physikalischen Anteil in einer Wissenschaft und erweitert die Aussagen zum letzteren durch die Hinzuziehung der genannten Schrift[52].

Obwohl Aristoteles diese Unterscheidung in der „Zweiten Analytik" neben der Optik am Beispiel der Harmonik vornimmt, gibt es bei Kilwardby für die *musica* keine Aussagen in der Art, daß die physikalischen Eigenschaften ihres Gegenstandes untersucht werden müßten. Auch wird nirgendwo auf die Aussagen zur Tonentstehung in „De anima" verwiesen. Innerhalb des Modells von Kilwardby läßt sich das damit begründen, daß als Gegenstand der *musica* nicht der Klang, sondern die Zahl und zwar ebenfalls nicht unmittelbar die klingende, sondern allgemeiner die harmonische Zahl gesetzt wird, also ein Gegenstand, der auch bei Gleichsetzung von Zahl und zahlbestimmtem Gegenstand nicht unmittelbar auf den Klang, sondern allgemeiner auf die harmonische Verbindung von Dingen überhaupt bezogen ist. Daß Kilwardby für die *musica* so viel stärker als für andere Wissenschaften auf pythagoreisch-platonische Vorstellungen zurückgreift und diese ausführlich und subtil argumentativ untermauert, gibt einen Hinweis auf die Bedeutung, die der kosmologische Musikbegriff bei aller kritischen Reflexion im Denken der Zeit noch hat. Da sein Wahrheitsgehalt auch von Kilwardby nur behauptet werden kann, wird er von einigen Autoren in der Folge ganz aufgegeben. Unter diesen ist an nächster Stelle Albertus Magnus zu nennen.

Albertus Magnus

Systematisch zusammenhängende Ausführungen zur *musica* wie bei Kilwardby existieren von ihm nicht. In den kommentierenden Traktaten zur „Zweiten Analytik" finden sich an verschiedenen Stellen Bemerkungen dazu. Am ausführlichsten und genauesten

---

[50] Ibid., p. 42, 10-12.
[51] Ibid., p. 42, 30-31.
[52] Ibid., p. 42.

äußert er sich in Traktat III im siebten Kapitel[53]; deshalb beschränken sich die vorliegenden Ausführungen im wesentlichen darauf. Anders als bei Kilwardby wird bei ihm auch die *musica*, wie die Astronomie, nicht mehr den rein mathematischen Wissenschaften zugeordnet. Die Parallelität zur Optik, die gleichfalls einen sinnlich wahrnehmbaren Gegenstand hat und mathematische Beweise übernimmt, wird an mehreren Stellen hervorgehoben. Albert folgt darin genau den Vorgaben der „Zweiten Analytik" und führt die dort entwickelten Gedanken weiter aus. Er unterscheidet wie Aristoteles eine mathematische und eine auf dem Gehör beruhende *musica* und schränkt die Geltung der *mathematica*, diesem folgend, dergestalt ein, daß sie zwar Beweise liefern kann (*propter quid*), der Gegenstand selbst aber zu den sinnlich wahrnehmbaren gehört und die Betrachtung seiner physikalischen Eigenschaften deshalb nicht unter ihren Bereich fällt, da die mathematischen Wissenschaften Gegenstände abstrakt vom sinnlich Wahrnehmbaren erfassen[54].

Die verschiedenen, bei Kilwardby behandelten Arten einer *contractio* als Versuch, das Verhältnis unterschiedener Wissenschaften vom Gegenstand der übergeordneten aus zu erfassen, werden zwar von ihm referiert, aber als unnötig zur Bestimmung des Verhältnisses eingeschätzt[55]. Damit verzichtet er auf die Konstruktion, die bis dahin die Übereinstimmung von pythagoreisch-platonischen mit aristotelischen Prämissen gewährleisten sollte. Er greift das aristotelische Modell von den zwei Naturen eines Gegenstandes auf und interpretiert es, anders als die erwähnten Autoren, vollständig den aristotelischen Prämissen entsprechend. Über die Aristotelesadaptation der bisher behandelten Autoren geht Albert in dem Punkt hinaus, daß die Bedeutung der mathematischen Bestimmungen bei sinnlich wahrnehmbaren Gegenständen zurücktritt. Albert referiert die bei Aristoteles nur kurz ausgeführten, einschränkenden Bemerkungen über die Bedeutung mathematischen Wissens zur Erkenntnis sinnlich wahrnehmbarer Gegenstände, daß nämlich die Mathematik zwar das *Warum*, deswegen aber nicht auch schon das *Daß*, also deren materiale Eigenschaften, erfassen kann. Auf dieser

---

[53] ALBERTUS MAGNUS, *Analytica Posteriora*, ed. A. BORGNET, in: *Albertus Magnus, Opera omnia*, tom. 2, Paris 1890, p. 1-232, hier: lib. I, tract. III, p. 68-90.

[54] „[...] propter quid considerare habent mathematicae quae non considerant sensibile, sed abstractum a sensibili [...]" (ibid., p. 85b).

[55] Ibid., p. 86.

Grundlage entwickelt Albert weitergehende Überlegungen zur Eigenständigkeit dieses Bereichs gegenüber den mathematischen Beweisen. So betont er, daß sich die Geltung mathematischer Beweise auf die quantitative Bestimmtheit physikalischer Gegenstände beschränkt, da mathematische Wissenschaften Dinge abstrakt von sinnlich wahrnehmbaren Eigenschaften betrachten, der Bereich des sinnlich Wahrnehmbaren aber außerhalb dessen steht[56].

Am Beispiel des Strahls, der sichtbaren Linie, führt er den Unterschied konkret aus: Eigenschaften wie gerade Richtung, Krümmung oder die Bildung von Winkeln durch Überschneidung zweier Geraden, die Linien überhaupt zukommen, werden von der Geometrie untersucht. Spiegelungs- und Brechungseffekte bei Strahlen dagegen haben ihre Ursachen nicht in geometrischen Bestimmungen. Sie können deshalb nicht durch die Geometrie erklärt werden[57]. Sie sind also das spezielle Gebiet der Optik: zu deren quantitativer Bestimmung bezüglich der Winkel u.ä. wird die Geometrie herangezogen, die materialen Ursachen dagegen gehören dem Gebiet der Naturwissenschaft an. In diesem Sinn betont Albert, daß darin die Optik der Geometrie nicht untergeordnet sei[58]. Albert führt diese differenziertere Betrachtung der Ursachen in den Traktaten zur „Zweiten Analytik" nur im Bereich der Optik mit Beispielen durch; die Analogie zur *musica* wird zwar jeweils betont, aber die entsprechenden Materialien zur Akustik aus „De anima" werden von Albert in diesem Zusammenhang nicht rezipiert.

Thomas von Aquin

Einen vorläufigen Abschluß findet die Diskussion um den Status der *musica* im Zirkel der Wissenschaften durch Thomas von Aquin. Thomas fügt gegenüber Albert keine neuen inhaltlichen Bestimmungen hinzu, jedoch werden von ihm die Beziehungen und Abgrenzungen auf der Basis der aristotelischen Einteilung mit weit größerer Klarheit und Genauigkeit entwickelt als zuvor.

---

[56] Ibid., p. 87.

[57] „[...] quae passiones quia causantur non a linea secundum quod quantitas est, ideo lineae secundum ipsam non conveniunt, nec possunt a geometra causari ex propriis principiis quantitatis [...]" (ibid., p. 86a).

[58] „Nec etiam in hoc, si quis subtiliter inspiciat, subalternatur perspectiva geometriae [...]" (ibid.).

Die *musica* wird durchgängig als *scientia media* bestimmt auf glei-
cher Stufe wie die Optik. Mittlere Wissenschaften sind, Thomas
zufolge, diejenigen, die mathematische Prinzipien auf materielle,
sinnlich wahrnehmbare Gegenstände anwenden[59].

Ergänzende Ausführungen dazu finden sich im Kommentar zu
„De Trinitate". Auch die Astronomie wird hier, wie bereits bei
Kilwardby, entsprechend der aristotelischen Physikvorlesung, zu
den mittleren Wissenschaften gerechnet[60]. Außerdem wird der Unterschied zwischen mittleren und Naturwissenschaften hervorgehoben. Für die *musica* wird an einer Stelle ein physikalischer Anteil in
der Weise bestimmt, daß sie wie die Astronomie von Bewegung
und beweglichen Dingen handele[61]. Die Bedeutung des physikalischen Anteils wird für diese mittleren Wissenschaften jedoch als
untergeordnet gegenüber dem mathematischen Anteil eingestuft.
Für die *musica* explizit wird ausgesagt, sie handele von Tönen, un-
tersuche aber nicht die akustischen Phänomene, sondern die in den
Intervallen feststellbaren Zahlenverhältnisse[62]. Darin erweist sich
Thomas stärker der Tradition verpflichtet als Albert, dessen Interesse am damals neu zur Aufmerksamkeit gelangenden physikalischen Bereich sich in seinen Ausführungen andeutete. Obwohl
Thomas in den genannten Kommentaren häufig auf andere Schriften von Aristoteles verweist, geht er auf die Ausführungen zur Akustik in „De anima" an keiner Stelle ein.

Seine begriffliche Klarstellung zum mathematischen und physikalischen Anteil der *musica* bildet allerdings die systematische Voraussetzung für eine Öffnung des Musikbegriffs auf den akustischen
Bereich hin. In den musiktheoretischen Schriften von Johannes de
Muris, insbesondere in der frühen Schrift „Notitia artis musicae"[63]
wird systematisch vom Klang ausgegangen und der Musikbegriff

---

[59] „[...] quedam autem sciencie sunt medie, que scilicet principia mathematica
applicant ad materiam sensibilem, sicut perspectiua applicat principia geometrie ad
lineam uisualem, et armonica, id est musica, applicat principia arismetice ad sonos
sensibiles [...]" (THOMAS VON AQUIN, *Expositio Libri Posteriorum*, Rom 1989 [Opera omnia,
Leonina, tom. I*.2], lib. I, cap. 41, p. 152a.).

[60] THOMAS AQUINAS, *Super Boetium de Trinitate*, Rom 1992 (Opera omnia, Leonina,
tom. L), q. V, ar. 3, ad 6, p. 150b-151a.

[61] Ibid.

[62] „[...] sicut musica considerat sonos, non in quantum sunt soni, set in quantum
sunt secundum numeros proportionabiles, [...]" (ibid., p. 151a).

[63] JOHANNES DE MURIS, *Notitia artis musicae*, ed. U. MICHELS, 1972 (Corpus Scriptorum de Musica 17).

durchgängig daraus entwickelt. Allerdings bildet die zahlbestimmte
Form auch bei ihm den Schwerpunkt der Ausführungen gegenüber
sehr knappen Bemerkungen zu den akustischen Voraussetzungen.

Im Hinblick auf den kosmologischen Musikbegriff ist die weitere
Entwicklung uneinheitlich. Er verschwindet nicht völlig, sondern
besteht vereinzelt in veränderter Funktion fort. Generell setzt sich
die Anerkennung der Akustik als Grundlage durch. In der Musiktheorie wird der kosmologische Musikbegriff deshalb bei Autoren,
die an ihm festhalten, immer mehr zur leeren Formel ohne systematischen Zusammenhang zu den sonstigen Ausführungen, oder
aber er wird zum regulativen, mit dem Anspruch auf Wissenschaft-
lichkeit verknüpften Prinzip ästhetischer Ideen verändert[64]. In ähn-
licher Funktion findet man ihn vereinzelt außerhalb der Musiktheorie. Er dient dann als regulative Idee, die beschworen wird, um
neuartige Erkenntnisse unter einer anerkannten Vorstellung in den
Wissenschaftskanon integrieren zu können[65].

---

[64]   C.f. E. HIRTLER, *Musik als scientia* [Anm.12].
[65]   C.f. den Beitrag von A. GODDU in diesem Band.

DIE UNMÖGLICHKEIT DER TEILUNG DES GANZTONES IN ZWEI GLEICHE TEILE UND DER GEGENSTAND DER *MUSICA SONORA* UM 1300

Frank Hentschel

„Der Ganzton, der griechisch 'epogdus' genannt wird, kann gemäß Boethius und allen nicht in zwei gleiche Teile geteilt werden"[1].

Wenn Johannes Boen mit dieser Aussage den zweiten Abschnitt seiner 1357 verfaßten „Musica" eröffnet, der sich vollständig der Teilung des Ganztones widmet, dann ist er im Begriff – wohl ohne es zu merken –, eine jahrhundertealte Sichtweise auf den Gegenstand der *musica sonora* zu verkehren. Johannes Boen – und darin liegt bereits ein wesentliches Symptom dieses Umbruchs – muß sich fragen, was Boethius mit jener Aussage gemeint, wie er sie verstanden hat[2]. Er wirft damit eine Frage auf, die über viele Jahrhunderte hinweg nicht notwendig war. Im folgenden soll daher untersucht werden, warum diese Frage früher nicht gestellt werden mußte und wie sich der Gegenstand der *musica sonora* gewandelt hat.

Johannes Boen stellt jener Feststellung, der Ganzton sei nicht in zwei gleiche Teile teilbar, eine Regel Euklids gegenüber, nach der sich „jedes Verhältnis wie eine Linie verhält"[3], so daß er nahelegen kann, daß so, wie eine Linie in der Mitte teilbar sei, es auch ein Verhältnis sei[4]. Als Beispiel führt er treffend das kontinuierliche

---

[1] „Tonus, qui grece epogdus dicitur, secundum Boetium et omnes non potest dividi in partes equales" (ed. W. FROBENIUS, in: id., *Johannes Boens Musica und seine Konsonanzlehre*, Stuttgart 1971, Freiburger Schriften zur Musikwissenschaft 2, im folgenden abgekürzt als „Ioh. Boen mus.", II, p. 43, 1).

[2] „[...] sed dico dictum Boetii intelligendum fore [...]" (ibid., p. 43, 8).

[3] „Videtur tamen, quod ymno, quia omnis proportio secundum Euclydium se habet ut linea; nam sicut una linea longior est alia, sic una proportio est alia maior" (ibid., p. 43, 2sq.).

[4] „[...] modo quelibet linea potest dividi per medium" (ibid., p. 43, 4). – Es läßt sich bei Euklid keine Formulierung ausfindig machen, auf die sich Johannes Boen hier unmittelbar bezieht; vielmehr ist es wahrscheinlich, daß er einige Aussagen Euklids zusammenzieht und auf seine Fragestellung hin ausrichtet. In lib. X, 7-13 der „Elementa" handelt Euklid von Inkommensurabilität am Beispiel von „longitudines", die auch als Linien dargestellt werden. Dieser Abschnitt könnte bei Johannes Boen im Hintergrund stehen.

Anspannen einer Instrumentensaite an: „[...] wenn zwei Saiten sich im Verhältnis der Gleichheit befinden und die eine bis zum Verhältnis 9:8 angespannt wird, so gibt es keinen Zweifel, daß ein Durchgang durch die Mitte geschieht"[5]. Sowohl die explizite Quelle „Euklid" als auch die implizit hinter der Anspielung auf das kontinuierliche Anspannen einer Saite verborgene Quelle „Ptolemaios" waren Wissenschaftlern seit langer Zeit zugänglich[6], führen aber offensichtlich erst bei Johannes Boen zu einem Problem.

Johannes Boen selbst versucht, Boethius zu rechtfertigen, und stützt sich dabei – scheinbar naheliegend und selbstverständlich – auf eine Interpretation, die ganz vom Tonsystem ausgeht, wie Johannes es in der Praxis vorfand und das es offenbar zu beschreiben oder erklären galt. Boethius habe sagen wollen, der Ganzton sei nicht in zwei gleiche Teile teilbar, sofern die Harmonie Bestand haben solle: *stante armonia*[7]. Bis zur gegenwärtigen Zeit aber gefalle kein Gesang, der die Hälfte des Ganztons enthalte. Johannes Boen bezieht sich hierbei auf das diatonische System, nimmt aber die Musik der Himmelskörper und der Engel aus, bezüglich derer er keine Aussage zu treffen wagt[8]. Deutlich ist auch die analoge Feststellung, daß zwei Töne, die gemäß der Hälfte des Verhältnisses 2:1 proportioniert sind, „nicht akzeptiert" seien[9]. Die Argumente sind

---

[5] „Item si due corde se habeant in proportione equalitatis et intendatur altera continue usque ad proportionem sesquioctavam, non est dubium, quin fiet transitus per medium" (ibid., p. 43, 5). Das Beispiel des Verhältnisses von Durchmesser zu Quadratseite dient Johannes Boen daher dazu, das Verhältnis zweier Saiten zueinander zu veranschaulichen: „duo soni [...], qualem facerent due corde, quarum una se haberet ut dyameter, alia ut costa sui quadrati, et sic de aliis" (ibid., p. 44, 2sq.).

[6] Die „Elementa" des Euklid lagen, von einigen älteren ps.-boethianischen Fragmenten abgesehen (M. FOLKERTS, „*Boethius*" *Geometrie II*, Wiesbaden 1970 ['Boethius': Texte und Abhandlungen zur Geschichte der exakten Wissenschaften 9], p. 69-82), seit dem 12. Jahrhundert in lateinischer Übersetzung vor (H. L. L. BUSARD, *The First Translation of Euclid's 'Elements' commonly ascribed to Adelard of Bath*, Toronto 1983 [Pontifical Institute of Medieval Studies. Studies and Texts 64], p. 2-7). Die ptolemaischen Überlegungen zum Tonkontinuum referiert Boethius in seiner Schrift „De institutione musica" (*Boetii De institutione arithmetica libri duo. De institutione musica libri quinque*, ed. G. FRIEDLEIN, Leipzig 1867, im folgenden abgekürzt als „Boeth. mus." bzw. „Boeth. arith.", hier Boeth. mus. V, 6, p. 356sq.).

[7] „[...] sed dico dictum Boetii intelligendum fore, videlicet quod tonus non dividitur in partes equales stante armonia" (Ioh. Boen mus. [Anm. 1], p. 43, 8).

[8] „[...] quia usque ad hec tempora non placuit talis cantus saltem a nobis prolatus, qui dyatonico generi insistimus (de cantu seu armonia corporum celestium et angelorum seu volucrem nescire, divinare)" (ibid., p. 44, 10sq.).

[9] „Sic nec duo soni, qui se in medietate habent duple proportionis, accepti sunt nec simul, nec separatim [...], que omnia experientie relinquo auditus" (ibid., p. 44, 12sq.).

empirisch (*ad experientiam probatur*[10]), insofern die Gegebenheit des damals gebräuchlichen Tonsystems die Grundlage der Gedanken bietet und der sinnliche Eindruck als Grund dafür angeführt wird, daß die Ganztonhälfte aus dem Tonsystem ausgegliedert wird.

Johannes de Muris, den Johannes Boen selbst als eine seiner Quellen nennt[11], hatte ganz anders und auf eine Weise, die uns weniger naheliegend, ja befremdlich anmutet, erklärt: „Der wahre Halbton existiert in der Natur der Dinge nicht"[12]. Diese Aussage steht quer zur bloß empirischen Auffassung, der vollständige oder wahre Halbton werde in der Praxis nicht gebraucht, wie sie von Johannes Boen vertreten wird. Die Formulierung *in rerum natura non existere* des Johannes de Muris legt nahe, daß die Wurzeln des Problems so tief liegen, daß die historisch kontingente Verwendung eines Tonsystems, auf die Johannes Boen anspielt, als Lösung nicht ausreicht. Beide Autoren scheinen, auf eine merkwürdige Weise aneinander vorbeizureden; diese gilt es zu erklären.

Johannes de Muris hält sich an die Argumente des Boethius, die in Kürze zu untersuchen sein werden, entfaltet aber die zitierte Phrase nicht weiter. Dies jedoch unternimmt Jacobus von Lüttich, der gewissen *moderni*[13] die Prämisse unterschiebt, es gäbe *realiter* einen vollständigen Halbton[14]. Auf diese Problematik des *esse realiter*, das dem *in rerum natura existere* des Johannes de Muris zu entsprechen scheint, kommt er bezeichnenderweise auch gleich zu Beginn seiner *responsio* des andeutungsweise nach Art einer *Quaestio* aufgebauten Kapitels zurück: Der Ganzton sei aufgrund des Gesagten und zu Sagenden *in re extra* (in der Wirklichkeit außerhalb des Erkenntnisvermögens) nicht in zwei gleiche Teile teilbar, und dies sei zu unterscheiden von der Möglichkeit, sich gleiche Teile „vorzustellen"[15].

---

[10]   Ibid., II, p. 44, 10.

[11]   Ibid. IV, p. 64, 3.

[12]   „Verum semitonium in rerum natura non existere" (*Musica speculativa*, ed. C. FALKENROTH, Stuttgart 1992 [Beihefte zum Archiv für Musikwissenschaft 34], im folgenden abgekürzt als „Ioh. Mur. spec.", S. 202, 2; 203, 3). (Etwa gleichzeitig sind zwei weitere Editionen dieses Traktates erschienen: E. WITKOWSKA-ZAREMBA, 'Musica Muris' i nurt spekulatywny w muzykografii sredniowiecznej, Warschau 1992 [Studia Copernicana 32]; S. FAST, *Musica speculativa*, Ottawa 1994 [Musicological Studies 61].)

[13]   *Speculum musicae*, tom. 1-7, ed R. BRAGARD, 1955-1973 (CSM 3), im folgenden abgekürzt als „Iac. Leod. spec.", II, LXIII, 5.

[14]   „Sed illi sentire videntur tonum realiter divisibilem esse in duo semitonia aequalia et integra" (ibid. II, LXIII, 7).

[15]   „Responsio: Supponimus ex dictis et dicendis tonum in re extra divisibilem non

Es kann keinen vollständigen Halbton *in re* geben, ebenso wie es nicht dessen Verhältnis geben kann[16].

Die Frage nach der Wirklichkeit bzw. Existenz eines vollständigen Halbtons, die in den Begriffen wie *realiter, in re, in re extra* oder – negativ – *imaginaria* zum Ausdruck kommt, greift Jacobus wenig später erneut auf, indem er sie in noch engeren Zusammenhang mit dem Sprachgebrauch stellt. Wenn jene *moderni* annehmen, es gäbe den wirklichen Halbton, und wenn sie diesen als den großen bezeichnen, so ist – da es nach der boethianischen Lehre einen größeren und einen kleineren Teil des Ganztons gibt – von ihnen zu erfragen, was der kleine – also die *diesis* – und was der im herkömmlichen Sinne große – also die *apotome* – *in re* seien. Offenbar nehmen jene nur den vollständigen Halbton *in re extra* an, während die übrigen nur „vorgestellt" wären, nicht *realia in re extra*[17]. Das widerspräche jedoch genau den Gegebenheiten des Monochords und der Zahlenverhältnisse[18].

Den Kerngedanken hält Jacobus noch einmal gesondert fest: „Der wirkliche Halbton aber ist nicht auffindbar *in re extra* wie auch nicht sein Verhältnis, wiewohl wir von seiner Bedeutung (*significatum*) sprechen können. Denn von einer Sache, die nicht *in re extra* existiert, können wir sprechen wie vom Vakuum und derartigem. Deshalb ist auch an der Auffassung festzuhalten, daß der Ganzton *realiter* nicht in zwei ganz vollständige Halbtöne unterteilbar ist"[19].

---

esse in duo semitonia aequalia integra quae, simul iuncta, integre tonum reddant, quicquid sit de speculativa quadam imaginaria ipsius divisione in integras duas partes de quibus loquitur Philolaus quid continerent si essent, quia quodlibet minus semitonium, si essent, et schisma in se continerent" (ibid. II, LXIII, 16).

[16] „Et Boethius ex suppositione de tali integro semitonio, si esset, in qua proportione fundari deberet declarat, non quod semitonium integrum esse in re ponat vel eius proportionem, sed ad impossibile reducit haec" (ibid. II, LXIII, 16).

[17] „Cum autem ipsi, ut videtur, semitonium integrum simpliciter vocent maius semitonium, quaeri potest ab eis quid sit in re minus semitonium, scilicet diesis, et quid maius, scilicet apotome, et in quibus reperiantur consonantiis, hi solum integrum videntur ponere in re extra semitonium. Et alia esse imaginaria, non realia in re extra" (ibid. II, LXIII, 21).

[18] „Nos autem totum oppositum tenemus; et secundum illos consonantiae, quibus utimur et quae in monochordo et in instrumentis musicalibus continentur, suis non responderent proportionibus, et multa alia inconvenientia sequerentur" (ibid. II, LXIII, 22). Die Interpunktion weicht von der von R. Bragard vorgeschlagenen ab.

[19] „Semitonium vero integrum non est reperibile in re extra, sicut nec eius proportio, licet de eius possimus loqui significato. Nam de re, quae non est in re extra, loqui possumus, ut de vacuo et huiusmodi. Quamobrem etiam tenendum est tonum realiter non esse divisibilem in duo semitonia omnino integra" (ibid. II, LXIII, 23). Wiederum wurde eine Interpunktion abgedruckt, die von der von R. Bragard gewählten abweicht.

Ausschlaggebend für den Schluß, der wahre Halbton existiere nicht, ist der Hinweis, daß er in keinen Verhältnissen auffindbar sei. Wenngleich Jacobus mit diesen Verhältnissen nicht nur die zahlhaften meint, so gehört es doch zur Bedingung einer Konsonanz, deren Formalursache die *modulatio harmonica* ist, daß sie in einem Zahlenverhältnis darstellbar ist[20].

Es ist offensichtlich, daß Johannes de Muris und Jacobus von Lüttich eine gänzlich anders strukturierte Sicht auf den Gegenstand der *musica theorica* besitzen als Johannes Boen. Die Wurzeln dieser Sichtweise liegen einerseits in Boethius' „Institutio musica" und andererseits in der Aristoteles-Rezeption des 13. Jahrhunderts, in deren Rahmen jener Text erklärt wurde.

Die Tatsache, daß eine Halbierung des Ganztones unmöglich ist, war für Boethius nicht so selbstverständlich, daß er sich eine Erörterung des Problems hätte sparen können: Er führt den Beweis, wie er in der Überschrift des Kapitels ankündigt, „gegen Aristoxenos"[21], der die Möglichkeit der Halbierung des Ganztones behauptet hat.
Das Argument, das der Einsicht in jene Unteilbarkeit zugrunde liegt, ist in der Überschrift dieses Kapitels bereits vollständig enthalten: „Beweis [...], daß ein überteiliges Zahlenverhältnis nicht in zwei gleiche Teile geteilt werden kann, und deshalb auch nicht der Ganzton"[22]. Anders formuliert: Weil ein überteiliges Zahlenverhältnis nicht in zwei gleiche Teile geteilt werden kann, kann es auch nicht der Ganzton. Dieses Argument ist keineswegs einleuchtend, wie die Reaktion des Johannes Boen bereits gezeigt hat. Selbst wenn der Ganzton durch ein überteiliges Zahlenverhältnis *dargestellt* werden kann, ist der weiterführende Schluß nicht zulässig, die Eigenschaften, die dem Zahlenverhältnis zukommen, kämen auch

---

20   „Videtur mihi, sine praeiudicio cuiuscumque, quod ipsa harmonica modulatio sonora generaliter et absolute sumpta, id est non restricta ad hanc specialem talium vel talium sonorum modulationem, intrinsece et quidditative est quaedam mixtio, unio, proportio, proprietas, vel connectio proveniens, nascens et resultans ad productionem distinctorum sonorum quae competit in medio et apud auditum se diffundens, ad certam in numeris reducibilis proportionem" (ibid. II, III, 16, cf. 17).
21   „[...] adversum Aristoxenum" (Boeth. mus. [Anm. 6], p. 268, 13).
22   „[...] demonstratio superparticularem proportionem dividi in aequa non posse atque ideo nec tonum" (Boeth mus. [Anm. 6], p. 268, 13-15).

dem Ganzton zu. Tatsächlich ist eine weitere Prämisse impliziert, die sogleich explizit wird, wenn man die Überschrift in einen Syllogismus umformt, den sie elliptisch präsentiert:

a) Überteilige Zahlenverhältnisse sind nicht in zwei gleiche Teile teilbar.

b) Der Ganzton *ist* ein überteiliges Zahlenverhältnis.

c) Also ist der Ganzton nicht in zwei gleiche Teile teilbar.

Die so explizierte Prämisse ist der Pythagoreismus-Forschung letztlich bekannt[23], und doch überrascht sie durch die Präzision, mit der sie auf den Begriff bringt, was der Boethius-Leser fortwährend nur ahnt: Die Konsonanz *ist* ein Zahlenverhältnis.

Der Ganzton erscheint daher als ein bestimmtes überteiliges Zahlenverhältnis – nämlich 9:8. Diese Bestimmung des Zahlenverhältnisses entnimmt Boethius der Pythagoras-Legende, in der berichtet wird, Pythagoras habe, als er an einer Schmiede vorüberspazierte, aus den Klängen der Hämmer die vier wichtigsten Konsonanzen herausgehört und durch Auswiegen der Gewichte der Hämmer jene in Zahlenverhältnissen (der *Tetraktys*) aufgefunden[24].

Boethius argumentiert demnach folgendermaßen: Der Ganzton besteht aus dem Zahlenverhältnis 9:8; dieses Zahlenverhältnis ist überteilig und als solches nicht in zwei gleiche Teile teilbar; also ist

[23] O. Becker, „Frühgriechische Mathematik und Musiklehre", in: *Archiv für Musikwissenschaft* 14 (1957), p. 156-164: „Zwischentöne sind gar keine Töne nach griechischer Auffassung; sie sind nicht wahrhaft. Nur ein zahlenmäßiges Bestimmtes ist ein Ton – ist überhaupt ein Seiendes" (S. 164). – K. von Fritz, „Die Entdeckung der Inkommensurabilität durch Hippasos von Metapont", in: O. Becker (ed.), *Zur Geschichte der griechischen Mathematik*, Darmstadt 1965 (Wege der Forschung 33), p. 271-307: „Sie [die Pythagoreer] erklärten, daß die musikalischen Harmonien, die vom Ohr wahrgenommen werden, in Wirklichkeit die Zahlen 'sind', durch welche die entsprechenden Längen der Saiten und dgl., die sie erzeugen, gemessen werden" (p. 287). Engl. Fassung: „The Discovery of Incommensurability by Hippasos of Metapontum", in: *Annals of Mathematics* 46 (1945), p. 242-264. – B. L. van der Waerden, „Die Harmonielehre der Pythagoreer", in: *Hermes. Zeitschrift für klassische Philologie*, 78, 2 (1943), p. 163-199: „Ein Zahlenverhältnis wie 2:1 ist den Pythagoreern nicht bloß ein empirisches Meßergebnis, sondern ein Ausdruck des innersten Wesens des Intervalls der Oktave" (p. 175).

[24] Boeth. mus. [Anm. 6] I, 10; vgl. zu dieser Legende u.a. B. Münxelhaus: *Pythagoras musicus. Zur Rezeption der pythagoreischen Musiktheorie als quadrivialer Wissenschaft im lateinischen Mittelalter*, Bonn-Bad Godesberg 1976 (Orpheus-Schriftenreihe 19), p. 36-39; K.-J. Sachs: *Mensura fistularum. Die Mensurierung der Orgelpfeifen im Mittelalter*, tom. 2, Murrhardt 1980, p. 148-150.

auch der Ganzton nicht in zwei gleiche Teile teilbar.

Betrachten wir die Argumentation im Detail. Die Teilbarkeit eines überteiligen Zahlenverhältnisses in zwei gleiche Teile meint bei Boethius die geometrische Mittelung: Gesucht ist eine Zahl x zwischen 9 und 8 derart, daß 9:x = x:8 ist. Da zwischen den Zahlen 8 und 9 keine natürliche Zahl liegt, erweitert Boethius das Zahlenverhältnis durch Multiplikation mit 2 auf 18:16, so daß eine mittlere Zahl – die 17 – greifbar wird[25]. Man kann dann zwei Verhältnisse ableiten, die scheinbar die Hälften des „tonus" darstellen: 18:17 und 17:16, wobei es sich jedoch lediglich um das arithmetische Mittel handelt, nicht um das gesuchte geometrische. Aber es ergeben sich schwerer wiegende Probleme; denn das Verhältnis 18:17 ist kleiner als das Verhältnis 17:16[26].

Um zu zeigen, daß weder das Verhältnis 17:16 noch das Verhältnis 18:17 eine Hälfte des *tonus* bilden, besteht der folgende Schritt des Boethius darin, diese beiden Verhältnisse so zu erweitern, daß sie jeweils die Hälfte einer geometrischen Mittelung darstellen. Boethius widmet sich mit diesem Ziel zunächst dem größeren Verhältnis 17:16. Die Aufgabe läßt sich nun folgendermaßen wiedergeben: Gefragt ist nach dem Terminus x (wenn x > 17), wobei x:17 = 17:16. Da angenommen wird, daß das Verhältnis 17:16 größer ist als die Hälfte des Ganztones, muß die Rechnung für x ein Ergebnis erbringen, das 18 überschreitet. Boethius führt nun zunächst den Bruch 17:16 aus und erhält so 1 1/16. Indem er dann 1 1/16 zu 17 addiert, erhält er 18 1/16. Dieser Schritt überspringt einige Gedanken, die implizit bleiben; sie lassen sich folgendermaßen wiedergeben:

$$x/17 = 17/16$$
$$x = 17^2/16$$
$$x = 289/16$$
$$x = 272/16 + 17/16$$
$$x = 17\ 17/16$$
$$x = 18\ 1/16.$$

---

[25] „Sed quoniam se isti ita naturaliter consequuntur, ut medius inter eos numerus non sit, eosdem binario, quo scilicet minimo possum, multiplico. Fiunt igitur XVI atque XVIII. Inter hos vero naturalis numerus cadit, qui est XVII" (Boeth. mus. [Anm. 6], p. 270, 5-9).

[26] „Septima decima vero pars minor est sexta decima naturaliter, maior est igitur proportio, quae sub XVI ac XVII numeris continetur, quam ea, quae sub XVII ac XVIII" (ibid., p. 270, 12-15).

Diese Zahl stellt x dar. 18 1/16:17 entspricht demnach 17:16 und kann keine Hälfte des Ganztones sein, da ansonsten 18 1/16:16 einen Ganzton darstellen müßte[27]. Der analoge Vorgang bezüglich des Verhältnisses 18:17 ergibt natürlich, daß seine Verdopplung das Verhältnis des Ganztones unterschreitet[28]. Der Versuch, den Ganzton in zwei gleiche Teile zu teilen, scheitert also.

Aufgrund einer einfachen, der „Institutio musica" selbst zu entnehmenden Beobachtung erscheint der Beweis als absurd: Es gibt ein Tonkontinuum, das man zum Klingen bringen kann, indem man eine Saite kontinuierlich anspannt und so erzeugt, was wir heute als „Glissando" bezeichnen. Eine jede Konsonanz ist also kontinuierlich teilbar. Daß dieser Gedanke naheliegt, beweist Johannes Boen, der ihn, wie eingangs gesehen, bereits 1357 äußert. Im Rückgriff auf Ptolemaios berichtet Boethius selbst davon und vergleicht das Tonkontinuum mit dem fließenden Übergang der Farben eines Regenbogens ineinander[29]. Es muß daher eine Erklärung für die Frage geben, warum Boethius von dieser Erkenntnis keinen Gebrauch macht, d.h. warum er die Argumentation – im Gegensatz zu Johannes Boen – gemäß dem Muster, wie es soeben nachgezeich-

---

[27] Boethius ist weniger ausführlich in seinen Erläuterungen: „Quoniam vero ad XVI numerum XVII numerus comparatus supersesquisextamdecimam obtinet proportionem, si eiusdem XVII numeri sextamdecimam requiramus, erit unitas atque unitatis pars sextadecima. Hanc si eidem XVII numero coniungamus, fient XVIII et pars XVI^{ma}. Si igitur XVIII et pars XVI^{ma} XVI numero comparetur, recte toni mensuram videatur excedere, cum ad eum solus XVIII numerus sesquioctavam custodiat proportionem. Unde fit, ut, quoniam supersesquisextadecima proportio tonum bis aucta transcendit, non sit integrum toni dimidium" (ibid., p. 271, 2-12).

[28] „Sed quoniam sesquisextamdecimam proportionem continua sequitur sesquiseptimadecima, videamus, an ea tonum bis multiplicata non impleat. XVII igitur numeri sesquiseptimamdecimam partem tenet terminus XVIII. In eadem igitur proportione si ad XVIII numerum alium comparemus, erit XVIIII et XVII^{ma} pars. Quod si ad XVII terminum in sesquioctava proportione positum numerum comparemus, fient XVIIII et pars octava. Maior vero est pars octava parte septimadecima, maior igitur est proportio numerorum XVII ac XVIII et octava quam ea, quae in XVII ac XVIII et parte septimadecima continetur, quae sunt scilicet bis sesquiseptimaedecimae proportiones. Duae igitur sesquiseptimae decimae unum tonum non videntur inplere" (ibid., p. 271, 17–272, 6).

[29] „Sicut enim cum in nubibus arcus aspicitur ita colores sibimet sunt proximi, ut non sit certus finis, cum alter ab altero disgregatur, sed ita verbi gratia a rubro discedit ad pallidum, ut per continuam mutationem in sequentem vertatur colorem nullo medio certoque interveniente, qui utrosque distinguat, ita etiam fieri solet in vocibus, ut si quis percutiat nervum eumque, dum percutit, torqueat, evenit ut in principio pulsus gravior sit, dum torquetur vero, vox illa tenuetur continuique fiant gravis vocis sonitus et acutae" (ibid, p. 356, 14-24).

net wurde, durchführen kann, obwohl zwischen den beiden Ein-
zeltönen des Ganztonintervalls unendlich viele, kontinuierlich ineinander übergehende Töne existieren.

Man kann die Frage auch anders stellen: Im unmittelbaren Umfeld des Beweises der Unmöglichkeit der Halbierung des Ganztones
führt Boethius vor, wie man die wahre Mitte des Ganztones in einem Diagramm durch einen Buchstaben („D") anzeigen kann[30]:

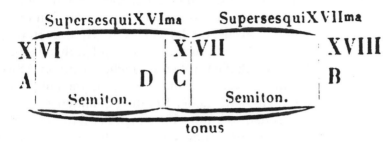

Boeth. mus., p. 271

Warum kann diese Tatsache argumentativ nicht eingesetzt werden,
d.h. warum kann der eingesetzte Buchstabe zwar eine Hälfte anzeigen, nicht aber als Hälfte des Ganztons verstanden werden?
Man hätte im Rückgriff auf eine geometrische Konstruktion, die
Euklid, dessen „Elementa" Boethius wahrscheinlich sogar übersetzt
hat[31], in Proposition VI, 13 vorführt, die mittlere Proportionale
leicht darstellen können. Dahinter verbirgt sich eine weitere Frage:
Was war der Gegenstand der *musica theorica* (genauer: der *musica
sonora*)?

Die Antwort auf diese Frage liefert das wissenschaftstheoretische
System, das im 13. Jahrhundert aus boethianischem Material geformt wird und so einen Gegenstand konstituiert, der bei Boethius
nur angedeutet wurde. Diese Formung soll im folgenden in drei
Schritten beschrieben werden: Zunächst wird das Material, das
Boethius vorgegeben hat, dargestellt. Daran anschließend wird gezeigt, wie die Wiedergabe der boethianischen Theorie durch Jacobus von Lüttich diese bereits manipuliert; und schließlich soll die
eigentliche ‚aristotelische' Neufassung nachvollzogen werden.

---

[30] „Sit vero medietas D" (ibid., p. 270, 19sq.).
[31] Es ist nicht sicher, welchen Umfang diese Übersetzung aufwies; siehe M. FOL-
KERTS: „*Boethius*" *Geometrie II* [Anm. 6], p. 69-81.

1. Boethius beschreibt im Einleitungskapitel seiner „De Institutione arithmetica" den theoretischen Zusammenhang der vier mathematischen Wissenschaften, der quadrivialen Fächer[32]. Er leitet sie aus der „Wesenheit" (*essentia*) ab. Die Wesenheiten unterteilen sich in disjunkte, die Boethius „Vielheiten" nennt, und in kontinuierliche, die er „Größen" nennt. Boethius veranschaulicht dies an einigen Beispielen: Eine Vielheit sei etwa ein Haufen, der aus Einzelteilen besteht, eine Größe etwas Zusammenhängendes wie ein Baum[33].

Beide Arten von Wesenheit lassen sich jedoch weiterhin unterteilen: die Vielheiten in solche, die für sich bestehen (Zahlen wie 3 oder 4 etc.), und solche, die auf etwas bezogen sind (Zahlenverhältnisse wie 3:2 oder 4:3 etc.); die Größen in solche, die unter Abwesenheit der Bewegung verharren, und solche, die niemals ruhen und sich fortwährend in beweglicher Rotation befinden[34].

Boethius leitet aus den so unterschiedenen vier Arten von Wesenheiten die vier mathematischen Wissenschaften des Quadriviums ab: „Die Arithmetik betrachtet in ihrer Gesamtheit die Vielheit, die für sich besteht, die Musiker erkennen die Vielheit, die auf etwas bezogen ist, als das Maß der Harmonie, die Geometrie verspricht die Kenntnis der unbeweglichen Größen, die Gelehrtheit der astronomischen Disziplin aber beansprucht das Wissen um die bewegliche Größe"[35]. Boethius variiert sprachlich virtuos die letztlich schematische Zuordnung der abgeleiteten Gegenstände zu ih-

---

[32] Hierzu B. MÜNXELHAUS: *Pythagoras musicus* [Anm. 25], p. 212-215; M. HAAS: „Mittelalter", in: *MGG²*; E. HIRTLER: *Musik als scientia mathematica von der Spätantike bis zum Barock*, Frankfurt/M, Berlin, Bern et al. 1995 (Europäische Hochschulschriften 36/137), p. 36-43.

[33] „Essentiae autem geminae partes sunt, una continua et suis partibus iuncta nec ullis finibus distributa, ut est arbor lapis et omnia mundi huius corpora, quae proprie magnitudines appellantur. Alia vero disiuncta a se et determinata partibus et quasi acervatim in unum redacta concilium, ut grex populus chorus acervus et quicquid, quorum partes propriis extremitatibus terminantur et ab alterius fine discretae sunt. His proprium nomen est multitudo" (Boeth. arith. [Anm. 6] I, 1, p. 8, 15-23).

[34] „Rursus multitudinis alia sunt per se, ut tres vel quattuor vel tetragonus vel quilibet numerus, qui ut sit nullo indiget. Alia vero per se ipsa non constant, sed ad quiddam aliud referuntur, ut duplum, ut dimidium, ut sesqualterum vel sequitertium et quicquid tale est, quod, nisi relatum sit ad aliud, ipsum esse non possit. Magnitudinis vero alia sunt manentia motuque carentia, alia vero, quae mobili semper rotatione vertuntur nec ullis temporibus adquiescunt" (ibid., p. 8, 23-9, 1).

[35] „Horum ergo illam multitudinem, quae per se est, arithmetica speculatur integritas, illam vero, quae ad aliquid, musici modulaminis temperamenta pernoscunt, inmobilis vero magnitudinis geometria notitiam pollicetur, mobilis vero scientiam astronomicae disciplinae peritia vendicat" (ibid., p. 9, 1-6).

ren Wissenschaften. Im Falle der *musica* aber verbirgt sich mehr dahinter als bloße Rhetorik: Der Musiker erkennt die Vielheiten, die in Relation zu etwas stehen, als das Maß der Harmonie (modulamen), betrachtet also nicht beliebige Zahlenverhältnisse, sondern solche, denen eine nicht weiter bestimmte harmonische Funktion zukommt.

Trotz dieser näheren Bestimmung des Gegenstandes der *musica theorica* durch die Phrase „als das Maß der Harmonie" ist der Klang in diesem Gegenstand nicht enthalten. Die Ableitung des Gegenstandes erfolgt ganz vom Begriff der „Vielheit" her. Dies verweist in zweifacher Hinsicht auf das exponierte Problem der Ganztonteilung zurück:

• Argumentiert wird dort ausschließlich vom Zahlenverhältnis her;
• das Tonkontinuum, die klangliche Materie, wenn man so will, wird nicht in die Überlegungen einbezogen, ja erscheint noch nicht einmal als Hindernis der Argumentation.

2. Das System der vier mathematischen Wissenschaften erfährt aufschlußreiche Änderungen, die nicht zuletzt durch die Rezeption der aristotelischen Werke, insbesondere der „Zweiten Analytik", zustande kommen. Vieles deutet darauf hin, daß sich die *musica theorica* des späten Mittelalters aus jenen Hinweisen des Boethius und den Schriften des Aristoteles einen Gegenstand konstruiert, der eine schlüssige Anwendung der boethianischen Theorie erst ermöglicht. Diese Entwicklung vollzieht sich vor allem mittels zweier auf Aristoteles zurückgehender und eng zusammengehörender wissenschaftstheoretischer Begriffe: „Subalternation" und *scientia media*. Mit dieser expliziten, wissenschaftstheoretischen Neubegründung geht aber eine unausgesprochene Manipulation des boethianischen Wissenschaftskonzeptes einher, die, wie angekündigt, zunächst dargestellt sei:

• Im Text des Boethius bleibt es im Unklaren, in welchem Verhältnis „Wesenheit" und „Quantität" zueinander stehen. Zum einen erscheint der Begriff der *essentia* als Oberbegriff zu bestimmten Substanzen, unter denen neben *quantitas* auch *magnitudo* auftritt[36]; zum anderen spricht Boethius bei der Ableitung der quadrivialen Wissenschaften von „Wesenheit" (statt „Quan-

---

[36]   Ibid., p. 8, 4-15.

tität"). Jacobus räumt diese Schwierigkeiten aus dem Weg, indem er die Unterteilung bei dem Begriff der Quantität ansetzt[37].

- Boethius unterscheidet Vielheit und Größe, ohne jemals klar zu sagen, daß (bzw. ob) „Vielheit" identisch sei mit „Zahl"[38]. Durch seine Formulierung „multitudo vel numerus" entscheidet sich Jacobus auch in diesem Punkt für eine klare Interpretation[39]. Die Begriffe erscheinen fast als Synonyme.

- An der ebenfalls unbestimmt bleibenden Formulierung des Boethius, Gegenstand der *musica theorica* sei die Vielheit, „die auf etwas anderes bezogen" sei[40], wird diese Beziehung bestimmt: Gegenstand der *musica theorica* sind die Zahlen, die auf andere Zahlen bezogen sind, also Zahlenverhältnisse. Diese Klärung ist implizit, weil sie bei der Beschreibung des arithmetischen Gegenstandes vorgenommen wird, dennoch aber unmißverständlich[41].

- Jacobus betont die durch die Unterscheidung von Vielheit und Größe hervorgerufene Gruppenbildung unter den vier mathematischen Wissenschaften: „So werden gemäß Boethius die Wissenschaften so unterschieden, daß man von zweien sagt, sie handeln von der Vielheit oder der Zahl [...], und von zweien, sie handeln von der Größe"[42].

Aus der Spezifizierung des musiktheoretischen Gegenstandes als Zahl läßt sich eine erste Erkenntnis hinsichtlich unserer Fragestellung gewinnen: Laut der von Boethius aufgegriffenen Definition der Zahl durch Euklid ist diese eine „aus Einheiten zusammengestellte

---

[37] „Omnis autem quantitas continua est vel discreta; continua, ut magnitudo, discreta, ut multitudo vel numerus. Distinguit igitur Boethius, in secundo prologo Arithmeticae, scientias mathematicales sic: Haec enim aut sunt de multitudine aut de magnitudine" (Iac. Leod. spec. [Anm. 13] I, VIII, 3).

[38] cf. Anm. 35.

[39] cf. Anm. 37.

[40] cf. Anm. 35.

[41] „Et, si de multitudine, aut absolute et per se sumpta, ut est ternarius per se sumptus, vel quatrinarius, vel quicumque *alius numerus, qui, ut sic nullo alio indiget numero, ad alium nullum refertur numerum*; aut est de multitudine, quae per se non constat, sed ad aliud refertur, 'ut duplum, dimidium, sesqualterum, sesquitertium et quidquid tale est, quod, nisi relatum sit ad aliud, ipsum stare non possit'" (Iac. Leod. spec. [Anm. 13] I, VIII, 4; Kursivierung F.H.).

[42] „Sic igitur, secundum Boethium, mathematicae distinguuntur scientiae, ut duas dicat esse de multitudine vel numero [...]; duas etiam dicat esse de magnitudine [...]" (ebda, 8).

Vielheit"[43], woran sich auch im Mittelalter nichts ändert, wie der in der Musiktheorie durchaus rezipierte Jordanus de Nemore bestätigt[44]. Eine Zahl ist im Mittelalter also das, was heute als „natürliche Zahl" bezeichnet wird. (Da die geometrische Konstruktion einer mittleren Proportionale nicht notwendig zu einer natürlichen Zahl führt und in der Tat für den Ganzton das Ergebnis $12 \sqrt{2}$ zeitigt, ist sie auf den Gegenstand der *musica theorica* nicht anwendbar.)

3. Die Ableitung der mathematischen Wissenschaft aus der Quantität, zugleich die Präzisierung des Gegenstandes der *musica theorica* als Zahlen – und zwar als Zahlen, die aufeinander bezogen werden, also als Zahlenverhältnisse – und schließlich die Akzentuierung der Gruppierung der mathematischen Wissenschaften in Arithmetik und *musica theorica* auf der einen Seite, Geometrie und Astronomie auf der anderen, eröffnen aber auch den Zugang zu der im expliziten Rückgriff auf Aristoteles sich vollziehenden Neuformung des quadrivialen Modells.

Robert Kilwardby, die unmittelbare wissenschaftstheoretische Quelle des Jacobus von Lüttich, knüpft an die Unterteilung der vier Wissenschaften in zwei Gruppen aufgrund der Unterscheidung von Vielheit und Größe an, für deren wissenschaftstheoretische Erklärung Robert das ‚aristotelische' Konzept der „Subalternation"[45]

---

43 EUKLID, Lib. VII, def. II: „'Αριθμὸς δὲ τὸ ἐκ μονάδων συγκείμενον πλῆθος" (*Euclidis Elementa*, ed. E. S. STAMATIS, Leipzig 1970, tom. 2, p. 103). „Numerus vero ex unitatibus concreta multitudo", (ed. H. L. L. BUSARD, in: id., *The Medieval Latin Translation of Euclid's 'Elements'*, Wiesbaden 1987 ['Boethius': Texte und Abhandlungen zur Geschichte der exakten Wissenschaften 15], p. 154). – Boethius: „Numerus est unitatum collectio, vel quantitatis acervus ex unitatibus profusus" (Boeth. arith. [Anm. 6] I, 3, p. 13, 11sq.).
44 „i. Unitas est esse rei per se discretio. ii. Numerus est quantitas discretorum collectiva. iii. Naturalis series numerorum dicitur in qua secundum unitatis additionem fit ipsorum computatio" (JORDANUS DE NEMORE, *De elementis arithmetice artis*, ed. H. L. L. BUSARD, Stuttgart 1991 ['Boethius': Texte und Abhandlungen zur Geschichte der Mathematik und der Naturwissenschaften 22, 1], lib. I, p. 64). Daß Jordanus' Zahlbegriff auch in der Musiktheorie rezipiert wurde, zeigt etwa Anonymus 4, der Jordanus zitiert: „'Unitas est discretio' cuiuslibet 'rei per se' secundum Iordanum de Nemore. Numerus est collectio unitatum ad invicem" (ed. F. RECKOW, in: id., *Der Musiktraktat des Anonymus 4*, Stuttgart 1967 [Beihefte zum Archiv für Musikwissenschaft 4], p. 64). Der Zahlbegriff änderte sich wohl erst nach 1500 (cf. H. GERICKE, *Mathematik im Abendland*, Wiesbaden ³1992, p. 241sq.).
45 Zum Konzept der „Subalternation" siehe am Beispiel Robert Grossetestes: W. R. LAIRD, „Robert Grosseteste on the Subalternate Sciences", in: *Traditio* 43 (1987), p. 147-169; in bezug auf Robert Kilwardby siehe E. HIRTLER: *Musik als scientia mathematica* [Anm. 33], p. 77-83.

verwendet.

Die mathematischen Wissenschaften handelten, da sie von Quantität handelten, entweder von Vielheit bzw. Zahl oder von Größe[46]. Nur scheinbar greift Robert Kilwardby hiermit Boethius einfach auf: Zwei der von Jacobus an der boethianischen Theorie des Quadriviums vorgenommenen „Klarstellungen" finden sich schon hier: die Ableitung der Wissenschaften aus der Quantität und die Identifizierung von Vielheit und Zahl.

Statt aber nun das eher willkürliche, bzw. der vorgegebenen Gruppe von Wissenschaften folgende Kriterium der Bewegung für die weitere Unterteilung einzusetzen, führt Robert Kilwardby das logisch stringentere, für die Differenzierung der diskreten wie der kontinuierlichen Quantität gleichermaßen gültige Unterscheidungskriterium „abstrakt/konkret" ein: „So gibt es also gemäß besagtem Robert vier mathematische Wissenschaften—zwei verschiedene, die von der Vielheit handeln, nämlich in bezug auf das Abstrakte und Konkrete, und zwei verschiedene, die von der Größe handeln, nämlich ebenso in bezug auf das Abstrakte und Konkrete"[47]. Die Arithmetik betrachtet demnach die Zahl schlechthin, d.h. ohne irgendeine Natur zu berücksichtigen, die *musica* konkret (mit Dingen zusammengewachsen), nämlich den *numerus harmonicus*[48]; die Geometrie richtet sich analog auf die Größe oder Ausdehnung schlechthin, ohne irgendeine Natur zu berücksichtigen, die Astronomie auf die mit der Natur vermischte Größe[49].

Mit dieser logischen Vereinheitlichung der Wissenschaftsunter-

---

[46] „'Mathematica', inquit, 'cum sit de quantitate, aut est de multitudine vel numero, aut de magnitudine" (Iac. Leod. spec. [Anm. 13] I, VIII, 9; vgl. ROBERT KILWARDBY, *De ortu scientiarum*, ed. A. G. JUDY, Toronto 1976 [Auctores Britannici Medii Aevi 4], p. 63, n. 158).

[47] „Sic igitur, secundum dictum Robertum, quattuor sunt scientiae mathematicae, duae de multitudine distinctae, penes abstractum et concretum, et duae de magnitudine distinctae, similiter penes abstractum et concretum" (Iac. Leod. spec. [Anm. 13] I, VIII, 11).

[48] „[...] de multitudine vel numero vel simpliciter non concernendo aliquam naturam, et sic est arithmetica, aut de numero armonico, qui est numerus concretus cum rebus'" (ibid. I, VIII, 9; cf. ROBERT KILWARDBY, *De ortu* [Anm. 46], p. 63, n. 158).

[49] „'Quae autem de magnitudine aut est de magnitudine vel dimensione simpliciter sumpta non concernendo naturam aliquam, et sic est geometria, aut est de magnitudine vel dimensione concernendo naturam corporalem potissimam et primariam, corporum scilicet coelestium, et, secundario, aliarum magnitudinum mundi, et huiusmodi scientia est astronomia [...]'" (ibid. I, VIII, 9-10; cf. ROBERT KILWARDBY, *De ortu* [Anm. 46], p. 63, n. 159).

teilung wird zugleich deren Gruppenbildung weiterhin fundiert. Überdies wird durch das Kriterium „konkret/abstrakt" ein aristotelisches Moment integriert, das nicht folgenlos blieb: Hinter der Vorstellung, mathematische Größen seien entweder abstrakt oder konkret zu betrachten, steht wohl der aristotelische Hinweis auf Wissenschaften, die zwischen Mathematik und Physik einzuordnen seien, die *scientiae mediae*, für die Aristoteles Optik, Harmonielehre und Astronomie als Beispiele anführt[50].

Das Adjektiv, mit dem Robert eine Zahl versieht, wenn sie an der ihr zukommenden Natur besteht, lautet *harmonicus*, der Gegenstand der *musica* also *numerus harmonicus*, harmonische Zahl[51]. Da diese Natur in der *musica sonora* (oder *audibilis*) der Klang ist, kann man in diesem Teilbereich der *musica* auch die Formulierung „harmonisch gezählter Klang" einsetzen[52]. Jacobus von Lüttich führt den Gedanken zu Ende, indem er erläutert, die *musica sonora* werde teilweise der Mathematik, teilweise der Physik zugeordnet[53], die *musica sonora* also als *scientia media* zwischen Mathematik und Physik beschreibt.

---

[50]   „Demonstrant autem et que magis sunt phisica quam mathematica, ut perspectiva et armonica et astrologia [...]" (*Physica*, trans. vetus, ed. F. BOSSIER, J. BRAMS, Leiden, New York 1990 [Aristoteles latinus VII 1.2], p. 51, 194a7sqq.) – Zu den *scientiae mediae* siehe J. GAGNÉ, „Du 'Quadrivium' aux 'scientiae mediae'", in: *Arts Libéraux et Philosophie au Moyen Age*, Montréal, Paris 1969 (Actes du Quatrième Congrès International de Philosophie Médiévale), p. 975-986; O. PEDERSON, „Du quadrivium à la physique. Quelques aperçus de l'évolution scientifique au Moyen Âge", in: J. KOCH (ed.), *Artes Liberales. Von der antiken Bildung zur Wissenschaft des Mittelalters*, Leiden, Köln 1959, p. 107-123; C. A. RIBEIRO DO NASCIMENTO, „Le statut épistémologique des 'sciences intermédiaires' selon s. Thomas d'Aquin", in: *La Science de la nature: théorie et pratique*, Paris 1974 (Cahiers d'Études Médiévales 2), p. 33-95; in bezug auf die Musiktheorie: M. HAAS, „Musik zwischen Mathematik und Physik: Zur Bedeutung der Notation in der 'Notitia artis musicae' des Johannes de Muris (1321)", in: *FS Arno Volk*, Köln 1974, p. 31-46, E. FLADT, *Die Musikauffassung des Johannes de Grocheo im Kontext der hochmittelalterlichen Aristoteles-Rezeption*, München, Salzburg 1987 (Berliner Musikwissenschaftliche Arbeiten 26), p. 152-158.

[51]   „Subiectum enim est numerus harmonicus vel res harmonica proportione coaptatae" (ROBERT KILWARDBY, *De ortu* [Anm. 46], p. 53, n. 132).

[52]   „[...] et ideo posuerunt recte musicam audibilem esse de sono harmonice numerato vel de numero sonorum harmonico" (ibid., p. 52, n. 128; cf. p. 53, n. 133).

[53]   „[Musica] instrumentalis vero vel sonora partim sub naturali, partim sub mathematicali scientia collocatur" (Iac. Leod. spec. [Anm. 13] I, VIII, 2; cf. 14; I, XXI, 8). – Daß die *musica instrumentalis* als *musica audibilis* oder *sonora* zu deuten sei, ist nicht so selbstverständlich, wie es Jacobus und Robert hier suggerieren; cf. F. RECKOW, „Organum-Begriff und frühe Mehrstimmigkeit. Zugleich ein Beitrag zur Bedeutung des 'Instrumentalen' in der spätantiken und mittelalterlichen Musiktheorie", in: W. ARLT, H. OESCH (ed.), *Forum Musicologicum* I, Bern 1975, p. 31-167, hier p. 56-59.

Mit dem Konzept der „Subalternation" präzisiert Robert überdies das Verhältnis der Wissenschaften zueinander: Sowohl Arithmetik und *musica* als auch Geometrie und Astronomie stehen in
einem Verhältnis der Subalternation zueinander. Die Theorie der
Subalternation, die ein Unterordnungs- oder Abhängigkeitsverhältnis zweier Wissenschaften unter- bzw. voneinander beschreibt, beinhaltet vor allem zwei Bedingungen: Eine Wissenschaft ist dann
einer anderen untergeordnet,
- wenn sich die untergeordnete Wissenschaft erstens der Beweisverfahren der übergeordneten bedient
- und wenn zweitens der Gegenstand der untergeordneten Wissenschaft in dem der übergeordneten vollständig enthalten ist[54].
Beide Bedingungen treffen nach Robert Kilwardby auf das Verhältnis von Arithmetik und *musica* zu, die deshalb in einem Subalter-
nationsverhältnis stehen: „Auf dieselbe Weise nämlich verhält sich
die Zahl, von der die Arithmetik handelt, und die harmonische Zahl,
von der die *musica* handelt"[55]. Diese Feststellungen erklären zwei
offengebliebene Fragen, die oben an Boethius gerichtet wurden:
    a) Die *musica* kann deshalb keine geometrische Konstruktion bzw.
Wurzelrechnung verwenden, die zur Halbierung des Ganztones
führte, weil diese Beweisverfahren nicht zu den arithmetischen gerechnet werden können, gemäß der ersten Bedingung der Subalternation also nicht eingesetzt werden dürfen. Als Beweisverfahren
wären sie der Geometrie zuzurechnen, die – wie Thomas von Aquin
explizit sagt – die Frage nach der Ganztonteilung nicht beantworten
darf: „Er [sc. Aristoteles] sagt also zuerst, daß jene Fragestellung
überhaupt nicht geometrisch ist, die aus einer ganz anderen Wissenschaft entstammt, wie z.B. der *musica*. So, wenn etwa in der Geometrie gefragt würde, ob der *tonus* in zwei gleiche Teile geteilt werden kann. Eine solche Fragestellung ist überhaupt nicht geometrisch, weil sie aus etwas hervorgeht, das ganz und gar nicht zur
Geometrie gehört"[56].

---

54 „[...] subalternatio ex eo quod subiectum est sub subiecto, praecipue cum descendat demonstratio a superiori in inferiorem, quae duo sese compatiuntur" (ROBERT
KILWARDBY, *De ortu* [Anm. 46], p. 45, n. 108). Cf.: „Ad subalternationem enim spectat
quod sit subiectum sub subiecto, et quod demonstratio descendat a superiori in inferiorem [...]" (ibid., p. 42, n. 96).
55 „Eodem etiam modo se habent ad invicem numerus de quo arithmetica et numerus de quo musica [...]" (ibid., p. 46, n. 112).
56 „Dicit ergo primo quod *interrogatio* omnino *non geometrica* est ita quod sit omnino

b) Das Klangkontinuum ist offenbar gar nicht Gegenstand der *musica*, da diesen nur (in einer bestimmten Weise verstandene) Zahlen bilden. Vielmehr fungieren, wenn mir diese hermeneutisch motivierte Metapher erlaubt sei, die „harmonischen Zahlen" als Schablone, die über das Tonkontinuum gelegt wird, bevor dieses zum Gegenstand der *musica audibilis* werden kann.

Scheinbar kann man an diesem Punkt die Untersuchung abbrechen. Daß der Ganzton nicht halbierbar ist, ergibt sich zwangsläufig aus dem aristotelischen Wissenschaftsmodell, mit dem Boethius' Theorie im 13. Jahrhundert entfaltet wird. Wenn das Zahlenverhältnis 9:8 den Ganzton repräsentiert, als überteiliges jedoch nicht in zwei gleiche Teile teilbar ist, die sich in natürlichen Zahlen darstellen lassen, die Wissenschaftskonstellationen es aber schließlich zur Bedingung machen, daß musikalische Sachverhalte arithmetisch gelöst werden, dann ist das Ergebnis unvermeidlich. Die Wissenschaftstheorie wäre der Anker eines ideologischen Komplexes, der ein „angemessenes" Erfassen von Wirklichkeit verhinderte.

Oder läßt sich ein Gegenstand finden, dem jenes Wissenschaftssystem angemessen ist? Man sollte einer Maxime Thomas Kuhns folgen: „Bei der Lektüre der Werke eines bedeutenden Denkers interessiere man sich zuerst für die scheinbaren Absurditäten in seinem Text und frage sich, wie ein vernünftiger Mensch so etwas geschrieben haben könnte [...]"[57].

Erinnern wir uns der impliziten, aber notwendigen Prämisse des Boethius, der Ganzton *sei* das Zahlenverhältnis 9:8 (und nicht: er werde durch es repräsentiert, sei durch es darstellbar oder erklärbar etc.). Boethius macht den mathematischen Charakter des Gegenstandes seiner Musikschrift auch dadurch klar, daß er darlegt, eine geometrische Form wie ein Quadrat oder ein Dreieck könne zwar mit den Augen erblickt werden, man müsse aber einen Mathematiker fragen, um zu erfahren, was ein Dreieck eigentlich, d.h. was

---

ex alia arte, sicut ex *musica*. Vt si quaeretur in geometria utrum tonus possit diuidi in duo semitonia equalia, talis interrogatio est omnino non geometrica, quia est ex hiis que nullo modo ad geometriam pertinent" (*Sancti Thomae de Aquino Expositio Libri Posteriorum*, Rom 1989, Opera omnia I*.2, p. 79).

57 *Die Entstehung des Neuen. Studien zur Struktur der Wissenschaftsgeschichte*, ed. L. KRÜGER, übers. v. H. VETTER, Frankfurt/M ⁵1997, p. 34 (Vorwort).

seine Natur sei[58]. Boethius impliziert jedoch, daß derselbe Grundsatz auch für die *musica* und ihren Gegenstand gelte[59], in welchem Falle anzunehmen ist, daß eine Konsonanz nur die klingende Repräsentation von etwas anderem ist. Dieses andere ist das Zahlenverhältnis, so wie es jener entfaltete Syllogismus bereits nahelegte.

Zu Recht fragt jedoch Robert Kilwardby, wie dann der Gegenstand näherhin zu bestimmen wäre. Hinter dem Einwand steht wohl folgendes Problem: Handelte die *musica* einfach nur von Zahlenverhältnissen, so gäbe es keinen hinreichenden Grund, die *musica* als eigene Wissenschaft von der Arithmetik abzugrenzen. Wir wissen aber bereits, wie Robert das Problem löst: Der Gegenstand der *musica sonora* ist die Zahl, sofern sie auf eine (klangliche) Natur bezogen wird, so daß man unter einem *numerus harmonicus* eine Zahl verstehen muß, die im Verhältnis zu einer anderen eine Konsonanz erzeugt[60].

Die Frage nach dem ontologischen Status dieses Gegenstandes fördert Erhellendes zutage. Den Zahlen, die die *musica* behandelt, kommt die Relation zum Klang auf andere, ontologisch stärkere Weise zu als ihre Relation zu irgendwelchen beliebigen gezählten Dingen, wie etwa Eseln. Mit dieser Feststellung, einer Eselsbrücke par excellence, bemüht sich ein anonymer Studienführer aus der Mitte des 13. Jahrhunderts, den Claude Lafleur jüngst ediert hat,

---

[58] „Rursus cum quis triangulum respicit vel quadratum, facile id quod oculis intuetur agnoscit, sed quaenam quadrati vel trianguli sit natura, a mathematico necesse est petat" (Boeth. mus. [Anm. 6] I, 1, p. 179, 12-14).

[59] „Idem quoque de ceteris sensibilibus dici potest, maximeque de arbitrio aurium, quarum vis ita sonos captat, ut non modo de his iudicium capiat differentiasque cognoscat, verum etiam delectetur saepius, si dulces coaptatique modi sint, angatur vero, si dissipati atque incohaerentes feriant sensum" (ibid. I, 1, S. 179, 15-20).

[60] Cf.: „[...] quare scilicet non posuerim earum [sc. duarum scientiarum fundatarum super discretam quantitatem] subiecta sicut a Boethio ponuntur in prologo 'Arithmeticae' et in I 'Musice', qui docet quod numerus absolutus subiectum est arithmeticae, cuiusmodi sunt tres, quatuor, quinque et huiusmodi, et numerus relatus musicae, cuiusmodi sunt duplum, triplum et huiusmodi quae ex comparatione nascuntur. Non enim congruit de tanto magistro et philosopho dicere quod falsum dixerit in his, et si verum dixit, ei consentiendum est. Dico autem, ut mihi videtur sine preiudicio doctiorum, quod Boethius non dixerit falsum, sed aut minus perfecte et exquisite dixerit quam oporteret, aut quod intenderit idem mihi, quod sic patet. [...] numerus relatus est modis infinitis. Non omnes autem isti modi concurrunt ad constituendam consonantiam sonorum, nec harmoniam aliarum rerum [...] Cum igitur subiectum scientiae continere debeat praecise illud de quo est, non debet dici ita large quod musica sit de numero relato, sed quod sit de relato harmonice, id est de tali relato et solo qui harmonice componi congruit"(ROBERT KILWARDBY, *De ortu* [Anm. 46], p. 55sq., n. 138sq.).

dem Studierenden den Gegenstand der *musica theorica* näherzubrin-
gen. Die Frage, in deren Zusammenhang er den Esel einführt, fragt
explizit nach dem Gegenstand[61] der *musica*[62]. Wenn dieser der gezählte Klang sei, dann – so die Gedankenfolge – könnten es ja auch
gezählte Esel sein[63]. Tatsächlich trifft dies nicht zu, weil sich die
„Zahl auf Klänge als auf eine ihr eigene und reale Differenz bezieht, aus der mit ihr [der Zahl] selbst real Eines hervorgeht, nämlich die klangliche Zahl; so aber bezieht sie sich nicht auf Esel, sondern als auf einen zählbaren Gegenstand"[64]. Dem *numerus sonorus*
kommt also ein eigener ontologischer Status zu, der es rechtfertigt,
ihn als Gegenstand in der *musica* zu untersuchen.

Darüber, worauf diese Relation abzielt und wie diese Musikzah-
len mit den Konsonanzen zusammenhängen, gibt wiederum Aristoteles Aufschluß, denn bereits er hat als Beispiel für die Formalursache, für das Was-Sein eines Dinges, die Konsonanz angeführt: Die
Formalursache der Oktave ist das Zahlenverhältnis 2:1[65]. Mittelalterliche Kommentatoren wie Thomas von Aquin oder Albertus

---

[61]   Wie O. WEIJERS hervorhcbt, ist diese Frage nach dem Gegenstand einer Wissenschaft für die Studienführer charakteristisch, insbesondere aber für den vorliegenden
(*La 'disputatio' à la Faculté des arts de Paris [1200-1350 environ]*, Turnhout 1995 [Studia Artistarum 2], p. 37).

[62]   „Consequcnter queritur utrum numerus relatus ad sonos sit subiectum in musica" (ed. C. LAFLEUR mit J. CARRIER, in: id., „Un instrument de révision destiné aux
candidats à la licence de la Faculté des arts de Paris, le 'De communibus artium liberalium' [vers 1250?]", in: *Documenti e Studi sulla Tradizione Filosofica Medievale* 5 [1994], p. 129-
203, hier p. 198, § 249).

[63]   „Praeterea, sicut numerus refertur ad sonos, ita numerus potest referri ad asinos;
set numerus relatus ad asinos non est subiectum in musica; ergo nec numerus relatus
ad sonos" (ibid., § 252).

[64]   „Ad aliud, 'sicut numerus, etc.', dico quod non est simile, quia numerus refertur
ad sonos tanquam ad differentiam sibi propriam et realem, ex qua cum ipso fit unum
realiter sicut numerus sonorus; sic tamen non refertur ad asinos, set sicut ad rem per
ipsum numerabilem" (ibid., p. 199, § 256). – Vgl. ganz ähnlich Robert Grosseteste:
„Subiectum enim arithmetice est numerus simpliciter secundum quod est receptibilis
dispositionum absolutarum et non ad aliquid dictarum; cum autem cum numero coniunguntur dispositiones ad aliquid dicte et fit ex eis unum compositum, iam constituitur
subiectum musice. Non enim est subiectum musice numerus cui accidit relatio, sed
compositum ex numero et relatione, et de hoc composito non predicatur numerus, quia
pars non predicatur de suo toto" (ROBERT GROSSETESTE, *Commentarius in Posteriorum
Analyticorum Libros*, ed. P. ROSSI, Florenz 1981, p. 195, 156-163).

[65]   „[...] alio autem species et paradigma, hoc autem est ratio ipsius quod aliquid
erat esse et huius genera, ut eius que est diapason duo ad unum et omnino numerus, et
partes in diffinitione" (*Physica* [Anm. 51], p. 56sq., 194b25sqq.; vgl. auch *Metaphysica*, ed.
G. VUILLEMIN-DIEM, Leiden, New York, Köln 1995, Aristoteles latinus XXV 3.2, p. 93,
1013a25sqq.).

Magnus greifen das Beispiel auf, indem sie zugleich Begriffe wie *quidditas* oder *essentia* für die Formalursache einsetzen[66]. Unter *numeri sonori* hat man demnach wohl solche Zahlen zu verstehen, die in Relation zueinander eine *consonantia* bilden. Es sind daher rein relationale Gegenstände, für deren Dasein die Relation notwendig, nicht akzidentell ist.

Den Gedanken der Formalursache, der aus einem pythagoreischen Konsonanzbegriff einen aristotelischen macht, greift Jacobus von Lüttich explizit auf[67] und formt seine vollständige Konsonanztheorie daraus, in der der Klang als Materialursache fungiert. Wo keine Formalursache existiert, wo also kein Zahlenverhältnis vorhanden ist, da kann folglich auch keine Konsonanz bestehen[68]. In diesem Sinne waren die eingangs angeführten Zitate von Johannes de Muris und Jacobus von Lüttich zu verstehen: So gesehen, existiert in der Natur tatsächlich keine exakte Hälfte des Ganztons. In diesem Sinne verlangt der Gegenstand nach bestimmten Beweisverfahren, die ihm angemessen sind, und deshalb ist der Ganzton nicht in zwei gleiche Teile teilbar. Ob Jacobus von Lüttich, Johannes de Muris und die übrigen Theoretiker Boethius auf diese Weise richtig interpretieren, ist freilich eine andere Frage.

---

[66]   Thomas von Aquin: „Secundo modo dicitur causa 'species et exemplum', et hoc dicitur causa inquantum est ratio quidditativa rei: hoc enim est per quod scimus de unoquoque quid est. [...] Et ponit exemplum in quadam consonantia musicae quae vocatur diapason, cuius forma est proportio dupla, quae est duarum ad unum. Nam proportiones numerales applicatae ad sonos sicut ad materiam, consonantias musicales constituunt [...]" (*S. Thomae Aquinatis In octo libros de physico auditu sive physicorum Aristotelis commentaria*, ed. P. F. ANGELI, M. PIROTTA, Neapel 1953, L. II, l. V, n. 363, p. 89). – Albertus Magnus: „[...] *Et genus illius proportionis* [...] est *numerus* sonorum, et adhuc genus illius est numerus, et ultimum genus est forma proportionis in genere illo *et partes in diffinitione*. Forma enim proprie loquendo est essentia, quae quando habita fuerit per motum in materia, tunc constituit speciem secundum esse in rebus naturalibus" (*Physica*, ed. P. HOSSFELD, Münster 1987, 1993, Opera omnia 4, 1+2, L. II, tract. 2, cap. 2, tom. 1, p. 98).

[67]   „Et quod proportio ad causam formalem consonantiae pertineat, ex Aristotele probari potest. Nam, quarto Metaphysicae loquens de causa formali et quidquid erat esse rei, de hoc exemplificans dicit ut eius quod est diapason duo ad unum vult dicere proportionem duorum ad unum quae est dupla, causam esse formalem et quidquid erat esse ipsius diapason" (Iac. Leod. spec. [Anm. 13] IV, XXVII, 5).

[68]   „Sine illis [sc. causae intrinsicae] enim [n]ullo modo potest esse nec manere consonantia. Illis enim durantibus, durat consonantia, et, ipsis cessantibus, cessat" (ibid. II, II, 35). In diesem Satz liegt gewiß ein Schreibfehler vor: Entweder ist statt „ullo" „nullo" zu lesen oder vor dem „esse" ein „nec" einzufügen, um die Negation der Möglichkeit auszudrücken. Alles andere ergibt keinen Sinn. Eine Entscheidung darüber, wo der Fehler liegt, muß einer Untersuchung der Handschriften vorbehalten bleiben.

Aus bislang noch nicht ermittelten Gründen hat sich Johannes Bo-
en jenem Gegenstand entfremdet. Folgerichtig führt dessen Sicht
zur Zurückweisung der wissenschaftstheoretischen Erklärungen:
„Einige bemühen sich, von jenem einen Grund anzugeben: daß
dies nämlich daraus resultiere, daß die *musica* der Arithmetik Beifall
klatscht, die sich auf Zahlen richtet, unter denen alle Verhältnisse
rational, d.h. irgendwie kommensurabel, sind, und nicht der Geometrie, in der irrationale Verhältnisse gefunden werden, wie das
des Durchmessers zur [Quadrat]seite"[69]. Nachdem Johannes die
Gedankengänge bezüglich der Unteilbarkeit des überteiligen Zahlenverhältnisses 9:8 nachvollzogen hat, kommt er zu dem bereits
erwarteten Schluß: „Doch obwohl all dies sehr sicher ist, glaube ich
dennoch nicht, daß dies ein ausreichender Grund für das Ange-
nommene ist, es sei denn irgendwie vom Späteren her"[70]. Einmal
mehr führt er als Erläuterung eine durchaus empirische Überlegung an: Andere Zeiten und andere Regionen könnten neuartige
Gesangs- und Instrumentaltechniken hervorbringen, die derzeit
„unerhört" seien[71]. Um die Möglichkeit, daß in der Zukunft der-
gleichen zu hören sein kann, zu belegen, führt Johannes die Ver-
gangenheit an: Die geometrische Mitte des *semitonium* wenigstens sei
im enharmonischen Gesang der Alten ein harmonischer Schritt
gewesen[72]. Daß das diatonische Tonsystem daher arithmetisch ge-

---

[69] „Rationem tamen istorum aliqui nituntur signare, quod hoc eo fit, quia musica
applaudit arithmetice, que inter numeros versatur, in qua omnes proportiones rationales, id est aliquo modo commensurabiles, existunt, et non geometrice, in qua irrationales
inveniuntur proportiones, ut est dyametri ad costam" (Ioh. Boen mus. [Anm. 1], II, p.
44, 14). Die Frage, ob eher die Arithmetik oder die Geometrie die Natur erklären könne, war in etwa zur selben Zeit bei Nicole Oresme Gegenstand eines ausführlichen
Streitgespräches zwischen den Damen „Arithmetica" und „Geometria" (*Tractatus de
commensurabilitate vel incommensurablitate motuum celi*, ed. E. GRANT, in: id., *Nicole Oresme and
the Kinematics of Circular Motion*, Madison, Milwaukee, London 1971 [The University of
Wisconsin. Publications in Medieval Science 15], p. 284-322).

[70] „Sed quamvis hec certissima sint, non tamen credo, quod hec est ratio sufficiens
in proposito nisi quodammodo a posteriore" (ibid., p. 45, 23). Cf. p. 49, 87sq.

[71] „Nam secundum diversitatem temporis et regionum multa nova et inaudita
poterunt suboriri, sicut forte pronuntiatio commatis et trium semitoniorum minorum
ac multorum similium, que, licet hactenus non audita sunt, forte tractu temporis per
nova instrumenta et vocum habilitates posterius audientur, sicut nec ante Pitagoram fuit
tanta subtilitas in cantu, quanta hodiernis temporibus est in usu, nec talem nos, qualem
Anglici, Gallici vel Lumbardi in cantu facimus fracturam" (p. 45, 25sq.).

[72] „[...] nichilominus eius semitonii proportionalis medietas, id est geometrica,
saltem in cantu enarmonico apud antiquos gradum fecit (cuius quidem cantus tetracor-
dum per dyesim et dyesim processit et dytonum; et existit dyesis apud istos vera lymma-
tis medietas)" (p. 45, 28sq.).

messen werden kann (*possit proportione arismetrica mensurari*[73]), ist für Johannes Boen keine wesentliche Feststellung; sie ist sekundär – oder „später", wie er selbst formulierte. Diese Kritik trifft Johannes de Muris, Jacobus von Lüttich und Robert Kilwardby jedoch nicht, weil diese von einem anderen Gegenstand reden, der eine andere Methodik und andere Erkenntnisziele mit sich bringt.

---

[73]   Ibid., p. 46, 30.

CONCORDIA, PROPORTIO, CONSONANTIA

HARMONICS AND SEMIOTICS IN THE MIDDLE AGES: REMARKS ON A RECENT PUBLICATION

Stephen Gersh

I am happy to respond to the invitation of the organizers of the colloquium on „Musik – und die Geschichte der Philosophie und Naturwissenschaften" to make some brief remarks concerning my recent book: „Concord in Discourse. Harmonics and Semiotics in Late Classical and Early Medieval Platonism", published by Mouton de Gruyter, Berlin 1996.

The title draws together most of the book's conceptual themes. The term „concord" suggests musical theory and the term „discourse" theory of language, the two being juxtaposed in a slightly perverse allusion to the medieval cliché *concordia discors*. The subtitle then unfolds these ideas. As used in the book, „harmonics" signifies not musical theory in the narrow sense but musical concepts applied within a broad range of philosophical doctrines. „Semiotics" is the modern discipline which can be defined historically both in relation to the theories of the nineteenth-century American philosopher Charles Sanders Peirce and in relation to various methods of cultural study developed especially in France since the 1960s.

The discipline can be defined conceptually as that which examines the workings of signs (Greek σημεῖα): in practice this implies dealing with meanings which are a) not restricted to utterances capable of truth or falsity (i.e. statements or propositions) and b) organized into networks of oppositions and mediations. „Platonism" is the classical philosophical doctrine where real Being is assumed to be separate from and superior to the world of everyday objects. The last component of the subtitle specifies the chronological range of the study between approximately the first and twelfth centuries of the common era.

The following passage from Boethius' „De institutione musica" illustrates the kind of musico-philosophical material with which we are dealing:

,,There are three types of music. The first is cosmic, the second human, and the third produced by certain instruments [...] Now the first type, the cosmic, is particularly evident in those things which are observed in heaven itself, or in the combining of elements, or in the variation of seasons. For how can it happen that so swift a heavenly machine can move with a noiseless and silent course? [...] Hence, a fixed order of modulation cannot be absent from this celestial rotation. And if a certain harmony did not join the diversities and contrary powers of the four elements, how could it happen that they should come together into a single body and mechanism? But all this diversity produces a variety of both seasons and fruits which nonetheless results in a unified system of the year [...] Whoever descends into his own self understands human music. For what blends that incorporeal vigour of reason with the body except a certain adjustment and, so to speak, tuning of low and high pitches as though producing one consonance? What else connects to one another the parts of the soul itself which, as Aristotle maintains, is composed of rational and irrational? What indeed mingles the elements of the body or holds its parts together in a fixed adjustment? [...] The third type of music is said to be produced by certain instruments. This is governed either by tension as in strings, or by breath as in pipes or water-activated devices, or by a certain percussion [...]''[1].

The passage is well known to scholars. However, the present author's aim has been also to examine the numerous equally interest-

---

[1]   ,,Sunt autem tria. Et prima quidem mundana est, secunda vero humana, tertia, quae in quibusdam constituta est instrumentis [...] Et primum ea, quae est mundana, in his maxime perspicienda est, quae in ipso caelo vel compage elementorum vel temporum varietate visuntur. Qui enim fieri potest, ut tam velox caeli machina tacito silentique cursu moveatur? [...] Unde non potest ab hac caelesti vertigine ratus ordo modulationis absistere. Iam vero quattuor elementorum diversitates contrariasque potentias nisi quaedam armonia coniungeret, qui fieri posset, ut in unum corpus ac machinam convenirent? Sed haec omnis diversitas ita et temporum varietatem parit et fructuum, ut tamen unum anni corpus efficiat [...] Humanam vero musicam quisquis in sese ipsum descendit intelligit. Quid est enim quod illam incorpoream rationis vivacitatem corpori misceat, nisi quaedam coaptatio et veluti gravium leviumque vocum quasi unam consonantiam efficiens temperatio? Quid est aliud quod ipsius inter se partes animae coniungat, quae, ut Aristoteli placet, ex rationabili irrationabilique coniuncta est? Quid vero, quod corporis elementa permisceat, aut partes sibimet rata coaptatione contineat? [...] Haec vero administratur aut intentione ut nervis, aut spiritu ut tibiis, vel his, quae ad aquam moventur, aut percussione quadam [...]'' (BOETHIUS, *De institutione musica*, ed. G. FRIEDLEIN, Leipzig 1867, p. 187-189).

ing passages which are not so familiar.

„Concord in discourse" is an outgrowth of my studies on the Greek Neoplatonist Proclus and his influence on the patristic and medieval traditions written during the 1970s and 1980s. Like other Platonists after the time of Plotinus, Proclus was much indebted to Pythagoreanism or Neopythagoreanism for his philosophical ideas –a point emphasized by the recent studies of A. Charles-Saget[2] and D. O'Meara[3]. The Pythagoreans for their parts were much concerned with problems surrounding music, both the acoustic or physical and the intellectual or metaphysical.

In what follows I shall confine myself to remarks on two topics: the conceptual underpinning of the book and the literary-historical arrangement of its materials.

The conceptual structure of *concordia/harmonia* is fairly complicated, a fact which explains the shortage of reliable treatments of the question in modern scholarship. My discussion is divided into two main phases. First, since the notion of concord contains the following conceptual elements: 1. „relation" which is either non-mathematical (e.g. as the Aristotelian category of relation) or mathematical (i.e. as a ratio between two numbers), and 2. „ternarity" which is again either non-mathematical (e.g. as a trinitarian analogue in Christian texts) or mathematical (i.e. as a proportion or proportionality between three or more numbers), it is possible to envisage three stages of increasing complexity leading to the fully-articulated notion of concord:

i.   the study of binary relations considered ontologically (i.e. binarities of existing things),
ii. the study of ternary relations considered ontologically (i.e. as ternarities of existents), and
iii. the study of ternary relations considered ontologically and semantically (i.e. as ternarities of existing things understood as sign-structures).

The second main phase discusses the fully-realized notion of concord which appears in various contexts to signify:

1. any logical relation or mathematical ratio i.e. involving 2 terms,
2. a combination of sameness and difference,
3. mathematical ratios based on the lowest integers,

---

[2] *L'Architecture du Divin. Mathématique et Philosophie chez Plotin et Proclus*, Paris 1982.
[3] *Pythagoras Revived*, Oxford 1989.

4. any logical relation or mathematical proportionality i.e. involving 3 terms,
5. a structure i.e. group of 4+ terms consisting of ratios,
6. a structure i.e. group of 4+ terms consisting of numbers.

Throughout „Concord in Discourse", the abstract conceptual analysis is interwoven with texts arranged according to historical criteria. There are detailed presentations of philosophical arguments from Augustine (on order), ps.-Augustine (on relation), Calcidius (on mathematics applied to physics and psychology), Martianus Capella (on signification), Boethius (on ratio), ps.-Dionysius (on symbolism), Eriugena (on order, relation, ratio, mediation, signification, and symbolism), and Thierry of Chartres (on mathematics applied to theology). Since it would be an impossible task to pursue equally detailed analyses in the texts of countless other writers influenced by these authors, sets of parallels are more briefly presented in the form of excursus at the end of each chapter. In this way, Martianus Capella's discussion of signification is connected with later developments in Thierry of Chartres and Bernard Silvestris, Boethius' theory of the three musics with arguments in Aurelian of Réôme, Hrotsvitha of Gandersheim, Adelard of Bath, Hugh of St. Victor, Bernard Silvestris, and Alan of Lille, and ps.-Dionysius' discussion of symbolism with later developments in Hugh of St. Victor and Alan of Lille, and so forth.

The interrelation between abstract conceptual and literary historical criteria may be illustrated by an abriged table of contents:

Chapter 1: Concord in general
1.1   Harmony, signification, and the structure of semantic fields
1.2   The schemata of writing and reading
1.3   Augustine's understanding of order and concord
1.4   Eriugena's understanding of order and harmony
1.5   Musical paradigms in Augustine and Boethius
1.6   The concept of relation in ancient and modern philosophy

Chapter 2: Components of concord – Binary relations (ontological)
2.1   Eriugena and the square of opposition
2.2   Relation in ps.-Augustine: „Categoriae decem"
2.3   Eriugena's theory of relation
2.4   Ratio in Boethius' „De institutione arithmetica"

The main chapter-headings reveal the application of abstract criteria. Chapters 1 and 5 discuss the fully-articulated notion of concord from complementary viewpoints, while chapters 2-4 isolate the conceptual elements and construct the notion of concord from those conceptual elements in the three phases described above. The sections within chapters (2.1, 2.2, etc.) show the progressive application of historical criteria within the broad conceptual framework.

Besides being the outgrowth of studies on the Greek Neoplato-
nists written during the 1970s and 1980s, another aspect of this book
is its aim to re-orientate the historical discussion in a modern setting. If one understands „semiotics" as a generic term for a varie-
gated but interrelated set of methods characterized as structuralist
or semiotic or post-structuralist–with which the Peircian approach
is quite compatible–it is possible to align the Platonism of late antiquity and the early middle ages with such an approach along a
number of trajectories. In the first place, a pre-occupation with the
problem of relation is common to the two fields: to the binary and
ternary ontological relations of Platonism correspond in a general
sense the semantic relations between sign and object and between
sign, object, and interpreter in semiotics. More specifically, to the
binary and ternary ontological relations of Platonism correspond
the semantic relations between signifier and signified, between op-
positional terms within the field of the signifier, and between
oppositions within the field of the signified exploited in semiotics.
Secondly, the parallel between relational structures in Platonism
and semiotics can be exploited in two ways: either by juxtaposing
relations which are ontological but not semantic in Platonism with
wholly semantic relations in semiotics or by juxtaposing relations
which are both ontological and semantic in Platonism with wholly
semantic relations in semiotics. Thirdly–and most importantly–the
response to the problem of relation which is shared between the
two disciplines is often associated with implicitly assumed or explicitly declared „harmonic" thinking.

ÜBER DEN MUSIKALISCHEN BEGRIFF *PROPORTIO*

Michael Walter

Nachdem Boethius im Prooemium zum 1. Buch seiner „Institutio musica" die bekannten Geschichten über die Macht der Musik einleitend erzählt hat, schließt er den ersten Absatz des Prooemium mit dem Hinweis, daß die Menschen der Musik gleichsam natürlich verbunden seien. Es sei jedoch Aufgabe des Geistes, „quod natura est insitum" mit Hilfe der *scientia* zu erfassen. Denn es genüge nicht, sich an *cantilenis musicis* zu erfreuen; man müsse vielmehr lernen, wie die Töne durch Proportionen miteinander verbunden seien[1]. Die Wortwahl – Boethius spricht von *vox*, nicht von *sonus* und von *cantilena*, nicht von *musica* – zeigt, daß hier real erklingende Musik gemeint war. Es ging Boethius allerdings nicht darum, *proportio* als ästhetischen Begriff zu etablieren, wie Umberto Eco glaubte[2], es ging ihm in der Engführung der Begriffe *natura* und *proportio* um die metaphysischen Grundlagen der Musik und damit der Welt schlechthin im pythagoreischen Sinne. Schon zuvor hatte er ausgeführt, daß die Beispiele für die Heilkraft der Musik lediglich als präliminare Beispiele für das dienen sollten, was in den folgenden Büchern erst noch zu zeigen war: daß nämlich *anima* und *corpus* gewissermaßen aus denselben Proportionen zusammengesetzt zu sein schienen, die der *armonica modulatio* entsprechen[3].

Es ist dies natürlich die allgemein bekannte pythagoreisch-platonische Begründung, nach der das Weltprinzip sich in Zahlen mani-

---

[1] BOETHIUS, *De institutione arithmetica libri duo. De institutione musica libri quinque*, ed. G. FRIEDLEIN, Leipzig 1867 (Nachdr. Frankfurt 1966), p. 187: „ut ex his omnibus perspicue nec dubitanter appareat, ita nobis musicam naturaliter esse coniunctam, ut ea ne si velimus quidem carere possimus. Quocirca intendenda vis mentis est, ut id, quod natura est insitum, scientia quoque possit conprehensum teneri. Sicut enim in visu quoque non sufficit eruditis colores formasque conspicere, nisi etiam quae sit horum proprietas investigaverint, sic non sufficit cantilenis musicis delectari, nisi etiam quali inter se coniunctae sint vocum proportione discatur."

[2] Cf. U. ECO, *Kunst und Schönheit im Mittelalter*, München 1993, p. 52sq.

[3] BOETHIUS, *De institutione musica* [Anm. 1], p. 186: „Quia non potest dubitari, quin nostrae animae et corporis status eisdem quodammodo proportionibus videatur esse compositus, quibus armonicas modulationes posterior disputatio coniungi copularique monstrabit."

festiere – und zwar auch dort, wo dies nicht sinnlich wahrnehmbar ist, etwa in der Bewegung der Gestirne oder der Abfolge der Jahreszeiten[4]. *Natura* meint in diesem Zusammenhang nicht die biologische Natur, sondern eine metaphysische Gesetzmäßigkeit. Die *natura* im Sinne einer biologischen Natur ist hingegen etwas, das in bezug auf die Welterkenntnis bzw. *scientia* nicht zuverlässig ist: Zwar sei der *sensus aurium* notwendige Voraussetzung dafür, daß man überhaupt von Tönen reden könne[5], aber das Gehör als solches könne doch allzu leicht irren, denn die Wahrnehmungsweise der Menschen sei in unterschiedlicher Weise vorhanden.

Aus diesem Grunde würden, so Boethius, die Pythagoreer einen Mittelweg einschlagen: Zwar würden die Konsonanzen von ihnen durch das Ohr gemessen (*ab aure metiuntur*), aber um den Abstand zwischen den Tönen zu messen, vertrauten sie nicht dem unzuverlässigen Gehör, sondern den Regeln der Ratio. Die Ratio sei damit befehlender Richter (*iudex imperans*), der *sensus* gehorchender Diener. Schon am Beginn des Vorworts zum ersten Buch hatte Boethius erläutert, zwar sei die *naturaliter* vorhandene *perceptio sensuum*[6] Kennzeichen des vernunftbegabten Lebewesens, aber die *natura* der natürlich vorhandenen Sinne selbst sei nur durch *contemplatio* zu erkennen.

In der berühmten Schmiedelegende wird dies deutlich: Pythagoras nimmt mit den Sinnen das bekannte Verhältnis zwischen Hämmern verschiedenen Gewichts wahr und erkennt dann, daß es sich hier um die durch Proportionen gegebene *ratio* der Zusammenklänge schlechthin handelt. (Es entbehrt allerdings nicht der Ironie, daß ausgerechnet das Beispiel mit den Hämmern physikalisch falsch ist[7] und darum von Pythagoras mit Hilfe des *sensus* gar nicht wahrgenommen werden konnte.) Boethius zählt die Proportionen auf, die musikalischen Konsonanzen entsprechen[8]: Sesquiterz (Quarte), Sesqualtera (Quinte), *proportio dupla* (Oktave), *proportio tripla* (Quinte + Oktave), *proportio quadrupla* (Doppeloktave). Dieser positiven Bestimmung der Konsonanzen durch Ratio *und* (nachgeordneten)

---

[4] Cf. auch M. WALTER, „Kirchenmusik und Zeitrechnung im Mittelalter", in: *Mediaevistik* 5 (1992), p. 169-186, hier: p. 170sq.

[5] Cf. BOETHIUS, *De institutione musica* [Anm. 1], p. 195 (cap. VIIII).

[6] BOETHIUS, *De institutione. musica* [Anm. 1], p. 178.

[7] Cf. B. MÜNXELHAUS, *Pythagoras musicus. Zur Rezeption der pythagoreischen Musiktheorie als quadrivialer Wissenschaft im lateinischen Mittelalter*, Bonn-Bad Godesberg 1976 (Orpheus-Schriftenreihe zu Grundfragen der Musik 19), p. 37.

[8] BOETHIUS, *De institutione musica* [Anm. 1], p. 194 (cap. VII).

Gehörsinn, entspricht die Bestimmung der Dissonanzen nicht. Konsonanzen und Dissonanzen werden nach Boethius *allein* vom Gehörsinn unterschieden, nämlich insofern, als Konsonanzen vom Gehör „suaviter uniformiterque" wahrgenommen werden, Dissonanzen aber eine „aspera atque iniucunda percussio" seien[9]. Mit anderen Worten: alle nicht konsonanten Intervalle sind dissonant, weil sie vom Gehör so empfunden werden. Das durch die Ratio bestimmte Verhältnis der Konsonanzen ist jedoch nicht ursächlich für deren Vollkommenheit der Klangverschmelzung. Vielmehr ist deren Proportion lediglich die analytische Beschreibung eines Sachverhalts. Wenn Fabrizio Della Seta schreibt: „È appena il caso di accenare, infine, alla componente estetica dell'idea di proporzione, il principio stesso che genera la bellezza sensibile"[10], so verkennt er dies. Es ist kein Zufall, daß Boethius das Zuordnungsverhältnis von sinnlich wahrnehmbaren Konsonanzen und analytisch rationalisierten Proportionen mit „deputentur"[11] oder „aptentur"[12] beschreibt, die keinen ursächlichen Zusammenhang indizieren.

Trotz einiger Verwirrung, die beim Leser infolge des doppelten *natura*-Begriffs[13] von Boethius beim Lesen entstehen kann, stehen doch drei Sachverhalte fest:

1. nämlich entsprechen die Konsonanz-Proportionen einem der 'natürlichen' Natur vorgängigen Gesetz, sind also epistemologische Kategorie und metaphysisches Prinzip. Die empirische Wahrnehmung tritt grundsätzlich hinter dem erkenntnistheoretischen Erfassen zurück.

---

[9]   BOETHIUS, *De institutione musica* [Anm. 1], p. 195: „Consonantia est acuti soni gravisque mixtura suaviter uniformiterque auribus accidens. Dissonantia vero est duorum sonorum sibimet permixtorum ad aurem veniens aspera atque iniucunda percussio. Nam dum sibimet misceri nolunt et quodammodo integer uterque nititur pervenire, cumque alter alteri officit, ad sensum insuaviter uterque transmittitur."–Cf. z.B. auch ibid., p. 302: „Consonae quidem sunt, quae simul pulsae suavem permixtumque inter se coniungunt sonum. Dissonae vero, quae simul pulsae non reddunt suavem neque permixtum sonum. His igitur ita praedictis de proportionibus pauca dicamus."

[10]   F. DELLA SETA, „Proportio. Vicende di un concetto tra scholastica e Umanesimo", in: F. DELLA SETA u. F. PIPERNO (ed.), *Et in cantu et in sermone. For Nino Pirrotta on his 8oth Birthday*, Florenz 1989 (Italian Medieval and Renaissance Studies 2), p. 75-99, hier: p. 78.

[11]   E.g. BOETHIUS, *De institutione musica* [Anm. 1], p. 193.

[12]   E.g. BOETHIUS, *De institutione musica* [Anm. 1], p. 194.

[13]   Er ist symptomatisch für die Schwierigkeiten der Verbindung von pythagoreischer und platonischer Musikanschauung und letztlich für die 'Unschärfen' in Boethius' „Institutio musica" verantwortlich. Darauf kann im hier gegebenen Zusammenhang jedoch nicht eingegangen werden.

2. steht bei der Beurteilung der Konsonanzen die Ratio höher als
der Gehörsinn („Consonantiam vero licet aurium quoque sensus
diiudicet, tamen ratio perpendit."[14]).

3. *Proportio* bezieht sich nicht auf das Verhältnis zweier Zahlen an
sich, sondern auf die untrennbare Einheit, die durch beide Zahlen konstituiert wird. Eine Proportion im boethianischen Sinne
ist eine Manifestation der „multitudo ... ad aliquid"[15], die qua
definitione aus zwei Zahlen besteht, die jeweils zueinander relational sind. Es handelt sich dabei also weder um einen Bruch
noch um einen Vergleich[16].

Als metaphysisches und rationales Prinzip schließt der Begriff der
proportio eine auf ihm basierende ästhetische Wertung aus, denn es
kann jeweils nur um korrekte rationale Erkenntnis, nicht um musikalische Schönheit gehen. Ohne daß hier eine Definition versucht
werden soll, läßt sich doch postulieren, daß Voraussetzung ästhetischer Wertung und Betrachtung die Erfahrung und Wahrnehmung
(die nicht notwendig theoretisch erfaßbar sein muß) von Einheiten
oder Ereignissen unterschiedlichen ästhetischen Rangs wäre, wie
auch eine willkürlich gestaltende Wahlmöglichkeit zwischen diesen[17]. Das *suaviter* der Konsonanz und das *aspera* der Dissonanz sind

---

[14]   BOETHIUS, *De Institutione musica* [Anm. 1], p. 220 (cap. XXVIII).
[15]   Cf. dazu auch die Beschreibung der Gegenstandsbereiche bei BOETHIUS, *De
institutione musica* [Anm. 1], cap. I (zur *musica* p. 11: „Musica vero quam prior sit numerorum vis, hinc maxime probari potest, quod non modo illa natura priora sunt, quae per
se constant, quam illa, quae ad aliquid referuntur."), sowie Cassiodor: „Musica scientia
est disciplina, quae de numeris loquitur, qui ad aliquid sunt his qui inveniuntur in sonis,
ut duplum, triplum, quadruplum, et his similia, quae dicuntur ad aliquid" (*Cassiodori
Senatoris Institutiones*, ed. R. A. B. MYNORS, Oxford 1963, p. 144 [= lib. II, V, 4]).
[16]   Insofern sind die beiden Zahlen einer Proportion auch nicht mit dem Terminus
numerus, wenn er nicht-relational verwandt wird, zu beschreiben. Der von Augustinus
in seiner „Musica" verwandte Terminus *numerus* wäre z.B. der boethianischen „multitudo per se" zuzuordnen, weil lediglich auf die arithmetische Bestimmung von Silben-
anzahlen verweist.
[17]   Für den hier gegebenen Zusammenhang genügt es, die Voraussetzungen ästhetischer Betrachtungsweisen im Mittelalter, die auf Musik bezogen werden, zu definieren: Voraussetzung jeder ästhetischen Betrachtungsweise ist die gestaltende Verfüg-
barkeit über musikalisches Material. Einerseits muß dabei die Musik selbst als gestaltbar
begriffen werden (und zwar jenseits der dichotomischen Möglichkeit des 'richtig' oder
'falsch'), andererseits setzt ästhetische Gestaltung voraus, daß alle musikalischen Parameter als im Verhältnis zur 'Natur' oder zum göttlichen Willen vom Menschen zu
schaffende Elemente verstanden werden (Tonhöhen, Tondauern etc.). Beides bildet sich
sukzessiv vom Frühmittelalter an aus (cf. M. WALTER, *Grundlagen der Musik des Mittelalters.
Schrift–Zeit–Raum*, Stuttgart, Weimar 1994), so daß man im 13. Jahrhundert von 'musi-

jedoch dichotomisch und schließen einander aus. Im Hinblick auf
die epistemologische Kategorie der Proportion sind zudem alle Intervalle (zahlentheoretisch die „multitudines ad aliquid") gleich-
wertig, wenn auch unterschiedlich definiert. Außerdem wird der
Begriff der *proportio* bekanntlich in Boethius' „Institutio musica"
allein auf das Zahlenverhältnis gleichzeitig erklingender Töne, d.h.
auf Simultan-Intervalle, festgelegt. *Proportio* ist zwar für Boethius
nicht irgendein Zahlenverhältnis in der Musik schlechthin, weder
bezieht sich der Begriff auf Sukzessiv-Intervalle, noch (notwendigerweise) auf Dauernrelationen, doch definiert das Erkenntnisprin-
zip der *proportio* intentional durchaus die *musica* insgesamt (nämlich
insofern, als sie dem Weltprinzip unterworfen ist), ein Sachverhalt,
der problematisch in jenem Moment werden mußte, als man versuchte, den Proportionsbegriff in Beziehung zu realen musikalischen Tatsachen zu setzen, die über intervallische Bestimmungen
hinausgingen (und nicht mehr auf ein Weltprinzip, sondern auf erklingende Musik rekurrierten, was letzten Endes ein Mißverstehen
des Textes von Boethius war). Dies wird im mittelalterlichen nicht-
spekulativen Schrifttum über Musik – nur um dieses wird es im folgenden gehen – von Anfang an offenbar. Es kommt im folgenden
jedoch nicht so sehr auf die Konstatierung des Widerspruchs an,
sondern auf die Konzeptualisierungsformen, mit denen dieser Widerspruch gelöst oder nicht gelöst wird, d.h. auf vorhandene oder
fehlende Begründungszusammenhänge. Ein möglicher Einwand sei
gleich vorweggenommen: musikpraktisches und spekulatives
Schrifttum stellen unterschiedliche Gattungen dar. Darum ist prima vista nicht zu erwarten, daß das musikpraktische Schrifttum in
extenso auf die *musica scientia* eingeht. Freilich läßt sich dort, wo dies
geschieht, unabhängig von Gattungsgrenzen des Schrifttums argumentieren, zumal der Bezug auf die *musica scientia* in den musikpraktischen Traktaten in der Regel eben ohne Not (nämlich die eines im
gegebenen Unterrichtszusammenhang zu vermittelnden Stoffes)
zustande kommt. Der Bezug musikpraktischer Texte auf die *musica
scientia* dürfte insofern Reflex mündlich diskutierter und die Gat-

---

kalischer Komposition' im Sinne eines ästhetischen Prozesses sprechen kann. Es würde
zu weit führen, hier die einzelnen Stufen des Prozesses der ‘Ästhetisierung der Musik'
zu beschreiben. Im Zusammenhang der folgenden Ausführungen kann dieser kurze
Hinweis auf die Voraussetzungen des in bezug auf das Mittelalter äußerst problemati-
schen Begriffs ‘Ästhetik' genügen.

tungsgrenzen des Schrifttums überschreitender grundsätzlicher Probleme sein.

Führte man Pythagoras' Einsichten auf göttliche Eingebung zurück – wie z.B. Aurelian, der darauf hinwies, daß nach seiner Meinung Pythagoras wohl nicht ohne ebendiese göttliche Eingebung die Proportionen entdeckt hätte–wurde aus dem metaphysischen Naturgesetz Boethius' eine christliche Glaubenswahrheit[18]. Aber auch – oder gerade–in dieser christlichen Umdeutung war der Begriff der *proportio* ästhetisch insofern nicht instrumentalisierbar, als er immer noch ein gesetzmäßiges Prinzip des Erkennens und nicht des Gestaltens darstellte. Da aber nach Boethius die Proportionen erkenntnistheoretisch die Musik schlechthin erklären, d.h. alles was als Musik begriffen wird, ist die logische Folge, daß der Begriff der *proportio* auch auf einstimmige Musik anwendbar sein müßte, d.h. auf melodische Qualitäten.

Nachdem Aurelian die drei *varietates* des *Authentus protus* erläutert hat, fühlt er sich offenbar verpflichtet, zu erklären, warum es bei einem einzigen Modus etliche *varietates* gibt. Die Antwort dürfte schon für den mittelalterlichen Leser wenig erhellend gewesen sein: Aurelian verweist nämlich auf die *musica scientia*, die dort behandelte Lehre von den Proportionen der Konsonanz und den numeralen Gesetzmäßigkeiten[19]. Diese haben allerdings mit dem Problem, das Aurelian hier behandelt, nichts zu tun. Aurelians schriftstellerische 'Taktik' an dieser Stelle aber ist in seinem Traktat nicht einzigartig und beruht auf der schlichten Annahme, daß die *musica scientia* die erkenntnistheoretischen Grundlagen der erklingenden Musik liefert und darum alle Probleme des praktischen Gesangs auf die eine oder andere Weise dort wohl auch erklärt seien–unabhängig davon, ob Aurelian selbst in der Lage war, die Probleme zu erklären. Es dürfte aber durchaus der Einsicht in dieses Dilemma des fehlenden Konnexes spekulativer Erklärungen und praktischen Musizierens zuzuschreiben sein, daß Aurelian sich im ganzen folgenden (größeren) Teil seines Traktats nicht mehr auf Überlegungen zur *proportio* einläßt.

---

[18] AURELIANUS REOMENSIS, *Musica disciplina*, ed. L. GUSHEE, American Institute of Musicology 1975 (CSM 21), p. 63: „Puto enim quia non nisi divino nutu iam sepe dictus Pitagoras proportionum varietates ut sonorum iungerentur concordiae, repperire potuit."

[19] Cf. Ibid., p. 86.

Ähnlich wie Aurelian führt auch der Autor der „Musica enchiriadis" auftretende musiktheoretische Probleme letztlich auf göttliche
Gesetze zurück, damit auf Gesetze, die keiner rationalen Begründung mehr bedürfen, sondern – nach frühmittelalterlichem Verständnis – diese selbst sind[20]. Im Hinblick auf die grundlegende
Technik des Parallel-Organum im Quintabstand ist das kein großes
Problem. Auch die Quartparallelität der „diaphonia per diatessaron"[21] wird musiktheoretisch korrekt als *proportio*, d.h. als intervallischer Abstand beschrieben. Freilich versagt notgedrungen der
proportio-Begriff da, wo praktische Entscheidungen über den Wohlklang nötig werden, nämlich am Ende des als Beispiel gewählten
Organum („Tu patris sempiternus es filius"). Von der Parallelität
der *voces* muß dort nämlich abgewichen werden, um den Tritonus
E-B zu vermeiden. Daß „huiusmodi proportionum voces"[22] sich
nur auf die Konsonanzen Oktave, Quinte und Quarte bezieht (also
im Hinblick auf das gesamte Organum defizitär ist), erkennt man
an der Qualifizierung als *suaviter*, denn die Terz C-E gehört propor-
tionentheoretisch gesehen ebenso in die Kategorie des *insuaviter*[23]
wie die Sekunde C-D im bekannten „Rex caeli"-Beispiel. Da die
beiden 'Stimmen' aus Sicht der „Musica enchiriadis" keine selbständigen Stimmen, sondern eine intervallische Ausschmückung
des einstimmigen Gesangs sind („pro ornatu ecclesiasticorum carminum"[24]), ist ihre Beschreibung als Intervallstruktur – also als *proportio*, und genauer: als auf den konsonanten Sinn von *proportio* redu-
zierte Intervallstruktur – zutreffend, aber eben nicht vollständig.

Daß die Abweichung vom konsonanten Parallelismus nicht einer
ästhetischen – die eine bewußte Entscheidung für einen bestimmten
Klang voraussetzt –, sondern einer rein praktischen Begründung
unterliegt – um den Tritonus zu vermeiden, verharren die Sänger
auf einem weniger dissonanten, aber gleichwohl eben dissonanten
Intervall –, kann nicht die Tatsache verdecken, daß hier adäquate

---

[20] Cf. dazu WALTER, *Grundlagen* [Anm. 17], p. 254sq.
[21] Cf. *Musica et scolica enchiriadis una cum aliquibus tractatulis adiunctis. Recensio nova post
Gerbertinam altera*, ed. H. SCHMID, München 1981 (Bayerische Akademie der Wissenschaft. Veröffentlichungen der Musikhistorischen Kommission 3), p. 38sq.
[22] *Musica et scolica enchiriadis* [Anm. 21], p. 39.
[23] Ibid., p. 56.
[24] Ibid.

musiktheoretische Begründungen angesichts der sinnlich wahrnehmbaren musikalischen Wirklichkeit versagten. Auch im dritten
Teil der Scholien zur „Musica enchiriadis"[25] wird zwar die boethianische Zahlenlehre erläutert. Wie aber die nicht-konsonanten Intervalle Bestandteil des Organum werden und wieso sich der Tritonus,
dadurch daß er unter allen Umständen vermieden werden muß,
von anderen dissonanten Intervallen unterscheidet, wird weder
(spekulativ) begründet noch erklärt.

Die feste Konnotation des Begriffs *proportio* mit einem göttlichen
bzw. metaphysischen Gesetz einerseits und mit der Intervalldefini-
tion andererseits führt dazu, daß dieser feststehende Terminus der
musica scientia in Traktaten, die sich mit der Musikpraxis beschäftigen, kaum brauchbar wird. Dies erklärt, warum der Begriff der
proportio in Guidos „Micrologus" nur zweimal erscheint, und zwar
im Zusammenhang mit der üblichen Pythagoras-Geschichte[26] bzw.
der Erwähnung Boethius'[27]. Für theoriebewußte *musici* mußte das,
vermutlich aus der Einsicht in die Bedeutungslosigkeit für musikpraktische Fragen resultierende, Fehlen von Erläuterungen zur *proportio* in einem Text, dessen Autor man wohl spätestens im 12. Jahrhundert zu den *inventores* der Musik zählte, auffallend und vielleicht
sogar ärgerlich sein.

Jedenfalls widmet sich ein Kommentator (wohl schon kurz nach
Entstehung des „Micrologus", d.h. noch in der ersten Häfte des 11.
Jahrhunderts[28]; der Text wurde aber ausweislich der Wiener Handschrift, die bezeichnenderweise gegen Ende Textpassagen aus Aribos „Musica" enthält, auch im 12. Jahrhundert rezipiert) explizit
Guidos Erläuterungen zu den „septem discrimina vocum" und erklärt diese aus der Proportionenlehre[29]. Hierbei geht der Kommen

---

[25]   Cf. Ibid., p. 115sqq.
[26]   GUIDO VON AREZZO, *Micrologus*, ed. J. SMITS VAN WAESBERGHE, American Institute of Musicology 1955 (= CSM 4), p. 230.
[27]   Ibid., p. 233.
[28]   *Commentarius anonymus in Micrologum Guidonis Aretini*, ed. P. C. VIVELL O.S.B., Wien
1917 (Kais. Akademie der Wissenschaften in Wien, philosophisch-historische Klasse,
Sitzungsberichte 185/5). Vivell vermutet, der Kommentar sei spätestens im Jahr 1034
geschrieben worden. Jedenfalls wurde der Kommentar bis ins frühe 14. Jahrhundert
immer wieder zitiert.
[29]   Ibid., p. 5: „Supponitur autem hic Liber Physicae quia ex natura proportionis
numerorum naturaliter est inventa musica, ita ut eius consonantiis nec adhiberi possit
nec tolli arte aliqua, nisi quantum sinit certa et naturalis mensura proportionis. Et quia

tator auch auf die sechs von Guido genannten *consonantiae* ein: Ganzton, Halbton, kleine und große Terz, Quarte und Quinte. Es gebe, so der Kommentator, *consonantiae*, die *proportionales* seien, wie *tonus, diatessaron, diapente* und *diapason*, nicht *proportionales* seien aber *semitonium, ditonus* und *semiditonus*[30]. Die Konsonanzen entsprechen denen Guidos im IV. Kapitel des „Micrologus" „Quod sex modis sibi invicem voces iungantur"[31]; allerdings war bei diesem von intervallischer Proportionalität nicht die Rede, da *voces consonantiae* dort lediglich in praktischem Sinne gemeint war: als jene Töne, die sich *sukzessiv* zu einem Neuma zusammenfügen (und nur insofern zusammenklingend waren)[32]. Der Begriff der *consonantia* im Zusammenhang mit Guidos folgendem Hinweis, daß sich die *harmonia* aus so wenigen *clausulis* zusammensetze, hatte für den Kommentator offenbar eine Signalwirkung, die quasi automatisch die Begrifflichkeit der *proportio* nach sich zog, obwohl für Guido in diesem Zusammenhang *harmonia* nur ein Synonym für *cantilena* war[33].

Zudem, das machte die Sache noch verwirrender, war der Begriff der *consonantia* doppeldeutig, insofern er sich – wie bei Johannes Affligemensis – sowohl auf sukzessive wie auf simultane Intervalle be-

---

fundamentum habet arithmeticam, ex cuius numeris per proportiones colligitur, recte musica Physicae supponitur sicut et ipsa arithmetica ex qua concreatur." Daß der Autor sich hier auf Aristoteles und nicht auf Boethius beruft, mag bereits Ergebnis der Schwierigkeiten sein, die sich bei einer alleinigen Berufung auf Boethius ergeben. Der Boethius-Text war jedoch dem Kommentator sicher geläufig.

[30]   Ibid., p. 5sq.: „Sciendum tamen quod quaedam consonantiae [...] sunt proportionales ut tonus, diatessaron, diapente, diapason, quaedam autem non ut semitonium [...], ditonus [...] et semiditonus [...]."

[31]   GUIDO VON AREZZO, *Micrologus* [Anm. 26], p. 105: „Habes itaque sex vocum consonantias, id est tonum, semitonium, ditonum, semiditonum, diatessaron et diapente. In nullo enim cantu aliis modis vox voci coniungitur, vel intendendo vel remittendo."

[32]   Dieser Gebrauch von *consonantia* entspricht dem Gebrauch von *symphonia* für sukzessive Intervalle. *Consonantia* wie *symphonia* konnte für sukzessive *und* simultane Intervalle verwendet werden. Der aktuell gemeinte Gebrauch ergab sich jeweils aus dem Zusammenhang im Traktat. Problematisch war jedoch, daß sich der musikpraktische Zusammenhang (etwa durch Veränderung der Mehrstimmigkeitspraxis), in dem ein Traktat gelesen wurden, änderte, was wiederum Rückwirkungen auf das Verständnis eines Traktats selbst und seiner Termini hatte. Insofern läßt sich auch aus moderner Sicht ein Terminus wie *consonantia* begrifflich kaum zweifelsfrei definieren, denn die Zweifel sind dem Terminus als Interpretationsmöglichkeit inhärent und quasi Bedingung seiner Existenz.

[33]   Dieser Wortgebrauch war nicht ungewöhnlich (cf. schon die „Musica enchiriadis"); cf. WALTER, *Grundlagen* [Anm. 17], p. 235sq.

ziehen ließ. Guidos sechs Töne werden von Johannes um die kleine und große Sexte ergänzt. Von diesen Intervallen würden jedoch nur sechs als *consonantiae* bezeichnet, nämlich wie im späteren Verlauf des Kapitels deutlich wird, jene, die auch Guido als solche bezeichnete. Kleine und große Sexte bezeichnet Johannes hingegen als *intervalla*[34]. Die Begründung für die Bezeichnung *consonantiae* ist jetzt die, daß diese Intervalle im Organum, d.h. simultan häufig zu hören seien („quia in cantu saepius consonat id est simul sonat").

Nur aus dem häufigen Vorkommen der *consonantiae* als simultane Intervalle erklärt sich der von Johannes in diesem Zusammenhang angewandte Begriff der Proportion. Die Qualität als *consonantiae* erklärt er nämlich so, daß diese gewissen Proportionen entsprechen würden. Johannes nennt an dieser Stelle die Proportionen 8:9, 3:4, 2:3, 1:2 – Ganzton, Quarte, Quinte und Oktave –, also jene Intervalle, die auch der anonyme Kommentator als proportional bezeichnete[35]. Im übrigen seien dies aber, so fährt Johannes fort, arithmetische Feinheiten, die im Zusammenhang seines Unterrichts der Knaben nur lästig seien und darum übergangen würden[36]. Ein Problem wird jedoch wenigstens gestreift: die Oktave nämlich zählt in der spekulativen Musiklehre zu den wichtigsten Intervallen, richtete man jedoch die *consonantiae* an der musikalischen Praxis aus, spielte die Oktave keine wesentliche Rolle mehr, weil Organa nicht mehr in Oktaven gesungen wurden. Darum mußte begründet werden, warum *nonnulli* die Oktave für eine Konsonanz halten, nämlich wegen der ihr zugrundeliegenden Proportion, oder weil sie konsonierend als erster und achter Ton einer *modulatio* auftreten könne, oder weil sie sich aus zwei Konsonanzen zusammensetze[37].

---

[34] JOHANNES AFFLIGEMENSIS, *De musica cum tonario*, ed. J. SMITS VAN WAESBERGHE, American Institute of Musicology 1950 (CSM 1), p. 69: „Duo autem qui restant modi, scilicet semitonium cum diapente et tonus cum diapente, intervalla vocantur."

[35] Ibid., p. 67sq.: „Inter cetera hoc quoque scire convenit, quod novem omnino sunt modi, quibus melodia contexitur: unisonus, semitonium, tonus, ditonus, semiditonus, diatessaron, diapente, semitonium cum diapente, tonus cum diapente. Ex his sex consonantiae dicuntur, vel quia in cantu saepius consonant id est simul sonant, vel certe quod consonant id est quibusdam proportionibus natae invicem se continent, quae dicuntur sesquioctava, sesquitertia, sesquialtera, dupla"

[36] Ibid., p. 68: „De quibus tractare quia pueris et minus eruditis esset onerosum, pueris enim et nondum perfectis loquimur, arithmeticorum hoc subtilitati relinquimus."

[37] Ibid., p. 74: „Nonnulli etiam diapason consonantiam vocant vel propter proportionem, vel quia in prima et octava consonam reddit modulationem, vel etiam quia ex consonantiis consistat. Siquidem diatessaron et diapente constituunt diapason, praesertim cum inter primam et octavam vocem vel inferius diatessaron et diapente superius

Mindestens der Hinweis auf die *modulatio* bezieht sich auf die Gesangspraxis und widerspricht darum dem spekulativen Begründungszusammenhang. Eine einleuchtende Begründung ergibt sich demzufolge nur aus der Doppelung von praktischen und spekulativen Elementen. Damit wird jedoch nicht nur die metaphysische Begründung der Intervallqualitäten aufgegeben, sondern zugleich die ästhetische Begründung etabliert. Denn während in Johannes' Erklärung der Oktave nur ein theoretischer Widerspruch vorlag, aber keiner in der Sache, wird beim anonymen Kommentator deutlich, daß in der Sache selbst der spekulative Proportionenbegriff keine Rolle mehr spielte.

Der Versuch des anonymen Kommentators, Guidos praktische Ausführungen mit dem spekulativen Begriff der *proportio* zu verbinden, mußte schon deshalb fruchtlos bleiben, weil der Kommentator, Guido ergänzend, hinzufügte: Keine *consonantia* sei der Tritonus, weil er nämlich weder *proportionalis* noch *pulchris* im (sukzessiven) Zusammenklang sei[38]. War der ursprüngliche Sinn des *proportio*-Begriffs noch, ein 'Naturgesetz' zu formulieren, so ist der Sinn hier nur noch eine eher lose vokabulare Legitimation und Anbindung an die spekulative Musiktheorie. Für die Unbrauchbarkeit des Tritonus bedarf es der doppelten Begründung, daß dieser nicht als Proportion zu erklären *und* daß er nicht schön sei. Ausschlaggebend ist dabei die praktische Begründung des „[non] pulchre sibi consonat"[39], denn nicht *proportionalis* waren ja auch andere *consonantiae*. Nicht mehr die metaphysische Begründung von Tonverhältnissen ist damit relevant, sondern die praktisch-ästhetische Begründung,

---

vel e converso habeatur, ut inter .C. et .c., .D. et .d., .E. et .e."

[38] *Comment. anon.* [Anm. 28], p. 6: „Tres toni vero, quos abusive, quasi sit consonantia, tritonum [...] dicunt, consonantia [...] non est, quia neque proportionalis est neque etiam pulchre sibi consonat [...], quod quocumque modo permittitur esse ditono et semitonio, quia sibi consonant."

[39] In der „Musica enchiriadis" wurde der Tritonus lediglich als „insuaviter", damit als dichotomisches Gegenteil des „suaviter" der Konsonanzen qualifiziert. Die Formulierung mit „pulchris" scheint mir ein dazu durchaus differentes und differenziertes Verhältnis zu ästhetischen Sachverhalten anzuzeigen. Gerade in der Begründung durch Proportionenlehre *und* ästhetische Wertung liegt der Unterschied (zwischen beiden und zur „Musica enchiriadis", denn in dieser fehlte noch der – faktisch negative – Bezug zur Proportionenlehre, wohingegen die erklärende Berufung auf Gott, statt auf ästhetische Begründungen, de facto nicht eindeutig und jeweils von der Vorstellung abhängig ist, was „naturale" sei; cf. WALTER, *Grundlagen* [Anm. 17], p. 256).

die in letzter Konsequenz auf den Proportionsbegriff nicht nur verzichten kann, sondern verzichten muß.

Der Begriff der *proportio* wird in diesem anonymen Kommentar
außerdem explizit auf einen Sachverhalt angewandt, der aus nahe-
liegenden Gründen bei Boethius noch keine Rolle spielte: das Verhältnis zeitlicher Dauern nämlich. Ebenso wie Aribo Scholasticus
beschreibt der anonyme Kommentator die dreizeitige Tremula am
Schluß von *distinctiones* oder Versen sowie die zweizeitige *morula* mit
dem Terminus *proportio*, z.B. „Morulam dico duplo breviorem vel
duplo longiorem se, sicut in Versu Gradali 'Adiuva nos deus salutaris', 'deus', cum sit morula, duplo longiorem se morulam 'salutaris'
habet post se, cum ipsa sit duplo brevior, quia ipsa non habet nisi
duas voces repercussas, et 'salutaris' quatuor; et hoc est: dupla proportio"[40]. Zwar wird damit ein Begriff gewonnen, der Dauernver-
hältnisse angemessen beschreiben kann, aber indem hier nur noch
vergleichend gerechnet wird, wird der ursprünglich auf intervallische Verhältnisse angewandte Proportionenbegriff zu einem trivialen Recheninstrument umgedeutet, geht seines spekulativen
Sinns verlustig und widerspricht damit dem boethianischen Sinnimplikat des Begriffs (cf. auch unten die Ausführungen zu Franco
von Köln und Johannes de Garlandia).

Besonders deutlich wird die Widersprüchlichkeit zwischen Musiktheorie und Musikpraxis wenn es um die Erläuterung zu Guidos
numerus vocum geht. Es sei nämlich nötig, so der Kommentator, daß
„neumae proportionaliter sibi iungantur in cantu"[41], aber eben *nicht
secundum proportionem consonantiarum*. Aus diesem Widerspruch findet
der Kommentator nicht heraus, indem er einerseits nämlich proportionale Begriffe wie *sesquitertia* und *sesqualtera* zur Beschreibung
des *numerus vocum*, d.h. des Zahlenverhältnisses von Neumen (also
der in unterschiedlichen Neumen enthaltenen Töne) verwendet,
andererseits aber konstatiert, daß es eben im Gesang auch nicht
proportionale Neumenverhältnisse gäbe (z.B. 2:7), was wiederum
nicht weiter verwunderlich sei, weil auch nicht alle *consonantiae proportionaliter* seien.

---

[40]   *Comment anon.* [Anm. 28], p. 60.
[41]   Ibid., p. 58. Obgleich der Kommentator durchaus richtig erkennt, was Guido
meinte, kommt er in Schwierigkeiten (cf. insbesondere p. 67) durch die Differenzen
zwischen gemeinter Sache und poportionentheoretischer, d.h. auf Intervalle bezogener
Terminologie.

Daß ausgerechnet Guidos XV. Kapitel–„De commoda vel componenda"–des „Micrologus" Anlaß zu verwirrenden Kommentaren über *proportiones* gibt, verwundert kaum, handelt es sich hier doch um eine erste rudimentäre Kompositionspoetik[42], in der es nicht mehr um epistemologische Kategorien und metaphysische Prinzipien, sondern um handfeste Gestaltungsmöglichkeiten geht. Guido hatte geschrieben, man müsse bei der *distributio neumarum* die Zahlenverhältnisse (*numerus vocum* bzw. *ratio tenorum*) beachten, damit die Neumen einander entsprächen. Damit meinte er den schlichten Sachverhalt, daß die Anzahl der Töne einer Neumengruppe nicht in einem gar zu krummen Verhältnis zur nächstfolgenden Gruppe steht, damit zwei korrespondierende Glieder gebildet werden können[43] (es handelt sich also, obwohl jeweils zwei Zahlen in Beziehung gebracht werden, um einen empirischen Vergleich und nicht um eine Proportion). Unglücklicherweise fügte Guido seinen Ausführungen Zahlenbeispiele bei, nämlich für die Verhältnisse 1:1, 1:2, 1:3, 2:3, 3:4; damit war z.B. das Verhältnis von drei Tönen in einer Neume und vier Tönen in einer nachfolgenden Neume gemeint. Guido benutzte dabei notgedrungen eine aus der Proportionenlehre bekannte Begrifflichkeit, nämlich die Termini *sesquialtera* und *sesquitertia*[44]. Es ist kaum überraschend, daß die Kopisten von Guidos Text ebenso wie die Kommentatoren diese Begriffe mißverstanden, indem sie sie auf die Intervallehre bezogen, wodurch die Stelle unverständlich wurde. In einigen Abschriften wurden die Termini verändert, in anderen ergänzt, in vielen Abschriften wurde eine *figura* eingefügt, die sich auf die Intervallehre bezog und in keiner Weise mit dem von Guido Gemeinten in Verbindung stand. (Die Tatsache, daß die *figura* in vielen Abschriften fehlt, scheint mir darauf hinzudeuten, daß es sich um einen späteren Nachtrag zum ursprünglichen Text handelt).

Im 11. und 12. Jahrhundert waren Termini, die aus der Propor-

---

[42]   Cf. N. Pirrotta, „'Musica de sono humano' and the Musical Poetics of Guido of Arezzo", in: id., *Music and Culture in Italy from the Middle Ages to the Baroque. A Collection of Essays*, Cambridge 1984, p. 1-12.

[43]   Guido von Arezzo, *Micrologus* [Anm. 26], p. 164sq.: „Ac summopere caveatur talis neumarum distributio, ut cum neumae tum eiusdem soni repercussione, tum duorum aut plurium connexione fiant, semper tamen aut in numero vocum aut in ratione tenorum neumae alterutrum conferantur, atque respondeant nunc aequae aequis, nunc duplae vel triplae simplicibus, atque alias collatione sesquialtera vel sesquitertia."

[44]   *Aeque aequis* und *duplae vel triplae simplicibus* müssen im Gegensatz zu den anderen Termini nicht zwingend auf die Proportionenlehre bezogen werden.

tionenlehre stammten, offenbar für viele Autoren unauflöslich mit
der Intervallehre verknüpft (und verursachten darum sozusagen
pawlowsche Reaktionen), weshalb Guidos Versuch scheiterte, das,
was er meinte, mit bekannten Termini zu beschreiben, die er aber
ihres spekulativen (die Intervallehre indizierenden) zugunsten eines
rein vergleichenden bzw. ästhetischen Sinns beraubte.

In Guidos Begrifflichkeit ist ein impliziter Widerspruch enthalten. Guido redet ja ausdrücklich darüber, wie ein Gesang anzuferti-
gen sei. Das setzt Handwerk und Gestaltung voraus; von Men-
schenhand geschaffen wird also ein Artefakt, wobei Basis der Überlegungen die schiere Empirie ist. In Boethius' „De instutione musica" aber beschreiben proportionale Begriffe gerade das Gegenteil,
nämlich eine epistemologische Basis der Musik. Der Sinn propor-
tionaler Termini ist insofern bei Guido und Boethius völlig gegen-
sätzlich: im einen Fall ist der Mensch der Schöpfer des Artefakts,
im anderen, nach frühmittelalterlichem Verständnis, Gott der
Schöpfer eines Prinzips. (Im Gegensatz zur Neudefinition von *vox*
und *sonus*, die Guido ausdrücklich vornahm[45], verzichtete er an
dieser Stelle auf eine Definition, was vermutlich damit zu erklären
ist, daß in den älteren Schriften Proportionaliät und christliche
Glaubenswahrheit miteinander verknüpft wurden. Eine Neudefinition der Begriffe widersprach damit zugleich Glaubenswahr-
heiten.)

Im Grunde hat der anonyme Kommentator Guidos gerade diesen impliziten Widerspruch erkannt, wenn er von einer Proportionaliät sprach, die zwar *proportionalis* sei, aber nicht der Proportionalität der Intervallehre entsprach. Aribo versuchte, den gor-
dischen Knoten der Begriffsverwirrung zu lösen, indem er im
Zusammenhang des Kommentars zum erwähnten Text Guidos
schlichterhand das Aufhebens, das um Proportionen gemacht
worden war, zurückwies und die wohlklingende Mischung der
Töne zum alleinigen Kriterium für den Gesang erhob. Die Überlegung, wie etwas *proportionaliter* zu singen oder zu erfinden wäre,
sei „iam dudum obiit, immo sepulta est"[46]. Damit hatte Aribo die

---

[45]   Cf. WALTER, *Grundlagen* [Anm. 17], p. 269sq.
[46]   ARIBO, *De musica*, ed. J. SMITS VAN WAESBERGHE, Rom 1951 (CSM 2), p. 49:
„Antiquitus fuit magna circumspectio non solum cantus inventoribus, sed etiam ipsis
cantoribus, ut quidlibet proportionaliter et invenirent et canerent. Quae consideratio
iam dudum obiit, immo sepulta est. Nunc tantum sufficit, ut aliquid dulcisonum commi-
niscamur, non attendentes dulciorem collationis iubilationem" (cf. dazu auch WALTER,

spekulative Musiktheorie als Grundlage der realen Musikpraxis faktisch abgeschafft und statt dessen das ästhetische Kriterium der sinnlichen Wahrnehmung etabliert. Andererseits aber war Aribo in Bezug auf die ('physikalische') Intervallehre weiterhin auf den spekulativen Proportionsbegriff angewiesen und verwandte ihn auch. Dem von ihm propagierten Paradigmenwechsel stand als unaufgelöster Widerspruch gegenüber, daß selbst bei ihm die spekulative Musiktheorie nicht als Ganzes verworfen wurde und man weiterhin auf deren Begrifflichkeit angewiesen war, um Intervalle zu beschreiben. Nirgends zeigt sich deutlicher, wie sehr die spekulative Musiktheorie, gerade weil sie als Voraussetzung und Teil der praktischen Musiklehre unverzichtbar war, in terminologischen und faktischen Widerspruch zur *musica activa* geriet – und wie deutlich dies von den Zeitgenossen explizit und implizit wahrgenommen wurde.

Es scheint übrigens auffallend (wenn auch logisch), daß je mehr sich der nicht mit der spekulativen Musiktheorie verbundene Proportiobegriff durchsetzt, desto weniger sich die Begriffe *natura* und *naturaliter* in den musikpraktischen Traktaten finden. Beides koinzidiert wohl nicht zufällig, denn erst die Annahme, daß die Musik und ihre Gestaltung nicht allein auf 'natürlich' (und d.h. im Frühmittelalter 'göttlich') gegebene 'Gesetze' zurückging, ermöglichte aktive ästhetische Gestaltung von Musik. Auch daß im Text Guidos genau diese Annahme, daß nämlich Musik durch Menschen gestaltbar[47] sei, mit dem Unvermögen kollidiert, dafür neue Begriffe zu finden, ist nicht zufällig, sondern gerade in der begrifflichen Not manifestiert sich das Neue von Guidos Text.

Das Sinnimplikat beider Proportiobegriffe – nämlich das trivial vergleichende von Guido und das spekulative – traf sich zudem im Konstruktiven. Schon Guido hatte mit seinen Zahlenverhältnissen zwischen Tongruppen, wobei die vorausgehende Tongruppe quasi die Bedingung und damit das Maß der nachfolgenden Tongruppe ist, eine konstruktive Möglichkeit angegeben, zu einem ästhetisch befriedigenden Resultat zu gelangen. In diesem Sinne, der eben nicht mehr auf der unlöslichen Verbindung zweier Zahlen beruhte, wie der boethianische Proportionsbegriff, sondern auf der Idee des

---

Grundlagen [Anm. 17], p. 145sq.).
    47   Cf. dazu M. WALTER, „Musik und Sprache: Voraussetzungen ihrer Dichotomisierung", in: id. (ed.), *Musik und Text. Neue Perspektiven der Theorie*, München 1992 (Materialität der Zeichen A/10), p. 7-31, hier: p. 15 u. id., *Grundlagen* [Anm. 17], p. 259sq.

zweckdienlichen Vergleichs (und damit die Idee der erkenntnistheoretischen Analyse zugunsten 'praktischer' Poiesis suspendierte),
war der Proportionsbegriff später dem 12. Jahrhundert durchaus
geläufig. Man findet ihn in Hugo von St. Victors „Practica geometria". Hugo unterteilt dort in schulbildender Weise die *disciplina
geometrica* in die Bereiche *theorica* („id est speculativa") und *practica*
(„id est activa"). Die *geometrica theorica* beschäftige sich mit der ratio-
nal-spekulativen Untersuchung der Räume und Abstände (*spatia et
intervalla*), die *geometrica practica* hingegen sei jene, die mit gewissen
Instrumenten ausgeführt werde und urteile, indem verschiedene
Dinge – also ein Maß und das zu Messende – *proportionaliter*, d.h. in
einem zweckdienlichen Verhältnis zusammengebracht würden[48].
Genau darum, daß verschiedene Teile *proportionaliter* im Sinne von
(ästhetisch) zweckdienlich zusammengebracht werden, geht es auch
in Guidos Text, wenngleich für spezifisch musikalische Belange der
Gebrauch von Meßinstrumenten im strikten Sinne natürlich nicht
möglich war. Wichtig ist, daß es sich hier nicht um eine Bezugnah-
me theoretischer Texte aufeinander handelt, sondern um eine
Denkfigur, die den Proportionsbegriff unter dem Druck praktischer
Erfordernisse (das gilt für die erklingende Musik wie für den Gebrauch der Geometrie im praktischen Messen) neu zu konzeptuali-
sieren versucht.

Nichts anderes als etwas Konstruktiv-Praktisches meinte auch im
13. Jahrhundert Franco von Köln, als er darauf hinwies, daß die
Pause ein bestimmtes Maß habe, das zu berücksichtigen sei, um
zwei Stimmen *proportionaliter* einander anzugleichen bzw. „per voces
longas, breves vel semibreves proportionaliter" zur Übereinstimmung zu bringen[49]. In beiden Fällen handelt es sich nicht um den

---

[48]   „[...] omnis geometrica disciplina aut theorica est, id est speculatiua, aut practica, id est actiua. Theorica siquidem est que spacia et interualla dimensionum rationabi-
lium sola rationis speculatione uestigat, practica uero est que quibusdam instrumentis
agitur et ex aliis alia proportionaliter coniciendo diiudicat." (*Hugonis de Sancto Victore opera
propaedeutica: Practica geometriae, De grammatica, Epitome Dindimae in philosophiam*, ed. R.
BARON, Notre Dame 1966 [Publications in Mediaeval Studies 20], p. 16. Hier zit. nach
L. R. SHELBY, „The Geometrical Knowledge of Mediaeval Master Masons", in: *Speculum* 47 [1972], p. 395-421, hier: p. 401).
[49]   FRANCO VON KÖLN, *Ars cantus mensurabilis*, ed. G. REANEY, A. GILLES, American
Institute of Musicology 1974 (CSM 18), p. 25: „Tempus est mensura tam vocis prolatae
quam eius contrarii, scilicet vocis amissae, quae pausa communiter appellatur. Dico
autem pausam tempore mensurari, quia aliter duo cantus diversi, quorum unus cum

spekulativen Proportionsbegriff, sondern um einen, dessen Ziel die Praxis des Messens ist, wobei eine Stimme das Maß, die andere das zu Messende bildet. Nicht das Verhältnis der Tondauern zueinander ist proportional, sondern die Länge zweier gleichzeitig erklingender Stimmen soll einander entsprechen, wie, so könnte man ergänzen, eine geometrische Länge ihrem Pendant auf dem Lineal entspricht.

Die Ansicht, daß das Messen der Musik, d.h. der Stimmendauer, die als Länge verstanden wird, dem Messen der *geometrica practica* entspreche, scheint im 13. Jahrhundert wohl nicht ganz selten gewesen zu sein. Jedenfalls sieht sich Jacobus von Lüttich gezwungen, ausdrücklich darauf hinzuweisen, daß es einen Unterschied zwischen dem Messen in der Geometrie, vor allem der praktischen Geometrie und dem Messen in der Musik gebe, weil der Musiker und Geometer es mit unterschiedlichen Gegenstandsbereichen zu tun hätten[50].

Es nimmt darum nicht Wunder, daß ein Autor wie Garlandia, der sich seiner Wortwahl stets sehr bewußt war, den Begriff der *proportio* im Zusammenhang mit der zeitlichen Organisation des Organum grundsätzlich vermeidet. Die Rede ist jeweils nur von *aequipollentia*[51],

---

pausis, alius sine sumeretur, non possent proportionaliter adinvicem coaequari", und: „Discantus est aliquorum diversorum cantuum consonantia, in qua illi diversi cantus per voces longas, breves vel semibreves proportionaliter adaequantur, et inscripto per debitas figuras proportionari adinvicem designantur" (p. 26).

[50] JACOBUS VON LÜTTICH, *Specvlvm mvsicae* I, ed. R. BRAGARD, Rom 1953 (CSM 3/1), p. 35: „Sed et quae hic de aliis a musica dicuntur scientiis, propter maiorem musicae notitiam fit, quia, secundum Platonem, in principiis sermo debet esse longus. Aliter igitur de proportionibus et mensuris tractat musicus, aliter geometricus. Ille inspicit eas quantitate indiscreta ad aliquam materiam specialem contracta, hic in quantitate continua abstracte sumpta, quantum est ex parte suae theoricae speculationis, licet quantum ad suam praxim ad speciales continuas descendat quantitates". (In der Einteilung der „geomterica practica" folgt Jacobus im übrigen Hugo von St. Victor.)

[51] JOHANNES DE GARLANDIA, *De mensurabili musica*, ed. E. REIMER, Wiesbaden 1972 (Beihefte zum Archiv für Musikwissenschaft 10), tom. 1 (= Edition), p. 35: „Discantus est aliquorum diversorum cantuum sonantia secundum modum et secundum aequipollentis sui aequipollentiam."; „Secunda [sc. regula] vero talis est: si multitudo brevium fuerit in aliquo loco, semper debemus facere, quod aequipolleant longis" (p. 38).; „Item omnis figura non ligata debet reduci ad figuram compositam per aequipollentiam. Item omnis figura ligata ultra tres suo proprio modo reducitur ad tres per aequipollentiam. Item omnis figura simplex, id est non composita, et duae ligatae sequentes reducuntur ad tres ligatas per aequipollentiam, et hoc est secundum propriam proprietatem, quia reducuntur ad aliquem modum proprium" (p. 63); „Et sciendum, quod primus et secundus in tribus simul et semel sunt considerandi, scilicet in modo, in nume-

womit sowohl in sehr allgemeinem Sinn (wie bei Franco) das Verhältnis verschiedener Stimmen beschrieben wird wie auch in etwas
spezifischerem Sinn das Verhältnis zwischen gleichzeitig erklingenden Tondauern bzw. *figurae*. Auch dies meint indes nur einen technischen Sachverhalt: im Verhältnis von Longen und Breven ist zu
vermeiden, daß eine Note 'zuviel' vorhanden ist, was automatisch
dazu führen würde, daß die Länge der Stimmen in einem Ordo
oder einem kompletten Organum ungleich wird[52].

Die Abschreiber von Guidos „Micrologus" und der anonyme
Kommentator hatten noch versucht, den spekulativen Proportionsbegriff mit ästhetisch begründeten Notwendigkeiten in Einklang zu
bringen. Für Franco hatte der Begriff der *proportio* im Hinblick auf
die mehrstimmige *musica activa* keinerlei spekulatives Sinnimplikat

---

ro, in concordantia. In modo, ut sit longa contra longam vel breves aequipollentes
longae. In numero, ut tot sint puncti secundum aequipollentiam a parte secundi quot
a parte primi vel e converso. In concordantia, ut debito modo primus bene concordet
secundo et e converso" (p. 75sq.). – Zur geometrischen Konnotation des Begriffs *aequipollentia* cf. M. HAAS, „Die Musiklehre im 13. Jahrhundert von Johannes de Garlandia bis
Franco", in: F. ZAMINER (ed.), *Die mittelalterliche Lehre von der Mehrstimmigkeit*, Darmstadt
1984 (Geschichte der Musiktheorie 5), p.125.

[52]   Im nichtauthentischen und nach Franco von Kölns „Ars cantus mensurabilis"
verfaßten Textteil der Pariser Handschrift (cf. REIMER, *Johannes de Garlandia* [Anm. 51],
tom. 2, 39sq.) von Garlandias „De mensurabili musica" heißt es, die zu einem *discantus*
hinzugefügte dritte Stimme sei ein „cantus proportionatus conveniens et concordans
cum discantu" (GARLANDIA, *De mensurabili musica* [Anm. 51], p. 94: „Sequitur de triplici-
bus. Triplum est commixtio trium sonorum secundum habitudinem sex concordantiarum, scilicet unisonus, diapason et caetera, et hoc in eodem tempore. Et ista est communis descriptio. Specialiter autem sic describitur: triplum est cantus proportionatus aliquis
conveniens et concordans cum discantu. Et sic est tertius cantus adiunctus duobus.").
Diese Erklärung ist nach dem Autor *specialiter*, weil das Triplum nämlich üblicherweise
nur als „commixtio trium sonorum secundum habitudinem sex concordantiarum"
beschrieben werde. Insofern schon im ursprünglichen Teil des Traktats die Stimmen
des *discantus* nicht im Boethianischen Sinne als „proportio" begriffen wurden, muß auch
hier ein Gebrauch von „proportionatus" (bezeichnenderweise heißt es nicht „proportionaliter") im technischen Sinne der Geometrie angenommen werden (d.h., daß sich
die Länge der Stimme insgesamt an der Länge des *discantus* insgesamt zu orientieren
hat), was durch die Formulierung von „conveniens et concordans" bestätigt wird, denn
beide Begriffe beziehen sich nicht auf die Proportionenlehre, sondern einen praktischen
Sachverhalt. Freilich wird im nächsten Kapitel *proportionatus* in noch unspezifischerer
Weise gebraucht, nämlich als beschreibender Terminus, der nicht mehr als 'wohlge-
formt' bezeichnet: Perotins Organa entsprächen nämlich nicht den üblichen „situs" [=
Ambitus] der Stimmen im Quadruplum, seien jedoch trotzdem „optima proportionata
et in colore" (GARLANDIA, *De mensurabili musica* [Anm. 51], p. 96: „Sed proprietas prae-
dicta vix tenetur in aliquibus, quod patet in quadruplicibus magistri Perrotini per totum
in principio magni voluminis, quae quadrupla optima reperiuntur et proportionata et
in colore conservata, ut manifeste ibidem patet.")

mehr. Er folgte damit faktisch, aber nicht vokabular der Auffassung Aribos, daß die *proportio* für die erklingende Musik selbst keine Bedeutung mehr hatte. Freilich läßt sich auch konstatieren, daß *proportio* kein ästhetischer Rang zuwächst, denn was Franco angibt – Anfang und Ende zweier Stimmen müssen chronologisch miteinander übereinstimmen – ist das schlichteste aller Konstruktionsprinzipien mehrstimmiger Musik. Der Hinweis kann wenig mehr als den Rang einer technischen Notwendigkeit beanspruchen, ein ästhetisches Prinzip stellt er ebensowenig dar wie ein metaphysisches. Im Gegensatz zu Franco orientierte Garlandia sich strikt an Aribos Verwerfung des Proportionsbegriffs und vermied ihn darum, wenn es um die Beschreibung des zeitlichen Verhältnisses von Stimmen ging. Aber auch Garlandias Angaben kommt nicht der Rang ästhetischer Prämissen zu, sondern war lediglich deren Voraussetzung, zumal Garlandia sich weniger auf Kompositionsprinzipien als auf die ausführende Interpretation der Modi bezog.

Es scheint mir auch kein Zufall zu sein, daß aus dem adverbialen *concorditer* bzw. dem Verb *concordare*[53] sich im Laufe der Zeit das Substantiv *concordantia* als Bezeichnung für die ästhetische Wertigkeit der Intervalle herausschälte. Schon die „Musica enchiriadis" hatte *concorditer* im Zusammenhang des „suaviter sibi miscentur" und des „dulcis concentus" in allgemeiner Weise verwandt (von Ästhetik zu sprechen wäre übertrieben, weil Ästhetik sowohl Bewußtsein für ästhetische Differenzen als auch deren Begründung voraussetzt, die in der „Musica enchiriadis" noch fehlt). Mit der Etablierung des Begriffs der Konkordanz wurde der begriffliche Zusammenhang zwischen dem qualitativ-numeralen Sinn des proportionalen Konsonanzbegriffs und jenem Sinn des Konsonanzbegriffs, der nichts anderes als ästhetische Qualitäten von Intervallen im 'Satzzusámmenhang' bezeichnete, aufgelöst.

Wenn es im Vatikanischen Organumtraktat heißt, die Oktave sei eine *proportio perfecta* so hat der Traktat den ursprünglichen Sinn von *proportio* (bei dem keineswegs zwischen perfekten und nicht-perfekten Proportionen unterschieden werden kann) bereits weit hinter

---

53 *Musica et scolica enchiriadis* [Anm. 21], p. 23: „De symphoniis. Praemissae voces non omnes aeque suaviter sibi miscentur, nec quoque modo iunctae concordabiles in cantu reddunt effectus. Ut litterae, si inter se passim iungantur, saepe nec verbis nec syllabis concordabunt copulandis, sic in musica quaedam sunt certa intervalla, quae symphonias possint efficere. Est autem symphonia vocum disparium inter se iunctarum dulcis concentus."

sich gelassen: „Vnde sciendum quod nulla vox supra perfecte sonat nisi in diapason. Vnde diapente et diatessaron concordant, quia faciunt melodiam aliquam, et discordant, quia non sunt in perfecta proportione"[54]. Wenn zudem geschrieben wird, Quarte und Quinte würden zugleich konkordieren und diskordieren, zeigt sich, daß es dem Autor um die sinnliche Wahrnehmung geht, in der einerseits jene Intervalle als wohlklingend, andererseits aber die beiden jeweiligen Töne als deutlich unterschiedliche Tonqualitäten wahrnehmbar sind, weshalb sie nicht „in perfecta proportione" seien. Die im Sinne der spekulativen Musiktheorie implizite Widersprüchlichkeit des Begriffs *proportio perfecta* ließ sich vermeiden, wenn man von Konkordanzen sprach und diese nicht mehr auf den für ästhetische Kriterien unbrauchbaren Begriff der *proportio* zurückbezog. Jenes Dilemma, daß sich im 12. Jahrhundert dadurch ergeben hatte, daß spekulativer und schlichter rechnerischer Sinn von *proportio* kollidierten, ließ sich damit leicht umgehen.

Bezeichnete man *alle* simultanen Intervalle als *consonantiae*, war dies zwar ein Widerspruch zum engeren (terminologischen) Konsonanzbegriff der *musica speculativa*, andererseits war die Bezeichnung *consonantia* für gleichzeitig erklingende Töne durchaus zutreffend – insofern war die Regression vom terminologischen zum vokabularen Gebrauch sprachlich gerechtfertigt, was aber die Probleme nicht löste. Unterschied man, wie Garlandia, die konkordierende oder diskordierende Qualität der Intervalle *secundum auditum*, stellte man eine Rangfolge von der perfektesten ('konsonantesten') Konkordanz zur am meisten dissonierenden (perfekten) Diskordanz her. Daß der Tritonus das am meisten dissonierende Intervall und der Einklang das am wenigsten dissonierende waren, womit gleichzeitig eine ästhetische Wertung verbunden war, und daß die Intervalle dazwischen unterschiedliche Konsonanz-bzw. Dissonanzwerte hatten, entsprach der praktischen Musikausübung und stellte jenes ästhetische Gerüst dar, nach dem diese funktionierte, widersprach aber der Theorie der (boethianischen) *musica speculativa*, die diese Abstufungen nicht kannte. Wenn Garlandia also im IX. Kapitel seines Mensuraltraktats eine entsprechende Rangfolge aufstellte, widersprach das keineswegs der ästhetischen Empirie, wohl aber

---

[54] F. ZAMINER, *Der Vatikanische Organumtraktat (Ottob. lat. 3025). Organum-Praxis der frühen Notre Dame-Schule und ihre Vorstufen*, Tutzing 1959 (Münchner Veröffentlichungen zur Musikgeschichte 2), p. 185; cf. ibid., p. 47.

der Theorie. Lies sich hingegen die ästhetische Rangfolge der Intervalle mit den Proportionen der Theorie verbinden, bestand kein Widerspruch mehr zwischen beiden Systemen und es wäre das eingetreten, was schon Aurelian glaubte, daß nämlich die Grundgesetze jeglicher Musik in der *musica speculativa* zu finden seien.

Wohlgemerkt, die Problemstellung war nicht: wie kann man die Proportionenlehre ästhetisch nutzbar machen, sondern: wie rechtfertigt man ästhetische Sachverhalte mit Hilfe der spekulativen Proportionenlehre? Es handelt sich also um einen abstrakten Begründungszusammenhang, in dem Empirie und Theorie in Übereinstimmung gebracht werden sollten (also gerade das geleistet werden sollte, was Boethius nicht geleistet hatte), nicht darum, die Proportion als ästhetischen Begriff zu etablieren.

In seinem IX. Kapitel beschreibt Garlandia die faktische Lage, indem er nämlich über die „consonantiae in eodem tempore" handelt[55]. *Consonantia* ist hierbei Sammelbegriff für alle Intervalle, die sich in *concordantiae* und *discordantiae* unterteilen. Beide würden, wie Garlandia nicht müde wird zu betonen, *secundum auditum* unterschieden. Er bildet bekanntlich verschiedene Gruppen: sowohl die *concordantiae* wie die *discordantiae* werden in *perfectae*, *mediae* und *imperfectae* unterteilt, das heißt, am durch das Gehör wahrzunehmenden Konsonanzgrad gemessen, wobei die *media*-Intervalle jeweils zwischen perfekten und imperfekten Intervallen angesiedelt werden. Dadurch ensteht eine Reihenfolge innerhalb der Gruppen, die dem durch das Gehör wahrgenommenen Konsonanzgrad entspricht.

In einer perfekten Konkordanz kann der eine Ton nicht vom anderen getrennt wahrgenommen werden[56]. In der imperfekten Konsonanz können die beiden Töne durch das Gehör vollständig getrennt werden, und zwar, wie Garlandia betont, trotz ihrer Qualität als Konsonanzen[57]. Die *concordantiae mediae* sind jene, die teilweise perfekt, teilweise imperfekt erscheinen[58], was bedeutet, daß

---

[55] GARLANDIA, *De mensurabili musica* [Anm. 51], p. 67sq.

[56] Ibid., p. 68: „Perfecta dicitur ille, quando duae voces iunguntur in eodem tempore, ita quod secundum auditum una vox non percipitur ab alia propter concordantiam [...]."

[57] Ibid., p. 68: „Imperfecta dicitur, quando duae voces iunguntur in eodem tempore, ita quod una vox ex toto percipitur ab alia secundum auditum, et hoc dico secundum concordantiam [...]."

[58] Ibid., p. 69: „Media dicitur esse illa, quando duae voces iunguntur in eodem tempore, quod nec dicitur perfecta vel imperfecta, sed partim convenit cum perfecta et partim cum imperfecta [...]"

sie beim Hören weder zweifelsfrei als perfekte, noch zweifelsfrei als imperfekte Konkordanzen einzuordnen sind. Entsprechend verfährt Garlandia bei den Diskordanzen: Bei einer perfekten Diskordanz passen die Töne grundsätzlich nicht gehörsmäßig zusammen[59]. Imperfekte Diskordanzen passen in gewisser Weise zusammen, obgleich es sich nicht um Konkordanzen handelt[60]. *Discordantiae mediae* stehen nach dem Urteil des Gehörs wieder zwischen perfekten Diskordanzen und imperfekten Diskordanzen[61].

Es ergibt sich also die sechsfache Abstufung von perfekter Konkordanz zu perfekter Diskordanz, mit den jeweiligen *media*-Intervallen dazwischen. (Möglicherweise steht dahinter das Bemühen, die Intervalle ähnlich wie die Zeitwerte in drei Kategorien zu fassen, wobei allerdings das Verhältnis von Klangqualität und Zeitwert eben darum noch undefiniert bleiben muß, weil der Zeitwert dem Organisationsprinzip unterliegt[62], während die Klangfolge vom Komponisten willentlich und damit nicht voraussehbar gestaltet werden kann.) Rezeptives 'Gegenstück' der Gestaltung ist das Gehör. Durch die fehlende Möglichkeit, die *media*-Klänge als solche zweifelsfrei als imperfekt oder perfekt erkennen zu können, weist Garlandia dem Gehör die Beurteilung ihrer ästhetischen Funktionalität zu. Denn es kommt, um die Klänge im 'Satzverlauf' richtig zu erfassen, auf den jeweiligen Zusammenhang an.

Das hatte auch nicht das Geringste mit der spekulativen Musiktheorie zu tun, doch Garlandia verstand es, auf elegante Weise den Widerspruch – fast – zu lösen. Im X. Kapitel handelt er nämlich *de consonantiis* im allgemeinen (nämlich ohne den Zusatz *in eodem tempore*). Das war genau der Punkt, an dem sich bei den bereits genannten Autoren die *musica activa* und *speculativa* verwirrten, ohne daß ein wirklicher Bezug hergestellt worden wäre. Der implizite Anspruch Garlandias ist, diese Verwirrung zu lösen, indem er nämlich im selben Kapitel über die „consonantiae [...] in numeris"[63] sprach,

---

[59]   Ibid., p.71: „Perfectae dicuntur, quando duae voces iunguntur aliquo modo secundum compassionem vocum, ita quod secundum auditum una vox non potest compati cum alia [...]."

[60]   Ibid., p. 71: „Imperfectae dicuntur, quando duae voces iunguntur, ita quod secundum auditum aliquo modo possunt compati, tamen non concordant secundum consonantiam [...]."

[61]   Ibid., p. 72: „Mediae dicuntur, quando duae voces iunguntur, ita quod partim conveniunt cum perfectis, partim cum imperfectis secundum auditum [...]."

[62]   Cf. WALTER, *Grundlagen* [Anm. 17], p. 167sqq.

[63]   GARLANDIA, *De mensurabili musica* [Anm. 51], p. 74.

diese mit den *concordantiae* und *discordantiae* gleichsetzte und zugleich die Proportionenlehre als Begründung für das Urteil *secundum auditum*[64] heranzog.

Garlandia stellt hier eine Reihenfolge der Konsonanzen entsprechend ihrer Einteilung in Konkordanzen und Diskordanzen her. Zu den Konkordanzen zählte Garlandia (in absteigender Reihenfolge) Einklang, Oktave, Quinte, Quarte, große Terz und kleine Terz. Garlandia gibt dabei jeweils die *proportio* der Intervalle, d.h. ihre zahlenmäßige Ratio an. Seine Regel für die qualitative Reihenfolge lautet: Je komplizierter das Verhältnis der beiden Zahlen ist, die zur Beschreibung der Proportion notwendig sind (je weiter sich also die Zahlenratio vom Verhältnis 1:1 des *unisonus* entfernt), desto diskordanter sind die Intervalle – und zwar *secundum auditum*[65]. Der *semiditonus* (32:27) ist also diskordanter als der *ditonus* (81:64). Dies widersprach keineswegs der Qualifizierung der beiden Intervalle als *concordantiae imperfectae*, denn zwischen den beiden imperfekten Konkordanzen hatte Garlandia keine Reihenfolge hergestellt. Die ästhetische Rangfolge im IX. Kapitel und die proportionale Begründung dieser Rangfolge stimmten also überein. Auch das Problem des Tritonus ließ sich so lösen: Der Tritonus wird als die *perfecta discordantia* bezeichnet, weil die diskordante Qualität von keinem anderen Intervall übertroffen wird (*discordantiarum prima*)[66]. Angesichts der Zahlenratio von 729:512 für den Tritonus war das eine mehr als einleuchtende Lösung. So elegant dieser Versuch war, Proportionen und ästhetische Wertung der Intervalle in Einklang zu bringen – er ging an einer Stelle nicht restlos auf.

Die Tabelle zeigt die Reihenfolge (bzw. Rangfolge nach dem Konsonanzgrad: *unisonus* = *concordantia perfecta*; Tritonus = *discordantia perfecta*) der Konkordanzen und Diskordanzen nach Kapitel IX und X[67]:

---

[64] Ibid., p. 73.
[65] Ibid., p. 73.
[66] Ibid., p. 73.
[67] Wobei ich die Intervalle des Kapitels IX so angeordnet habe, daß die bei Garlandia nicht genannte Reihenfolge innerhalb der einzelnen Gruppen des IX. Kapitels der Rangfolge des X. Kapitels entspricht, was Garlandia nicht widerspricht, sondern eine Festlegung ist, die in seinem Intervall-System angelegt ist.

Kapitel IX	Qualifizierung in Kapitel IX	Kapitel X (Rangfolge)
Unisonus	concordantia perfecta	Unisonus
Diapason	concordantia perfecta	Diapason
Diapente	concordantia media	Diapente
Diatessaron	concordantia media	Diatessaron
Ditonus	concordantia imperfecta	Ditonus
Semiditonus	concordantia imperfecta	Semiditonus
Tonus cum Diapente	discordantia imperfecta	**Tonus**
Semiditonus cum Diapente	discordantia imperfecta	Semiditonus cum Diapente
Tonus	discordantia media	**Tonus cum Diapente**
Semitonium cum Diapente	discordantia media	Semitonium cum Diapente
Ditonus cum Diapente	discordantia perfecta	Ditonus cum Diapente
Semitonium	discordantia perfecta	Semitonium
Tritonus	discordantia perfecta	Tritonus

Man sieht daran, daß die Wertigkeit von zwei Intervallen–nämlich *tonus* und *tonus cum diapente*–in den beiden Kapiteln vertauscht worden ist. Im IX. Kapitel wird der *tonus cum diapente* (*secundum auditum*) als weniger discordierend betrachtet als im X. Kapitel. Mit dem *tonus* verhält es sich genau umgekehrt. Parallelführung von Proportionenlehre und ästhetischer Wertigkeit der Intervalle gingen also auch bei Garlandia nicht restlos auf.

Garlandia schließt seine Ausführungen zu den Intervallproportionen im X. Kapitel mit dem Satz: „Et hoc sufficit ad praesens de consonantiis, sive discordantiis vel concordantiis, in numeris." Der Satz beschließt jedoch nicht das Kapitel, denn noch ein weiteres Problem war nicht mit der Ratio der Intervalle in Übereinstimmung zu bringen: das des Austauschs von Intervallen, die am Konsonanzgrad gemessen unterschiedlich waren, 'satztechnisch' aber die gleiche ästhetische Wertigkeit haben konnten. Typischerweise wird hier wieder der allgemeine Begriff der *aequipollentia* verwandt: „Sciendum est, quod omnis discordantia ante perfectam concordantiam sive mediam aequipollet concordantiae mediae, et hoc

proprie sumitur ante unisonum vel diapason: Ante unisonum to-
nu<s>. Tonus ante diapason"[68].

Jede Diskordanz vor einer *concordantia perfecta* oder *media* wird also
behandelt wie eine *concordantia media*, d.h. hat den ästhetischen Rang
einer solchen (und zwar *secundum auditum* wäre hinzuzufügen, denn
darauf bezieht sich die Einteilung nach *media* und *perfecta*). Diese
Entsprechung findet jedoch nicht statt bei einer Diskordanz vor
einer *concordantia media*, obgleich dieser Fall, so Garlandia, in den
Organa mehrfach vorkäme (z.B. die kleine Sekunde vor der Quinte). Dies war ein ästhetischer Einwand gegen einen 'satztechni-
schen' Verstoß, der nichts mit der proportionalen Ratio der Intervalle zu tun hatte. Und im letzten Satz macht Garlandia deutlich,
daß die gestalterische Kompetenz des Komponisten nicht nur die
Befolgung der Regeln, sondern auch deren Verstoß umfaßt: „Et
sciendum, quod numquam ponitur discordantia ante imperfectam
concordantiam, nisi sit causa coloris sive pulchritudinis musicae"[69].
– eine Wahlmöglichkeit, die die proportionale Begründung der ästhetisch definierten Intervalle ad absurdum führte.

Vom Anbeginn des musikbezogenen Schrifttums im Mittelalter
traten Widersprüche zwischen dem universal-spekulativen Proportiobegriff der *scientia musica* und der praktischen Musik und ihrer
Erklärung auf. Je mehr ästhetisches Bewußtsein sich durchsetzte,
desto mehr wurde der Widerspruch manifest, was nicht nur zur
begrifflichen Verwirrung führte, sondern auch zum Versuch der
Harmonisierung des Proportiobegriffs mit ästhetisch-musikalischen
Vorstellungen. Freilich gelang es in diesem Punkte nie, die *musica
speculativa* mit der *musica activa* in Übereinstimmung zu bringen. Ästhetische Beurteilungen – und dazu gehören in letzter Konsequenz
auch deren Voraussetzungen wie z.B. eine 'abgemessene' Länge
von Stimmen – widersprachen entweder dem eigentlichen Begriff
der *proportio*, oder den boethianischen Konsonanzen. Genau dieser
Widerspruch dürfte aber zu einer Schärfung des ästhetischen Be-
wußtseins beigetragen haben, insofern er nämlich dazu führen
mußte, ästhetische Sachverhalte ästhetisch und unabhängig von der

---

[68] GARLANDIA, *De mensurabili musica* [Anm. 51], p. 74. Die beiden *exempla*-Notate
fehlen.
[69] Ibid., p. 74. Cf. ibid. p. 95 (späterer Pariser Nachtrag): „Color est pulchritudo
soni vel obiectum auditus, per quod auditus suscipit placentiam."

musica speculativa zu begründen, letztlich also durch das *secundum auditum*, wodurch der Perzeptionsmodus, der als solcher nicht definierbar, sondern nur erfahrbar und insofern variabel im Hinblick auf ästhetische Wertungen war, zur entscheidenden Instanz wurde. Im Gegensatz zur richtig/falsch-Dichotomie des Frühmittelalters läßt die Formulierung *secundum auditum* die Möglichkeiten unterschiedlicher Wahrnehmung offen. (Tatsächlich ist Garlandias Intervallklassifikation im 13. Jahrhundert zwar im konkreten Ergebnis singulär, als Denkfigur aber, mindestens für das spätere 13. Jahrhundert, verallgemeinerbar.)

Andererseits blieb der Proportiobegriff für die *musica speculativa* grundlegend, solange Boethius gelesen wurde[70] (schon weil hier die akustischen Grundlagen der Musik erläutert wurden). Es nimmt jedoch kaum Wunder, daß das System der Proportionen der Mensuralmusik der Renaissance, ein System, das sich von Anbeginn an auf praktisch-musikalische Sachverhalte bezog, keineswegs auf Boethius zurückgeht, sondern, wie Anna Maria Busse Berger belegen konnte, auf die antik-römische Praxis des Bruchrechnens[71]. Der spekulative Hintergrund der Diskussion um Proportionen im 14. Jahrhundert hingegen war, wie Fabrizio Della Seta zeigte, die euclidische Geometrie[72] (es dürfte kein Zufall sein, daß man sich, nachdem die *musica speculativa* boethianischer Prägung sich allzuweit von der praktischen Musiklehre entfernt hatte, auch einem neuen theoretischen Paradigma zuwandte); Versuche wie der Ugolino da Orvietos, wieder auf Boethius zurückzugreifen, blieben vereinzelt und konnten sich nicht durchsetzen. Geändert hatte sich jedoch, wie so häufig im Mittelalter, nicht die Vokabel *proportio* selbst, sondern ihr Sinnimplikat im diskursiven Prozess (der über das, was in Traktaten zu lesen ist, hinausgeht und bestenfalls indirekt zu rekonstruieren ist, weil gerade die musikpraktischen Traktate nur Substrate einer primär mündlichen Lehre sind). Dies war Resultat des gescheiter-

---

[70]   Cf. M. BERNHARD, „Überlieferung und Fortleben der antiken lateinischen Musiktheorie im Mittelalter", in: F. ZAMINER (ed.), *Rezeption des antiken Fachs im Mittelalter*, Darmstadt 1990 (Geschichte der Musiktheorie 3), p. 7-35, hier: p. 24sqq.; id., „Boethius im mittelalterlichen Schulunterricht", in: M. KINTZINGER, S. LORENZ, M. WALTER, *Schule und Schüler im Mittelalter. Beiträge zur europäischen Bildungsgeschichte des 9. bis 15. Jahrhunderts*, Köln, Weimar, Wien 1996 (Beihefte zum Archiv für Kulturgeschichte 42), p. 11-27.

[71]   Cf. A. M. BUSSE BERGER, *Mensuration and Proportion Signs. Origins and Evolution*, Oxford 1993, p. 33sqq.

[72]   Cf. DELLA SETA, *Proportio* [Anm. 10], p. 78sqq.

ten Versuchs, den Begriff der *proportio* als erkenntnistheoretisches
Prinzip mit dem ästhetischen Prinzip der Wahrnehmung von Musik in Übereinstimmung zu bringen, ein Versuch, der notwendig
deshalb scheitern mußte, weil die „componente ontologica"[73] der
boethianischen Zahlenphilosophie mit dem spätestens im Hochmittelalter vorhandenen Bewußtsein für ästhetische Modernität
(und sei es, daß Modernität als Ergänzung des Althergebrachten
verstanden wurde), deren Charakter eben ontisch und nicht ontologisch war, kollidieren mußte.

Im Laufe des Mittelalters war das metaphysische Prinzip der
proportio, wie die Beispiele gezeigt haben, zumindest in bezug auf die
Musik keineswegs „zu einem künstlerischen geworden"[74]. Ganz im
Gegenteil erwies sich mit zunehmendem ästhetischen Bewußtsein
und der zunehmenden Komplexität der Musik der Begriff der *proportio* als überaus unbrauchbar für 'künstlerische' Sachverhalte. Gerade die „fortschreitende Eroberung ästhetisch nutzbarer Harmoniebeziehungen"[75] war nicht an den Begriff der Proportion gebunden, sondern widersprach diesem.

---

[73] Ibid., , p. 77.
[74] Eco, *Kunst und Schönheit im Mittelalter* [Anm. 2], p. 61
[75] Ibid., p. 66: „Die Proportion erschien dem Mittelalter also als fortschreitende
Eroberung ästhetisch nutzbarer Harmoniebeziehungen, die unterschiedlichsten Typs
sein können."

MUSICA IN KOMMENTAREN UND GLOSSEN

SCIENTIA QUADRUVII
MUSICA IN DEN „TIMAIOS"-KOMMENTAREN
DES 12. JAHRHUNDERTS

Andreas Speer (Köln)

Trotz der Bedeutung, die der „Timaios" durch die – wenngleich unvollständige – Übersetzung und Kommentierung des Calcidius als der über Jahrhunderte einzig zugängliche platonische Text für das lateinische Abendland besaß, scheint der Einfluß dieser Schrift auf die Musiktheorie gering gewesen zu sein. Sieht man von einigen wenigen frühen Beispielen einer Benutzung der Calcidius-Übersetzung ab, so wird die Bedeutung des „Timaios" für die Musiktheorie zumeist nicht vor dem 14. Jahrhundert angesetzt und dabei eng mit der sogenannten „Timaios"-Skala („Timaios" 34 Csqq.) verknüpft. Namentlich angeführt werden in diesem Zusammenhang so unterschiedliche Protagonisten wie Philippe de Vitry, Leo Hebraeus, Johannes Boen und Nicole Oresme[1]. Nun kann das 14. Jahrhundert allerdings kaum zur Blütezeit der mittelalterlichen „Timaios"-Rezeption gerechnet werden. Dies veranschaulicht ein Blick auf die Überlieferung des „Timaios" in der lateinischen Übersetzung des Calcidius, die um die Mitte des 12. Jahrhunderts einen deutlichen Höhepunkt erreicht, um danach sogleich schlagartig nachzulassen, bevor sie um die Mitte des 15. Jahrhunderts ebenso sprunghaft wiederum auf das Niveau des 11. Jahrhunderts anwächst[2]. Dieser

---

[1] Cf. hierzu W. FROBENIUS, „„Numeri armonici. Die Zahlen der 'Timaios'-Skala in der Musiktheorie des 14. Jahrhunderts", in: W. ERZGRÄBER (ed.), Kontinuität und Transformation der Antike im Mittelalter, Sigmaringen 1989 (Veröffentlichung der Kongreßakten zum Freiburger Symposion des Mediävistenverbandes), p. 245-260. Zur „Timaios"-Skala cf. ferner J. HANDSCHIN, „The 'Timaeus' Scale", in: Musica Disciplina 4, 1 (1950), p. 3-42. Zur historischen Bewertung der mit der Calcidius-Übersetzung verbundenen „Timaios"-Tradition siehe M. BERNHARD, „Überlieferung und Fortleben der antiken lateinischen Musiktheorie im Mittelalter", in: F. ZAMINER (ed.), Rezeption des antiken Fachs im Mittelalter, Darmstadt 1990 (Geschichte der Musiktheorie 3), p. 7-35, hier: p. 12-14.

[2] Cf. das instruktive Schema bei R. W. SOUTHERN (Platonism, scholastic method and the School of Chartres. The Stenton Lecture 1978, Reading 1979, p. 14) auf der Grundlage der Manuskriptbeschreibung bei J. H. WASZINK (ed.), Timaeus a Calcidio translatus commentarioque instructus (Plato latinus 4), London, Leiden 1962, p. CVI-CXXXI (Elenchus Codicum); ferner M. GIBSON, „The Study of the Timaeus in the Eleventh and Twelfth

Befund wird bestätigt durch einen um 1240 entstandenen „Guide de l'étudiant" eines anonymen Magisters der Pariser Artistenfakultät, der als ein *compendium examinatorium* diejenigen Fragen vorstellen will, die bevorzugt Gegenstand der Prüfung waren[3]. Dieses Examenskompendium weist Platons „Timaios" zusammen mit der „Consolatio Philosophiae" des Boethius lediglich einen untergeordneten Platz innerhalb der *philosophia moralis* zu, gleichsam als Appendix zur „Nikomachischen Ethik" des Aristoteles[4].

Es liegt also durchaus nahe, im folgenden das Augenmerk auf jenes Jahrhundert zu richten, in dem Platons „Timaios" offenkundig ein besonderes Interesse entgegengebracht worden ist. Hierbei sollen zugleich drei Etappen der „Timaios"-Rezeption im 12. Jahrhundert betrachtet werden, denen exemplarisch drei *dramatis personae* zugeordnet sind: Adelard von Bath (I) steht gewissermaßen noch am Vorabend der „Timaios"-Rezeption, während Bernhard von Chartres (II) und Wilhelm von Conches (III) die erste und die zweite Phase der „Timaios"-Kommentierung repräsentieren.

1. *Adelard von Bath: Am Vorabend der „Timaios"-Rezeption*

„Diese Jungfrau, welche die übrigen an Fröhlichkeit zu übertreffen scheint, hält eine wohlklingende Handpauke (*tympanum*) in ihrer rechten Hand, in ihrer linken Hand aber ein Buch, das die Regeln (*praecepta*) und die natürlichen Eigenschaften (*naturas*) sämtlicher Klänge enthält. Von dieser Jungfrau ist, so sage ich, bekannt, daß sie sämtliche Konsonanzen verwaltet; sie schafft nicht nur in den menschlichen Stimmen eine sichere und der Natur angemessene

---

Centuries", in: *Pensiamento* 25 (1969), p. 183-194, bes. p. 183-190. Im Vergleich hierzu sind von Ciceros „Timaeus"-Übersetzung vor 1100 nur zwei Handschriften bezeugt; cf. M. GIBSON, loc. cit., p. 183, Anm. 3.

[3] *Guide de l'étudiant* (Compendium examinatorium Parisiense) § 1, ed. C. LAFLEUR, *Le „guide de l'étudiant" d'un maître anonyme de la faculté des arts de Paris au XIIIe siècle* (Édition critique provisoire du ms. Barcelona, Ripoll 109, ff. 134ra-158va), Québec 1992, p. 27: „Nos grauamen quam plurimum et difficultatem attendentes in questionibus, que maxime in examinationibus solent fieri [...]".

[4] Ibid., p. 33-50 und p. 53-71, zum „Timaios" bes. p. 69-79; cf. hierzu auch den Plan des „Guide de l'étudiant" in: C. LAFLEUR, „Les 'guides de l'étudiant' de la Faculté des arts de l'Université de Paris au XIIIe siècle", in: M. J. F. M. HOENEN, J. H. J. SCHNEIDER, G. WIELAND (ed.), *Philosophy and Learning. Universities in the Middle Ages*, Leiden, New York, Köln 1995 (Education and Society in the Middle Ages and Renaissance 6), p. 137-185, hier p. 141-148 und p. 178-182.

Melodie, sondern sie besitzt und zeigt ihre Macht auch hinsichtlich der Seiten-, Blas- und Schlaginstrumente. Auf diese Weise bewegt sie durch eine nicht geringe Kraft alle Seelen zu sich hin"[5].

Diese schöne Allegorie der *Musica* findet sich bei Adelard von Bath in seiner Frühschrift „De eodem et diverso" am Beginn einer ausführlichen Beschreibung von Wesen und Wirkung der Musik, die zu den beachtenswertesten *musica*-Referenzen am Beginn des 12. Jahrhunderts zählt. Auf einnehmende Weise verbindet Adelard klassische Quellen – insbesondere Martianus Capella, Macrobius und vor allem Boethius – mit persönlichen Anekdoten – etwa, daß er vor der Königin von Frankreich auf deren ausdrücklichen Wunsch die *cithara* gespielt habe, oder über den Fischfang in England mit Hilfe von an der Wasseroberfläche schwimmenden Glokken und über die Zähmung wilder Falken durch das Spielen von Musikinstrumenten[6]. Diese Anekdoten finden sich im ersten Teil eines kleinen Musiktraktates, in dem Adelard zunächst ein umfassendes Bild von der Kraft der Musik, die Seelen zu bewegen, zu zeichnen trachtet: von der Beruhigung der Säuglinge über die Erziehung der Jugendlichen bis hin zur ethischen Konsonanz des reifen Menschen reicht die – auch therapeutisch verstandene – Wirkung der Musik, die sich, wie Adelard mit seinen Beispielen zeigen will, sogar auf die stummen, d.h. der Sprache nicht mächtigen Lebewesen erstreckt[7].

Damit leitet Adelard über zu dem zweiten Teil seiner kurzen *musica*-Abhandlung, in welchem er das Wesen der Musik in ihrem

---

[5] ADELARD VON BATH, *De eodem et diverso* (ed. H. WILLNER, Münster 1903 [Beiträge zur Geschichte der Philosophie des Mittelalters 4, 1], p. 1-34), p. 25, 13-20: „Haec igitur, quae quadam laetitia ceteras excellere uidetur, tympanum dulcisonum dextra gestans, laeua uero libellum uniuersorum tinnituum praecepta naturasque continentem, haec, inquam, uniuersis consonantiis praeesse cognoscitur, nec solum in uocibus humanis ratam modulationem naturaeque acceptabilem facit, uerum etiam in chordis siue aeribus atque malleis uim suam habet et ostendit. Vnde fit, ut omnes animas haec in se non parua potentia quadam conuertat."

[6] Ibid., p. 25, 28-26, 1; ibid., p. 26, 27-28; ibid., p. 26, 30-34. Cf. hierzu C. BURNETT, „Adelard, Music and the Quadrivium", in: id. (ed.), *Adelard of Bath. An English Scientist and Arabist of the Early Twelfth Century*, London 1987, p. 69-86, hier p. 74-75; in diesem Beitrag findet sich auch eine verbesserte Textfassung der betreffenden Passage aus *De eodem et diverso* mit einer englischen Übersetzung. Ferner auch C. BURNETT, „European Knowledge of Arabic Texts referring to Music: Some New Material", in: *Early Music History* 12 (1993), p. 1-17, hier p. 13-14.

[7] ADELARD VON BATH, *De eodem et diverso* [Anm. 5], p. 25, 19–26, 34.

theoretischen Charakter zu erfassen sucht[8]. Im Mittelpunkt steht
dabei die Pythagoraslegende sowie die Frage der Teilung des Ganztones in zwei Halbtöne und ein Komma – um die Differenz dieses
„pythagoreischen" Kommas nämlich unterscheiden sich die beiden
Halbtöne voneinander, was eine Teilung des Ganztones in zwei
gleiche Halbtöne unmöglich macht[9] –, und schließlich eine kurze
Bemerkung zur Unterscheidung zwischen Arithmetik und Musik.
Eingeleitet wird dieser theoretische Teil in Anknüpfung an die Vorstellung von der universellen Wirkkraft der Musik auf die Seele
durch einen Hinweis auf die platonische Vorstellung von der Weltseele, die aus Konsonanzen zusammengesetzt sei („ex talibus con-
venientiis compactam")–dies jedoch nicht dem einfachen Wortsinn
nach, sondern nach Art eines *involucrum* als eine metaphorisch ver-
hüllte Wahrheit für das die gesamte Körperwelt bestimmende Har-
monieprinzip, demgemäß die Körper je in sich und untereinander
zu einem Kosmos geordnet sind[10]. Hierbei bedient sich Adelard der
Worte des Boethius aus „De musica" I, 1; und auch die weiteren
Ausführungen im Zusammenhang mit der Phythagoraslegende,
insbesondere die boethianische Dreiteilung der Musik in die *musica
mundana, humana* und *instrumentalis* nach „De musica" I, 2, belegen

---

[8]   Ibid., p. 26, 34–28, 3.

[9]   Ibid., p. 27 ,27-30: „In qua pagina illa haud ignobilis sententia subnotatur, in qua
quomodo tonus ex duobus semitoniis et commate constet, ipsaque inter se semitonia et
a commate quid distent – nec enim aequalia sunt – ostendit."– Zur dieser Diskussion
siehe den Beitrag von F. HENTSCHEL, „Die Unmöglichkeit der Teilung des Ganztons",
in diesem Band.

[10]   Ibid., p. 26, 34 – 27, 6: „Hinc et idem supradictus philosophus animam mundanam ex talibus conuenientiis compactam esse dixit, non quod eo modo simpliciterque
intellexerit, sed id inuoluens, quia, cum plures potentias habeat, ea eius inter dignissi-
mas est, quod sibi concors est corporibusque idem inferre gaudet et secundum hoc,
quod partes corporis harmoniatas uidet, suas in eis potentia exercet."– C. BURNETT,
Adelard, Music and the Quadrivium [Anm. 6], p. 75, leitet das „id involvens" zutreffend von
„involucrum" ab. Mit Bezug auf die integumentale Hermeneutik siehe Bernardus Silvestris in seinem Kommentar zu Martianus Capella (ed. É. JEAUNEAU, „Note sur l'Ecole
de Chartres", in: *Studi medievali*, ser. 3, Jg. 5, 2 [1964], p. 821-865; Nachdr. in: id., „*Lectio
Philosophorum". Recherches sur l'Ecole de Chartres*, Amsterdam 1973, p. 5-49, hier: p. 40):
„Figura autem est oratio quam involucrum dicere solent. Hec autem biperta est: pati-
mur namque eam in allegoriam et integumentum. Est autem allegoria oratio sub historica narratione verum et ab exteriori diversum involvens intellectum, ut de lucta Iacob.
Integumentum vero est oratio sub fabulosa narratione verum clausterium habent occul-
tum, ut de Orpheo. [...] Allegoria quidem divine pagine, integumentum vero philoso-
phice competit." Und mit Bezug auf Platons „Timaios" heißt es dort: „Plato quoque
de mundano corpore aperte locutus, cum ad animam ventum est, dicit figuraliter eius
materiam numerum esse."

den prägenden Einfluß dieser Schrift, die gemeinsam mit der gleichfalls sehr einflußreichen Schrift „De arithmetica", der Hauptquelle für „De eodem et diverso", zusammen mit anderen Werken Adelards in wenigstens zwei Manuskripten aus dem 12. Jahrhundert überliefert ist[11].

In dieser durch Boethius vermittelten Platokenntnis sieht Charles Burnett gewissermaßen den Schlüssel zum Verständnis der verschiedenen Einflüsse und Quellen für Adelards *musica*-Darstellung im traditionellen Kontext der *septem artes liberales*[12]. Boethius ist die eigentliche Leitquelle, doch der Hinweis auf Plato, den Adelard an anderer Stelle als „familiaris meus Plato" bezeichnet[13], verweist auf einen geistesgeschichtlichen Zusammenhang, den Marie-Dominique Chenu „la découverte de la nature"–die Entdeckung der Natur–genannt hat. Damit ist ein Wandel im theoretischen Verständnis von Natur und im Verhältnis zur Natur angesprochen, der in einer Abkehr von einer symbolisch-spekulativen Interpretation der Natur besteht. An die Stelle dieses symbolischen Naturverständnisses tritt zunehmend ein originäres Interesse an der Struktur, Konstitution und Eigengesetzlichkeit der physisch-physikalischen Realität, das sich nunmehr allein auf die Vernunfterkenntnis gründet. Das zunehmende Wissen von der „natürlichen Welt" korrespondiert mit den Begründungsversuchen einer *scientia naturalis*, die als Erkenntnis aus Ursachen verstanden wird. In diesem Vorgang erblickt Chenu zugleich ein erstes Kennzeichen für den Aufbruch zu einer „première scolastique"[14].

Diesen Vorgang reflektiert Adelard in seiner Rahmenerzählung zu „De eodem et diverso", die er schließlich zu einer Entscheidungssituation stilisiert. Nach einem Gespräch mit einem gelehrten alten Mann in der Gegend von Tours über astronomische Fragen sucht Adelard vor den Ablenkungen der Stadt am Ufer der Loire seine Ruhe, wo ihm zwei Frauengestalten begegnen, von denen die erste, *Philocosmia*, dem Jüngling von einem nutzlosen Studi-

---

[11] Cf. hierzu C. BURNETT, *Adelard, Music and the Quadrivium* [Anm. 6], p. 73-75.
[12] Ibid., p. 75.
[13] ADELARD VON BATH, *De eodem et diverso* [Anm. 5], p. 13, 20-21.
[14] M.-D. CHENU, *La théologie au douzième siècle*, Paris 1957, ³1976, p. 21-30. Diese–über Chenu hinausgehende–These habe ich ausführlich dargelegt und begründet in meiner Studie *Die entdeckte Natur. Untersuchungen zu Begründungsversuchen einer „scientia naturalis" im 12. Jahrhundert* (Studien und Texte zur Geistesgeschichte des Mittelalters 45), Leiden, New York, Köln 1995; cf. bes. Kap. I (p. 1-17) und VI (p. 289-306).

um abrät und ihn statt dessen zu verlocken trachtet, in seinem Leben Reichtum, Macht, Würde, Ruhm und Lust anzustreben. Gegen ein solches epikureisches Lebensprinzip[15] setzt die zweite Frau-
engestalt, *Philosophia*, das Streben nach Erkenntnis und die Vorherr-
schaft der Vernunft („ratio dominatrix")[16]. Spontan stimmt Adelard
Philosophia zu und erklärt sie zu seiner Führerin der wahren Er-
kennntnis („uerae cognitionis dux")[17]. Als Lohn treten nun die sieben Jungfrauen – die Personifikationen der *septem artes liberales* – aus
der Begleitung *Philosophias* auf und öffnen dem jungen Mann ihre
Schätze, darunter, wie wir bereits gesehen haben, *Musica* im Kontext ihrer quadrivialen Schwestern[18].

Für Adelard markiert diese Begegnung, die ihm Anlaß bietet, das
ganze Wissen der gelehrten französischen Schulen darzustellen, den
Beginn einer siebenjährigen Reise, die ihn zu bedeutenden Bil-
dungsstätten des Mittelmeerraumes führt und mit neuen, unbe-
kannten Quellen in griechischer und arabischer Sprache in Verbindung bringt. In den nach seiner Rückkehr nach England verfaßten
„Quaestiones naturales" werden die *Arabica studia* für Adelard zum
Modell für das auf die *causae rerum*, d.h. an den Ursachen in den
Dingen selbst ausgerichtete Wissen, das er den traditionellen *Gallica
studia* entgegensetzt[19]. Unter diesen „Quaestiones naturales" befassen sich zwei auch mit akustischen Phänomenen. So will Adelard
„nicht durch Erdichten, was nicht ist, sondern durch Erklären der
Natur der Sache (*natura rei*), die verborgen ist", das Hören durch
eine Metallplatte hindurch erklären. Wie kann da die Erklärung des
Boethius, die Stimme setzte sich in der Luft gleichsam durch

---

[15] ADELARD VON BATH, *De eodem et diverso* [Anm. 5], p. 9, 13-15: „Vnde haud iniuste
Epicurus, uir quidam et sapiens et nobis familiaris, summum bonum definiens uolupta-
tem esse dixit, sine qua, ut dixi, quicquid accidit, bonum esse non uidetur."
[16] Ibid., p. 14, 6-8.
[17] Ibid., p. 14, 33-34: „Me potius, o uerae cognitionis dux, cum hac ostentatrice
confligere permittas, oro."
[18] Zur Interpretation dieser Rahmenerzählung siehe mit ausführlichen Belegen: A.
SPEER, *Die entdeckte Natur* [Anm. 14], p. 19-27.
[19] ADELARD VON BATH, *Quaestiones naturales* (ed. M. MÜLLER, Münster 1934 [Beiträge
zur Geschichte der Philosophie des Mittelalters 31, 2], p. 1-69), p. 4, 29-33: „Meministi,
nepos, [...] id inter nos convenisse, ut Arabum studia ego pro posse meo scrutarer, tu
vero Gallicarum sententiarum inconstantiam non minus adquireres." Cf. ferner *Quaestiones naturales* [Anm. 19], p. 1, 20; p. 4, 35–5, 5; p. 5, 14-17; *Quaestiones naturales*, loc.cit.,
VII, p. 12, 13-15; sowie ausführlich A. SPEER, *Die entdeckte Natur* [Anm. 14], p. 44-52.

Schallwellen fort, zutreffen, so wendet der als Dialogpartner fungierende Neffe ein, da doch ein dichter Körper dazwischensteht?[20] Adelard findet eine Antwort in der Beschaffenheit des Metalls, das bei aller Dichte doch auch eine gewisse Porosität besitzt[21].

Obgleich Adelard somit ein methodischer Zugriff auf eine Betrachtungsweise der Wirklichkeit gelingt, die vorwiegend an den Phänomenen selbst und den diesen unmittelbar inhärierenden Ursachen interessiert ist, so kommt die Reflexion auf die Prinzipien dieser Wirklichkeitsbetrachtung in systematischer wie in wissenschaftstheoretischer Hinsicht über erste Anfänge offensichtlich nicht hinaus. Das zeigt sich auch im Fehlen eines Begriffs, wie etwa *physica* und *scientia naturalis*, für die betriebene Wissenschaft. Ein derartiger Hinweis findet sich lediglich in einer „Ut testatur Ergaphalau" überschriebenen kurzen Schrift, die sich als eine Einführung in die Wissenschaft von den Sternen versteht und zusammen mit anderen astronomischen und astrologischen Traktaten, die teilweise von Adelard verfaßt oder von ihm aus dem Arabischen übersetzt worden sind, überliefert ist[22]. In diesem Traktat stehen *phisica* – in der Bedeutung der als Medizin den Mikrokosmos als die „phisica passibilis" und als Astronodie (*astronodia* – d.h. als Astronomie und Astrologie zugleich) den Makrokosmos als die „phisica impassibilis" umfassenden Naturwissenschaft – und *musica* (diese zusammen mit *arismetica* und *geometria*) einander wie *sapientia ministrata* und *sapientia ministrans* gegenüber. In dieser Zuordnung von bedienter und dienender Weisheit ist ein Abhängigkeitsverhältnis nach Art der Subalternation angesprochen, das sich auf die Prinzipien des Wissens bezieht. Musik und Arithmetik werden demnach der *sapientia ministrans* zugeordnet, sofern sie durch die Abstraktion der Zahlen (*absolutio nu-*

---

[20] ADELARD VON BATH, *Quaestiones naturales* [Anm. 19] XXII, p. 26, 17-21: „Quid enim, si inter me et auditores paries aeneus aut alio modo solidus interpositus sit, numquid, si aerem trahendo sibilem, audiri non potero? Neque tamen ab auribus eorum per tam solidum corpus duci potuit. Quid igitur dici convenit, fingere si potes [...]"

[21] Ibid. XXIII, p. 26, 24-27: „Omne corpus, metallicum etiam, aut si quid eo solidius est, quoniam porosis interstitiis subiectum est, [quare] et subtilissimo aeri pervium est."

[22] „Ut testatur Ergaphalau", ed. C. BURNETT in: id. (ed.) *Adelard of Bath* [Anm. 6], p. 143sq.; hinzukommen eine doktrinelle Untersuchung (ibid., p. 133-142), zur Frage der Überlieferung insbesondere ibid., p. 135-136, und eine schematische Darstellung der Wissenschaftseinteilung (ibid., p. 145). Siehe ferner A. SPEER, *Die entdeckte Natur* [Anm. 14], p. 69-72.

merorum) – *simpliciter* und *ad aliquid* – zum Wissen und zur Kenntnis der Natur führen[23].

Der wohl wichtigste Grund für das Fehlen eines zureichenden Begriffs von der Wissenschaft, die Adelard betreibt, muß jedoch in der Unkenntnis eines entscheidenden Bezugspunktes gesehen werden: Platons „Timaios". Denn obgleich Adelard sich immer wieder auf Platon beruft, so scheint seine Kenntnis dieses Dialogs – auch in der fragmentarischen Form bis „Timaios" 53 C, in welcher der „Timaios" als zunächst einzig im Original bekannte Schrift Platons nach einer Periode von rund fünfhundert Jahren, in der ihm ein nur geringes Interesse entgegengebracht worden war, gleichsam wiederentdeckt wurde und mit den Glossen Bernhards von Chartres Eingang in den Lehrbetrieb fand[24] – auf einzelne Passagen des „Timaios" beschränkt[25]. Auf diese Weise ist zu erklären, daß Adelard weder auf die beispielsweise von Bernhard bereits in seinem „Accessus ad Timaeum" eingeführte sogenannte platonische Wissenschaftseinteilung in Physik, Ethik und Logik zurückgreifen konnte noch auf den „Timaios" selbst als Modell einer *physica*[26].

Damit ist bereits die zentrale These mit Bezug auf die „Timaios"-Rezeption des 12. Jahrhunderts angesprochen: Diese ist Ausdruck und Movens einer theoretisch inspirierten Hinwendung zu einem an den Ursachen in den Dingen selbst ausgerichteten Wissen von der Natur und der damit einhergehenden Begründungsversuche einer *scientia naturalis*. Die offenkundige Leitvorstellung für dieses theoretische Motiv, welche die der sogenannten „Schule von Chartres" zugerechneten Magister verbindet, bildet

---

[23] „*Ut testatur Ergaphalau*" [Anm. 22], p. 143: „Ministrans est sapientia ut musica et arismetica, que [per] numerorum absolutionem, simpliciter et ad aliquid, ad scientiam vel ad noticiam naturalium introducunt."– Zu der angeführten Unterscheidung von Musik und Arithmetik „simpliciter et ad aliquid" cf. BOETHIUS, *De institutione arithmetica libri duo. De institutione musica libri quinque*, ed. G. FRIEDLEIN, Leipzig 1867, „De arithmetica" I, 1, p. 9, 1-6.

[24] Cf. hierzu die von P. E. DUTTON edierten „Glosae super Platonem" des Bernhard von Chartres: *The „Glosae super Platonem" of Bernard of Chartres, edited with an Introduction*, Toronto 1991 (PIMS Studies and Texts 107); zum historischen Hintergrund cf. p. 3-5.

[25] Ein ausführliches „Timaios"-Zitat in der Übersetzung des Calcidius findet sich in den *Quaestiones naturales* [Anm. 19] XXIII, p. 30, 24-31; cf. *Platonis Timaeus* (translatio Calcidii) 45 B-D [Anm. 2], p. 41, 13-42. Cf. A. SPEER, „Zwischen Naturbeobachtung und Metaphysik. Zur Entwicklung und Gestalt der Naturphilosophie im 12. Jahrhundert", in: G. WIELAND (ed.), *Aufbruch – Wandel – Erneuerung. Beiträge zur „Renaissance" des 12. Jahrhunderts*, Stuttgart 1995 (9. Blaubeurer Symposion vom 9. bis 11. Oktober 1992), p. 155-180, bes. p. 158.

[26] Cf. zur Frage der Wissenschaftseinteilung Anm. 29.

Platons Aussage im „Timaios" 28 A, daß „alles, was entsteht, aus einer notwendigen Ursache entsteht; denn nichts wird, dessen Entstehung nicht eine gesetzmäßige Ursache und ein gesetzmäßiger Grund vorausgeht"[27]. Die Suche nach der „legitima causa et ratio" wird mithin zum Programm einer „philosophia mundi". Folglich geht die Wiederentdeckung des „Timaios" einher mit einer „relecture", welche der quadrivialen Perspektive gegenüber der traditionellen trivialen Lesung den Vorrang einräumt. Dieser für das Verständnis des „Timaios" bedeutsame Wechsel – in Adelards zupackender Formulierung sozusagen von den *Gallica studia* zu den *Arabica studia*, d.h. hin zum Primat der quadrivialen Methodik – wirft auch Fragen für das Verständnis der *musica* auf; dies gilt gleichermaßen für ihren wissenschaftstheoretischen Status im Kontext oder gegenüber einer *scientia naturalis* oder *physica* als auch für ihre Gegenstände.

Diese Fragen sollen im folgenden anhand zweier „Timaios"-Kommentare behandelt werden, die Bernhard von Chartres und Wilhelm von Conches zugeschrieben werden. Mit Bernhards „Timaios"-Glosse liegt gegenüber den spärlichen Interlinearglossen, die sich in den „Timaios"-Handschriften des 11. Jahrhunderts finden, und im Unterschied zu den eher beiläufigen und von den eigenen Anliegen bestimmten Referenzen bei Manegold von Lautenbach, Lanfranc von Bec, Odo von Tournai oder Adalbold von Utrecht die erste systematische und vollständige Kommentierung des von Calcidius überlieferten platonischen Dialogs vor. Bernhards Interesse gilt vorrangig zunächst der Erschließung des genauen Textverständnisses; dabei berücksichtigt er auch eingehend den Kommentar des Calcidius. Die „Timaios"-Glossen des Wilhelm von Conches am Ende der ersten Hälfte des 12. Jahrhunderts spiegeln demgegenüber die unterschiedlichen „Timaios"-Interpretationen seiner Zeit wider, die Wilhelm in seinen umfangreichen und magistralen Glossen mit der jeweiligen platonischen Vorlage zu verbinden trachtet; hierbei nimmt er auch auf den Kommentar Bernhards Bezug[28]. Auf diese Weise werden im folgenden, wie

---

[27] PLATO, *Timaeus* (translatio Calcidii) [Anm. 2] 28 A, p. 20, 20-22: „Omne autem quod gignitur ex causa aliqua necessaria gignitur; nihil enim fit, cuius ortum non legitima causa et ratio praecedat."
[28] Cf. P. E. DUTTON, *The „Glosae super Platonem" of Bernard of Chartres* [Anm. 24], p. 1-21; T. GREGORY, *Platonismo medievale: studi e ricerche*, Rom 1958 (Studi storici 26-27), p. 1-51; M. GIBSON, *The Study of the Timaeus* [Anm. 2], p. 183-194; ferner ausführlich die

bereits einleitend vermerkt, zwei Phasen der „Timaios"-Kommentierung im 12. Jahrhundert gegenwärtig.

11. *Bernhard von Chartres: Die erste „Timaios"-Glosse*

In seinem „Accessus ad Timaeum" bestimmt Bernhard das Quadrivium als den primären wissenschaftssystematischen Ort des „Timaios". Denn obgleich der „Timaios", sofern er von der *naturalis iustitia* und der *ordinatio rei publicae* handelt, der Ethik zugrunde liegt, sodann auch der Logik, da die Argumente und Überlegungen (*rationes*) mit Hilfe der Lehrmeinungen (*sententiae*) anderer abgesichert würden, so erstrecke er sich doch vor allem auf die Physik. Die *phisica* nämlich handle von den zweidimensionalen Flächen und dreidimensionalen Körpern, von der Inkorporation der Weltseele und der übrigen Seelen, von deren immerwährender Bewegung sowie von den regelmäßigen und unregelmäßigen Bahnen der Gestirne. Weil der „Timaios" also alle *artes* betrifft, so ist er nach Meinung Bernhards nicht für Anfänger bestimmt, sondern für solche, die bereits bis zum Studium des Quadriviums fortgeschritten und somit auch fachspezifischen Überlegungen („domesticae rationes") zu folgen imstande sind[29]. Auf derartige Vorlesungen für fortgeschrittene Studenten, zu denen die Interessenten oftmals von weither zu den bekannten und angesehenen Magistern kamen, gehen also Bernhards „Timaios"-Glossen letztlich zurück[30].

Kapitel III zu Bernhard von Chartres (p. 76-129) und IV zu Wilhelm von Conches (p. 130-221) bei A. Speer, *Die entdeckte Natur* [Anm. 14].

[29] Bernhard von Chartres, *Glosae super Platonem* [Anm. 24] (accessus) 1, p. 141, 56-63: „Supponitur uero ethicae, secundum quod de naturali iusticia uel de ordinatione rei publicae agit. Respicit logicam, cum per aliorum sententias suas firmat rationes. Ad phisicam tendit, cum de planis figuris et solidis corporibus, de incorporatione animae mundi et aliarum, earumque motu perpetuo, de stellarum discursibus ratis et errantibus loquitur. Vnde seruata omnium artium fere ratione, hoc opus non rudibus, sed in quadruuio promotis elaboratum est, ut si quae quaestiones de musica et aliis oriuntur, domesticis rationibus, scilicet musicis, arithmeticis, et ceteris, sopiantur." – Cf. G. Schrimpf, „Bernhard von Chartres, die Rezeption des 'Timaios' und die neue Sicht der Natur", in: G. Wieland (ed.), *Aufbruch – Wandel – Erneuerung.* [Anm. 25], p. 181-210, bes. p. 186-187; P. E. Dutton, *The „Glosae super Platonem" of Bernard of Chartres* [Anm. 24], p. 53; ferner zur Wissenschaftseinteilung J. A. Weisheipl, „Classification of the Sciences in Medieval Thought", in: *Mediaeval Studies* 27 (1965), p. 54-90, hier p. 63-64; idem, „The Nature, Scope, and Classification of the Sciences", in: D. C. Lindberg (ed.), *Sciences in the Middle Ages*, Chicago 1978, p. 461-482, bes. p. 464-474.

[30] Cf. J. Ehlers, „Die hohen Schulen", in: P. Weimar (ed.), *Die Renaissance der Wis-*

Der wissenschaftstheoretische Ort der *musica* ist demnach innerhalb der vier quadrivialen Disziplinen zu suchen, die Bernhard mit
Hilfe des Oberbegriffs *physica* als eine bestimmte Einheit kennzeichnet und von Ethik und Logik unterscheidet[31]. Bernhard folgt dabei
dem akademisch-stoischen Einteilungsmodell der Wissenschaften
in Physik, Ethik und Logik, das von Augustinus auf Platon zurückgeführt wird und auch von Isidor von Sevilla im zweiten Buch der
„Etymologiae" überliefert ist[32]. Schließlich stellt Bernhard, nachdem er zuvor die Unterteilung der allumfassenden Weltseele gemäß
den Proportionen der Quadrat- und Kubikzahlen in die partiellen
Seelen kommentiert hatte, die vier quadrivialen Disziplinen unter
dem Begriff *scientia quadruvii* ausdrücklich als Einheit vor, wobei er
die Zahlen als das Einheit stiftende Moment ausdrücklich benennt.
Denn im Quadrivium finden das Wissen und damit die jeweilige
Wissenschaft die Vollendung durch die Zahlen: die Arithmetik
durch die eindimensionalen Zahlen, die Geometrie durch die zwei-
und dreidimensionalen Zahlen, die Musik und die Astronomie
durch das Zusammenspiel jener Zahlen, die sich durch bestimmte
Verhältnisse zueinander auszeichnen, wobei die Astronomie vom
Zusammenklang der Sphären („de musico concentu sperarum")
handelt[33]. Demgegenüber betrachtet die Musik, wie Bernhard im

---

senschaften im 12. Jahrhundert, Zürich, München 1981, p. 57-85, bes. p. 58-60; P. E. DUT-
TON, *The „Glosae super Platonem" of Bernard of Chartres* [Anm. 24], p. 43.
   [31]   BERNHARD VON CHARTRES, *Glosae super Platonem* [Anm. 24] (accessus) 1, p. 141,
56-63 (vide supra Anm. 29).
   [32]   AUGUSTINUS, *De civitate dei*, ed. B. DOMBART, A. KALB, Turnhout 1955 (CCSL 47)
8, 4, p. 220, 24-28: „Proinde Plato utrumque iungendo philosophiam perfecisse lauda-
tur, quam in tres partes distribuit: unam moralem, quam maxime in actione uersatur;
alteram naturalem, quae contemplationi deputata est; tertiam rationalem, qua uerum
disterminatur a falso."–Cf. ferner ISIDOR VON SEVILLA, *Etymologiarum libri* XX, ed. W.
M. LINDSAY, Oxford 1911, lib. II, 24. Cf. hierzu J. A. WEISHEIPL, *Classification of the Sciences
in Medieval Thought* [Anm. 29], p. 63-64; id., *The Nature, Scope, and Classification of the Sciences* [Anm. 29], p. 464-474; ferner T. KOBUSCH, „Philosophie, Mittelalter", in: *Historisches
Wörterbuch der Philosophie* 7, Basel 1989, col. 633-656, bes. col. 634.
   [33]   BERNHARD VON CHARTRES, *Glosae super Platonem* [Anm. 24] (In Timaeum 35 B)
5, p. 178, 143–179, 147: „Et per haec omnia scientia quadruii intelligitur, in quo est
perfectio scientiae per numeros: arithmetica per hoc quod lineares; superficiales, cubici
sunt numeri geometria; per consonantias proportionaliter notatas musica et astronomia,
in qua de musico concentu agitur."–Hinsichtlich der Interpunktion folge ich gegenüber
Dutton dem Vorschlag von G. Schrimpf (*Bernhard von Chartres* [Anm. 29], p. 207, Anm.
106). Zum Ganzen cf. Ibid., p. 178, 125–179, 147. Es fällt auf, daß Bernhards Glosse im
Verhältnis zum Kommentar des Calcidius offenkundig erneut als eine teils abbreviie-
rende, teils ergänzende Kommentierung zum platonischen Text angesehen werden
muß; cf. CALCIDIUS, *Commentarius in Timaeum* [Anm. 2] XXXII-XXXIII, p. 81, 19–83, 19.

Anschluß an „Timaios" 35 B ausführt, bevorzugt jene Konsonanzen, denen die Zahlverhältnisse zugrunde liegen, gemäß denen Seele und Körper miteinander verbunden sind; denn die Harmonie ist der Seele von Natur aus eingepflanzt[34].

Diese harmonische Verfaßtheit der Seele gibt Bernhard noch einmal die Gelegenheit, seine *lectio physica* des „Timaios" in den Zusammenhang der Frage nach der *naturalis iustitia* zu stellen. Denn mag die Seele auch gemäß den Harmonien zusammengefügt sein, so werden dennoch die Harmonien aufgrund der Verbindung mit den Körpern dissonant und müssen durch eine äußere Musik („per exteriorem musicam") wiederhergestellt werden. Diese musikalischen Konsonanzen, durch welche wir im Bereich des Sittlichen die Konsonanz der Tugenden wiederherstellen müssen, bezieht Adelard auf den Hörsinn (*auditus*), neben dem Gesichtssinn (*visus*) einer der beiden *sensus principales*, welche sich mit Notwendigkeit (*necessario*) auf die Philosophie beziehen. Während das Sehen, dem die größere unmittelbare Evidenz mit Bezug auf die vor Augen liegenden Gegenstände eignet, den theoretischen Zugang zur Philosophie verkörpert, steht das Hören, das weiter reicht, da es nicht nur auf das unmittelbar Gegebene angewiesen ist, für die praktische Dimension der Philosophie, deren Aufgabe in einer Verbesserung der Sitten (*correctio morum*) besteht. Daraus leitet Bernhard einen ethischen Anspruch gegenüber der Musik ab: Diese ist den Menschen nicht zur Ergötzung gegeben, sondern zur Anordnung der Sitten (*compositio morum*)[35].

---

[34] BERNHARD VON CHARTRES, *Glosae super Platonem* [Anm. 24] (In Timaeum 35 B) 5, p. 178, 130-134: „Per lineares, superficiales et cubicos numeros qui subduntur, notatur animae et corporis coniugium [...]; et ideo anima ex longo, lato et alto componi dicitur, quia similibus similia facile iunguntur."–Ibid., p. 178, 141-143: „Item inter septem partes omnes musicae consonantiae considerantur, per quod armonia animae naturaliter insita denotatur."

[35] BERNHARD VON CHARTRES, *Glosae super Platonem* [Anm. 24] (In Timaeum 47 C-D) 7, p. 216, 431–217, 443: „*Eadem*. Ostenso uisu necessario ad philosophiam, docet auditum ad idem necessarium. Sunt autem hi duo sensus principales, quorum alter, id est uisus, est euidentior, quia res praesentes acie sua comprehendit. Alter, id est auditus, latior quia non solum de praesentibus, sed etiam de absentibus instruit, uoce citatus. Ad hoc enim uocis sermo nobis datus est, ut qui melius sentiret alteri indicaret, et auditus, ut minus sciens sapientem audiret. – *Quantumque*. Docet quomodo auditus ualeat ad philosophiam: quia ualet ad correctionem morum. Auditus enim consonantiis musicis, debemus in moribus nostris uirtutum consonantia reformari. Licet enim anima secundum consonantias sit compacta, tamen ipsae consonantiae ex corporum coniunctione dissone fiunt et reformandae sunt per exteriorem musicam. Et hoc est: tota musica data est hominibus non ad delectationem, sed ad morum compositionem."–Dutton gibt zu

Vorherrschend für Bernhards „Timaios"-Lektüre bleibt jedoch die physikalische Perspektive. Dies zeigt sich in seiner Glosse zu „Timaios" 47 A, die der *visus-auditus*-Aitologie unmittelbar vorausgeht. Im Rahmen einer umfassenden Wissenschaftseinteilung versammelt Bernhard die vier quadrivialen Disziplinen abermals unter dem Begriff der *physica* und rechnet sie zusammen mit der *theologia* und der *logica* der theoretischen Philosophie zu, die im Unterschied zur praktischen Philosophie von der Betrachtung (*consideratio*) und nicht von der Tätigkeit (*actus*) ihren Ausgang nimmt[36]. Bei dieser Wissenschaftseinteilung handelt es sich offenkundig ebenfalls um ein für das 12. Jahrhundert charakteristisches Mischmodell zwischen der akademisch-stoischen Einteilung der Philosophie in Logik, Physik und Ethik sowie der auf Aristoteles zurückgehenden Einteilung in Physik, Mathematik und Theologie, verbunden mit der Unterscheidung in theoretische und praktische Philosophie[37].

---

dieser Stelle einen allgemeinen, vagen Hinweis auf Boethius, „De musica" I, 1, doch gilt es hier die Originalität Bernhards herauszustellen. Eine vergleichbare Zuordnung der beiden Sinne auf die Philosophie findet sich auch bei WILHELM VON CONCHES (Guillaume de Conches), *Glosae super Platonem*, ed. É. JEAUNEAU, Paris 1965 (Textes philosophiques du moyen âge 13), (In Timaeum 47 C) CLII, p. 256: „Horum igitur utilitatem hic ostendit Plato. Et hoc est: *Eadem ratio est vocis et auditus* que et visus, *datorum* homini a Deo *ad eosdem usus* quantum ad theoricam, *et ad plenam instructionem vite hominum* quantum ad practicam." – Cf. insbesondere zum *visus* bei Bernhard und Wilhelm: A. SPEER, *Die entdeckte Natur* [Anm. 14], p. 126 und p. 213-214.

[36] BERNHARD VON CHARTRES, *Glosae super Platonem* [Anm. 24] (In Timaeum 47 A) 7, p. 214, 377: „Nota duo esse officia philosophiae: considerationem scilicet et actum." – Ibid., p. 214, 381-383: „Consideratio in tria diuiditur, in theologiam, phisicam, logicam: theologia de diuinis, phisica de rerum naturis, logica de rationali ordinatione tum aliorum, tum temporum."

[37] Der Ursprung der genannten Modelle einer *divisio philosophiae* läßt sich nicht auf eine gewissermaßen positivistische Weise fixieren. Vielmehr verweist P. HADOT (Artikel „Philosophie; I.F. Die Einteilung der Philosophie in der Antike", in: *Historisches Wörterbuch der Philosophie* 7, Basel 1989, col. 599-607) auf eine vielschichtige Diskussion innerhalb der antiken Philosophie, die auf verschiedenen Klassifikationsprinzipien und Klassifikationstypen basiert. Was die aristotelische Wissenschaftseinteilung betrifft, so ist die Reihenfolge der theoretischen Wissenschaften bei Aristoteles noch nicht abschließend fixiert. Das gilt insbesondere für die Reihenfolge von Mathematik und Physik. Zwar lautet in Met. IV (E 1026 a 18-20) die Trias „Mathematik, Physik, Theologie (= Erste Philosophie)", doch legt Aristoteles zuvor seiner *divisio* eben jene Einteilungsprinzipien – nämlich Abgetrenntheit und Bewegung – zugrunde, die unter platonischem Einfluß bei Boethius zur endgültigen Fixierung der Reihenfolge der Wissenschaftseinteilung in „Physik, Mathematik, Theologie" führt; cf. Met. IV (E 1026 a 10-17); BOETHIUS, *De Trinitate*, ed. H. F. STEWART, E. K. RAND, S. J. TESTER, London, Cambridge 1962, II, p. 8, 5–10, 1; THIERRY VON CHARTRES, *Commentum super Boethii librum De Trinitate* (ed. N. M. HÄRING, in: id., *Commentaries on Boethius by Thierry of Chartres and his School*, Toronto 1971], II, 8-16, p. 70, 82–73, 72, hierzu auch A. SPEER, *Die entdeckte Natur* [Anm. 14], p.

Diese zudem durch Boethius, Cassiodor und Isidor von Sevilla be-
einflußten Diskussionen um die *divisio philosophiae* spiegeln das nach-
haltige Bemühen um die wissenschaftstheoretische Begründung des
erweiterten Wissens und der wissenschaftlichen Erschließung eigen-
ständiger Wirklichkeitsbereiche wider – beispielsweise der Logik,
wie Johannes von Salisbury bezeugt hatte[38], oder der Naturphilosophie, wie bei Bernhard von Chartres –, wofür der durch die
septem artes vorgegebene Rahmen als immer weniger angemessen
empfunden wurde[39].

Mit Blick auf Bernhards Einteilung der theoretischen Philosophie
fällt auf, daß die *mathematica* offenkundig in der *physica* aufgegangen
ist, die, nimmt man alle Bestimmungen zusammen, von den Naturen der Dinge („rerum naturae") in der Weise einer nach Art des
Quadriviums gestuften einheitlichen Wissenschaft von der sinnenfälligen Welt handelt, indem sie mit der Erfassung der Natur eines
den Sinnen zugänglichen Dinges in dessen eindimensionalem Bereich beginnt und über den zweidimensionalen zum dreidimensionalen Bereich aufsteigt, um schließlich ihre Vollendung in der Erfassung der Harmonie, nämlich des Zusammenspiels aller Verhältnisse zu finden. Die *musica* ist, wie Bernhard in seiner Glossierung
von „Timaios" 35 B deutlich gemacht hatte, als *scientia quadruvii*
integraler Teil einer solchen *physica*, die nunmehr als Wissenschaft
von der mathematisch zu begreifenden Natur der sinnenfälligen
Welt auftritt. Auf diese Weise kann – sieht man einmal von der
praktischen Dimension im Kontext der Seelenlehre ab – die eigentliche Stellung der *musica* in Bernhards „Timaios"-Kommentar bestimmt werden. Dies macht er nochmals am Ende seiner Glosse
deutlich, wenn er die methodische Überlegung, die Platon dem
„Timaios" in den Mund gelegt hatte, nachdrücklich unterstreicht:

282-185 (bes. Anm. 232-239); cf. ferner P. MERLAN, *From Platonism to Neoplatonism*, Den
Haag 1968, p. 59-84; ferner P. HADOT, loc. cit., p. 599-600. – Das akademisch-stoische
Modell der Wissenschaftseinteilung findet sich bei Bernhard von Chartres zweimal: cf.
Glosae super Platonem [Anm. 24] (accessus) 1, p. 141, 56-60 und *Glosae super Platonem* (ibid.)
(In Timaeum 41 D) 6, p. 195, 165-166. Der Einfluß des aristotelisch-boethianischen
Modells läßt sich nur in der erwähnten Mischform nachweisen.

[38]   Cf. vor allem JOHANNES VON SALISBURY, *Metalogicon*, ed. J. B. HALL, Turnhout
1991 (CCCM 98) I, 24, p. 51, 3–55, 135.

[39]   Cf. S. DONATI, A. SPEER, „Physik/Naturphilosophie", in: *Lexikon des Mittelalters*
6, München 1993, col. 2111-2112; J. A. WEISHEIPL, *Classification of the Sciences in Medieval
Thought* [Anm. 29], p. 58-68; id., *The Nature, Scope, and Classification of the Sciences* [Anm.
29], p. 464-474.

Er, „Timaios", wolle seinen Dialogpartnern auf neue Weise, nämlich durch die arithmetischen, geometrischen und harmonischen
Proportionen, in denen Bernhard Stufen der Philosophie („gradus
philosophiae") erblickt, die wahre und unveränderliche Wirklichkeit jedes der vier Elemente aufzeigen, die als die vier ersthaften
Körper („principalia corpora") die sinnenfällige Welt konstituieren[40]–ohne dies jedoch explizieren zu können, denn mit „Timaios"
53 C endet der von Calcidius überlieferte Text[41]. Dadurch erhält
diese abschließende Überlegung allerdings ein besonderes Gewicht,
verweist sie doch auf die im *accessus* vorgenommene wissenschaftstheoretische Einordnung des „Timaios" zurück.

III. *Wilhelm von Conches: Die zweite Phase der* „*Timaios*"-*Kommentierung*

Der „Timaios"-Kommentar des Wilhelm von Conches gehört, wie
bereits gesagt, zur zweiten Phase der „Timaios"-Kommentierung.
Wilhelm reflektiert dies selbst in seiner Auslegung, die er in seinen
„Priscian"-Glossen dem berühmten, von Johannes von Salisbury
dem Bernhard von Chartres zugeschriebenen Zwerg-Riese-Ver-
gleich gibt. In ungewohnter Bescheidenheit begreift sich Wilhelm
als Berichterstatter und Ausleger des Alten, nicht jedoch als Erfinder von Neuem. Denn die Scharfsicht des Zwergen auf der Schul-
ter des Riesen, die allein in seinem größeren Überblick besteht, ist
nicht sein eigenes Verdienst. Somit muß auch der eigene Erfinder-

---

[40]   BERNHARD VON CHARTRES, *Glosae super Platonem* [Anm. 24] (In Timaeum 53 B-C)
8, p. 234, 443-448: „*Nunc iam ordinationem*, scilicet quibus opportunitatibus inter se ordi-
nentur et habitudinibus, *demonstrari conuenit nouo genere*, scilicet per quasdam proportiones
arithmeticas, geometricas, armonicas, qui sunt gradus philosophiae. Dixi nouo genere,
sed uobis cognito, qui in omni scientia perfecti estis. Hic innuit se uelle docere ueras et
incommutabiles substantias quattuor principalium corporum, quod superius promise-
rat."
[41]   Allerdings gibt es andere Beispiele für das hier benannte Verfahren. So versucht
Bernhard, die Verbindung zwischen den Elementen und ihren Aggregatszuständen mit
Hilfe eines mathematischen Modells auszudrücken, das auf der Verbindung von Qua-
drat- und Kubikzahlen beruht; cf. BERNHARD VON CHARTRES, *Glosae super Platonem*
[Anm. 24] (In Timaeum 31 B) 4, p. 167, 262–168, 281. Zur genauen Rekonstruktion
siehe A. SPEER, *Die entdeckte Natur* [Anm. 14], p. 99-102.

geist (*ingenium*) und die eigene Leistung (*labor*) weit eher als Verdienst jener Alten gelten[42].

Unter den Werken der Alten, auf deren Schultern Wilhelm respektvoll steigt, ragt Platons „Timaios" heraus; die entsprechenden „Glosae super Timaeum Platonis" nehmen schon vom Umfang her unter seinen Kommentarwerken eine Sonderstellung ein. Die „Timaios"-Glossen stehen ferner in einem engen Zusammenhang mit den beiden systematischen Hauptschriften Wilhelms, der „Philosophia" aus der Anfangszeit seiner Lehrtätigkeit, die Kurt Flasch den ersten Entwurf einer systematischen und nicht bloß enzyklopädischen Gesamtdarstellung des europäischen Wissens genannt hat[43], und dem etwa zwanzig Jahre später entstandenen „Dragmaticon", das nach Édouard Jeauneau der gleichen Schaffensperiode zuzurechnen ist wie die „Timaios"-Glossen[44].

Im Mittelpunkt der genannten Schriften steht der Entwurf einer *philosophia mundi*, deren besondere Gestalt sich jedoch aus der von Wilhelm in der Praefatio zur *Philosophia* vorgenommenen Bestimmung des Gegenstandes der Philosophie ergibt, daß diese als das wahre Begreifen („vera comprehensio") sowohl des unsichtbaren als auch des sichtbaren Seienden verstanden werden müsse[45]. Unter *mundus* versteht Wilhelm, wie er in der „Timaios"-Glosse sagt, dasjenige, was hervorgebracht wird. Alles jedoch, was hervorgebracht wird und entsteht, bedarf eines Ursprungs seiner Existenz, besitzt

---

[42]   WILHELM VON CONCHES, *Priscian-Glossen*, ed. É. JEAUNEAU, „Deux rédactions des gloses du Guillaume de Conches sur Priscien", in: *Recherches de theologie aneienne et médiévale* 27 (1960), p. 212-247; Wiederabdruck in: id., „*Lectio Philosophorum". Recherches sur l'Ecole de Chartres*, Amsterdam 1973, p. 333-370, hier: p. 357-358; cf. hierzu A. SPEER, *Die entdeckte Natur* [Anm. 14], p. 137-138; ferner zu Bernhard von Chartres: JOHANNES VON SALISBURY, *Metalogicon* [Anm. 38] III, 4, p. 116, 33–117, 54; hierzu wiederum A. SPEER, loc. cit., p. 76-79; cf. ferner W. HAUG, „Die Zwerge auf den Schultern der Riesen. Epochales und typologisches Geschichtsdenken und das Problem der Interferenzen", in: R. HERZOG, R. KOSELLECK (ed.), *Poetik und Hermeneutik XII: Epochenschwelle und Epochenbewußtsein*, München 1987, p. 167-194, hier p. 169-171.

[43]   K. FLASCH, *Das philosophische Denken im Mittelalter. Von Augustin zu Macchiavelli*, Stuttgart 1986, p. 236.

[44]   É. JEAUNEAU [Anm. 35], p. 9-16, versucht in seiner Einführung eine umfassende historische Einordnung der Schriften Wilhelms; darin weist er den „Glosae super Timaeum Platonis" einen zentralen Platz im philosophischen Werk Wilhelms zu, deutlich nach der „Philosophia", in der Nähe des „Dragmaticon" (ibid., bes. p. 13-15).

[45]   WILHELM VON CONCHES, *Philosophia*, ed. G. MAURACH, Pretoria 1980, I, 1, § 4 (cf. PL 172, 43B): „Philosophia est eorum quae sunt et non videntur, et eorum quae sunt et videntur vera comprehensio."–Zu dieser Bestimmung und Einteilung der Philosophie siehe ferner BOETHIUS, *De arithmetica* [Anm. 23], I, 1, p. 7, 26–9, 23.

ein Prinzip, das ihm Bestand verleiht. „Nichts nämlich entsteht ohne Ursache, also auch nicht die Welt"[46]. Die Suche nach der „legitima causa et ratio" wird somit, wie Wilhelm in seiner Glosse zu „Timaios" 28 A deutlich macht, zum Programm einer *philosophia mundi*[47], die nicht bei einer bloßen Beschreibung der Phänomene – wie der Entstehung des Regens[48] oder der Abhängigkeit der Gezeiten von den Mondphasen[49] – haltmachen darf, sondern von notwendigen Prinzipien ihren Ausgang nehmen muß. Dies zeigt auch der Kontext von „Timaios" 28 A, der ausdrücklich auf die Rückbindung des *opus nature* an das *opus Creatoris* verweist, sofern der nach immanenten Ursachen verlaufende „gewöhnliche Lauf der Natur" („consuetus cursus nature") seine Ursache in einem ersten, ursprünglichen Schöpfungsakt („prima creatio") besitzt[50]. Daß die Natur als solche Gegenstand der Erforschung ist, verlangt folgerichtig eine entsprechende prinzipientheoretische Begründung.

Dieses Verständnis der Philosophie und ihres Gegenstandes greift Wilhelm von Conches auch in seinem „Accessus ad Timaeum" auf, um sodann zu einer Einteilung der Philosophie fortzuschreiten. Deren Ausgangspunkt bildet die Unterscheidung in eine praktische und eine theoretische Philosophie, die mit der doppelten *lectio* des „Timaios" als Lehrbuch sowohl über die natürliche Gerechtigkeit wie über die Erschaffung der Welt korrespondiert. Darin folgt Wilhelm seinem Chartreser Vorgänger Bernhard von Chartres[51]. Die folgende Aufteilung in die praktischen Disziplinen der

---

[46] WILHELM VON CONCHES, *Glosae* [Anm. 35] (In Timaeum 28A) XXXVI, p. 103: „Mundus est id quod gignitur. Sed omne quod gignitur habet principium existentie. *Gignitur ex aliqua causa necessario*, ac si diceret: nihil gignitur sine causa, ergo nec mundus."

[47] Ibid., p. 104: „Vere nichil gignitur sine causa quia nichil fit quod non precedat causa. Et hoc est: *Nichil fit ortum, non precedat* vel tempore, ut ea que facta sunt in tempore, vel dignitate, ut est mundus, [...] *legitima causa et ratio*, id est legitima et rationabilis causa." –Cf. PLATO, *Timaeus* (translatio Calcidii) [Anm. 2] 28 A, p. 20, 20-22.

[48] WILHELM VON CONCHES, *Philosophia* [Anm. 45] III, 2, § 5 (cf. PL 172, 76B).

[49] WILHELM VON CONCHES, *Dragmaticon*, ed. I. RONCA, Turnhout (im Druck) (CCCM 167), V, 12, § 5-6 (cf. Gratarolus, Straßburg 1567, V, 208-209).

[50] WILHELM VON CONCHES, *Glosae* [Anm. 35] (In Timaeum 28 A) XXXVII, p. 104-105.

[51] Ibid., (accessus) V, p. 60: „Philosophia igitur est eorum, que sunt et non videntur, et eorum, que sunt et videntur, vera comprehensio. Huius due sunt species: practica et theorica." – *Glosae* (ibid.) (accessus) III, p. 59: „Unde possumus dicere quod materia huius libri est naturalis iusticia vel creatio mundi : de ea enim propter naturalem iusticiam agit."–Cf. BERNHARD VON CHARTRES, *Glosae super Platonem* [Anm. 24] (accessus) 1, p. 140, 40-44 und p. 141, 50-63.

Ethik, Ökonomik und Politik sowie in die theoretischen Disziplinen der Theologie, Mathematik und Physik entspricht der auf Aristoteles zurückgehenden Wissenschaftseinteilung bei Boethius und Cassiodor, die, wie wir bereits gesehen haben, auch von Isidor von Sevilla überliefert wird[52]. Handelt die Theologie von Gott, so umfaßt die Mathematik mit dem Quadrivium die als *doctrina*, d.h. nach dem Modell mathematischer Gewißheit verfaßten Wissensbereiche; die Physik schließlich handelt „von den Naturen der Körper und ihren Verbindungen"[53].

Von den vier quadrivialen Disziplinen, deren Lehre vollkommener ist als die der übrigen *artes*[54], wird nur der Musik, die im *ordo discendi* an zweiter Stelle genannt wird, eine größere Aufmerksamkeit zuteil[55]. Dies geschieht in Gestalt weiterer Unterteilungen der Musik, zunächst in die von Boethius her bekannte Trias von *musica instrumentalis, mundana* und *humana*[56]. Sodann erfährt die *musica instrumentalis* eine weitere Unterteilung in melodische, metrische und rythmische Musik (*musica melica, metrica, rithmica*) und die *musica melica* in die diatonische, enharmonische und chromatische Musik (*musica*

---

[52] WILHELM VON CONCHES, *Glosae* [Anm. 35] (accessus) V, p. 60-61: „Practice vero sunt tres species: ethica, de instructione morum – ethis enim est mos –, echonomica id est dispensativa – unde echonomus id est dispensator – hec docet qualiter unusquisque propriam familiam debeat dispensare, politica id est civilis – polis enim est civitas – hec docet qualiter res publica tractetur."–Cf. CASSIODOR, *Institutiones*, ed. R. A. B. MYNORS, Oxford 1937, lib. II, c. 3 n. 4 (De dialectica), p. 110: „Philosophia dividitur..."; ISIDOR VON SEVILLA, *Etymologiae* [Anm. 32] II, 24; BOETHIUS, *De Trinitate* [Anm. 37] II, p. 8-12; cf. mit Bezug auf Boethius ferner THIERRY VON CHARTRES, *Commentum super Boethii librum De Trinitate* [Anm. 37] II,14-16, p. 72, 40 – 73, 66; ferner J. A. WEISHEIPL, *Classification of the Sciences in Medieval Thought* [Anm. 29], p. 62-64; id., *The Nature, Scope, and Classification of the Sciences* [Anm. 29], p. 466-473.

[53] WILHELM VON CONCHES, *Glosae* [Anm. 35] (accessus) V, p. 61: „Et est theologia ratio de divinis: theos enim est deus, logos ratio. Mathematica vero quadruvium continet, dicta mathematica id est doctrinalis. [...] Mathematice sunt quatuor species: arismetica, musica, geometria, astronomia. Phisica vero est de naturis et complexionibus corporum: phisis enim est natura."

[54] Ibid.: „perfectior fit doctrina in quadruvio quam in aliis artibus."

[55] Ibid.: „Mathematice sunt quatuor species: arismetica, musica, geometria, astronomia."– Diese Reihenfolge entspricht dem *ordo discendi*, den Wilhelm am Ende seiner *Philosophia* aufstellt: *Philosophia* [Anm. 45] IV, 33, § 58 (cf. PL 172, 100D): „Initiandi ergo sumus in grammatica, deinde dialectica, postea rhetorica, quibus instructi et ut armis muniti ad studium philosophiae debemus accedere. Cuius hic ordo est, ut prius in quadruvio et in ipso prius in aritmetica, secundo in musica, tertio in geometria, quarto in astronomia, deinde in divina pagina, quippe cum per cognitionem creaturae ad cognitionem creatoris perveniamus."

[56] Cf. BOETHIUS, *De musica* [Anm. 23] I, 2, p. 187.

diatonica, enarmonica, cromatica)[57]. Die *divisio musicae* wird also durch die Tonsysteme determiniert.

Mit Blick auf den „Timaios" und den Aufbau der folgenden Glossen weist Wilhelm sodann der praktischen Philosophie die Zusammenfassung der „iustitia positiva", d.h. der auf gesatztem Recht beruhenden Gerechtigkeit zu. Demgegenüber handelt innerhalb der theoretischen Philosophie die Theologie von der Wirkursache, der Formursache und der Zielursache der Welt sowie von der Seele, die Mathematik, die das Quadrivium umfaßt, von den Zahlen und Proportionen, die Physik von den vier Elementen, von der Erschaffung der Lebewesen und von der Ursprungsmaterie[58]. Die in dieser Bestimmung der Gegenstandsbereiche der theoretischen Philosophie erkennbare Systematik erfolgt aus der Perspektive der Kosmologie, die ganz offenkundig das interesseleitende Motiv bildet. Wie nämlich das praktische Interesse von der Sorge um den Staat geleitet wird, so gründet das theoretische Interesse in der Leidenschaft für das Studium der Natur („flagrans studio nature") – Wilhelm entnimmt diese Formulierung der „Timaios"-Übersetzung des Calcidius –, das aber ist die Physik[59].

Zu diesem Studium der Natur gehört auch die Frage der Bewe-

---

[57] WILHELM VON CONCHES, *Glosae* [Anm. 35] (accessus) V, p. 61: „Musice sunt species tres: instrumentalis, mundana, humana. Instrumentalis tres: melica, metrica, rithmica. Melice sunt tres: diatonica, enarmonica, cromatica."

[58] Ibid., p. 62: „De omnibus igitur partibus philosophie aliquid in hoc opere continetur: de practica in recapitulatione positive iusticie; de theologia ubi de efficiente et formali et finali causa mundi et de anima loquitur; ubi vero de numeris et proportionibus, de mathematica; ubi vero de quatuor elementis et creatione animalium et de primordiali materia, de phisica."–Cf. ibid., p. 60. Das von É. Jeauneau abgedruckte Schema, das in der Mehrzahl der Handschriften fehlt, findet sich auch in den bei C. JOURDAIN („Des commentaires inédits de Guillaume de Conches et de Nicolas Triveth sur la Consolation de la Philosophie' de Boèce", in: id., *Excursions historiques et philosophiques a travers le moyen âge*, Paris 1888, Nachdruck Frankfurt/M 1966, p. 31-68, hier p. 58-59) abgedruckten *Glosulae super Boethium* (zu De cons. Philos. I, pr.), deren Autorschaft aber umstritten ist; neben Wilhelm von Conches werden sie auch Nicolaus Trivet zugeschrieben. Zwar gibt dieses Schema die Einteilung in die praktischen und theoretischen Disziplinen der Philosophie wieder; die Zurückführung auf ein Weisheit genanntes, alle Einzeldisziplinen umgreifendes Wissen jedoch fehlt im Text der Hinführung. Diese Tatsache, die auch ein Argument gegen die Authentizität dieses Schemas darstellt, ist vor allem für die Frage der eigenständigen Geltung der naturphilosophischen Betrachtungsweise der Physik von nicht unerheblicher Bedeutung.

[59] WILHELM VON CONCHES, *Glosae* [Anm. 35] (In Timaeum 19 E) XXII, p. 82: „Et hoc est: *nutritum cura publica* id est cura rei publice, et hoc quantum ad theoricam, *et flagrans studio nature* id est phisica."–Cf. PLATO, *Timaeus* (translatio Calcidii) [Anm. 2] 20 A, p. 11, 9-10.

gung der Körper. Diese Frage ist – zumindest im Kontext des platonischen „Timaios" – untrennbar mit der Vorstellung der *anima mundi* verbunden, die Platon als *tertium genus*, nämlich als zusammengesetzt aus teilbarer und unteilbarer Substanz, aus identischer und
verschiedener Natur, aus ταυτόν und θάτερον erdacht habe[60]. Bereits in seiner *Philosophia* hatte Wilhelm die Seele unter die Prinzipien des natürlichen *mundus* gerechnet[61].

Den Ausgangspunkt für den „Tractatus de anima mundi" in
seiner Glosse zu „Timaios" 34 B – 39 E bilden die beiden Motive,
die Wilhelm zu Beginn der „Philosophia" als Beweisgründe für die
Existenz Gottes gedient hatten: die Erschaffung der Welt und die
Frage ihrer Ursachen, sodann die Ausstattung und Ausschmückung
der Welt (*ornatus mundi*), d.h. ihre Ordnung. Weil jedoch einiges
körperliche Seiende immer in Bewegung ist, ob es nun wächst, erkennt oder empfindet, und weil die Bewegung nicht der Natur der
Körper, sondern der Natur der Seele entspringt, deshalb sei von
der Weltseele zu handeln, die in einer ersten Bestimmung als den
Dingen eingepflanzter Lebenshauch (*spiritus*) bezeichnet wird, der
jenen Bewegung und Leben verleiht[62].

---

[60] WILHELM VON CONCHES, *Philosophia* [Anm. 45] I, 4, § 13 (cf. PL 172, 46D-47A):
„In homine ergo est illa et propria anima. Si aliquis concludat: 'Ergo in homine sunt
duae animae', dicimus, 'Non', quia non dicimus animam mundi esse animam, sicut non
dicimus caput mundi esse caput. – Hanc dicit Plato esse excogitatam ex dividua et individua substantia, ex eadem natura et diversa. Cuius expositionem si quis quaerat, in
glossulis nostris super Platonem inveniet." – Eine Parallele zu „Philosophia" I, 4 (und
zugleich eine Bestätigung von Jeauneaus Werkchronologie, cf. É. JEANNEAU (*Guillaume
de Conches, Glosae super Platonem*, Paris 1965 [Textes philosophiques du moyen âge 13], p.
14-15) stellt Wilhelms Glosse zu Metrum IX des dritten Buches der „Consolatio" dar:
Glosae super Boethium de consolatione Philosophiae (ed. J. M. PARENT, in: id, *La doctrine de la
création dans l'école de Chartres*. Étude et textes, Paris, Ottawa 1938 [Publications de l'Institut d'Études Médiévales d'Ottawa 8], p. 122-136), lib. III, metrum IX, p. 124-130; cf.
auch C. JOURDAIN, *Des commentaires inédits de Guillaume de Conches* [Anm. 58], p. 60-65. –
Die lateinische Begrifflichkeit findet sich bereits in der Übersetzung des „Timaios"
durch Calcidius: PLATO, *Timaeus* (translatio Calcidii) [Anm. 2] 35 A, p. 27,7-15; cf. ferner
CALCIDIUS, *Commentarius in Timaeum* [Anm. 2] LIII, p. 101,14-18.

[61] WILHELM VON CONCHES, *Philosophia* [Anm. 45] I, 1, § 4 (cf. PL 172, 43C): „Cum
igitur in cognitione utrorumque sit philosophia, de utrisque disseramus inchoantes ab
eis quae sunt et non videntur. Sunt autem haec creator, anima mundi, daemones, animae hominum."

[62] WILHELM VON CONCHES, *Glosae* [Anm. 35] (in Timaeum 34 B) LXXI, p. 144:
„Hucusque de causis mundi et creatione eiusdem egit. Hoc facto de ornatu eiusdem
dicere incipit. Et est ornatus mundi quicquid in singulis videtur elementis ut stelle in
celo, aves in aere, pisces in aqua, homines in terra, etc. Sed quia quedam illorum sunt
semper in motu, quedam crescunt, quedam discernunt et sentiunt, hoc vero non ex
natura corporis sed ex natura anime habent, de illa tractare incipit, scilicet de anima

Weit ausführlicher als Bernhard von Chartres widmet sich Wilhelm von Conches, darin der platonischen Vorlage folgend, der Frage der Beschaffenheit des „tercium genus substantie mixtum"[63] und der Vereinigung der Weltseele mit dem jeweiligen Körper nach dem Modell mathematischer Proportionen und Dimensionen. Édouard Jeauneau spricht in diesem Zusammenhang von einem „cryptogramme" der Weltseele, das die dimensionale Struktur des Seienden gleichsam analogisch in sich enthält[64]. So steht die Eins für die Unteilbarkeit der Seele, die Zwei und die Drei stehen für die lineare, die Vier und die Neun für die flächenmäßige Dimension (Quadratzahlen), die Acht und die Siebenundzwanzig für die körperhafte Dimension (Kubikzahlen); diesen Dimensionen entspricht das jeweilige Vermögen der Seele, den Körper zu bewegen[65]. Damit aber gilt die dimensionale Struktur der Seele nicht nur für die Weltseele in ihrem Verhältnis zur Gesamtheit der Welt, sondern auch für das Verhältnis von individueller Seele zum jeweiligen Kör-

---

mundi. Et est anima mundi spiritus rebus insitus, motum et vitam illis conferens."

[63] Ibid., (in Timaeum 35 A) LXXV, p. 150-151: „Modo secundum hanc sententiam literam exponemus: *Deus locavit* id est in mundo posuit *genus substantie* id est animam que est quedam materia substantie, *mixtum* non essentia sed possibilitate vivificandi et discernendi. Et subiungit unde, scilicet: *ex substantia individua*. [...] Ex istis duobus generibus substantiarum *locavit tercium genus substantie mixtum* ut expositum est, *inter utramque substantiam*, non loco, sed possibilitate vivificandi et discernendi." – Wilhelm will dieses „tercium genus substantie mixtum" nicht ortsbezogen verstanden wissen, sondern von der Möglichkeit des Belebens und Wahrnehmens („possibilitas vivificandi et discernendi") her. Dadurch aber, daß die *anima mundi* nicht lokalisiert werden kann – das „inter" legt Wilhelm durch „non loco" aus –, kann sie auch nicht hypostasiert gedacht werden. Cf. PLATO, *Timaeus* (translatio Calcidii) [Anm. 2] 35 A, p. 27, 7-15; cf. ferner CALCIDIUS, *Commentarius in Timaeum* (ibid.) LIII, p. 101, 14-18. Zu dieser äußerst subtilen und verzweigten Diskussion der *anima mundi*-Problematik bei Wilhelm von Conches siehe ausführlich A. SPEER, *Die entdeckte Natur* [Anm. 14], p. 151-162.

[64] WILHELM VON CONCHES, *Glosae* [Anm. 35] (in Timaeum 35 B) LXXVIII, p. 156: „Ut igitur animam corpus concorditer movere significaret, numeros concordes in eius compositione posuit."–Cf. É. JEAUNEAU, „L'usage de la notion d'*integumentum* a travers les gloses de Guillaume de Conches", in: *Archives d'histoire doctrinale et littéraire du moyen âge* 24 (1957), p. 35-100, bes. 69-78; idem, „*Lectio Philosophorum*" [Anm. 42], p. 158-170.

[65] WILHELM VON CONCHES, *Glosae* [Anm. 35] (in Timaeum 35 B) LXXVIII, p. 155: „Est ergo unitas in compositione anime, ut per eius indivisibilitatem indivisibilitas essentie anime significetur; binarius et ternarius, qui sunt lineares, ut ostendatur in anima potentia movendi corpus in longum; quaternarius vero et novenarius, qui sunt superficiales, ut ostendatur potentia movendi in latum; octonarius et XXVII, qui sunt solidi, propter potentiam movendi in spissum."–Dieser Vorstellung liegen Überlegungen des Boethius aus *De institutione arithmetica*, [Anm. 23] II, 5-20, p. 90-105 zugrunde. Cf. auch die Zahlenspekulationen bei Thierry von Chartres, *Tractatus De sex dierum operibus* (ed. N. M. HÄRING, Toronto 1971) 33-38, p. 569, 15−571, 71.

per. Denn die Seele zieht Proportion und Eintracht an und verbindet beides mit dem Körper und hält es in diesem fest. Gehen diese Proportioniertheit und Eintracht verloren, so löst sich auch die Einheit von Körper und Seele auf[66].

In diesem Zusammenhang behandelt Wilhelm auch jene Zahlen und Teilungsverhältnisse, gemäß denen in „Timaios" 35 B ff. der Schöpfer die Weltseele formt. Diese Zahlen der sogenannten „Timaios"-Skala werden von Aristoteles in „De anima" I, 3 als ἁρμονικοὶ ἀριθμοί bezeichnet und im 14. Jahrhundert, wie bereits einleitend erwähnt, bei Philippe de Vitry, Leo Hebraeus, Johannes Boen und Nicole Oresme als *numeri armonici* zum Ausgangspunkt musiktheoretischer Überlegungen[67].

In diesem Zusammenhang gilt Wilhelms besonderes Interesse der genauen Unterscheidung zwischen den arithmetischen, geometrischen und harmonischen Teilungsverhältnissen. Hierzu bestimmt Wilhelm zunächst in Form einer allgemeinen Definition die Proportion (*proportio*) als ein Verhältnis eines Dinges zu einem anderen („habitudo rei ad rem"), wie ein zweifaches Verhältnis (*duplum*) oder ein Verhältnis 2:3 (*sesquialter*). Demgegenüber ist Proportionalität (*proportionalitas*) dadurch bestimmt, daß Verhältnisse (*habitudines*) miteinander verglichen werden[68]. Die drei *proportionalitates*, die Wilhelm nach dem Vorbild des Boethius in drei Figuren abbildet[69], sind also dadurch bestimmt, daß sie Teilungsverhältnisse von anderen Teilungsverhältnissen ausdrücken. Gemeinsam ist ihnen ferner, daß im Zahlenraum zwischen 6 und 12 die größte Harmonie (*maxima armo-*

---

[66] Als Beispiel für einen solchen Verlust an *concordia* nennt Wilhelm z. B. den Mangel an Übereinstimmung mit Bezug auf die richtige Elementenmischung. – WILHELM VON CONCHES, *Dragmaticon* [Anm. 49] VI, 25, § 4 (cf. Gratarolus, VI, 305): „Haec proportio et concordia animam allicit et corpori coniungit et in corpore retinet. Et si uere et proprie uelimus loqui, diceremus animam non corpus, non eius qualitates, sed proportionem et concordiam, quibus partes corporis sunt coniunctae, diligere. Vnde ea quae illam proportionem conseruant appetit et quae illam destruunt fugit. Sed ex quo incipiunt elementa discordare, abhorret anima corpus et ab eo separatur." – Cf. É. JEAUNEAU, *L'usage de la notion d'integumentum* [Anm. 64], p. 74-75; id., *Lectio Philosophorum* [Anm. 42], p. 166-167.

[67] Cf. hierzu W. FROBENIUS, „*Numeri armonici. Die Zahlen der 'Timaios'-Skala in der Musiktheorie des 14. Jahrhunderts* [Anm. 1], p. 245-260.

[68] WILHELM VON CONCHES, *Glosae* [Anm. 35] (in Timaeum 36 A) LXXXII, p. 160: „Proportio vero est habitudo rei ad rem, ut duplum, sesquialterum, etc. Proportionalitas vero est comparatio habitudinum." – Cf. BOETHIUS, *De arithmetica* [Anm. 23] II, 40, p. 137.

[69] Cf. BOETHIUS, *De arithmetica* [Anm. 23] II, 54, p. 172-173.

nia) herrscht, da, wie bereits Boethius am Ende von „De arithmetica" gezeigt hat, dort alle Proportionen enthalten sind. In diesem Zahlenraum herrscht demnach auch die größte Eintracht zwischen Seele und Körper[70].

Im folgenden werden das arithmetische und das harmonische Teilungsverhältnis explizit und recht ausführlich behandelt. Bezüglich des dritten Teilungsverhältnisses gibt es hingegen nur wenige Hinweise, wie Wilhelm unter Hinweis auf Platon selbst anmerkt[71]; diese Anmerkungen gehen gewissermaßen unmittelbar in bestimmte astronomische Fragen über, vornehmlich zur Himmels- und Planetenbewegung[72]. Bezüglich des harmonischen Teilungsverhältnisses steht die Frage der Teilung des Ganztones, wie sie sich aus dem überteiligen Verhältnis (*superparticularis proportio*) 9:8 ergibt, im Mittelpunkt der Ausführungen; hierfür beruft sich Wilhelm ausdrücklich auf die Boethius-Schrift „De musica"[73]. Zu diesem Zweck formuliert er eine „regula in musica": Wenn zwei Zahlen in einem überteiligen Verhältnis zueinander stehen und wir prüfen wollen, ob dies sich so verhält oder nicht, dann müssen wir den Nenner (*nomen*), von dem her dieses Verhältnis benannt ist, um die Differenz multiplizieren; wenn es deshalb eine kleinere Zahl gibt, sind sie in jener Proportion, wenn es sich anders verhält, dann sind sie nicht in jener Proportion. Diese Regel kommt zum Beispiel im *sesquialter*-Verhältnis zur Anwendung[74].

---

[70] WILHELM VON CONCHES, *Glosae* [Anm. 35] (in Timaeum 36 A) LXXXII, p. 162: „Et notandum quod inter VI et XII omnes proportionalitates ostenduntur predicto modo, unde maxima armonia. Merito ergo in compositione anime, que est prestitura concordiam corporibus, ponitur."–Cf. BOETHIUS, *De arithmetica* [Anm. 23] II, 54, p. 168-173.

[71] WILHELM VON CONCHES, *Glosae* [Anm. 35] (in Timaeum 36 A) LXXXII, p. 162: „Sed quamvis hic tres contineantur, de duobus tantum facit mentionem in litera, scilicet de arismetica et armonica. Terciam, id est geometricam, dat subintelligere."

[72] Ibid., (in Timaeum 36 B) LXXXVII, p. 167-168.

[73] Ibid., p. 166: „Queramus ergo que sit proportio inter hos numeros ut in ea dicamus minus semitonium esse. [...] Boecius vero in *Musica* dicit illam esse inter sequidecimam octavam et sesquidecimam nonam."–Cf. BOETHIUS, *De musica* [Anm. 23], II, 28, p. 260-261. Siehe ferner den Beitrag von F. HENTSCHEL, *Die Unmöglichkeit der Teilung des Ganztons* [Anm. 9].

[74] WILHELM VON CONCHES, *Glosae* [Anm. 35] (in Timaeum 36 B) LXXXVI, p. 166: „Est enim regula in musica quod si duo numeri dicantur esse in aliqua superparticulari proportione et velimus probare utrum ita sit an non, multiplicemus nomen a quo proportio denominatur per differentiam; si inde fit minor numerus sunt in illa proportione, si aliter non sunt in illa. Verbi gratia: VI et IX dicuntur sesquialteri. Sumo istorum differentiam, id est binarium, et multiplico nomen a quo proportio denominatur, id est

Mit Hilfe dieser Regel können auch andere überteilige Zahlverhältnisse – die sich aus der Teilung der Seele in zwei Teile ergeben,
von denen der eine aus zweifachen, der andere aus dreifachen
Zahlproportionen besteht – bestimmt werden[75], ohne daß die Frage
der Teilung des Ganztones über die bereits bei Boethius vorfindli-
che Lösung hinausgelangt. Wilhelm schließt sich vielmehr der boethianischen Lösung an: Der Ganzton kann nicht in zwei gleiche
Teile geteilt werden. Beide sind ungleich, der kleinere bildet den
kleineren Halbton, der größere den größeren Halbton. Jedoch ist
nur der kleinere Halbton (*minus semitonium*) „in nostra musica", d.h.
in dem gebräuchlichen Tonsystem enthalten, nämlich in dem
Quartverhältnis (Ganzton + Ganzton + Halbton); für den größeren
Halbton (*maius semitonium*) hingegen ist in diesem Tonsystem, darin
folgt Wilhelm der Auffassung des Boethius, kein Platz[76]. Wilhelm
schließt seine Ausführungen zur Musik mit einer deutlichen Anspielung auf Macrobius, daß aus diesem Grunde nicht alles Erwähnung findet, was über die Musik gesagt werden kann[77].

****

Dies gilt in einem weiteren Sinn auch mit Bezug auf das *musica*-Ver-
ständnis im Kontext der „Timaios"-Kommentare des 12. Jahrhunderts. Die bei Wilhelm von Conches vor allem in den Glossen zu
„Timaios" 35 C – 36 B – also im Zusammenhang der sogenannten
„Timaios"-Skala – hinzutretenden musiktheoretischen Elemente,
insbesondere die Diskussion um das harmonische Teilungsverhält-

---

binarium, et dico: ter duo faciunt VI, minorem scilicet de illis numeris."
   [75] Ibid., (in Timaeum 35 C) LXXXV, p. 158: „Adhuc Plato integumento suo de-
servit dicens quod, divisa substantia anime in partes, in uno latere duplas, in altero
triplas." – Cf. auch ibid., (in Timaeum 36 B) LXXXVI, p. 166.
   [76] Ibid., , p. 166-167: „Sunt enim duo semitonia. Cum enim tonus non possit dividi
in duo equa ut probat Boetius in *Musica*, dividitur in duo inequalia quorum minor pars
dicitur minus semitonium vel lima: hoc habetur in nostra musica et est in predicta proportione. Maior vero dicitur maius semitonium vel apotome, nec habetur in nostra
musica." – Cf. BOETHIUS, *De musica* [Anm. 23] II, 27, p. 259-260 und II, 29, p. 262-263.
   [77] WILHELM VON CONCHES, *Glosae* [Anm. 35] (in Timaeum 36 B) LXXXVI, p. 167:
„Non enim, si facit hic mentionem de musica, sunt omnia dicenda que de ea dici possunt." – Cf. MACROBIUS, *Commentarii in Somnium Scipionis* (ed. J. WILLIS, Leipzig 1963) 2.4,
12, p. 109: „nec enim quia fecit in hoc loco Cicero musicae mentionem, occasione hac
eundum est per universos tractatus qui possunt esse de musica."

nis und daran anschließend um die Teilung des Ganztons, finden ihre Erklärung durch die Quellen, die Wilhelm selbst nennt: die boethianischen Schriften „De musica" und „De arithmetica". Deren Abwesenheit im „Timaios"-Kommentar Bernhards von Chartres erklärt somit umgekehrt das dortige Fehlen einer entsprechenden Diskussion, denn der Kommentar des Calcidius ist in musiktheoretischer Hinsicht recht unergiebig und folglich ohne großen wirkungsgeschichtlichen Einfluß. Andererseits zeigt sich aber, daß diese ersten Spuren einer musiktheoretischen Diskussion nicht zu einer Eigenständigkeit der *musica* als Disziplin führen, mag auch der Versuch einer *divisio musicae* in Wilhelms *accessus* eine gewisse Bedeutungssteigerung im Kontext der quadrivialen Disziplinen indizieren. Der wissenschaftstheoretische Ort der *musica* innerhalb des den untersuchten „Timaios"-Kommentaren zugrundeliegenden Wissenschaftsverständnisses ist vielmehr das Quadrivium, das jedoch im Zuge der Begründungsversuche einer *scientia naturalis*, wie die „Timaios"-Glossen Bernhards von Chartres eindrucksvoll zeigen, aus dem Kontext der *septem artes liberales* herausgelöst wird und nach boethianischem Vorbild einen Platz innerhalb der theoretischen Philosophie – zwischen Physik und Theologie, d.h. als vermittelnde Instanz zwischen Naturwirklichkeit und Prinzipienebene – erhält. Auch Wilhelm bestätigt den Platz der *musica* als *scientia quadruvii* im Kontext der theoretischen Philosophie. Auf diese Weise wird einerseits der rein formale Begriff der vier quadrivialen Disziplinen überwunden. Andererseits verhindert jedoch ihre unifikatorische Erfassung im Modell der mathematischen Wissenschaft (*scientia mathematica*), die ihren Gegenstand im strengen Sinne lehrhaft (*disciplinaliter*), nämlich deduktiv behandelt und ihre Vollendung in der Erfassung der Harmonie als des Zusammenspiels aller Verhältnisse findet, die weitergehende Freisetzung einer eigenständigen Wissenschaft von der Musik[78].

---

[78] Cf. hierzu auch die wissenschaftstheoretischen Überlegungen des Thierry von Chartres im Ausgang von *De Trinitate* II des Boethius; siehe hierzu A. SPEER, *Die entdeckte Natur* [Anm. 14], p. 277-288.

MYSTISCHE KONTEMPLATION UND SAKRALE MUSIK BEI PS.-DIONYSIOS AREOPAGITES UND SEINEN KOMMENTATOREN

Udo Reinhold Jeck

1. *Einleitung*

Die byzantinische Musik kann ihre Herkunft aus der Antike und dem frühen Christentum nicht verleugnen. Sie entwickelte aber auch eigenständige Tendenzen. Daher ist der Umfang der überlieferten Manuskripte zu dieser Kunst unübersehbar. Daraus läßt sich der Stellenwert der Musik innerhalb der byzantinischen Liturgie klar erkennen. Ps.-Dionysios Areopagites, dessen kryptische Schriften seit ihrer Veröffentlichung im sechsten Jahrhundert zunächst die Exegeten im Osten, dann jedoch auch die im Westen faszinierten, hat dies erkannt. Er hinterließ zwar keinen gesonderten Traktat zur philosophischen Deutung der sakralen Musik, aber es finden sich in seinen Schriften, dem *Corpus Dionysiacum*[1], einige Bemerkungen, die seine Ansichten zur liturgischen Musik dokumentieren. Sie zentrieren sich besonders in der Schrift „De ecclesiastica hierarchia". Ps.-Dionysios versuchte dort eine symbolische Deutung der Liturgie. Ihr unterschob er einen höchst spekulativen Sinn. Da die Liturgie nicht ohne Musik auskommt, konnte der Areopagite nicht über sie schreiben, ohne sich mit ihr zu befassen.

Seine kurzen Sentenzen dazu sind allerdings von unterschiedlicher Natur und Qualität. Jede einzelne Äußerung verlangt eine

---

[1] Cf. Pseudo-Dionysius Areopagita, *De divinis nominibus*, ed. B. R. Suchla, Berlin, New York 1990 (Corpus Dionysiacum 1. Patristische Texte und Studien 33); Pseudo-Dionysius Areopagita, *De coelesti hierarchia, De ecclesiastica hierarchia, De mystica theologia, Epistulae*, ed. G. Heil, A. M. Ritter, Berlin, New York 1991 (Corpus Dionysiacum 2. Patristische Texte und Studien 36); Pseudo-Dionysius Areopagita, *Über die himmlische Hierarchie. Über die kirchliche Hierarchie*, übers. v. G. Heil, Stuttgart 1986 (Bibliothek der griechischen Literatur 22); id., *Die Namen Gottes*, übers. v. B. R. Suchla, Stuttgart 1988 (Bibliothek der griechischen Literatur 26); id., *Über die Mystische Theologie und Briefe*, übers. v. A. M. Ritter, Stuttgart 1994 (Bibliothek der griechischen Literatur 40); Scholien, in: Patrologia Graeca 4, ed. J. P. Migne, Paris 1857 (Nachdr.: Turnhout 1984); Dionysiaca, *recueil donnant l'ensemble des traductions latines des ouvrages attribués au Denys de l'Aréopage*, ed. P. Chevallier, Brügge 1937.

spezielle Untersuchung. Ihre jeweilige Auslegungsgeschichte spiegelt jedoch den historischen Wandel in der Dionysiosexegese seit den griechischen Scholien zum *Corpus Dionysiacum*. Dabei zeigt sich, daß die *spekulativ-philosophischen* Äußerungen des Areopagiten zur Musik heute kaum Beachtung finden und daher unterbewertet sind, obwohl sie eine lange exegetische Tradition besitzen. Andere, mehr spektakuläre Themen des *Corpus Dionysiacum* haben das Bewußtsein für die Bedeutung der Musik bei Ps.-Dionysios in den Hintergrund gedrängt[2]. Es ist die Aufgabe dieser Untersuchung, jenes Defizit aufzuarbeiten[3].

2. *Die Reinigungsfunktion der Musik*

a) Die liturgische Musik ist nach den Thesen des *Corpus Dionysiacum* nicht für den artifiziellen Genuß bestimmt. Sie besitzt vielmehr psychagogische Aufgaben. Bei Ps.-Dionysios Areopagites dienen Gesänge und Lesungen zunächst der mentalen Reinigung von minderwertigen Affekten. Der Areopagite gebraucht dazu in der Schrift „De ecclesiastica hierarchia" den Terminus ἀποκάθαρσις[4], der dort

---

[2] Cf. U. R. JECK, „Philosophie der Kunst und Theorie des Schönen bei Ps.-Dionysios Areopagites", in: *Documenti e studi sulla tradizione filosofica medievale* 7 (1996), p. 1-38.

[3] Die theoretische Auseinandersetzung des Ps.-Dionysios Areopagites mit der Musik geschah im Horizont des Platonismus. Platons kritische Auseinandersetzung mit der Musik ist bekannt. Allerdings gibt es dazu auch positive Äußerungen von ihm. Im „Phaidon" läßt Platon Sokrates, der sich im Gefängnis zu Athen befindet und auf seine Hinrichtung wartet, von einem ihm mehrfach erschienenen Traum berichten. Dessen stetige Botschaft lautete: „Ὦ Σώκρατες, ἔφη, μουσικὴν ποίει καὶ ἐργάζου" (cf. PLATON, *Phaedo*, ed. E. A. DUKE, W. F. HICKEN, W. S. M. NICOLL et al., Oxford 1995, [Platon, Opera I], 60 e 6-7). Schleiermacher übersetzt den Text auf folgende Weise: „O Sokrates, sprach er, mach und treibe Musik" (cf. PLATON, Sämtliche Werke 3 [Phaidon, Politeia]. In der Übers. v. F. SCHLEIERMACHER m. d. Stephanus-Num. ed. W. F. OTTO, E. GRASSI, G. PLAMBÖCK, Hamburg 1958, p. 14). Sokrates verweist in diesem Zusammenhang auf sein inneres Orakel, indem er die philosophische Tätigkeit mit der Musik oder der musischen Tätigkeit im weitesten Sinne in Verbindung bringt (cf. PLATON, *Phaedo*, 61 a 3: „...μουσικὴν ποιεῖν, ὡς φιλοσοφίας μὲν οὔσης μεγίστης μουσικῆς, ἐμοῦ δὲ τοῦτο πράττοντος"). Dabei dichtet Sokrates einen Hymnus auf Apollon. Platon diskutiert also den engen Zusammenhang von Göttlichkeit und Musik, obwohl die Musik als musische Tätigkeit mehr umfaßt als nur die Tonkunst, sie allerdings aber auch einschließt. Er initiiert damit eine Tradition, die bis zum Ende des antiken Platonismus reicht. Sie findet sich noch dort, wo Proklos Hymnen auf verschiedene Götter verfaßt.

[4] Cf. Ps.-DIONYSIUS AREOPAGITA, De eccl. hier. [Anm. 1], III, p. 81, 19-21: „Αἱ μὲν γὰρ ἱερώταται τῶν λογίων ᾠδαὶ καὶ ἀναγνώσεις διδασκαλίαν αὐτοῖς ἐναρέτου ζωῆς ὑφηγοῦνται καὶ πρό γε τούτου τὴν παντελῆ τῆς φθοροποιοῦ κακίας ἀποκάθαρσιν..." (cf.

jedoch auch bei der allegorischen Auslegung der Taufe erscheint. Die Waschung mit dem physischen Wasser symbolisiert dabei die Entfernung der sündhaften Verfassung des Menschen[5]. Eine andere, vergleichbare Äußerung erklärt näher, was diese Befreiung bewirken soll: Sie erzeugt dem derart Gereinigten hellere Theophanien bzw. Gotteserscheinungen, die aus dem Transzendenten hervorstrahlen[6].

Die Reinigungsfunktion der Musik zielt bei Ps.-Dionysios Areopagites demnach auf die Seele, d.h. die Bedeutung der liturgischen Musik liegt in ihrer psychologischen Energie. Deshalb genügt es nicht, sie lediglich phänomenologisch zu beschreiben. Wichtiger erscheint dem Areopagiten die Kenntnis jener Bezüge, die zwi-

---

Ps.-Dionysius Areopagita, *Kirchl. Hier.*[Anm. 1], p. 111: „Denn die hochheiligen Gesänge und Vorlesungen der Worte vermitteln ihnen Belehrung über ein tugendhaftes Leben und davor die völlige Reinigung von der verderbenbringenden Schlechtigkeit").

5 Cf. Ps.-Dionysius Areopagita, *De eccl. hier.* [Anm. 1], II, p. 73, 15-74, 2: „Τί γὰρ ἂν φανείη διαμαρτάνουσα καὶ τοῦ θειοτέρου λόγου τῶν τελουμένων σεσιγημένου πειθοῖ καὶ θεορρημοσύνη τὴν τοῦ προσιόντος εὐζωΐαν ἱερῶς διαπραγματευομένη καὶ τὴν ἁπάσης ὁμοῦ κακίας δι' ἐναρέτου καὶ θείας ζωῆς ἀποκάθαρσιν τῇ δι' ὕδατος φυσικῇ καθάρσει σωματικώτερον αὐτῷ διαγγέλλουσα; Ταύτῃ δ᾽ οὖν, εἰ καὶ μηδέν τι θειότερον εἶχεν ἡ τῶν τελουμένων συμβολικὴ παράδοσις, οὐκ ἀνίερος ἦν ὡς οἶμαι διδασκαλίαν μὲν εὐθέτου ζωῆς εἰσηγουμένη, τὴν παντελῆ δὲ τῆς ἐν κακίᾳ πολιτείας ἀποκάθαρσιν ὁλικῶς τῷ σώματι καθαιρομένῳ φυσικῶς δι' ὕδατος αἰνισσομένη" (cf. Ps.-Dionysius Areopagita, *Kirchl. Hier.*[Anm. 1], p. 104: „Was nämlich könnte an ihr falsch sein, wenn sie, bliebe auch der tiefere göttliche Sinn der Zeremonien verschwiegen, durch die Überredungskraft der Rede von Gott das Leben des Hinzukommenden in geheiligter Weise zum Positiven wendet und die vollständige Reinigung von aller Sündhaftigkeit durch ein tugendhaftes und gottgemäßes Leben ihm mehr körperlich durch die physische Reinigung mit Wasser ankündigt? So wäre also die Überlieferung der Zeremonien in Symbolform, auch wenn sie keinen tieferen göttlichen Gehalt hätte, meiner Meinung nach geheiligt, weil sie eine Lehre vom wohlgeordneten Leben vorführt, andererseits das vollständige Ausscheiden der sündhaften Verfassung durch die völlige Reinigung des Körpers mittels Wasser in einem natürlichen Vorgang verschlüsselt darstellt").

6 Cf. Ps.-Dionysius Areopagita, *De eccl. hier.* [Anm. 1], III, p. 89, 20-90, 3: „...νῦν δὲ τοῦ ἱεράρχου καὶ τῶν ἱερέων ἡ τῶν χειρῶν ἀποκάθαρσις αὐτὸν ὑπαινίσσεται. Τοὺς γὰρ ἐπὶ τὴν παναγεστάτην ἰόντας ἱερουργίαν ἀποκεκαθάρθαι δεῖ καὶ τὰς ἐσχάτας τῆς ψυχῆς φαντασίας καὶ δι' ὁμοιότητος αὐτῇ κατὰ τὸ δυνατὸν προσιέναι. Φανοτέρας γὰρ οὕτω τὰς θεοφανείας περιαυγασθήσονται τῶν ὑπερκοσμίων μαρμαρυγῶν εἰς τὴν τῶν ὁμοειδῶν ἐσόπτρων ἀγλαΐαν ὁλικώτερον καὶ διαυγέστερον ἐφιέντων διέναι τὴν οἰκείαν αἴγλην" (cf. Ps.-Dionysius Areopagita, *Kirchl. Hier.*[Anm. 1], p. 118sq.: „...jetzt aber weist die Handwaschung des Hierarchen und der Priester auf dieses verschlüsselt hin. Denn die zur hochheiligen sakramentalen Handlung Schreitenden müssen ihre Seele auch von den letzten Wahnvorstellungen gereinigt haben und möglichst dem Wesen der heiligen Handlung angeglichen an sie herantreten. So nämlich werden sie von klareren Erscheinungen Gottes umleuchtet sein, weil die Strahlen von jenseits der Sinnenwelt ihren eigenen Glanz vollständiger und klarer in die strahlende Reinheit der gleichgearteten Spiegel eingehen lassen").

schen Rezipienten und Aktoren vorliegen. Nur so läßt sich seiner Ansicht nach das Geheimnis der Wirksamkeit der sakralen Musik in der Liturgie erklären.

Wenn Musik in der Liturgie zum Einsatz kommt und dabei auf die seelische Verfassung der Teilnehmer des religiösen Aktes reinigend wirken soll, ergibt sich die Frage, wie dieser Prozeß konkret zu denken ist. Dies zeigt eine andere Sentenz zur areopagitischen Musiktheorie[7]. Sie läßt sich in zwei Abschnitte teilen: Die erste Sequenz ist der Musik, die zweite der Literatur gewidmet. Beide Künste folgen aufeinander, d.h. sie besitzen in der Liturgie des Areopagiten ein abgestuftes Verhältnis. Der gemeinsame Gesang 'göttlicher Lieder' verändert die Seele positiv, bereitet sie auf die Würde kultischer Handlungen vor, ordnet den Bezug der Gemeinde zu den göttlichen Gaben und verleiht dem Kollektiv der liturgischen Gemeinschaft eine harmonische Fügung. Die dabei verwirklichte Struktur vergleicht der Areopagite mit dem Rhythmus eines Reigentanzes. Der dunkle Gehalt jener Psalmentexte bedarf jedoch der Lichtung. Dazu dienen Vorträge anderer heiliger Schriften. Zusammenfassend läßt sich sagen: Die Musik übernimmt den emotionalen Part, die Lesung den intellektuellen Teil.

b) Auch der antike Kommentator interessierte sich für diese Stelle und verfaßte dazu Scholien, die nicht nur den schwierigen Text erklären, sondern auch auf bestimmte wichtige Fakten erst hinweisen sollten. Seine Auslegung spiegelt die Spaltung jener Stelle. Die erste Scholie bezieht sich auf die Formulierung 'göttliche Lieder'. Der Kommentator vermerkt, daß nach Ps.-Dionysios der Zusam-

---

[7] Cf. Ps.-Dionysius Areopagita, *De eccl. hier.* [Anm. 1], III, p. 84, 7-14: „Ὅταν οὖν ἡ περιεκτικὴ τῶν πανιέρων ὑμνολογία τὰς ψυχικὰς ἡμῶν ἕξεις ἐναρμονίως διαθῇ πρὸς τὰ μικρὸν ὕστερον ἱερουργηθησόμενα καὶ τῇ τῶν θείων ᾠδῶν ὁμοφωνίᾳ τὴν πρὸς τὰ θεῖα καὶ ἑαυτοὺς καὶ ἀλλήλους ὁμοφροσύνην ὡς μιᾷ καὶ ὁμολόγῳ τῶν ἱερῶν χορείᾳ νομοθετήσῃ, τὰ συντετμημένα καὶ συνεσκιασμένα μᾶλλον ἐν τῇ νοερᾷ τῶν ψαλμῶν ἱερολογίᾳ διὰ πλειόνων καὶ σαφεστέρων εἰκόνων καὶ ἀναρρήσεων εὐρύνεται ταῖς ἱερωτάταις τῶν ἁγιογράφων συντάξεων ἀναγνώσεσιν" (cf. Ps.-Dionysius Areopagita, *Kirchl. Hier.* [Anm. 1], p. 113sq.: „Wenn also der die hochheiligen Inhalte umfassende Gesang unsere seelische Verfassung eingestimmt hat auf die gleich folgenden heiligen Handlungen und durch das gemeinsame Singen der göttlichen Lieder die innere Gemeinschaft mit den Gaben Gottes und mit uns selbst und untereinander angeordnet hat, als ob es gälte, die heilige Botschaft in einem einzigen Reigentanz im gleichen Rhythmus darzustellen, wird der mehr verdichtete und dunkle Gedankeninhalt der Psalmenrezitation durch reichlichere, klarere Bilder und Bekanntmachungen in den über alles geheiligten Lesungen von Passagen heiliger Schrift breiter entfaltet").

menklang der Psalmengesänge die Einübung der Eintracht im Hinblick auf Gott und uns selbst fördert[8]. Der Terminus „ἡ διδασκαλία" ist dabei auffällig. Er steht im Griechischen nämlich auch für die Einübung eines Chors für die Bühnenvorstellung[9]. Dieser Bezug zeigt, daß der Areopagite mit artifiziellen Grundbegriffen seiner Zeit vertraut war und sie zur Beschreibung der Liturgie herbeizog.

In der zweiten Scholie verweist der Kommentator auf die Dunkelheit der Psalmen und zeigt, daß sie nur durch Lesungen anderer Schriften zu überwinden ist[10]. Wie die Musik eine Eintracht mit Gott und zugleich einen Einklang mit uns selbst hervorzubringen vermag, sagt er nicht. Auch der Terminus „ἡ χορεία" (Reigentanz), dessen Gebrauch vom platonischen „Timaios" (40c3) zur Bezeichnung der Bewegung göttlicher Himmelskörper bis zur Erläuterung der Struktur des Intelligiblen bei Proklos reicht[11], reizt ihn nicht zu einer näheren Untersuchung.

c) Die zentrale These des Areopagiten von der psychischen Wirkung der Musik erreichte jedoch nicht nur den griechischen Osten, sondern durch Übersetzungen auch den lateinischen Westen. Und sie fand bei einem Denker Beachtung, der sich in der Mitte des dreizehnten Jahrhunderts intensiv mit dem *Corpus Dionysiacum* befaßte. Gemeint ist Albert der Große[12]. In seinem Kommentar zur

---

[8] Cf. CORPUS DIONYSIACUM, *Scholion* [Anm. 1], p. 139 D–142 A: „Καὶ τῇ τῶν θείων ᾠδῶν. Σημείωσαι, ὅτι τὸ τῆς ψαλμῳδίας σύμφωνον ὁμοφροσύνης τῆς πρὸς Θεὸν καὶ ἑαυτοὺς ὑπάρχει διδασκαλία" (cf. Transl. B. CORDERII: „*Divinorumque carminum*. Nota cantus psalmorum concentum, concordiae cum Deo ac secum, esse disciplinam").

[9] Cf. H. G. LIDELL, R. SCOTT, *Greek-English Lexicon*, Oxford 1996, p. 421b.

[10] Cf. CORPUS DIONYSIACUM, *Scholion* [Anm. 1], col. 141 A–142 A: „Συντετμημένα. Ὅτι τὰ συντετμημένα, τουτέστι τὰ ἀσαφῆ, διὰ τῶν ἐπιτελουμένων συμβόλων σαφηνίζεται· τοῦτο γὰρ δηλοῖ τὸ εὐρύνεται. Σημείωσαι δὲ, ὅτι τὰ συνεσκιασμένως ἐν τοῖς ψαλμοῖς λεγόμενα, διὰ τῆς τῶν Γραφῶν ἀναγνώσεως, σαφηνίζεσθαι λέγει ὁ Πατήρ" (cf. Transl. B. CORDERII: „*Ea quae concisa sunt*. Quod ea quae concisa sunt, hoc est obscura signis quae perficiuntur, explicantur. Hoc enim declarat verbum illud *dilatantur*. Nota vero, quod Pater dicat quae adumbrate in Psalmis dicuntur, Scripturarum lectione explanari").

[11] Cf. W. BEIERWALTES, *Proklos. Grundzüge seiner Metaphysik*, 2. Aufl., Frankfurt/M 1979, p. 212sqq.

[12] Albert der Große hat keine umfangreichen Untersuchungen zur Musik hinterlassen. Inwieweit er in seiner Jugend die *artes liberales* und damit auch die *musica* studierte, ist unbekannt. Den musiktheoretischen Grundtext dieses Bildungskonzeptes, die „Musica" des Boethius, hat er jedoch später zitiert. Bei Aristoteles fand Albert zahlreiche Bemerkungen zur Musik und beschäftigte sich damit. Dazu gehörte auch die Musiktheorie der Pythagoreer. Eine entscheidende Quelle zur Kenntnis der Thesen des Pythagoras und der Pythagoreer ist das fünfte Kapitel des ersten Buchs der „Metaphysik"

„Nikomachischen Ethik" des Aristoteles finden sich Bemerkungen zur Musik, die Beachtung verdienen. Sie können den Zugang zu den musikphilosophischen Überlegungen in Alberts Dionysioskommentar erheblich erleichtern.

Albert bestimmt zunächst das Wesen der Musik als *delectatio aurium*[13], dann untersucht er ihre Wirkung. Er fragt nämlich zunächst im Horizont der aristotelischen Philosophie nach dem Gebrauch der Musik (usus musicae) innerhalb des gesellschaftlichen Verkehrs (civilitas). Albert interessiert sich dabei besonderes für ihre emotionale Wirkung: (I) Die profane Musik ruft z.B. als Hochzeitsmusik (in nuptiis) die gegenseitige Zuneigung der Brautleute hervor. (II) Bei Messen (in sacrificiis) dient die sakrale Musik zur Erregung der Frömmigkeit (ad excitandum devotionem)[14]. Die Musik, die sich auf die *devotio* bezieht, analysiert Albert in seinem Kommentar zu „De

---

des Aristoteles. Auch die Aristoteliker des Mittelalters schöpften daraus. Daher war Albert durch das Studium der „Metaphysik" mit den Grundthesen des Pythagoreismus vertraut. Besonders die pythagoreische Zahlentheorie forderte ihn zu zahlreichen Bemerkungen auf (cf. ALBERTUS MAGNUS, *Metaphysica*, ed. B. GEYER, Münster 1960, 1964 [Opera omnia 16, 1+2], I, 4, 3, p. 50, 41–51, 51: „Qualiter Pythagoras numeros entibus adaptabat et quae elementa esse dicebat et per quam rationem"). Ein umfangreicheres Kapitel aus seinem „De caelo"-Kommentar setzt sich zudem mit der aristotelischen Kritik der Sphärenmusik auseinander. Aus diesem Text läßt sich erkennen, wie Albert die Musiktheorie der Pythagoreer einschätzte und wie er sie mit aristotelischen Mitteln kritisierte (cf. ALBERTUS MAGNUS, *De caelo et mundo*, ed. P. HOSSFELD, Münster 1971 [Opera omnia 5, 1], II, 3, 10, p. 162, 85-165, 47: „De sententia dicentium ex motu caelestium fieri sonum musicalem"). Dazu kommen die verschiedenen Thesen des Aristoteles in „De anima" über den Ton, die Albert intensiv beschäftigten. Hier ergriff er jedoch nicht die Gelegenheit, sich näher mit der Musik auseinanderzusetzen. Auch grundlegende Bestimmungen über die Harmonie, die Aristoteles in „De anima" vorträgt (cf. ARISTOTELES, *De anima*, ed. W. D. ROSS, Oxford 1956, I, 4, 407b32-34; 408a5sq.), kommentiert Albert nur kurz (cf. ALBERTUS MAGNUS, *De anima*, ed. C. STROICK, Münster 1968 [Opera omnia 7, 1], I, 2, 8, p. 38, 79–41, 25: „De improbatione opinionis, quae dixit animam esse harmoniam corporis commixti").

[13] Cf. ALBERTUS MAGNUS, *Ethica*, ed. W. KÜBEL, Münster 1987 (Opera omnia 14, 2), VI, 7, n. 514, p. 440, 3-6: „Ad tertium dicendum, quod musicae actio non est propter alium finem, qui sit operatum quoddam, sed tamen aliquid intentum habet extra se, quod est delectatio aurium".

[14] Cf. ALBERTUS MAGNUS, *Ethica* [Anm. 13], VIII, 9, n. 739, p. 629, 36-46: „Similiter etiam usus musicae est in duobus ordinatus secundum civilitatem, scilicet in nuptiis ad provocandum amorem sponsi et sponsae et in sacrificiis ad excitandam devotionem. Si autem delectabilia corporis essent non ordinata ad aliquod utile, essent resolutiva et inducerent malos mores, et ideo prohibentur talia. Et ideo BOETHIUS dicit in PRINCIPIO MUSICAE, quod Plato magnam custodiam arbitratur rei publicae musicam moderatam esse, ne per effeminatos sonos animi civium lasciviant."

ecclesiastica hierarchia" des Ps.-Dionysios Areopagites[15]

Albert legt den Text des Ps.-Dionysios einerseits durch eine Paraphrase aus, andererseits schiebt er längere erklärende Passagen ein[16]. Das Werk unterscheidet sich daher nicht von seinen übrigen Kommentaren zu anderen Teilen des *Corpus Dionysiacum*.

Auch die o. g. Passage der Schrift „De ecclestiastica hierarchia" zur Wirkung der sakralen Musik auf die Seele kommentiert Albert. Dabei benutzt er die *Translatio Eriugenae*. Ein Vergleich des griechischen Originaltextes mit der *Translatio Eriugenae* und der *Translatio Sarraceni* zeigt, wie die Übersetzer mit dem schwierigen Text gerungen haben:

G	„Ὅταν	οὖν	ἡ περιεκτικὴ	τῶν πανιέρων	ὑμνολογία
E	„ Cum	igitur	continua	sacratissimorum	hymnologia
S	„ Quando	igitur	comprehensiva	sanctissimorum	decantatio

G_1	φυσικὰς	(PtPbFbVvVcKa [cf. 69,1sq])			
G_2	τὰς ψυχικὰς	ἡμῶν	ἕξεις	ἐναρμονίως	διαθῇ
E	animales	nostros	habitus	coadunate	disposuerit
S	animales	nostros	habitus	concorditer	disposuit

G	πρὸς τὰ	μικρὸν	ὕστερον	ἱερουργηθησόμενα	καὶ
E	ad	paululum		sacrificia exponenda,	et
S	ad ea quae	paulo	post sunt	sanctificanda,	et

G	τῇ τῶν θείων ᾠδῶν	ὁμοφωνίᾳ τὴν πρὸς τὰ θεῖα καὶ ἑαυτοὺς			
E	divinorum	cantuum consonantia	ad	divina et	nos ipsos
S	divinarum	odarum consonantia et	ad	divina et	ad se ipsos

---

[15]   Albert hat um das Jahr 1250 das gesamte *Corpus Dionysiacum* ausführlich analysiert und interpretiert. Große Teile dieses umfangreichen Werks liegen gegenwärtig in einer kritischen Edition vor (cf. ALBERTUS MAGNUS, *Super Dionysium De caelesti hierarchia*, ed. P. SIMON, W. KÜBEL, Münster 1993 [Opera omnia 36, 1]; id., *Super Dionysium De divinis nominibus*, ed. P. SIMON, Münster 1972 [Opera omnia 37, 1]; id., *Super Dionysii mysticam theologiam et epistulas*, ed. P. SIMON, Münster 1978 [Opera omnia 37, 2]). Allerdings fehlt noch eine wissenschaftlich abgesicherte Ausgabe seines Kommentars zu „De ecclesiastica hierarchia".

[16]   Die Schrift „De ecclesiastica hierarchia" war für die mittelalterlichen Kleriker sicher der sensibelste Teil des *Corpus Dionysiacum*. Dieser Text stellte an ihre exegetischen Fähigkeiten große Anforderungen. Bei einem kritischen Vergleich der eigentümlichen Liturgie des Areopagiten mit den Formen des mittelalterlichen Gottesdienstes waren nämlich Diskrepanzen nicht zu übersehen.

G καὶ ἀλλήλους ὁμοφροσύνην ὡς μιᾷ καὶ ὁμολόγῳ
E et inter nos invicem consensum ut una et confessa
S et ad alios invicem consensum sicut una et confessa

G₁ χῶραι Pa
G₂ χορία Fa
G₃ χωρίαν Vv (corr. ex – είαν)
G₄ τῶν ἱερῶν χορείᾳ νομοθετήσῃ, τὰ συντετμημένα καὶ
E sacrorum regione promulgaverit, coordinata et
S sacrorum chorea constituit, concisa et

G συνεσκιασμένα μᾶλλον ἐν τῇ νοερᾷ τῶν ψαλμῶν ἱερολογίᾳ
E coadumbrata magisin intellectuali psalmorum psalmodia
S coadumbrata magisin intellectuali psalmorum decantatione

G διὰ πλειόνων καὶ σαφεστέρων εἰκόνων καὶ ἀναρρήσεων
E per plures et apertiones imagines et praedicationes
S per plures et planiores imagines et enuntiationes

G εὐρύνεται ταῖς ἱερωτάταις τῶν ἁγιογράφων
E inveniuntur sacratissimis professarum
S dilatantur sanctissimis hagiographorum

G συντάξεων ἀναγνώσεσιν"¹⁷.
E constructionum lectionibus"¹⁸.
S tractatuum lectionibus"¹⁹.

Wie die Tabelle zeigt, ist eine korrekte Übersetzung dieses Textes, wenn er bestimmte sinnentstellende Varianten zeigt, nicht möglich. Eriugenas Translation enthält daher aufgrund einer fehlerhaften Vorlage schwerwiegende Übersetzungsfehler. So findet Eriugena statt χωρεία vor: Es gibt nämlich eine Anzahl griechischer Manu-

---

¹⁷ Cf. Anm. 7; χῶραι: Dionysiaca [Anm. 1], p. 1192, 4.
¹⁸ Cod. Paris lat. 17341, fol. 173 va-bj cf. DIONYSIACA [Anm. 1], p. 1191, 4–1193, 3.
¹⁹ Ibid.

skripte, in denen diese Variante zu finden ist. Eriugena übersetzt daher χώϱαι mit „regione". Aus ‚Reigentanz' (χωϱεία) war ‚Gegend' (χώϱαι) geworden.

Albert, der mit dem Text Eriugenas arbeitet, hilft sich mit Kunstgriffen[20]. Immerhin versteht er die „ὁμοφϱοσύνη" des Areopagiten als 'consensus'. Er deutet sie als Frieden (pax). Wir gelangen zum Frieden durch die *concordia vocum in cantu*. Albert übersieht also im Kommentar zu „De ecclesiastica hierarchia" trotz aller Schwierigkeiten der Translation nicht die psychologische Wirksamkeit der Musik. Deutlich spricht er der Musik einen katalysierenden Effekt zu. Sie soll die durch das Wort vermittelte Wahrheit (veritas), die auf das Denken (ad intellectum) einwirkt, affektiv unterstützen (excitat affectum) und eine die intellektuelle Wahrheit begleitende Stimmung der Devotion (ad devotionem) erzeugen. Die Formel *cantus excitet affectum ad devotionem*[21] dokumentiert dabei Alberts grundlegende Einstellung zur Musik.

3. Stufe II: Kontemplation

Die Wirkung der Reinigungsfunktion der Musik zeigt sich nach Ps.-Dionysios nicht nur negativ in der Beseitigung restriktiver seelischer Eigenschaften, sondern auch positiv in der Vorbereitung der mystischen Kontemplation. Dazu gibt es im *Corpus Dionysiacum* konkrete Hinweise. Sie finden sich allerdings an versteckter Stelle. Im siebenten Kapitel der Schrift „De coelesti hierarchia" verweist Ps.-Diony-

---

[20]   Cf. ALBERTUS MAGNUS, *De Ecclesiastica Hierarchia*, ed. A. BORGNET, Paris 1892 (Opera omnia 14), p. 589a: „*Cum igitur continua*, id est, continuo cantata *hymnologia*, id est, laude *sacratissimorum* Psalmorum *disposuerit coadunare nostros animales habitus*, qui sensui inhaerent, in quo cum aliis animalibus communicamus, *ad sacrificia exponenda*, id est, disponendo vel consecrando, *ad paululum*, id est, paulo post: et cum *promulgaverit*, id est, indixerit significando, *consonantia divinorum cantuum*, *consensum*, id est, pacem habendam *ad divina et nosmetipsos, et inter nos invicem* quantum ad proximum, *ut una et confessa*, id est, authentica *regione*, id est, congregatione *sacrorum*: quae enim in aliis libris dicuntur, omnia in Psalmis compilantur et congregantur: et ideo invitamur per eos ad pacem, tum ex concordia sacrae Scripturae, tum ex concordia vocum in cantu...".

[21]   Cf. ALBERTUS MAGNUS, *De Ecclesiastica Hierarchia*, [Anm. 20], p. 575b: „Ad tertium dicendum, quod doctrina admiscetur cum cantu, ut non tantum veritas perveniat ad intellectum, sed ut cantus excitet affectum ad devotionem, sicut dicit Augustinus de se in libro *Confessionum*: 'Voces illae influebant auribus meis, et eliquabatur veritas in cor, et fluebant lacrymae, et bene mihi erat cum eis'."

sios Areopagites[22] zunächst auf seine angebliche Schrift mit dem
Titel „Über die göttlichen Hymnen" („Περὶ θείων ὕμνων"). Den
Gegenstand dieses Werks deutet er nur kurz an: Es soll den Gesang
der Engel in den Blick nehmen und die 'erhabensten Lobgesänge
der überhimmlischen Geister'[23] auslegen[24]. Mehr ist über dieses
vermutlich fiktive Werk des Areopagiten nicht bekannt: Weder hier
noch an anderer Stelle des *Corpus Dionysiacum* finden sich zusätzliche
Informationen dazu.

Der griechische Kommentator reagiert nur kurz auf diese Äußerung. Er verweist lediglich darauf, daß Ps.-Dionysios eine Schrift
„Über die göttlichen Hymnen" verfaßt habe und vermeidet jede
weitere Äußerung zur Struktur dieses angeblich areopagitischen
Werkes[25]. Erst Eriugena, der die Schrift „De coelesti hierarchia"
übersetzte und zu seiner lateinischen Translation einen Kommen-

---

[22]   Ps.-Dionysios widmet sich zunächst der obersten Triade der Engelshierarchie
und untersucht die Struktur der Seraphim, Cherubim und Throne. Danach bestimmt
er die Struktur der geistigen Schau jener Triade im Hinblick auf Gott, demonstriert ihre
unmittelbare Nähe zum Göttlichen und verweist abschließend auf ihre Existenz im sog.
'Kreis Gottes'. Dann geschieht jedoch Paradoxes. Der Areopagite spricht (I) zunächst
von Hymnen, die die Erdenbewohner besitzen und die das Wesen der höchsten geistigen Substanzen erklären sollen. Darauf (II) benennt er zwei Hymnen des Engelsgesangs
(cf. Ps.-DIONYSIUS AREOPAGITA, *De coel. hier.* [Anm. 1], VII, 4, p. 31, 16-22: „Διὸ καὶ
ὕμνους αὐτῆς ἡ θεολογία τοῖς ἐπὶ γῆς παραδέδωκεν ἐν οἷς ἱερῶς ἀναφαίνεται τὸ τῆς
ὑπερτάτης αὐτῆς ἐλλάμψεως ὑπερέχον. Οἱ μὲν γὰρ αὐτῆς αἰσθητῶς εἰπεῖν 'Ὦ φωνὴ
ὑδάτων' ἀναβοῶσιν Εὐλογημένη ἡ δόξα κυρίου ἐκ τοῦ τόπου αὐτοῦ', οἱ δὲ τὴν
πολυύμνητον ἐκείνην καὶ σεβασμιωτάτην ἀνακράζουσι θεολογίαν '"Αγιος ἅγιος ἅγιος
κύριος Σαβαώθ, πλήρης πᾶσα ἡ γῆ τῆς δόξης αὐτοῦ'" (cf. Ps.-DIONYSIUS AREOPAGITA,
Himml. Hier.[Anm. 1], p. 47: „Deshalb hat die Gotteskunde auch den Erdenbewohnern
Hymnen von ihr überliefert, in welchen sich auf geheiligte Weise die überlegene Art
ihrer Erleuchtung auf höchster Ebene zeigt. Denn die einen Glieder dieser Ordnung
schreien, um einen Vergleich aus der Sinnenwelt zu gebrauchen, 'wie das Rauschen
von Wassern' [Ez. 1,24], 'Gepriesen sei der Ruhm des Herrn von seiner Stätte' [Ez 3,
12], die andern rufen laut 'Heilig, heilig, heilig sei der Herr Zebaot, voll ist die Erde von
seinem Ruhm' [Jes 6, 3]").
[23]   Cf. Ps.-DIONYSIUS AREOPAGITA, *De coel. hier.* [Anm. 1], VII, 4, p. 31, 22-23:
„Ταύτας δὲ τὰς ὑπερτάτας τῶν ὑπερουρανίων νοῶν ὑμνολογίας..."
[24]   Cf. Ps.-DIONYSIUS AREOPAGITA, *De coel. hier.* [Anm. 1], VII, p. 31, 22-24:
„Ταύτας δὲ τὰς ὑπερτάτας τῶν ὑπερουρανίων νοῶν ὑμνολογίας ἤδη μὲν ἐν τοῖς περὶ τῶν
θείων ὕμνων ὡς ἐφικτὸν ἀνεπτύξαμεν..." (cf. Ps.-DIONYSIUS AREOPAGITA, *Himml.
Hier.*[Anm. 1], p. 47: „Diese Lobgesänge der Gedanken über dem Himmel haben wir
schon, soweit wie möglich, in unserer Schrift 'Über die göttlichen Hymnen' entfaltet
und dort darüber genug gesagt, soweit wir dazu in der Lage waren ...").
[25]   Cf. CORPUS DIONYSIACUM, *Scholion* [Anm. 1], col. 75 C–76 C: „'Εν τοῖς περὶ τῶν
θείων ὕμνων. Σημείωσαι ὅτι καὶ ἄλλο σύνταγμα αὐτῷ Περὶ θείων ὕμνων πεπόνηται" (cf.
Transl. B. CORDERII: „*In iis, quae de divinis hymnis. Nota, alium etiam librum De divinis
hymnis* ab ipso elaboratum").

tar verfaßte, gibt einen interessanten Hinweis[26]. Er verweist auf die Schrift „De divinis nominibus", in der Ps.-Dionysios einen Bericht über seinen fiktiven Lehrer Hierotheos anfertigte und ihn dabei als einen Verfasser heiliger Hymnen würdigte. Er ist in diesem Zusammenhang von großer Bedeutung, denn er zeigt, wie der Areopagite die Wirkung von sakraler Musik einschätzt.

Die areopagitische Anekdote zum Auftritt des Hierotheos im apostolischen Kreis besitzt zunächst einen hagiographischen Charakter. Ps.-Dionysios läßt ihn in Begleitung des Jakobus, des Bruders des Herrn, und Petrus beim Begräbnis der Gottesmutter auftreten[27]. In dieser würdigen Versammlung, die der Areopagite fingiert, um die Autorität des *Corpus Areopagiticum* als Text aus apostolischer Zeit zu erhöhen, trägt Hierotheos wie alle anderen Teilnehmer Hymnen vor. Dabei erregt er durch sein ekstatische Verhalten Erstaunen[28]. Als zentraler Satzteil erweist sich hier die Formulierung: „πρὸς τὰ ὑμνούμενα κοινωνίαν πάσχων", d.h. 'in bezug auf das hymnisch Gesungene erfuhr/erlitt er die Gemeinschaft (mit Gott)': Die mystische Einung des Hierotheus erscheint als paradigmatischer Fall der musikalisch katalysierten und vorbereiteten Kontemplation.

Damit beschäftigt sich der griechische Kommentator allerdings nur indirekt, denn über das kontemplative Verhalten des Hierotheos sagt er nichts. Er geht vielmehr von der areopagitischen Bezeichnung „ὑμνολόγος" für Hierotheos aus. Weil Ps.-Dionysios neben dieser Bezeichnung zusätzlich den Terminus „ὑμνῳδία" gebraucht,

---

[26] Cf. IOANNES SCOTUS ERIUGENA, *Expositiones in Ierarchiam Coelestem*, ed. J. BARBET, Turnhout 1975 (Corpus Christianorum, Continuatio Mediaevalis 31), p. 115, 911-914: „Ex hac sententia possumus cognoscere de diuinis laudibus ipsum scripsisse, quoniam in libro *De divinis nominibus* ex amatoriis hymnis sancti Ierothei quedam introduxit in quibus de predictis laudibus nihil tractatur."

[27] Diese Passage ist nicht ganz deutlich. In der byzantinischen Tradition deutet man sie als Hinweis auf das Begräbnis der Maria und stellt daher auf entsprechenden Ikonen Dionysios und Hierotheos gemeinsam dar.

[28] Cf. Ps.-DIONYSIUS AREOPAGITA, *De div. nom.* [Anm. 1], III 2, p. 141, 11-14: „...τῶν ἄλλων ἱερομυστῶν ὅλος ἐκδημῶν, ὅλος ἐξιστάμενος ἑαυτοῦ καὶ τὴν πρὸς τὰ ὑμνούμενα κοινωνίαν πάσχων καὶ πρὸς πάντων, ὧν ἠκούετο καὶ ἑωρᾶτο καὶ ἐγιγνώσκετο καὶ οὐκ ἐγιγνώσκετο, θεόληπτος εἶναι καὶ θεῖος ὑμνολόγος κρινόμενος..." (cf. Ps.-DIONYSIUS AREOPAGITA, *Namen Gottes*.[Anm. 1], p. 40: „...mitten zwischen den biblischen Schriftstellern all die anderen in die heiligen Mysterien Eingeweihten, wie Du wohl weißt, indem er ganz weg war, ganz aus sich heraustrat, in seinem Preislied die Gemeinschaft erlebte und schließlich von allen, die ihn hörten, sahen, kannten und nicht kannten, als ein Mann beurteilt wurde, der ein Gottergriffener und heiligmäßiger Verfasser von Lobgesängen sei").

bringt er diese Bezeichnungen mit den Verben „ὑμνολογεῖν" (ein Preislied singen) und „ὑμνῳδεῖν" (ein Loblied singen) in einen Zusammenhang. Daher ist er sich sicher, daß der apostolische Kreis um Hierotheos erhabene und mystische Psalmen vorgetragen hat. Jene Texte besitzen nach seiner Meinung ein Unsagbares (ἄρρητα), das vor den Vielen zu behüten (φυλάττειν) ist. Andererseits ist es aber auch notwendig, das leicht Lehrbare in ihnen zu erklären[29].

Albert der Große geht hier andere Wege. Dies zeigt seine Paraphrase der entscheidenden Passage[30]. Er bezeichnet das Erleiden der Ekstase als ein Außer-sich-Stehen, das sich auf das Intelligible über uns bezieht und damit dem Göttlichen verbunden ist und an ihm partizipiert. Den Hymnus, den Hierotheos vortrug, bezeichnet er als Jubel über das Ewige[31]. Diese Tendenz hat Dionysius der Kartäuser, der Alberts Kommentar kannte, aufgenommen und verstärkt[32].

---

[29] Cf. Corpus Dionysiacum, Scholion [Anm. 1], col. 237 B-238 C: „Ὑμνολόγος κρινόμενος. Ὅτι καὶ ψαλμοὺς ἔλεγον τότε ἐμμελεῖς οἱ περὶ τὸν ἅγιον Ἱερόθεον καὶ ᾠδὰς, ὡς δηλοῖ καὶ τὸ ὑμνολογεῖν καὶ τὸ ὑμνῳδεῖν· καὶ ὅτι τὰ μὲν ὑψηλὰ καὶ μυστικὰ ἄρρητα τοῖς πολλοῖς δεῖ φυλάττειν· ὁμιλεῖν δὲ καὶ διδάσκειν δεῖ τοὺς πολλοὺς τὰ δυνατὰ καὶ εὐαπόδεικτα" (cf. Transl. B. Corderii: „Divinus laudator. Quia psalmos tum modulatos odasque canebant qui sancto Hierotheo aderant, quod significant etiam voces ὑμνολογεῖν et ὑμνῳδεῖν. Et quia quae sublimia sunt et mystica, tecta in vulgo et inexplicata servare oportet; explicare autem decet ea multitudinemque docere, quae et fieri et facile demonstrari possunt").

[30] Cf. Albertus Magnus, Super Dionysium De divinis nominibus [Anm. 15], p. 110, 63-69: „...totus excedens, scilicet Hierotheus, seipsum ad intelligibile, quod supra nos est; patiens extasim, idest extra-se-positionem, quantum ad voluntatem, quae per amorem in superiora tendens minus etiam corpori providet; communionem patiens ad laudata, idest divina, quasi coniunctus et participans ea ...".

[31] Cf. Albertus Magnus, Super Dionysium De divinis nominibus [Anm. 15], p. 111, 17-21: „...hymnus est exultatio habita de aeternis, in vocem modulatam prorumpens; unde divinae laudes, quas Hierotheus dixit, dicuntur hymni propter devotionem et spiritualem laetitiam."

[32] Cf. Dionysius Cartusianus, Commentaria in libros S. Dionysii Areopagitae, Commentaria in De divinis nominibus (Opera omnia 16), Tournai 1902, p. 96 b A-D: „...totus exiens semetipso, id est, se ipsum supergrediens per excellentiam divinorum charismatum et contemplationem aeternorum, secundum illud Apostoli: Mente excedimus Deo. Et in Threnis dicitur: Levabit se super se. Et ad laudata societatem patiens, id est per mentis fervorem et eminentem divinorum participationem quasi transformatus in Deum, cujus caritatem, pietatem et liberalitatem ferventissime collaudavit, juxta illud ad Corinthios: Nos omnes revelata facie gloriam Domini speculantes, in eamdem imaginem transformamur a claritate in claritatem, tanquam a Domini spiritu. Unde alia habet translatio: Ille totus excedens, totus se deserens, et eorum quae laudabat, consortium patiens. Alius vero transtulit: Totus ecstasim patiens. Hinc constat quod mysticae theologiae particeps fuit exuberanter, et totus caritatis ardore ignitus, assidue alteratus, inflammatus, liquefactus, aestuansque in Deum, atque in regionem luminis infiniti extentus, et

4. Stufe III: Der Innenaspekt der Kontemplation

Das *Corpus Dionysiacum* enthält einen mehrfachen Bezug zur Musik: (I) Die sinnlich wahrnehmbare Musik, die der Rezipient und Teilnehmer am liturgischen Prozeß wahrnimmt, unterstützt die Reinigung (ἀποκάθαρσις) seiner Seele und (II) befördert die Kontemplation des Göttlichen. Diese akustische Erfahrung der sakralen Musik besitzt einen extramentalen Ursprung in der sinnlich wahrnehmbaren Welt. Die Musik gelangt über die Sinne in die Seele und modifiziert sie zur Gemeinschaft mit dem Göttlichen. Dieser Musikerfahrung mit mundanem Ursprung setzt Ps.-Dionysios Areopagites (III) eine musikalische Erscheinung entgegen, die keinen Ursprung in der Außenwelt hat, sondern sich als Signal des Göttlichen allein im seelischen Bereich ereignet.

Zur Erklärung dieses paradoxen Phänomens ist eine spezifische Äußerung des Areopagiten in „De Mystica Theologia" von Bedeutung. Ps.-Dionysios fragt dort zunächst nach der Möglichkeit eines unverhüllten Zugangs zum Göttlichen. Gott zeigt sich seiner Ansicht nach allein demjenigen, der nicht nur den Bereich des (sinnlich) Unreinen und (geistig) Reinen durchmessen, sondern auch die höchstmögliche Heiligung überschritten hat. Er muß zuletzt sogar die göttlichen Lichter, die himmlischen Klänge und die Worte (τὰ θεῖα φῶτα καὶ ἤχους καὶ λόγους οὐρανίους) hinter sich lassen. Erst dann ist er zum Eintauchen in das mystische Dunkel, in dem sich das Göttliche aufhält, bereit[33]. Als Beispiel zur Verifizierung dieses Prozesses wählt Ps.-Dionysios Moses: Er erhält zunächst den Befehl, sich zu reinigen. Erst dann hört er vielstimmige Posaunen und

---

sursum actus ac profundatus, et ubertim raptus in Deum, potens dicere illud Jeremiae: Factus est sermo Domini in corde meo quasi ignis exaestuans claususque in ossibus meis; et defeci, ferre non sustinens. Hoc est in homine hominem exuere."

[33] Cf. Ps.-DIONYSIUS AREOPAGITA, *De myst. theol.* [Anm. 1], I 3, p. 143, 13-17: „...καὶ μόνοις ἀπερικαλύπτως καὶ ἀληθῶς ἐκφαινομένην τοῖς καὶ τὰ ἐναγῆ πάντα καὶ τὰ καθαρὰ διαβαίνουσι καὶ πᾶσαν πασῶν ἁγίων ἀκροτήτων ἀνάβασιν ὑπερβαίνουσι καὶ πάντα τὰ θεῖα φῶτα καὶ ἤχους καὶ λόγους οὐρανίους ἀπολιμπάνουσι καὶ 'εἰς τὸν γνόφον' εἰσδυομένοις, 'οὗ' ὄντως ἐστίν, ὡς τὰ λόγιά φησιν, ὁ πάντων ἐπέκεινα" (cf. Ps.-DIONYSIUS AREOPAGITA, *Myst. Theol.* [Anm. 1], p. 75: „Allein denen zeigt sie [sc. die Allursache, U. R. Jeck] sich unverhüllt und so, wie sie wahrhaftig ist, die den Gesamtbereich des Unreinen wie des Reinen durchqueren, [danach selbst] über die Gipfel aller Heiligung hinaus emporsteigen und [schließlich auch noch] die göttlichen Lichter, himmlischen Klänge und Worte allesamt im Rücken lassen und in '*das Dunkel*' eintauchen, '*in welchem*', nach dem Zeugnis der WORTE, der in Wahrheit wohnt, der über alles erhaben ist [Ex 20, 21; vgl. 19,9]"").

schaut die Strahlen des göttlichen Lichtes[34]. Vor allem jenes ps.-akustische Phänomen, das die Theophanie begleitet und das Moses in sich wahrnimmt, verlangt nach einer Erklärung, denn die Gotteserscheinung vollzieht sich außerhalb des Sinnlichen und damit jenseits der Reichweite der wahrnehmbaren sakralen Musik.

Schon der erste griechische Kommentator des *Corpus Dionysiacum* versucht eine Erklärung. Wenn der Areopagite von 'himmlischen Klängen' spricht, dann sind damit biblische Äußerungen gemeint, die nicht eine menschliche oder irdische, sondern eine göttliche Deutung verlangen[35]. Diese Auslegung kann nicht zutreffen, denn das ps.-akustische Phänomen zeigt sich, nachdem der Kontemplierende den Bereich des Sinnlichen und Geistigen schon durchschritten hat.

Albert der Große gräbt in seinem Kommentar zu „De Mystica Theologia" tiefer. Er fragt nach der tieferen Bedeutung bzw. der Differenz[36] der dreifachen Unterscheidung des Areopagiten:

„τὰ θεῖα φῶτα καὶ ἤχους καὶ λόγους οὐρανίους"[37];
(„... omnia divina lumina et sonos et sermones caelestes")[38].

Albert interpretiert die Äußerung als Hinweis auf die Erhebung unseres Intellekts zum Göttlichen. Diese Transformierung geschieht auf doppelte Weise (I) als Lichterscheinung, d.h. geistiges Sehen,

---

[34] Cf. Ps.-DIONYSIUS AREOPAGITA, *De myst. theol.* [Anm. 1], I 3, p. 143, 17–144, 2: „Καὶ γὰρ οὐχ ἁπλῶς ὁ θεῖος Μωϋσῆς ἀποκαθαρθῆναι πρῶτον αὐτὸς κελεύεται καὶ αὖθις τῶν μὴ τοιούτων ἀφορισθῆναι καὶ μετὰ πᾶσαν ἀποκάθαρσιν ἀκούει τῶν πολυφώνων σαλπίγγων καὶ ὁρᾷ φῶτα πολλὰ καθαρὰς ἀπαστράπτοντα καὶ πολυχύτους ἀκτῖνας" (cf. Ps.-DIONYSIUS AREOPAGITA, *Myst. Theol.* [Anm. 1], p. 75: „Denn nicht ohne Grund wird der hl. Mose geheißen, sich zunächst selbst zu reinigen und danach sich von denen zu scheiden, die nicht derart [gereinigt] sind. Nachdem er aber völlig gereinigt ist, hört er die vielstimmigen Posaunen [vgl. Ex 19,16.19; 20,18] und schaut eine Lichterfülle, aufblitzend [vgl. ebd.] in reinen, weithin leuchtenden Strahlen").

[35] Cf. CORPUS DIONYSIACUM, *Scholion* [Anm. 1], col. 419–420 C: „Πάντα θεῖα φῶτα καὶ ἤχους. Ἤχους καὶ λόγους οὐρανίους φησὶ τὰ περὶ Θεοῦ ἐν ταῖς Γραφαῖς εἰρημένα, ὡς μὴ κατὰ τὴν ἀνθρωπίνην καὶ γηΐνην ἐπίνοιαν, ἀλλὰ κατὰ θείαν ἐπίνοιαν λεχθέντα καὶ παραδοθέντα" (cf. Transl. B. CORDERII: „*Divina omnia lumina et sonos.* Sonos et sermones coelestes dicit ea quae de Deo in Scripturis dicuntur, tanquam rationes non secundum humanam et terrenam intelligentiam, sed secundam divinam intelligentiam dicta et tradita").

[36] Cf. ALBERTUS MAGNUS, *Super Dionysii mysticam theologiam* [Anm. 15], p. 460, 60-61: „Praeterea quaeritur, quae sit differentia inter divina lumina et caelestes sonos et sermones."

[37] Cf. Ps.-DIONYSIUS AREOPAGITA, *De myst. theol.* [Anm. 1], I 3, p. 143, 15-16.

[38] Cf. Ps.-DIONYSIUS AREOPAGITA, *De myst. theol.* I 3, transl. Sarraceni, in: ALBERTUS MAGNUS, *Super Dionysii mysticam theologiam* [Anm. 15], p. 459, 83.

oder (II) als akustische Erscheinung in Ton und Wort. Diese Differenzierung bestimmt Albert näher:

I. „omnia divina lumina"
Der Intellekt erhebt sich zwar aus sich selbst, folgt aber den Lichterscheinungen, die ihn zu Gott führen. Insofern spricht der Areopagite nach Albert von göttlichen Lichtern.

II. „et sonos" – „et sermones caelestes"
Es gibt darüber hinaus jedoch bestimmte Zeichen, die von Gott ausgehen und durch die wir Gott erfahren. Albert vergleicht dies mit einem Wort, das auf die Sache verweist. Dabei gibt es zwei Modifikationen:

> A. Unser Affekt wird (durch die Nähe zu Gott) mit unausdrückbarer Freude erfüllt, d.h. wir können die Affektionen unseres Geistes nicht (sprachlich) ausdrücken und gebrauchen deshalb Interjektionen. Daher spricht Ps.-Dionysios nach Albert von himmlischen Tönen (sonos).

> B. Unser Intellekt dagegen faßt sich, wenn er irgend etwas von Gott auffaßt, in bestimmte Worte (sermones).

Alles das ist jedoch zu übersteigen (transcendere). Keines von diesen ist nämlich das 'Objekt' der Kontemplation[39].

Alberts Theorie der akustischen Wechselwirkung zwischen Gott und Mensch als Vorstufe zur Kontemplation bleibt dunkel. Wichtig ist in diesem Zusammenhang nur, was sich auch schon oben zeigte: Die Wirkung der Musik siedelt er im Bereich des menschlichen Affektes an.

---

[39] Cf. ALBERTUS MAGNUS, *Super Dionysii mysticam theologiam* [Anm. 15], p. 461, 12-30: „Ad ultimum dicendum, quod intellectus noster dupliciter elevatur in deum: aut per modum inventionis quasi ex se consurgit in ipsum, et sic dirigunt ipsum divina lumina in deum; lumen enim est perfectio visus, qui maxime servit inventioni; aut elevatur in ipsum per quaedam signa immissa ab ipso, in quibus quasi experimur deum, sicut res percipitur in voce significante ipsam. Et hoc signum vel est ad affectum, qui impletur gaudio inexplicabili, et quod etiam concipi non potest, et quantum ad hoc dicit *sonos*; unde etiam affectiones animi, quia exprimi non possunt, interiectionibus significantur, sicut est iubilus, de quo DICITUR super illud PSALMI: 'Ascendit deus in iubilo', quod 'est ineffabile gaudium, quod nec taceri potest nec exprimi valet'; vel est ad intellectum, secundum quod concipit aliquid de deo, et quantum ad hoc dicit *sermones*, qui sunt voces exprimentes conceptum mentis; et haec omnia oportet transcendere, quia nullum eorum est obiectum, quod quaerimus contemplatione."

5. Zusammenfassung

An zahlreichen Stellen seiner Schriften spricht Ps.-Dionysios Areopagites von der Musik. Dies ist kein Zufall und hat auch nicht bloß
dekorativen Sinn. Eine detaillierte Untersuchung und systematische
Auswertung dieser Sentenzen zeigt, daß der Areopagite für die zen-
trale Intention seines Denkens auf die Musik nicht verzichten will.
Bei der mystischen Kontemplation übernimmt sie eine wichtige
Aufgabe. Zunächst reinigt sie von den Affekten, die den Aufstieg
zur Einung mit dem Göttlichen behindern. Auf dieser Stufe der
Annäherung an Gott erfüllt sie eine negative Funktion (Stufe I).
Damit beschäftigt sich Ps.-Dionysios vor allem in der Schrift „De
ecclesiastica hierarchia". Doch dabei bleibt er nicht stehen. Wie das
Beispiel des Hierotheos in „De divinis nominibus" zeigt, initiiert die
Musik auch die Kontemplation (Stufe II): Hierotheos stimmt im
Kontext mit anderen Theologen als wahrer Hymnologos Hymnen
an und gerät dabei in ekstatische Verzückung. Der auf diese Weise
Gereinigte und Kontemplierende nimmt zusätzlich auch akustische
Phänomene wahr (Stufe III). Die Struktur dieses Prozesses zeichnet
der Areopagite in „De Mystica Theologia" als Begegnung von Mose mit Gott nach. Damit ist allerdings eine Grenze für die Musik
und für unser Verständnis erreicht. Zum eigentlichen Dunkel, in
dem nach Ps.-Dionysios das Göttliche wohnt, dringt niemand vor.

MÉTAPHORE INSTRUMENTALE
ET REPRÉSENTATION DU SYSTÈME ACOUSTIQUE
À L'ÉPOQUE CAROLINGIENNE

Christian Meyer

En dépit de l'immense tradition du „De nuptiis Philologiae et Mercurii" de l'obscur Martianus Capella, le neuvième livre de cet ouvrage encyclopédique n'a guère retenu l'attention des théoriciens de la musique du Moyen Age. Même si le commentaire de Rémi d'Auxerre révèle un fin lecteur de Martianus Capella, soucieux d'éclaircir le texte à l'aide de Boèce ou de références au chant liturgique, il n'en demeure pas moins que la présence de Martianus dans le champ de la théorie de la musique est pour ainsi dire inexistante[1]. A cet égard, on retiendra, pour l'anecdote, que Hucbald juge l'interprétation que Martianus donne de la nomenclature grecque du grand système parfait plus exhaustive que celle de Boèce[2].

On pourrait longuement spéculer sur l',,échec" martianien – la „Musica Isidori"[3], celle de Cassiodore[4], et les quelques extraits „musicaux" de Macrobe[5] connurent une fortune incomparablement plus glorieuse. L'exposé de Martianus Capella surpassait toutefois les „musiques" d'Isidore et de Cassiodore sur bien des points. Puisant largement chez Aristide Quintilien et divers auteurs de son temps, Martianus recueillait les éléments majeurs de la science harmonique de l'Antiquité tardive: la nomenclature du grand système parfait (§ 931)[6], les trois symphonies (diatessaron, diapente, diapa-

---

[1] M. BERNHARD, „Überlieferung und Fortleben der antiken lateinischen Musiktheorie im Mittelalter", in: F. ZAMINER (ed.), *Rezeption des antiken Fachs*, Darmstadt, 1990 (Geschichte der Musiktheorie 3), p. 7-35, spécialement p. 20-22.

[2] „Interpretatio autem horum nominum succincte quidem a Boetio attracta, planius autem Martianus exsequitur", ed. Y. CHARTIER, dans: id., *L'Oeuvre musicale d'Hucbald de Saint-Amand*, Saint-Laurent, Québec 1995 (Cahiers d'Etudes médiévales. Cahier spécial, n° 5), p. 192; cité par M. BERNHARD, loc. cit., p. 22.

[3] Selon le titre médiéval souvent donné aux chapitres des „Etymologies" relatifs à la musique (*Etymologiarum sive originum libri XX*, III, xv-xxii).

[4] *Institutiones*, II, v.

[5] *Commentarii in Somnium Scipionis*, Comm. 2. 1, 14-25.

[6] Cité d'après l'édition de J. WILLIS (Leipzig 1983).

son) (§ 933), les quinze tons de transposition (§ 935), les „colorations" chromatique et enharmonique du tétracorde (§ 942, 955-956, *passim*), les six intervalles (*diastemata*) (quarte, quinte, octave, la quarte redoublée à l'octave, la quinte redoublée à l'octave, enfin la double-octave, § 948-953), enfin la théorie des *systemata*, c'est à dire des aspects d'octave (§ 954). Toutefois en dépit de son apparente érudition, le discours de Martianus repose en dernière instance sur une représentation intuitive et „qualitative" du système acoustique. Pour les lecteurs du IXe ou du Xe siècle, à une époque où la théorie de la musique tend à se reconstruire à partir d'objets quantifiables et mesurables, les éléments techniques réunis par Martianus composaient sans doute une mosaïque assez floue. Dépourvus d'un solide fondement philosophico-mathématique, ces éléments n'autorisaient en définitive aucune „opérabilité".

En dépit de ces insuffisances, et peut-être à cause d'elles, le „De nuptiis Philologiae et Mercurii" semble néanmoins avoir attisé la curiosité des théoriciens du Haut Moyen Age. Le souci de dégager à partir de ces éléments une représentation cohérente du système acoustique semble lisible à travers une série de nomenclatures et de diagrammes auxquels Michel Huglo nous a rendu attentif il y a quelques années et dont nous tenterons ici un premier décryptage. Plusieurs copies du „De nuptiis Philologiae et Mercurii", de la fin du IXe et du Xe siècle, présentent en effet, à la suite du neuvième livre, un diagramme en forme d'escalier dont les quinze marches sont associées aux noms des tropes. Ce diagramme, étrangement apparenté au diagramme des tons de transposition du „De institutione musica" de Boèce (cf. IV, 16), est généralement accompagné d'une nomenclature du grand système parfait et d'une liste des corrélations entre les tropes („Mese ypodorii est adquisita eoli..."). Il s'agit des manuscrits suivants (cf. aussi les planches après la p. 148):

(*CI*) CAMBRIDGE, Corpus Christi College, The Parker Library, MS 153: IXe s. Origine anglaise. Le tableau et son commentaire sont intégrés à une collection de gloses[7] copiée séparément, à la suite du „De nuptiis" (f. 85v): „Hi sunt tropi XV hoc est formae carminum...". Tableau (YPODORIUS... YPERLIDIUS). A gauche du tableau: „Corde sunt que uergunt a fronte pagine in eius imam (*ms.*

---

[7] L'appel de cette glose se situerait entre „proslambanomenos" (p. 357, 12) et „symphoniae" (p. 358, 15). Le mot glosé par le diagramme pourrait être „tropi" (p. 358, 14).

unam) partem. Lineae uero que porriguntur a leua in dexteram termini sunt troporum. (suite des gloses:) Symphoniae consonantiae. Lidus a lidia regione...''

(*C2*) CAMBRIDGE, Corpus Christi College, The Parker Library, MS 330: Xe s. Origine anglaise. Le tableau figure, comme dans *C1* au fil de la même collection de gloses, à la suite du ,,De nuptiis'' (f. 126r): ,,... Cromatice i. colorabile. Yperlambenomenos i. adquisitus. Hi sunt tropi XV hoc est forma carminum... (suivi du tableau, incomplet, des tons de transposition. A gauche du tableau:) Mese ypodorii est adquisita eolii... (à la suite:) Chordae sunt quae ue<r>gunt a fronte... termini sunt troporum. (Suite des gloses:) Symphoniae .i. consonantiae. Lidius a lidia regione...''

(*K*) KÖLN, Diözesan- und Dombibliothek, 193: IXe s. selon J. Préaux[8]. Ce manuscrit fut en dépôt pendant quelques temps à Darmstadt (n° 2168). Origine: Köln. 200v-201: ,,Proslambanomenos adquisitus / Ipatehypaton principalis principalium...''; 201 : ,,MESE YPODORII EST ADQUISITA EOLII...''; 201v: ,,HI SVNT TROPI XV...'' et diagramme.

(*M*) MÜNCHEN, Bayerische Staatsbibliothek, Clm 14729: dernier quart du IXe siècle selon J. Préaux[9]. Origine: St-Gall[10]. 220r: ,,Ypodorius subprincipalis...'' (diagramme); ,,Proslambanomenos, i. adquisitus / Ipate ipaton, i. sub principalis principalium...''

(*W*) WIEN, Österreichische Nationalbibliothek, cpv 266: fin X[e]/début XIe s. Ce manuscrit pourrait avoir été copié dans un scriptorium de Wurzbourg[11]. Selon Claudio Leonardi, cette copie du ,,De Nuptiis'' serait à mettre en rapport avec le ms. *R-Vat* Pal. lat. 1577, lui-même originaire de Lorsch[12]. 149v: degrés du grand

---

[8] J. PRÉAUX, ,,Les manuscrits principaux du 'De nuptiis Philologiae et Mercurii' de Martianus Capella'', dans: G. CAMBIER, C. DEROUX, J. PRÉAUX (ed.), *Lettres latines du Moyen âge et de la Renaissance*, Bruxelles 1978 (Collection Latomus 158), p. 76-128, spécialement p. 79.

[9] Ibid., p. 80.

[10] Ibid.

[11] H. HOFFMANN, *Buchkunst und Königtum im ottonischen und frühsalischen Reich*, Stuttgart 1986 (Schriften der Monumenta Germaniae Historica 30), I, p. 360, 364.

[12] C. LEONARDI, ,,I codici di Marziano Capella'', dans: *Aevum* 33 (1959), p. 433-489; 34 (1960), p. 411-425, spécialement p. 487.

système parfait dans les trois genres (mis sous la forme d'un tableau à trois colonnes). 150r: Nomenclature du grand système parfait (avec la traduction latine des termes grecs). 150v: „Hɪ sᴠɴᴛ ᴛʀᴏᴘɪ xv...“ (diagramme); „Mese ypodorii est adquisita eolii...“.

On ajoutera à ces témoins le ms. *P*, Paris, B.N.F., Lat. 8671 (deuxième tiers du IXᵉ siècle; origine: Auxerre?[13]) qui donne à la suite du neuvième livre du „De Nuptiis“, disposés sur trois colonnes: une liste des degrés-limite des tétracordes (col. gauche), la liste des degrés du grand système parfait (col. centrale), enfin dans la colonne de droite, en lettres capitales, la légende „Cordae sunt Qᴜᴀᴇ ᴠᴇʀɢᴜɴᴛ... ᴛᴇʀᴍɪɴɪ sᴜɴᴛ ᴛʀᴏᴘᴏʀᴜᴍ“ et le système de corrélation des tons de transposition „Mᴇsᴇ ʏᴘᴏᴅᴏʀɪɪ ᴇsᴛ ᴀᴅǫᴜɪsɪᴛᴀ ᴇᴏʟɪɪ...“. Le diagramme des tons de transposition est absent.

Selon la légende qui accompagne les diagrammes, les lignes verticales représentent des cordes d'une cythare et les lignes horizontales les limites des tropes (*termini troporum*):

Hɪ sᴜɴᴛ ᴛʀᴏᴘɪ xv. Hᴏᴄ ᴇsᴛ ғᴏʀᴍᴀᴇ ᴄᴀʀᴍɪɴᴜᴍ. Qᴜɪ ᴘᴇʀᴀɢᴜɴᴛᴜʀ ɪɴ ᴄɪᴛʜᴀʀᴀ xxvɪɪɪ ᴄᴏʀᴅᴀʀᴜᴍ.
Cᴏʀᴅᴀᴇ sᴜɴᴛ ǫᴜᴇ ᴜᴇʀɢᴜɴᴛ ᴀ ғʀᴏɴᴛᴇ ᴘᴀɢɪɴᴀᴇ ɪɴ ᴇɪᴜs ɪᴍᴀᴍ ᴘᴀʀᴛᴇᴍ. Lɪɴᴇᴀᴇ ᴠᴇʀᴏ ǫᴜᴀᴇ ᴘᴏʀʀɪɢᴜɴᴛᴜʀ ᴀ ʟᴇᴜᴀ ɪɴ ᴅᴇxᴛᴇʀᴀᴍ ᴛᴇʀᴍɪɴɪ sᴜɴᴛ ᴛʀᴏᴘᴏʀᴜᴍ.
xxvɪɪɪ] x ᴇᴛ vɪɪɪ *W*

Un examen plus attentif des diagrammes révèle toutefois un certain nombre d'incohérences. Dans la légende du manuscrit de Cologne (*K*), il est question de vingt-huit cordes, alors que le diagramme ne présente que vingt-deux traits verticaux. *M* donne un diagramme identique, mais sans légende. Dans le manuscrit de Vienne (*W*), les dix-huit cordes énoncées dans la légende correspondent bien aux dix-huit traits verticaux du diagramme – mais les quatre derniers tropes (Yperfrigius... yperlidius) présentent un nombre de cordes décroissant. La légende du témoin *C1* est en accord avec *K* (soit 28 cordes); le diagramme toutefois ne présente que vingt traits verticaux. Le copiste de *C2* a renoncé à terminer le diagramme.

Vingt-huit ou dix-huit cordes? Selon une métaphore instrumentale,

---

[13]   J. Pʀᴇ́ᴀᴜx, *Les manuscrits* [n. 8], p. 79. On remarquera que le livre IX est richement glosé.

sans doute empruntée à Boèce[14], les cordes représentent les degrés du grand système parfait. Or, suivant le dénombrement déjà établi par Rémi d'Auxerre, le nombre 28 (*K C1 C2*) renvoie au nombre de degrés du grand système parfait divisé dans les trois genres, diatonique, enharmonique et chromatique. Le nombre 18 (*W*), en revanche, correspond aux degrés résultant de la seule division dans le genre diatonique[15]. Ainsi, rapportés à la représentation de l'échelle des sons, chacun de ces deux nombres demeure pertinent. La lecture naïve du diagramme – induite par la légende qui l'accompagne – suggère ainsi que l'échelle des sons – matérialisée par les cordes d'une cythare –, comprendrait l'ensemble des tropes. La légende complémentaire („Mese ypodorii est adquisita eolii...‟) consolide enfin cette lecture en établissant une relation précise entre les différents tropes.

Cette lecture demande à être confrontée au texte de Martianus Capella. Les noms des quinze tropes présentés dans la dimension horizontale du diagramme et l'ordre dans lequel ils apparaissent, correspondent bien à la nomenclature dressée dans le „De nuptiis‟[16]. Martianus reconnaît également une certaine parenté (*amica concordia*) entre les cinq tropes les plus graves (les „hypo-‟) – sans en préciser toutefois très clairement la nature[17]. Plus féconde semble avoir été l'observation de Martianus que „les moyennes (*mediae*) des tropes les plus graves servent de *proslambanomenos* aux tropes plus aigus‟[18]. Or selon la nomenclature de la série des dix-huit sons constitutifs des tropes, le *proslambanomenos* désigne le premier degré

---

[14] „Quae prius quidem, dum novem chordarum tantum esset cithara, hyperhypate vocabatur...‟ (*De institutione musica*, ed. G. FRIEDLEIN, Leipzig 1867, I, 20, p. 208, 14).

[15] „Omnia ista in cantilena deprehendi possunt. Si volueris diatonicum tantum commemorare, tunc XVIII habebis; si autem cromaticum vel enarmonicum intromiseris, X supra habebis et erunt XXVIII, sub uno tamen nomine V cromatici et V enarmonici adduntur, id est pro una chorda, sed iste subtiliter et obscure dixit. In Boetii vero *Musica* hoc clarius potest pervideri‟, *Remigii autissiodorensis commentum in Martianum Capellam*, ed. C. E. LUTZ, Leiden 1965), II, p. 338 (502.4).

[16] Voir § 935. Cassiodore, qui connaît également les tons de transposition, les énonce dans un ordre différent: hypodorius hypoiastius hypophrygius hypoaeolius hypolydius dorius iastius phrygius aeolius lydius hyperdorius hyperiastius hyperphrygius hyperaeolius hyperlydius (*Institutiones*, ed. R. A. B. MYNORS, Oxford 1961, p. 145-146).

[17] „[...] verum inter hos tropos est quaedam amica concordia, quae sibi invicem germanescunt, ut inter Hypodorium et Hypophrygium, et item inter Hypoiastium et Hypoaeolium; item conveniens aptaque responsio inter Hypophrygium et Hypolydium, qui tamen duplices copulantur‟ (éd. WILLIS [n. 6], p. 359, 14-18).

[18] „[...] mediae vero graviorum troporum his, qui acutiores sunt, *proslambanomenai* fiunt‟ (ibid., p. 359, 18–360, 1).

d'une telle série, la *media* le huitième[19]. C'est à dire que le huitième degré, la *mèse* ou la moyenne d'un trope devient le premier degré d'un trope plus aigu. C'est là précisément ce que souligne la légende du diagramme: „La mese de l'hypodorien est le premier degré de l'éolien. La mese de l'hypophrygien est le premier degré de l'iastien...". Ainsi, selon les évidences du diagramme, la huitième corde de l'hypodorien est aussi, en effet, la première de l'éolien. (On notera que *C1* omet cette légende puisque la corrélation entre les tropes met en évidence les trois groupes selon leur „registration" [hypodorien... / dorien... / hyperdorien].)

Ces diagrammes et leurs légendes imposent ainsi confusément l'idée que les quinze tropes seraient inclus dans le grand système parfait et qu'ils seraient, en quelque sorte, autant de transpositions d'une seule et même série de sons, tout en formant en définitive l'ensemble des sons du grand système parfait. Or cela ne va pas sans difficulté, ne serait que pour cette simple raison – qui ne pouvait échapper à aucun lecteur de Martianus – que chaque trope possède lui-même dix-huit sons[20].

Il faut, pour éclaircir ce point, tenter de reconstruire le diagramme, à partir d'autres éléments. Contrairement à ce que suggèrent les légendes et – surtout – les noms des tons de transpositions associés aux différentes lignes, le diagramme (dans la réalisation qu'en proposent les témoins *K*, *M* et *W*) illustre en fait, dans son principe, la notion de *systema* exposée au § 954 du „De nuptiis". Martianus entend par là „l'étendue de la voix, offrant de multiples aspects"[21]. Huit *systemata* sont reconnus comme étant „complets et achevés" (*absoluta et perfecta*). Selon la description qu'en donne Martianus, il s'agit des séries de sons construites à partir des huit premiers degrés du grand système parfait: ainsi, la ligne supérieure de nos diagrammes correspond au premier „système" qui s'étend du proslambanomenos à la mese („ab acquisito, quem *proslambanomenon* dicimus, ad mediam, quam *mesen* dicimus", p. 367, 16-18); la ligne suivante représente le second „système" („a principali principalium in *parameseon*", p. 367, 18-19), et ainsi de suite... La huitième ligne

---

[19]   *De nuptiis*, § 931.
[20]   „Tonus igitur idem plerumque appellatur et sonus. verum soni sunt per singulos quosque ac per omnes tropos numero XVIII. quorum primus dicitur apud Graecos *proslambanomenos*..." (§ 931, p. 357, p. 11-13).
[21]   „[...] systema est magnitudo vocis ex multis modis constans..." (§ 954, p. 367, 13-14).

correspond au huitième système („a media excellentium in ulti-
mam", p. 368, 5-6). C'est à cet endroit qu'émerge dans la conception du diagramme une confusion, probablement latente, entre les
systemata – ou, selon une lecture plus boétienne, les aspects d'octaves
– et les tons de transposition (*tropoi*): sachant que toute mèse se
convertit en proslambanomène d'un trope plus aigu – „mediae vero
graviorum troporum his, qui acutiores sunt, *proslambanomenai*
fiunt"[22] –, l'auteur du diagramme aura donc appréhendé cette huitième ligne à la fois comme la première d'une nouvelle série
d'„aspects d'octave" mais aussi et surtout comme le point d'en-
gendrement d'une nouvelle série de tropes dont la logique est expli-
citée par la liste des corrélations:

Mese ypodorii est adquisita eolii
Mese ypofrigii, adquisita iastii
Mese ypoeolii, adquisita lidii
Mese ypoiastii, adquisita yperdorii
Mese ypolidii, adquisita yperfrigii
Mese dorii, adquisita ypereolii
Mese frigii, adquisita yperiastii
Mese eolii, adquisita yperlidii
(C2 K M P W ; C1 om.)

Ce diagramme résume ainsi de manière exemplaire la confusion
entre les „aspects d'octave" et les tons de transposition que l'auteur
de l'„Alia musica" appliquera avec le succès que l'on sait, aux tons
de transpositions du „De institutione musica" de Boèce[23].

Il est vrai que le caractère „transpositeur" des tropes n'est pas
clairement formulé chez Martianus, contrairement à Cassiodore
qui décrit ce mécanisme avec beaucoup plus de précision, les tropes
se succédant à intervalle de demi-ton successifs[24]. Il n'en demeure

---

[22] Les moyennes des tropes plus graves deviennent les proslambanomènes de ceux
qui sont plus aigus (§ 935, p. 359, 18–360, 1). Rémi d'Auxerre ajoute sur ce point: „Non
solum proslambanomenai fiunt in gravissimis sed etiam in acutis tropis graves fiunt, sed
tamen non sic graves in acutis sicut in gravissimis" (*Commentum in Martianum* [n. 15], p.
334, 8-10; 498, 11). Voir aussi, un peu plus loin, chez Martianus: „quae ideo media
dicitur, quia tam gravis modi finis est, quam in tropis omnibus futuri acuminis caput"
(p. 363, 4-6).
[23] Voir, sur ce point, le commentaire de J. CHAILLEY (ed.), *Alia musica*, Paris 1964
(Publications de l'Institut de Musicologie 6), p. 105sqq.
[24] *Institutiones* [16], p. 146-148.

pas moins que Martianus distingue, à plusieurs reprises, le grand système parfait (avec les intervalles et tétracordes qui le composent) des tropes: „sunt igitur innumerabiles soni, sed specialiter per singulos tropos viginti octo tantum poterunt convenire...“[25] – l'expression *per singulos tropos* indique bien que chaque trope comprend la totalité de l'échelle des sons (les vingt-huit degrés du grand système parfait); ou encore, plus loin, à propos des *diastemata*: „vero *per singulos tropos* sex sunt“ (*diatessaron, diapente, diapason, diapason cum diatessaron, diapason cum diapente, disdiapason*)[26].

Ce diagramme des tons de transpositions pseudo-aristoxéniens est étroitement solidaire de la tradition de l'oeuvre de Martianus. Associé à la nomenclature du grand système parfait et à la liste des corrélations des tropes, il constituait sans doute un support visuel méta-théorique susceptible de donner une certaine cohérence à des éléments théoriques disparates, et de suggérer ainsi une correspondance entre les tons de transposition – cadre formel de tout énoncé musical („formae carminum“) – et l'échelle des sons.

Il est sans doute prématuré de tenter de dater, voire de localiser plus précisément cette lecture martianienne. Selon la datation des manuscrits les plus anciens, elle remonte au moins au second tiers du IXe s. Où ce curieux diagramme a-t-il pu voir le jour? La dispersion de nos témoins (Auxerre?, Saint Gall, Wurzbourg, l'Angleterre) ne permet guère d'avancer d'hypothèses sur ce point. Comment ce diagramme s'est-t-il trouvé intégré aux gloses des manuscrits de Cambridge? Ces questions appellent d'autres investigations. Il faudrait pour cela revoir la tradition textuelle du *de melicis* du livre IX (§ 930-966) et procéder à une collecte systématique des gloses relatives à ce passage.

On ne peut que spéculer, pour l'instant, sur l'importance historique de ce diagramme. On y verra sans doute le premier témoignage de cette fertile confusion entre les tons de transposition et les „aspects d'octaves“ qui permit d'adapter la nomenclature des tons grecs à ceux de l'octoechos et fonder ainsi la théorie médiévale des octaves modales. A cet égard, l'une des questions majeures est celle de l'étrange parenté entre ce diagramme et le diagramme des tons de transpositions qui figure en annexe de Boèce IV, 16. On peut formuler l'hypothèse que le diagramme „martianien“ aurait pu,

---

[25] § 940; p. 362, 7-8.
[26] § 950; p. 366, 10.

PLANCHES 1–5

h̄i sunt τροπι xv hoc ē ρσπme caρmīnū que
ραgūnτɑ̄ In cıτhɑρɑ xxvııı coρσqıım

Cɑpı	ͳ P O D O R I ᴠ ꞩ
ōeꝼ	ͳ F O É R I G I D ᴠ ꞩ
que	Y P O F O L ı ᴠ ꞩ
veıꞫꞩuⰰ	ͳ P O I Λ ꞩ I ı ᴠ ꞩ
cⰰpıστττⰰ	y P O L ı D ı ᴠ ꞩ
pɑꝫıně	D O R ı ᴠ ꞩ
ıneꞩuⰰⰰⰰ	F R ı G ı ᴠ ꞩ
pⰰⰰτem lı	F O L ı ᴠ ꞩ
ⰰⰰⰰⰰ ⰰⰰⰰ que	Ι Λ ꞩ I ı ᴠ ꞩ
pⰰⰰⰰⰰⰰⰰⰰⰰⰰ	L ı D ı ᴠ ꞩ ꝑ
ɑlⰰⰰɑ ıⰰ ōⰰⰰτⰰ	ͳ P E R B O R ı ᴠ ꞩ
p̄ⰰ lⰰⰰⰰⰰⰰⰰ ⰰ̄	ͳ P E R F R ı G ı ᴠ ꞩ
τⰰⰰⰰⰰⰰ Sⰰⰰⰰⰰⰰⰰⰰ	y P E F R E O L ı ᴠ ꞩ
conꞩⰰⰰⰰⰰⰰⰰⰰ lıⰰⰰꞩ	ͳ P I Λ ꞩ I ı ᴠ ꞩ
ɑlıⰰⰰⰰ ⰰⰰꝫıone ubı	ͳ P L ı D ı ᴠ ꞩ

Fⰰⰰⰰ ınⰰⰰⰰⰰⰰⰰ lⰰꞩⰰⰰⰰ ɑⰰⰰꞩⰰⰰⰰ ınⰰⰰⰰⰰⰰⰰⰰ xxxııı k
eⰰlⰰⰰꞩ ɑbⰰⰰⰰⰰⰰ ınⰰⰰⰰⰰⰰⰰⰰ FⰰⰰꞫⰰⰰꞩ ɑⰰⰰⰰⰰꞩ

1. Cambridge, Corpus Christi College, The Parker Library, MS 153, f. 85v (détail)
(*CI*)

Proslambanomenof .i. adquifituf:

Ypodoriuf. fubprincipalef.	Ipate ipaton .i. principalif pncipaliũ.
Ypofrigiuf.	Pari ipate ipaton .i. fub princ pncipal
Ypoeoliuf.	Ipaton .i. penultima princ inermonico genere diftat an&e duob. ton...
Ypoiaftiuf.	Penultima pncipaliũ Incromatico gen tria emtona diftat an&e
Ypolidiuf.	Penultima pncipaliũ Indiatonico gen diftat tono an&e
Doriuf .i. princip	Lichnof ipaton .i. ultima princip &pncipa mediarf.
friguf	Pari patemefon .i. fub principã mediarf.
eoliuf	Mefon diatonof .i. mediarũ extema inermonico gen dicim qmo dift...
Iaftiuf	Extema mediarũ Incromatico genere. Ingenerib,
Lidiuf	Extema mediarf indiatonico gen.
Ypdoriuf .i. fr princip.	Mefon .i. media &x pncipalif conunctarf.
Ypfriguf	Tritefin augment tertia conunctarf afine.
Ypeoliuf	Sineugmen ditonof .i. conunctarf extema inermonco ge...
Ypiaftiuf	Extema nunct incromonico genere:
Ypplidiuf	Extema nunct Indiatonico gen.

Netefineugmen .l. ultima conunctarf.

Paramefof .i. prope mediũ.

Tritedia zeugmen .i. tria diuifarf afine.

Diazeugmen diatonof .i. diuifarf extema Inermonce...

Extema diuifarf incromatico gen.

Extema diuifarf Indiatonico gen.

Netedia zeugmen .i. ultima diuifarf &pncipalif excellen...

Tritexpboleon .i. tria excellentiũ afine.

Ipboleon diatonof excellentiũ extema Inermonco ge...

Extema excellentiũ incromatico gen.

Extema excellentiũ indiatonico gen.

Neteipboleon .i. ultim excellentium.

4. München, Bayerische Staatsbibliothek, Clm 14729, f. 220r.

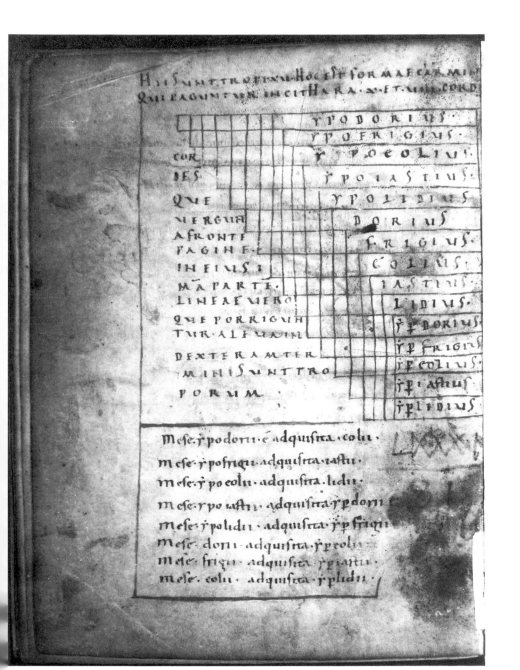

5. Wien, Österreichische Nationalbibliothek, cpv 266, f. 150v.

par contamination, faire germer dans l'esprit de lecteurs confrontés au diagramme des tons de transposition de Boèce, cette confusion entre les aspects d'octave et les tons de transposition. Mais on ne peut exclure pour autant l'hypothèse contraire, à savoir que le diagramme de Boèce IV, 16 aurait pu inspirer la construction du diagramme des tons de transposition annexé au „De Nuptiis"... Nul doute cependant que le diagramme des tons pseudo-aristoxéniens a accompagné, sinon pré-figuré la réinterprétation des tons de transposition en terme d'octaves modales. Ce diagramme est aussi révélateur de ce monde clos des sons que la pensée médiévale se forge à l'image de l'univers. A cet égard, le mécanisme de la transposition des tropes grecs est proprement impensable ni susceptible de représentation. Dans ce monde clos des sons numérables, la totalité doit comprendre ses propres parties, et les tropes, pour autant que l'écart entre eux est susceptible de mesure, ne peut s'étendre au-delà de l'horizon mesuré et fermé de l'échelle des sons. C'est là l'une des difficultés majeures de la pensée médiévale du système acoustique.

MUSIC IN MEDIEVAL COMMENTARIES ON MACROBIUS

Alison Peden

Macrobius's Commentary on Cicero's „Somnium Scipionis" was an attempt to clarify and interpret a philosophical text using the scholarly knowledge of Late Antiquity. In Scipio's dream, he is taken up into the sky, to be shown (by his grandfather) the wonders of the heavens and the smallness of the inhabited earth, so that he might be encouraged to serve the Republic well and so gain an eternal reward amongst the stars. This gave Macrobius an opportunity to expand both Cicero's philosophy and its cosmological setting. He drew on Neoplatonist writers, especially Porphyry, and the shape of his commentary is largely determined by this Neoplatonic perspective[1].

Macrobius's Neoplatonism is particularly clear in the case of music in his Commentary[2]. In his dream, Scipio hears the music made by the spheres of the stars and planets. His grandfather explains that the different speeds at which the spheres rotate produce sounds of different pitch, which combine to make a harmony. It is a sound too great for human ears to hear, but gifted musicians who imitate the harmony on instruments or in singing earn the reward of a return to the stars after they die. Macrobius's aim was to show that the spheres do not make harmony by chance: he reported Plato's argument that when the World Soul was formed, it had numerical proportions corresponding to musical intervals woven into it. The World Soul animates the universe, and so when it moves the planets, they produce harmonious sounds.

In order to demonstrate this Platonic interpretation of the harmony of the spheres, Macrobius needed to show the rationality and mathematics which underlie it. These are essential qualities of the universe for a Platonist. Therefore, Macrobius described Pythago-

[1] Macrobius, *Commentarii in Somnium Scipionis*, ed. J. Willis, Leipzig 1970. I am grateful to Calvin Bower, Stephen Gersh and Andreas Speer for their comments on this paper. Any remaining errors are my own reponsibility.
[2] Macrobius, *Commentarii* [n. 1], II, 1, 1−4, 15, p. 95, 1−109, 34.

ras's discovery of the numerical proportions of musical intervals, the mathematics of the numbers woven into the World Soul, and the way in which the distances between the planets correspond to the proportional distances between the numbers in the World Soul. Macrobius spent more time on these subjects than on the idea that virtuous men are rewarded with a return to their heavenly origins where they can hear the celestial music again. This is partly because he had already discussed earlier the descent of the soul to earth and its return to the stars. It is also due to the constraints of the commentary method, which require topics to be explained individually as they occur, without always referring back to the original philosophical or moral message. For Macrobius, it was sufficient to show that Cicero's remarks about the harmony of the spheres were consistent with Plato's view of the mathematical structure of the universe.

Macrobius's Commentary was a useful text for the medieval schoolroom. Its subject matter was diverse but not too difficult. It was frequently copied in the Middle Ages: 43 manuscripts or fragments survive from the ninth to eleventh centuries, 106 from the twelfth century, and a further 28 from the thirteenth century. The Commentary was also copied in the fourteenth and fifteenth centuries, particularly in Italy[3]. The surviving continuous commentaries on Macrobius date from the late eleventh to thirteenth centuries; the only one identified so far is that of William of Conches (*ob. c.* 1160)[4].

Macrobius's medieval commentators were constrained by the same aim as his: their task was to explain subjects one by one as they arose within the limits of their own knowledge. This tended towards the division of Macrobius's Commentary into separate topics with little regard for an overall philosophical perspective. Moreover, in the case of glossed manuscripts of Macrobius (rather than continuous commentaries), there was simply not enough space to develop philosophical speculations on the main text. Commentators might need to use musical knowledge, or astronomy or mathe-

---

[3]   B. C. BARKER-BENFIELD, *The Manuscripts of Macrobius's Commentary on the Somnium Scipionis*, Oxford University D. Phil. thesis, 1975; on the early centres of study, see A. M. WHITE (PEDEN), *Glosses composed before the twelfth century in Manuscripts of Macrobius's Commentary on the Somnium Scipionis*, Oxford University D. Phil. thesis, 1981, tom. 1, p. 1-32.

[4]   William's commentary is unedited, but see É. JEAUNEAU, *Lectio philosophorum. Recherches sur l'École de Chartres*, Amsterdam 1973, p. 267-308.

matics, depending on which part of Macrobius's discussion of the harmony of the spheres was being elucidated. By examining their approach to different problems in Macrobius, we can see the interrelationship of different disciplines.

There was obviously an opportunity for commentators to display strictly musical knowledge based on specialist musical authorities. Glosses and comments on Macrobius often draw on other sources, and, as one would expect, Boethius's „De musica" was the chief source used. But William of Conches also used Guido of Arezzo's „Micrologus" and his „Epistola de ignoto cantu"[5].

One musical problem which invited comment was Macrobius's assertion that the octave consists of six tones[6]. Macrobius was being openly inexact here, but his readers understood him to be following Aristoxenus, who thought that the tone could be divided into two equal halves. The fourth and fifth would consist of $2\frac{1}{2}$ and $3\frac{1}{2}$ tones, making 6 tones in all. Pythagoras argued that the tone could not be divided equally; the octave was thus composed of 5 tones and 2 semitones, and was therefore less than 6 tones. Boethius's „De musica" was a rich source on the controversy, but apart from a few eleventh- and twelfth-century glosses which note the difference of opinion[7], it was only really exploited by William of Conches, who produced a coherent summary of Boethius's account[8]. It is interesting that William does not discuss the basic difference in epistemology between Aristoxenus and the Pythagoreans (such as Ptolemy) which Boethius had emphasised. Aristoxenus trusted sense above reason, whereas Ptolemy made reason (and thus mathematics) supreme. It is an example of the immediate topic for comment (the number of tones in the octave) absorbing all the attention of

---

[5] The remarks of L. ELLINWOOD, „Ars musica", in: *Speculum* 20 (1945), p. 290-299, here p. 290-2, on the relationship of musical theorists such as Guido and the Schools must therefore be revised.

[6] MACROBIUS, *Commentarii* [n. 1], II, 1, 25, p. 99, 14-15.

[7] E. g. a gloss in Oxford, Bodleian Library (Bodl. Lib), MS. Auct. T.2.27 (s. xi^ex-xi, German), fol. 35v and Florence, Biblioteca Laurenziana, MS. Plut. 51.14 (s. xi, Italian), fol. 45r: „Ut Aristoxenus dicit et Martianus [cf. *De nuptiis Philologiae et Mercurii*, IX, 934], sed non ita Pythagorici quibus consentit Boetius." Cf. Other glosses in Rome, Biblioteca Vallicelliana, MS. C.54 (s. xii), fol. 194r; Florence, Biblioteca Nazionale, MS. Rossi Cassigoli 360 (s. xii², French?), fol. 66r.

[8] The manuscript tradition of William's commentary is complex. I have used Copenhagen, Royal Library, MS. Gl. Kgl. s. 4° 1910 (hereafter: Copenhagen MS. 1910), (s. xii-xiii); here fol. 107r; cf. BOETHIUS, *De musica* (ed. G. FRIEDLEIN, Leipzig 1867), II, 31; IV, 2; V, 3, p. 264, 29-267, 6; 307, 21-308, 15; 354, 23-355, 16.

the commentator, rather than the philosophical view that reason provides surer truth than sense.

Macrobius's discussion of musical intervals was a very useful summary of Pythagorean proportions[9]. It circulated separately from the main text as an excerpt entitled „De symphoniis musicae"[10], and it was quoted by Regino of Prüm (*ob.* 915) in his „De harmonica institutione"[11]. It is such a fundamental part of musical theory that one might have expected extra technical knowledge of the scale to be shown in glosses. But this is only rarely displayed before the twelfth century, for most early glosses are simply working out what Macrobius says, rather than adding anything of their own. Then, in the late eleventh century, glosses in an Italian manuscript (with Liège connections) use the gamut to define the tone, fourth, fifth and so on, up to the double octave (for example, the fourth is Γ-A-B-C)[12]. In the twelfth century, William of Conches used Guido of Arezzo's solmisation to define the intervals: the fourth is ut-re-mi-fa[13]. This convergence of contemporary musical theory and comment on Macrobius is rare; I have not found Guido quoted in the latter outside William's commentary[14].

The other point in Macrobius's Commentary which was illustrated in the eleventh and twelfth centuries by contemporary music practice and terminology was when he remarked that the strophe and antistrophe in hymns to the gods mirrors the forward motion of the celestial sphere and the reverse motion of the planets[15]. Macrobius was writing about pagan hymns, but his wording could

---

   9   MACROBIUS, *Commentarii* [n. 1], II, 1, 14-25, p. 97, 23–99, 18.
   10   E. g., in Oxford, Bodl. Lib., MS. D'Orville 77 (s. x^ex-xi^in, S. German), fols. 114r-v and its twin, Munich, Bayerische Staatsbibliothek, MS. Clm. 6369 (s. xi, German), fols. 66r-v, both of which also contain Macrobius's Commentary; Oxford, Bodl. Lib., MS. Laud. lat. 118 (s. ix, French), fol. 90r.
   11   REGINO OF PRÜM, *Epistola de armonica institutione*, ed. M. BERNHARD, in: id., *Clavis Gerberti*, Teil 1, München 1989 (Bayerische Akademie der Wissenschaften. Veröffentlichungen der Musikhistorischen Kommission 7), p. 39-73, here: IX., p. 53sq. (cf. *De harmonica institutione*, ed. M. GERBERT, in: id., *Scriptores Ecclesiastici de Musica Sacra*, St. Blasien 1784, reprinted Hildesheim, Zürich, New York 1990, tom. 1, p. 230-247, here: 10, p. 237a-238b).
   12   Vatican Library (Vat. Lib.), MS. Vat. lat. 1546 (s. xi^ex, Italian), fol. 61r.
   13   Copenhagen, MS. 1910 [n. 8], fol. 104v; cf. GUIDO OF AREZZO, *Epistola de ignoto cantu*, ed. M. GERBERT, *Scriptores* [n. 11], tom. 2, p. 43-50, here p. 45b.
   14   William cites Guido by name four times in the Copenhagen MS. version of his commentary [n. 8], on fols. 105r-v, 106v, 114r-v.
   15   MACROBIUS, *Commentarii* [n. 1], II, 3, 5, p. 104, 23–105, 1.

also call to mind Christian sacred music. There were two main interpretations of „strophe" and „antistrophe". The strophe could be seen as the psalm verse sung through (*rectus cantus*), and the antistrophe as the *conversio*, the antiphon or response[16]. But William of Conches suggests that the strophe is *simplex conversio*, and the antistrophe is singing with *organum*[17] (another, anonymous gloss proposed *discantus*[18]). The idea that sacred music is a reflection of cosmic harmony is noted rather than developed in the parallels with church music. These commentaries were providing material for further speculation rather than profound speculation itself. Nevertheless, the juxtaposition of the ancient and contemporary worlds here is striking.

Macrobius's discussion of the harmony of the spheres also required other disciplines to clarify it. An obvious question to be explained was „why is there music in the heavens?" The answer involved acoustics as well as astronomy. Firstly, one had to explain where the sound came from. Macrobius said that movement produces sound because it strikes the air; two bodies crashing together will make a great noise[19]. He had just pointed out that the celestial sphere (which bears the stars) moves in a opposite direction to the spheres of the planets[20]. Macrobius's text is quite vague, and raises several problems. If sound is made by moving spheres, what about the earth and celestial spheres, which do not move? An early gloss

---

[16] E. g. in different glosses in London, British Library (Brit. Lib.), MS. Cotton Faustina C.1 (s. xii[1], Welsh), fol. 84r; Vat. Lib., MS. Vat. lat. 1546 [n. 12], fol. 64r; cf. Paris, Bibliothèque Nationale (Bibl. Nat.), MS. lat. 18421 (s. xii[ex]), fol. 55r: „Stropha quando finito uersu replicamus responsorium a medio; antistropha, id est, contraria conuersio, quando responsorium non a medio sed a principio replicamus. Unde etiam dicitur antiphona, quia finito psalmo replicatur." Related comments appear in anonymous commentaries on Macrobius in Köln, Dombibliothek(Dombibl.), MS. 199 (s. xi[ex]-xii[in]), fol. 37va and Glasgow, University Library (Univ. Lib.), MS. Hamilton 11 (s. xiii, French), fol. 24rb.

[17] Copenhagen, MS. 1910 [n.8], fol. 112r: „Stropha dicitur simplex conuersio, et est stropha recta conuersio cantus quando fit sine organo. Antistropha est contraria conuersio quando organum cantui adhibetur, quia dum cantus extollitur, organum deprimitur et econuerso. Unde cantus ymnorum inuentus est per stropham et antistropham ad sonum firmamenti et planetarum qui contra celi conuersionem uoluuntur. Unde quidam cantus solebant esse in ecclesia quod uocant strophas."

[18] Paris, Bibl. Nat., MS. N.A.L., (s. xii[2], French?), fol. 34r. On *organum* and *discantus* see F. Reckow, „Organum", in: *Handwörterbuch der musikalischen Terminologie*, Stuttgart 1971, p. 6-10.

[19] Macrobius, *Commentarii* [n. 1], II, 1, 5, p. 95, 23–96, 3.

[20] Ibid., II, 1, 4, p. 95, 19-21.

on Macrobius notes the discrepancy[21], and Gunzo of Novara (*ob.* 977) dismissed the harmony of the spheres altogether, as being impossible acoustically, because the planets are sometimes stationary and the celestial sphere is immobile[22]. William of Conches explored several different interpretations of Macrobius's words. Does he mean that the spheres clash together, or the bodies of the stars and planets themselves? William does not think that the spheres touch, so they cannot make sound alone. Perhaps, he says, the stars in the celestial sphere hit the planetary spheres during the planets' contrary motion. William leaves the question undecided, but he has advanced the debate by applying theories of sound to astronomy[23].

The second acoustical problem was how the movement of the spheres could make a sound that was harmonious. Macrobius stated that movement at different speeds produces sounds of different pitch: the faster the movement, the higher the pitch. Thus the outer spheres, which have to move fast to complete their great orbits, produce a higher sound than the moon[24]. He disregarded the fact that earlier he claimed that the planets all move at the same speed[25]. William of Conches is the only commentator I have found so far to discuss this discrepancy; he makes what is, in effect, the necessary distinction between absolute and angular speed. Platonists, he remarks, consider that the planets move at an equal speed as if they were on a large mill wheel: the outer planets are taken round in their orbits faster, but the speed of the wheel is the same for all[26].

The different pitch of the sounds made by the moving spheres combine to make a harmony, declared Macrobius, because it is governed by the numerical proportions within the World Soul which moves the stars and planets. The distances between the spheres correspond to musical intervals which are consonant[27]. One

---

[21] A. M. WHITE, *Glosses* [n.3], tom. 2, p. 247: „Mundani circuli sunt viiii, e quibus summus, qui aplanes dicitur, sono caret, similiter ultimus qui terrenus est. [= Servius, *In Aeneidos*, VI.645]. Macrobius aplanem dicit sono non carere."

[22] GUNZO OF NOVARA, *Epistola ad Augienses Fratres*, in: PL, tom. 136, col. 1299-1300.

[23] Copenhagen, MS. 1910 [n. 8], fol. 101v-102r. In his *Glosae super Platonem* (ed. É. JEAUNEAU, Paris 1965), XC, p. 171, William says the planetary circles are just intelligible lines along which the planets move.

[24] MACROBIUS, *Commentarii* [n. 1], II, 4, 2; 4, p. 107, 17-21; 25-9.

[25] Ibid., I, 21, 6, p. 86, 7-10.

[26] Copenhagen, MS. 1910 [n. 8], fol. 102r.

[27] MACROBIUS, *Commentarii* [n. 1], II, 3, 12-16, p. 106, 8–107, 11.

can, therefore, create a planetary scale. Macrobius estimated the scale to be 4 octaves and a fifth; he also reported a Platonist scheme which would reach perhaps 16½ octaves[28]. But medieval commentators follow Pliny's „Naturalis Historia", which provides a one-octave scale for the harmony of the spheres, together with linear distances calculated in stades[29]. Pliny's scheme of intervals circulated as an excerpt in the Carolingian „Seven-book Computus", a collection of texts on computus and basic astronomy[30]. The excerpt was used to gloss Macrobius's comments on the planetary scale in an early twelfth-century Welsh manuscript[31]; it could equally well be used to gloss other texts, such as Bede's „De Natura Rerum"[32]. Here we see how authorities were used in excerpt form to illustrate each other, and, as we saw above, Macrobius himself was excerpted on musical intervals in much the same way. Small, easily-absorbed pieces of knowledge could circulate quite independently of their context, and appear with different texts.

The harmony of the spheres led commentators not only into astronomy but also into arithmetic. I have argued elsewhere that calculating the ratio which represents the semitone became virtually an exercise in arithmetic[33]. Macrobius noted that the ratio representing the tone, 9:8, cannot be divided into two equal halves; he stated that the ratio of the minor semitone is represented by the numbers 256:243[34]. Long discussions of why this should be so survive as glosses to Macrobius and as independent notes and treatises from the late eleventh and twelfth centuries. They have an arithmetical interest of their own, for they show how a musical problem stimulated original applications and developments of Boethius's „De arithmetica" and „De musica", using the mathematical techniques that were available, such as calculating fractions on the abacus. But they also show how easy it was to extract a musical topic

---

[28] Ibid., II, 1, 24; 3, 14, p. 99, 8-10; 106, 20-31.

[29] PLINY, *Naturalis Historia*, II, xix-xx, 83-4. On the planetary scale, see B. MÜNXELHAUS, *Pythagoras musicus. Zur Rezeption der pythagoreischen Musiktheorie als quadrivialer Wissenschaft im lateinischen Mittelalter*, Bonn-Bad Godesberg 1976, p. 195-211.

[30] V. H. KING, *An investigation of some astronomical excerpts from Pliny's Natural History found in manuscripts of the earlier Middle Ages*, Oxford University, B.Litt. thesis 1969, p. 42.

[31] London, Brit. Lib., MS. Cotton Faustina C.l, fol. 84v.

[32] BEDE, *De natura rerum*, XII, in: PL, tom. 90, col. 208-9.

[33] A. M. PEDEN, „De semitonio: some medieval exercises in arithmetic", in: *Studi Medievali* 3ª serie 35 (1994), p. 367-403.

[34] MACROBIUS, *Commentarii* [n. 1], II, 1, 22, p. 98, 23-30.

from Macrobius and give it a life of its own, independent of the harmony of the spheres or Neoplatonic philosophy. Unlike the planetary scale, the semitone was a problem which continued to exercise the minds of continuous commentators, albeit in a fairly traditional way, using Boethius[35]. There is no real evidence of criticism of the idea of the tone's indivisibility into two equal halves[36].

So far, this analysis has focussed on the way in which commentators on Macrobius identified and pursued music, acoustics, astronomy and arithmetic in his section on the harmony of the spheres. But there was obviously a strong philosophical context for the subject. As noted above, Macrobius claimed that the spheres make harmonious music because the World Soul moves them. Earlier in the Commentary, Macrobius discussed the metaphysical status of the World Soul[37], which was a contentious issue for medieval writers (including William of Conches)[38], but here his interest is in the numbers woven into the structure of the World Soul.

Commentators certainly identified the Platonic source of Macrobius's ideas: Calcidius's Commentary on the „Timaeus" was used at length in early glosses which give more detail on the mixture of divisible and indivisible essence in the World Soul, and on the middle terms (*medietates*) which Macrobius omitted[39]. William of Conches investigates the geometrical aspects of the World Soul in some depth, but for the rest, refers the reader to his glosses on the „Timaeus"[40]. The only comment I have found so far which reminds us of the metaphysical context of all this is in a late twelfth-century manuscript which expands Macrobius's text thus: „God took from the fullness of his wisdom, in which were all numbers and forms of things, the monad and dyad and the other numbers which

[35]   Copenhagen, MS. 1910 [n. 8], fol. 106r (William of Conches); Glasgow, Univ. Lib., MS. Hamilton 11, fol. 23rb-va.

[36]   The critical comments in Köln, Dombibl. MS. 199, fol. 37ra, misunderstand the numbers given by Macrobius as representing the intervals themselves rather than proportions, an idea corrected in Copenhagen, MS. 1910 [n. 8], fols. 105v-106r (William of Conches) and Glasgow, Univ. Lib., MS. Hamilton 11, fol. 23rb.

[37]   MACROBIUS, *Commentarii* [n. 1], I, 6, 9, p. 20, 3-11.

[38]   P. DRONKE, *Fabula. Explorations into the Use of Myth in Medieval Platonism*, Leiden, Köln 1974, p. 61-3, 100-113; T. GREGORY, „The Platonic inheritance", in: P. DRONKE (ed.), *A History of Western Twelfth-Century Philosophy*, Cambridge 1988, p. 54-80, here p. 67-70; D. ELFORD, „William of Conches", in: ibid., p. 308-327, here p. 326-7.

[39]   A. M. WHITE, *Glosses* [n. 3], tom. 1, p. 149-50; 2, p. 242-6.

[40]   Copenhagen, MS. 1910 [n. 8], fol. 108r-111r.

he notes here; that is, he put the harmony which was in them into the soul he had created, so that the soul should fill the heavenly bodies with the same harmony"[41].

However, there is a further philosophical dimension to Macrobius's cosmic harmony, which one might call its „cosmic ethics". This comes from Cicero, for in the „Somnium Scipionis", he stressed that human souls originate among the stars and return there if they have earned their heavenly reward. Macrobius did not discuss the descent of the soul and its return here, for he had commented on it at length earlier in the Commentary[42]. When William of Conches commented on this earlier passsage, he noted that the idea of souls pre-existing in the stars was heretical[43]. But because Macrobius later focussed on the technical exposition of the harmony of the spheres (such as musical intervals and the planetary scale), his commentators follow him and do not speculate here on the soul's destiny.

However, what is of at least a little interest is the moral effect that cosmic harmony can have on men. Cicero says that learned men (*docti homines*) earn a return to the heavens by imitating the harmony of the spheres on instruments and by singing[44]. William of Conches thought that this music would instil morality in men, for he comments: „wise men found musical instruments and songs not just for pleasure, but to recall men to moral harmony, so that the soul on earth might recall that harmony which it experienced before it was joined to the body"[45]. This is very similar to his views in the glosses on the „Timaeus", where he follows Plato's idea that harmony is given to man to achieve order in his soul, rather than to please the ear[46]. This „cosmic ethics" provided an important extension to the

---

[41]   Paris, Bibl. Nat., MS. lat. 18421, fol. 53v: „ 'Ex fermento' [II, 2, 15, p. 101, 27] id est, ex plenitudine sapientie sue, in qua erant omnes numeri et omnes forme rerum, tulit deus monadem et diadem et alios numeros quos hic memorat; id est, armoniam que ipsis inerat animae inseruit quam creabat, ut anima eandem armoniam in corpora celestia refunderet."

[42]   MACROBIUS, *Commentarii* [n.1], I, 9, 1-10; 11, 1–12, 18, p. 40, 1–42, 2; 45, 7–51, 17.

[43]   Copenhagen, MS. 1910 [n. 8], fol. 51r.

[44]   MACROBIUS, *Commentarii* [n. 1], II, 1, 3, p. 95, 18-19.

[45]   Köln, Dombibl., MS. 199, fol. 36vb: „Sapientes uiri non tantum instrumenta musica atque cantilenas inuenerunt ad delectationem, sed ad reuocandam morum concordiam, ut anima hoc modo in terra illius concordiae recordaretur qua in caelo ante coniunctionem corporis utebatur, et illic regredi nitetur." A shorter version appears in Copenhagen, MS. 1910 [n. 8], fol. 102r-v.

[46]   WILLIAM OF CONCHES, *Glosae* [n. 23], CLIII, p. 257.

commonplace examples of the psychological and medical effects of music, which one finds in Boethius, and in comment on Macrobius[47].

The harmony of the spheres was a very Pythagorean and Platonic concept; Aristotle argued against it on scientific grounds in his „De caelo"[48]. Aristotle's opposition began to be noted in music treatises from the late thirteenth century[49], and my future research will investigate whether there is criticism of the idea in later manuscripts of Macrobius. Those that I have examined so far do not highlight the problem. In some ways, it was difficult to abandon the harmony of the spheres. For, it was not just a question of physics and astronomy: celestial music was a feature of the cosmos for Platonist and Christian alike. William of Conches claimed that when St John the Divine was taken up into heaven, the music of the harpists that he heard was like Scipio's experience of heavenly music[50].

In conclusion, it is evident that the harmony of the spheres in commentaries on Macrobius was initially approached by the roads of arithmetic, music, geometry and astronomy: the four ways of the quadrivium. This is what one would expect of a text which was used in the schoolroom for elementary teaching of the liberal arts. There is some broadening of enquiry in the continuous commentaries, with, for example, William of Conches's speculations on planetary acoustics. But even he provides little discursive treatment on the philosophical implications of cosmic harmony. There are several reasons for this pattern of comment. Firstly, commentators tend to follow Macrobius in discussing each topic separately as it appears. Secondly, early readers of Macrobius, at least, quarried his Commentary for easily-digested pieces of knowledge which could circulate independently of the text and its philosophical context. Finally, there were always nagging doubts about the Christian orthodoxy of Platonic cosmology. The World Soul, the pre-existence of the human soul in the stars, even the idea that morality should come from the ordering of Pythagorean mathematics rather than the Bible, were features of a Platonic world-view which could lead

---

[47] BOETHIUS, *De musica* [n. 8], I, 1, p. 183, 11–187, 16. The most common example added in comment on Macrobius is that of David healing Saul.
[48] ARISTOTLE, *De caelo* II, 9.
[49] B. MÜNXELHAUS, *Pythagoras musicus* [n. 29], p. 207-11.
[50] Copenhagen, MS. 1910, fols. 112r, 115r; cf. Revelations 14:2.

a Christian into heresy. The commentary method meant that one could expound these topics „neutrally", using the arts of the quadrivium; to speculate further might be inappropriate. Nevertheless, commentary on Macrobius kept alive the intimate connection between number, music and the cosmos, which was the essence of the Platonic universe.

DIE WECHSELWIRKUNG
VON *PHILOSOPHIA, MATHEMATICA* UND *MUSICA*
IN DER KAROLINGISCHEN REZEPTION DER
„INSTITUTIO MUSICA" VON BOETHIUS

Calvin M. Bower

Wenn Alkuin in seinem Traktat „De vera philosophia" die *philosophia* mit der *sapientia* in den „Proverbia Salomonis" vergleicht, mag er die personifizierte Philosophie in Boethius' „Consolatio philosophiae" im Sinn gehabt haben[1]. Im Vergleich der sieben Säulen des Salomonischen Tempels mit den sieben Pfeilern der Weisheit oder sieben Stufen der *Artes liberales* beschreibt Alkuin sowohl die intellektuelle Stimmung wie auch das Bildungsprogramm seiner Zeit. Er folgt damit auch einer neuplatonischen und christlichen Tradition, welche die *Artes* als Stufen zur Erkenntnis göttlicher Weisheit ansah, wie es schon Augustinus in seinem Werk „De ordine" ausgedrückt hatte[2]. Auch Boethius hat in seiner „Institutio arithmetica" die *Artes* als Stufen betrachtet, die immer höher führen und die es dem Auge der Seele ermöglichen, die Wahrheit selbst unmittelbar anzuschauen. Das Ziel der *Artes* war also die unwandelbare Wirklichkeit, und diese Wirklichkeit wurde in den verschiedenen Formen der abstrakten Quantität offenbart[3].

---

[1] Alkuins „De vera philosophia" befindet sich in PL, tom. 101, col. 849C-854A, als Einleitung zur „Grammatica" von Alkuin; die Stellen aus den Sprüchen Salomons führt Alkuin col. 852B-853B an. Zum geistesgeschichtlichen Hintergrund der Parallelen zwischen Alkuin und Boethius, siehe P. P. COURCELLE, *La Consolation de philosophie dans la tradition litteraire*, Paris 1967, p. 37-46, F. BRUNHÖLZL, *Geschichte der lateinischen Literatur des Mittelalters; Erster Band: Von Cassiodor bis zum Ausklang der karolingischen Erneuerung*, München 1975, p. 270-71, B. PABST, *Prosimetrum. Tradition und Wandel einer Literaturform zwischen Spätantike und Spätmittelalter*, Teil 1, Köln, Weimar, Wien 1994, p. 224, und J. MARENBON, „Carolingian thought" in: R. McKITTERICK (ed.), *Carolingian culture: emulation and innovation*, Cambridge 1994, p. 171-192, hier p. 172-174.

[2] AUGUSTINUS, *De ordine*, PL, tom. 32, col. 977-1020; siehe ii, 14 (col. 1013): „Hinc se illa ratio ad ipsarum rerum divinarum beatissimam contemplationem rapere voluit. Sed ne de alto caderet, quaesivit gradus, atque ipsa sibi viam per suas possessiones ordinemque molita est. Disiderabat enim pulchritudinem, quam sola et simplex posset sine istis oculis intueri; impediebatur a sensibus."

[3] BOETHIUS, *De institutione arithmetica*, ed. G. FRIEDLEIN, Leipzig 1867, i, 1 (p. 10): „Sunt enim quinam gradus certaeque progressionum dimensiones, quibus ascendi

Am Ende des achten und im frühen neunten Jahrhundert sahen sich europäische Gelehrte imstande, ein Gebäude der Gelehrsamkeit zu errichten, das sowohl Wissenschaft als auch Weisheit umschloß. Philosophie, Mathematik und auch die Musik nahmen einen bedeutenden Platz in diesem Gebäude ein. In diesem Aufsatz möchte ich den Kontext, Aspekte des Inhalts und die Wechselwirkungen zwischen diesen unterschiedlichen Bereichen der Bildung im neunten Jahrhundert untersuchen. Dabei versuche ich, Begriffe wie „Fach" oder „Disziplin" zu vermeiden, da ich vor allem darlegen möchte, daß sich die Grenzen von Philosophie, Mathematik und Musik überlappten oder zumindest nur sehr vage bestimmt wurden, und daß sie – wenigstens für die Karolingerzeit – Teil eines einheitlichen Bildungskonzeptes waren, das ihre Vorstellung der Wirklichkeit spiegelt. Das Hauptaugenmerk dieses Studiums wird auf der Rezeptionsgeschichte von Boethius' „Institutio musica" liegen, die in den Kommentaren des neunten Jahrhunderts dokumentiert ist[4]. Zunächst ist es jedoch nötig, einen kurzen Blick auf die handschriftliche Überlieferung der Glossen zu werfen.

In der Literatur ist festgestellt worden, daß ein Exemplar der „Institutio musica" in der Hofbibliothek Karls des Großen zur Verfügung stand[5]. Weiter können wir aus der Zeit von kurz vor 825 bis zum Ende der Regierungszeit Ludwigs des Frommen (†860) wiederholt Spuren der „Institutio musica" in der Hand von Gelehrten und in Klosterbibliotheken finden[6]. In diesem Zeitraum von

---

progredique possit, ut animi illum oculum qui, ut ait Plato, multis oculis corporalibus salvari constituique sit dignior, quod eo solo lumine vestigari vel inspici veritas queat, hunc inquam oculum demersum orbatumque corporeis sensibus hae disciplinae rursus inluminent."

[4] Diese Kommentare befinden sich in M. BERNHARD und C. M. BOWER (ed.), *Glossa maior in Institutionem musicam Boethii*, München 1993-98 (Bayerische Akademie der Wissenschaften. Veröffentlichungen der Musikhistorischen Kommission 9-12). In dieser Ausgabe können alle Siglen von Handschriften des 9. Jahrhunderts leicht erkannt werden, da sie aus einem einzigen Buchstaben, beispielsweise *M, V, Q*, usw., bestehen. (Spätere Quellen bestehen aus zwei oder drei Buchstaben.)

[5] M. BERNHARD, „Glosses on Boethius' *De institutione musica*," in: A. BARBERA (ed.), *Music Theory and its Sources: Antiquity and the Middle Ages*, Notre Dame 1990 (Notre Dame Conferences in Medieval Studies 1), p. 136-149; hier p. 142sq.; ferner BERNHARD und BOWER (Anm. 4, tom. 4, Kommentarband, im Druck).

[6] E.g. AMALARIUS, *Liber officialis* III, 11, 15-16 (um 823 geschrieben) zitiert ein Exzerpt aus „Institutio musica" i, 1, (I. M. HANSSENS [ed.], *Amalarii episcopi opera liturgica omnia*, Citta Vaticana 1906 [Studi e Testi 139], tom. 1, p. 297); der Bibliothekskatalog von Reichenau, zusammengetragen von Reginbert zwischen 835 and 842, führt die „libri quinque de musica" von Boethius an (*Mittelalterliche Bibliothekskataloge Deutschlands*

ungefähr 30 Jahren in der Mitte des neunten Jahrhunderts blühte die Rezeption der „Institutio musica" auf, und genau diesen Zeitraum möchte ich in diesem Aufsatz näher ins Auge fassen.

Elf Handschriften des neunten Jahrhunderts sind die frühesten Zeugnisse von Boethius' Text[7]. Die meisten der erhaltenen Codices wurden wahrscheinlich im letzten Drittel des neunten Jahrhunderts in Nordfrankreich geschrieben. Acht der elf Handschriften enthalten Glossaturen, von denen sechs im neunten Jahrhundert geschrieben wurden. Besonders drei Handschriften bezeugen die früheste Rezeption der „Institutio musica":

M   Paris, Bibliothèque Nationale, lat. 7200

Der Text dieses Codex wurde in Nordfrankreich im letzten Drittel des 9. Jahrhunderts geschrieben. Neun verschiedene Hände aus dem 9.-10. Jahrhundert haben die ersten drei Bücher umfangreich glossiert. Zwei dieser Hände dokumentieren die früheste Schicht der Kommentierung: **M[1]** ist ein Glossenschreiber, der auch für die Überwachung der Rubrikatoren und Diagrammzeichner zuständig gewesen zu sein scheint. Er war daher zeitlich und geographisch eng mit der Entstehung des Codex verbunden. Die Hand M[1], die häufig tironische Noten gebraucht, schreibt einen hauptsächlich philosophischen, etymologischen und

---

und der Schweiz I, München 1918, p. 258.24); ein von einem anonymen Mönch um 850 geschriebener Brief bittet seinen *Magister,* ihm eine Kopie des *librum Boetii de musica* zu schicken (*Monumenta Germaniae historiae, Epist.,* tom. 6, *Epistolae Karolini aevi,* tom. 4, Berlin, 1925, p. 197sq).

   [7]   Die Siglen der folgenden Liste stammen aus FRIEDLEIN [Anm. 3], ANICIUS MANLIUS SEVERINUS BOETHIUS, *Fundamentals of Music,* translated, with Introduction and Notes by C. M. BOWER, New Haven, London 1989 (Music Theory Translation Series, ed. C. V. PALISCA), und BOWER und BERNHARD [Anm. 4].

   B   Besançon, Bibliothèque municipale, 507 (mit Glossen aus dem 10. Jhr.)
   I   München, Bayerische Staatsbibliothek, Clm 14523 (mit Glossen aus dem 9. Jhr.)
   K   Paris, Bibliothèque nationale, lat. 7201 (ohne Glossen)
   M   Paris, Bibliothèque nationale, lat. 7200 (mit Glossen aus dem 9.-10. Jhr.)
   O   Orléans, Bibliothèque de la ville, 293-B (mit Glossen um 900)
   P   Paris, Bibliothèque nationale, lat. 7181 (ohne Glossen)
   Q   Paris, Bibliothèque nationale, lat. 13908 (mit Glossen aus dem 9. Jhr.)
   R   Paris, Bibliothèque nationale, lat. 13955 (mit Glossen aus dem 10.-11. Jhr.)
   S   Paris, Bibliothèque nationale, lat. 14080 (ohne Glossen)
   T   Paris, Bibliothèque nationale, lat. 13020 (mit Glossen aus dem 9. Jhr.)
   V   Biblioteca Apostolica Vaticana, Reg. lat. 1638 (mit Glossen aus dem 9. Jhr.)

Besprechung und Bibliographie bezüglich dieser Handschriften siehe BOWER, op. cit., p. xl-xliii, und C. M. BOWER, „Boethius' *De institutione musica*: A Handlist of Manuscripts," in: *Scriptorium* 42, 2 (1988), p. 205-251.

grammatischen Kommentar. In M^2 sieht man eine mit M^1 sehr eng verwandte Schrift, die wahrscheinlich aus demselben Scriptorium stammt. Der Charakter ihrer Kommentierung ist auch mit M^1 eng verwandt. Glossen von diesen zwei Zeugnissen der frühesten Rezeption der „Institutio musica" sind nur im ersten Buch zu finden[8].

Q   Paris, Bibliothèque Nationale, lat. 13908

Der Text dieser Handschrift wurde wahrscheinlich in Nordfrankreich im letzten Drittel des 9. Jahrhunderts geschrieben, obwohl die Schreibweise dieser Quelle sehr stark von insularen Elementen geprägt ist. Dieser Codex befand sich im 9. Jahrhundert in der Bibliothek von Corbie; die Glossen der Handschrift Paris, Bibliothèque nationale, lat. 13020 – eine in Corbie angefertigte Quelle – wurde im späten 9. Jahrhundert aus Q abgeschrieben. Nur zwei Glossenhände schreiben zwischen den Zeilen und im Rand des Codex: Q^1 stellt eine karolingische Hand des 9. Jahrhunderts dar, die klare und genau Texte abschreibt. Q^2 ist eine irische Hand des 9. Jahrhunderts, die in sieben anderen karolingischen Handschriften vorkommt. Q^2 war im Kreis von Johannes Scotus Eriugena tätig, und ist als **i2** bei modernen Wissenschaftlern gekennzeichnet[9]. Diese zwei Glossenschreiber kommentieren alle Bücher des Traktats und zeigen sowohl ein sehr starkes Interesse an mathematischer wie auch an philosophischer und grammatischer Kommentierung. Leider sind die letzten Lagen der Handschrift verloren, und wir können Text und Kommentar nur bis zum elften Kapitel des vierten Buches lesen.

V   Vaticano (Citta del), Vat. Reg. Lat. 1638

Die im 9. Jahrhundert geschriebenen Lagen dieser Handschrift bilden nur ein Fragment der ursprünglichen Quelle, denn nur fol. 42-70 (ii, 13-iii, 9) und fol. 78-85 (iii, 15-iv, 3) überleben aus dem alten Codex; alle anderen Teile dieser Handschrift bestehen aus Ersatzlagen, die im 10. Jahrhundert geschrieben wurden. Der Ursprung des alten Codex ist in Nordfrankreich zu suchen, und das Buch hat – im Zustand der Restaurierung des 10. Jahrhunderts – wahrscheinlich eine Geschichte im Klo-

---

8   Für weitere Beschreibung und Besprechung dieses Codex, siehe BERNHARD und BOWER op. cit. [Anm. 4], tom. 4 (im Druck), und die Magisterarbeit von ILLO HUMPHREY, *De „de institutione musica libri V"* d'Anicius Manlius Torquatus Severinus Boethius *du Manuscrit Paris, Bibliothèque Nationale, latin 7200 (IXè siècle)*, École pratique des hautes études (à la Sorbonne), Paris 1993. Humphreys Behandlung von tironischen Noten (tom. 1, p. 39-43 und tom. 4, Planches 21-25) muß als besonders beachtenswert gelten.

9   Über die schriftliche Tätigkeit von i2, sein Verhältnis zu Johannes Scotus Eriugena und die Geschichte dieses Problems in der modernen Forschung, siehe J. MARENBON, *From the Circle of Alcuin to the School of Auxerre: Logic, Theology and Philosophy in the Early Middle Ages*, Cambridge, London, New York, New Rochelle, Melbourne, Sydney 1981, p. 89-96.

ster Fleury-sur-Loire. Bloß eine einzige Hand, V^1, hat die Glossen der
alten Lagen geschrieben, eine Hand, die mit der Texthand sehr große
Verwandschaften zeigt. Der Charakter der Glossaturen dieser Quelle
ähnelt dem von Q; in der Tat enthalten V and Q – insoweit wir dies
aufgrund von zwei fragmentarischen Quellen sagen können – eine gemeinsame Sammlung von grammatischen und mathematischen Glossen.

Für die Besprechung der frühesten Rezeption der „Institutio musica" werde ich mich auf die Kommentierung diesen Händen in diesen drei Quellen beschränken. Die zusätzlichen Lemmata und die
Numerierung der Glossen werden der „Glossa maior in Institutionem musica Boethii" entnommen[10].

Drei Aspekte der Glossen sind entscheidend, um die früheste
Rezeption der „Institutio musica" von Boethius zu begreifen. Zunächst sind die Glossen nicht willkürliche Notizen verschiedener
Leser der Handschriften, sie spiegeln eine Texttradition, die unabhängig vom Haupttext ist[11]. Zum zweiten scheinen die Glossen
nicht nur als reines Unterrichtsmittel zu dienen; ihr Charakter ist
nicht primär pädagogisch, sondern sie stellen ein Korpus von Anmerkungen – offensichtlich verschiedener Gelehrter – dar, die sowohl ihr Textverständnis als auch einen gelehrten Kommentar nie-
derlegen. Zum dritten scheint es einen großen Fundus gemeinsamen Bildungsgutes unter den karolingischen Gelehrten gegeben zu
haben, der zur Kommentierung verschiedener antiker und spätan-
tiker Texte verwendet wurde. Gelehrte Kommentare an den Rändern von Boethius-Handschriften des neunten Jahrhunderts erscheinen auch in unterschiedlichen Formen an den Rändern von
Martianus Capella-Handschriften[12]. Die Theorien und Begriffe der
Glossen tauchen auch in philosophischen und naturwissenschaftli-
chen Abhandlungen des neunten und frühen zehnten Jahrhunderts
auf.

---

[10] Op. cit. [Anm. 4]. Dort kann man auch dem Fortleben dieser Glossen in späteren Quellen folgen.

[11] Siehe BERNHARD und BOWER [Anm. 4], Editionsband I, p. XII-XVIII.

[12] Cf. e.g. Glossen I, 1, 548, I, 1, 586a, I, 2, 33, i, 3, 54, und I,10,3 (BERNHARD und
BOWER, op. cit. [Anm. 4]). Die kommende Arbeit von Mariken Teeuwen wird diese
Aussage weiter und stärker dokumentieren; der Tittel ihrer Dissertation – Universität
Utrecht, unter Prof. Dr. A. P. Orbán und Prof. Dr. C. Vellekoop – heißt „Harmonia
and the Music of the Spheres: Speculative Musical Thinking in Commentaries on
Martianus Capella in the Carolingian Period." Ich bedanke mich dafür, daß mir Frau
Teeuwen die Texte dieser Glossen mitgeteilt hat.

So finden wir in den drei Codices M, Q und V gemeinsame Glossen, aber keiner der Codices ist Quelle der anderen. Philologische Probleme des Glossentextes–Schreibfehler und unterschiedliche Lesarten–lassen deutlich eine frühere Generation des Glossentextes erkennen, die in dieses zweite Drittel des neunten Jahrhunderts zurückreicht. Ob es sich dabei um eine einzelne Handschrift oder mehrere Quellen handelte, ist nicht zu entscheiden. Doch gibt die Tatsache, daß keiner dieser drei Codices exakt dieselbe Sammlung von Glossen enthält und Einzelglossen ebenfalls aus früheren Quellen abgeschrieben zu sein scheinen, Anlaß zur Vermutung, daß nicht nur ein einziges Exemplar Grundlage des Glossenkorpus aus dem späten neunten Jahrhundert war. Deshalb müssen wir die Rezeption des Textes, die in den Glossen dokumentiert ist, in der Regierungszeit Ludwigs des Frommen ansiedeln, und gewisse Aspekte der Textgeschichte müssen sogar auf die letzten Regierungsjahre Karls des Großen selbst zurückgehen[13].

Auf welche Weise erhellt die Rezeption von Boethius' „Institutio musica" die Bereiche der Philosophie, Mathematik, und Musik? Wie entfalten sich diese Bereiche durch die Lektüre des Boethius in den mittleren Jahrzehnten des neunten Jahrhunderts? Was sofort klar wird, ist die Tatsache, daß alle drei so miteinander verwoben sind, daß man sie kaum trennen kann. Um aber im vorliegenden Beitrag die drei Bereiche besser charakterisieren zu können, werde ich mich–dem Verlauf des Textes folgend–zunächst mit der „philosophia" beschäftigen und dann die Natur von Mathematik und Musik betrachten, wie sie von den Gelehrten des neunten Jahrhunderts gelesen und begriffen wurde.

PHILOSOPHIA:

In den einleitenden Sätzen der „Institutio musica" gebraucht Boethius das Wort *speculatio*. Der Kommentar reagiert darauf, indem er eine Einteilung der *speculatio* gibt.

---

[13] Insoweit die Textgeschichte des Traktats in diesen Jahrzehnten beginnt; siehe oben Anm. 5.

**179, 22 MUSICA VERO NON MODO SPECULATIONI VE-
RUM ETIAM MORALITATI CONIUNCTA SIT.**

I, 1, 136   Speculatio est physica i. naturalis; moralitas vero aetica; logica, quae iungit naturam et mores.
M¹

Diese Einteilung geht auf eine hellenistische Einteilung der Philosophie zurück, die von Cicero in die lateinische Geisteswelt eingeführt
wurde[14] und die wiederum einen wichtigen Platz bei der Einteilung
der Wissenschaften in der Karolingischen Renaissance einnahm.
Der Autor der „Ars grammatica" (mutmaßlich Clemens Scottus)
übernahm diese Einteilung in seiner Einführung in die Grammatik:

> *D:* Quot sunt philosophorum genera?
> *M:* Tria videlicet: aut enim physici sunt aut ethici aut logici. physici dicti
> quia de rerum natura tractant; natura quippe Graece physis vocatur.
> ethici quia de moribus disputant. mos enim apud Graecos ethos appella-
> tur. logici autem quia in naturis et in moribus rationem adiungunt. ratio
> enim Graece logos dicitur[15].

Der karolingische Verfasser dieses Traktats behauptet sogar, daß
diese Einteilung der Wissenschaften der Hl. Schrift zugrunde lie-
ge[16]. Aufgefordert, die Teile der Physik darzulegen, nennt der *magi-*
ster der „Ars grammatica" die vier *Artes* des Quadriviums unter Berufung auf Plato und Boethius, und merkt an, daß „diese" (Plato
und Boethius) Astrologie und Medizin hinzugefügt hätten.

> *D:* Physica in quot partes dividitur?
> *M:* Plato, ut praediximus, eam in quattuor principales divisit partes id
> est: arithmeticam, geometricam, musicam, astronomiam. et est hoc illud
> quadruvium philosophiae, quo, ut Boetius dicit, his viandum quibus
> excellentior est animus; quibus adhaerent astrologia et medicina[17].

Nach dieser Einteilung ist also die Musik nicht nur eine propädeutische Disziplin für das Studium der Philosophie, sondern in der Tat
Teil der *philosophia naturalis.* So werden die *artes liberales* dann *artes*

---

[14]   S. GERSH, *Middle Platonism and Neoplatonism: the Latin tradition*, Notre Dame 1986,
tom. 1, pp. 74-75.
[15]   *Clementis Ars grammatica*, ed. J. TOLKIEHN, Leipzig 1928 (Philologus Supplementband 20, fasc. 3), IIII, p. 4.
[16]   Ibid., V, p. 5: „divina enim eloquia his tribus philosophiae generibus consistunt.
nam aut de natura disputare solent, ut in genesi et ecclesiaste, aut de moribus, ut in
proverbiis et in omnibus sparsim libris, aut de logica, pro qua nostri theologiam sibi
vindicant, ut in cantico canticorum et in evangeliis."
[17]   Ibid., VII, p. 6.

naturales genannt, und die Musik wird innerhalb der Philosophie betrachtet, nicht bloß als Vorstufe zur philosophischen Spekulation oder sogar außerhalb der Philosophie. Im letzten Drittel des neunten Jahrhunderts verweist Johannes Scotus durchgängig sowohl auf die *artes naturales* wie auf die *artes liberales* und beschreibt die dialektischen Prozesse der *Artes*[18]. Ein Textabschnitt aus Aurelian illustriert den Grad des Eindringens dieser Einteilung der *speculatio* in eine musikalische Abhandlung.

> Nam philosophiam in tres partes distinguere maluerunt, id est phisicam, ethicam, logicam, quae latine dicuntur, naturalis, moralis, rationalis. Naturalis autem disciplina iiii traditur artibus, id est arithmetica, geometrica, musica, astronomia, in quibus vel de numeris disputatur vel de terrae mensuris, vel sonis, vel certe stellarum dispositionibus; sed earum vis et causa omnis in numeris est[19].

Bernhard Bischoff hat den weitläufigen intellektuellen Hintergrund dieser Einteilung der Wissenschaften aufgezeigt und die insularen Grundlagen der Klassifikation bestimmter *Artes* als *artes naturales* belegt[20]. Die früheste Rezeption der „Institutio musica" nahm also mit der grundlegenden Einteilung der Wissenschaften intellektuelle Strömungen auf, die in der philosophischen Forschung der Karolingerzeit eine zentrale Rolle spielten.

Boethius stellt im einleitenden Kapitel der „Institutio musica" eine fundamentale philosophische Frage: Wie ist die Natur der Sinneswahrnehmung beschaffen? Boethius berührt diese Frage nur mit der Empfehlung, den Sinnen nicht zu vertrauen. Die karolingischen Kommentatoren hingegen bieten eine Theorie der Sinneswahrnehmung, die eine bemerkenswerte Resonanz in der philosophischen Spekulation des neunten Jahrhunderts findet. Gemäß dem

---

[18]   E.g. *Expositiones in Ierarchiam coelestem* I, 550-555 (ed. J. Barbet, Turnhout 1975 [CCCM 31], p. 16): „Vt enim multae aeque ex diuersis fontibus in unius fluminis alueum confluunt atque decurrunt, ita naturales et liberales disciplinae in una eademque internae comtemplationis significationem adunantur quam summus fons totius sapientiae, qui est Christus, undique per diuersas theologie speculationes insinuatur"; *Periphyseon* IV, 774C (ed. È. A. Jeauneau unter Mitarbeit von M. A. Zier, mit engl. Übersetzung von J. J. O'Meara and I. P. Sheldon-Williams, Dublin 1995 [Scriptores Latini Hiberniae 13], p. 80): „Cui autem haec uel nimium obstrusa vel penitus incredibilia uidentur, si omnium naturalium disciplinarum quas liberales appelant imperitus est, aut sileat, aut discat ne incautus repugnet his quae intelligere non ualet."

[19]   *Aureliani Reomensis musica disciplina*, ed. L. Gushee, 1975 (CSM 21), p. 80.

[20]   B. Bischoff, „Eine verschollene Einteilung der Wissenschaften" in: *Archive d'histoire doctrinale et littéraire du moyen âge* 25 (1958), p. 5-20. Auch in: id., *Mittelalterliche Studien. Ausgewählte Aufsätze zur Schriftkunde und Literaturgeschichte*, tom. 1, Stuttgart 1966, p. 273-288.

karolingischen Kommentar wirken zwei Sinne außerhalb des Körpers (d.h. *foras*) – nämlich der Gesichts- und der Gehörssinn, zwei innerhalb des Körpers (d.h. *intra*) – nämlich Geschmacks- und Tastsinn. Der Geruchssinn besitzt einen unklaren Status.

178, 24 OMNIUM QUIDEM PERCEPTIO SENSUUM

I, 1, 18   Quinque sunt sensus: ipsorum et sensuum duo sunt, qui foris extra corpus sentiunt, i. visus et auditus, et duo, qui intra, i. gustus et tactus. Quintus vero, i. olfactus, dubium est, utrum intus an foris sentiat. Est autem sensus vinculum animae et corporis.
   M²

Wenn die Natur der Sinne im selben Kapitel weiter untersucht wird, erhellen die Kommentatoren die kurze Bemerkung am Anfang des Kapitels:

179, 5 QUAE VERO SIT IPSORUM SENSUUM, SECUNDUM QUOS AGIMUS, NATURA, QUAE RERUM SENSIBILIUM PROPRIETAS

I, 1, 61   Quaedam sunt incorporalia et invisibilia ut anima vel Deus: quaedam corporalia et visibilia ut sunt corpora; quaedam invisibilia et corporalia ut sensus corporei. Corporales sunt, quia corpore administrantur, et invisibiles, quia illud, quod dicitur auditus vel visus, non potest videri.

   Unde fit, ut cum quinque corporis sensus alia exteriora sentiant, se ipsos non sentiunt. Visus enim se ipsum non videt. Gustus se ipsum non gustat; quod si faceret, numquam ieiunus esset. Sic de ceteris.

   Considerandum ergo, quia, cum sensus corporis sine labore adhibeamus sensibilibus rebus, quae percipiendae sunt ab illis, non facile potest explicari vel diffiniri, quae natura ipsorum quinque sensuum sit, vel quae proprietas sensibilium rerum, quae percipiuntur. Natura siquidem requiritur sensuum et diffinitur, quod sint corporei et invisibiles, ut est auditus corporeus et invisibilis.

   Res vero sensibilis, quae percipitur ab auditu, i. vox proprietatem habet – ut intelligatur aer esse commotus et percussus quodam ictu – quae ipsa quoque corporea est et invisibilis.
   Mᴵ

Die Sinne sind also körperlich, aber unsichtbar, und die Sinne können sich selbst nicht wahrnehmen. Mit einem Anflug von Humor mutmaßt die Glosse, daß wir, wenn wir den Geschmackssinn schmecken könnten, niemals hungrig wären. Von den wahrnehmbaren Dingen ist der Ton körperlich, aber unsichtbar.

Diese Theorie der Sinneswahrnehmung taucht auch später in Buch I (Kap. 14) auf, wo Boethius eine allgemeine Theorie des Gehörssinnes darstellt:

200, 7 NUNC QUIS MODUS AUDIENDI SIT, DISSERAMUS.

I, 14, 1 Hic nota ΛΙϹΤΗϹΤΗΡΙΟΝ, i. costodiam omnium sensuum, quae primo in corde communiter continetur, inde specialiter ad omnes sensus corporis producitur, ut est luminosum quiddam in oculis, quod igneam habet naturam, quiddam mobile aerium et serenum in auribus, quod recipit formas colorabiles vocum, quae fiunt ex superiore elemento igneo, i. aere tenuissimo, quoddam olfactum in naribus, quod ex inferiori et crassiori aere conficitur; gustus ex aqua, tactus ad terram pertinet.
M²

Die Sinne existieren in einer Art von Hierarchie, in der jeder von ihnen mit einem der Elemente verwandt ist. Der Gesichtssinn, verwandt mit dem Feuer, teilt die Natur des Feuers, während der Gehörssinn die Natur der Luft besitzt, und zwar der Luft, die dünn und hell, vom Licht affiziert ist. Der Gehörssinn nimmt die „unterschiedlichen Formen der Töne" (d.h. *formas colorabiles vocum*) auf. Der Geruchssinn teilt die Natur der tieferen Luftschichten, während der Geschmackssinn die Natur des Wassers besitzt. Der Tastsinn schließlich ist mit der Erde verbunden.

Diese karolingische Erklärung der Sinne, die in den mittleren Jahrzehnten des neunten Jahrhunderts geschrieben wurde, wäre schon an sich bedeutsam, aber sie gewinnt zusätzliche Bedeutung, wenn man sie im Licht der zwei Erläuterungen der Sinne im dritten Buch des „Periphyseon" des Johannes Scotus Eriugena betrachtet.

Cum ergo aliquod corpus perspexeris, si in eo coloris lucem senseris subesse igneum, si sonum seu spontaneum seu artificialem subesse aerium (*Periphyseon* III, 32, 715A)[21].

Visus siquidem est lux quaedam ex cordis igne primum nascens deindeque in summitatem uerticis ascendens in eam uidelicet partem quae a Grecis dicitur MHNIKA, a Latinis uero membranula, qua cerebrum et ambitur et custoditur, per quosdam poros ad supercilia pupillosque oculorum deriuata, unde uelocissimo impetu solarium radiorum instar foras prosiliens prius propinqua loca et corpora seu longissime constituta tanta uelocitate attingit quam palpebra oculorum et tautionis supercilia.

Auditus quoque est subtilissimus quidam tinnitus, qui ex pulmonum spiritu primo procedens sursumque in praedictam capitis partem consurgens per suos occultos meatus in aurium cocleas diffusus foras erumpit uicinisque partibus aeris seu longius positis se miscens quicquid in eo sonuerit absque ulla tarditate recipere festinat (*Periphyseon* III, 32, 730C-731C)[22].

Johannes, der in den sechziger Jahren des neunten Jahrhunderts schreibt, bringt ebenfalls den Gesichtssinn mit dem Feuer und den Gehörssinn mit der Luft in Verbindung, er beschreibt Gesichts- und Gehörssinn als höhere Sinne und zeigt, daß sie außerhalb des Körpers wirken. Johannes beschließt seine längeren Ausführungen mit der Feststellung, daß die drei anderen Sinne innerhalb des Körpers zu wirken scheinen, obwohl auch er die zweifelhafte Einordnung des Geruchssinnes erwähnt. Die Parallelen zwischen den beiden Quellen erscheinen noch schlagender, wenn man die Objekte betrachtet, die von Gesichts- und Gehörssinn aufgenommen werden: der Gesichtssinn nimmt die unterschiedlichen Arten sichtbarer Dinge auf (d.h. *visibilium rerum colorabiles species*), während der Gehörssinn die unterschiedlichen Formen der Töne (d.h. *formas colorabiles vocum)* aufnimmt[23].

Ich möchte nicht behaupten, daß Eriugena direkt von dem karolingischen Boethius-Kommentar abhängt, oder ihn sogar geschrieben hat. Eriugenas Theorie ist weitaus verfeinerter und entwickelter als die Theorie in den Glossen. Ich glaube vielmehr, daß diese Theorie Teil des im frühen neunten Jahrhundert verbreiteten all-

---

[21] *Periphyseon III*, ed. I. P. SHELDON-WILLIAMS unter Mitarbeit von L. BIELER, tom. 3, Dublin 1981 (Scriptores Latini Hiberniae 11).
[22] Ibid., III, p. 280-81.
[23] Ich vermute, daß statt *formas coloresque vocum—formas colorabiles vocum* zu lesen ist.

gemeinen Bildungsgutes war und daß beide, der Boethius-Kommentator und Johannes Scotus Eriugena, Kenntnis von dieser Theorie besaßen.

Für Boethius und seine karolingischen Kommentatoren nehmen die höheren Sinne zunächst ihre – sichtbaren oder hörbaren – Objekte wahr, und der Verstand enthüllt, was durch die Sinneswahrnehmung erkannt werden kann. Deshalb steht die Vernunft über der Sinneswahrnehmung. Das letzte Objekt der musikalischen Vernunft ist der *numerus ad aliquid relatus* oder das arithmetische Verhältnis. Wir kommen so zum zweiten Bereich, der einen integralen Bestandteil der karolingischen Rezeption von Boethius' „Institutio musica" bildet.

MATHEMATIK:

Die Mathematik ist das vorherrschende Thema der ältesten Glossenschicht der „Institutio musica" – wie auch aller späteren Schichten. Die Kommentatoren folgten damit dem Text des Boethius, der grundsätzlich mathematischer Natur ist. Mathematik – oder im eigentlichen Sinne Arithmetik – wurde besonders in der Karolingerzeit als eine Art reine Vernunft betrieben. Während spätere Glossenschichten durchaus Interesse an der Erklärung der Rechenprozesse genauso wie an der Erklärung der Prinzipien zeigten, gibt es in der Karolingerzeit kaum Interesse an der praktischen Seite des Rechnens. Die Glossatoren bleiben in der dünnen Atmosphäre der reinen Arithmetik und betrachten arithmetische Beweisführung sowohl als Quelle der Wahrheit wie auch des Vergnügens. Besonders eine Glosse spiegelt Ästhetik und Erkenntnistheorie der Beweisführung wider:

222, 16   EODEM NAMQUE MODO AURIS AFFICITUR SONIS VEL OCULUS ASPECTU, QUO ANIMI IUDICIUM NUMERIS VEL CONTINUA QUANTITATE.

I, 32, 10   Non delectatur magis sensus intentus delectabilibus, quam ratio ipsa discernens delectabilia.
$Q^e V^j$

Die Bewältigung mathematischer Prinzipien und Prozesse durch die karolingischen Autoren kann nur als virtuos bezeichnet werden. Die Kommentatoren zeigen eine erstaunliche Beherrschung der

Prinzipien, wie sie in der „Institutio arithmetica" und in enzyklopädischen Werken wie Martianus Capella dargelegt waren; darüber
hinaus findet man etliche arithmetische Details, die kaum mit genau definierten Werken in Verbindung zu bringen sind. Das folgende Beispiel zeigt eine typische Erläuterung mathematischer Prinzipien in den karolingischen Glossen:

193, 22 SUPERPARTICULARITAS AUTEM …

I, 6, 88   Nam quamvis in numeris particularitas dicatur, abusive dicitur, cum proprie quicquid per partes partitur. Continua
quantitas intelligitur, quae longitudine, latitudine altitudine-
que comprehenditur. Et ideo hic superparticularitas continuae quantitati ascribitur, quia per partes partitur.
M^2Q^1

Teil und Vielfaches repräsentieren unterschiedliche Species der
Quantität in der antiken und mittelalterlichen Arithmetik. Die Einheit, die Monade, bildet die Basis der Zahlen oder der *quantitas discreta*, die bis ins Unendliche vervielfacht werden kann. Die Einheit
aber ist eigentlich unteilbar. Eine Strecke hingegen, das heißt eine
quantitas continua, kann bis ins Unendliche geteilt werden. Insoweit
die überteiligen Verhältnisse geteilt werden, gehören sie eigentlich
nicht zu den Zahlen, oder zur *quantitas discreta*, sondern zur *quantitas
continua*. Erläuterungen wie in dieser Glosse sind grundlegend für
das Verständnis der Meta-Arithmetik von Nicomachus und Boethius.

   Die karolingischen Glossatoren zeigen wiederholt ihre Meister-
schaft in der Addition und Subtraktion von Verhältnissen. Im zweiten Buch erklärt der Kommentator das Prinzip, daß jedes überteilige Verhältnis, das von einem nächstgrößeren Verhältnis abge-
zogen wird, einen Rest ergibt, der kleiner als die Hälfte des größeren Verhältnisses ist.

**254, 4   AB OMNI SUPERPARTICULARI SI CONTINUAM
EI SUPERPARTICULAREM QUIS AUFERAT PRO-
PORTIONEM, QUAE EST SCILICET MINOR, ID
QUOD RELINQUITUR MINUS EST EIUS MEDIE-
TATE, QUAE DETRACTA EST, PROPORTIONIS.**

II, 21, 10   Ut cum ad CXCII CCLVI sesquitertius sit, et ad eosdem
CXCII CCLXXXVIII sesqualter, si de hoc sesqualtero tol-
latur sesquitertius, i. de CCLXXXVIII tollantur CCLVI,

remanent XXXII, qui sunt octava pars de CCLVI, et ideo
dicitur sesquioctavus remanere. Sed XXXII duplicati, quod
fit LXIIII, non reddunt integrum sesquitertium. LXIIII
enim, ut in sesquitertia habitudine habeantur, II adhuc requirunt, ut sint LXVI, ad quos LXXXVIII sesquitertius est.

Aliter: Si de duodecim, qui est ad VIII sesqualter, ad novem
sesquitertius, tollamus III, quibus excescit subsesquitertium
suum, relinquuntur VIIII, i. eius subsesquitertius, qui VIIII
ad VIII in sesquioctava proportione habentur. Sed pars octava suboctupli, i. I, duplicata non efficit integram proportionem sesquitertiam: bis enim I duo sunt, qui minus sunt a
III, qui in sessquitertia proportione haberi possunt.

Secundum priorem autem modum, hoc in omnibus sesqui-
tertiis et sesqualteris proportionaliter sibi haerentibus fit, ut
si ad primum terminum secundus sesquitertius sit et tertius
sesqualter, i. tertius ad secundum sesquioctavus tono ab eo
distans, qui remanebit de ultimo termino secundo sublato.
Q² V²

Diese Glosse erklärt dieses Faktum deutlicher als Boethius und
führt zwei Beweise des allgemeinen Theorems an. Darüber hinaus
reflektieren spezielle Ausdrücke im zweiten Beweis — *subsesquitertius*
und *suboctupli* — das präzisere arithmetische Vokabular, das in der
„Institutio arithmetica" verwendet wird, nicht aber in der „Institutio musica"[24]. Obwohl diese Glosse musikalische Bereiche berührt
— namentlich die Tatsache, daß der Ganzton, der bei der Subtraktion einer Quarte von einer Quinte übrigbleibt, kleiner als die Hälfte einer Quarte ist — wird das rein musikalische Vokabular, das
heißt *diapente, diatessaron* und *tonus*, nicht verwendet. Mit der Erläuterung des Beweises und der Ausweitung des Vokabulars unter Verwendung der Terminologie der reinen Arithmetik entfaltet der
Kommentator das weite mathematische Feld, in dem sich die musikalische Beweisführung bewegt.

Bei einem schwierigen Diagramm des dritten Buches verbindet
der Kommentator seine Kenntnis des mittelalterlichen Systems der
Brüche und ihrer Notation mit der Textkritik.

---

[24]   Siehe, e.g., *De institutione arithmetica* [Anm. 3] I, 22, p. 46, 5-17.

274, 19 $\overline{\text{CCCCXLVIIII.DXXV}}$ ⅹ (*C3*)

III, 3, 37 In supradicta figura in omnibus libris VII invenitur, ubi debuissent esse V ⅹ; nam quattuor trientes remanserunt super
integrum numerum, qui est $\overline{\text{CCCXLVIIII.DXXIIII}}$. Inde
ex triente computatur unitas integra, et tres trientes, qui remanserunt, iunguntur in duos semisses, et inem triens sextans
dimidium unitatis efficit. Et duo semisses pro duabus unitatibus accipiuntur. Hinc ternarius iunctus quaternario VII fiunt. Et in differentia, ubi octo ⅹ debuissent esse, ibi novenarius invenitur scriptus. Nam bisse pro uno accipitur. Ubi
autem iterum comma adiungitur differentiae, unitas ibi effi-
citur ex bisse et triente.
Q^l

Etliche Schreiber hatten anstelle der römischen Fünf mit dem mathematischen Symbol für 4/12, das heißt einem Drittel – nämlich V
und dann das Zeichen mit zwei Strichen (ⅹ) – irrtümlich die rö-
mische Zahl sieben kopiert – nämlich VII. Der Kommentar erklärt
sowohl das textliche Problem und den Inhalt von Boethius' Ausführungen wie auch die Hinzufügung der Bruchzahlen – ein Duo-
dezimalsystem mit eigener Notation. Ironischerweise zeigt der karolingische Gelehrte hier sowohl Interesse am Prinzip des Theorems wie auch am Rechenprozeß, dieser Rechenprozeß aber ist
einer der verwirrendsten in der mittelalterlichen Arithmetik – ähnliches habe ich in keinem anderen Text aus dem neunten Jahrhundert finden können.

Der moderne Wissenschaftler kann sich nur wundern über die
Kenntnisse, die von den Gelehrten des neunten Jahrhunderts bei
der Rezeption des Boethius-Textes ausgebreitet werden. Sie konnten nicht nur mit den schwierig zu handhabenden Brüchen umgehen, sie waren auch mit den seltsamen Mensuren von *cyatus* und
acutabula vertraut:

198, 18 **CYATHOS**

I, 11, 25 pondus X dragmarum
M^2Q^l

I, 11, 26a sexta pars sestari
M^2

198,18   ACETABULIS

I, 11, 35a   quasi acutabula; idem est et staupus; estque maior quam
                cyatus
                Q^2

I,11,36   Acetabulum dicitur vas, ubi custoditur acetum; vel etiam
                a maxilla sic dictum est, quae acetabula vocatur. Primum
                acetabulum XII cyatorum erat secundum VIIII, tertium
                VIII, quartum VI; et ex acetabulis pendebant cordae.
                M^2

Q^2 war sogar in der Lage, das griechische Zahlsystem zu erklären:

319, 13   (APP.) ´ΘCIS ´ΔXH ´BTΔ

IIII, 6, 31   ´Θ cum virgula $\overline{VIIII}$, sine autem virgula IX significat.
                Similiter ´Δ cum virgula $\overline{IIII}$, sine virgula IIII.
                Tali modo ´B virgulatum II, sine virgula II.
                Q^2

Wir können auf dem Gebiet der Mathematik die Vernunft bei der
Suche nach Wahrheit erkennen, die mit mathematischen Verhältnissen und Theoremen umgeht; aber wir können auch einen gewissen spielerischen Umgang mit der Arithmetik erkennen. Man freut
sich an der Fähigkeit, mathematische Prinzipien und Prozesse ab-
zuhandeln, und an dem mathematischen Wissen, das man zusam-
mentragen konnte.

Musica:

Die Wechselwirkung zwischen Musik und Mathematik ist in der
karolingischen Kommentierung so organisch, daß es schwierig ist,
die Wirkungsrichtung zu bestimmen. Auf der einen Seite ist die
Musik die Verwirklichung der mathematischen Verhältnisse. In der
Theorie der Konsonanzen und Intervalle werden die abstrakten
Realitäten der mathematischen Verhältnisse konkreter, unmittelba-
rer und – auf das Monochord übertragen – hörbar. Insofern zeigt
sich eine gleichsam „abwärtsgerichtete" Wirkung aus der dünnen
Luft der Mathematik zur gleichsam dichteren Atmosphäre der Musiklehre. Diese Bewegung von der Mathematik zur Musik zeigt sich
in den Zahlen der vielfachen und überteiligen Verhältnisse und in
der von dort bestimmten sehr beschränkten Zahl der musikalischen

Intervalle bei Beothius und in den Kommentaren. Ein Beispiel aus dem sechsten Kapitel des ersten Buches zeigt deutlich die Zuordnung der mathematischen Theorie von den Eigenschaften der diskreten und kontinuierlichen Quantität zu den grundlegenden musikalischen Intervallen.

193, 8   QUAE DISCRETAE PROPRIETATEM QUANTITATIS POTERUNT CUSTODIRE

I, 6, 28a   Omnis symphonia multiplex discretae quantitatis proprietatem sequitur, non tamen in infinitum, sed per III tantum gradus, duplum s., triplum et quadrumplum. Omnis autem superparticularis symphonia quantitatis continuae naturam servat, non quidem in infinitum, sed tantum per III gradus, sesqualterum, sesquitertium et sesquioctavum.
M^2Q^l

Auf der anderen Seite ist aber auch eine „Aufwärtsbewegung" zu erkennen:

195, 20   ADMONITIONIS VICEM TENET AUDITUS

I, 9, 9   quia ipse admonet rationem mentis, ut discernat ipsas consonantias
M^l

196, 8   IPSIUS VITAE MOMENTA SENSUUM OCCASIONE PRODUCTA SINT

I, 9, 66a   quoniam ea, quae discernuntur, primum sensibus accidunt, i. per sensus sentiuntur, ac postremo ratione pensantur.
M^l

Der Gehörssinn nimmt Tonhöhen wahr, bedarf jedoch der Vernunft, um Intervalle und Konsonanzen zu unterscheiden. Sinneswahrnehmung führt so zu den abstrakten mathematischen Verhältnissen, die durch die Vernunft begründet werden.

Aus diesen Wechselwirkungen zwischen Musik und Mathematik möchte ich drei Aspekte der Musik hervorheben, die in den Glossen des neunten Jahrhunderts zutage treten:

Erstens: Die Glossen zeigen eine starke Fixierung auf das Tonsystem, auf eine – und zwar sehr geringe – Anzahl von Intervallen und daraus resultierend ein sehr beschränktes Vokabular der Tonbeziehungen. In der Glosse I, 6, 28a (siehe oben) kann man die größeren konsonanten Intervalle sehen, und in einer Glosse aus dem nächsten Kapitel wird das Verhältnis 9:8 – der Ganzton – als Grundelement, als *communis omnium mensura* für alle Intervalle beschrieben.

**194, 20   AUT IN DUPLICI AUT IN TRIPLICI AUT IN QUA-
DRUPLA AUT IN SESQUALTERA AUT IN SESQUI-
TERTIA PROPORTIONE**

I, 7, 2   In omnibus his latet epogdous, i. sesquioctava proportio,
ideoque specialiter inter symphonias non connumeratur; ex
ea namque ceterae componuntur. Est enim communis omnium mensura.
M²Qʲ

Grundlegende Musiklehre ist immer wieder vorhanden. Die grundsätzliche Theorie der Genera wird klar verstanden:

**213, 11   TOTA ENIM DIATESSARON CONSONANTIA
DUORUM TONORUM EST AC SEMITONII**

I, 21, 47   Cum in omnibus his tribus melorum generibus diatesseron
consonantia duorum sit tonorum ac minoris semitonii, propriam tamen in singulis ipsorum habet divisionem tonorum,
ut in diatonico partiatur per semitonium, tonum et tonum;
in chromatico per semitonium et semitonium et tria semitonia; in enarmonio per diesin et diesin et diatonum.
Q²Vʲ

Die Zweideutigkeit der Terminologie bei den kleineren Intervallen wird sorgfältig erläutert:

213, 16   DIESIN

I, 21, 60   hoc proprium; nam interdum diesis minus semitonium significat
Q²Vʲ

Dennoch liegt das Hauptaugenmerk der karolingischen Kommentatoren, wie auch in Boethius' Text selbst, auf der diatonischen Skala mit ihren Möglichkeiten und ihren Beschränkungen. Es ist kein Hinweis auf die Abhandlung der Metrik in Augustinus' „De musica" im Kommentar zur „Institutio musica" zu finden. Genauso fehlen Verweise auf diejenigen Abschnitte bei Martian, welche die Metrik behandeln. Das Hauptinteresse des musikalischen Kommentars ist auf die Konsonanzen, die Bestandteile der Konsonanzen und die diatonische Teilung des Tetrachords beschränkt.

Zweitens: Die karolingische Rezeption der „Institutio musica" bezeugt ein kompetentes Verständnis der allgemeinen griechischen Musiktheorie der Antike. Kein Bestandteil der von Boethius beschriebenen griechischen Theorie bereitet den Gelehrten des neunten Jahrhunderts große Schwierigkeiten. Obwohl wir nicht mit Sicherheit sagen können, daß die Theorie der *tonoi* verstanden wurde – die entsprechenden Faszikel sind in den Handschriften Q und V verloren – können wir den Kommentar annähernd aus der nächsten Generation der Handschriften rekonstruieren. Zwei Quellen aus dem 10. Jahrhundert zeigen ziemlich starke Verbindungen mit der Schicht des karolingischen Kommentars, die in Q und V vorkommt:

> **Pq**: Paris, Bibliothèque Nationale, Nouv. acq. lat. 2664
> Geschrieben in Cluny um 950, scheint diese Handschrift großenteils eine Abschrift von Q zu sein[25]. Der das Buch IIII betreffende Kommentar dieses Codex stellt sehr starke Parallelen zwischen Q und Pq dar[26].

> **Pe**: Paris, Bibliothèque Nationale, lat. 10275
> Dieser Codex wurde in Echternach im späten 10. Jahrhundert geschrieben. Er enthält eine gewaltige, von sieben verschiedenen Händen geschriebene Sammlung von Glossen[27]. Pe5, die hier in Frage kommt, schreibt häufig den Kommentar ab, der auch in Q vorkommt[28].

Ein umfangreicher Kommentar dieser zwei Handschriften erklärt die Theorie der *modi, quos eosdem tropos vel tonos nominant*[29], die sich im 14.-17. Kapitel des vierten Buches befindet. Wir dürfen vermuten, daß dieser Kommentar großenteils aus früheren Quellen der Karolingerzeit (bzw. Q und V) stammt; mit Sicherheit können wir behaupten, daß dieser Kommentar in den späten Jahrzehnten der Karolinger vorhanden war. Ein Beispiel diene dazu, zu demonstrieren, daß ein Verständnis der *tonoi* vorhanden war; im Zusammenhang mit dem großen Digramm der *tonoi* am Schluß des 15. Kapi-

---

[25] BOWER, „Handlist" [Anm. 7], p. 236, no. 103. Siehe auch BERNHARD und BOWER, op. cit. [Anm. 4], tom. 4 (im Druck).

[26] Cf. Glossen IIII, 2, 58, 61, 126, und 143a; IIII, 5, 30, und 45; IIII, 6, 14a, 40, und 44.

[27] BOWER, „Handlist" [Anm. 7], p. 233-234; J. SCHROEDER, „Bibliothek und Schule der Abtei Echternach um die Jahrtausendwende", in: *Publications de la section historique de l'Institut Grand-Ducal de Luxembourg* 91 (1977), p. 203-377, hier p. 252.

[28] Cf. IIII, 3, 2, 5a, und 37 (die letzte auch in Pq).

[29] *De institutione musica* IIII, 15, p. 341, 20-21.

tels bieten diese zwei Codices folgende ausführliche Glosse an:

343,6   *ad D20*

> IIII, 15, 39 Descriptio incipit a proslambanomeo hypermixolidii et fini-
> tur in nete hyperboleon hypodorii, sed consideratio vocum
> diatonici generis, quae in diatesseron tono et tono semito-
> nioque partitur, a nete hyperboleon hypodorii exoritur, at-
> que in proslambanomeo hpermixolitdii completur, miro-
> que modo, qua habitudine diatonica in longitudine descrip-
> tionis singulorum modorum nervi a se differunt, eadem ha-
> bitudine idem nervus in ordine troporum a se distinguitur.
> *Pё⁵Pq*

Ein grundsätzliches Verständnis ist offensichtlich vorhanden: Boethius' *modi* sind Transpositionstonleitern, die in allen Fällen die
identische Tonstruktur bewahren. Eine Vermischung der *tonoi* mit
den Kirchentönen ist in diesen Quellen nicht zu finden[30].

Das karolingische Verständnis griechischer Musik war jedoch
nicht allein von Boethius abhängig. Es ist in den Glossen deutlich
zu erkennen, daß die Gelehrten des neunten Jahrhunderts alle ver-
fügbaren Quellen zusammentrugen, um möglichst alles über dieses
schwierige und rätselhafte Gebiet zu erfahren: Plinius[31], Servius[32]
und Martianus Capella[33] werden herangezogen, um die Theorie
der „Institutio musica" zu ergänzen.

Drittens: Die karolingische Rezeption der „Institutio musica"
liefert keinen einzigen Hinweis auf irgendeinen Aspekt der praktischen Musik. Vergeblich sucht man nach einem Beispiel aus einer
Antiphon oder einem anderen liturgischen Gesang bei der Erklärung eines Intervalls. Vergeblich sucht man nach einem Verweis
auf die Oktaven, die entstehen, wenn Knaben und Männer zusammen singen. Vergeblich sucht man nach irgendeiner Form der
praktischen Anwendung des Tonsystems, das im Haupttext und im
Kommentar entwickelt wird. Man sucht sogar vergeblich nach der
berühmten Unterscheidung zwischen *musicus* und *cantor*. Obwohl

---

[30] Man muß allerdings anmerken, daß eine Handschrift aus dem 9. Jahrhundert
–München, Bayerische Staatsbibliothek, Clm 14523–eine Glosse enthält, die versucht,
die Termini *autentus protus* und *plagis protus* mit einem Diagramm der *tonoi* zu erklären
(siehe BERNHARD und BOWER, Editionsband III, Appendix I, no. 150). Diese Handschrift steht jedoch außerhalb der Textüberlieferung der *Glossa maior*.
[31] Cf. Glossen I, 2, 42, I, 2, 144b, und I, 11, 25.
[32] Cf. Glossen I, 2, 16, und I, 2, 52.
[33] Cf. Glosse I, 8, 32.

die Musik vage Grenzen mit der Mathematik und der Philosophie teilte, scheint die musikalische Praxis ausgegrenzt zu sein.

Schon im mathematischen Bereich bemerkten wir eine Neigung zum Rätselhaften, und ich glaube, daß man eine ähnliche Tendenz in der Art und Weise sehen kann, wie die griechische Musiktheorie als Theorie *per se* von den frühen karolingischen Glossatoren behandelt wurde. Es kommt einem vor, als ob man einen autonomen Bereich musikalischen Denkens schafft, sozusagen eine ideale, meta-musikalische Konsonanz, die nicht von materiellem Klang verunreinigt wird, und die mit Philosophie und Mathematik einen harmonischen Zusammenklang ergibt – mit den Bereichen, von denen die karolingischen Autoren den Zugang zur Musik fanden, und zu welchen sie aus dem Bereich der Musik zurückkehrten.

DER PÄDAGOGISCHE KONTEXT

ZUR REZEPTION DER „INSTITUTIO MUSICA" VON BOETHIUS AN DER SPÄTMITTELALTERLICHEN UNIVERSITÄT

Matthias Hochadel

Die tiefgreifende Umwälzung der wissenschaftlichen Landschaft im Hochmittelalter hat auch in der Boethius-Rezeption ihre Spuren hinterlassen. Der gesellschaftliche Hintergrund für die Entwicklung besteht vor allem darin, daß in den Städten in bemerkbarer Anzahl professionelle Lehrer auftraten, die nicht mehr hauptberuflich an ein bestimmtes Kloster oder eine Pfarrei gebunden waren[1]; seit der Wende zum 13. Jahrhundert schlossen sich solche an einigen Orten in Universitäten zusammen. Es geht nun darum, Genaueres über die dortige Lehre in Erfahrung zu bringen; hier natürlich insbesondere, was die Musiklehre innerhalb der Artistenfakultät betrifft, von der bisher nur Rudimente bekannt sind. Weil ich mich zur Zeit mit der Edition eines Kommentars zu „De institutione musica" von Boethius aus zwei heute in Oxford befindlichen Handschriften beschäftige, will ich diesen kurz vorstellen und als Grundlage für meine weiteren Ausführungen nehmen. Ich hoffe, plausibel machen zu können, daß der Text in irgendeiner Weise an der Oxforder Universität verwendet wurde, und daß er somit Rückschlüsse auf die dortige Musiklehre zuläßt. Beim gegenwärtigen Stand der Arbeit wage ich noch nicht zu behaupten, daß der Text auch an der Artistenfakultät entstanden ist, glaube aber, daß er einige Eigenschaften aufweist, die gut in diesen Rahmen passen, und die erklären können, warum er in diesem Umfeld Interesse fand.

Die bekannten Handschriften des Kommentars liegen heute beide in Oxford, die eine in „All Souls College" als „MS. 90", die andere in der „Bodleian Library" mit der Signatur „Bodley 77". Beide enthalten den Text auf den ersten knapp 100 Blättern[2]; sie sind weitgehend identisch, aber offenbar unvollständig. Sie beginnen

---

[1] J. LE GOFF, *Die Intellektuellen im Mittelalter*, übers. von C. KAYSER, München ²1994, p. 13.
[2] Genauer Oxford, Bodleian Library, MS Bodl. 77, fol. 1r-93a; Oxford, MS All Souls College 90, fol. 1r-102v.

mit dem Vorwort, das in der Handschrift „All Souls College 90"
immerhin fast 30 Seiten umfaßt. Der Kommentar zum 1. Buch
bricht jeweils im 18. Kapitel ab, setzt in beiden Handschriften mitten im ersten Kapitel des vierten Buches wieder ein und deckt dann
fortlaufend das vierte und das fünfte Buch ab – dem 5. Buch fehlen
ja bekanntlich schon bei Boethius einige Kapitel[3]. Rückverweise
lassen erkennen, daß der Kommentar ursprünglich auch die anderen Bücher umfaßt hat, und daß demnach Teile verlorengegangen
sind. Das Nachwort kommt ebenfalls zu keinem befriedigenden
Ende, auch wenn es in beiden Handschriften an derselben Stelle
aufhört; diese liegt nämlich mitten in einem unvollständigen Zitat.
Beide Handschriften weisen deutlich insulare Charakteristika auf,
zum Teil auch solche, die für Universitätshandschriften typisch
sind. In der Handschrift „All Souls College 90" befindet sich ein
Besitzvermerk, demzufolge das Manuskript im Jahr 1457 von einem
Johannes Dryelle dem College geschenkt wurde[4]; dieses Datum ist
zugleich der *terminus ante quem* für die Abfassung des Kommentars.
John Dryelle war in der vorangehenden Zeit Schatzmeister am College[5]; für die Schrift dürfte demnach ein gewisser Bedarf bestanden
haben.

> Zur Veranschaulichung der folgenden Ausführungen sind als Anhang
> zwei Textbeispiele aus dem Kommentar abgedruckt; die Darstellung ist
> gegenüber der geplanten Edition wesentlich vereinfacht: Die Sätze wur-
> den zwecks einfacherer Referenzierung durchnummeriert; der kritische
> Apparat entfällt völlig. Die Quellenangaben werden ebenfalls mit den
> Satznummern angeführt; diejenigen Quellen, auf die inhaltlich Bezug
> genommen wird, sind dabei recht ausführlich ausgeschrieben, um einen
> Eindruck von ihrem ursprünglichen Zusammenhang zu vermitteln. Im
> Haupttext sind Zitate kursiv gesetzt, und es wurde versucht, die Wörter
> des zugrundeliegenden Boethius-Textes fett hervorzuheben, so gut sie
> bei dem paraphrasierenden Stil erkennbar sind. Textbsp. 1 zeigt den
> Anfang des eigentlichen Kommentars, also den Kommentar zum Be-

---

[3] Wortlaut und Kapitelzählung des Boethius-Textes sind für diesen gesamten Beitrag entnommen aus: *Anicii Manlii Torquati Severini Boetii De institutione musica libri quinque*,
ed. G. FRIEDLEIN, Leipzig 1867, Nachdruck Frankfurt/M 1966.

[4] A. G. WATSON, *Descriptive Catalogue of the Medieval Manuscripts of All Souls College,
Oxford*, Oxford 1997, p. 189.

[5] A. B. EMDEN, *A Biographical Register of the University of Oxford to A. D. 1500*, tom. 1,
Oxford 1957, p. 595sq. Dryelle hatte dort verschiedene Ämter inne, so war er in den
Jahren 1452-57 „keeper of Chichele chest" und 1455-56 „arts bursar" am „All Souls
College", das ja erst 1438 gegründet worden war.

ginn des ersten Kapitels; diese Passage soll vor allem einen allgemeinen
Eindruck vom Stil des Kommentars geben, aber nicht im einzelnen
besprochen werden. Textbsp. 2 dient dagegen als Grundlage für eine
eingehendere Untersuchung.

Das wohl auffallendste Charakteristikum des Kommentars, das
schon früher gelegentlich bemerkt wurde[6], ist die erstaunliche Vielfalt und Bandbreite der Quellen, die darin verarbeitet sind; dabei
wird die Herkunft meistens angegeben. Ihre Menge wirkt etwas
weniger erstaunlich, wenn man sich vor Augen hält, daß die Biblio-
theken mancher Colleges schon am Ende des 14. Jahrhunderts
mehrere hundert Bücher besaßen. Man muß dabei allerdings beachten, daß wichtige Texte – zum Beispiel Rechtssammlungen – in
mehreren Exemplaren vorhanden waren und ein guter Teil der
Bücher jeweils an einzelne Mitglieder ausgeliehen war[7]. Die Quellen lassen sich in mehrere Gruppen zusammenfassen, die hier kurz
aufgezählt seien: Bereits gängig in der Boethius-Glossierung waren
gewisse antike Autoren wie Martianus Capella, Macrobius, Plinius
und der ,,Timaios'' von Platon in der Calcidius-Übersetzung; diese
Autoren treten schon in der frühmittelalterlichen Glossentradition
auf, die heute als ,,Glossa maior'' zusammengefaßt wird und im
wesentlichen auf einen gemeinsamen Kern zurückgeht[8]. Ebensowenig überraschen die Zitate aus dem christlichen Schrifttum, nicht
nur aus der Vulgata selbst, sondern auch aus Augustinus, Ambrosius, Gregor dem Ersten oder Beda. Aufschlußreicher sind die Quellen, die den Kommentar innerhalb der Boethius-Rezeption auszeichnen und auf bestimmte Eigenheiten schließen lassen. Zunächst
verschiedene Glossentraditionen: Die ,,Glossa maior'' wird ohne
Zweifel verwendet; trotzdem bildet sie nicht die durchgängige
Grundlage für die Kommentierung, auch nicht für die kurzen, mit
id est oder *scilicet* eingeleiteten Erklärungen, sondern wird offenbar

---

[6]   A. WHITE (PEDEN), ,,Boethius in the Medieval Quadrivium'', in: M. GIBSON, B.
BLACKWELL (ed.), *Boethius. His Life, Thought and Influence*, Oxford 1981, p. 162-205, hier
p. 186.
[7]   N. R. KER, ,,Oxford College Libraries before 1500'', in: J. IJSEWIJN, J. PAQUET
(ed.), *The Universities in the Late Middle Ages*, Löwen 1978, p. 293-311.
[8]   Die Glossen sind ediert in: M. BERNHARD, C. M. BOWER, *Glossa maior in Institutionem
musicam Boethii*, München 1993ff. Bisher sind 3 Bände erschienen. Vgl. auch den Beitrag
von C. M. BOWER in diesem Band.

mit anderen Traditionen vermengt (auch wenn sich zufällig zwei recht ausgedehnte Einträge in Textbsp. 1 befinden)[9]. Außerdem ist natürlich nicht auszuschließen, daß der Verfasser auch eigene Erläuterungen eingefügt hat. Eng verflochten in die Boethius-Rezeption ist auch die Glossierung von Martianus Capella; hier wird zudem aus der Kommentierung zum „Timaios" zitiert. Als bedeutender Schub erwiesen sich diejenigen Schriften, die erst seit dem 12. Jahrhundert in Übersetzungen aus dem Griechischen oder Arabischen überhaupt zugänglich wurden: hier ist in erster Linie Aristoteles mit seinen Kommentatoren zu nennen; er wird insbesondere für Fragen herangezogen, die den Bereich der Sinneswahrnehmung angehen (siehe Textbsp. 1, Satz 24). Ganz neu entstehen als wissenschaftliche Hilfsmittel regelrechte Lexika: am beliebtesten sind in diesem Fall die „Magnae derivationes" des Hugucio von Pisa aus dem späten 12. Jahrhundert und das 1286 vollendete „Catholicon" des Johannes von Genua; beide Wörterbücher waren in Europa und auch in England sehr verbreitet. Natürlich wird auch noch Isidor von Sevilla sehr ausführlich benutzt. Als weitere Schicht werden frühmittelalterliche Traktate zur Musiklehre, die ja mittlerweile schon ein ehrwürdiges Alter erreicht hatten, einbezogen: etwa diejenigen von Guido von Arezzo und Hucbald, die „Musica enchiriadis", der pseudo-odonische „Dialogus". Diese Schriften waren ja längst bekannt, aber durch den zeitlichen Abstand gewinnen sie eine größere Autorität und können aus einer anderen Sicht betrachtet werden; ein ausführlicheres Beispiel dazu wird nachher noch behandelt. Auffallend sind noch einige Autoren spezifisch englischer Provenienz wie John of Salisbury, Walter Odington und Alexander Neckam. Einige Aufmerksamkeit haben in diesem Zusammenhang die Zitate aus dem „Breviloquium super musicam" eines Wulstanus erregt, es gilt im allgemeinen als verschollene Schrift des um das Jahr 1000 in Winchester wirkenden Wulfstan; der Verlust ist besonders schmerzlich, da wir aus dem England der angelsächsischen Periode kaum Zeugnisse besitzen[10]. Freilich

---

[9] Ich habe in der Zwischenzeit herausgefunden, daß eine weitere englische Glossatur eingeflossen ist; es handelt sich um diejenige in der Handschrift Oxford, Corpus Christi College 118. C. M. Bower, „Boethius' *De Institutione Musica*: A Handlist of Manuscripts", in: *Scriptorium* 42, 2 (1988), p. 205-251, hier: p. 228, bemerkt zu der Handschrift: „Several characteristics of diagrams point definitely in the direction of an English origin."
[10] L. Gushee: „Wulfstan of Winchester", in: *NGrove*, tom. 20, London 1980, p. 546;

konnte hier nur ein summarischer Überblick gegeben werden; vollständigere und differenziertere Einzelheiten wird erst die Edition bringen.

Gegen die Annahme, daß es sich um eine unmittelbare Vorlesungsmitschrift handeln könne, spricht auf den ersten Blick das umfangreiche Vorwort, das dem Kommentar vorangestellt ist. Seine zweite Hälfte enthält zwar bereits den Accessus zu Boethius, aber vorher bleibt noch genug Raum, um eine ganze Flut von Rechtfertigungen, Bescheidenheitstopoi und poetischen Metaphern auszubreiten. Ähnlich sind auch das Nachwort und die Einleitung zum 5. Buch gestaltet. Man kann also feststellen, daß der Text in einem gewissen Maß literarisch geformt ist. Gerade das Vorwort zum 5. Buch, das ja neben dem eigentlichen Vorwort am Anfang die einzige erhaltene Einleitung innerhalb des Kommentars ist, liefert besonders wertvolle Hinweise, weil der Kommentator dort etwas ungezwungener über seine Ansichten redet. Er spricht von den *pueri,* die mit Milch zu nähren seien. Auch wenn es sich dabei um ein durchaus nicht unübliches poetisches Bild handelt, hat man doch Schwierigkeiten, sich darunter Studenten vorzustellen, die immerhin 15 bis 16 Jahre alt gewesen sein dürften[11]. Auf die Idee, daß der Kommentar an der Universität Oxford benutzt worden ist, bringt einen zunächst die heutige Lokalisation der Manuskripte: Daß sich beide bekannten Abschriften dort befinden, sowie die Einbeziehung einer ganzen Reihe typisch englischer Quellen legt doch nahe, daß dieses Gedankengut in Oxford in Umlauf war. Der grundlegendste Punkt ist aber einfach die Tatsache, daß es sich um einen Kommentar zu „De institutione musica" von Boethius handelt. Der Text steht also auf jeden Fall im Rahmen einer Unterweisung in den *Artes liberales*, sei es an der Universität, einer Kathedralschule oder einer vergleichbaren weiterführenden Lehranstalt. Wenn man die Liste der Boethius-Handschriften durchschaut, fällt auf, daß viele der Manuskripte, die Glossierungen oder Bearbeitungen des

---

WULFSTAN OF WINCHESTER, *The Life of St. Æthelwold*, ed. M. LAPIDGE, M. WINTERBOTTOM, Oxford 1991, p. xvi-xvii.

[11] N. ORME, *English Schools in the Middle Ages*, London 1973, ill. 4sq. et p. 91, führt zwei Verwendungen dieser Metapher an, die sich beide auf die elementare Grammatiklehre beziehen: der Beginn der Johannes de Garlandia zugeschriebenen *Synonyma* und John Holts *Lac puerorum*. Die Metapher war allerdings schon in der Antike gebräuchlich, *e. g.* Boethius, „De consolatione philosophiae" I, 2. p.

Boethius-Textes bieten, in Oxford aufbewahrt werden[12]. Boethius
ist auch das einzige Textbuch, das dort im Mittelalter jemals offi-
ziell für das Studium der Musik an der Artistenfakultät vorgeschrie-
ben war; und er soll bis ins 19. Jahrhundert in den Statuten auftau-
chen[13].

Das erste bekannte Oxforder Statut, in dem die Musik als Lehr-
fach ausdrücklich erwähnt wird, wurde erst im Jahre 1431 erlassen,
dürfte also zu einer Zeit gegolten haben, als auch der Kommentar
in Gebrauch war. Wenn man davon ausgeht, daß solche Vorschriften aus einer schon üblichen Gewohnheit erwachsen sind[14], kann
man sie als Beschreibung des Universitätsbetriebs lesen, abgesehen
natürlich von solchen Bestimmungen, die aufgrund eines akuten
Anlasses verfügt wurden. Der Inhalt dieses Statuts soll im folgenden
etwas genauer dargestellt werden[15]: Es handelt sich um eine „Forma incipiendi in artibus", d. h. es werden Regelungen für den Er-
werb des Magistergrades getroffen. Dieser wird hier bereits als
„magistratus septem scienciarum triumque philosophiarum" bezeichnet; die drei Philosophien – Natur-, Moralphilosophie und
Metaphysik – waren also bereits fest in der Fakultät etabliert. Die
artes wurden dabei wohl eher in der frühen Studienphase gelernt,
die drei Philosophien bevorzugt nach dem Bakkalaureat[16]. Nach
dem einleitenden Protokoll werden zunächst die Voraussetzungen
für die Zulassung zur *inceptio* besprochen, dabei werden vor allem
die Fächer mit den entsprechenden *textus*, über die Vorlesungen zu
hören waren, aufgezählt. Der Eintrag für die Musik lautet: „musicam per terminum anni, videlicet Boecii". Das Jahr war in 4 *termini*
aufgeteilt, jeder dieser *terms* sollte mindestens 30 Vorlesungstage
umfassen (das sind Tage, an denen wirklich eine Vorlesung statt-

---

[12]   BOWER, *Handlist* [Anm. 9] führt sieben glossierte Handschriften aus Oxford auf,
die alle nicht der „Glossa maior" angehören; dagegen sind von 17 glossierten Handschriften, die sich heute in Paris befinden, allein 12 im Rahmen der „Glossa maior"
ediert; cf. BERNHARD/BOWER: *Glossa maior* I [Anm. 8], p. LXXIV/LXXV.

[13]   J. CALDWELL, „Music in the Faculty of Arts", in: *The History of the University of
Oxford*, tom. 3 (The Collegiate University, ed. J. McCONIA), Oxford 1986, p. 201-212,
hier p. 201.

[14]   J. M. FLETCHER, „Developments in the Faculty of Arts 1370-1520", in: *The History
of the University of Oxford*, tom. 2 (Late Medieval Oxford, ed. J. I. CATTO, R. EVANS),
Oxford 1992, p. 315-345, hier p. 335.

[15]   S. GIBSON (ed.): *Statuta Antiqua Universitatis Oxoniensis*, Oxford 1931, p. 233-236.

[16]   FLETCHER, *Developments* [Anm. 14], p. 324.

fand!)[17]. Danach enthält das Statut eine Regelung, wie die zu lehrenden Fachgebiete auf die *magistri regentes* aufzuteilen seien, um zu gewährleisten, daß das Lehrangebot wenigstens die vorgeschriebenen Bücher abdeckte; die genaueren Einzelheiten tun in diesem Zusammenhang nichts zur Sache. Im Anschluß daran folgen einige besonders wertvolle Hinweise über die Art, wie die Vorlesungen auszuführen sind[18]. Ich will diese Beschreibung jetzt näher auseinandersetzen, weil ich glaube, daß sich dabei Entsprechungen zu meinem Kommentar ergeben: Zuerst sollen die *magistri* den behandelten Text einfach vorlesen: „primitus textum, prout iacet, legant." Wahrscheinlich hatten nicht alle Studenten ein Exemplar des Textes vorliegen oder gar in ihrem Besitz, und konnten ihn bei dieser Gelegenheit vollständig kennenlernen[19]. „Deinde ipsum, secundum exigenciam materie, plene et aperte exponant": danach soll also, je nach den Anforderungen des Stoffs, der Text vollständig und deutlich erläutert werden. Nach der Gliederung des Textes sollten dann die bemerkenswerten Textstellen herausgehoben werden, die möglicherweise auswendig gelernt wurden: „tunc, ipso debite ordinato seu constructo, ipsius textualia excerpant notabilia". Schließlich konnten noch kleinere Fragen behandelt werden: „demum questiones, si necesse sit, movendo solummodo literales, absque digressione a mente textus elongata". Diese kleinen *quaestiones*, die gelegentlich in die Vorlesung eingestreut wurden, sind natürlich unbedingt zu unterscheiden von den großen Quaestionen, die in den Disputationen behandelt wurden und die einen umfangreicheren Aufbau mit mehr Argumenten aufweisen[20]. Entscheidend kommt es nun aber auf das Wort *literales* an: Die Darlegung soll sich

---

[17] J. A. WEISHEIPL, „Curriculum of the Faculty of Arts at Oxford in the early Fourteenth Century", in: *Mediaeval Studies* 26 (1964), p. 143-185, hier p. 150; *Stat. Ant.* [Anm. 15], p. lxxx-lxxxii. Die erwähnten Festlegungen über die Länge eines *terminus* befinden sich gegen Beginn desselben Statuts; die Fristen für die anderen Fächer sind ebenfalls in *termini* angegeben. Ich habe mich deshalb – im Gegensatz zu CALDWELL, *Music in the Faculty of Arts* [Anm. 13], p. 201 – für das hier angegebene Verständnis dieses Begriffs, das auch in anderen Statuten geläufig ist (*Stat. Ant.* p. 55, 51), entschieden. Cf. FLETCHER, *Developments*, p. 323.

[18] J. M. FLETCHER, „The Faculty of Arts", in: *The History of the University of Oxford*, tom. 1 (The Early Schools, ed. J. I. CATTO), Oxford 1984, p. 369-399, hier p. 375.

[19] Id., „The Faculty of Arts", in: ibid., tom. 3 (The Collegiate University, ed. J. McConica), Oxford 1986, p. 157-199, hier p. 166sq. WEISHEIPL, *Curriculum* [Anm. 17], p. 151sq., sieht darin sogar den Hauptzweck der *lectiones cursorie*, die bereits von Bakkalaren gehalten werden konnten.

[20] WEISHEIPL, *Curriculum* [Anm. 17], p. 153sq., 182.

darauf beschränken, die sprachliche Aussage des Textes klar zu
machen, nicht darüber hinaus allegorische oder moralische Aus-
legungen zu liefern. Der Zusatz betont nochmals, nicht zu weit vom
Textsinn abzuschweifen. Weitere Gründe werden dann noch ausdrücklich genannt: „ita quod nulle sciencie prohibite doceantur,
nec alicui alteri facultati vel statutis collegiorum quomodolibet
preiudicetur". Es bestand also die Gefahr, daß unerlaubte Lehren
–möglicherweise okkulte Wissenschaften oder Häresien–verbreitet
wurden; außerdem sollte sich der Dozent nicht in fremde Gebiete
einmischen. Vielleicht versteckt sich in diesem Hinweis einer der
Umstände, die das Statut überhaupt erforderlich machten. Ob die
einzelnen Schritte wirklich in dieser zeitlichen Reihenfolge ausgeführt wurden, dürfte fraglich sein.

Wir wollen uns jetzt dem Kommentar zuwenden, um zu sehen,
ob und inwieweit er den eben genannten abstrakten Vorgaben des
Statuts entspricht. Der Vortrag des Boethius-Textes selbst ist natürlich nicht in dem Kommentar enthalten, er ist ja getrennt davon
aufgezeichnet. Die Struktur des Kommentars ist eher paraphrasierend; gelegentlich gelangt er zu einem Lemma, aber man kann
nicht sagen, daß er anhand von Lemmata gegliedert wäre. Der in
den Statuten gebrauchte Begriff *exponere* deutet auf die Gattung der
„Expositio" hin, wie der Kommentar in einer Handschrift auch
genannt wird[21]. Zur *ordinatio textus* wird am Anfang ein Überblick
über alle 5 Bücher gegeben, und der Kommentar behandelt dann
ein Kapitel nach dem anderen, längere Kapitel werden nochmals
inhaltlich in kleinere Abschnitte unterteilt–eine solche Einteilung
ist am Beginn von Textbsp. 1 zu sehen. Insbesondere ist der Kommentator fast besessen davon, zu Beginn jedes Kapitels zu erklären,
wie es mit dem vorhergehenden zusammenhängt. Eine regelrechte
Liste der bemerkenswerten Textausschnitte findet sich nirgends;
einzelne Textstellen fallen höchstens dadurch auf, daß sie in verschiedenen Zusammenhängen immer wieder zitiert werden. So
werden manche Aussagen über den moralischen Wert der Musik
schon im Vorwort mehrmals angeführt, später werden die Definitionen z. B. von *sonus* und *consonancia* an mehreren Stellen wiederholt. Einen wesentlichen Grundzug zu erfassen, scheint mir die
Beschränkung auf das sprachliche Verständnis des auszulegenden

---

[21]   MS Bodley 77, fol. 72v.

Textes: Die Hauptmenge des Kommentars besteht in Worterklärungen und Umschreibungen, oft durch Synonyme oder kurze Definitionen, die oft aus früheren Glossen oder den bereits angeführten Lexika herausgezogen sind, wobei sogar grammatikalische Angaben zu einzelnen Vokabeln gerne angeführt werden. Ganz bezeichnend ist eine Formulierung wie „Pro intellectu huius littere est notandum" in Textbsp. 1, Satz 16. Im Rahmen einer spekulativen Wissenschaft kann es freilich nicht verwundern, daß Anspielungen auf die aktuelle Musikentwicklung nur sehr sporadisch vorkommen[22]; schon in den früheren Boethius-Glossen ist das Interesse an der Musikpraxis gering, ihr Hauptbestand wird von sprachlichen Erläuterungen gebildet[23]. Aber auch von neueren theoretischen Entwicklungen, wie sie an anderen Universitäten in das Lehrprogramm aufgenommen wurden, sind kaum Spuren zu erkennen. Diese Zurückhaltung scheint sich mit einer allgemeinen konservativen Tendenz der Oxforder Artistenfakultät zu treffen, wie sie auch das zähe Festhalten am Boethius-Text in den Statuten widerspiegelt. Oft werden die Erklärungen einer Sache durch verschiedene Autoren zusammengestellt. Hierbei wäre es spannend, der Frage nachzugehen, ob diese Fähigkeit durch eine bestimmte Memoriertechnik erworben wurde, die Textstellen nach bestimmten Stichwörtern ordnete, oder in welchem Umfang dafür schon schriftliche Hilfsmittel in der Art von Konkordanzen oder Indizes zur Verfügung standen[24].

Neben den häufigen Zitaten aus der Bibel und den Kirchenvätern, die ja sowieso gängig waren, kommen aber auch ein paar aus den kanonischen Rechtssammlungen vor; das deutet vielleicht auf die räumliche Nähe dieser anderen Lehrfächer hin — immerhin sind die bibliographischen Angaben der Dekrete in den Manuskripten

---

[22]   Theorie beschäftigt sich nach mittelalterlichem Verständnis nur mit intelligiblen Daten, die „notwendigerweise so und nicht anders" sind; die jeweilige Gestalt eines musikalischen Prozesses kann durch Theorie nicht begründet werden. M. HAAS, „Die Musiklehre im 13. Jahrhundert von Johannes de Garlandia bis Franco", in: *Geschichte der Musiktheorie*, Band 5, p. 89-159, hier: p. 117; id.: „Mittelalter", in: *MGG²*, Sachteil 6, Kassel et al. 1997, col. 325-354, hier col. 332.

[23]   M. BERNHARD, „Boethius im mittelalterlichen Schulunterricht", in: M. KINTZINGER et al. (ed.), *Schule und Schüler im Mittelalter*, Köln 1996, p. 11-27, hier: p. 23, 26.

[24]   Cf. M. B. PARKES, „The Provision of Books", in: *The History of the University of Oxford*, tom. 2 (Late Medieval Oxford, ed. J. I. CATTO, R. EVANS), Oxford 1992, p. 407-483, hier p. 443-445.

so stark abgekürzt, daß sie geläufig gewesen sein müssen[25]. Trotzdem werden diese Zitate nur so peripher eingesetzt, daß sie den
anderen Fakultäten jedenfalls in keiner Weise vorgreifen. Viel ein-
schneidender sind die Einflüsse aus der Naturphilosophie, etwa aus
„De anima", „De animalibus" und den „Parva naturalia" von Aristoteles und den zugehörigen Kommentatoren, allerdings gehören
diese ja zur gleichen Fakultät und dürften keine Kompetenzstreitig-
keiten hervorgerufen haben.

Im folgenden soll ein Beispiel genauer besprochen werden; dafür
wurde die Erörterung einer Frage ausgewählt, in der weitgehend
eigenständig argumentiert wird. Die Passage ist im Anhang als
Textbsp. 2 wiedergegeben; sie befindet sich im Kommentar zum 12.
Kapitel des ersten Buches. Boethius handelt dort „De divisione
vocum earumque explanatione", über zwei Arten der Stimmbewe-
gung, die stetige und die diastematische. Diese beiden Arten werden bereits von Aristoxenos in seinen Ἁρμονικὰ στοιχεῖα beschrieben[26]; wohl in Anlehnung an die Unterscheidung von diskreter und
kontinuierlicher Quantität in den Kategorien seines Lehrers Aristoteles[27]. Die griechischen Begriffe für die beiden Formen, die auch
Boethius anführt, sind συνεχής für die kontinuierliche, somit stän-
dig in Veränderung begriffene Bewegung, die dem Sprechen zugeordnet wird, und διαστηματική für die intervallische, schrittweise, die dem Singen zugeordnet wird, die also zwischen den Intervallschritten immer wieder auf konstanten Tonhöhen anhält. Der
angeführte Textausschnitt zeigt eine der relativ seltenen Stellen, wo
wirklich ein kleines Problem behandelt wird; es steht einzeln am
Ende des Kapitels. Es wird hier ein Widerspruch, eine *contrarietas*,
aufgeworfen, die zwischen zwei verschiedenen Autoritäten besteht
– eine Denkfigur, die aus der Scholastik hinreichend bekannt ist.
Diese *contrarietas potest colligi*, sie kann zusammengestellt werden, d.
h. sie ergibt sich nicht zwangsläufig, sondern wird förmlich gesucht;
es ist offenbar eine Übung, solche Widersprüche zu finden und sie
dann aufzulösen (man trainiert dabei sein Gedächtnis und seine

---

[25] Auf fol. 48r von MS Bodley 77 wird eine Stelle des „Decretum Gratiani" ohne
Nennung der Sammlung einfach als „21.di.c.2"" angegeben.
[26] H. S. MACRAN (ed.): *The Harmonics of Aristoxenus*, Oxford 1902, Nachdr. Hildesheim, Zürich, New York 1990, p. 101-103.
[27] ARISTOTELES, Cat. 4b.

dialektischen Fähigkeiten). Es geht allerdings nicht um eine tiefgreifende inhaltliche Auseinandersetzung, sondern der Widerspruch ergibt sich lediglich *per verba*, auf sprachlichem Niveau eben. Er betrifft das Verhältnis der Begriffe *dicere* und *canere*.

Die Autorität, die Boethius gegenübergestellt wird, ist Guido von Arezzo mit seinem um 1030 geschriebenen „Micrologus", immerhin dem nach Boethius im Mittelalter verbreitetsten musikbezogenen Text. Er hat offenbar inzwischen ein so hohes Ansehen erlangt, daß man ihn mit Boethius konfrontieren kann. Die zitierte Aussage stammt aus dem 17. Kapitel des „Micrologus", das überschrieben ist mit „Quod ad cantum redigitur omne, quod dicitur"[28]. Im Hauptteil dieses Kapitels wird ein Verfahren beschrieben, das in mehreren Stufen zum Gestalten von Melodien zu vorgegebenen Texten hinführt: Zuerst werden die fünf Vokale der Reihe nach sich periodisch wiederholend unter die Töne der Tonleiter aufgetragen; somit ist, wenn man sich etwa auf einen Quintraum beschränkt, jedem der Vokale der Silben eindeutig ein Ton zugeordnet. Man singt die einzelnen Silben der Wörter jeweils auf den Ton, der ihrem Vokal entspricht; der Anwender kann in diesem Stadium also ganz mechanisch vorgehen. Das Verfahren wird dann schrittweise gelockert: man schreibt eine zweite Reihe von Vokalen in anderer Anordnung unter die Tonleiter, so daß jeder Ton zwei verschiedene Vokale zuläßt; umgekehrt muß man jetzt beim Suchen von Tönen für die einzelnen Silben eine Auswahl treffen; auf diese Weise wird behutsam der Geschmack des Schülers und sein eigenes Urteil gebildet. In den folgenden Phasen darf er dann die Schlußwendungen etwas freier gestalten und schließlich die Melodie selbst einrichten und auszieren. Diese Ausführungen haben wohl zu allen Zeiten dem Verständnis Schwierigkeiten bereitet. Eine heute einflußreiche Deutung schätzt dieses Kapitel, ganz praxisbezogen, als Anleitung für die *pueri* zum selbständigen Erfinden von Melodien, für Improvisationsübungen[29]; es gibt keine Hinweise darauf, daß die Methode jemals in diesem Sinne pädagogisch verwendet wurde. Der sukzessive Charakter des Vorgehens wurde

---

[28] Als Textausgabe wurde verwendet: *Guidonis Aretini Micrologus*, ed. J. SMITS VAN WAESBERGHE (CSM 4), American Institute of Musicology 1955.

[29] J. SMITS VAN WAESBERGHE, „Guido of Arezzo and musical improvisation", in: *Musica Disciplina* 5 (1951), p. 55-63; id., *Musikerziehung* (= Musikgeschichte in Bildern 3, 3), Leipzig 1969, p. 114.

aber mit Sicherheit erkannt: In einem Micrologus-Kommentar des späten 11.Jahrhunderts, dem sogenannten „Liber specierum", wird die Folge weitergeführt, bis alle 5 Vokale unter jedem Ton stehen; dieses Stadium ist folgerichtig der Endpunkt des Verfahrens, aber freilich ohne praktischen Nutzen[30]. Die im Kommentar zitierten Sätze stehen vor der Beschreibung der Methode am Anfang des Kapitels und sind fast wörtlich in die Überschrift (Satz 1) aufgenommen. Dieser Beginn ist womöglich noch unverständlicher als der Rest des Kapitels; er wird wie eine allgemeingültige Behauptung formuliert, das eben beschriebene, so starr anmutende Verfahren liefert den Beweis dafür. Eine pragmatische Deutung liegt daher nicht nahe; im späten Mittelalter wurde das Verfahren–wie Walter Odington bezeugt[31]–jedenfalls nicht mehr zum Komponieren verwendet. Wir werden sehen, wie der Kommentator die logische Struktur der Aussagen aufgefaßt hat.

Der Widerspruch wird von ihm zunächst messerscharf, geradezu exemplarisch herausgearbeitet: in Satz 6 steht „illud quod dicitur per intervallum non continue vocis suspenditur", d. h. das Gesprochene wird in der diastematischen Weise ausgeführt[32], gegenüber Satz 10: „illud quod dicitur"–kurzer Einschub–„per vocem non continuam nequaquam suspenditur". Die erste Aussage wird in Satz 5/6 aus zwei Prämissen–zuerst der Aussage von Guido: alles, was gesagt wird, wird gesungen; dann der von Boethius: was gesungen wird, wird in Intervallschritten ausgeführt–mittels Transitivität gefolgert. Dazu faßt er die angeführte Guido-Stelle als Syllogismus auf, was ja auch durch das Wörtchen „igitur" im Schlußsatz (Micr. Satz 7 nach *canitur*) suggeriert wird; in der Tat konnte einem dialektisch vorgebildeten Leser kaum entgehen, daß alle Teilsätze wie auch die Überschrift die Bauart von *propositiones universales* aufwei-

---

[30]   J. Smits van Waesberghe (ed.), *Expositiones in Micrologum Guidonis Aretini*, Amsterdam 1957, p. 54.

[31]   Walter Odington, *Summa de speculatione musicae*, ed. F. F. Hammond (CSM 14), p. 99. Ich bezweifle, daß man aus dieser Passage die frühere Verwendung von Guidos Methode ableiten kann. Den Hinweis auf die Stelle verdanke ich Herrn Dr. Wolfgang Hirschmann (Erlangen).

[32]   „Ausführen" soll natürlich keine Übersetzung des lateinischen *suspendere* sein; ich habe diese Umschreibung nur der Einfachheit wegen als Notbehelf gewählt, weil der Begriff *suspendere* hier meines Erachtens kaum durch ein treffendes deutsches Wort wiedergegeben werden kann. Verschiedene Nuancen werden in der Übersetzung durch C. M. Bower, *Fundamentals of Music*, New Haven, London 1989, p. 20, in einer Fußnote aufgeführt.

sen[33]. Er verwendet nun den Schlußsatz wiederum als Obersatz in seinem eigenen, gleich gebauten Syllogismus, der als Untersatz die Aussage von Boethius heranzieht. In einem zweiten Argumentationsgang wird der Gegensatz dazu hergeleitet: diesmal begründet er ihn mittels zweier Synonyme, *dicere* und *loqui*; zur Stützung wird eine weitere Autorität, nämlich Augustinus, bemüht. Das Ergebnis ,,nequaquam suspenditur" ist unvereinbar mit der ersten Aussage, doch nicht ihr logisches Komplement; die beiden verhalten sich im strengen Sinne der mittelalterlichen Logik als *contrarie*[34]. Die angehängte Folgerung ,,per consequens illud quod dicitur non canitur" stellt nochmals den genauen Widerspruch gegenüber Guido heraus.

In einem zweiten Abschnitt beschäftigt sich der Kommentator mit der Auflösung des Widerspruchs. Er arbeitet dazu mit dem Begriffspaar *actus* und *potentia*, das die Scholastik von Aristoteles übernommen hat: das Gesprochene kann also lediglich in Gesang verwandelt werden. Man kann das vielleicht auch so ausdrücken, daß das Prädikat, gesungen zu werden, dem Gesprochenen nur

---

[33] Ob Guido selbst seine Formulierungen so gemeint hat, soll in diesem Rahmen nicht erörtert werden; schließlich ist ja unbekannt, was er an der Kathedralschule in Arezzo alles unterrichtet hat. Ich möchte lediglich aus dieser Sicht einige Bemerkungen zum Beginn des Kapitels, der von SMITS, *improvisation* [Anm. 29], etwas vernachlässigt wird, einfügen: Das Kapitel steht in einer Folge von Ausführungen, welche die elementaren Bestandteile der Melodiebildung – oft in Beziehung zu den analogen und parallelen Erscheinungen der Sprache – erläutern sollen (cf. A. TRAUB, ,,Zur Kompositionslehre im Mittelalter", in: *Beiträge zur Gregorianik* 17 (1994), p. 55-90, hier p. 62). Schon die Einteilung der Bewegungsformen der Neumen in Kapitel 16 dürfte eher systematisierender Absicht entsprungen sein. Hier wird in Weiterführung der Analogie von Buchstaben und Tönen eine Zuordnung von Vokalen und Tonhöhen getroffen; dazu benötigt Guido die Buchstaben der Schrift, weil sie die Trennung von Vokalen und Konsonanten, also die Struktur der Sprache anzeigen, die sich auf die Töne beziehen läßt; dies ist die *causa*, die er deutlich machen will. Er argumentiert hier wirklich; die Übersetzung des Begriffs *argumentum* als ,,Beweisführung" in K.-J. SACHS, ,,Tradition und Innovation bei Guido von Arezzo", in: W. ERZGRÄBER (ed.), *Kontinuität und Transformation der Antike im Mittelalter*. Veröffentlichung der Kongreßakten zum Freiburger Symposion des Mediävistenverbandes, Sigmaringen 1989, p. 233-244, hier p. 237, ist auch an dieser Stelle in der Tendenz durchaus angemessen, wenn auch nicht im strengen scholastischen Sinne. Auf keinen Fall sollte man *argumentum* – wie SMITS, *improvisation*, p. 58 – als ,,method" verstehen; daß der Begriff nicht das gesamte Verfahren bezeichnet, legt schon der Ausdruck ,,hoc argumentum reliquimus" (Satz 31) nahe. Satz 20 zeigt den erfolgreichen Abschluß der Begründung an. Der weitere Fortgang scheint dann stärker in eine praktische Richtung zu weisen.

[34] E. g. PETER OF SPAIN, *Tractatus*, ed. L. M. DE RIJK, Assen 1972, p. 6. In seiner Terminologie wäre die erste Aussage als *propositio universalis affirmativa*, die zweite als *propositio universalis negativa* anzusprechen. Bezüglich dieser logischen Probleme danke ich Herrn Prof. Dr. K. Jacobi (Freiburg) für ein klärendes Gespräch.

akzidentiell zukommt, während die intervallische Tonbewegung ein definitorisches Merkmal des Singens ist. Im folgenden weist er auf den gemeinsamen Ursprung von Gesang und Sprache hin, nämlich den *sonus*, der seinerseits aus *motus* und *pulsus* entsteht; bei dieser Gelegenheit streut er einige frühere Sätze des Boethius-Textes ein, vielleicht im Sinne der zu exzerpierenden Textstellen. Er faßt abschließend seine Lösung nochmals zusammen, daß nämlich alles, was gesprochen wird, auch gesungen werden kann, daß aber nicht in einem Akt zugleich gesprochen und gesungen wird. Diese Auffassung als bloße Möglichkeit scheint sich, auch wenn sie in scholastische Terminologie gekleidet ist, im Grunde mit einem heute weithin akzeptierten Verständnis zu decken[35]. Der Widerspruch kommt zustande, indem der Wortlaut der Sätze für sich unabhängig betrachtet, und zwar nicht nur aus dem textlichen Zusammenhang, sondern auch aus dem Verwendungskontext herausgenommen wird[36]. Dies ist kein Wunder, da die Aussagen in einen ganz neuen Rahmen hineingestellt werden: mit ihrer Hilfe sollen dialektische Verfahren geübt werden. Der Gedankengang wird knapp und doch klar präsentiert; die Erläuterung beschränkt sich auf ein elementares Gerüst. Der Schüler lernt exemplarisch, wissenschaftliche Techniken anzuwenden: *divisio* von Begriffen, Syllogismus, Synonyme, Widersprüche und wie man sie lösen kann. Außerdem wiederholt er dabei einige wichtige Aussagen verschiedener Autoren.

Um die Verwendung des Kommentars genauer zu bestimmen, wären jetzt einige daran anschließende Fragen zu untersuchen; zum Beispiel: Sind die argumentativen Anforderungen der hier besprochenen Passage mit dem Grundwissen zu bewältigen, wie es an einer Grammatikschule vermittelt wurde?[37] Wurden Texte zur Musiklehre, wie der „Micrologus" oder der pseudo-odonische „Dialogus", bereits im elementaren Curriculum so ausführlich be-

---

[35]   So wird die Überschrift von W. BABB, *Hucbald, Guido and John on music*, ed. C. V. PALISCA, New Haven, London 1978, p. 74, übersetzt als: „That anything that is spoken can be made into music"; in M.-N. COLETTE, J.-C. JOLIVET, *Gui d'Arezzo, Micrologus. Traduction et commentaires*, Paris 1993 als: „Tout ce qui se dit peut se chanter".

[36]   Wie die Musikbeispiele nahelegen, bezieht sich Guido vor allem auf liturgische Texte – Psalmen und Hymnen –, die ja tatsächlich gesprochen, aufgeschrieben und auch gesungen wurden. Die Schüler lernten Grammatik anhand dieser Texte; warum nicht auch die Elemente der Melodiebildung?

[37]   Ich nehme an, daß die Frage zu bejahen ist. Die verwendeten logischen Strukturen sind elementar, die Syllogismen von der einfachsten Form; sie leuchten auch ohne besondere dialektische Vorbildung unmittelbar ein.

handelt, daß sie an der Artistenfakultät einfach vorausgesetzt werden konnten, was man etwa vom ,,Grecismus`` des Eberhard von Béthune, der im Kommentar auch gelegentlich erwähnt wird, gewiß annehmen kann? Und waren die beiden Ausbildungsgänge, der praktisch-liturgisch orientierte und der spekulative, in Oxford so dicht benachbart, daß sie sich gegenseitig beeinflußt haben? Es werden noch allerhand Nachforschungen nötig sein, um die Voraussetzungen und die Ausführung der universitären Musiklehre und speziell den Ort des hier behandelten Kommentars darin weiter zu klären. Der vorliegende Beitrag sollte wenigstens vorläufig einige Anhaltspunkte dafür liefern, in welcher Beziehung dieser zum dortigen Curriculum gestanden haben kann.

ANHANG

Textbsp. 1:

1**Omnium quidem** et c.: 2In isto prologo tria Boecius specialiter
manifestat, scilicet necessitatem tradicionis sciencie, excellenciam
et finem. 3Necessitatem huius operis intendit, cum dicit: 4**Omnis
percepcio sensuum naturaliter** nobis **adest**, licet certa cogni-
cio non nisi eruditis; 5et pro hac utilitate facit infra ante finem prologi, ubi dicit **musicam ita nobis naturaliter coniunctam, ut
ea carere non possumus** eciam **si velimus**. 6Excellenciam
pandit, s. quando musica *iram suggerit, clemenciam suadet et corporum
morbis medetur*—ut per exempla varia patet infra. 7Finem demonstrat,
quia principaliter ordinatur *ad mores instruendos et animos exultacione
virtutis in cultum divinum traiciendos*, 8cum infra dicat **musicam non
tantum speculacioni sed moralitati coniunctam**. 9Et dividitur iste prologus in tres partes: 10In prima parte commendat musicam propter illam utilitatem, s. quod mores informat et instruit et
recreat et delectat; 11qua de re de musica non docet aliquid inver-
tere, ne animos audiencium et mores paulatim pervertat. 12In secunda parte, que incipit ibi: **Quoniam vero**, docet, qualiter antiqui summopere cavebant, ne quid novum vel superfluum in musicam introduceretur, timentes quod animos puerorum addiscencium
a virtutis modestia prepediret. 13In tercia parte ibi: **Tanta igitur,**
probat usque in finem prologi per multa exempla et experimenta
musicam in affeccionibus corporum et animorum quam plurima
fecisse miranda, 14et hoc ad illum finem maxime, ut concludat **musicam naturaliter nobis esse coniunctam**.

15Igitur sic incipit prologus: **Omnium quidem percepcio**, i.
sensus perceptibiles, i. quibus aliquid percipitur. 16Pro intellectu
huius littere est notandum, quod *quedam sunt incorporea et invisibilia ut
anima, quedam corporalia et visibilia ut corpora, quedam invisibilia et corporalia ut sunt sensus corporei*. 17*Corporales enim sunt, quia corpori administrantur,
et invisibiles, quia illud, quod dicitur auditus vel visus, non potest videri.*
18*Unde fit, ut, cum quinque sensus corporis alia exteriora senciant, se ipsos non
senciunt.* 19*Visus enim se ipsum non videt, gustus se ipsum non gustat, quod si
faceret, nunquam ieiunus esset; et sic de ceteris.* 20Qualitates quoque tam
diverse date sunt rebus, ut omnis sensus oblectamentum suum inve-

niat: 21Visum enim pascit pulcritudo colorum, auditum cantilene concentus, olfactum odorum fragrancia, gustum saporum dulcedo, tactum vero corporis aptitudo. 22Conveniens vero est divina intellectualiter investigare, mathematica disciplinaliter, et que ad phisicam pertinent racionaliter. 23Adeo est naturale **quibusdam viventibus** hos sensus in suis instrumentis percipere–non dico percipere hic pro perfecte capere sed cognoscere–, **ut sine hiis** sensibus, hoc est sine aliquo vel aliquibus horum, **animal non possit intelligi** vel existere; 24nam *sensus tactus est necessarius omni animali,* quia sine sensu tactus nullum animal esse potest secundum philosophum 2° De anima commento 17. 25**Quibusdam viventibus** dicitur, *quia quedam animalia vivunt sed non audiunt, quedam senciunt sed non vident, ut talpa.*

Kommentierter Boethius-Text:
BM [Anm. 3] I, 1, p. 178: Omnium quidem perceptio sensuum ita sponte ac naturaliter quibusdam viventibus adest, ut sine his animal non possit intellegi.

Sonstige Quellen:
5 BM I, 1, p. 187: ut ex his omnibus perspicue nec dubitanter appareat, ita nobis musicam naturaliter esse coniunctam, ut ea ne si velimus quidem carere possimus.
6 MACROBIUS, *Commentarii in Somnium Scipionis*, ed. J. WILLIS, Stuttgart 21994, 2.3, 9, p. 105: …nec non curas et immittit et retrahit, iram suggerit, clementiam suadet, corporum quoque morbis medetur, nam hinc est quod aegris remedia praestantes praecinere dicuntur.
7 IOANNES SARESBERIENSIS, *Policraticus*, ed. K. S. B. KEATS-ROHAN (CCCM 118), Turnhout 1993, 1, 6, 402a: Ad mores itaque instruendos et animos exultatione virtutis traiciendos in cultum Domini non modo concentum hominum sed et instrumentorum modos censuerunt sancti patres Domino applicandos, cum templi reverentiam dilatarent.
8 BM I, 1, p. 179: Unde fit ut, cum sint quattuor matheseos disciplinae, ceterae quidem in investigatione veritatis laborent, musica vero non modo speculationi verum etiam moralitati coniuncta sit.
14 BM I, 1, p. 178.
16-19 GL. MAIOR [Anm. 8] I, 1, 61: Quaedam sunt incorporalia et invisibilia ut anima vel Deus; quaedam corporalia et visibilia ut

sunt corpora; quaedam invisibilia et corporalia ut sensus corporei. Corporales sunt, quia corpore administrantur, et invisibiles, quia illud, quod dicitur auditus vel visus, non potest videri. Unde fit, ut cum quinque corporis sensus alia exteriora sentiant, se ipsos non sentiunt. Visus enim se ipsum non videt. Gustus se ipsum non gustat; quod si faceret, numquam ieiunus esset. Sic de ceteris...

22 Cf. BOETHIUS, *De trinitate* (PL 64, col. 1247-1256) ii, col. 1250 B.

24 AVERROES, *Commentarium Magnum in Aristotelis De anima libros*, ed. F. S. CRAWFORD, Cambridge/Mass. 1953 (Corpus Philosophorum Medii Aevii) II, 17, p. 156:...Deinde dixit: *Et omnia animalia videntur habere sensum tactus*. Idest, et iste sensus est necessarius omnibus animalibus inter omnes modos sensus; omne enim animal habet sensum tactus...

25 GL. MAIOR [Anm. 8] I, 1, 34: quia quaedam sunt animalia, quae vident et non audiunt, quaedam, quae sentiunt sed non vident, ut talpa.

Textbsp. 2:

1Ex duobus primis membris huius divisionis vocis colligi potest una contrarietas per verba Guidonis in Micrologo suo capitulo 17; 2dicit enim, quod, *sicut scribitur omne quod dicitur, ita ad cantum redigitur omne quod scribitur, canitur igitur omne quod dicitur.* 3Hoc dicit. 4Tunc dico: 5Si illud quod dicitur canitur, et illud quod canitur per intervallum non continue vocis suspenditur, ut patet ex secundo membro divisionis, 6ergo illud quod dicitur per intervallum non continue vocis suspenditur. 7Quod est contra primum membrum eiusdem divisionis, ubi dicitur: 8quando aliquam **percurrimus oracionem** verba loquendo, in voce continua sine intervallo huius festinatur oracio. 9Unde cum nichil aliud sit verba loqui quam verba dicere – secundum Aurelium Augustinum De musica primo libro post principium –, illud quod dicitur voce continua expeditur, 10ergo illud quod dicitur, cum **nec in sonis gravibus hereat**, i. moretur, **nec acutis**, per vocem non continuam nequaquam suspenditur, et per consequens illud quod dicitur non canitur.

11Illa contrarietas sic solvitur: 12Ubi dicitur *omne quod dicitur canitur*, concedo virtute et potencia; 13nam omne, quod dicitur, ex sono formatur nec potest aliquid dici nisi prius percusso aere, quam percussionem motus precedit, ex quibus, s. motu et pulsu, sonum fieri est necesse. 14Cum igitur omne quod dicitur in sono formetur, et ex eisdem primordiis et non aliis nascatur omne quod dicitur, ex quibus resultat sonus, 15qui secundum Boecium est **vocis casus emmeles**, i. aptus melo: 16merito omne quod dicitur ad melodiam redigitur. 17Et sic conceditur, quod omne quod dicitur virtute et potencia canitur, non tamen actu et opere simul et semel ab uno et eodem ore; 18sed quod nunc dico voce continua sine intersticio percurrendo incontinente, post canere possum in modulamine musico vocem non continuam suspendendo. 19Et sic solvitur illa contrarietas.

Kommentierter Boethius-Text:
BM I, 12, p. 199: Sed de his hactenus. Nunc vocum differentias colligamus. Omnis vox aut συνεχης est, quae continua, aut διαστηματικη, quae dicitur cum intervallo suspensa. Et continua quidem est, qua loquentes vel prosam orationem legentes verba percurrimus. Festinat enim tunc vox non haerere in acutis et gravibus sonis, sed quam velocissime verba percurrere, expediendisque sensibus exprimendisque sermonibus continuae vocis impetus operatur. Διαστηματικη autem est ea, quam canendo suspendimus, in qua non potius sermonibus sed modulis inservimus, estque vox ipsa tardior et per modulandas varietates quoddam faciens intervallum, non taciturnitatis sed suspensae ac tardae potius cantilenae. His, ut Albinus autumat, additur tertia differentia, quae medias voces possit includere, cum scilicet heroum poema legimus neque continuo cursu, ut prosam, neque suspenso segniorique modo vocis, ut canticum.

Sonstige Quellen:
2 GUIDO, *Micr.* [Anm. 28] 17, p. 186-190: 1*Quod ad cantum redigitur omne quod dicitur.* 2His breviter intimatis aliud tibi planissimum dabimus argumentum utillimum visu, licet hactenus inauditum. 3Quo cum omnium omnino melorum causa claruerit, 4poteris tuo usui adhibere quae probaveris commoda 5et nihilominus respuere quae videbuntur obscoena. 6Perpende igitur quia sicut scribitur omne quod dicitur, ita ad cantum redigitur omne quod scribitur. 7Canitur igitur omne quod dicitur, scriptura autem litteris figuratur.

8Sed ne in longum nostra regula producatur, ex hisdem litteris quinque tantum vocales sumamus 9sine quibus nulla alia littera, sed nec syllaba sonare probatur earumque permaxime casus conficitur, quotienscumque suavis concordia in diversis partibus invenitur, 10sicut persaepe videmus tam consonos et sibimet alterutrum respondentes versus in metris, ut quamdam quasi symphoniam grammaticae admireris. 11Cui si musica simili responsione iungatur, duplici modulatione dupliciter delecteris.

12Has itaque quinque vocales sumamus, forsitan cum tantum concordiae tribuunt verbis, non minus concinentiae praestabunt et neumis. 13Supponantur itaque perordinem litteris monochordi, et quia quinque tantum sunt, tamdiu repetantur donec unicuique sono sua subscribatur vocalis, hoc modo: *(om. descriptionem)*

15In qua descriptione id modo perpende, quia cum his quinque litteris omnis locutio moveatur, moveri quoque et quinque voces ad se invicem ut diximus, non negetur. 16Quod cum ita sit, sumamus modo aliquam locutionem, eiusque syllabas illis sonis adhibitis decantemus, 17quos earumdem syllabarum vocales subscriptae monstraverint, hoc modo: *(om. 2 descriptiones)*

20Quod itaque de hac oratione factum est, et de omnibus posse fieri nulli dubium est.

9 Cf. AUGUSTINUS, *De musica*, ed. G. FINAERT, F.-J. THONNARD, Paris 1947, I, ii, 2. : M. Ad id scilicet ut intelligas modulationem posse ad solam musicam pertinere, quamvis modus unde flexum verbum est, possit etiam in aliis rebus esse: quemadmodum dictio proprie tribuitur oratoribus, quamvis dicat aliquid omnis qui loquitur, et a dicendo dictio nominata sit. D. Jam intelligo.

13 Cf. BM I, 3, p. 189: Consonantia, quae omnem musicae modulationem regit, praeter sonum fieri non potest, sonus vero praeter quendam pulsum percussionemque non redditur, pulsus vero atque percussio nullo modo esse potest, nisi praecesserit motus.

15 BM I, 8, p.195: Sonus igitur est vocis casus emmeles, id est aptus melo, in unam intensionem.

DIE „MUSICA ENCHIRIADIS" UND IHR UMFELD: ELEMENTARE MUSIKLEHRE ALS PROPÄDEUTIK ZUR PHILOSOPHIE[1]

Max Haas

> Und auf welche Weise willst du etwas unter-
> suchen, Sokrates, wovon du ganz und gar
> nicht weisst, was es ist? Denn wie willst du dir
> das vorstellen, wovon du nichts weisst, und es
> untersuchen? Und wenn du es noch so gut
> träfest, wie willst du dann wissen, dass es da
> ist, was du ja nicht kennst?
>
> Platon, *Menon* 80D

Möglicherweise um 1300 – sicher nicht lange vorher oder danach –
entsteht ein Text, der bekannt geworden ist als die „Musica" des
Johannes de Grocheio. Johannes ist möglicherweise Absolvent der
Pariser Artistenfakultät und versucht, Jugendlichen (*iuvenes*), die
ihm geholfen haben, sein Leben zu fristen, etwas an Musikkenntnis
beizubringen, indem er sie über deren Grundlagen unterrichtet und
ihnen die im Paris seiner Zeit übliche Musik vorstellt.

Grocheio weiss, dass der Gebrauch des Nomen *musica* Disziplin
erfordert; denn sicherlich gilt, dass wir Dinge wahrnehmen und der
'Musik' zuzählen; doch nehmen wir nicht wahr, was *musica* meint.
Er unterscheidet daher zwischen den *singularia* unserer Sinneswahrnehmung und den *communia*, also dem, was den Einzelerscheinun-
gen gemeinsam ist und das vorliegen muss, soll der Begriff *musica*
rechtens gebraucht werden[2]. Zwei einschlägige Stellen seien hier
paradigmatisch vorgeführt. Das Gemeinsame liegt in der Konstruk-

---

[1]   Der vorliegende Text bietet die leicht redigierte und um die unumgängliche Zahl
von Fussnoten ergänzte Vortragsfassung.

[2]   E. ROHLOFF, *Die Quellenhandschriften zum Musiktraktat des Johannes de Grocheio*, Leipzig
s.a., p. 110, 16-20: „Modus autem procedendi erit, primo considerare communia, quae
dicuntur principia, et postea ex illis orientia <singularia> secundum subiectae materiae
facultatem. Sic enim vadit tota cognitio humana sive sensitiva sive intellectiva, ut ait
Aristoteles in prooemio *Physicorum*."

tion 'so, wie es im Falle A üblich ist, gilt es auch für B', wobei B in beiden Fällen die Musik ist, A im einen Fall die Grammatik, im zweiten die zoologischen, also die im weiteren Sinne physikalischen Schriften von Aristoteles.

In der Grammatik ist es üblich, dass der Unterricht drei Einheiten vermittelt. Erstens lernt der Schüler Lesen und Schreiben. Damit verkoppelt ist das Erlernen des Lateinischen. Latein wird als ein bestimmtes Idiom gelernt, das in struktureller Hinsicht den Zugang zu 'Sprache' überhaupt eröffnet. Latein wird demnach als Idiom und Modell zugleich benutzt. In der üblichen Kurzformel ausgedrückt, ist eine *vox*, ein Laut, *significativa ad placitum*, bedeutet demnach konventionell. Einer mag sagen, 'dog', der andere 'chien' und der dritte 'canis'. Gemeint ist nicht nur das semantisch Gleiche, das in verschiedenen Idiomen ausgedrückt werden kann, sondern das 'Gleiche' innerhalb der Struktur; denn die satzlogischen Erwägungen, die man über die Funktion eines Nomen im Lateinischen anstellt, gelten für Sprache überhaupt. Seit dem 12. Jahrhundert drückt sich diese Überzeugung vom *scientia*-Aspekt in der Kurzform aus *ars est eadem apud omnes*[3]. Das ist bei Grocheio die Basis des ersten 'so ... wie'-Schlusses: so wie es gilt, dass unterschiedliche Dialekte und unterschiedliche Sprachen in verschiedenen Landstrichen und Regionen benutzt werden, so gibt es je nach Ort und Brauchtum unterschiedliche Erscheinungsformen des Musikalischen, denen die gleichen *communia* zugrunde liegen[4].

Das von Grocheio benutzte Paradigma für die Taxinomie des 'Gleichen' und 'Verschiedenen' liefert Aristoteles mit den drei Tierschriften, wie sie die arabisch-lateinische Tradierung bündelt. Indem Grocheio auf diese Texte verweist, mündet er in die zweite 'so ... wie'-Schlaufe. Ich paraphrasiere: so wie Aristoteles die Tiere in

---

[3] Vergleiche die Diskussion und die Belege bei J. PINBORG, *Die Entwicklung der Sprachtheorie im Mittelalter*, Münster 1967 (Beiträge zur Geschichte der Philosophie des Mittelalters 32, 2), p. 25-30.

[4] ROHLOFF, *Quellenhandschriften* [Anm. 2], p. 124, 21-31: „Nobis vero non est facile musicam dividere recte, eo quod in recta divisione membra dividentia debent totam naturam totius divisi evacuare. Partes autem musicae plures sunt et diversae secundum diversos usus, diversa idiomata vel diversas linguas in civitatibus vel regionibus diversis. Si tamen eam diviserimus, secundum quod homines Parisiis ea utuntur et prout ad usum vel convictum civium est necessaria, et eius membra, ut oportet, pertractemus, videbitur sufficienter nostra intentio terminari, eo quod diebus nostris principia cuiuslibet artis liberalis diligenter Parisiis inquiruntur et usus earum et fere omnium mechanicarum inveniuntur."

'Hauptteile' (*membra*) unterteilt, nach dem Verhältnis vom Teil zum Ganzen frägt und damit die topische Figur vom Verhältnis zwischen *pars* und *totum* anwendet, und schliesslich die zwei Muster um die Denkfigur der *generatio* erweitert, so lässt sich auch im Falle der Musik verfahren[5]. Grocheio suggeriert eine Dreiteilung der Musik, die bei näherem Besehen zur Zweiteilung oder gar zur Aufhebung jeder Teilung wird; denn die drei Denkfiguren dienen nicht primär zur Klassifikation des Materials im Sinne einer Unterteilung, sondern zur Analyse im Sinne einer Darlegung von Aspekten.

Es gibt im Mittelalter keine allgemeine Auffassung von 'Musik'. Grocheio verweist aber bei allen Eigenheiten seines Vorgehens auf etwas Allgemeines, wenn er in zwei Schritten konstruiert. Der erste Schritt stellt in Rechnung, dass die Behauptung, ein Ereignis sei 'Musik', Kenntnisse von intelligiblen Grössen voraussetzt. Dabei geht die Konstruktion intelligibler Grössen nicht von einem Ding *musica* aus, sondern konstituiert dieses Ding wie andere auch. Da nun jede intelligible Grösse nur als wissenschaftliches, das heisst abstrahiertes Objekt vorliegt, tut Analyse not, um Sinneswahrnehmung so zu erfassen, dass klar wird, welche Kombination oder Anordnung von Singularitäten oder von Ereignissen einen gegebenen Fall konstituieren und wie sie sich zum Gemeinsamen verhalten. Der zweite Schritt der Argumentation bezieht sich demnach auf die Tatsache, dass das Nomen *musica* keine implizite generische Taxinomie enthält. Darum müssen die *singularia* mit Hilfe von Analogien – dazu zieht Grocheio nun eben Grammatik und Biologie heran – klassifiziert werden.

Wir können für den Moment die Frage, auf die sich Grocheio bezieht, in anderer Weise als anthropologische Arbeitshypothese formulieren. Menschen haben die Möglichkeit, bei zwei Gelegen-

---

[5] ROHLOFF, *Quellenhandschriften* [Anm. 2], p. 128, 47–130, 14: „Notificatio vero omnium istorum ex tribus est, primo enim ex cognitione universali, quae per definitionem vel descriptionem habetur, secundo vero ex cognitione <magis> perfecta, quae in distinguendo et cognoscendo partes consistit, sed tertio ex ultima, quae per cognitionem compositionis habetur. Sic enim cognoscuntur res naturales, sive fuerint corpora simplicia, sicut ignis, aer, aqua, terra, sive fuerint mixta vel mineralia, sicut lapides et metalla, sive etiam fuerint animata, sicut plantae et animalia. Unde *Aristoteles* in libro, qui *De animalibus* intitulatur, sic notitiam de animalibus tradit. Primo enim ea notificavit confuse et universaliter et per anatomisationem et mores et proprietates eorum in libro, qui *De historiis* dicitur. Secundo vero ea magis perfecte et determinate notificavit per partium cognitionem in libro, qui *De partibus* appellatur. Sed tertio maxime notificavit ea per *Generationem* vel eorum factionem, in quo cognitionem de animalibus ultimavit."

heiten lineare oder geordnete Symbolketten zu produzieren: das
eine Mal, wenn sie sprechen (sekundär: wenn sie schreiben) und das
zweite Mal, wenn sie 'Musik' produzieren (sekundär: wenn sie 'Musik' aufschreiben). Mit einer im Mittelalter immer wieder angestellten Überlegung ist anzunehmen, dass die linearen oder geordneten
Symbolketten der Kontingenz unterliegen (sie können, wie man
sagt, 'so oder anders sein'), während die Konstituenten der Ketten
auf etwas zurückgehen, dass notwendigerweise so und nicht anders
ist[6].

Ich verfüge nicht über das Instrumentarium, zu sagen, *was* 'Musik' ist. Aber als Historiker möchte ich die Not in eine Tugend verwandeln, indem ich mich an die mittelalterlichen Texte halte und
nun eben nicht unbeholfen paraphrasiere, was dort über das *Was*
gesagt wird, sondern Grocheio und vielen anderen in der Überzeugung folge, dass sich beschreiben lässt, *wie* dieses *Was* hergestellt
wird. Ich kümmere mich also um das Produzieren und nicht um
das Produkt.

Grocheio lehrt *iuvenes*, also Heranwachsende zwischen rund 14
und 21 Jahren[7]. Ich nehme an, dass wir ausserdem über eine grössere Zahl von Texten verfügen, die im Mittelalter vielleicht nicht
nur, aber sicher auch für Kinder zwischen ungefähr 7 und 12
Jahren bestimmt sind[8]. Solche Texte sind geeigneter als Grocheios

---

[6]   Die im ganzen Mittelalter geläufige Formulierung reicht auf Cassiodor zurück.
Bei ihm heisst es: „Inter artem et disciplinam Plato et Aristoteles, opinabiles magistri
saecularium litterarum, hanc differentiam esse voluerunt, dicentes artem esse habitudinem operatricem contingentium, quae se et aliter habere possunt; disciplina vero est
quae de his agit quae aliter evenire non possunt" (*Institutiones*, ed. R. A. B. Mynors, Oxford 1937, II, 20, p. 130, 4-8 – cf. Isidor, *Etymologiae* I, 1, 3).

[7]   Dass es um *iuvenes* und nicht etwa um *pueri* geht, ergibt sich nicht allein aus dem
Ingress des Textes, sondern auch aus der Darstellungstechnik.

[8]   Cf. M. Haas, „Studien zur mittelalterlichen Musiklehre I: Eine Übersicht über die
Musiklehre im Kontext der Philosophie des 13. und frühen 14. Jahrhunderts", in: *Aktuelle Fragen der musikbezogenen Mittelalterforschung*, Winterthur 1982 (Forum musicologicum.
Basler Beiträge zur Musikgeschichte 3), p. 323-456, hier p. 368-371; id., „Die Musiklehre
im 13. Jahrhundert von Johannes de Garlandia bis Franco", in: F. Zaminer (ed.), *Die
mittelalterliche Lehre von der Mehrstimmigkeit*, Darmstadt 1984 (Geschichte der Musiktheorie
5), p. 89-159, hier p. 113/114. Meine in diesen Arbeiten dargelegte Vorstellung vom
elementaren Curriculum ist weitgehend den Arbeiten von A. L. Gabriel verpflichtet,
die im Sammelband *Garlandia. Studies in the History of the Mediaeval University*, Frankfurt a.
M. 1969, veröffentlicht sind. Es ist derzeit allerdings unklar, wie im einzelnen elementare Curricula beschaffen waren. So wies mich Irène Rosier darauf hin, dass in der Glossa *Admirantes* zum *Doctrinale* des Alexander de Villa-Dei Teile eines Kommentars von
Robert Kilwardby zu finden sind. Damit wird die elementare Funktion der Glosse im
Lehrbetrieb des 13. Jahrhunderts fraglich. – Michael Walter berichtet, meine „These"

Unterweisung, da der Herstellungsaspekt dem Alter der Adressaten entsprechend stärker betont ist. Allerdings sind einschlägige Zeugnisse in doppelter Weise gebrochen; denn sie stammen erstens nicht von Kindern, sondern – wenn ich die Biederkeit heutiger Zweiteilung anwende – von Erwachsenen. Und zweitens geben sie wieder, was man den Kindern beibringt, und nicht, was Kinder begreifen. Sollte es gelingen herauszufinden, wie in der sekundären Sozialisation Kinder 'Musik' lernen, untersuchen wir eine Herstellungspraxis. Befrage ich diese Praxis, so versuche ich zu begreifen, zu welchen Handlungsprozessen das Kind angeleitet wird, damit es sagen kann, *was* Musik ist. Sollte es zudem gelingen, etwas davon mitzubekommen, *was* Kinder in dieser Situation verstehen, wäre es möglich, Ingredienzien einer Konstellation kognitiv relevanter Operationen zu erfassen, die wir dann 'Musik' nennen. Dies natürlich in der Annahme, dass wir als Erwachsene zwar eine eigene Sorte der Klugheit entwickeln, uns aber von den Basishandlungen, die die operative Grundlage unserer Klugheit bilden, nie ganz verabschieden können. Mit den folgenden Bemerkungen renne ich in gewissem Sinne mehrere offene Türen ein, da in der Musikwissenschaft immer wieder vom pädagogischen Aspekt mittelalterlicher Musiklehre die Rede ist. Doch scheint es mir manchmal, als würde der Satz „Lasset die Kinder zu mir kommen"[9] gelegentlich bedacht, nicht so sehr aber der Weg, wie *wir* zu den Kindern kommen. Und

---

zur Musik im elementaren Curriculum sei anlässlich eines Symposiums in Wolfenbüttel „heftig bezweifelt" worden („*Sunt preterea multa quae conferri magis quam scribi oportet*. Zur Materialität der Kommunikation im mittelalterlichen Gesangsunterricht", in: M. KINTZINGER, S. LORENZ, M. WALTER (ed.), *Schule und Schüler im Mittelalter. Beiträge zur europäischen Bildungsgeschichte des 9. bis 15. Jahrhunderts*, Köln, Weimar, Wien 1996, p. 111-143, hier p. 114 n. 8 mit zusätzlicher Literatur). Da sich Walter meinen Argumenten anschliesst und zur Stützung der Annahme neue beifügt (ibid., p. 114-116), ist mir nach wie vor unklar, was so „heftig bezweifelt" werden kann. Wenn es um *pueri* geht – einschlägige Stellen rubriziert Walter, loc. cit. –, sind Kinder gemeint. Sonst machen die Reihungen der Altersbezeichnungen keinen Sinn – cf. F. BOLL, „Die Lebensalter. Ein Beitrag zur antiken Ethologie und zur Geschichte der Zahlen", in: *Neue Jahrbücher für das klassische Altertum, Geschichte und deutsche Literatur und für Pädagogik* 16 (1913), p. 89-145; A. HOFMEISTER, „Puer, iuvenis, senex. Zum Verständnis der mittelalterlichen Altersbezeichnungen", in: *Papsttum und Kaisertum. Forschungen zur politischen Geschichte und Geisteskultur des Mittelalters. Paul Kehr zum 65. Geburtstag*, München 1926, p. 287-316; J. DE GHELLINCK, „Iuventus, gravitas, senectus", in: *Studia mediaevalia in honorem admodum reverendi Patris Raymundi Josephi Martin*, Brügge 1948, p. 39-59; H. FEILZER, *Jugend in der mittelalterlichen Ständegesellschaft. Ein Beitrag zum Problem der Generationen*, Wien 1971, p. 120-123. Man vergleiche zusätzlich Anm. 13.

9   Lk. V, 16.

wenn es jetzt gerade um Schwierigkeiten geht, sei eingestanden, dass es noch mehr davon gibt. Denn verflixt am Zugang ist die Tatsache, dass ich argumentativ gleich in zwei Zirkel gerate und zudem im kasuistischen, auf Texte bezogenen zweiten Teil einige Rosinen auf den Tisch legen kann, die meine Vermutungen stützen, gleichzeitig aber einräumen muss, dass ich Verschiedenes nicht zu erklären vermag.

Ich möchte über einschlägige Probleme zunächst allgemein informieren und werde weitere Schwierigkeiten im Rahmen der Kasuistik anzeigen. Dahinter steckt natürlich die Überzeugung, dass tatsächliche Probleme zunächst verstanden werden müssen, bevor sie gelöst werden können. Ich zweifle an meinem Verständnis und lege die Schwierigkeiten auf den Tisch, indem ich die beiden Zirkel beschreibe, in die ich gerate.

Zirkel Nummer 1. Wir sprechen oft davon, dass die *artes* im Mittelalter Propädeutik der Philosophie sind, und diese Ausdrucksweise ist eine zunächst harmlose Form von 'Wissen', die selten in Schwierigkeiten führt. Wir benutzen das Verbum 'wissen' alltäglich etwa dafür, uns zu versichern, dass um 18 Uhr 34 ein Zug von A nach B fährt oder dass wir – in irgendeiner Stadt gelandet – den Weg von A nach B finden werden, da wir wissen, dass ein Taxifahrer uns von A nach B fahren kann. Unsere Verwendung von 'wissen' wird allerdings dann sehr fraglich, wenn eine Eisenbahngesellschaft momentan Fahrpläne ausser Kraft setzt oder Taxifahrer ihre Dienstleistung so verstehen, dass sie uns zwar von A nach B führen, die Fahrt aber mit einer kleinen Stadtrundfahrt verbinden.

Kurzum: wir verwenden 'wissen' oft in der alltäglich brauchbaren Form des 'Wissens' bezüglich einer kanonisch vorgestellten Handlung, deren kanonische Form genau dann zur Frage steht, wenn der Kanon nicht funktioniert oder wenn wir durch den unerwarteten Handlungsverlauf überhaupt erst auf die Idee kommen, nach dem Kanon zu fragen. Probieren wir unseren Gebrauch von 'wissen' am einfachen Beispiel. Wir 'wissen', dass im Mittelalter Buben zu Beginn des Elementarunterrichts mit einer Art Ganzheitsmethode Lesen und Schreiben lernen und wir 'wissen', dass sie vom späteren 13. Jahrhundert in solchem Elementarunterricht die auch *Summule* genannten *Tractatus* von Petrus Hispanus auswendiglernen, und zwar auch dann, wie Johannes Gerson festlegt, wenn sie den Inhalt nicht ganz verstehen[10].

Wie steht es aber mit unserem 'Wissen', wenn wir danach fragen, welche Abfolge der Lehreinheiten zu 'Wissen' führt? Wenn in der Topik die Argumentation *De loco a maiori et de loco a minori* gelernt wird[11], ist es dann so, dass man vorgängig in der Arithmetik durch das Zählen von Objekten gelernt hat, was 'grösser' und was 'kleiner' ist? Oder dient dazu elementare Musiklehre mit den die Proportionen betreffenden Abschnitten? Wenn man lernt *De loco a toto in tempore* zu argumentieren[12], welches Fach soll es denn sein, das einem beigebracht hat, was 'Zeit' ist? Wollen wir annehmen, dass Kinder dann, wenn sie Vokabeln wie *semper* oder *numquam* lernen, auch gerade lernen und möglicherweise begreifen, dass dies Zeitadverbien sind und auf die entsprechende Frage nicht nur antworten, es heisse *Totum in tempore est dictio comprehendens omne tempus adverbialiter*, sondern etwas von 'Zeit' verstehen?

Mit meinen nicht ganz beliebig herausgegriffenen Beispielen – es macht für die späteren Ausführungen Sinn, dass das erste auf Quantität und das zweite auf Zeit zielt – wollte ich für den Moment nur in Erinnerung rufen, dass wir über Verlauf und genaue Inhalte der mit dem Begriff *artes* gekoppelten Schulung kaum etwas wissen[13]. Es erstaunt daher nicht, dass mein erster Zirkel der Argumentation genau durch den Umstand gegeben ist, dass Kinder 'irgend-

---

[10]   JEAN GERSON, *De examinatione doctrinarum*, ed. P. GLORIEUX, in: id., *Jean Gerson. Oeuvres complètes* 9: *L'oeuvre doctrinale*, Paris 1973, p. 476: „Praeterea sicut apud grammaticos Donatus, de partibus orationis, et apud Logicos summulae Petri Hyspani traduntur ab initio novis discipulis ad memoriter recolendum, etsi non statim intelligant [...]"; cf. A. L. GABRIEL, „Preparatory Teaching in the Parisian Colleges during the Fourteenth Century", in: *Garlandia* [Anm. 8], p. 97-124, hier: p. 111 n. 127.
[11]   Cf. L. M. DE RIJK (ed.), *Peter of Spain (Petrus Hispanus Portugalensis). Tractatus called afterwards Summule logicales*, Assen 1972 (Wijsgerige Teksten en Studies 22), p. 73, 8-20.
[12]   Cf. ibid., p. 66, 23–67, 4.
[13]   Einer im mittelalterlichen Frankreich geläufigen Einteilung folgend ist anzunehmen, dass ein nach Septenarien gegliederter Lebensablauf curricular wichtig ist; cf. H. ROOS, „Die Stellung der Grammatik im Lehrbetrieb des 13. Jahrhunderts", in: J. KOCH, (ed.), *Artes liberales. Von der antiken Bildung zur Wissenschaft des Mittelalters*, Leiden, Köln 1959 (Studien und Texte zur Geistesgeschichte des Mittelalters 5), p. 94-106, hier p. 95. Der Faustformel zufolge geht es im zweiten Septenar, also im Alter zwischen 7 und 13 Jahren, um ein elementares Curriculum, dem dann das artistische folgt. Doch ist es nur höchst ausnahmsweise der Fall, dass wir ein Curriculum rekonstruieren können und das nicht zuletzt auch darum, weil in karolingischer Zeit mit den *artes* ein Bildungsprogramm gemeint war, das aus verschiedenen Gründen zwar als Programm Bestand hatte, aber nur ausnahmsweise in die Praxis überführt werden konnte; cf. M. A. SCHMIDT, *Scholastik*, Göttingen 1969 (Die Kirche in ihrer Geschichte II.G), p. 80/81.

wie' im Laufe eines elementaren Curriculums so etwas wie 'Musik'
lernen und das sicher vor Eintritt der hormonalen Probleme, die
zum Stimmbruch führen. Der Vermutung liegt neben anderen die
naheliegende Annahme zugrunde, dass man auf das musikalische
Register der Kinderstimmen nicht verzichten will – das Argument
hat Michael Walter in die Diskussion gebracht[14] – und den Kindern
adäquaten Lehrstoff zubereiten muss. Doch ist unklar, was genau
die Voraussetzungen sind, auf denen einschlägige Musiklehre aufbaut und was genau der Zweck dieser Musiklehre ist. Wie bei Johannes de Grocheio zu lernen ist, kann man durch die 'so ... wie'-
Denkform Analogien errichten. Es ist nicht auszuschliessen, dass
man nicht nur Musiklehre via Analogie lernt, sondern dass Musiklehre Analogien für weitere Schulung bereitstellt.

   Da ich die genauere curriculare Funktion der Musiklehre – falls
eine solche in allgemeiner Weise je aussagbar sein sollte – nicht ausmachen kann, habe ich aus den im Mittelalter sehr verbreiteten
Zeugnissen der Musiklehre den Text gewählt, der unter dem Namen „Musica Enchiriadis" bekannt ist und der gegen Ende des 9.
Jahrhunderts entstand[15]. Unter dem Namen „Scolica Enchiriadis"
ist ein verwandter Text erhalten, wobei der Name nicht ein Scho-

---

[14]   Cf. WALTER, *Sunt preterea multa* [Anm. 8], p. 114 n. 8. – Zusätzliches zum Stimmbruch: Stimmbruch ergibt sich im Verlauf der Pubertät aufgrund hormonaler Veränderungen. Dieser Faktor ist die Konstante, variabel aus historischer Sicht ist aber der
Eintritt der Pubertät. H. ETTER hat ein mittelalterliches Grabfeld anthropologisch aufgenommen und durch die Auswertung der Skelette von Kindern und Jugendlichen festgestellt: „„Der Unterschied" im Eintritt des „Wachstumsspurtes" „zu heute (Knaben
und Mädchen ca. 10-11jährig) liegt in der Grössenordnung von etwa 2 Jahren. Damals
setzte also der pubertäre Wachstumsspurt erst mit etwa 12-13 Jahren ein, das bedeutet,
dass auch die Pubertät etwa 2-3 Jahre später, also über 15jährig, begann" („Die Bevölkerung vom Münsterhof", in: J. SCHNEIDER, D. GUTSCHER, H. ETTER, J. HANSER [ed.],
*Der Münsterhof in Zürich. Bericht über die vom städtischen Büro für Archäologie durchgeführten Stadt-
kernforschungen 1977/78* II, Olten, Freiburg i. Br. 1982 [Schweizer Beiträge zur Kulturgeschichte und Archäologie des Mittelalters 10], p. 179-212, hier: p. 207). – Für Hinweise
auf relevantes Material danke ich Prof. Urs Boschung und Dr. Susi Ulrich vom Medi-
zinhistorischen Institut der Universität Bern.
[15]   In den Nachweisen bezeichnet *ME* die „Musica Enchiriadis", *SE* die „Scolica
Enchiriadis". Seiten- und Zeilenangaben beziehen sich auf die Edition von H. SCHMID,
Musica et Scolica Enchiriadis una cum aliquibus tractatulis adiunctis, München 1981 (Bayerische
Akademie der Wissenschaften. Veröffentlichungen der Musikhistorischen Kommission
3). Für die Lektüre benutzte ich zusätzlich die Übersetzung von R. ERICKSON, *Musica
Enchiriadis and Scolica Enchiriadis. Translated, With Introduction and Notes*, New Haven, Lon-
don 1995, die nicht nur Verständnishilfen bietet, sondern auch wichtige Korrekturen
zur Edition von Hans Schmid.

lion, sondern die Schulversion meint[16]. Ich werde im folgenden die gesamte, recht ausgedehnte Forschung zum Text nur ausnahmsweise und nicht explizit berücksichtigen[17]. Damit ist nicht die geringste Wertung verbunden. Meine Fragen richten sich nicht an Texte, deren verwickelte Entstehung und Funktion um 900 ein Problem für sich ist. Zur Frage steht hier nur, ob sich vor allem der ,,Scolica Enchiriadis" Hinweise zur Funktion musikalischer Lehre innerhalb der Propädeutik entnehmen lassen. Da jede einschlägige Lektüre Propädeutisches aufgrund einer vermuteten Abfolge von Lehreinheiten ausmachen kann, ist die Argumentation zirkulär.

Zirkel Nummer 2. Falls wir bereit sind anzunehmen, dass Kinder im Mittelalter etwa zwischen dem 7./8. und dem 12./13. Lebensjahr in 'Musik' unterrichtet werden und dass wir über einschlägige Texte verfügen, scheint es zunächst nicht so schwierig herauszufinden, *was* die Kinder lernen, nur ist die Reihenfolge der Lerneinheiten unklar. Dazu kommt allerdings eine weitere Schwierigkeit. Jean Piaget, wie viele Vertreter einer kognitiven Psychologie, geht davon aus, dass sich die Intelligenz des Kindes vom Moment der Geburt an durch mehrere Stadien hindurch bis etwa zum 15./16. Lebensjahr aufbaut. Einschlägige Untersuchungen sind sehr verwickelt und zeichnen ein keineswegs einheitliches Bild[18]. Um verkürzen zu können, erwähne ich nur Piaget und meine damit ein bestimmtes

---

[16] Cf. L. GUSHEE, ,,Questions of Genre in Medieval Treatises on Music", in: W. ARLT, E. LICHTENHAHN, H. OESCH (ed.), *Gattungen der Musik in Einzeldarstellungen. Gedenkschrift Leo Schrade. Erste Folge*, Bern, München 1973, p. 365-433, hier p. 398-404; id., ,,Musica enchiriadis", in: *NGrove* 12, p. 800-802.

[17] Die wesentlichen Beiträge stammen von NANCY PHILLIPS; cf. ead., ,,Musica enchiriadis", *MGG²* 6 (1997), col. 654-662. In diesem Zusammenhang ist speziell hinzuweisen auf C. KADEN, ,,Tonsystem und Mehrstimmigkeitslehre der *Musica enchiriadis*", in: *Schule und Schüler* [Anm. 8], p. 75-87, dessen Überlegungen die meinen ergänzen.

[18] Dass ich in diesem Beitrag nur die notwendigste einschlägige Literatur zitiere, hat nichts mit dem Ozean der Namen zu tun, den eine vollständige Bibliographie aufzulisten hätte. Kognitions- oder entwicklungspsychologische Literatur zu *zitieren* ist meist darum misslich, weil darin oft mittelbar oder unmittelbar bestimmte Untersuchungen oder Experimente ausgewertet oder diskutiert werden. Deren Interpretation ist dann natürlich das dauernde Problem. Wie die *SE* und *ME* sowie andere Texte so zu analysieren sind, dass Befunde solcher Quellen mit Überlegungen von Seiten der kognitions- oder entwicklungspsychologischen Forschung konfrontiert werden können, ist mir noch nicht klar – klar scheint mir nur, dass das Thema angemeldet werden kann. Soweit ich glaube, die Umrisse der Thematik verstanden zu haben, ist dies allerdings kaum den Arbeiten von Piaget selber zu verdanken, sondern zwei recht disparaten Texten: J. S. BRUNER, R. R. OLVER, P. M. GREENFIELD et al., *Studien zur kognitiven Entwicklung*, Stuttgart 1971; H. AEBLI, *Denken: das Ordnen des Tuns I: Kognitive Aspekte der Handlungstheorie, II: Denkprozesse*, Stuttgart 1980-1981.

Forschungsprogramm sowie eine bestimmte Forschungsproblematik, die mit Piagets Namen verbunden sind. Vorauszuschicken ist, dass die Probleme der Entstehung von Intelligenz sich aus der Untersuchung normalintelligenter Kinder ergaben und nichts mit Intelligenzdefekten zu tun haben.

Piaget fokussiert sein Anliegen immer wieder mit den beiden Grundbegriffen „Assimilation" und „Akkomodation". Mit „Assimilation" ist, wie Gerhard Steiner es formuliert, das „Einbeziehen der Umwelt in das schon bestehende Repertoire von Verhaltensweisen" gemeint, während „die Akkomodation das Angleichen oder Anpassen dieser Verhaltensformen an die Umweltsituation oder an einzelne Objekte der Umwelt ist"[19]. Es sind nun zwei sehr verschiedene Dinge, ob wir einschlägigen mittelalterlichen Texten entnehmen, was Kinder im elementaren Curriculum musikbezogen lernen – wahrscheinlich oft so, dass sie den Text auswendiglernen – oder ob wir versuchen herauszufinden, was sie begreifen; denn eine kindliche Intelligenz, die ihr Gleichgewicht in den durch Assimilation und Akkomodation gesteuerten Prozessen sucht, entwickelt sich nach Massen eines eigenen Rechts und nicht gemäss den Plänen Erwachsener.

Ich möchte mit drei nahezu beliebigen Beispielen versuchen, typische Lernprobleme von normalintelligenten Kindern anzuzeigen, da wir sie bereits vor so langer Zeit gemeistert haben, dass wir sie in der Regel gar nicht mehr als Probleme verstehen.

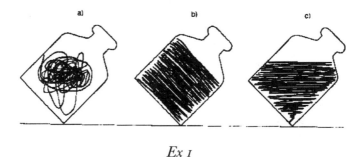

Ex 1

---

[19] G. STEINER, *Mathematik als Denkerziehung. Eine psychologische Untersuchung über die Rolle des Denkens in der mathematischen Früherziehung. Mit einer Einführung von Hans Aebli*, Stuttgart 1973, p. 5.

Ex. 1 zeigt drei Zeichnungen eines mit einer Flüssigkeit gefüllten Gefässes, das um 45 Grad gekippt ist[20]. Zeichnung a ist für ein 4-5jähriges, Beispiel b dagegen für ein 6-7jähriges Kind typisch, und Version c schliesslich zeigt ein unserer Optik angenähertes Bild, das ein Kind mit etwa 9 Jahren produzieren kann. Alle Kinder sehen die gleiche Flasche, aber ihre Zeichnungen bezeugen eine andere Wahrnehmung des Gleichen. Kind a signalisiert 'Inhalt' der Flasche, aber nicht deren geometrische Ausrichtung, während 6-7jährige Kinder offensichtlich die Neigung der Flasche mit der korrespondierenden Neigung des Inhalts assoziieren. Ihre Vorstellung vom Invarianten und vom Variablen ist eine andere als die unsrige.

Zweites Beispiel: ein 8jähriger Bub spielt mit dem Versuchsleiter ein hier nicht weiter vorgestelltes Spiel, in dem es um Summen geht. Das Kind hat die Summe (6+14), der Versuchsleiter dagegen (7+13). Unserer Weisheit zufolge ist das Ergebnis in beiden Fällen 20. In diesem Spiel läuft es anders ab. Aus dem Spielverlauf ergibt sich die Frage, wer mehr habe, der 'Besitzer' von (6+14) oder der von (7+13). Das Kind antwortet, *es* habe mehr; da 14 >13 und 7 > 6 sei. Es benutzt also für seine Antwort die Summe des Versuchsleiters wie die eigene. Das Kind scheint in diesem Stadium noch nicht in der Lage zu sein, zwei Mengen zuordnen zu können; es gibt ein Problem mit Kardinalität und Ordinalität[21].

Drittes Beispiel[22]: ebenfalls aufgrund experimenteller Arbeit ist zu vermuten, dass Kinder im Alter von etwa 7-8 Jahren die transitive Relation (A>B) & (B>C) → (A>C) verstehen, aber erst mit etwa 10-12 Jahren die Version (B< A) & (B > C) → (A>C) auflösen können.

Münzen wir solche Ergebnisse um für die Belange der Musiklehre, müssen wir annehmen, dass wir auch in mittelalterlichen Zeug-

---

[20] Das Beispiel ist wiedergegeben nach STEINER, *Mathematik* [Anm. 19], p. 99. Dort finden sich auch die näheren Angaben.

[21] Im Bericht heisst es: „Obwohl er"–der Bub–„nach wiederholter Fragestellung erkennt, dass einmal *er* (14>13), das andere Mal aber der Versuchsleiter (7>6) eins mehr hat, bleibt er bei seiner ursprünglichen Aussage, *er* habe mehr." In der Auswertung heisst es es dann ebenso typisch wie lapidar: „Dieses Kind ... welches in der Klasse die elementare Arithmetik fliessend beherrscht, zögert also nicht zu behaupten, +1-1 = 2." (Hier wiedergegeben nach STEINER, *Mathematik* [Anm. 19], p. 71. Steiner bezieht sich auf P. GRÉCO, „Le progrès des inférences itératives et des notions arithmétiques chez l'enfant et de l'adolescent", in: J. PIAGET [ed.], *La formation des raisonnements récurrentiels*, Paris 1963 [Études d'épistémologie génétique 17], p. 142-281, hier: p. 230).

[22] Cf. STEINER, *Mathematik* [Anm. 19], p. 70.

nissen zwar die 'richtigen' Angaben finden, uns aber fragen müssen, wie der Verstehensprozess abläuft. Das Problem ist gelegentlich im Satz formuliert worden: „Solange die Kinder nicht begreifen, was sie wahrnehmen, glauben sie, sie nehmen wahr, was sie begreifen"[23]. Gesucht werden demnach Indizien, die zeigen, wie man im Mittelalter Kinder schult, und gefragt wird, ob sich aus solchen Indizien ablesen lässt, was Kinder begreifen.

Solcher Lesart nach sind die Texte, wie ich vorher sagte, zweimal gebrochen, weil *Erwachsene* aufschreiben, was Kinder lernen sollen und weil nicht dazu vermerkt ist, was die Kinder begreifen.

Ich versuche nun, die in sich fraglichen Ausgangshypothesen kasuistisch plausibel zu machen. Ex. 2 zeigt eine 'mehrstimmige' Version in der Fassung der „Scolica Enchiriadis", dessen Übertragung Ex. 3 wiedergibt[24].

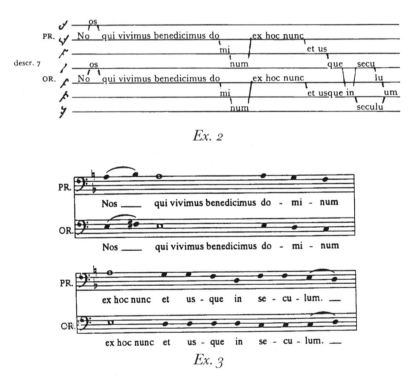

Ex. 2

Ex. 3

---

[23]   T. KESSELRING, *Jean Piaget*, München 1988 (*Beck'sche Reihe Grosse Denker* 512), p. 97.
[24]   Dieses erste Quart-Beispiel aus der *SE* ist wiedergegeben nach SCHMID, *Musica* [Anm. 15], p. 97 mit der Übertragung von ERICKSON, *Musica* [Anm. 15], p. 59.

Nur in Stichworten gebe ich wieder, was üblicherweise als Erklärung eines solchen Beispiels gegeben wird – Wissensbestandteile, die
ich nicht anzweifle –, und kümmere mich dann um die Information, die Kinder damit erhalten. Mit 'PR' ist die vorgegebene Melodie (*vox principalis*) gekennzeichnet, zu der eine mit 'OR' angezeigte
Begleitstimme (*vox organalis*) gesungen wird. Die Begleitstimme verläuft normalerweise im Quartabstand zur vorgegebenen Melodie.
Aufgrund der Skalenordnung, welche die ,,Enchiriadis'' lehrt, ist es
aber möglich, dass einer statt der Quarte das nicht zugelassene Intervall des Tritonus, der übermässigen Quarte, trifft. Das wäre hier
über der zweitletzten Note der vorgegebenen Stimme, also über der
letzten Silbe von *seculum* in der Übertragung der Fall (*e-b*). Die Lehre beschäftigt sich mit der Darlegung, was zu tun ist, damit das un-
erwünschte Intervall nicht produziert wird[25].
    Betrachten wir die Repräsentation des Gesanges selber (Ex. 2).
Unmittelbar neben den Linien orientieren Zeichen über die Tonhöhen. Wären nicht nur, wie in diesem Fall, sieben Zeichen, sondern alle im Text benutzten vorhanden, liesse sich erkennen, dass
es um jeweils vier Zeichen geht, die durch einfache Rotationsver-
fahren verändert werden. Jeder Viererblock repräsentiert ein Tetrachord, das aus den Bausteinen Ganzton-Halbton-Ganzton besteht.
Das vollständige Tetrachord in unserem Fall besteht aus der Quarte *d-g*. Damit wird eine einfache Metrik der y-Achse gebildet. Die
Metrik der x-Achse ist dargestellt durch den Text des Gesanges, der
über der Linie, die den Tonort bezeichnet, eingetragen ist.
    Bevor ich in die Einzelheiten gehe, will ich sagen, wie ich den
Text zu lesen versuche. Wie Lawrence Gushee gezeigt hat, gehören
beide Bücher, die mit dem Zusatz ,,Enchiriadis'' zitiert werden, zu
einer nicht einheitlich überlieferten Gruppe von Traktaten[26]. Ich
versuche, diese Gruppe als Material zu verstehen, aus dem man für
den Unterricht schöpft und das Sinn macht, wenn Teile davon aus-
wendiggelernt werden. Die Beliebigkeit, mit der ich verfahre, kann
nur von denen gebilligt werden, die aufgrund eigener Lektüre zum
Schluss kommen, dass erstens in keinem Falle eine stringente, in

<hr />

[25] Die wohl bündigste Erläuterung der einschlägigen Lehre bietet F. Reckow,
,,Organum'', in: *NGrove* 13, p. 798/799. Die Bildung Quarte – Terz – Einklang zur Vermeidung des Tritonus *e – b* findet sich im Beispiel gerade zweimal: die parallele Akzent-
situation zwischen ,,úsque in'' und ,,séculum'' wird gleich gebildet.
[26] Wie [Anm. 16].

sich abgeschlossene Lehre vorliegt, und die zweitens bereit sind anzunehmen, dass Erklärungsbedarf besteht für den Umstand, dass einfachste Stegreifpraxis argumentativ und mit erheblichem Aufwand an Repräsentation dargestellt wird.

Zu den wenigen Einigkeiten, die sich im Feld der Kognitionspsychologie abzeichnen, gehört die Auffassung, dass Kinder im Stadium konkreter Operationen, also etwa vom 7. Altersjahr an, in starkem Mass auf graphische Hilfestellungen angewiesen sind, um operativ tätig sein zu können. „Piaget bezeichnet daher die Intelligenz in diesem Alter als 'konkret operativ'. Die Fähigkeit zum abstrakten Denken stellt sich erst etwa vier Jahre später ein"[27]. Die graphisch vermittelten, daher anschaulichen Hilfen sind hier für mehrfache Ebenen des Lernens nützlich. Ich versuche jede Ebene zu skizzieren, wobei ich nicht glaube, der Lehr- und Lernprozess sei in dieser Reihenfolge verlaufen; nur bin ich davon überzeugt, dass jede Ebene genutzt wurde. Doch ist auch im folgenden die Argumentation zirkulär: Textelemente als Anzeichen für kognitionspsychologisch relevante Themen anzuzeigen, ist immer möglich. Allerdings hoffe ich, dass im folgenden die schmale Differenz zwischen dem 'immer Möglichen' und dem 'Sinnvollen' sichtbar wird.

Zunächst sei die terminologische Ebene angesprochen. Das einzelne Tonhöhenzeichen wird gelegentlich *nota*, aber auch *character*, *figura* oder *signum* genannt; der Ort, an dem die Silbe geschrieben wird, heisst *locus*; die gesamte Graphik nennt man *descriptio*. Wenn es nun ums Wörterlernen geht – um das Erlernen des Lateinischen als der 'Vatersprache', wie der glückliche Ausdruck Wolfram von den Steinens heisst –, sind Abstrakta eine fortwährende Schwierigkeit, da die Relation etwa zwischen 'diesem Stein' und 'lapis' dann klar werden mag, wenn zusätzlich Holz, Blumen und Eisenstäbe benutzt werden und Kinder im Sprachgebrauch lernen, ob sie mit Wörtern auf gemeinte Objekte der Aussenwelt tatsächlich zeigen. Aber alle Dinge sind irgendwie *nota*, alle haben einen *locus* und alles kann *descriptio* sein. Statt von Abstraktion zu reden, ist es hilfreicher, elementare Ordnungen graphisch zu visualisieren und Wörter als erste Bezeichnungsweisen anzubieten, die sinnvoll dann erlernt werden können, wenn man ihren Gebrauch mit anderen abstrakten Ausdrücken zusammen *sieht* und eben nicht nur hört.

---

[27] KESSELRING, *Piaget* [Anm. 23], p. 141.

Man kann den Gebrauch von *nota* nahebringen, wenn man von Simonides in der Hausmetapher Quintilians erzählt, vom Vorgang also, wie man sich etwas im Haus merkt, indem man sich pro 'Ort' (*locus*), der zu merken ist, eine *nota* bildet[28]. Die Anschaulichkeit bleibt erhalten, wenn auf der Tafel eine *nota* etwas vertritt und das, was sie vertritt, nämlich der Ton pro Silbe, gerade durch die Silbe selber markiert wird. Der Vorteil besteht in der voraussehbaren Breite der Exemplifizierung: jede Silbe belegt einen *locus* und jeder *locus* korrespondiert einer *not.a* Umgekehrt lässt sich *sehen*, dass nicht die Gesamtheit der *notae* oder der *loci* belegt wird. Man versteht daher leicht, dass die Verwendung der Ausdrücke ein Potential in sich hat. Wer sich später mit dem höchst vertrackten Gebrauch von *nota* im ,,Liber Periermenias" in der Übersetzung des Boethius herumschlagen muss[29], kann weder den Gebrauch von *nota* in Quintilians Hausmetapher oder in der ,,Enchiriadis" einsetzen. Nur ist interessanterweise das Gelernte nie falsch; denn immer geht es um eine Vermittlung der *res* gegenüber dem perzipierenden Intellekt[30]. Wer am Material der ,,Enchiriadis" geschult ist, kann nicht topisch argumentieren. Dass man aber im geordneten oder linearen Verlauf des sprachlichen Kontinuums *loci* belegt, gilt tatsächlich für die Verwendung in der ,,Enchiriadis" wie in der Topik. Schliesslich: Sätze wie *quid est musica* samt den Antworten werden gelernt, aber nicht analysiert. Wer sich dann mit dem Unterschied zwischen *definitio* und *descriptio* beschäftigen muss, hat nicht die logisch ausreichende Erklärung für die Dichotomie, weil er die ,,Enchiriadis"

---

[28] In den *Institutiones* Xl, 2 Quintilians wird über die Schulung des Gedächtnisses (*memoria*) berichtet. Beispiel dafür ist die sogenannte ,,Hausmetapher": es wird erzählt, wie ein Mann namens Simonides ein Haus verliess, das danach zusammenstürzte. Die Gäste wurden durch das herabfallende Gestein so zugerichtet, ,,dass die Angehörigen, als sie die Ihren zur Bestattung bergen wollten, nicht nur ausserstande waren, die Gesichter der Erschlagenen, sondern auch alle ihre Gliedmassen zu unterscheiden" (transl. H. RAHN, *Marcus Fabius Quintilianus. Ausbildung des Redners. Zwölf Bücher. Zweiter Teil, Buch VII-XII*, Darmstadt 1975 [Texte zur Forschung 3], p. 591, 13). Simonides allerdings vermochte es, da er in der Lage war, das Haus sich vorzustellen und dabei sich die Marken (*notae*) in Erinnerung zu rufen, welche in seinem Gedächtnis die einzelnen Örtlichkeiten (*loci*) repräsentierten. Zum Zusammenhang zwischen *nota* und *memoria* cf. M. CARRUTHERS, *The Book of Memory. A Study of Memory in Medieval Culture*, Cambridge 1990 (Cambridge Studies in Medieval Literature 10), p. 22 et passim.

[29] Cf. J. MAGEE, *Boethius on Signification and Mind*, Leiden 1989 (*Philosophia Antiqua* 52), p. 55-57.

[30] Zudem lernt man, dass das 'Gleiche' mit verschiedenen Wörtern bezeichnet werden kann: rudimentäre Differenzierung von Abstraktem wird eingeübt.

kennt. Aber er hat Material, an dem etwas exemplifiziert wurde, das für das Verständnis der Dichotomie nützlich ist. Meine Beispiele bezeugen eine Ebene meiner Leseerfahrung: ich kann die Wörter als Vokabeln erfassen, gerate aber immer dann, wenn ich sie zu Begriffen umzuformen suche, zwar deutlich über die Lehre der „Enchiriadis" hinaus, ertappe die *magistri*, die hier am Werk waren, aber nie bei inadäquatem Wortgebrauch. Damit versuche ich nicht, die „Enchiriadis" als protologischen Text zu deklarieren, sondern anzuzeigen, dass hier das Lernen von 'Musik' ein Potential enthält, das andere Fächer nutzen. Anders gesagt: wenn ich in Phasen von Assimilation und Akkomodation denke, bin ich nicht bei der Lerneinheit des Faches, sondern bei der Anwendung und Erweiterung eines Verhaltensschemas. Was macht man aber nach Meinung der „Enchiriadis", wenn man 'Musik' herstellt? Offensichtlich beschäftigt man sich mit Quantitäten. Es ist bekannt, dass die Gegenstandsbereiche der quadrivialen Disziplinen von Boethius in Form einer zweimaligen Zweiteilung der Quantität dargestellt wird, wobei die *musica* sich mit den Relationen von Quanten beschäftigt[31]. Dass die Denkfigur schwierig ist, zeigt Boethius dadurch, dass er in der propädeutischen „Institutio arithmetica" *multitudo* statt *quantitas discreta* und *magnitudo* statt *quantitas continua* verwendet[32]. Wie lernen nun aber Kinder Quantität? Ich bin im Versuch, die Frage wenigstens zu formulieren, mit einer zweiten Ebene beschäftigt und orientiere mich massgeblich an einer Stelle der „Scolica Enchiriadis". Der Magister erklärt die Zusammensetzung des Tetrachords und exemplifiziert es dem Schüler, indem er das Tetrachord *singt*[33].

Versuchen wir, die Ebenen auseinanderzufalten. Wenn wir uns den Text als auswendig zu lernende Einheit vorstellen, internalisiert der Schüler zwei Rollen. Er lernt Fragen und Antworten, und wenn er sich den Text vorsagt, spielt er Magister und Schüler. Dabei singt er und wiederholt das Gesungene, wobei es auch vorkommt, dass im Rollenspiel zunächst der Schüler singt und der Magister wiederholt[34]. Kinder lernen, dass Lehrer wie sie selber auch durch

---

[31]   Cf. Boethius, *Inst. arith.* I, 1, ed. G. FRIEDLEIN, *Anicii Manlii Torquati Severini Boetii De institutione arithmetica libri duo, De institutione musica libri quinque. Accedit geometria quae fertur Boethii*, Leipzig 1867 (Ndr. Frankfurt a. M. 1966), p. 8, 15–9, 6.

[32]   FRIEDLEIN [Anm. 31], p. 8, 18, p. 8, 23.

[33]   *SE* [Anm. 15] p. 62, 34.

[34]   Einige einschlägige Partien (zusätzlich zu Anm. 33) der *SE* [Anm. 15] seien ver-

Repetition lernen. Für entscheidend dabei halte ich ein Detail. Der Magister singt das Tetrachord einmal von unten nach oben, dann aber auch von oben nach unten[35]. Anders gesagt: er führt eine Operation und deren Reversibilität vor[36]. Wenn Kinder zählen lernen und zum Beispiel eine Serie von Steinen von links nach rechts abzählen und damit die Summe errechnen, ist es für sie eine enorme Entdeckung, wenn sie herausfinden, dass sie zum 'Gleichen' kommen, wenn sie die gleichen Steine in umgekehrter Richtung abzählen. Singt man ein Tetrachord von unten nach oben, kommt man vom *locus* a und von der *nota* a zu *locus* d und zu *nota* d. Offensichtlich kann die Operation umgekehrt werden. Diese Entdeckung zu machen wird begünstigt durch die Präferenz der „Enchiriadis" für Tetrachorde. Denn die Operation wie deren Umkehrung erfordert eine Sukzession, die in beiden Fällen gleich verläuft: Ganzton-Halbton-Ganzton. Das macht dann Sinn, wenn erlernt werden soll, das 'Gleiche' als Operation und deren Umkehrung zu sehen, wobei wiederum etwas gleich bleibt, nämlich die Sukzession der Quanten. Eingeübt wird damit eine Wahrnehmung von Invarianz und Variabilität, die natürlich dann erweitert wird, wenn die 'gleiche' Operation für einen Quint- oder einen Sextraum genutzt wird und sich daraus eben nicht das 'Gleiche' ergibt: zwar kommt man von a nach e oder z und zurück; doch ist die Sukzession der Quanten nicht gleich.

Quanten werden zweifach visualisiert. Einmal sind sie Abstände auf dem Beschreibstoff. Dabei können Graphien gebraucht werden, die mit Halbtonabständen arbeiten und damit den Ganzton als das Doppelte des Halbtons ausweisen[37]. Andererseits werden Quanten gelernt als Veränderung der Lage: jede Bewegung, die einen Abstand auf dem Beschreibstoff erzeugt, verändert nur den Parameter *locus*, und zwar dann, wenn sie waagrecht verläuft. Wird die Richtung in der Vertikalen geändert, ändert sich notwendigerweise der

---

zeichnet: p. 63, 54-56 (... id quoque me canente proba.), p. 66, 106-108 (M: *Dic* recensendo in sursum pentacordum a ... tetrardo, ut isdem descendas gradibus. D: *Dixi*. M: *Idem et ego dicam* ...), p. 68, 118-119 (D: *Dixi*. M: *Dicam* et ego hoc idem ...).

[35] *SE* [Anm. 15] p. 62, 33/34: Zur Zeichnung der Tonfolge des absteigenden Tetrachords heisst es: *Sic se habent in iusum*. Entsprechend steht beim aufsteigend eingezeichneten Tetrachord: *Sic se habent in sursum*.

[36] Cf. KESSELRING, *Piaget* [Anm. 23], p. 142-144 et passim; H. G. FURTH, *Intelligenz und Erkennen. Die Grundlagen der genetischen Erkenntnistheorie Piagets*, Frankfurt a. M. 1972 (suhrkamp taschenbuch wissenschaft 160), p. 50.

[37] Cf. *SE* [Anm. 15] p. 67, descriptio 7a/b.

locus und damit auch die *nota*. Da nun die Bewegung der Hand auf dem Beschreibstoff, so hat man es dem Kind wohl beigebracht, einem bestimmten Singen entspricht, wird der Prozess 'Vorsingen' (durch den Magister) und 'Nachsingen' oder 'Nachahmung' (durch den Schüler) in eine Analogie gebracht, in der Namen eingesetzt werden, um die Operation sprachlich zu artikulieren. Es ist meines Erachtens nicht entscheidbar, *wann* das Kind Quanten lernt. Nur ist es offensichtlich, dass zwei Operationen stattfinden – das Singen und die Korrelation dieser Operation mit der Orientierung in der Graphik –, die beide mit Quanten zu tun haben.

Bevor ich zur dritten und letzten Ebene komme, vermerke ich im Sinne einer letzten Vorbemerkung: meine Folgerungen, die sich aus der Annahme elementarer Musiklehre ergeben, mögen waghalsig sein oder gar übermütig erscheinen. Sie können nicht besonders gut begründet werden, weil der Ausgangspunkt der Untersuchung ja durch eine Lektürepraxis entstand, bei der ich mir erstens klarzumachen versuchte, warum so alltägliche einfache Sachverhalte gerade so beschrieben werden und bei der ich mich zweitens nicht dazu verstehen konnte, die Darstellung in 'hermeneutischer Barmherzigkeit', wie die gelegentlich verwendete Floskel lautet[38], als gut gemeinter Versuch etwas unbedarfter Begründer einer Tradition von Musiklehre aufzufassen. Es ist mir bekannt, dass zum Beispiel Hans Heinrich Eggebrecht wiederholt versuchte, mit der „Musica Enchiriadis" die Anfänge einer europäischen Tradition zu begründen; doch kann ich den Schritt nur nachvollziehen, wenn ich solche 'Anfänge' mit 'Anfängern' assoziiere, was mir widerstrebt[39]. Ich lese umgekehrt: der Text ist von pädagogisch klugen – ich bin gelegentlich versucht zu sagen: weisen – *Magistri* für Kinder entwickelt. Dass es uns in unserer Erwachsenenkultur schwerfällt, Kinder als Adressaten auszumachen, halte ich für unsere typische Berufsblindheit; denn ich jedenfalls unterrichte sicherlich auch darum an einer Hochschule, weil ich ein katastrophaler Volksschullehrer und ein völlig unfähiger Kindergärtner wäre.

---

[38] Den Ausdruck verwendet zum Beispiel J. HABERMAS, *Theorie des kommunikativen Handelns* 1: *Handlungsrationalität und gesellschaftliche Rationalisierung*, Frankfurt a. M. 1981, p. 88.

[39] Eggebrecht hat sich seit den fünfziger Jahren mehrfach zum Thema geäußert. Stellvertretend genannt sei: „Opusmusik", in: H. EGGEBRECHT, *Musikalisches Denken. Aufsätze zur Theorie und Ästhetik der Musik*, Wilhelmshaven 1977 (Taschenbücher zur Musikwissenschaft 46), p. 219-242.

Schliesslich sei in Erörterung der dritten Ebene aber genau jener Punkt der Lehre der „Enchiriadis" erwähnt, der das nüchterne Gespräch über die Adressaten am ehesten ermöglichen dürfte. Es ist in der Musikwissenschaft immer wieder gefragt worden, warum simple Stegreifpraxis zu derart ausgetüftelter Argumentation führen kann. Ich drehe den Spiess nochmals um und frage nach dem, was Kinder lernen. Piaget und andere haben darzulegen versucht, dass Kinder zunächst eine Raumwahrnehmung entwickeln und, darauf basierend, zu einer in sich sehr komplizierten Konstellation der Zeitwahrnehmung kommen. 'Musik' gilt dem Gemeinplatz nach als 'zeitgebundene Kunst'. Nochmals gefragt: wie lernt ein Kind die Zeit? Ich habe vorher Operationen und deren Umkehrung erwähnt. Gemeinsam war allen Beispielen, dass das Kind die Operation für sich ausführen kann. Geht es nun in der „Enchiriadis" um organale Praxis, ist immer wieder der mechanische oder gleichförmig erzeugende Aspekt dieser Praxis betont worden. Ich nehme nicht an, dass die „Enchiriadis" so etwas wie 'Mehrstimmigkeit' lehrt. Näherliegend ist die Vermutung, ein Kind lerne, seine Operationen, die auf Quantitäten, damit auf elementarer Raumgestaltung beruhen, mit den Operationen anderer zu koordinieren[40]. Denn die so merkwürdige Konstellation der Tritonusvermeidung macht doch dann Sinn, wenn angenommen wird, ein Kind sei operativ tätig und solle nun seine Operationen mit denen anderer so koordinieren, dass ein bestimmter Fall *nicht* eintritt. Graphisch lässt sich das zeigen; doch ist es eine ganz andere Sache, zu hören, dass etwas bevorsteht, das vermieden werden soll. Denn wenn der falsche Klang produziert wird, ist es zu spät. Piaget und andere haben gesehen, dass Kinder für die Zeitgestaltung eine Vorstellung von 'Geschwindigkeit' benötigen[41]. Sehen Kinder in einem bestimmten Alter, dass zwei andere Kinder zu einem gegebenen Zeitpunkt vom gleichen Ort aus zu rennen beginnen und dass das eine Kind nach, sagen wir, 30 Sekunden mehr Raum zurückgelegt hat als das andere, werden sie behaupten, dieses Kind sei länger unterwegs gewe-

---

[40]   Der Aspekt „Koordination" ist für die Kognitionspsychologie grundlegend. Ausschlaggebend für meine Überlegungen waren zunächst allerdings nicht psychologische, sondern philosophische Erwägungen. Gemeint ist der Versuch von David Lewis, „Konvention" vom Koordinationsproblem herzuleiten; cf. D. LEWIS, *Konventionen. Eine sprachphilosophische Abhandlung*, Berlin, New York 1975, p. 5-52.
[41]   Cf. J. PIAGET, *Die Bildung des Zeitbegriffs beim Kinde*, Frankfurt a. M. 1974 (suhrkamp taschenbuch wissenschaft 77).

sen. Wenn Kinder zusammen singen müssen, *koordinieren* sie ihre Geschwindigkeit – und das ist der Witz des Spiels. Wird zugleich aber eine Regel gegeben, welche sich auf Bevorstehendes und nicht auf Gleichzeitiges bezieht, lässt sich zwar nicht behaupten, das Kind habe 'Zeit' dann gelernt, wenn es zum ersten Mal die Koordination schafft. Aber es hat zwei Faktoren beobachten müssen, die Zeitwahrnehmung konstellieren: die Koordination eigener Operationen mit denjenigen anderer und die Planung eines Ablaufs.

ANWENDUNG PHILOSOPHISCHER IDEEN
IM PRAXISBEZOGENEN KONTEXT

WISSENSCHAFTSTHEORIE IM PRAGMATISCHEN KONTEXT.
DIE „COMMENDACIO OMNIUM SCIENTIARUM ET SPECIALITER MUSICE" IM HEILSBRONNER MUSIKTRAKTAT

Wolfgang Hirschmann

Als ein wesentlicher Zug der Ideen- und Wissenschaftsgeschichte des 13. Jahrhunderts ist hervorzuheben, daß „the rediscovered Aristotelian logic and the consequent interest in more rigourous philosophical procedures entailed the adoption of principles which demanded a more precise method of dissecting and defining human knowledge"[1]. Das verstärkte Bedürfnis nach Systematisierung und kategorialer Durchdringung, nach streng hierarchisierten, ihre interne Organisation begründenden und reflektierenden Denksystemen ging dabei Hand in Hand mit dem Bestreben, die Vielfalt der – häufig divergierenden – Phänomene in einer grundlegenden *ratio* zusammenzuführen oder, wenn dies nicht möglich war, tradierte Begriffs- und Wissenskomplexe in autonome Bereiche aufzulösen oder durch vermittelnde Kategorien miteinander zu verknüpfen. Die für die Musiktheorie des 13. Jahrhunderts charakteristischen Problemkreise der Unterordnung der *scientia musica* unter andere Wissenschaften, ihrer Zuordnung zu den *scientiae mediae* und der Zuweisung bestimmter Teile der tradierten Musiktheorie zu anderen Wissenschaftsbereichen sind als Ausdruck dieses spezifischen theoretischen Habitus zu bewerten[2].

Der folgende Beitrag konzentriert sich auf die Frage, wie sich

---

[1] M. B. PARKES, „The Influence of the Concepts of *Ordinatio* and *Compilatio* on the Development of the Book", in: J. J. G. ALEXANDER, M. T. GIBSON (ed.), *Medieval Learning and Literature. Essays presented to Richard William Hunt*, Oxford 1976, p. 115-141, hier p. 119.

[2] Cf. M. HAAS, „Studien zur mittelalterlichen Musiklehre I: Eine Übersicht über die Musiklehre im Kontext der Philosophie des 13. und frühen 14. Jahrhunderts", in: *Aktuelle Fragen der musikbezogenen Mittelalterforschung*, Winterthur 1982 (Forum musicologicum 3), p. 323-456, vor allem p. 360-366; id., „Musik zwischen Mathematik und Physik: Zur Bedeutung der Notation in der 'Notitia artis musice' des Johannes de Muris (1321)", in: *Festschrift für Arno Volk*, Köln 1974, p. 31-46.

dieses veränderte Denken auf eine pragmatisch-funktional ausgerichtete Musiklehre ausgewirkt hat, die als Elementarlehre primär
auf die Vermittlung von Wissen als Basis einer regulierten, 'kunst-
gemäßen' Praxis des Choralgesangs ausgerichtet war. Wie haben
sich der neue Aristotelismus des 13. Jahrhunderts und die Einflüsse
des arabischen Neoplatonismus auf die Gestaltung solcher elementarer Unterweisungen ausgewirkt? Spielte der neuartige philosophische 'Überbau' überhaupt eine Rolle für Texte mit einer Intention
und inhaltlichen Ausrichtung, die sich in der Tradition von Guidos
„Micrologus" und Johannes' „De musica cum tonario" bewegten?
Und wenn ja, wieviel Raum wurde den neuen Konzepten gelassen,
und welche Auswirkungen hatten sie auf die Gestaltung der Lehre?

Für eine exemplarische Erörterung dieser Fragen bietet der von
zwei Mönchen des Klosters Heilsbronn am Ende des 13. Jahrhunderts verfaßte Musiktraktat einen aufschlußreichen Gegenstand:
Dies schon allein deshalb, weil der historische Anlaß und damit der
funktionale Kontext der Abhandlung rekonstruierbar sind. Im Jahr
1295 berief der Regensburger Bischof Heinrich II. zwei Mönche des
Zisterzienserklosters Heilsbronn an die Regensburger Kathedralschule, um dort eine Gesangspraxis zu etablieren, die den bisheri-
gen „usus subrusticus et inconstans Psalmodiae" durch eine „Musica Regularis" gemäß den Vorschriften der „ars Musica" ersetzen
sollte[3]. Der in dem aus der Heilsbronner Klosterbibliothek stam-
menden Codex 66 der Universitätsbibliothek Erlangen auf fol. 102r-
109v überlieferte Traktat[4] bildete offensichtlich den dazugehörigen

---

[3]   L. Hochwart, *Catalogus episcoporum Ratisponensium.* Lib. 3, cap. 11: „De Henrico
II. Ratisponensi Episcopo XXXIII.", in: A. F. Oefele (ed.), *Rerum Boicarum Scriptores,*
tom. 1, Augsburg 1763, p. 209: „Hic etiam cantum choralem rectum in eandem Ec-
clesiam introduxit; cum enim eò usque cantus tantum ex usu, nulla verò arte constaret,
hic Episcopus anno Domini MCCXCV. duos monachos de Hailesprun accersitos, alios
Musicam Regularem per illos edoceri fecit, ut deinceps arte Musica, non usu subrustico
& inconstanti Psalmodiae fierent, libros ejusdem cantus & artis secundum chori consuetudinem providendo." Cf. *Annales Halesbrunnenses maiores,* in: *Monumenta Germaniae historica,*
Scriptores, tom. 24, Hannover 1879, p. 45: „A. D. 1295: Dominus Heinricus episcopus
Ratisponensis per duos monachos de Halsprunne edoceri fecit musicam in sua ecclesia,
cantu usuali in musicam permutato." Dazu genauer: M. L. Göllner, *The Manuscript
Cod. lat. 5539 of the Bavarian State Library,* Neuhausen, Stuttgart 1993, p. 3-9.

[4]   Cf. H. Fischer, *Die lateinischen Pergamenthandschriften der Universitätsbibliothek Erlangen,*
Erlangen 1928, p. 70-72; M. Huglo, C. Meyer, *The Theory of Music,* tom. 3: *Manuscripts from
the Carolingian Era up to c. 1500 in the Federal Republic of Germany,* München 1986 (RISM B
III[3]), p. 45sq. Eine weitgehend korrekte Übertragung des Prologs bei J. L. Hocker,
Bibliotheca Heilsbronnensis, Nürnberg 1731, p. 16sq. Wiedergabe des Prologs sowie feh-
lerhafte und unzulängliche Übertragungen der „Commendacio" und von Auszügen der
„Regule" bei D. Mettenleiter, *Musikgeschichte der Stadt Regensburg,* Regensburg 1865, p.

Lehrtext als ein von den beiden Heilsbronner Mönchen „Her. et O." im Auftrag der Regensburger Kanoniker verfaßtes „conpilacionis munus"[5]. Verschiedene Formulierungen im Prolog der Abhandlung legen allerdings die Annahme nahe, daß der Traktat erst nach Beendigung der Lehrtätigkeit der beiden Heilsbronner Mönche in Auftrag gegeben und verfaßt, also gleichsam nachgereicht wurde[6]. Die Unterweisung könnte während ihres Aufenthalts an der Kathedralschule in Form einer „familiaris collocucio secundum morem et modum Guidonis"[7] erfolgt sein, bevor sie auf Wunsch der Regensburger Kanoniker in einem Traktat schriftlich fixiert wurde. Die in der Literatur genannte Datierung der Abhandlung auf das Jahr 1295[8] ist daher fraglich; der Text könnte auch erst einige Zeit nach 1295 entstanden sein. Im Prolog des Traktats geben die beiden „instructores in Musica", die am Kloster als *cantor* und *infirmarius* wirkten[9], einige Hinweise auf die Zielsetzung und Anlage ihres Textes. Sie seien von den Regensburger Geistlichen gebeten worden,

> quatenus ob amorem diuine remuneracionis, et intuitu precum omnium discipulorum nostrorum Ratisponensium, vtiliores et simpliciores regulas de musica, et differencias cuiuslibet toni vnde et qualiter sint differencie considerande per nostri ingenii industriam et intelligenciam conpilatas in conpendium, vellemus simplicibus transmittere, ad maiorem eorum intelligenciam et profectum[10].

61-70. Der Traktat wird im Quellenverzeichnis des *Lexicon musicum latinum medii aevi* (ed. M. BERNHARD, München 1992, p. LXVIII) als „Tractatus duorum monachorum de Hailsprunne (Anon. Hailspr.)" geführt. – Eine vollständige Edition des Traktats ist in Vorbereitung.

5   Prolog, fol. 102r.

6   Folgende Formulierungen sind hier in Erwägung zu ziehen (fol. 102r): „Fratres .Her. et .O. monachi de Haylsprunne, quondam eorum qualescunque instructores in Musica. (...)" – „Cum post relictum vobis, a nobis habitum scientie musice paulatim studiositas vestra magis ac magis inciperet delectari, (...)" – „Hac instancia, et vestri pii studii vigilancia permoti, nichilominus vestra benignissima pertractacione cum apud vos in actu docendi essemus, tracti, operam dare cepimus ad parendum."

7   Diese aus Guidos „Epistola de ignoto cantu" (ed. M. Gerbert, in: id., *Scriptores ecclesiastici de musica sacra*, St. Blasien 1784, Nachdr. Mailand 1931, tom. 2, p. 43-50, hier p. 45) entlehnte Formulierung führen die Verfasser im Zusammenhang mit der Solmisationslehre als pädagogische Idealvorstellung an (fol. 104v).

8   METTENLEITER, *Musikgeschichte* [Anm. 4], p. 60; BERNHARD, *Lexicon* [Anm. 4], p. LXVIII.

9   Im Prolog (fol. 102r) erwähnen die beiden Verfasser ihre „amministraciones temporales in grauibus officiis, vtpote, cantoris et infirmarii". „Infirmarius" bezeichnete den Vorsteher eines Klosterhospitals.

10   Fol. 102r.

In einer zweiten Partie, die nach dem Modell des Prologs zum „Liber exceptionum" des Richard von St. Viktor ausgearbeitet ist, beschreiben sie die von ihnen angewandte kompilatorische Methode noch genauer:

> Igitur karissimi, accipite conpilacionis munus, quod postulastis. Musicorum namque tractatuum quorum copiam habere potuimus fertiles agros peruolantes, et ex eis pociora queque colligentes, in vnam seriem ordinate disposuimus, sibi prout ratio sensuum postulat coherencia, continuata, et connexa, vestre dilectionis studio, vt credimus, profutura. Per hec autem que scribimus sapienciores nolumus erudiri sed vestro tantum desiderio cupimus satisfacere, vestrum quoque studium in melius adiuuare[11].

Intention („vtiliores et simpliciores regulas"), Adressatenbezug („simplicibus"; „sapienciores nolumus erudiri") und anvisierte Textstruktur („conpilatas in conpendium", „conpilacionis munus") reihen den Text in eine auf Guido von Arezzos „Micrologus" rückführbare textliche und wissenschaftsprogrammatische Tradition ein, die sich schlagwortartig als pragmatische Transformation der mathematisch-quadrivialen *ars musica* charakterisieren läßt: Hierin verbindet sich das Postulat der darstellerischen Kürze und Deutlichkeit mit dem Prinzip der Selektion von applikationsbezogenem Wissen und dem Verfahren der kompilatorischen Rückbindung der Lehre in älteren, autoritativen Texten zu einer wissenschaftlichen Konzeption, die in einer ebenso selbstbewußten wie kritischen Distanz zur Lehre der *philosophi* steht. Tatsächlich bildet der „Micrologus" zusammen mit Johannes' „De musica cum tonario", Bernos „Prologus in tonarium" und der Pseudo-Bernhardischen „Praefatio super antiphonarium"[12] die Hauptquelle für die kompilierte

---

[11] Ibid.; cf. RICHARD VON ST. VIKTOR, *Liber exceptionum*, ed. J. CHATILLON, Paris 1958 (Textes philosophiques du moyen âge 5), Prologus, p. 97: „Accipe, carissime frater, exceptionum munus quod postulasti. Invenies in eo multa ex multis libris collecta, in unam seriem ordinate disposita, sibi prout ratio sensuum postulat coherentia, continuata et connexa, dilectionis tue studio satis utilia. Sacrorum namque librorum fertiles agros pervolantes et ex eis potiora queque colligentes, pauca vel nulla simplicitati tue sacre scripture lectionem ingredienti necessaria pretermittimus. Per hec autem que scribimus, nec grammaticos docere, nec sapientes volumus erudire, sed tue petitioni, tuo desiderio volumus satisfacere, tuumque studium in melius adjuvare."

[12] GUIDO VON AREZZO, *Micrologus*, ed. J. SMITS VAN WAESBERGHE, o. O. 1955 (CSM 4); JOHANNES AFFLIGEMENSIS, *De musica cum tonario*, ed. J. SMITS VAN WAESBERGHE, Rom 1950 (CSM 1); BERNO VON REICHENAU, *Prologus in tonarium*, ed. M. GERBERT, in: id., *Scriptores ecclesiastici de musica sacra*, St. Blasien 1784, Nachdr. Mailand 1931, tom. 2, p. 62-79; ANONYMUS CISTERCIENSIS, *Tractatus de musica*, ed. F. J. GUENTNER, o. O. 1974 (CSM

Elementar-, Tonarten- und Chorallehre, die den hauptsächlichen Gegenstand des Traktats ausmacht. Dem Text der „Regule" selbst läßt sich noch entnehmen, daß den Klerikern der Regensburger Kathedralschule vor allem an einer Vereinheitlichung des Gebrauchs der Differenzen gemäß den Regeln der *ars musica* gelegen war. Im letzten, unvollständig überlieferten Teil des Traktats[13], der „de singulorum tonorum seculorum amen. et eorum differenciis" handelt, weisen die Verfasser darauf hin, daß diesen Bereich der Musiklehre „a nobis uestra karitas affectuosius atque specialius expostulauit"[14]. Man kann daraus schließen, daß die Reformbestrebungen vor allem auf den Psalmenvortrag und die dabei auftretende Problematik der Differenzen zielten. Diese Annahme läßt sich durch den oben zitierten chronikalischen Hinweis auf den „usus subrusticus et inconstans Psalmodiae", aber auch durch die Stelle des Prologs, in der als thematischer Schwerpunkt des Traktats die „differenciae cuiuslibet toni vnde et qualiter sint differencie considerande" hervorgehoben werden, bekräftigen[15].

Einer der Gründe für die Berufung der beiden Mönche nach Regensburg mag darin gelegen haben, daß das Zisterzienserkloster Heilsbronn Ende des 13. Jahrhunderts zu einer herausgehobenen Pflegestätte der Wissenschaften geworden war, was sich in der aktualisierenden und neuesten wissenschaftlichen Entwicklungen verpflichteten Erweiterung der Klosterbibliothek, aber auch in den Studienaufenthalten von Mönchen des Klosters an der Universität Paris dokumentiert[16]. Die beiden Verfasser erwähnen im Prolog,

---

24), p. 23-41.

[13] Die Niederschrift bricht am Beginn einer tonarartigen Darstellung der Differenzen ab. Der letzte Satz zitiert fast wörtlich den Beginn des Tonars in Johannes' „De musica".

[14] Fol. 109r. Dieser Aussage geht die möglicherweise auf die reformbedürftige Musikpflege an der Regensburger Kathedralkirche gemünzte Feststellung voran, daß „vnaquaque ecclesia consuetudinem suam per detestabilem et incorrigibilem usum conquisitam amplectitur intantum. vt multi in multis regulas contempnentes uicia nutriant. non uicia resecantes ut regulas custodiant musicales".

[15] Cf. Anm. 3 und Anm. 10. – Zur mittelalterlichen Musik- und Liturgiegeschichte Regensburgs cf. *Liturgie im Bistum Regensburg. Von den Anfängen bis zur Gegenwart*, Katalog der Ausstellung in der Bischöflichen Zentralbibliothek Regensburg 30. Juni bis 29. September 1989, München, Zürich 1989; D. HILEY, „Musik im mittelalterlichen Regensburg", in: M. ANGERER, H. WANDERWITZ, E. TRAPP (ed.), *Regensburg im Mittelalter*, tom. I: *Beiträge zur Stadtgeschichte vom frühen Mittelalter bis zum Beginn der Neuzeit*, Regensburg 1995, p. 311-322.

[16] Cf. M. GRABMANN, „Die wissenschaftlichen Bestrebungen im ehemaligen Cisterzienserstift Kloster Heilsbronn", in: *Sammelblatt des Historischen Vereins Eichstätt* 23 (1908),

daß die zugesagte Abfassung des Traktats unter anderem „propter audicionem lectionum et studium in Theologia et aliis facultatibus" verzögert worden sei. Offenbar waren die beiden Heilsbronner Mönche nicht nur versierte Sänger und Spezialisten für Musiklehre und Musiktheorie, sondern auch universitär geschulte Gelehrte, die an dem Wissenstransfer von universitären Zentren wie Paris oder Montpellier in die Klöster des Zisterzienserordens regen Anteil nahmen. Durch derartige Transferbestrebungen gerieten auch Proben der am Ende des 13. Jahrhunderts in Paris gepflegten Mehrstimmigkeit nach Heilsbronn. Sie wurden von den beiden Mönchen analysiert und im Traktat wegen ihrer ungewöhnlichen Intervallstrukturen kritisiert[17]. Die von „quidam parisienses" in ihren „discantus" gebrauchten Melodieintervalle der verminderten Quint und kleinen Sept würden von keinem *musicus* gebilligt:

> Adhuc quidam parisienses in discantibus superaddunt duos modos. a nullo unquam musicorum approbatos. uidelicet semitonium cum diatesseron. et semidytonum cum diapente. Hiis contradicit Bernno. cum dicit. Alios preter hos quos posuimus modos si quas uoces inter se subalterna percussione distantes quesieris. in nullo rationabili cantu reperies. donec ad diapason consonanciam peruenies. et subinfert. quod nec ipsa humani appulsus possibilitas admittit. ut interuallis tam longe inter se distantibus. aliquis aptus inter se reddatur sonus[18].

Man sollte nicht unerwähnt lassen, daß dieser Passus mit einer Randglosse versehen ist, die den normativen Zuschnitt der Aussage in ein eigentümliches Zwielicht rückt: „Oracius senciens alterabilitatem esse in artibus. iuxta consuetudinis quali[t]atem dixit. Multa renascentur que [i]am cecidere. cadentque. Que nunc sunt in hono[r]e vocabula si volet vsus"[19]. Mit dem Zitat aus der „Ars poetica" des Horaz (Vers 70-71) wird klargelegt, daß der *usus* sich letztendlich gegen jede Normierung durchsetzt, da er ja—wie die in der Glosse nicht mehr zitierte Fortsetzung der Stelle aus der „Ars poeti-

---

p. 90-100; F. KRAUTWURST, Art. „Heilsbronn", in: *Die Musik in Geschichte und Gegenwart*, tom. 6, Kassel, Basel, London 1957, col. 36-39; id., „Anmerkungen zum Artikel *Heilsbronn* in *MGG*, Sachteil, Band 4 (1996)", in: *Neues Musikwissenschaftliches Jahrbuch* 5 (1996), p. 209-214.

[17]   Cf. J. HANDSCHIN, „Die Rolle der Nationen in der Musikgeschichte", in: *Schweizerisches Jahrbuch für Musikwissenschaft* 5 (1931), p. 1-42, hier p. 11-13.

[18]   Fol. 105v.

[19]   Ibid.

ca" verdeutlicht–letztlich doch „ius et norma loquendi"[20] sei. Gegen Bernos Satz, daß kein weiteres als die von ihm genannten neun Melodieintervalle in einem „rationabilis cantus" möglich sei, setzt die Glosse den Hinweis, daß Horaz gespürt habe, daß auch die *artes* einem Wandel unterlägen, „alterabilitatem esse in artibus". Hierin tritt eine grundlegende Problemstellung des anwendungsbezogenen Nachdenkens über Musik im Mittelalter zu Tage: Inwieweit kann eine aufs Unveränderliche und Prinzipielle gerichtete Denkhaltung den Bereich des *usus*, und damit den Bereich der Kontingenz, adäquat beschreiben oder gar normativ steuern?

Man darf annehmen, daß die wissenschaftliche Kompetenz und die Vertrautheit mit neuesten sowohl musikpraktischen als auch musiktheoretischen Tendenzen die Lehre der beiden Heilsbronner Musiklehrer besonders attraktiv für die Regensburger Kanoniker machte. Diese Schlußfolgerung wird zumindest durch die ausführliche „Commendacio omnium scientiarum et specialiter Musice" nahegelegt, die die Verfasser den „Regule de Musica" voranschikken. Diese Einführung in die Wissenschaften im allgemeinen und in die *scientia musica* im speziellen verarbeitet epistemologische, theologische und enzyklopädische Texte des späteren 12. sowie des 13. Jahrhunderts und setzt sie in Beziehung zu älteren autoritativen Texten der Musiktheorie und Musiklehre; sie konfrontiert den Leser dabei vor allem mit den wissenschaftstheoretischen Ansprüchen, Problemstellungen und Lösungsversuchen, die Robert Kilwardby nach der Jahrhundertmitte in seiner Abhandlung „De ortu scientiarum" formuliert hatte[21].

Der nachfolgenden Analyse der „Commendacio" liegt die vollständige Übertragung des Textes im Anhang zugrunde; die kompilatorische Struktur der Abhandlung wird mit Hilfe eines Fußnotenapparats, der die Vorlagetexte nachweist und zitiert, erschlossen.

Es zeigt sich, daß der erste Teil, die „Commendacio omnium scientiarum", im wesentlichen auf Hugos „Didascalicon" und Richards „Liber exceptionum" basiert, während die sechsteilige

---

[20] Q. HORATIUS FLACCUS, *De arte poetica liber*, ed. S. BORZSÁK, in: *Q. Horati Flacci Opera*, Leipzig 1984 (Bibliotheca Scriptorum Graecorum et Romanorum Teubneriana), S. 292-312, hier S. 295, v. 72: „quem penes arbitrium est et ius et norma loquendi."
[21] ROBERT KILWARDBY, *De ortu scientiarum*, ed. A. G. JUDY, Toronto 1976 (Auctores Britannici Medii Aevii 4). Cf. J. A. WEISHEIPL, „Classification of the Sciences in Medieval Thought", in: *Mediaeval Studies* 27 (1965), p. 54-90, hier p. 75-78; HAAS, *Studien* [Anm. 2], p. 379sq.

„Commendacio Musice" mit akribischer Vollständigkeit das 18.
Kapitel aus „De ortu scientiarum" in neuer Anordnung und Gliederung ausschreibt (Zif. 12-18, 26-27, 29, 31-36, 41, 45, 47) und außerdem noch Teile aus dem 21. (Zif. 19-20, 43) und 14. Kapitel (Zif.
28) der Abhandlung Kilwardbys heranzieht. Im Text wird „De ortu
scientiarum" dem Albertus Magnus zugeschrieben (Zif. 19). Diese
Fehlzuschreibung läßt sich aus der Überlieferung von „De ortu"
innerhalb des Zisterzienserordens erklären. Der Ende des 13. Jahrhunderts geschriebene Codex Clm. 28186 der Bayerischen Staats-
bibiothek enthält den Traktat ohne Verfasserangabe zusammen mit
drei Aristoteles-Kommentaren des Albertus Magnus (und einem
anonymen Musiktraktat, der allerdings keine Berührungspunkte
mit der Abhandlung der Heilsbronner Mönche aufweist). Die
Handschrift stammt aus dem Zisterzienserkloster Kaisheim[22]. Dieser Befund legt die Annahme nahe, daß Ende des 13. Jahrhunderts
Kilwardbys Buch im Zisterzienserorden den Schriften des Albertus
zugeordnet wurde; der tatsächliche Verfasser war entweder unbekannt oder wurde bewußt nicht zur Kenntnis genommen.

Vor allem die ersten beiden Teile der „Commendacio Musice",
die sich mit der *divisio* (Zif. 13-21) und *diffinitio musicae* (Zif. 22-43)
beschäftigen, sind fast vollständig den Ausführungen Kilwardbys
verpflichtet[23]. Dies gilt mit Einschränkungen auch für den Abschnitt, der die *derivacio* des Begriffs *musica* behandelt (Zif. 42-48); die
beiden Verfasser favorisieren wie Kilwardby die Isidorsche Etymologie gegenüber den in Hugos „Didascalicon" (Zif. 48), Huguccios
„Liber derivationum" (Zif. 49) sowie Johannes' „De musica" (Zif.
50) angeführten Ableitungen und zitieren Kilwardbys Begründung
für die Bevorzugung dieser Etymologie (Zif. 45, 47). Die Lehrstücke
von der *utilitas* und vom *effectus* der Musik sowie von ihrer Einführung in die christliche Kirche werden dann vor allem dem Traktat
des Johannes entnommen, außerdem aus Guido und Isidor gezo-
gen; die Verfasser montieren aber auch Partien aus Richards „Benjamin major" (Zif. 60, 62-63), aus „De proprietatibus rerum" des

---

[22] Cf. JUDY (ed.), Kilwardby, *De ortu scientiarum* [Anm. 21], p. XVIIsq.
[23] Eigentümlicherweise ordnen die Verfasser in ihrer *divisio musicae* die aus „De
ortu" gezogenen Ausführungen zur *musica humana, mundana* und *instrumentalis* so an, daß
sich folgender musiktheoretischer Erkenntnisweg ergibt: Auf die Entdeckung der *musica
humana* folgte die der *musica mundana*, am Ende stand die Erschließung der *musica instrumentalis*. Bei Kilwardby steht die *musica instrumentalis* jedoch am Anfang der *inventio
musicae*. Der Grund für diese Umakzentuierung ist mir nicht klar.

Bartholomeus Anglicus (Zif. 57-59) und aus einem bislang nicht nachweisbaren Kommentar ein (Zif. 64). Über sechzig Textbausteine konstituieren die komplexe, sorgfältig ausgearbeitete und genau durchdachte Kompilation, in der die beiden *instructores* ihre musikbezogene Wissenschaftslehre fassen.

Schon alleine die intensive, systematisierende Verarbeitung des Kilwardbyschen Musikkapitels spricht dafür, daß die beiden Verfasser darauf bedacht waren, neueren wissenschaftstheoretischen Erwägungen und Positionen in ihrer elementaren Unterweisung breiten Raum zu geben. Ich möchte im folgenden aufbauend auf einer näheren Analyse der „Commendacio" Einfallsstraßen der eingangs beschriebenen, für das 13. Jahrhundert bezeichnenden Methodik und Denkhaltung in den Traktat skizzieren. Folgende Aspekte seien genauer behandelt: 1. die disposition des Wissensstoffes; 2. die Definition von *musica*; 3. die Frage nach der Erfindung der *musica*; 4. die Boethianischen Arten der musikbezogenen Tätigkeit und ihre Stellung im System der Wissenschaften.

1. *Die Disposition des Wissensstoffes*

Die Gliederung des Lehrstoffes trägt sowohl in der „Commendacio" als in den „Regule" dem rigorosen Klassifikations- und Systematisierungsinteresse des 13. Jahrhunderts Rechnung. Dies zeigt sich in der streng hierarchisierten Struktur der Disposition, der begrifflichen und inhaltlichen Parallelisierung der Gliederungspunkte sowie insgesamt im expliziten und reflektierten Charakter der Gliederung[24]:

Prologus ad Canonicos Ratisponensis ecclesie de Musica.

[1.] Commendacio omnium scientiarum et specialiter Musice
[1.1. Commendacio omnium scientiarum]
[1.2. Commendacio Musice]
[1.2.1.] Quod modis dicatur Musica per diuisionem.
[1.2.2.] Quid sit Musica sonora per diffinicionem.

---

[24] Zwei vergleichbare Beispiele aus der Zeit vor und um 1300 (Anonymus St. Emmeram, Johannes de Grocheo) diskutiert W. Frobenius, „Methoden und Hilfsmittel mittelalterlicher Musiktheorie und ihr Vokabular", in: O. Weijers (ed.), *Méthodes et instruments du travail intellectuel au moyen âge*, Turnhout 1990, p. 121-136, hier p. 128-132.

[1.2.3.] Vnde dicatur Musica per deriuacionem.
[1.2.4.] De vtilitate Musice per commendacionem.
[1.2.5.] De effectu Musice per approbacionem.
[1.2.6.] Quomodo vsus eius in ecclesia dei invaluit per
introductionem.

[2.] Incipiunt Regule de Musica

[2.1.] et primo de litteris monochordi et distinctione earum.

[2.2.] De sillabis vocum .vt. re. mi. fa. sol. la.
[2.2.1.] Quis eas inuenerit.
[2.2.2.] Quomodo aut ad quid sint inuente.
[2.2.3.] De applicacione siue ordinacione ipsarum ad litteras
monocordi.
[2.2.4.] De mutacione earum ininuicem.

[2.3.] De modis et consonanciis.
[2.3.1.] Quid sit modus.
[2.3.2.] Vnde dicatur.
[2.3.3.] Quod sint numero.
[2.3.4.] De consonanciis et earum proporcionibus.
[2.3.5.] De speciebus ipsarum consonanciarum.

[2.4.] De Tonis.
[2.4.1.] Quid sit tonus.
[2.4.2.] Vnde dicatur tonus.
[2.4.3.] De numero tonorum et uocabulis eorum.
[2.4.4.] De finalibus eorum.
[2.4.5.] De cursu et formulis eorum.
[2.4.6.] De seculorum amen et differenciis eorum. [unvollständig]

Man beachte die große Zweiteilung der Abhandlung in „Commendacio" und „Regule" sowie die systematische Gliederung der Einleitung, die auch im Parallelismus der Titel zum Ausdruck gebracht
wird; dadurch wird die gewählte Anordnung dem Leser besonders
sinnfällig vor Augen geführt und in ihrer internen Stimmigkeit betont („per diuisionem", „per diffinicionem", „per deriuacionem"
etc.). Die Gliederung der „Regule" ist durch eine hypotaktische,
hierarchisierte Struktur gekennzeichnet, innerhalb der drei von vier

Hauptgliederungspunkten[25] nochmals unterteilt werden; die Punkte 2.3 und 2.4 sind zusätzlich in ihren Untergliederungen teilweise gleich gebaut („Quid sit ...", „Vnde dicatur ...", „Quod sint numero" / „De numero ..."). Für ein besonderes Bemühen um Begründung der gewählten Ordnung des Wissensstoffes und zugleich Verdeutlichung dieser Begründung spricht schließlich der die „Regule" eröffnende Passus, in dem die Verfasser die Hauptgliederungspunkte der Abhandlung in Analogie zum Lehrprogramm der *ars grammatica* aufführen und als sinnvoll begründen:

> Quemadmodum puerulus rudimenta gramatice recepturus. docetur primo litteras cognoscere. Secundo easdem in sillabas conpingere. Tercio sillabas in dictiones formare. Quarto ex dictionibus orationem ordinare. Sic in proposito. qui se ad musice disciplinam aptare desiderat. oportet primo litteras alphabeti. que sunt quasi quedam signa sonorum ymaginacioni inprimere. Secundo hiis litteris quasdam sillabas quasi quedam vocum sustentamenta coniungere. Tercio sonos ex hiis elicitos in consonancias distinguere. Quarto et vltimo cantum cuiuslibet toni ordinabiliter resonare[26].

Es werden also folgende Analogien zwischen Grammatik, Musiklehre und Gliederung des Traktats hergestellt:

litteras cognoscere	−litteras alphabeti [...] quasi quedam signa sonorum ymaginacioni inprimere	−2.1. De litteris monochordi et distinctione earum.
−easdem in sillabas conpingere	−hiis litteris quasdam sillabas quasi quedam vocum sustentamenta coniungere	−2.2. De sillabis vocum .vt. re. mi. fa. sol. la.
−sillabas in dictiones formare	−sonos ex hiis elicitos in consonancias distinguere	−2.3. De modis et consonanciis
−ex dictionibus orationem ordinare	−cantum cuiuslibet toni ordinabiliter resonare	−2.4. De Tonis

Das Reden in Analogien zwischen grammatikalisch-sprachlicher und musikalischer Struktur besitzt in der mittelalterlichen Musiktheorie eine weit zurückreichende Tradition – erinnert sei nur an die Calcidius-Bearbeitung zu Beginn der „Musica enchiriadis"[27] −;

---

[25] Die Hauptgliederungspunkte werden im Traktat mit den Ausdrücken „particula" (2.2), „pars" (2.3) und „pars principalis" (2.4) angesprochen.

[26] Fol. 103v.

[27] Cf. K.-J. SACHS, „Musikalische Elementarlehre im Mittelalter", in: F. ZAMINER (ed.), *Rezeption des antiken Fachs im Mittelalter*, Darmstadt 1990 (Geschichte der Musiktheorie 3), p. 105-161, hier p. 109-116; zum ganzen Komplex ausführlich M. BIELITZ, *Musik und Grammatik. Studien zur mittelalterlichen Musiktheorie*, München, Salzburg 1977 (Beiträge zur Musikforschung 4).

und eine Anordnung des Wissensstoffes, die von den Elementen zu immer komplexeren Gebilden voranschreitet, läßt sich fast schon als topisch bezeichnen; man könnte etwa auf die Anlage der „Institutio musica" des Boethius, mehr noch auf Guidos „Micrologus" hinweisen[28]. Bemerkenswert und symptomatisch erscheint dennoch, daß hier die sprachtheoretische Analogie als Begründung für die Gliederung des Lehrstoffes und zugleich als Garant für die Stimmigkeit dieser Gliederung sowie für den sinnvollen Aufbau der Lehre insgesamt herangezogen wird.

2. *Die Definition von* musica

Die Frage nach einer adäquaten Definition von *musica* ist Gegenstand des zweiten Teils der „Commendacio musice" („Sequitur quid sit musica per diffinitionem", Zif. 22-43). Hier werden mit Hilfe der Aristotelischen *causae* drei Definitionen der *musica* miteinander verglichen, erläutert, bewertet und hierarchisiert.

Die Isidorsche Definition „Musica est pericia modulacionis. sono cantuque consistens" (Zif. 22) ordnen die Autoren der *causa materialis* zu; die Zuordnung erfolgt aufgrund der etwas spitzfindigen Interpretation, daß durch die Singularwendung „sono cantuque" die materielle, elementar-stoffliche Beschaffenheit von Musik ins Zentrum gerückt werde. Die Autoren berufen sich in diesem Zusammenhang auf Richards Bestimmung, daß das „elementum" und damit die „materia musice" der „vnisonus" sei (Zif. 23).

Als zweite Definition folgt die um den Zusatz „proportione inter se consonancium" erweiterte, auf Johannes zurückgehende Bestimmung „Musica est mocio vocum congrua", wie sie in etwas anderer Gestalt beim Anonymus Schneider, bei Egidius und Hieronymus nachzuweisen ist (Zif. 24). Diese Definitionen lassen sich allesamt als Transformationen der Überschrift betrachten, die Guido im 16. Kapitel des „Micrologus" für die *figura* wählt, in der er die Kategorien seiner *motus*-Theorie zusammenfaßt: „Musica motus est vo-

---

[28] Cf. K.-J. Sachs, „Tradition und Innovation bei Guido von Arezzo", in: W. Erzgräber (ed.), *Kontinuität und Transformation der Antike im Mittelalter*, Sigmaringen 1989 (Veröffentlichung der Kongreßakten zum Freiburger Symposion des Mediävistenverbandes), p. 233-244.

cum"[29]. Eine andere im Codex 66 der Universitätsbibliothek Erlangen überlieferte *introductio ad musicam* schreibt die von den Heilsbronner Mönchen zitierte Definition Plato zu – eine Zuschreibung,
die auch in der „Commendacio" auftritt, allerdings nur „vt credimus" (cf. Zif. 24 und die in der Fußnote angeführten Belege). Diese
Definition sei gemäß der *causa formalis* gegeben worden, weil es ja
Eigenschaft der Form (bzw. des formenden Geistes) sei, zu bewegen
und etwas hervorzubringen („quia forme est mouere et facere").
Die Verfasser berufen sich in diesem Zusammenhang auf eine Stelle aus „De generatione et corruptione" des Aristoteles (Zif. 25). Die
poietische Akzentuierung der Definition und das Auftreten des Begriffs „motio/motus" sind hier also ausschlaggebend für ihre Zuordnung zur *causa formalis*.

Die dritte Definition schließlich entnehmen die beiden Theoretiker dem „Liber de ortu scientiarum". Kilwardbys Bestimmung
„Musica est sciencia speculatiua humani aspectus perfectiua cogni-
cione armonie sonore uel sonorum armonice conueniencium" (Zif.
26) wird „principalius" der *causa finalis* zugeordnet und den anderen
beiden Definitionen übergeordnet: sie sei „conplecior aliis" (Zif. 27).
Die Einschätzung der Definition als *completior* begegnet bereits bei
Robert Kilwardby: „Musicam autem sonoram sic definit Gundissalinus: *Peritia modulationis sono cantuque consistens*. Sed aestimo praecedentem definitionem esse completiorem" (cf. Zif. 27). Die von Gundissalinus in „De divisione philosophiae" zitierte[30], von Kilwardby
als „weniger vollständig" bewertete Definition ist nichts anderes als
die Isidorsche Bestimmung, die die beiden Heilsbronner Chorallehrer als erste Definition anführen. Wir sehen hier, wie das für das
13. Jahrhundert typische strenge Hierarchisierungsdenken auch auf
die Frage der Musikdefinition übergreift: Die Kilwardbysche Definition umfaßt und subalterniert die Isidorsche Bestimmung ebenso wie die Definition der Musik als *motio vocum* in Guidonisch-Jo-
hanneischer Tradition.

Die größere Vollständigkeit der Kilwardbyschen Definition wird
von den beiden Verfassern damit begründet, daß in ihr das *genus*

---

[29] Eine ausführliche Darstellung der Rezeption dieses Satzes enthält meine im
Entstehen befindliche Habilitationsschrift: Auctoritas *und* Imitatio. *Studien zur Rezeption
von Guidos* Micrologus *in der Musiklehre des 11. bis 14. Jahrhunderts.*
[30] DOMINICUS GUNDISSALINUS, *De divisione philosophiae*, ed. L. BAUR, Münster 1903
(Beiträge zur Geschichte der Philosophie des Mittelalters 4,2-3), p. 96.

proprium und das *subiectum proprium* der Musik mit eingeschlossen seien (Zif. 27) und daß sie mit der Akzentuierung der *causa finalis* die wichtigste der vier Ursachen, die *causa causarum*, ins Zentrum stelle (Zif. 28). Die Autoren ziehen zur Begründung dieser Hierarchie zwischen den *causae* eine Passage aus dem 14. Kapitel von „De ortu" heran (cf. Zif. 28), die allerdings in völlig anderem Kontext steht: Kilwardby erläutert an dieser Stelle, daß die *physici* sich sämtlicher *causae* (und eben auch der *causa finalis* als *causa causarum*) bedienen, während die mathematischen Wissenschaften die *causa efficiens* und die *causa finalis* nicht erörtern müssen. Die Übertragung der Stelle in das veränderte Umfeld der Musikdefinition funktioniert nur deshalb, weil die *causae* sich als ein flexibles, topisches Instrument auf ganz verschiedene Phänomene und Darstellungsinteressen beziehen lassen[31].

Die Kategorie des *subiectum*, die der *causa materialis* entspricht, spielt in Kilwardbys System der Wissenschaften eine besonders wichtige Rolle, weil er bei jeder *scientia* ausgehend von der Frage nach ihrem Ursprung *subiectum* und *finis* der Disziplin bestimmt, die dann zu einer *definitio* zusammengeschlossen werden. Im Fall der *scientia musica* gibt er zwei derartige Bestimmungen, die eine bezogen auf die *musica sive harmonia communiter dicta* (sie schließt den *musica mundana*- und den *musica humana*-Komplex mit ein), die andere auf die *musica sonora*. Letztere wird von den Heilsbronner Mönchen ebenso aufgegriffen (Zif. 26) wie die Kilwardbyschen Eingrenzungen des *subiectum* und des *finis* der *musica* (Zif. 35 und 29).

Die Herleitung des *finis musicae* aus dem Ursprung dieser *scientia*, die im Heilsbronner Traktat an die Definitionen angeschlossen wird, stellt eine Kompilation der betreffenden Stellen im Musikkapitel von „De ortu scientiarum" dar, die durch einige verbindende und erläuternde Passagen ergänzt werden: Die menschliche Neugierde, die ganz aristotelisch aus dem Vergnügen an der Erkenntnis hergeleitet wird („Perfectam autem cognicionem consequitur delectacio. et delectacio est causa actus", Zif. 29-30), ging „rationabiliter" vom Gesichtssinn zum zweiten der „sensus maxime disciplinabiles", dem Gehörssinn, weiter und versuchte, das „obiectum auditus"—und das menschliche Vergnügen an diesem „obiec-

---

[31]   Zu den methodischen Möglichkeiten, die der kompilatoriche Umgang mit topisch geprägtem Material dem abendländischen Denken eröffnete, cf. L. BORNSCHEUER, *Topik. Zur Struktur der gesellschaftlichen Einbildungskraft*, Frankfurt am Main 1976.

tum"–zu ergründen. Hier spielen entsprechende Formulierungen zu Beginn der Aristotelischen „Metaphysik" und in „De sensu et sensato" eine wichtige Rolle als autoritative Begründungen (Zif. 31-33). Dieser Erkenntnisvorgang sollte dazu dienen, daß der Mensch sich „per artem" derartige „delectationes" erdenken und schaffen könne. So sei schließlich die Ursache des Wohlklangs („causa euphonie") gefunden worden, nämlich die zusammenstimmende Vermischung ungleicher Klänge („sonorum inaequalium armonica mixtura", Zif. 34).

Man sieht, welch grundlegend veränderte Zugangsweise auf das Problem einer Definition von *musica* durch die neuen epistemologischen Tendenzen des 13. Jahrhunderts eröffnet wurde: Altehrwürdige, über Jahrhunderte hinweg tradierte, mit größter *auctoritas* versehene Definitionen wie die Isidorsche Bestimmung oder die Definition der Musik als „motus vocum" werden als „unvollständig" zurückgewiesen, weil sie der *ratio* der Kilwardbyschen Epistemologie nicht gerecht werden. An ihre Stelle rückt eine moderne Definition, die auf den methodischen Postulaten und inhaltlichen Vorgaben dieser Wissenschaftslehre aufbaut. Die Aristotelischen *causae* geben den beiden Heilsbronner Mönchen zudem ein begriffliches Instrumentarium an die Hand, um überlieferte Definitionen in ihrer Eigenart zu bestimmen und systematisierend sowie hierarchisierend aufeinander zu beziehen.

3. Die Frage nach der Erfindung der musica

Nachdem die drei Definitionen gemäß *causa materialis, formalis* und *finalis* miteinander verglichen und bewertet worden sind, gehen die Verfasser zur vierten und letzten *causa*, der *causa efficiens*, über und damit zu einer Frage, die sie im vorangehenden schon im allgemeinen behandelt hatten, die nun aber konkret auf den (oder die) Erfinder der *musica* sowie Ort und Zeitpunkt ihrer Erfindung konzentriert ist. Hier wird das Problem erörtert, ob man Jubal oder Pythagoras als Erfinder der Musik betrachten müsse (vor Zif. 36 bis Zif. 43). Kilwardby streift in seinem 18. Kapitel diesen Gesichtspunkt nur kurz–er weist darauf hin, daß „licet forte a Iubal ante diluvium et ab aliis postmodum, quorum mentio non pervenit ad modernos, aliquid huius scientiae excogitatum fuerit, causa tamen euphoniae et ipsa numeralis proportio in qua consistit dicitur apud Graecos inventa a Pythagora" (cf. Zif. 41).

Die beiden monastischen Autoren nehmen die Frage nicht so leicht wie Kilwardby, sicherlich deshalb, weil sie in ihrer geistigen Sphäre mit größerem argumentativen Widerstand gegen die Annahme eines heidnischen Ursprungs der *musica* rechnen müssen. Kilwardbys Statement und seine Version der Pythagoras-Legende werden zwar in die Kompilation eingearbeitet (cf. Zif. 41 und 36), aber mit jener christianisierten Version der Legende, die Petrus Comestor in seiner „Historia scholastica" erzählt, konfrontiert: Tubal (Jubal) wird darin als Entdecker der musikalischen Konsonanzen namhaft gemacht. Die Hammerklänge, die ihn zu dieser Entdeckung führten, habe er bei seinem Bruder Thubalcain, dem Erfinder der *ars ferraria*, gehört (cf. Zif. 37-38).

Die beiden Heilsbronner Theoretiker geben sich nur scheinbar damit zufrieden, diese beiden „opiniones magis sollempnes" (vor Zif. 36) zu referieren und im übrigen die Entscheidung darüber, „quid horum uerius sit", dem Urteil des Lesers zu überlassen (vor Zif. 39). Vielmehr versuchen sie am Ende der Partie (Zif. 39-43) die Kilwardbysche Position argumentativ zu untermauern und dadurch eine Lösung der strittigen Frage im Sinne der Pythagoras-Legende zu insinuieren. Es erfolgt zunächst unter Berufung auf Hugo von St. Viktor der Hinweis, daß Pythagoras die Arithmetik erfunden habe, auf der ja die anderen drei Disziplinen aufbauten und sich stützten (Zif. 39). Der griechische Gelehrte habe sogar eine Abhandlung über die gesamte „doctrina quadruuii" verfaßt (Zif. 40). Die Subalternationslehre Kilwardbys und anderer Autoren des 13. Jahrhunderts wird somit als *argumentum* für Pythagoras als *inventor musicae* eingesetzt: Da Pythagoras der Erfinder der Arithmetik war und die Arithmetik die Grundlagenwissenschaft der *musica* darstellt, muß er auch diese *scientia* erfunden haben. Iubals Bemühungen bewegten sich, so die Verfasser, noch im rational unabgesicherten Bereich des *usus*. Im Schlußsatz wird dann Kilwardbys kurze Bemerkung (Zif. 41) mit dem wiederum aus dem „Didascalicon" entlehnten Hinweis verbunden, daß die „scientiae prius erant in vsu quam in arte" (Zif. 42), um dann aus Kilwardbys wichtigem 21. Kapitel, das ausgehend von der Subalternationslehre die *scientia media*-Problematik diskutiert, den Kernsatz zu zitieren, daß „musica est sub arismetica. et demonstracio arismetice in ipsam descendit" (Zif. 43).

Man sieht, wie hier das kompilatorische Verfahren in den Dienst einer persuasiven Kontraktion von Argumenten auf engem Raum gestellt wird. Vor allem aber wird deutlich, wie neuere epistemologische Konzeptionen für die Entscheidung der alten Streitfrage nach der Erfindung der Musik funktionalisiert werden.

4. Die drei Boethianischen Arten der musikbezogenen Tätigkeit und ihre Stellung im System der Wissenschaften

Die beiden Chorallehrer folgen Kilwardbys Ausführungen auch hinsichtlich der Einordnung der Boethianischen „genera (...), quae circa artem musicam versantur" in das System der scientiae. Der entsprechende Passus aus dem 21. Kapitel von „De ortu" wird in die „Commendacio" vollständig übernommen (Zif. 20). Kilwardby überträgt die Aristotelische Unterscheidung zwischen propter quid-Wissen und quia-Wissen, die erstmals Robert Grosseteste in seinem Kommentar zu den „Analytica posteriora" für die moderne Wissenschaftstheorie fruchtbar gemacht hatte[32], auf die drei Boethianischen genera. Er rechnet dabei die ersten beiden Arten, die musikalische Ausführung, „quod instrumentis agitur", und die musikalische Komposition, „quod fingit carmina. et hoc est opus poeticum", zu den scientiae mechanicae: „Vnde secundum ueritatem ad mechanicas scientias pertinent", sie seien ja auf das „opus sensibile" beschränkt und damit „tocius speculacionis expertes". Nur das dritte genus, „quod utrumque diiudicat", und damit der Tätigkeitsbereich des „musicus mathematicus" kommen der scientia musica zu. Dieser Bereich bildet die übergeordnete Grundlagenwissenschaft für die anderen beiden Arten, die gleichsam angewandte Wissenschaften darstellen: „Musicus mathematicus habet dicere propter quid respectu eorum quorum isti dicunt quia" (cf. Zif. 20; im Text der Heilsbronner Mönche vereinfacht als „propter quid. respectu eorum que isti dicunt" wiedergegeben).

Hier wird greifbar, warum die Kilwardbysche Ordnung der musikbezogenen scientiae für die Verfasser einer ebenso normativ wie retrospektiv ausgerichteten Chorallehre von besonderem Interesse sein konnte: Pointiert gesagt, unterfüttert Kilwardby hier die tradierten Boethianischen Theoreme mit neueren wissenschaftstheore-

---

[32] Cf. WEISHEIPL, Classification [Anm. 21], p. 73-75.

tischen Begriffen und Denkfiguren; er bestätigt im Grunde dessen Setzungen, indem er die *scientia-media*-Frage im Boethianischen Sinne zugunsten einer alleinigen Zuweisung der *scientia musica* zur *mathematica* entscheidet und indem er den *musicus (mathematicus)* nach wie vor als den einzig wahren Vertreter der *scientia* hochhält, der sich vom unwissenden *musicus mechanicus* und vom rein instinktgesteuerten *poeta* durch sein rationales Urteils- und Begründungsvermögen grundlegend unterscheidet. Für eine Chorallehre, die darum bemüht ist, die *cantores* an die für unveränderlich gehaltenen Prinzipien der *ars musica* heranzuführen und in deren *ratio* eine regulierte, normierte Gesangspraxis zu begründen, bildete Kilwardbys Epistemologie einen willkommenen Ausgangspunkt. Scheinbar mühelos werden in der Kompilation dann auch die komplizierten wissenschaftstheoretischen Ausführungen Kilwardbys in die Guidonische Unterscheidung zwischen *musicus* und *cantor* übergeführt (Zif. 21); letzteren heben die beiden Verfasser besonders einprägsam als „vsicus id est cantor vsualis qui et mechanicus. dicitur" vom „musicus" ab (Zif. 21).

Die Kompilation verdeckt hier allerdings offensichtliche Diskrepanzen: Für Guido war die *ars musica* ein einheitliches und umfassendes Gebilde, das in einem ständigen Prozeß des Anwachsens („crescere") auf der Basis der unveränderlichen, gottgegebenen Prinzipien begriffen ist[33]. In diesem Gebilde waren auch die musikalische Ausführung und die Komposition mit aufgehoben – nicht viel anders läßt sich die starke poietische Akzentuierung des „Micrologus" deuten. Bei Kilwardby wird die rein mathematische Fundamentlehre in Orientierung am Aristotelischen Theoriebegriff[34] zur *scientia musica* schlechthin erhoben, während die praxisbezogene Musiklehre und die Kompositionslehre in den Bereich der *scientiae mechanicae* ausgelagert werden. Seine an Hugos „Didascalicon" orientierte Darstellung der mechanischen Wissenschaften erwähnt indes die praxisbezogenen Bereiche nur ganz am Rande[35]. Es liegt

---

[33]   GUIDO, *Micrologus* [Anm. 12], cap. 20, „Quomodo musica ex malleorum sonitu sit inventa", p. 233: „Quid plura? Per supradictas species voces ordinans monochordum primus ille Pythagoras composuit, in quo quia non est lascivia sed diligenter aperta artis notitia, sapientibus in commune placuit, atque usque in hunc diem ars paulatim crescendo convaluit, ipso doctore semper humanas tenebras illustrante, cuius summa sapientia per cuncta viget saecula. Amen".

[34]   Cf. HAAS, *Studien* [Anm. 2], p. 373-381.

[35]   Cf. KILWARDBY, *De ortu scientiarum* [Anm. 21], cap. 44, „De appropriatione isto-

auf der Hand, daß dieser Standpunkt mit dem Lehrprogramm einer elementar ausgerichteten, an Lehrtexten des 11. und frühen 12. Jahrhunderts orientierten Chorallehre, deren Zielpunkt und *raison d'être* das „ordinabiliter resonare"[36] darstellt, nur bedingt vereinbar ist. Keine der von Kilwardby gegebenen Definitionen von *musica* vermag jene Gegenstände zu erfassen oder zumindest zu umreißen, die in den „Regule de musica" hauptsächlich behandelt werden.

Zudem verdeckt die rein mathematische Interpretation der *scientia musica* und die Auslagerung anwendungsbezogener Wissensbereiche der *musica* in die *scientiae mechanicae* das grundsätzliche Problem, daß es „nicht möglich ist, Anteil und Verhältnis von (unwandelbaren) 'Grundlagen' und (veränderlicher) 'Oberfläche' nur annähernd genau und definitiv zu bestimmen und eine verbindliche Grenze zwischen beiden Schichten zu ziehen"[37]. Ein Beispiel für die Probleme, vor denen die mittelalterliche Musiktheorie durch diesen Sachverhalt gestellt war, ist die oben zitierte Stellungnahme der beiden Heilsbronner Chorallehrer zur Frage der Melodieintervalle: Darf man unter Berufung auf Bernos Autorität die in einem *cantus rationabilis* zugelassenen Intervalle ein für allemal festlegen und als unveränderlich fixieren? Kann solch eine Frage überhaupt Gegenstand einer theoretischen Erörterung im streng Aristotelischen Sinne sein? Muß man nicht, mit der Horazschen Erkenntnis einer *alterabilitas in artibus* im Hinterkopf, darauf bedacht sein, flexiblere Arten der theoretischen Behandlung dieser Frage zu entwickeln, die imstande sind, Veränderungen der musikalischen Praxis zu reflektieren? Welche Konsequenzen hat es dann aber für den Begriff und die theoretische Begründung des *cantus rationabilis*, wenn man diesen zentralen Bereich des Choralgesangs als rein kontingent betrachtet?

Andere Theoretiker der Epoche sahen hinsichtlich der Unmöglichkeit einer strikten Trennung der Bereiche weiter als Kilwardby:

---

rum vocabulorum: *practicum, activum,* et *operativum*; et proprietate ac differentia", p. 144sq.: „Infra etiam idem commentator super I *Ethicorum* [i. e. Eustratius] dividit artem in speculativam, operativam et factivam, et dicit quod operativae sunt *quae per operationem per artem factam non relinquunt opus manens, ut ars citharizandi et ars cantandi. Factivae sunt quae post operationem relinquunt opus manens, ut frenifactiva et navifactiva.*"

[36] Cf. Anm. 26.

[37] F. Reckow, „Zur Formung einer europäischen musikalischen Kultur im Mittelalter. Kriterien und Faktoren ihrer Geschichtlichkeit", in: C.-H. Mahling, S. Wiesmann (ed.), *Bericht über den Internationalen Musikwissenschaftlichen Kongreß Bayreuth 1981*, Kassel, Basel, London 1984, p. 12-29, hier p. 19.

Engelbert von Admont etwa, der in seinem Musiktraktat behutsam
zwischen zwei Darstellungsebenen unterscheidet, von denen die
erste „aliquibus magis necessariis ad theoricam partem musicae
scientiae" gewidmet ist, während die andere jene Gegenstände behandelt, die „magis pertinent ad practicam musicae, & ad principia
& regulas practicae, quoniam in hac scientia maxime ars quaeritur
propter usum, ut possimus usum artificialiter exercitare, & artem
promptius usitare"[38]. Derartige Formulierungen setzen ein Bewußtsein dafür voraus, wie untrennbar wandelbare Musikpraxis und
(scheinbar) unwandelbare theoretische Fundierung in der Musiktheorie miteinander verknüpft waren, wie groß also die Schnitt-
menge zwischen Grundlagenschicht und Oberflächenschicht eigentlich war. Pointiert gesprochen, lassen sich weite Bereiche der
Musiktheorie des 13. Jahrhunderts als ein nicht ganz geglückter
Versuch beschreiben, das Nachdenken über Musik und das musikalische Handeln mit Hilfe Aristotelischer Kategorien zu ordnen und
rigoros zu systematisieren – nicht ganz geglückt insofern, als dabei
allzuoft der Strenge des Gedankens die Fülle der Zusammenhänge
geopfert wurde.

Festzuhalten bleibt, daß der Heilsbronner Musiktraktat ein an-
schauliches Beispiel dafür bietet, wie sich im 13. Jahrhundert auch
die pragmatisch-praxisbezogene Chorallehre den modernen epistemologischen Tendenzen und der neuartigen methodischen Strenge
des Denkens öffnete. Diese Hinwendung wird im Text greifbar in
der stringenten und reflektierten Gliederung des Traktats unter
Verwendung hypotaktischer Dispositionsverfahren, in der Art und
Weise, wie die Autoren die Frage einer adäquaten Musikdefinition
mit Hilfe hierarchisierender und einzelne theoretische Komponen-
ten abwägender Verfahren erörtern, in der Funktionalisierung von
modernen epistemologischen Positionen für die Behandlung der
Frage nach der Erfindung der *musica* und in der Rezeption der Unterscheidung zwischen *quia-* und *propter quid*-Wissen und deren
Übertragung auf die Boethianischen *genera* musikbezogener Tätigkeit. Die methodische und wissenschaftstheoretische Öffnung war
dem Wissenstransfer zwischen universitärer und monastisch-kleri-
kaler Sphäre zu verdanken, an dem die beiden Autoren des Trak-

---

[38] ENGELBERT VON ADMONT, *De musica*, ed. M. Gerbert, in: id., *Scriptores ecclesiastici
de musica sacra*, St. Blasien 1784, Nachdr. Mailand 1931, tom. 2, p. 287-369, hier p. 320.

tats als Mitglieder eines weltoffenen Zisterzienserklosters regen Anteil nahmen. Die dadurch erworbenen musiktheoretischen wie musikpraktischen, wissenschaftstheoretischen wie philosophischen Kenntnisse und die daraus resultierende Weite des gedanklichen Horizonts qualifizierten die beiden gelehrten Mönche in besonderem Maße für die Lehr- und Reformtätigkeit an der Regensburger Kathedralschule. Ihr Musiktraktat als theoretisches Dokument dieser Lehrtätigkeit trägt indes in inhaltlicher Hinsicht deutlich retrospektiv-normative Züge, die, wie es paradoxerweise scheint, gerade in Kilwardbys Lehre von der *scientia musica* Widerhall und Rückbindung finden konnten.

ANHANG: TEXT UND KOMPILATORISCHE
STRUKTUR DER „COMMENDACIO"

Die Übertragung des Textes orientiert sich hinsichtlich Orthographie, Groß- und Kleinschreibung sowie Interpunktion möglichst eng an der Quelle (Erlangen, Universitätsbibliothek, Codex 66, fol. 102r-103v). Gelegentlich eingefügte Absätze dienen zur Verdeutlichung der Gliederung der Abhandlung. Berichtigungen von Schreibfehlern sind in eckigen Klammern angeführt.

Die kompilatorische Struktur des Textes wird mit Hilfe eines Fußnotenapparats erschlossen, der die von den Verfassern herangezogenen Textbausteine nachweist und zitiert. Dort werden auch Randglossierungen wiedergegeben. Im Text selbst bezeichnet die Fußnotenziffer den Beginn eines Textelements; ein senkrechter Strich zeigt dessen Ende an, insofern nicht unmittelbar danach ein neuer entlehnter Textteil anschließt. Von den Verfassern vorgenommene Änderungen der Textbausteine und kürzere interne Ergänzungen lassen sich durch Vergleich mit den Vorlagetexten im Fußnotenapparat feststellen.

Das folgende Verzeichnis listet die in den Fußnoten zitierten oder angeführten Quellentexte auf:

AMBROSIUS, *Hexaemeron*, PL 14, col. 133-288.

ANONYMUS, *Tractatus de musica* „Quatuor sunt quibus indiget ecclesia", Erlangen, Universitätsbibliothek, Codex 66, fol. 119r-119v.

ANONYMUS SCHNEIDER (ANONYMUS PANNAIN), *Tractatus de musica*, London, British Library, Ms. Egerton 2888.

ARISTOTELES, *Analytica posteriora*, ed. alt. trans. Ioan. et Gerardi; ed. prima transl. Iacobi et Moerb., ed. L. MINIO-PALUELLO, B. G. DOD, Brügge, Paris 1968 (Aristoteles latinus IV 1-4).

ARISTOTELES, *De generatione et corruptione*, trans. vetus, ed. J. JUDYCKA, Leiden 1986 (Aristoteles latinus IX 1).

ARISTOTELES, *De sensu et sensato*, trans. vetus, London, British Museum, Ms. Royal 21 G 2.

ARISTOTELES, *Metaphysica*, trans. Iacobi (vetustissima) et composita (vetus), ed. G. VUILLEMIN-DIEM, Brüssel, Paris 1970 (Aristoteles latinus XXV 1-1ᵃ).

AUCTOR AD HERENNIUM, *De ratione dicendi*, ed. F. MARX, Leipzig 1964 (*M. Tulli Ciceronis Scripta quae manserunt omnia*, tom. 1).

BARTHOLOMEUS ANGLICUS, *De proprietatibus rerum*, lib. 19, cap. 132-146, ed. H. MÜLLER, in: id., „Der Musiktraktat in dem Werke des Bartholomaeus Anglicus De proprietatibus rerum", in: *Riemann-Festschrift*, Leipzig 1909, p. 245-255.

ANICIUS MANLIUS SEVERINUS BOETHIUS, *De institutione arithmetica libri duo. De institutione musica libri quinque*, ed. G. FRIEDLEIN, Leipzig 1867, Nachdr. Frankfurt am Main 1966.

MARCUS TULLIUS CICERO, *De inventione*, ed. E. STRÖBEL, Stuttgart 1965 (*M. Tulli Ciceronis Scripta quae manserunt omnia*, tom. 2).

EGIDIUS DE ZAMORA, *Ars musica*, ed. M. ROBERT-TISSOT, o. O. 1974 (CSM 20).

GUIDO VON AREZZO, *Micrologus*, ed. J. SMITS VAN WAESBERGHE, o.O. 1955 (CSM 4).

GUIDO VON AREZZO, *Regulae rhythmicae*, ed. J. SMITS VAN WAESBERGHE, E. VETTER, Buren 1985 (Divitiae musicae artis A.IV).

HIERONYMUS DE MORAVIA, *Tractatus de musica*, ed. S. M. CSERBA, Regensburg 1935.

HUGO VON ST. VIKTOR, *Didascalicon. De studio legendi*, ed. C. H. BUTTIMER, Washington 1939.

HUGUCCIO, *Liber derivationum*, Erlangen, Universitätsbibliothek, Codex 401.

ISIDOR VON SEVILLA, *Etymologiarum sive originum libri XX*, ed. W. M. LINDSAY, tom. 1, Oxford 1911.

JOHANNES AFFLIGEMENSIS, *De musica cum tonario*, ed. J. SMITS VAN WAESBERGHE, Rom 1950 (CSM 1).

ROBERT KILWARDBY, *De ortu scientiarum*, ed. A. G. JUDY, Toronto 1976 (Auctores Britannici Medii Aevi 4).

PETRUS COMESTOR, *Historia scholastica*, PL 198, col. 1050-1722.

RICHARD VON ST. VIKTOR, *Liber exceptionum*, ed. J. CHATILLON, Paris 1958 (Textes philosophiques du moyen âge 5).

RICHARD VON ST. VIKTOR, *De gratia contemplationis libri quinque (Benjamin major)*, PL 196, col. 63-202.

[102r] Commendacio omnium scientiarum et specialiter Musice

[1]Omnium humanarum actionum seu studiorum que ratio moderatur, sicut dicit Hugo de sancto victore in suo Didascalon, finis et intencio ad hoc spectare debet, vt nostre nature reparetur integritas. vel defectuum quibus presens vita subiacet, neccessitas temperetur. Reparatur autem nostre nature integritas sapientia, ad quam pertinet Theorica. et virtute ad quam pertinet practica. et temperatur neccessitas administratione temporalium, ad quam pertinet mechanica. Nouissima autem omnium inuenta est loyca causa eloquencie. vt sapientes, qui predictas principales disciplinas inuestigarent et inuenirent. rectius per gramaticam. veracius per dyaleticam. honestius per rethoricam. de illis scirent disserere et tractare.

[2]Quatuor ergo sunt scientie, in quas omnis philosophya diuiditur. Theorica id est speculatiua. practica id est actiua. Mechanica id est adulteratiua. Loyca id est sermocionalis. Theorica diuiditur in Theologiam. Phisicam. Mathematicam. [3]Theologia id est diuinalis tractat de inuisibilibus inuisibilium essenciis. Phisica id est naturalis tractat de inuisibilibus visibilium causis. Mathematica id est doc-

---

[1]   Richard, *Liber exceptionum*, lib. 1, cap. 5, „De tribus scientiis", p. 106: „Omnium enim humanarum actionum seu studiorum que ratio moderatur, finis et intentio ad hoc spectare debet, ut vel nature nostre reparetur integritas, vel defectuum quibus presens subjacet vita temperetur necessitas. Reparatur autem nature nostre integritas sapientia ad quam pertinet theorica, et virtute ad quam pertinet practica, et temperatur necessitas administratione temporalium ad quam pertinet mechanica. Novissima autem omnium inventa est logica, causa eloquentie, ut sapientes qui predictas principales disciplinas investigarent et invenirent, rectius, veracius, honestius illas tractare, de illis disserere scirent : rectius per grammaticam, veracius per dialeticam, honestius per rethoricam." Cf. Hugo, *Didascalicon*, lib. 1, cap. 5, „De ortu theoricae, practicae, mechanicae", p. 12.

[2]   Richard, *Liber exceptionum*, lib. 1, cap. 6, „De philosophia et partibus ejus", p. 106: „Quatuor igitur sunt scientie in quas omnis philosophia dividitur : theorica, practica, mechanica, logica." Lib. 1, cap. 5, „De tribus scientiis", p. 106: „Theorica interpretatur contemplativa, practica activa, mechanica adulterina, logica sermocinalis." Lib. 1, cap. 7, „De theorica et partibus ejus", p. 106: „Theorica dividitur in theologiam, phisicam, mathematicam." Hugo, *Didascalicon*, lib. 2, cap. 1, „De discretione artium", p. 24: „Philosophia dividitur in theoricam, practicam, mechanicam et logicam. hae quattuor omnem continent scientiam. theorica interpretatur speculativa ; practica, activa, quam alio nomine ethicam, id est, moralem dicunt, eo quod mores in bona actione consistant ; mechanica, adulterina, quia circa humana opera versatur ; logica, sermocinalis, quia de vocibus tractat. theorica dividitur in theologiam, mathematicam et physicam."

[3]   Richard, *Liber exceptionum*, lib. 1, cap. 7, „De theorica et partibus ejus", p. 107: „Theologia tractat de invisibilibus invisibilium essentiis, phisica tractat de invisibilibus visibilium causis, mathematica tractat de visibilibus visibilium formis."

trinalis tractat de uisibilibus visibilium formis. [4]Et nota. quod sicut dicit Hugo. matematica. t. non aspirata vanitatem significat. quam sequuntur constellatores. Sed th. aspirata doctrinam significat. Vnde et Mathematica dicitur scientia doctrinalis. quia per certissimas demonstraciones docet. Et isto secundo modo mathematici dicuntur scientes et periti in quadruuialibus. [5]Et hec scilicet mathematica diuiditur. in Arismeticam. Musicam. Geometriam. Astronomiam. que quadruuium appellantur. [6]Arismetica. tractat de numero per se. musica de numero armonice relato. Geometria de spacio. Astronomia de motu.

[7]Omnes iste scientie prius erant in vsu quam in arte. Sed homines considerantes vsum in artem posse conuerti, et quod vagum fuerat et licenciosum prius. certis regulis et preceptis posse restringi. ceperunt consuetudinem que partim casu partim natura exorta fuerat ad artem reducere. id quod prauum vsus habebat emendan-

---

[4] Robert Kilwardby, *De ortu scientiarum*, cap. 12, „De ortu astronomiae et astrologiae et earum differentia, subiectis, finibus et definitionibus", p. 33sq.: „Quandoque *matematici, t* non aspirata, quia, sicut Hugo de Sancto Victore in suo *Didascalicon, matematica,t* non aspirata, vanitatem significat quam sectantur dicti constellatores. Sed *t* aspirata significat doctrinam, unde et *mathematica* dicitur scientia doctrinalis, quia per certissimas demonstrationes docet, et isto secundo modo *mathematici* dicuntur scientes et periti in quadruvialibus." Cf. Hugo, *Didascalicon*, lib. 2, cap. 3, „De mathematica", p. 25sq.: „Mathematica autem doctrinalis scientia dicitur. mathesis enim quando *t* habet sine aspiratione, interpretatur vanitas, et significat superstitionem illorum, qui fata hominum in constellationibus ponunt. unde et huiusmodi mathematici appellati sunt. quando autem *t* habet aspiratum, doctrinam sonat."

[5] Hugo, *Didascalicon*, lib. 2, cap. 6, „De quadrivio", p. 30: „mathematica igitur dividitur in arithmeticam, musicam, geometriam, astronomiam."

[6] Richard, *Liber exceptionum*, lib. 1, cap. 8, „De mathematica et partibus ejus", p. 107: „Arithmetica tractat de numero, musica de proportione, geometria de spatio, astronomia de motu."

[7] Hugo, *Didascalicon*, lib. 1, cap. 11, „De ortu logicae", p. 21sq.: „omnes enim scientiae prius erant in usu quam in arte. sed considerantes deinde homines usum in artem posse converti et quod vagum fuerat et licentiosum prius certis regulis et praeceptis posse restringi, coeperunt, ut dictum est, consuetudinem quae partim casu, partim natura exorta fuerat, ad artem reducere, id quod pravum usus habebat emendantes, quod minus habebat supplentes, quod superfluum habebat resecantes, et de cetero singulis certas regulas et praecepta praescribentes. Huiusmodi fuit origo omnium artium; hoc per singula currentes verum invenimus. priusquam esset grammatica scribebant et loquebantur homines. priusquam esset dialecta, ratiocinando verum a falso discernebant. priusquam esset rhetorica, iura civilia tractabant. priusquam esset arithmetica, scientiam numerandi habebant. priusquam esset musica, canebant. priusquam esset geometria, agros mensurabant. priusquam esset astronomia, per cursus stellarum discretiones temporum capiebant. sed venerunt artes, quae licet ab usu principium sumpserint, usu tamen meliores sunt." Cf. Robert Kilwardby, *De ortu scientiarum*, cap. 46, „De ortu sermocinalis scientiae in genere", p. 146.

tes. quod minus erat supplentes. quod superfluum resecantes. et de cetero singulis certas regulas et precepta prescribentes. Huiusmodi quippe fuit origo omnium arcium. Prius enim quam esset Gramatica. et loquebantur homines et scribebant. Prius quam esset Dyaletica. ratiocinando verum a falso discernebant. Prius quam esset Rethorica. iura ciuilia tractabant. Prius quam esset Arismetica. scientiam numerandi habebant. Prius quam esset Musica. canebant. Prius quam esset Geometria. agros mensurabant. Prius quam esset Astronomia per cursus stellarum discreciones temporum capiebant. Sed uenerunt artes. que licet ab usu principium sumpserint. vsu tantum [*recte*: tamen] sunt inconparabiliter meliores. [8]Hoc quippe omnes agunt hoc intendunt. vt diuina in nobis similitudo reparetur. [102v] que nobis forma est, deo natura. cui quantomagis conformamur. tantomagis sapimus. et quod in eius ratione semper fuit. in nobis incipit relucere.

[9]Hee sunt itaque septem artes liberales appellate. vel quia liberos et exercitatos et expeditos requirunt. quia subtiliter de rerum causis disputant. uel quia liberi tantum antiquitus id est nobiles. in eis studere consueuerant. Plebeii vero et ingnobilium filii. in mechanicis propter periciam operandi. In quo magna priscorum apparet diligencia qui nil intemptatum linquere. sed omnia sub certis regulis et preceptis stringere uoluerunt.

[10]Harum artium sicut dictum est. vna est Musica. inter ceteras non infima. [11]sine qua vt probat ysidorus in tercio ethymologiarum.

---

[8] Hugo, *Didascalicon*, lib.1, cap. 1, „De discretione artium", p. 23: „hoc ergo omnes artes agunt, hoc intendunt, ut divina similitudo in nobis reparetur, quae nobis forma est, Deo natura, cui quanto magis conformamur tanto magis sapimus. tunc enim in nobis incipit relucere, quod in eius ratione semper fuit (...)".

[9] Hugo, *Didascalicon*, lib. 2, cap. 20, „Divisio mechanicae in septem", p. 39: „sicut aliae septem liberales appellatae sunt, vel quia liberos, id est, expeditos et exercitatos animos requirunt, quia subtiliter de rerum causis disputant, vel quia liberi tantum antiquitus, id est, nobiles, in eis studere consueuerant, plebei vero et ignobilium filii in mechanicis propter peritiam operandi. in quo magna priscorum apparet diligentia, qui nihil intentatum linquere voluerunt, sed omnia sub certis regulis et praeceptis stringere." Cf. Robert Kilwardby, *De ortu scientiarum*, cap. 38, „Quare ceterae artes a mechanicis dicuntur liberales", p. 128sq.

[10] Johannes, *De musica*, cap. 2, „Quae utilitas sit scire musicam et quid distet inter musicum et cantorem", p. 51: „Musica una est ex septem artibus (...). Sciendum autem, quia ars ista haud infima inter artes est reputanda (...)".

[11] Isidor, *Etymologiae*, lib. 3, XVII.14-17: „Itaque sine Musica nulla disciplina potest esse perfecta, nihil enim sine illa. Nam et ipse mundus quadam harmonia sonorum fertur esse conpositus, et caelum ipsud sub harmoniae modulatione revolvi."–**et celum ipsum sub armonie modulacione reuoluitur** *in margine alia manu:* ...itat ysidorus

nulla disciplina potest esse perfecta. nichil enim est sine illa. Nam et ipse mundus. sicut dicit idem. quadam armonia sonorum fertur esse conpositus. et celum ipsum sub armonie modulacione reuoluitur. [12]quare secundum eundem apud antiquos in frequentissimo vsu habebatur. ita vt tam turpe esset musicam quam litteras ignorare. |

Verum quia nostre intencionis est de Musica quitpiam scribere. ad ipsam diuidendam ac diffiniendam propius accedamus. Et primo uidendum est quod modis dicatur Musica per diuisionem. Secundo quid sit Musica sonora per diffinicionem. Tercio. vnde dicatur Musica per deriuacionem. Quarto de vtilitate Musice per commendacionem. Quinto de effectu Musice per approbacionem. Sexto quomodo vsus eius in ecclesia dei invaluit per introductionem.

Primo de diuisione.

[13]Notandum ergo quod antiqui triplicem musicam statuerunt. humanam scilicet mundanam. et instrumentalem. [14]Concepit igitur humana ratio nostrum corpus ex tam contrariis et diuersis elementis, tam concorditer constare non posse. nisi armonice coniunctis. sed nec corpus et animam. que sunt nature tam diuerse posse inuicem tam amicabili federe aptari. nisi per armoniam. [15]Armonia quippe nichil aliud est. quam rerum diuersarum ad inuicem coaptacio siue modificacio. [16]Et in hiis omnibus scilicet anima et corpore

---

opinionem philosophorum. quam inprobat ...osius in libro qui dicitur exameron. – Cf. Ambrosius, *Hexaemeron*, lib. 2, cap. 2, „Firmamentum, ut aquas ab aquis disterminet, creatur. Coeli probantur plures esse, ac caelestium orbium concentus refellitur“, col. 159sq.

[12]   Robert Kilwardby, *De ortu scientiarum*, cap. 18, „De ortu musicae et subiecto et fine proprio ac definitione“, p. 53: „(...) sed haec ars inventa in frequentissimo usu fuit apud veteres ut narrat idem in eodem, capitulo sequenti, adeo quod *tam turpe erat musicam nescire ut litteras.*“ Cf. Isidor, *Etymologiae*, lib. 3, XVI.6-8: „Post quos paulatim directa est praecipue haec disciplina et aucta multis modis, eratque tam turpe Musicam nescire quam litteras.“

[13]   Robert Kilwardby, l. c., p. 52: „Hinc igitur triplicem musicam statuerunt sive harmonicam, scilicet mundanam, humanam et instrumentalem.“

[14]   Robert Kilwardby, l. c., p. 52: „Inde etiam ratione consimili compertum est nostrum corpus ex tam diversis et contrariis elementis tam concorditer constare non posse nisi harmonice coniunctis, sed nec corpus et animam quae sunt naturae tam diversae posse invicem tam amicabili foedere aptari nisi per harmoniam (...).“

[15]   Robert Kilwardby, l. c., p. 53: „Harmonia autem nihil aliud est quam rerum diversarum concors ad invicem coaptatio sive modificatio.“

[16]   Robert Kilwardby, l. c., p. 52: „(...) et in his omnibus, scilicet anima et corpore et coniuncto, est quaedam modulatio rerum componentium quae consistit in rerum inaequalium coaptatione secundum quandam numeralem proportionem, et talem harmoniam vocaverunt *humanam* quia in homine est.“

et coniuncto. est quedam modulacio rerum conponencium que
consistit in rerum inequalium coaptacione. secundum quandam
mirabilem proportionem. et talem armoniam uocauerunt humanam quia in homine est. [17]Deinde egressi ab homine ratiocinando.
inuenerunt hoc idem esse aperte in mundo scilicet quod constet ex
partibus tam diuersis et contrariis aptissime tamen et concordissime
mundum vnum facientibus. Oportet neccessario ea inuicem proporcione armonica aptari. Quomodo enim aliter tam amicabiliter
consociarentur in vno corpore diuersa. grauia cum leuibus. calida
cum frigidis. sicca cum humidis? et huiusmodi. Idem etiam inuenerunt in temporibus et in temporalibus. quia in omnibus partes inequales per armonicam proporcionem coniunguntur. et hoc patet in
partibus anni et eorum effectibus. et talem armoniam uocauerunt
mundanam. quia in ipso mundo sensibili est. | Post hec consideran-
tes in sonis. obiecto auditus armonicam esse mixturam. inuenerunt
musicam sonoram siue instrumentalem. [18]Hinc sicut dictum est
triplicem musicam statuerunt. Non ergo omnis musica, sonora est.
sed omnis armonia sonorum. est sonora. et de hoc exequitur et
tractat .Boecius. in musica sua in principio eiusdem. dicta tria genera distinguendo. [19]Sed et hoc sciendum sicut dicit .Albertus. in libro
de ortu scientiarum. quod ista musica scilicet humana et mundana.
que consistit in homine et partibus eius. et in mundo et partibus
eius ualde occulta est et homini ignota pro maxima parte. nichilo-

---

[17]   Robert Kilwardby, l. c., p. 52: „Deinde ratiocinando egressi ab homine invenerunt hoc idem oportere esse in mundo, scilicet quod, cum constet ex partibus tam diversis et contrariis aptissime tamen et concordissime mundum unum facientibus, oportet necessario ea invicem proportione harmonica aptari. Quomodo enim aliter tam
amicabiliter consociarentur in uno corpore universi gravia cum levibus, calida cum
frigidis, sicca cum humidis, et huiusmodi? Inde etiam invenerunt in temporibus et temporalibus quod in omnibus partes inaequales per harmonicam proportionem coniunguntur, et hoc patet in partibus anni et eorum effectibus, et talem harmoniam vocaverunt *mundanam* quia in ipso mundo sensibili est."
[18]   Robert Kilwardby, l. c., p. 52: „Hinc igitur triplicem musicam statuerunt (...).
Unde non omnis musica sonora est, sicut nec omnis harmonia, sed omnis harmonia
sonorum est sonora, et de hoc exequitur et tractat Boethius in *Musica* sua in principio
eiusdem dicta tria genera musicae distinguens." Cf. Boethius, *De institutione musica*, lib.
1, cap. 2, „Tres esse musicas; in quo de vi musicae", p. 187-189.
[19]   Robert Kilwardby, *De ortu scientiarum*, cap. 21, „De diversitate inter harmonicam
et naturalem scientiam, et quomodo ipsa est mathematica et abstractior quam naturalis", p. 59: „Sed hoc sciendum quod ista musica, scilicet humana et mundana, quae
consistit in homine et partibus eius et in mundo et partibus eius, valde occulta est et
homini ignota pro maxima parte. Nihilominus tamen et est, et ad musicam sive harmonicam communiter dictam pertinet."

minus et est. et ad musicam siue armonicam communiter dictam pertinet.

[20]Circa musicam autem sonoram docet .Boecius. tria genera considerare. Vnum est quod instrumentis agitur. et hoc naturalibus. sicut ca[n]tilene uocum humanarum. vel artificialibus que faciunt sonos. aut flatu. ut tibie tube et huiusmodi. aut pulsu. ut cytare campane et huiusmodi. Aliud quod fingit carmina. et hoc est opus poeticum. Tercium quod utrumque diiudicat. et hoc est musica mathematica. Et dicit quod primum et secundum. a musice scientie intellectu, seiuncta sunt. quia in opere sensibili consistunt. et nichil afferunt rationis scientifice. sed sunt tocius speculacionis expertes. Vnde secundum ueritatem ad mechanicas scientias pertinent. Propter hoc musici mathematici. non est cantare uocaliter per instrumenta nec carmina facere. sed iudicare et docere rationem armonice et numeralis proporcionis. que hincinde consistit. Musici autem mechanici et poete est cantare uocaliter et carmina facere. et sicut dicit .Aristoteles. in primo posteriorum. Musicus mathematicus habet dicere propter quid. respectu eorum que isti dicunt. Vnde Boecius. in predicto libro sic diffinit musicum mathematicum. Musicus mathematicus est. qui ratione perpensa canendi et carmina fingendi scientiam, non seruicio operis. sed inperio speculacionis assumpsit.

[21]Ex hiis colligitur. quod musicus et vsicus id est cantor vsualis

---

[20] Robert Kilwardby, l. c., p. 60: „Dicit enim quod *tria genera sunt quae circa musicam* sonoram considerantur. *Unum est quod instrumentis agitur*, et hoc naturalibus sicut cantilenae vocum humanarum vel artificialibus quae faciunt sonos aut flatu ut tibiae et tubae et huiusmodi, aut pulsu ut citharae, campanae et huiusmodi. *Aliud* est quod *fingit carmina*, et hoc est opus poeticum. *Tertium quod* utrumque *diiudicat*. Et dicit quod primum et secundum *a musicae scientiae intellectu seiuncta sunt*, quia in opere sensibili consistunt et nihil *afferunt rationis* scientificae, *sed sunt totius speculationis expertes*. Unde secundum veritatem ad mechanicas scientias pertinent; propter quod musici mathematici non est cantare vocaliter per instrumenta, nec carmina facere, sed iudicare et docere rationem harmonicae et numeralis proportionis quae hinc inde consistit. Musici autem mechanici et poetae est cantare vocaliter et carmina facere; et, sicut dicit Aristoteles in I *Posteriorum*, musicus mathematicus habet dicere *propter quid* respectu eorum quorum isti dicunt *quia*. Unde Boethius in supradicto capitulo sic definit musicum mathematicum: Musicus est *qui ratione perpensa canendi* et carmina fingendi *scientiam, non servitio operis sed imperio speculationis assumpsit*". Cf. Boethius, *De institutione musica*, lib. 1, cap. 34, „Quid sit musicus", p. 224sq.; Aristoteles, *Analytica posteriora*, lib. 1,13, 78^{b}39-79^{a}6, trans. Iacobi, p. 32.

[21] Johannes, *De musica*, cap. 2, „Quid utilitas sit scire musicam et quid distet inter musicum et cantorem", p. 52sq.: „Nec praetereundum videtur, quod musicus et cantor non parum a se invicem discrepant. Nam cum musicus semper per artem recte incedat, cantor rectam aliquotiens viam solummodo per usum tenet. (...) Unde Guido pulchre

qui et mechanicus. dicitur non parum inter se discrepant. Nam vsicus tamquam animal brutum ratione carens. non aliud quam quod
consueuit per vsum facit. Musicus vero ratione magistra, semper
per artem recte iudicat et incedit. Vnde Guido in Micrologo suo
notabiliter dicit. Musicorum et cantorum magna est distancia. Illi
dicunt isti sciunt que conponit musica. Nam qui facit quod non
sapit diffinitur bestia. | Et hec dicta de diuisione musice sufficiant.

Sequitur quid sit musica per diffinitionem.
[22]Musica est pericia modulacionis. sono cantuque consistens. | Hec
diffinitio data est ab .ysidoro. in tertio ethymologiarum libro. secundum causam materialem. quia sicut probat Richardus. de sancto
victore. [23]Elementum siue materia musice est vnisonus | id est sonus
secundum se consideratus. et hoc innuitur in diffinitione premissa
cum dicitur. sono cantuque. non sonis et cantibus.

[24]Item Musica est mocio vocum congrua proporcione inter se
consonancium. | Hec diffinitio data est a platone. vt credimus. se-
cundum causam formalem. quia [25]forme est mouere et facere. materie vero pati et moueri. ut .Aristoteles. probat in secundo. de ge-
neracione. | Motus autem formaliter consideratur in diffinitione
cum dicitur. mocio vocum congrue consonancium.

---

in Micrologo suo sic ait: *Musicorum et cantorum magna est distancia.* | *Illi dicunt, isti sciunt, quae*
componit musica. | *Nam qui facit, quod non sapit, diffinitur bestia.*" Cf. Guido, *Regulae*, v. 1-3, p.
95.

  [22]   Isidor, *Etymologiae*, lib. 3, XV.19-20: „Musica est peritia modulationis sono cantuque consistens."

  [23]   Richard, *Liber exceptionum*, lib. 1, cap. 8, „De mathematica et partibus eius", p.
107: „(...) elementum musice est unisonum."

  [24]   Cf. *Tractatus anonymus* „Quatuor sunt quibus indiget ecclesia", fol. 119v: „Post hec
diffinitionem musice audiamus. Musica secundum Johannem nichil aliud est quam
motio uocum congrua. aliter secundum platonem Musica est motio uocum congrua
proportione inter [se] consonantium. Berno autem sic. Musica est motus uocum cum
scientia ueraciter modulandi. Gwido sic. Musica est peritia modulationis sono cantuque
consistens." Guido, *Micrologus*, cap. 16, „De multiplici varietate sonorum et neumarum", p. 184: „Musica motus est vocum"; Johannes, *De musica*, cap. 4, „Quot sint instrumenta musici soni", p. 58: „Est enim musica nihil aliud quam vocum motio congrua." Anonymus Schneider (Pannain), *Tractatus de musica*, tractatus 1, cap. 4, „Quibus
instrumentis constet musica", fol. 6v: „Boetius de eodem. Musyca est motus uocum.
congrua proportione inter se consonantium." Egidius de Zamora, *Ars musica*, cap. 3,
„De musicae diffinitione seu descriptione et etymologizatione tertium capitulum", p.
54: „Musica secundum Boetium est motus uocum inter se consonantium congrua proportione." Hieronymus de Moravia, *Tractatus de musica*, cap. 1, „Quid sit musica", p. 7:
„Musica est motus vocum congrua proportione inter se consonantium."

  [25]   Aristoteles, *De generatione et corruptione*, lib. 2, 335^{b}30-31, p. 73: „Materie enim pati
et moveri, movere autem et facere alterius potentie."

²⁶Item Musica est sciencia speculatiua humani aspectus perfectiua cognicione armonie sonore uel sonorum armonice conueniencium. | Ista diffinicio data est ab .Alberto. in libro quo supra. ²⁷et est conplecior aliis. | quia exprimit proprium genus. et finem. ac subiectum proprium. principalius tamen datur secundum causam finalem. ²⁸Finis enim gratia est cuius fiunt alia. Vnde est motiua aliarum. [103r] mouet enim efficientem. efficiens materiam. materia autem mota inducitur forma sicut patet in artificialibus. et ideo est causa causarum et potissima aliarum. ²⁹Igitur finis in musica est cognicio uel perfectio nostri aspectus quoad huiusmodi cognicionem. | Perfectam autem cognicionem consequitur delectacio. et ³⁰delectacio est causa actus sicut dicit .philosophus. ³¹Vnde cum duo sint sensus maxime disciplinabiles. secundum philosophum in principio Methaphysice. et in libro de sensu et sensato scilicet uisus et auditus. post alias scientias ad quas quodammodo per uisum uentum est. ³²quia a uisu rationabiliter procedit humana admiracio

---

²⁶ Robert Kilwardby, *De ortu scientiarum*, cap. 18, „De ortu musicae et subiecto et fine proprio ac definitione", p. 53: „(...) definitio, scientia speculativa humani aspectus perfectiva cognitione harmoniae sonorae vel sonorum harmonice convenientium secundum quod huiusmodi."

²⁷ Cf. Robert Kilwardby, l. c., p. 53: „Musicam autem sonoram sic definit Gundissalinus: *Peritia modulationis sono cantuque consistens*. Sed aestimo praecedentem definitionem esse completiorem."

²⁸ Robert Kilwardby, *De ortu scientiarum*, cap. 14, „Quomodo diversimode considerant naturalis et mathematicus quantitatem continuam. Quare non determinet mathematicus de principiis causantibus continuam quantitatem sicut naturalis de principiis causantibus corpus mobile secundum quod huiusmodi", p. 38: „Deinde bonum conceptum movet agentem et ille materiam ut inducatur forma et obtineatur bonum primo apprehensum. Bonum autem et finis idem. Et ideo finis est causa causarum, cuius scilicet gratia cetera fiunt. Movet enim primo finis efficientem, ut dictum est, et ille materiam. Ex his patet quod physici, qui considerat motum et principia motum causantia, est considerare causam finalem et efficientem et materiam mobilem et formam et ita omnes causas."

²⁹ Robert Kilwardby, *De ortu scientiarum*, cap. 18, „De ortu musicae et subiecto et fine proprio ac definitione", p. 53: „(...) finis, cognitio eiusmodi vel perfectio nostri aspectus quoad huiusmodi cognitionem (...)"."

³⁰ *Hunc textum non inveni.*

³¹ Robert Kilwardby, l. c., p. 50: „Cum igitur duo sunt sensus maxime disciplinabiles secundum Aristotelem in principio *Metaphysicae* et in libro *De sensu et sensato*, scilicet visus et auditus, post praedictas scientias ad quas quodammodo per visum ventum est, (...)." Cf. Aristoteles, *Metaphysica*, lib. 1,1, 980ᵃ21-ᵇ25, trans. Iacobi, p. 5; *De sensu et sensato*, lib. 1, 437ᵃ3-5, fol. 383r.

³² Robert Kilwardby, l. c., p. 50sq.: „Sed hoc dico quia a visu rationabiliter procedit humana admiracio usque ad auditum, quia visus est sensus nobilior in se et ad doctrinam utilior, quia plures differentias rerum nobis ostendit, ut docet Aristoteles in I *Metaphysicae*." Cf. Aristoteles, *Metaphysica*, lib. 1,1, 980ᵃ26-27, trans. Iacobi, p. 5.

usque ad auditum. quia uisus est sensus nobilior et ad doctrinam vtilior. quia plures differentias rerum nobis ostendit. vt docet .Aristoteles. in primo. metaphysice. [33]cepit homo in sono. obiecto auditus delectari. cuius causam admirans. cepit eam querere. et incepit philosophari circa obiectum auditus. [34]Videns igitur humana curiositas in sonis sibi esse oblectamentum. quesiuit causam eius. vt sibi posset per artem huiusmodi delectaciones fingere et efficere. et sicut docet .Boecius. in primo Musice causa euphonie inuenta est esse sonorum inequalium armonica mixtura. quia ut dicit. in vocibus que nulla inequalitate discordant. nulla omnino consonancia est. Est enim consonancia dissimilium inter se uocum. in vnum redacta concordia. | Ex iam dictis potest etiam colligi [35]subiectum musice. quia est numerus armonicus sonorus. siue soni armonice commixti secundum quod huiusmodi. |

De causa autem efficiente quid dicemus? In diuersis enim diuersa legimus. Sed due sunt opiniones magis sollempnes. [36]Causa nam-

---

[33]   Robert Kilwardby, l. c., p. 50: „(...) coepit homo in sono obiecto auditus delectari. Cuius causam admirans incepit eam quaerere et sic incepit philosophari circa obiectum auditus."

[34]   Robert Kilwardby, l. c., p. 51: „Videns igitur humana curiositas in sonis esse oblectamentum quaesivit causam eius ut sibi posset per artem huiusmodi delectationes fingere et efficere, et, sicut docet Boetius in I *Musicae*, causa euphoniae inventa est esse sonorum inaequalium harmonica mixtura, quia, ut dicit, *in vocibus quae nulla inaequalitate discordant, nulla omnino consonantia est. Est enim consonantia dissimilium inter se vocum in unum redacta concordia.*" Cf. Boethius, *De institutione musica*, lib. 1, cap. 3, „De vocibus ac de musicae elementis", p. 191.

[35]   Robert Kilwardby, l. c., p. 53: „(...) subiectum, numerus harmonicus sonorus vel soni harmonice commixti secundum quod huiusmodi (...)".

[36]   Robert Kilwardby, l. c., p. 51sq.: „(...) causa tamen euphoniae et ipsa numeralis proportio in qua consistit dicitur apud Graecos inventa a Pythagora per malleorum ferientium pondera inaequalia et per chordarum inaequalium tensionem et per calamorum inaequalem longitudinem, sicut narrat Boethius in I *Musicae*. Invenit igitur Pythagoras inaequalitatem sonorum ad concordiam reduci in proportione numerali. Partim enim consistit in proportione multiplici, partim in superparticulari. In multiplici aut in dupla ut diapason, sicut se habent quatuor ad duo, quia, ut dicit Boethius in eodem, proportio quae in numeris dicitur dupla, dicitur in consonantiis diapason; aut in tripla ut tria ad unum, ut diapason ac diapente, quae enim proportio in numeris dicitur tripla, dicitur in consonantiis diapason ac diapente; aut in quadrupla ut quatuor ad unum, et dicitur bis diapason in consonantiis. In superparticulari, aut in sesquialtera sicut se habent tria ad duo, et dicitur in sonis diapente; aut in sesquitertia ut quatuor ad tria, et dicitur in sonis diatesseron. His igitur modis proportionum coeuntes soni inaequales musicas consonantias constituerunt, et ideo posuerunt recte musicam audibilem esse de sono harmonice numerato vel de numero sonorum harmonico." Cf. Boethius, *De institutione musica*, lib. 1, cap. 10, „Quemadmodum Pythagoras proportiones consonantiarum investigaverit", p. 196-198; lib. 1, cap. 7, „Quae proportiones quibus consonantiis musicis aptentur", p. 194.

que euphonie ipsa numeralis proporcio in qua consistit. musica
dicitur apud Grecos inuenta a Pythagora. per malleorum ferienci-
um pondera inequalia. et per cordarum inequalem intensionem. et
per calamorum inequalem longitudinem. sicut narrat. Boecius in
primo. Musice. Inuenit igitur Pythagoras. inequalitatem sonorum
ad concordiam posse reduci in proporcione numerali. Partim enim
consistit in proporcione multiplici partim in superparticulari. sicut
se habent quatuor ad duo quia vt dicit Boecius. in eodem. Proporcio que in numeris dicitur dupla. dicitur in consonanciis diapason.
Aut in tripla. ut tria. ad unum. vt diapason cum diapente. que enim
proporcio in numeris dicitur tripla. dicitur in consonanciis diapason
ac diapente. Aut in quadrupla. vt quatuor ad duo [*recte*: unum] et
dicitur bisdiapason in consonanciis. In superparticulari. aut in sesqualtera sicut se habent tria ad duo et dicitur in sonis diapente. Aut
in sesquitercia. ut quatuor ad tria et dicitur in sonis diatesseron.
Hiis igitur modis proporcionum coeuntes soni inequales, musicas
consonancias constituunt. et ideo posuerunt recte musicam audibilem esse de sono armonice relato uel numerato. uel de numero so-
norum armonico. | Ceterum, apud multos satis ista opinio est famo-
sa.

Verum in diuinis hystoriis forte probabilius contrarium reperi-
mus. sicut tangitur in Genesi quarto capitulo. vbi dicitur de quo-
dam dicto [37].tubal. qui fuit pater canencium cythara et organo. |
Super quem locum dicit .Petrus. manducator in libro scolastice hy-
storie hec verba. [38]Fuit uir de stirpe cayn. ante diluuium nomine
lameth qui genuit duos filios. nomine vni qui fuit tubal pater canen-
cium cythara et organo. non instrumentorum que longe post inuenta sunt. sed inuentor fuit musice id est consonanciarum. ut labor

---

[37]   Genesis 4:21.
[38]   Petrus Comestor, *Historia scholastica*, Liber Genesis, cap. 28, „De generationibus
Cain", col. 1079: „*Nomen fratris eius Tubal, pater canentium in cithara, et organo.* Non instrumentorum quidem, quae longe post inventa fuerunt, sed inventor fuit musicae, id est
consonantiarum, ut labor pastoralis quasi in delicias verteretur. Et quia audierat Adam
prophetasse de duobus judiciis, ne periret ars inventa, scripsit eam in duabus columnis,
in qualibet totam, ut dicit Josephus, una marmorea, altera latericia, quarum altera non
diluetur diluvio, altera non solveretur incendio. Marmoream dicit Josephus adhuc esset
in terra Syriaca. *Sella genuit Tubalcain*, qui ferrariam artem primus invenit, res bellicas
prudenter exercuit, sculpturas operum in metallis in libidinem oculorum fabricavit.
Quo fabricante Tubal, de quo dictum est, sono metallorum delectatus, ex ponderibus
eorum proportiones, et consonantias eorum, quae ex eis nascuntur excogitavit, quam
inventionem Graeci Pythagorae attribuunt fabulose, (...)."

pastoralis quasi in delicias uerteretur. Et quia audierat adam prophetasse de duobus iudiciis. in aqua videlicet id est diluuio. et igne
id est extremo iudicio. ne periret ars inuenta. scripsit eam in duabus
columpnis. in qualibet totam. vna marmorea. et alia latericia. quarum altera non dilueretur diluuio. altera non dissolueretur incendio. Marmoream dicit Josephus. in libro antiquitatum adhuc esse
in terra syrica. Thubalcayn vero frater eius. qui ferraream artem
primus adinuenit. res bellicas decenter exercuit. sculpturas operum
in metallis. in libidinem oculorum fabricauit. quo fabricante .tubal
de quo dictum est. sono malleorum delectatus. ex ponderibus eorum proporciones et consonancias que ex hiis nascuntur excogitau-
it. quam inuencionem greci pythagore adtribuunt fabulose. | Huc-
usque magister in hystoriis. Ceterum quid horum uerius sit. lectoris
arbitrio committimus. Hoc tamen legimus quod sepedictus [39]pytha-
goras. adinuenit arismeticam. | super quam fundantur. et cui inni-
tuntur alie tres scilicet musica. geometria. astronomia. [40]Hic. etiam
matentetradem fecit id est librum de doctrina quadruuii. | sicut te-
statur hugo de sancto victore. Vnde potest dici. quod [41]licet a tubal
ante diluuium. vel ab aliis postmodum aliquid huius scientie excogi-
tatum fuerit. | quia sicut supradictum est. [42]omnes iste scientie prius
erant in vsu quam in arte. | tamen [43]quia musica est sub arismetica.
et demonstracio arismetice in ipsam descendit. | ipsa in artem a
pythagora. est redacta.

Sequitur vnde dicatur musica per deriuacionem.
[44]Musica secundum ysidorum. per deriuacionem dicitur a musis.

---

[39] Hugo, *Didascalicon*, lib. 3, cap. 2, „De auctoribus artium", p. 49: „(...) arithmeticam Samius Pythagoras invenit, Nicomachus scripsit."
[40] Hugo, *Didascalicon*, l. c., p. 49: (...) hic etiam Pythagoras *Mathen tetrados* fecit, id est,
librum de doctrina quadrivii (...)".
[41] Robert Kilwardby, *De ortu scientiarum*, cap. 18, „De ortu musicae et subiecto et
fine proprio ac definitione", p. 51: „Et licet forte a Iubal ante diluvium et ab aliis postmodum, quorum mentio non pervenit ad modernos, aliquid huius scientiae excogitatum fuerit, (...)."
[42] Cf. supra n. 7.
[43] Robert Kilwardby, *De ortu scientiarum*, cap. 21, „De diversitate inter harmonicam
et naturalem scientiam, et quomodo ipsa est mathematica et abstractior quam naturalis", p. 57: „Item subiectum harmonicae sive musicae est sub subiecto arithmeticae et
descendit demonstratio arithmetica in ipsam, (...)."
[44] Isidor, *Etymologiae*, lib. 3, XV.20-23: „Et dicta Musica per derivationem a Musis.
Musae autem appellatae ἀπὸ τοῦ μάσαι, id est a quaerendo, quod per eas, sicut antiqui voluerunt, vis carminum et vocis modulatio quaereretur." Cf. Robert Kilwardby,
De ortu scientiarum, cap. 18, p. 53: „Unde secundum Isidorum, libro III, cap. 15, musica

Muse autem appellate apotumuson id est a querendo. eo quod per eas sicut antiqui uoluerunt uis carminum et uocis modulacio quereretur. [45]Vnde propter multum desiderium delectandi in sonis. solliciti fuerunt homines querere istam scientiam. Et propter multam difficultatem inueniendi sonorum armoniam [46]quia sonus sensibilis res est et preterfluit in preteritum tempus. inprimiturque memorie. nisi enim ab homine memoria teneantur soni, pereunt. quia scribi non possunt. vt ait ysidorus. in eodem libro. [47]difficilis et longa fuit inquisicio circa hanc scientiam adipiscendam. | Hugo quoque et hugwicio dicunt. musicam dictam. a moys quod est aqua. [48]eo quod nulla euphonia id est bona sonoritas sine humore fieri possit. vel [49]sine humoris beneficio nulla cantilene uel uocis delectacio. quod est idem. [50]Propter hoc quidam moysicam eam uocant. Alii modusicam. a modulacione. Alii mundicam. a mundi id est celi cantu dictam putant. | Sed prima deriuacio magis est consona ueritati.

Quarto sequitur de utilitate musice per commendacionem. [51]Notandum igitur. quod ars ista non infima inter artes est reputan-

dicitur a musa quae musa a quodam Graeco dicitur quod sonat idem quod quaerere (...)."

[45] Robert Kilwardby, *De ortu scientiarum*, cap. 18, „De ortu musicae et subiecto et fine proprio ac definitione", p. 53: „Et forte propter multum desiderium delectandi in sonis solliciti fuerunt homines circa istam scientiam, et propter multam difficultatem inveniendi sonorum harmoniam, quia transeunt et non manent, (...).''

[46] Isidor, *Etymologiae*, lib. 3, XV.23-27: „Quarum sonus, quia sensibilis res est, et praeterfluit in praeteritum tempus inprimiturque memoriae. (...) Nisi enim ab homine memoria teneantur soni, pereunt, quia scribi non possunt."

[47] Robert Kilwardby, *De ortu scientiarum*, cap. 18, „De ortu musicae et subiecto et fine proprio ac definitione", p. 53: „(...) difficilis et longa fuit inquisitio circa hanc scientiam."

[48] Hugo, *Didascalicon*, lib. 2, cap. 8, „De musica", p. 30: „Musica ab aqua vocabulum sumpsit, eo quod nulla euphonia, id est, bona sonoritas, sine humore fieri possit."

[49] Huguccio, *Liber derivationum*, s. v. *Modus*, fol. 119v: „(...) a moys quia tractat de vocibus et proportionibus vocum et sine humoris beneficio nulla cantilene uel vocis delectacio (...)''.

[50] Johannes, *De musica*, cap. 3, „Unde dicta sit musica et a quo et quomodo sit inventa", p. 55: „Alii musicam quasi modusicam a modulatione, alii quasi moysicam ab aqua, quae moys dicitur, appellatam opinantur. Alii musicam quasi mundicam a mundi id est coeli cantu dictam putant."

[51] Johannes, *De musica*, cap. 2, „Quae utilitas sit scire musicam et quid distet inter musicum et cantorem", p. 51sq.: „Sciendum autem, quia ars ista haud infima inter artes est reputanda, praesertim cum clericis maxime sit necessaria et quibuslibet eam exercentibus utilis et iocunda. Quisquis namque incessanter ei operam adhibuerit et sine intermissione indefessus institerit, talem inde consequi poterit fructum, ut de cantus qualitate, an sit urbanus, an sit vulgaris, verus, an falsus, iudicare sciat et falsum corrigere et novum componere. Non est igitur parva laus, non modica utilitas, non vilipen-

da. sicut probat Johannes anglicus in musica sua. presertim cum
clericis permaxime sit neccessaria. et quibuslibet eam exercentibus
utilis et iocunda. Quisquis namque ei operam incessanter adhibuerit. et sine intermissione indeffessus institerit. talem inde poterit
consequi fructum. ut de cantus qualitate. an sit urbanus an uulgaris.
uerus an falsus iudicare sciat. et falsum corrigere et nouum conpo-
nere. Non igitur est parua laus. non modica utilitas. non uilipen-
dendus labor addiscere musicam. quia sui cognitorem conpositi
cantus efficit iudicem. falsi [103v] emendatorem. noui nichilominus
inuentorem. [52]Quam utilitatem heu plerique clerici uel religiosi
contempnentes. qui hanc artem neque sciunt. neque scire uolunt.
et quod grauius est. scientes derident. fugiunt. et abhorrent. quos
si aliquando musicus de cantu. quem uel non recte uel inconposite
efferunt. conpellat. irati inpudenter obstrepunt. ueritati acquiescere
nolunt. suumque errorem summo conamine approbant et defendunt. Quos nos licet inuiti ob corripiendam tamen stulticiam ipsorum. quod salua pace eorum dicimus ceco insipienciores esse sine
iniuria estimamus. Cecus namque quod in se non habet extrinsecus
querit. ducatum uidelicet hominis uel baculi. istiusmodi autem. cum
per se non uideant. aliorum uidencium ducatu non contendunt
incedere. sed contempnunt. | Quorum miseriam et errorem Guido
Aretinus. flebiliter deplorans in prohemio sue musice sic ait. [53]Ma-
xime dolui de nostris cantoribus. qui et si centum annis in canendi
studio perseuerent. nunquam tamen uel minimam antiphonam per
se ualent efferre. semper discentes et nunquam ad scientiam uerita-
tis peruenientes. |

---

dendus labor musicae scientia, quae sui cognitorem compositi cantus efficit iudicem,
falsi emendatorem et novi inventorem.“

[52] Johannes, *De musica*, cap. 7, „Unde dicatur monochordum et ad quid sit utile“,
p. 65sq.: „Sunt etenim plerique clerici vel monachi, qui artem hanc neque sciunt neque
scire volunt et, quod gravius est, scientes fugiunt et abhorrent. Quodsi aliquando ut fit
musicus eos de cantu, quem vel non recte vel incomposite efferunt, compellat, irati
impudenter obstrepunt, veritati acquiescere nolunt suumque errorem summo conamine
defendunt. Quos ego invitus ob corripiendam tamen stultitiam dico, caeco insipientiores
haud iniuria aestimaverim. Caecus namque, quod in se non habet, extrinsecus quaerit,
ducatum videlicet hominis vel baculi, sicque sibi providet, ne in foveam cadat. Cum
huiusmodi inutiles, quos Graeci pulchre anergumenos vocant, neque per se videant
neque videntium ducatu incedere contendant.“

[53] Guido, *Micrologus*, Prologus, p. 86: „Maxime itaque dolui de nostris cantoribus
qui etsi centum annis in canendi studio perseverent, numquam tamen vel minimam
antiphonam per se valent efferre, semper discentes, ut ait Apostolus, et numquam ad
scientiam veritatis pervenientes.“ Cf. 2. Tim. 3:7.

Quinto sequitur de effectu musice per approbacionem.
[54]Magnam uim et effectum commouendi auditorum animos habet
Musica. Siquidem aures mulcet. mentem erigit. preliatores ad bella
concitat. lapsos et desperatos reuocat. uiatores confortat. latrones
exarmat. iracundos mictigat. tristes letificat. discordes pacificat.
uanas cogitaciones eliminat. freneticorum rabiem temperat. Vnde
de rege Saul in libro .Regum. legitur. quod a demonio correptus
.david. in cythara canente mitigabatur. cessante vero. iterum uexa-
batur. Item freneticus quidam asclepiade medico canente. fuit ab
insania liberatus. Sed et de pythagora. memoratur. quod luxuriosum quendam iuuenem ab inmoderata libidine. modulacione musica reuocauit. [55]Sic per fenestras corporis delectabilium rerum suaui-
tas mirabiliter penetralia cordis intrat. [56]Habet autem musica secundum diuersos modos diuersas potestates. Siquidem per vnum
cantandi genus poteris aliquem ad luxuriam prouocare. eundemque per aliud quantocius poenitentia ductum reuocare. Cuius rei
experimentum Boecius de iuuene quodam refert. [57]Bestias quoque
secundum ysidorum. serpentes. volucres. atque delphines musica
prouocat ad auditum. | Et si hoc in animalibus irrationabilibus.

---

54   Johannes, *De musica*, cap. 17, „De potentia musicae, et qui primitus ea in romana
ecclesia usi sint", p. 114: „Sed nec hoc reticeri oportet, quod magnam vim commovendi
auditorum animos musicus cantus habet, siquidem aures mulcet, mentem erigit, prae-
liatores ad bella incitat, lapsos et desperatos revocat, viatores confortat, latrones exarmat, iracundos mitigat, tristes et anxios laetificat, discordes pacificat, vanas cogitatio-
nes eliminat, phreneticorum rabiem temperat. Unde et de Rege Saul in libro Regum
legitur, quod a demonio correptus David in cithara canente mitigabatur, cessante vero
nihilominus vexabatur. Item phreneticus quidam Asclepiade medico canente ab insania
fertur fuisse liberatus. Sed et de Pythagora memoratur, quod luxuriosum quemdam
iuvenem ab immoderata libidine musica modulatione revocaverit." Cf. I Reg. 16:16-23;
Guido, *Micrologus*, cap. 14, „Item de tropis et vi musicae", p. 160sq. – **aures mulcet** *in
margine*: Nota – **de rege Saul** *in margine*: Saul – **freneticus quidam** *in margine*: Freneticus – **et de pythagora** *in margine*: Pythagoras.
55   Guido, *Micrologus*, cap. 14, „Item de tropis et vi musicae", p. 159sq.: „Sic enim
per fenestras corporis habilium rerum suavitas intrat mirabiliter penetralia cordis."
56   Johannes, *De musica*, cap. 17, „De potentia musicae, et qui primitus ea in Romana Ecclesia usi sint", p. 114: „Habet autem musica secundum diversos modos diversas
potentias. Sic enim per unum canendi genus poteris aliquem ad luxuriam provocare,
eundemque per aliud quantocius poenitentia ductum revocare: cuius rei experimentum
Guido de iuvene quodam refert." Cf. Guido, *Micrologus*, cap. 14, p. 160; Boethius, *De
institutione musica*, lib. 1, cap. 1, p. 184sq. – **Boecius de iuuene** *in margine*: Boecius.
57   Bartholomeus Anglicus, *De proprietatibus rerum*, lib. 19, cap. 132, „De musica sive
modulatione cantus", p. 246: „Ipsas quoque bestias necnon et serpentes, volucres atque
delphines musica provocat ad auditum." Cf. Isidor, *Etymologiae*, lib. 3, XVII.25-26:
„Ipsas quoque bestias, necnon et serpentes, volucres atque delphinas ad auditum suae
modulationis musica provocat."

quantomagis in hominibus ratione utentibus. [58]Vene etenim sicut
idem dicit et nerui corporis et eorum pulsus omnisque corporis artus uirtute armonica sociantur. [59]Vnde beatus Augustinus. ex quadam occulta anime et armonie consilii proprietate melodia anime
affectionibus se conformat. Et inde est quod dicunt auctores. quod
instrumenta musica letum reddunt leciorem et tristem faciunt tristiorem. [60]Hinc est etiam quod eliseus propheta sicut in tertio Regum legitur a tribus regibus ad prophetandum de bellis eorum requisitus. cum se presenssisset spiritum prophetie tunc temporis non
habere. dixit. [61]Adducite mihi psaltem. [62]quo adducto et psallente.
spiritum statim propheticum recipiens os suum in uerba prophetica
relaxauit. | Super quo Richardus. de sancto victore. In libro de con-
templacione dicit. [63]Illud in commune nouimus. quod dulcis armonia soleat cor exhilarare. et ei gaudia sua ad memoriam reuocare.
Vnde de propheta sentiri oportet. quod exterior armonia interiorem illam et spiritualem armoniam ei ad memoriam reduxit. et
audita melodia audientis animum ad assueta gaudia reuocauit. | Et
quidam expositor super eundem locum dicit. [64]Sicut per armoniam
reprimitur malus spiritus ut patuit in Saul. ita per eandem excitatur

---

[58] Bartholomeus Anglicus, l. c., p. 246: „Sic venae, sic nervi corporis et eorum
pulsus, sic omnis corporis artus virtute harmoniaca pariter sociantur, ut dicit Isidorus."
Cf. Isidor, *Etymologiae*, lib. 3, XVII.27-29: „Sed et quidquid loquimur, vel intrinsecus
venarum pulsibus commovemur, per musicos rythmos harmoniae virtutibus probatur
esse sociatum."

[59] Bartholomeus Anglicus, *De proprietatibus rerum*, lib. 19, cap. 146, „De tintinnabu-
lo", p. 255: „Laetos animos magis laetificat, et tristes magis tristificat, quia, ut dicit Augustinus, ex quadam occulta animae et harmoniae consilii proprietate melodia animi
affectionibus se conformat. Et inde est, quod dicunt auctores, quod instrumenta musica
laetum reddunt laetiorem, et tristem tristiorem efficiunt."–**Vnde beatus Augustinus**
in margine: Augustinus.

[60] Richard, *De gratia contemplationis*, lib. 5, cap. 17, „Qui ad hunc tertium ejusmodi
gratiae gradum profecerit, unde in idipsum adjuvari possit", col. 189: „Hinc est quod
Eliseus propheta verbum Domini requisitus, cum se praesensisset spiritum prophetiae
tunc temporis non habere, (...)".–**quod eliseus** *in margine*: Heliseus.

[61] IV Reg. 3:15: „nunc autem adducite mihi psaltem".

[62] Richard, l. c., col. 189: „(...) fecit sibi psaltem adducere, quo praesente atque
psallente, statim spiritum propheticum hausit, osque suum e vicino in verba prophetiae
relaxavit (...)."

[63] Richard, l. c., col. 189sq.: „Illud autem in commune novimus quod dulcis harmonia soleat cor exhilarare, et ei gaudia sua ad memoriam revocare (...). Quid igitur
aliud de prophetico viro sentiri oportet, nisi quod exterior harmonia interiorem illam
et spiritalem harmoniam ei ad memoriam reduxit, et audita melodia audientis animum
ad assueta gaudia revocavit atque levavit."–**Super quo Richardus** *in margine*: Rychar-
dus.

[64] *Hunc textum non inveni.*

bonus spiritus. Nam ex dulcedine cantus conuertitur anima ad deum. et tunc infunditur spiritu prophetico et uirtute. |

Sequitur quomodo et per quos vsus musice sit acceptus in ecclesia dei per introductionem.
[65]Cum igitur in commouendis mentibus tanta sit musice potencia. merito vsus eius acceptus est in sancta ecclesia. Ac primum a sancto ygnacio martyre. necnon et a beato ambrosio. mediolanensium antistite vsus musice in Romana ecclesia haberi cepit. Post hos beatissimus papa Gregorius. spiritu sancto ei ut fertur assidente et dictante. cantum modulatus est. cantumque Romane ecclesie quo per anni circulum diuinum celebraretur officium ordinauit. |

Hec de origine et commendacione Musice premisimus quatenus [66]ad musicam aspirantibus viam faciliorem pararemus. ipsosque [67]attenciores ac magis beniuolos redderemus.

---

[65] Johannes, *De musica*, cap. 17, „De potentia musicae, et qui primitus ea in Romana Ecclesia usi sint", p. 115: „Cum igitur in commovendis mentibus hominum tanta sit musicae potentia, merito usus eius acceptus est in sancta Ecclesia. Primum autem a S. Ignatio martyre nec non et a beato Ambrosio Mediolanensium antistite usus musicae in Romana ecclesia haberi coepit. Post hos beatissimus Papa Gregorius Spiritu sancto ei, ut fertur, assidente et dictante cantum modulatus est, cantumque Romanae Ecclesiae, quo per anni circulum Divinum celebratur officium, dedit."– **Ac primum a sancto ygnacio martyre necnon et a beato ambrosio** *in margine*: Ignacius. Ambrosius–**beatissimus papa Gregorius** *in margine*: Gregorius.
[66] Cf. Johannes, *De musica*, cap. 7, „Unde dicatur monochordum et ad quid sit utile", p. 65: „Pueris quoque sive adolescentibus ad musicam aspirantibus adhibeatur, ut ad id, quod discere volunt, ipso duce sono facilius pertingant."
[67] Cf. Auctor ad Herennium, *De ratione dicendi*, lib. I, 4, 6: „Principium est, cum statim auditoris animum nobis idoneum reddimus ad audiendum. Id ita sumitur, ut attentos, ut dociles, ut beniuolos auditores habere possimus." Cicero, *De inventione*, lib. I, 15, 20: „Exordium est oratio animum auditoris idonee comparans ad reliquam dictionem: quod eveniet, si eum benivolum, attentum, docilem confecerit."

ZUR FUNKTION DER BERUFUNGEN AUF DAS ACHTE BUCH VON ARISTOTELES' „POLITIK" IN MUSIK-TRAKTATEN DES 15. JAHRHUNDERTS

Klaus-Jürgen Sachs

Rezeptionsgeschichtlich bedeutet es einen Sonderfall der für wissenschaftliche Erörterungen im Mittelalter grundlegenden Technik des Entlehnens oder Zitierens aus Texten anderer Autoren, wenn hierbei expressis verbis der originäre Verfasser und oft auch dessen betreffendes Werk genannt wird. Dieser Sonderfall ausdrücklicher Berufungen auf Fremd-Autoren samt ihren Schriften kann, ungeachtet der Selbstverständlichkeit dieses Verfahrens, auf recht verschiedenen Motivationen des jeweiligen Verfassers beruhen: in erster Linie auf dem Bestreben, die Schrift aufzuwerten, ihre Lehre als konform mit Autoritäten der Tradition und damit als erprobt, gewichtig, gültig oder wahr auszugeben, sodann auf dem Wunsch, die eigene Person als belesen, gebildet, kompetent zu erweisen – sei es durch unbefangenes Anhäufen von Lesefrüchten, sei es durch gezielte Hinweise auf jeweils maßgebende, gleichsam „klassische" Dicta oder Exempla; schließlich aber kann auch, oder zugleich, die Absicht verfolgt worden sein, bestimmten Aussagen, Meinungen oder Gesichtspunkten einen besonderen Nachdruck zu verleihen, so daß in solchen Fällen die Akzentuierung durch Autorenhinweise nicht nur zum allgemeinen Usus gehörte, sondern überdies als ein spezielles Stilmittel beim Abfassen des Textes zu gelten hat. Indizien dafür, welche dieser Motivationen wohl jeweils dominierte, sind nicht leicht zu gewinnen, bedürfen jedenfalls detaillierter Textanalysen und sorgsamer Interpretationen, wodurch der Umgang mit solchen ausdrücklichen Berufungen einigermaßen anspruchsvoll wird. Sie selbst sind zwar unmittelbar zu erkennen und damit weitaus einfacher zu identifizieren als verborgene Zitate oder Anspielungen, doch in ihrer eigentlichen Funktion kaum leichter zu durchschauen als andere Entlehnungen.

Obwohl es im folgenden um eine musikologische Spielart dieser rezeptionsgeschichtlichen Aufgabe gehen soll, müssen zunächst einige Fakten über den betroffenen Text selbst, nämlich Buch VIII

der Aristotelischen „Politik", vorausgeschickt werden. Im überlieferten Korpus der Aristotelischen Schriften ist dieses Buch der musikhistorisch wichtigste Komplex, allenfalls neben der Tontheorie
aus „De anima". Allerdings enthält dieses VIII. Buch keine Musik-
Abhandlung im eigentlichen Sinn, sondern lediglich argumentie-
rende Passagen im Rahmen umfassenderer Fragestellungen nach
dem wünschenswerten Zustand einer Polis bzw., modern formuliert, nach dem idealen Staatswesen. Diese Thematik bestimmt den
Block der Bücher VII (= H) und VIII (= Θ), die zusammengehören.
Denn Aristoteles' „Politik" ist kein einheitliches Werk, sondern eine
Sammlung von Einzelschriften, vermutlich nach Art von Vorle-
sungs-Manuskripten[1], deren Chronologie hypothetisch bleibt. (Willy Theiler[2] nahm eine Entstehungszeit über zwei Jahrzehnte hin,
um 345 – um 325, an und setzte die Bücher VII-VIII, nach Werner
Jaeger die „Urpolitik", an den Beginn; Ingemar Düring sah dagegen in der „Politik" „drei Entwürfe eines idealen Staatswesens"[3],
die „erst in einem Schlußstadium"[4] zusammengestellt wurden).
Weder Titel noch Einteilung in acht Bücher dürften authentisch
sein (die früheste Erwähnung des Titels „ΤΑ ΠΟΛΙΤΙΚΑ" findet
sich bei Alexander von Aphrodisias um 200 n. Chr.[5]). Der Text als
solcher blieb, im Unterschied zum Gros der anderen Schriften des
Aristoteles, lange Zeit so gut wie unbekannt. Denn die tatsächliche
Rezeption begann erst um 1260 mit den ältesten lateinischen Übersetzungen, der sogenannten *translatio imperfecta*, da sie nur die Bücher I und II umfaßt[6], und der wenige Jahre später, um 1265, fertig-
gestellten *translatio perfecta* (oder *completa*) des Wilhelm von Moerbeke[7], dem auch die unvollständige Version zugeschrieben wird. Kurz
nach diesen Übersetzungen begann die bereits maßgebliche Kom-

---

[1] A. Dreizehnter, *Aristoteles Politik. Eingeleitet, kritisch herausgegeben und mit Indices versehen*, München 1970 (Studia et Testimonia Antiqua 7), p. XIV.

[2] W. Theiler, „Bau und Zeit der Aristotelischen Politik", in: *Museum Helveticum* 9 (1952), p. 65-78; wiederabgedruckt in: F.-P. Hager (ed.), *Ethik und Politik des Aristoteles*, Darmstadt 1972 (Wege der Forschung 208), p. 253-274, hier p. 272.

[3] I. Düring, *Aristoteles. Darstellung und Interpretation seines Denkens*, Heidelberg 1966, p. 476.

[4] Ibid., p. 474.

[5] Dreizehnter, *Aristoteles* [Anm. 1], p. XV.

[6] Aristoteles, *Politica (Libri I.-II.).* Translatio prior imperfecta interprete Guillelmo de Moerbeka(?), ed. P. Michaud-Quantin, Bruges, Paris 1961 (Aristoteles latinus XXIX 1).

[7] Aristoteles, *Politicorum libri octo.* Cum vetusta translatione Guilelmi de Moerbeka, ed. F. Susemihl, Leipzig 1872.

mentierung, so durch Thomas von Aquin (1269-72, zunächst der Bücher I und II aus der *translatio imperfecta*, danach anhand der *translatio perfecta*, die er aber erst 1271 vollständig kannte[8] und deren Kommentierung er selbst nur bis Buch III, cap. 7 ausführte[9]), möglicherweise zuvor bereits durch Albertus Magnus[10], dann durch Petrus de Alvernia (der die durch Thomas von Aquin begonnene *expositio*, offenbar in dessen Sinn, vervollständigte) und zahlreiche Nachfolger. Dabei traten neben die Literalkommentare auch Kommentare in Quaestionenform, die dem Gebrauch der „Politica" (oder „Politicorum octo libri"), wie es nun lateinisch hieß, als Textbuch an Universitäten entsprachen. Die beträchtliche Zahl solcher Kommentare, zunächst vor allem aus Paris und Prag, und Zeugnisse dafür, daß der Text im 14. und 15. Jahrhundert zum Lehrprogramm beispielsweise der Universitäten Wien, Köln, Heidelberg, Krakau, Leipzig, Erfurt, Greifswald gehörte[11], weisen auf seine zentrale Bedeutung und auf den Bekanntheitsgrad von Grundgedanken dieser Schrift hin. Die Latinisierung durch Wilhelm von Moerbeke „blieb freilich im Laufe der Überlieferung nicht rein erhalten, sondern wurde immer wieder mit griechischen Handschriften verglichen. Dadurch entstand allmählich eine Vulgata"[12] als „Grundlage [...] für die vielen Politikkommentare" wie auch für die lateinisch-französische Übersetzung durch Nikolaus von Oresme (um 1370). 1437 stellte Leonardo Bruni aus Arezzo eine neue lateinische Übersetzung her; die griechische *Editio princeps* erschien erst 1498 in Venedig[13].

Wenn im folgenden die Berufungen auf das VIII. Buch der „Politik" in Musiktraktaten des 15. Jahrhunderts betrachtet werden, so handelt es sich um einen engen Ausschnitt des auch für die Musiktheorie in Mittelalter und Renaissance weiten Feldes der Aristoteles-Rezeption[14]. Die Eingrenzung auf (im wesentlichen) ein

---

    [8] C. FLÜELER, *Rezeption und Interpretation der Aristotelischen Politica im späten Mittelalter*, Teil I, Amsterdam, Philadelphia 1992 (Bochumer Studien zur Philosophie 19), p. 23-27.
    [9] H.-J. BURBACH MSF, *Studien zur Musikanschauung des Thomas von Aquin*, Regensburg 1966 (Kölner Beiträge zur Musikforschung 34), p. 15sq.
    [10] FLÜELER, *Rezeption* [Anm. 8], p. 29sq.
    [11] Ibid., p. 32-34.
    [12] DREIZEHNTER, *Aristoteles* [Anm. 1], p. XLIII.
    [13] Ibid., p. XLIII, XLVII.
    [14] Cf. vor allem für das 13. Jahrhundert (und vor Einsetzen der „Politik"-Rezeption) J. YUDKIN, „The Influence of Aristotle on French University Music Texts", in: A. BARBERA (ed.), *Music Theory and Its Sources: Antiquity and the Middle Ages*, Notre Dame,

Jahrhundert rechtfertigt sich indessen durch sechs Befunde, die
Materialsammlung und Vergleich der Belege erbrachten: (1) Das
VIII. Buch der Aristotelischen „Politik" fand in Musiktraktaten
anscheinend zuerst um 1320 (bei Jacobus Leodiensis und Johannes
de Muris) ausdrückliche Erwähnung, blieb aber im weiteren 14.
Jahrhundert noch wenig beachtet. (2) Seit etwa 1430 mehren sich
die Berufungen auf diesen Text deutlich und lassen ihn zunehmend
(und im 16. Jahrhundert unvermindert) als einen *locus classicus* für
bestimmte musiktheoretische Grundaussagen erscheinen. (3) Die
Favorisierung des VIII. Buches der „Politik" als Berufungsinstanz
besitzt musikhistorisch insofern besonderes Interesse, als es hier
nicht mehr nur um eine der zahllosen fachmusikalisch *un*spezifischen Spuren von Aristoteles-Rezeption innerhalb der Musiktheorie geht – wie die nicht eigens gekennzeichneten Bezüge auf Aristotelische Methoden, Denk- und Audrucksweisen, aber auch die häufigen ausdrücklichen Berufungen auf mehr oder minder 'allgemeingültige' Dicta des Philosophen. (4) Das VIII. Buch der „Politik"
wurde, wiewohl es die Musik-Thematik nur transitorisch berührt
(und anscheinend fragmentarisch ist), als entscheidende musiktheoretische Quelle im überlieferten Korpus der Aristotelischen Schriften erkannt und benutzt. (5) Dies geschah verständlicherweise rein
eklektisch: Die verwickelte Argumentation, in die Aristoteles seine
Bemerkungen über die Musik eingefügt hatte, blieb in den Musiktraktaten gänzlich (und in Kommentaren des späten Mittelalters
wohl weitgehend) unberücksichtigt. (6) Als attraktiv und fruchtbar
erwiesen sich verhältnismäßig wenige Einzelaussagen, singuläre
Begründungen und charakteristische Formulierungen. Bei ihnen
aber stellen sich im Blick auf ihre jeweilige Verwendung in den
Musiktraktaten mannigfache Interpretationsfragen.

    Auf einige solcher Fragen will dieser Beitrag hinweisen. Vor al-
lem aber soll versucht werden, Motivationen des jeweiligen Verfassers für die ausdrückliche Berufung auf solche Aussagen des Aristoteles zu ergründen. Bei der erwähnten Seltenheit im 14. Jahrhun-

---

Indiana 1990 (Notre Dame Conferences in Medieval Studies 1), p. 173-189, sowie für
Spezialaspekte M. HAAS, „Musik und Affekt im 14. Jahrhundert: Zum Politik-Kommentar Walter Burleys", in: *Schweizer Jahrbuch für Musikwissenschaft,* Neue Folge I (1981), p.
9-22. – Als musikhistorische Einführung in den Grundtext von „Politik" VIII sei genannt: A. RIETHMÜLLER, „Die Musiksoziologie des Aristoteles", in: A. RIETHMÜLLER
und F. ZAMINER (ed.), *Die Musik des Altertums,* Laaber 1989 (Neues Handbuch der Musikwissenschaft 1), p. 216-237.

dert ist zu berücksichtigen, daß sie sich auf Aristoteles' „Politik"
bezieht, während Hinweise und Zitate zu anderen Aristotelischen
Schriften (bei denen die seinerzeit für authentisch angesehenen
„Problemata" einbezogen seien) keineswegs rar sind: So wären als
Texte mit Berufungen auf Aristoteles, doch nicht auf seine „Poli-
tik", zu nennen:

> Elias Salomo, „Scientia artis musicae" (1274), GS 3, p. 27a[15]
> Hieronymus de Moravia, „Tractatus de musica" (zwischen 1280 und
> 1304), Cserba, p. 29, 32, 35
> Anonymus, „Summa musicae" (um 1300), GS 3, p. 209a-b, 241a
> Johannes de Grocheio, „De musica" (um 1300), Rohloff, p. 110, 114, 116,
> 118, 122, 130
> Aegidius Zamorensis, „Ars musica"(um 1300), GS 2, p. 373a, 383a, 384a
> Engelbert von Admont, „De musica" (vor 1325), GS 2, p. 288b, 300a,
> 341a, 342b, 343a, 354a, 358a, 360b, 366a, 368b, 369a
> Marchettus von Padua, „Lucidarium musicae planae" (1318/19), GS 3,
> p. 68a
> Marchettus von Padua, „Pomerium in arte musicae mensuratae" (zwi-
> schen 1321 und 1326), CSM 6, p. 31, 39, 50, 58, 75sq., 77, 82sq., 102,
> 157, 199
> Johannes Boen, „Musica" (1357), Frobenius, p. 43
> Anonymus, „Tertium principale" (2. Hälfte 14. Jahrhundert), CS 4,
> p. 261b

Als besonders bemerkenswert kann man ansehen, daß die „Musica" des Engelbert von Admont zwar auf „De anima", „De generatione animalium" sowie auf die „Problemata" verweist, die „Politik" aber ausspart, wiewohl im reichen Fundus der Aristoteles-Ex-
zerpte bzw. -Kommentare Engelberts (die, wie George B. Fowler[16]
wahrscheinlich machte, im Ms. Admont 608 sogar autographisch
vorliegen) auch ein „Compendium libri politicorum sive legalium

---

[15] Hier wie im folgenden gelten die in der Musikwissenschaft eingeführten Abkür-
zungen:
CS = C.-E. DE COUSSEMAKER, *Scriptores de musica medii aevi*, tom. 1-4, Paris 1864-76.
CSM = *Corpus scriptorum de musica*, Rom seit 1950.
GS = M. GERBERT, *Scriptores ecclesiastici de musica sacra potissimum*, tom. 1-3, St. Blasien
1784.
Die durch Editorennamen abgekürzten Titel in der Übersicht lauten: S. M. CSERBA
O.P., *Hieronymus de Moravia O.P., Tractatus de Musica*, Regensburg 1935; W. FROBENIUS,
Johannes Boens Musica und seine Konsonanzenlehre, Stuttgart 1971; E. ROHLOFF, *Die Quellenhandschriften zum Musiktraktat des Johannes de Grocheio*, Leipzig 1972.
[16] „Manuscript Admont 608 and Engelbert of Admont (c. 1250-1331)", in: *Archives
d'histoire doctrinale et littéraire du moyen âge* 44 (1977), p. 149-242, 45 (1978), p. 225-306, 50
(1983), p. 195-222, hier (1977), p. 151-158.

Institutorum Aristotelis" erhalten ist[17], das sich allerdings auf den Textbestand der Moerbekeschen *translatio imperfecta*, also auf die Bücher I und II, beschränkt.

Unverkennbar jedenfalls ist, daß der für diesen Beitrag entscheidende *Octavus liber politicorum*, der erst in der *translatio perfecta* zugänglich wurde, nur einen auffallend begrenzten Widerhall in der Musiktheorie des 14. Jahrhunderts fand.

Um so bemerkenswerter freilich *sind* die wenigen positiven Belege aus dem 14. Jahrhundert, deren Betrachtung am Anfang stehen soll. Dabei sei zweierlei generell angemerkt: Die Quellenbasis der Untersuchung entspricht zwar derzeitigem Kenntnisstand, kann aber keine Vollständigkeit beanspruchen. Und der Beitrag – eher eine Problemskizze – begnügt sich mit Streiflichtern auf die Rolle jener Berufungen, ohne den bei Auswahl und Interpretation der Belege berührten Fragen gezielt oder eindringlicher nachzugehen.

Das *Speculum musicae* (vermutlich um 1321-25) des **Jacobus Leodiensis**, eine der gründlichsten, umfänglichsten und höchststehenden Schriften zur Musiktheorie ihrer Epoche, integriert die einschlägigen Zitate in den ausladenden Argumentationsgang des Prooemiums, das, zugleich als *Accessus ad auctores*, in das Gesamtwerk einführt:

> **Text 1:** [Pooemium Lib. I.] [18]
> [... Hinc est ut musica multas in se delectationes contineat et varias utilitates.] Hoc approbans Philosophus, VIII° Politicae: *Musicam*, inquit, *omnes* ponunt *esse delectabilissimorum et, cum melodia, ait Musaeus, esse hominibus delectabilissimum cantare.* [CSM 3/I, p. 9; **Su**, p. 350]
> Et infra: *Habet enim musica delectationem* in se *naturalem, propter quod omnibus moribus usus ipsius amicus est.* [Ibid.; **Su**, p. 352]
> Idem, infra, libro eodem: *Dicimus*, inquit, *non unius utilitatis gratia oportere uti musica, sed plurium.* [Ibid; **Su**, p. 365]
> Varias enim et mirabiles affert delectationes in tantum ut hominum

---

[17] Ediert ibid. (1977), p. 191-205.

[18] Die Wiedergabe nach der in eckiger Klammer zuerst verzeichneten Edition hebt Wörter oder Satzteile *kursiv* hervor, die sich einer der drei bisher zugänglichen lateinischen Textvorlagen für Zitate aus dem VIII. Buch mit hoher Wahrscheinlichkeit zuweisen lassen. Dabei gelten die Kürzel **Su** für die Edition der *translatio perfecta* des Wilhelm von Moerbeke durch F. Susemihl [Anm. 7], **Br** für die Edition der Übersetzung des Leonardo Bruni nach der benutzten Ausgabe *Aristotelis Politicorum siue de Republica libri octo. Leonardo Aretino interprete cum D. Thomae Aqvinatis explanatione*, Venedig 1568, **Ha** für die Edition der Florilegiensammlung durch J. Hamesse, *Les Auctoritates Aristotelis, un florilège médiéval: Étude historique et édition critique*, Louvain, Paris 1974 (Philosophes médiévaux 17), besonders p. 262sq.

rapiat animas, dicente Philosopho, VIII° Politicae, quod *melodiae faciunt animas raptas. Raptus autem eius qu*asi *circa animam moris passio est.* [Ibid.; **Su**, p. 352]

Auf der Grundlage des naturgegebenen menschlichen Strebens nach dem Wahren und Guten (Boethius, „Consolatio" III, 2), eines Strebens, das auf Vollkommenheit ziele und „alles" in „allem" erkennen wolle (Aristoteles, „Metaphysik" I, 1) wird auf das *delectabilissimum et optimum* des *vivere secundum intellectum* verwiesen (nach „Nikomachischer Ethik" X, 7); und damit hat Jacobus bereits zwei Kernbegriffe eingeführt – nämlich *natura* (φύσις) und das *delectabilissimum* (ἥδιστον) –, die er nun in den Zitaten aus „Politik" VIII (Kap. 5, das programmatisch mit *De musica autem* beginnt) gezielt musikbezogen aufgreift. In diesem Passus wurden vier entscheidende Aussagen aus dem Aristoteles-Text durchaus sinnvoll zusammengefügt: (1) Das Dictum, die Musik sei nach Meinung aller das Erfreulichste (oder Ergötzlichste, Schönste), und daher sei, wie Musaios (eine legendäre Gestalt) sagt, Singen für die Menschen das *delectabilissimum*. (2) Musik schafft eine *delectatio*, die „natürlich" gegeben ist – hier wird auf den bei Aristoteles fundamentalen Naturbegriff angespielt –, und die Begründung, der *usus* (χρῆσις) sei angenehm, wohltuend (*amicus*, προσφιλής), wird bei Jacobus nur auf *omnibus moribus* (πᾶσιν ἤθεσιν) und nicht, wie bei Moerbeke, auch und zuerst auf *omnibus aetatibus* (πάσαις ἡλικίαις) bezogen. Die Doppelnennung 'für alle Altersstufen (*aetatibus*) und Herkommen (Sitten, Denkweisen: *moribus*)' war bei Aristoteles, der Junge wie Alte ausdrücklich unterscheidet, ebenso sinnvoll, wie es für Jacobus die Beschränkung auf *moribus* war, da er als Boethius-Kenner die Ausgangsdoktrin von „De musica" mitdachte: *Musicam naturaliter nobis esse coniunctam et mores vel honestare vel evertere*[19]. Musik als Macht, die veredelt oder zugrunderichtet, dieser Boethianische Akzent sollte aber wohl auch modifiziert werden, nämlich durch das dritte Dictum: (3) Nützlich ist die Musik nicht nur in einer, sondern in mehrfacher Hinsicht. Dieses Zitat ist bei Aristoteles das Fazit seiner in Kap. 3 von Buch VIII begonnenen Untersuchung der Frage, ob die Musik nur dem Ergötzen oder auch der Erziehung diene, und er entscheidet (im unmittelbaren Anschluß an das dritte Jacobus-Zitat:) *et enim ludi gratia et purificationis.* Musik als spielerische Entspannung und als

---

[19] Boethius, *De institutione arithmetica libri duo. De institutione musica libri quinque*, ed. G. Friedlein, Leipzig 1867, Nachdruck Frankfurt a. M. 1966, p. 178.

Mittel innerer, 'reinigender' Erbauung ist für Jacobus eine anscheinend noch zu dürre Alternative, weshalb er mit dem Hinweis auf
die *varias et mirabiles delectationes* fortfährt, um nun allerdings mit dem
Beispiel ihrer rauschhaften, sinnenraubenden Wirkung das letzte
(4.) Zitat anzuschließen, das die „Macht" der Musik einprägsam
erfaßt, obwohl sein Argumentationsziel weder bei Aristoteles selbst
noch in der (wörtlichen) *translatio* Moerbekes ganz klar ist.

Insgesamt wird man sagen dürfen: Jacobus benutzt die Berufungen auf „Politik" VIII an sehr prominenter Stelle und zur grundlegenden Charakterisierung der Musik (nämlich als *delectabilissimum*,
„natur"-gegeben, *omnibus moribus* wohltuend, von mehrfachem Nutzen sowie vielfältig, wundersam wirkend bis hin zum Berauschen-
den); er zitiert, auch dies muß betont werden, aus Wilhelm von
Moerbekes Übersetzung (bzw. aus dem, was sich als eine Art „Vulgata" dieser latinisierten Version herausbildete).

Knapper ist die Entlehnung in der Praefatio zur ***Musica speculativa*** (1323) des **Johannes de Muris**:

> **Text 2:**
> [... post seriosorum operum labores, quos non potest continue humana
> tolerare natura, honestissime quietis beneficium tribu<unt> intendenti.]
> Quod et forte poetice voluit signare *Ulixes* secundum recitationem Ari-
> stotelis VIII. Politicorum, cum dixit *optimam esse deductionem, quando gau-
> dentibus hominibus congregati super* cun*cta audiunt* symphoniam. [Falken-
> roth[20], p. 72; (GS 3, p. 255b); **Su**, p. 340]

Er setzt an bei einer Verdächtigung der Sinnesorgane, deren zügel-
loses Ungestüm zu Exzessen tierischer Begierden [*excessus bestialium
voluptatum*] führen und so den Verstand verdrängen könne, und
nimmt demgegenüber Gesichts- wie Gehörsinn in Schutz, (nach
„Nikomachische Ethik" IV) unter Hinweis auf maßvollen Gebrauch [zugestanden werden *ordinata et moderata oblectamenta*] und auf
das Zeugnis der Erfahrung [*experientia*]. Diese Eröffnung dient zweifellos dazu, auf die vier Prinzipien vorzubereiten, die der Autor
wenig später nennt (jede *doctrina* entstehe aus vorangegangener *cognitio*; *cognitio sensitiva* sei Ausgangspunkt; *experientia* müsse erschöp-
fend sein; *experientia circa res sensibiles* begründe die *ars*). Bevor Muris
jedoch auf die *ars musica* als solche und auf den Musiktraktat des

---

[20]   C. FALKENROTH, *Die Musica speculativa des Johannes de Muris.* Kommentar zur
Überlieferung und Kritische Edition, Stuttgart 1992 (Beihefte zum Archiv für Musikwissenschaft 34).

Boethius anspielt, fügt er Bemerkungen über den Gehörsinn ein: *voces* und *soni humani* schaffen mit Hilfe des *auditus* höchste *iocunditates* und (hier setzt der zitierte Textausschnitt ein:) „gewähren nach harten Arbeitsmühen, welche die menschliche Natur nicht dauernd ertragen kann, dem Hörenden die Wohltat edelster Entspannung, was, nach den Worten des Aristoteles im VIII. Buch der 'Politik', auch Odysseus sehr dichterisch ausdrücken wollte, als er sagte, das beste Leben sei, wenn Menschen sich freuen und 'die speisenden Gäste den Sänger hören'"[21]. Muris also streut hier, ebenfalls aus Moerbekes Übersetzung, eine Passage ein, die an sich sachlich nichts beiträgt, doch als mehrschichtiges Zitat fungiert, nämlich zum einen die Berufungen auf Aristoteles' „Nikomachische Ethik" gleichsam fortführt durch einen Hinweis auf die „Politik", zum anderen aber dabei auch bis zu Homer zurückweist und ein *exemplum classicum* für den Rang der Musik bemüht. Den gesamten einschlägigen Eröffnungs-Abschnitt dieser „Musica speculativa" referiert und kommentiert im 15. Jahrhundert ein Musiktraktat, der dem Wenceslaus de Prachatitz (für zwischen 1415 und 1418 oder aber um 1429/30) zugeschrieben wird[22] und der bezeichnenderweise mit dem Hinweis auf das mehrschichtige Aristoteles-Homer-Zitat schließt.

Als ein weiterer der wenigen musiktheoretischen Texte aus dem 14. Jahrhundert, die sich auf „Politik" VIII berufen, kann der erst jüngst bekanntgemachte **Tractatus de tonis** (wahrscheinlich zwischen 1315 und 1318) des **Guido von Saint-Denis** gelten[23]. Er jedoch zieht nahezu ausschließlich – und gemäß seiner Thematik – Hinweise auf Tonarten und ihre Wirkungen heran, wobei er anscheinend ebenso selbstverständlich Einzelwörter oder Kurzformulierungen aus der *translatio perfecta* und aus der *expositio* des Petrus de Alvernia mischt, wie er sie sachlich dem mittelalterlichen (von dem

---

[21] Hier liegt eine gegenüber Aristoteles verkürzte Zitat-Anspielung auf „Odyssee" 9, 7sq. vor. Susemihl wählte für den Haupttext nach *audiunt* „philomenam" [ἀοιδοῦ]; für den Muris-Text [dessen Handschriften teils „philomenam", teils „philosophiam", teils „symphoniam" bieten] wählen GERBERTS *Scriptores* „philosophiam", FALKENROTHS Edition statt dessen „symphoniam"; die später zu erwähnende Aristoteles-Übersetzung von Leonardo Bruni gibt „ἀοιδοῦ" durch „cytharedum" wieder.

[22] Cf. G. PIETZSCH, „Die Pflege der Musik an den Universitäten bis zur Mitte des 16. Jahrhunderts", in: *Mitteilungen des Vereines für Geschichte der Deutschen in Böhmen* 73 (1935), p. 20-41, 105-118; hier p. 117sq.

[23] S. VAN DE KLUNDERT, *Guido von Saint-Denis. Tractatus de tonis. Edition und Studien zur Lehre vom „effectus tonorum"*, Diss. Utrecht 1996.

der Antike abweichenden) Tonartensystem anpaßt[24]. Wegen der besonderen Deutungsprobleme, die aus dieser Freizügigkeit im Umgang mit der Aristotelischen Vorlage herrühren und Spezialstudien auch anhand weiterer Poltikkommentare verlangen[25], sei hier nicht weiter auf die betreffenden Passagen[26] eingegangen. Ähnliches gilt auch für die beiden kurzen Aufzählungen von Tonarten im Traktat des Anonymus Carthusiensis (aus dem späten 14. Jahrhundert)[27].

Einen anderen Typus von Berufungen auf „Politik" VIII kann man in mehreren Traktaten aus dem 15. Jahrhundert erkennen, deren Datierung und Verfasserschaft zumeist wenig geklärt ist, deren inhaltliche Abhängigkeiten aber wiederholt angesprochen wurden. Auch jene Berufungen unterstreichen die Verwandtschaft der Texte insofern, als sie sich nicht auf eine komplette Latinisierung der „Politik", sondern nur auf ein weitverbreitetes Aristoteles-Florilegium beziehen, das Jacqueline Hamesse [**Ha**] 1974 edierte[28]. Diese Sentenzen-Sammlung (vermutlich aus der Feder des Marsilius von Padua, entstanden zwischen 1275/80 und 1342/43) bietet für das VIII. Buch der „Politik" lediglich elf Dicta[29], die einzelne Aussagen des Buches in knapper, memorier- und zitierfähiger Neuformulierung, lehrsatzmäßig auf den Universitätsbetrieb zugeschnitten, wiedergeben. Hier also fehlen Aristotelischer Kontext bzw. Argumentationszusammenhang vollständig, und die Berufungen nehmen den Charakter von Zitaten mehr oder weniger „geflügelter Worte" an:

> **Text 3: Anonymus 12 aus CS 3,** *Quoniam per magis noti notitiam* (2. Hälfte 15. Jh.)
> [... Et haec modulatio vocis animum mollem confortat et omnem singulorum fatigationem consolatur.] Quod etiam tangit Aristotles octavo Politicorum, prorumpens in haec verba: *Anima*lia *naturaliter delecta*ntur in

---

[24]   Zur groben Orientierung seien die vier von Aristoteles–eher beiläufig–erwähnten Tonarten (cf. **Su**, p. 355sq., 369-371) hier mit ihren antiken wie mit ihren mittelalterlichen [heptatonisch vorzeichenfrei auszufüllenden] Oktavräumen verzeichnet: mixolydisch H-h [g-g'], dorisch e-e' [d-d'], phrygisch d-d' [e-e'], lydisch c-c' [f-f'].

[25]   Cf. HAAS [Anm. 14], p. 21sq.

[26]   Es handelt sich dabei (nach Zeilenzählung von VAN DE KLUNDERT [Anm. 23]) in der *Prima pars* um Kap. 2, 185, und um Kap. 4, 97, 119, 343/44 (sinngemäß, wenngleich ohne nochmalige „Titelnennung", auch 360, 365, 378, 385, 434).

[27]   Cf. CS 2, p. 435b und 436b.

[28]   Cf. Anm. 18.

[29]   HAMESSE [Anm. 18], p. 262sq. mit den Nummern 135-145.

musicis instrumentis. Item *melodia iratos et aliis passionibus occupatos saepe alleviat,* ipso*s laetos faciens*, ut patet per Aristotlem in eodem. [CSM 35, p. 46 (CS 3, p. 476sq.); **Ha,** p 262sq.: Nr.143 und 144]

Text 4: Anonymus Bartha 1937 [TRAD. HOLL. V], *Pro themate presentis operis* (1463)

... Et philosophus octavo Polliticorum dicit: *Musica valet ad delectacionem.* Et ibidem dicit philosophus, quod *pueri non solum erudiendi sunt in artibus utili*bus *et necessarii*s *ut est litterarum erudicio,* verum *eciam in artibus delectabilibus ut* est ipsa *musica,* nam ipsa *est potens letificare homines*... [von Bartha 1936[30], p. 180sq.; **Ha,** p. 262: Nr. 138, 139, 142]

Et hoc idem testatur philosophus octavo polliticorum: *Melodia iratos et aliis passionibus occupatos sepe allev*at ipso*s letos faciendo.* [von Bartha 1936, p. 190; **Ha,** p. 263: Nr. 144]

Text 5: Johannes Valendrinus, *Opusculum monocordale* (um 1450?)

[... Eatenus et pueritia in hac naturaliter delectatur. Pueri enim cantilenis musicis imbuti eas consequuntur otia plurima propter gaudia.] Ideo philosophus in VIII.° politicorum dicit, quod *pueri non solum erudiendi sunt in arte utili et necessaria, ut est litterarum eruditio,* immo *etiam in artibus delectabilibus, ut* est *musica,* ob plurimorum malorum vitationem. Propter aliquam temporis deductionem, quae philosophus loco allegato clarius deducit, pueri enim nihil tristabile sustinere possunt... [Feldmann[31], p. 157; **Ha,** p. 262: Nr. 139]

Musica quippe consentanea est naturaliter ipsis pueris, ut novicas delectationes sciant expellere, Aristoteles ubi supra... [Ibid., p. 157]

Narrat enim Aristoteles in VIII° politicorum capitulo finali, quomodo *senes* naturaliter gaudent de cantu mixolidio sive tetrado, hoc est VIII. tono, quia naturae eorum multum conformis approbatur. [Ibid., p. 158; **Su,** p. 371?]

Text 6: Ladislaus de Zalka [László Szalkai], *Pro themate praesentis operis* (1490)

[...quia musicae artis notitia est multum utilis..., delectabilis et necessaria... tam apud veteres, quam apud modernos, sicut multorum doctorum scripta patefaciunt luculenter...] Nam dicit philosophus octavo politicorum, quod *musica* utilis <?> *ad delectationem* et ibidem dicit, quod *pueri non solum erudiendi sunt in arte utili et necessaria, ut est literarum eruditio,* ymmo *etiam in artibus delectabilibus, ut* est *musica* (Aristoteles primo Ethicorum et in sua poetria: homo naturaliter delectatur naturali in simphonia et metro). Nam ipsa *musica est potens letificare homines*... [von Bartha 1934[32], p. 63;

---

[30] D. VON BARTHA, „Studien zum musikalischen Schrifttum des 15. Jahrhunderts", in: *Archiv für Musikforschung* I (1936), p. 59-82, 176-199.

[31] F. FELDMANN, *Musik und Musikpflege im mittelalterlichen Schlesien,* Breslau 1938, Nachdruck Hildesheim, New York 1973.

Ha, p. 262: Nr. 138, 139, 142]

Nam dicit Aristoteles octavo politicorum, quod *anima* humana *naturaliter delectatur in musicis melodiis.* [Ibid., p. 66; **Ha,** p. 262: Nr. 143]

Et philosophus octavo politicorum: *Musica est potens laetificare homines.* [Ibid., p. 66; **Ha,** p. 262: Nr. 142]

Text 7: Adam von Fulda, *Musica* (1490)

[... Haec una de septem artibus liberalibus inter caeteras non minimam refert utilitatem, teste Aristoteles in suis problematibus P. 19. problemate 10. ubi sic inquit: musica laetificat tristes, laetosque magis ac magis laetari cogit.] Et idem 8. Polit. *Anima,* ait, *naturaliter in musica delectatur;* nam facit animas ita intensas, ut nihil aliud cogitent, ut Cassiodoro placet... [GS 3, p. 333b-334a; **Ha,** p. 262: Nr. 143]

Unde Philosophus 8. Polit. musica, dicit, *est amica omni aetati,* et signanter iuvenili. [Ibid.; **Su,** p. 352]

Ohne auf die vielfältigen Details einzugehen, sei betont, daß auch hier die „natürliche" Fähigkeit der Musik, zu erfreuen, den Kern der Aussagen bildet: *Musica valet ad delectationem* (Kurzform von Nr. 138 in **Text 4** und **6**); und deshalb sollen (Nr. 139 ebenfalls in **4,** aber auch **5** und **6**) die *pueri* nicht nur in nützlichen und notwendigen *artes* (wie denen der *litterae*), sondern auch *in artibus delectabilibus ut est ipsa musica* ausgebildet werden, denn (so Nr. 142 in **4** und **6**) *musica est potens laetificare homines.* Gegenüber dem Wortlaut von Nr. 139 bei **Ha**[33] weichen die Zitate insofern bemerkenswert ab, als sie die Kategorie der *artes liberales* preisgeben und die *litterarum eruditio* (wie übrigens auch Aristoteles selbst[34]) zum nützlichen und notwendigen Rüstzeug erklären. Auch die Sentenzen 143 und 144 wurden in den Traktatvorkommen modifiziert. Text **7** beginnt korrekt zitierend: *Anima naturaliter,* und nun hieße es eigentlich *delectatur in musicis melodiis,* doch Adam von Fulda verzichtet auf den Melodiebegriff und generalisiert *in musica delectatur.* Text **3** ersetzt *anima* durch *animalia* und *melodiis* durch *instrumentis,* obwohl die anschließende Sentenz 144 korrekt mit *melodia* beginnt (bei Adam von Fulda fehlt sie; in Text **4** folgt sie alleinstehend nach). Hier also ersieht man, daß nicht einmal der zuweilen vorhandene Bezug zwischen benachbarten Sentenzen erkannt bzw. gewahrt wurde. Als Elemente, die sich

---

[32] D. VON BARTHA, *Das Musiklehrbuch einer ungarischen Klosterschule in der Handschrift von Fürstprimas Szalkai (1490),* Budapest 1934 (Musicologia Hungarica 1).

[33] HAMESSE [Anm. 18], p. 262: „Non solum pueri erudiendi sunt, scilicet in arte utili et necessaria, sed etiam in artibus liberalibus et honestis, ut est litterarum eruditio, et in artibus delectabilibus, ut in musica".

[34] Cf. **Su,** p. 341.

jedoch nicht auf jenes Florilegium zurückführen lassen, müssen die Schlußpassagen aus den Texten 5 und 7 gelten; im ersten Fall wird Aristoteles' Anspielung auf die *seniorum harmonias*[35] durch den mittelalterlichen Mixolydius exemplifiziert, im zweiten an die Kernaussage vom wohltuenden Einfluß der Musik auf alle Altersstufen erinnert. Für beide Autoren, Johannes Valendrinus und Adam von Fulda, beschränkte sich somit die Kenntnis von „Politik" VIII nicht lediglich auf jene Sentenzen-Sammlung, selbst wenn vorzugsweise deren Formulierungen benutzt wurden.

In diesen Traktaten, alle vermutlich aus der zweiten Hälfte des 15. Jahrhunderts, wird universitäres Lehrgut zitiert, das weithin bekannt gewesen sein dürfte (Mme. Hamesse weist in ihrer Edition als Quellen jenes Florilegiums nicht weniger als 153 Handschriften und 30 verschiedene Wiegendruck-Editionen zwischen 1480 und 1522 nach[36]). Gewiß sollen diese Bildungszitate mit dem Gewicht ihrer Berufung auf Aristoteles den Kerngedanken der *delectatio* bei der *musica* bekräftigen und musikalische Lehre besonders für die Jugend schmackhaft machen; eine gedankliche Vertiefung oder auch eine speziellere Verknüpfung mit bestimmten musikalischen Lehrinhalten erfolgt jedoch nicht.

Eine andere Gruppe von Belegen stammt aus bekannteren und autorisierten Musiktraktaten des 15. Jahrhunderts, bei denen offenbar *nicht* auf bloßes Florilegiengut zurückgegriffen wurde, sondern vermutlich die Vulgata des Wilhelm von Moerbeke vorauszusetzen ist, wiewohl die Verfasser eigene Periphrasen und selbständige Argumentationen dem wörtlichen Zitieren vorzogen (die Anteile der *Kursiva* sind daher deutlich spärlicher). Obwohl jeder dieser Abschnitte zu minuziösen Untersuchungen einlädt, seien auch hier nur knappe Erläuterungen beigegeben.

Ugolino von Orvieto, der als musiktheoretischer Autor und Aristoteles-Kenner herausragt, akzentuiert im Proemium zum II. Buch seiner ***Declaratio musicae disciplinae*** (von um 1430-35) die Zugehörigkeit der *musica* zu den *liberales scientiae* mit ihrer Fähigkeit, zum *recte iudicare* zu führen, und hebt darauf ab, daß der musikalischen „Theorie" (*speculationem*) die *intellectualis delectatio* folge, wie auch einer jeden eigenen geistigen Leistung (*ad omnem intellectus operationem propriam*) deren *propria delectatio*:

---

[35] Cf. **Su**, p. 371.
[36] HAMESSE [Anm. 18], p. 12, 44sq.

Text 8:

... Musica quidem, ut dicit Aristoteles octavo politicorum et omnes philosophi, non de servarum numero *scienti*arum est, sed *liberali*um coetui
esse dicitur aggregata, quia per eam ad bonum disponitur intellectus et
ipsa *ad virtutem tamquam potens morem qualem*cumque *facere effic*iens est, et in
*assuescen*do *recte iudicare* et secundum rationem delectari. Quia ad omnis
partis musicae speculationem sequitur intellectualis delectatio, sicut ad
omnem intellectus operationem propriam eius propria delectatio, et ideo
philosophus octavo politicorum dicit eam esse de *liberali*um numero et
inter speculativas connumerandam, et in ea praecipit iuvenes erudiri et
in ea asuefieri propter virtutem, quia *morem qualem*cumque operatur in
iuvene. [CSM 7/II, 2-3; **Su,** p. 335, 347, 348]

Zweifellos steht hinter diesem Passus, vor allem auch der Aussage
über die *intellectualis delectatio*, der Kommentar zur „Politik" VIII
(Kap. 5) des Petrus de Alvernia[37]. Jedenfalls wird der *delectatio*-Be-
griff bei Ugolino vom unmittelbar Sinnlichen ins Geistige übertragen, wenn auch die erzieherische Begründung gegen Abschnitts-
ende (*propter virtutem*) durchaus noch – oder wieder – Aristotelisch ist.
Daß Ugolinos überlegenes Argumentieren auf eine gründliche
Kenntnis von *translatio perfecta* und ihrer Kommentierung durch
Petrus de Alvernia schließen läßt, könnte auch eine Untersuchung
des Proemiums zum III. Buch zeigen. Dort dienen zwei ausdrückliche Berufungen auf „Politik" VIII[38] als unscheinbarer Hinweis
darauf, daß nahezu die gesamte Vorrede eine einzige umfängliche,
doch stringente Exegese der Aristotelischen Musik-Partien darstellt,
die ein ebenso geschlossenes wie der eigenen Epoche angemessenes
„Programm" musikalischer Unterweisung entwirft, zugleich aber
ganz an Aristoteles ausgerichtet und mit Formulierungen aus jenen
Quellen durchsetzt ist.

Die Berufungen aus dem *Introductorium musicae* (1442) des
Johannes Keck wurden im Haupttext von Gerberts Edition
durch (in den folgenden Zitaten beibehaltene) eingeklammerte Stel-
lenangaben ergänzt, die in der Quelle (Clm 18298) am Rand stehen, aber von einer Hand des 15. Jahrhunderts, wenn nicht vom
Schreiber selbst, stammen[39]. Obwohl sich diese Kapitelhinweise

---

[37] In der Ausgabe *S. Thomae Aquinatis... in libros Politicorum Aristotelis expositio*, ed. F.
R. M. Spiazzi, Turin, Rom 1951, p. 423b.

[38] Cf. CSM 7/II, p. 54, Satz 8, p. 56, Sätze 35sq.

[39] Diese Auskunft wie auch andere wertvolle Hinweise auf einige der Texte verdanke ich Herrn Dr. Michael Bernhard (München).

nicht verifizieren lassen, sind einzelne Partien zweifelsfrei auf die Moerbekesche *translatio* zurückzuführen, während sich andere gedanklich auf sie beziehen. Das freie Formulieren, das hier zu vermuten ist, erleichterte die bemerkenswerte Vermischung mit biblischen Anspielungen:

Text 9:

Bene igitur de ea Aristoteles (8. Polit. c. 4.) enunciavit in politicis, quod ipsa *natural*iter *delecta*bilis sit in *omni aetati, & omnibus moribus...* [**Su** 352]
Bene igitur sancivit, qui tot homines harmonia musicali totidem modis affici spectabat, Philosophus scilicet, qui dixit (8. Polit. c. 6.) quod melodia secundum diversos musicae tonos inducit ad diversos modos... [GS 3, p. 320a]
Haec enim ex labore tristitiam tollit, ut Philosophus inquit (8. Polit. c. 15.) malignos fugat spiritus, quoniam Regnorum historia testante (1. Reg. 16.) David in cithara canente malus a Saule spiritus recedebat. [GS 3, p. 320b]
Haec est, quae secundum *anima*m *rapta*m *faci*t hominem, ut iterum Philosophus testatur (8. Polit. c. 6.) quatenus cum Paulo tertii arcana coeli queat audire, arcana inquam illa, quae non licet homini loqui. [GS 3, p. 320b-321a; **Su** 352]
Magis etiam ipsa eius delectat operatorem, quam solum auditorem, & ad morales ei virtutes non modicum confert auxilium, ut Aristoteles cecinit (8. Polit. c. 5.)...
Prohibuit enim Aristoteles in Politica (8. Polit. c. 9.) ne *harmonia*m *rigide cantare*nt *sen*es... [GS 3, p. 321a; **Su**, p. 371]

Noch enger auf Erörterungen kirchlichen Gesanges und geistlicher Ämter bezogen sind die Berufungen im ***Novellus musicae artis tractatus*** (um 1460-70) des **Conrad von Zabern**, die Schwierigkeiten eigener Art bieten:

Text 10:

[Quod autem iure et merito omnipotens Deus cantu sit honorandus atque laudandus, multis auctoritatibus tam veteris quam novi testamenti invenimus non solum approbatum, sed et iussum nobisque mandatum, quia nimirum magnam vim commovendi auditorum animos musicus habet cantus, et praesertim ad excitandam iucunditatem spiritualem atque devotionem erga Deum, ut testatur commentator octavo Politicorum... [Gümpel[40], p. 185]
[...ad mentes hominum commovendas sit eius potentia, quem sane mentis huius scientiae pigeat, quis ei non toto affectu adhaereat,] cum etiam

---

[40] K.-W. GÜMPEL, *Die Musiktraktate Conrads von Zabern*, Wiesbaden 1956 (Akademie der Wissenschaften und der Literatur in Mainz. Abhandlungen der Geistes- und Sozialwissenschaftlichen Klasse, Jahrgang 1956, Nr. 4).

secundum Aristotelem octavo Politicorum *musica* de numero sit *delectabilissim*orum! [Hinc ait quidam notabilis: Miserrimus est, qui non delectatur in musica. Ecclesiasticae igitur personae potius delectationem quaerere deberent in musica, cuius delectatio est utique sincera, quam in illis, quae eis a iure sunt prohibita, ut sunt ludus aleae et chartarum, ne fierent de numero eorum, de quibus Aristoteles dicit in Ethicis: Ingustabiles existentes sincerae delectationis ad corporales confugiunt.] [Ibid., p. 186]

Die erste Berufung zielt auf den *commentator octavo Politicorum*. Bereits Karl-Werner Gümpel, der Editor, wies jedoch für den vorangehenden Satzteil *ad excitandam iucunditatem spiritualem atque devotionem erga Deum* die „Summa theologiae" II, 2, *quaest.* 91, *artic.* II als Vorlage nach. Ob nun die Berufung auf den *commentator*, die in einer der drei Quellen fehlt, irrtümliche Zutat ist oder aber seltsame Umschreibung des zitierten Autors Thomas von Aquin, bleibt fraglich. Wenig später allerdings folgt im Passus über die *potentia* der Musik die Berufung *cum etiam secundum Aristotelem octavo Politicorum musica de numero sit delectabilissimorum* [man erwartet wohl: ... de numero sit scientiarum delectabilissimarum]. Der Quellenhintergrund dieser Formulierung konnte bislang nicht präziser bestimmt werden. Doch die Funktion im Kontext allgemeinen Lobes der Musik und ihrer Wirkungen ist offenkundig. Hier ließe sich hinweisen auch auf Egidius Carlerius, dessen Kurztraktate (um 1450) ebenfalls knappe Berufungen auf „Politik" VIII enthalten[41], bei denen zwischen Zitat (aus anderweitiger Vorlage) und zusammenfassender (eigener) Formulierung vorerst nicht unterschieden werden kann.

Es überrascht nicht, daß der – wahrscheinlich durch Carlerius „inspirierte"[42] – **Complexus viginti effectuum nobilis artis musicae** (um 1473/74) des **Johannes Tinctoris** gleich an mehreren Stellen auf Aristoteles' VIII. Buch der „Politik" verweist:

Text 11:

[Tertius effectus est: Musica gaudia beatorum amplificat. – Credimus enim beatitudinem esse statum omnium bonorum aggregatione perfectum quam si beati sint assequuti, delectabilissima quae bona sunt eis deesse non possunt.] Unde cum, ut inquit philosophus in 8° Politicorum: *Music*a sit *delectabilissimorum* quod musicalium concordiarum dulcedo

---

[41] EGIDIUS CARLERIUS, *Duo tractatuli de musica*, ed. A. SEAY, Colorado Springs 1977 (Colorado College Music Press. Critical Texts 7), p. I, II.

[42] Ibid., p. IV.

gaudia eorum amplificet ratione concludimus. Hinc quoniam felicitatem animorum beatorum instrumenta musica significant: ut patet per Ovidium in quarto Metamorphoseos ita dicentem: „...lyraeque tibiaeque et cantus, animi felicia laeti argumenta, sonant..." [CSM 22/II, p. 168; **Su,** p. 350]
[Decimus effectus est: Musica extasim causat. – Unde postquam David in psalmo LXVII° cecinit: „Praevenerunt principes coniuncti psallentibus, in medio iuvencularum tympanistriarum." Et paulo post subdidit: „Ibi Beniamin adolescentulus in mentis excessu."] Prof<e>cit illud philosophus in 8° Politicorum: „*Melodiae Olympi faciunt animas raptas*". [CSM 22/II, p. 172; **Su,** p. 352]
[Tertius decimus effectus est: Musica homines laetificat. –] Namque prout refert Aristoteles in 8° Politicorum: „*Museus ait esse hominibus delectabilissimum cantare*", *propter*ea *quod in conventus et deductiones rationabiliter assumunt ips*um *tamquam potentem laetificare*; et laetificat alios quidem plus et alios minus...[CSM 22/II, p. 172f.; **Su,** p. 350]
Tales autem sunt solum qui de ipsa musica vere *iudicare* delectarique possunt, propter quod philosophus in 8° Politicorum consulit iuvenibus operam dare musicae, ut non tantum sono per se sive per alium delectentur. Sed *senes* etiam effecti *dim*issis *oper*ibus de ea *recte poss*int *iudicare*...[Ibid.; **Su,** p. 353, 358sq.]
Perfectio igitur delectationis musicae consistit in eius perfecta conditione. Unde Aristoteles in 8° Politicorum ponit ad propositum quod imperfecto, supple in apprehensione, ipsius artis musicae non convenit *finis*, idest, perfectio eius *delectatio*nis.[CSM 22/II, p. 173; **Su,** p. 351]

Bei der „dritten Wirkung" der Musik (die Freude der Seligen zu vermehren) spielt Tinctoris vielleicht auf eine ähnliche Vorlage wie die für Conrad von Zabern vermutete an (*Musica sit delectabilissimorum*). Da allerdings einige der folgenden Zitate klare Bezüge auf Moerbekes Übersetzung zeigen, wurden auch hier stets Verweise auf Susemihls Ausgabe gesucht. Beim 10. Effekt (Musik weckt fromme Ekstase) steht die Notiz über die Lieder des [sagenhaften] Olympos neben Zitaten von Psalm 68, 26 und 28 (evangelischer Zählung). Beim 13. Effekt (Musik erfreut die Menschen) wird der Musaios-Passus zitiert, und es folgen in freierer Wiedergabe die Bemerkungen über das *recte iudicare* und *delectare* durch Musik bei Jungen wie Alten und über die *delectatio* als *finis* der Musik. Obwohl Tinctoris etliche klassische Autoren und biblische Aussagen für sein Lob der Musik aufbietet, ragen die Berufungen auf „Politik" VIII quantitativ und an Eindringlichkeit heraus (eine kurze Anspielung im 16. Effekt auf *melodiae*, die *irae provocativae* sind[43], ließe sich ebenso ergänzen wie je eine Berufung auf „Politik" VIII im „Liber de natura et proprietate tonorum"[44] und in „De inventione et usu musicae"[45]). Daß für Tinctoris und seine Zeit dieses Buch des Aristoteles als ein Schlüsseldokument zur ästhetischen und pädagogischen Begründung der Musik fungierte, steht außer Zweifel. Höchst unterschiedlich aber scheint gewesen zu sein, aus welcher „Vorlage" und in welchem Grade der Text den einzelnen Autoren bekannt war. Selbst die Vermittlung in Form eines einzelnen Exzerptes, wie es sich zwischen musikalischen Kurztexten in der Handschrift Paris, lat. 16664, fol. 8v (Einträge um 1474-1484) und wohl als Impuls eines vorangehenden Vierzeilers findet[46], ist nicht auszuschließen.

Mit den beiden folgenden Textbeispielen begegnen wir Traktaten, die sich weder auf Moerbekes *translatio perfecta* noch auf jenes Florilegium stützen, sondern auf die Neuübersetzung, die 1437 durch Leonardo Bruni hergestellt worden war und die, wie Alois Dreizehnter schrieb, „nicht Wort für Wort überträgt, sondern einen durchdachten, der lateinischen Sprache angemessenen Text bietet" und sich durch „eine Reihe guter Konjekturen" auszeichnet[47]. Sie war für diesen Beitrag nur in der genannten und mit dem Kürzel **Br** zitierten Ausgabe (Venedig 1568)[48] zugänglich.

Für die erste Berufung auf Aristoteles in der ***Ars musicorum*** (Valencia 1495) des **Guillermus de Podio** fehlt allerdings noch ein sicherer Anhalt, denn die *musica metrica* oder, wie Willy Theiler feststellte, das „erwartete Kapitel über die Rhythmenauswahl"[49] wird im VIII. Buch gerade *nicht* mehr behandelt. Von *musica nuda* ist zwar in Moerbekes Übersetzung die Rede als Gegensatz zu *musi-*

---

[43]　Cf. CSM 22/II, p. 174; **Su**, p. 369.

[44]　CSM 22/I, p. 69.

[45]　Cf. K. WEINMANN, *Johannes Tinctoris (1445-1511) und sein unbekannter Traktat „De inventione et usu musicae"*, Regensburg 1917, p. 35.

[46]　„Philosophus octavo Politicorum ait sic: *Habet enim musica delectationem naturalem propter quod omnibus etatibus & omnibus moribus usus ipsius est amicus hoc autem erit palam si quales moribus fimus per ipsam*" [**Su**, p. 352]; cf. zu dieser Handschrift: *Summula. Tractatus metricus de musica glossis commentarioque instructus*, ed. E. VETTER, Buren 1988 (Divitiae Musicae Artis A 8a), p. 18-30, besonders p. 25.

[47]　DREIZEHNTER, *Aristoteles* [Anm. 1], p. XLIIIsq.

[48]　Cf. Anm. 18. Zu dieser Ausgabe siehe auch C. MARTIN, „The Vulgate Text of Aquinas's Commentary on Aristotle's Politics", in: *Dominican Studies* 5 (1952), p. 35-64, hier p. 44.

[49]　THEILER [Anm. 2], p. 266.

ca cum melodia[50], doch die Deutung *ab omni modulatione exuta* scheint eine (natürlich un-aristotelische) Trennung zwischen Ein- und Mehrstimmigkeit zu implizieren. Der nächste Textkomplex mit der Berufung auf das VIII. Buch, der eindeutig die Version Leonardo Brunis zitiert, soll die jedes Menschengeschlecht und -alter erfassende *delectatio* durch eine *dulcis cantilena* veranschaulichen und rekurriert zu diesem Zweck auf Aristoteles' Partien über die Tonarten. Auch hier bliebe im einzelnen zu interpretieren, wie sich die antiken Tonarten des übersetzten Grundtextes zu den im 15. Jahrhundert verschobenen Tonarten verhalten und wie die Einfügungen durch Guillermus sachlich zu bewerten sind:

Text 12:
Musica enim metrica: sicut ab aristotele .viij. politicorum dicitur. nuda est & ab omni mudulatione exuta... [Fol. 6vb]
[...nullus hominum sexus: nullaque etas: a cantilene dulcis delectatione seiuncta est...] Inde enim aristoteles .viij. politicorum *In melodijs* vt inquit *sunt imitationes morum. & hoc est manifestum. Statim enim armoniarum distincta est natura. ita vt qui audiunt: aliter disponantur Ad quasdam* enim *flebiliter & contracte. puta ad eam que appellatur lydiamista. Ad quasdam vero* melius *secundum mentem* vt *ad illas que sunt remisse.* idest. grauiorum modorum ypodorij. scilicet. vel ypofrigij. aut ypolidij. & si ille horum nomina silentio preterierit. *Ad alias vero mediocriter & composite plurimum vt videtur dorica facere. Omnium* autem *armoniarum: frigia* plus ceteris *distrahit & quasi extra se ponit.*
[Fol. 34ra; **Br**, fol. 130ra]

Auch die noch wenig bekannte, 1507 in Köln gedruckte *Musica* des **Johannes Cochlaeus** fußt auf Leonardo Brunis Übersetzung, favorisiert aber im Unterschied zum Traktat des Guillermus de Podio wieder solche Partien, die Wesen und Aufgabe der Musik betreffen und daher an herausgehobenen Stellen der Schrift stehen, nämlich in der *Prefatiuncula* zu Beginn und im *Prologus* zur *secunda pars*:

Text 13:
Aristotilem tamen Stragiritem[!] (nostre inquam philosophie auctorem) nequaquam silentio pretereundum arbitror. qui non modo suadet. verum etiam constantissime precipit: harmonica inquam disciplina. teneros animos esse imbuendos. Quippe in 8º poli. inter cetera quamplurima (que de musices ratione disserit) et id affert. Clarum est (inquit) quod musica: cum possit animi morem aliquem facere: et ad puerorum disciplinam est adhibenda. et in ea pueri sunt instruendi. Nec immerito.

---

[50]   Cf. **Su**, p. 350.

Nam ea ipsa est. ex qua singulis quibusque addiscentibus futura est non modica iocunditas. Cuius meminit Aristotiles. inquiens fatentur enim omnes. musicam esse ex iocundissimis et musicum *carmen dulcissimam rem esse mortalibus....*[Fol. ov; **Br**, fol. 128va]

Utilitas vero musice minime paruipendenda est. De qua Aristotiles in loco nuper iam dicto inquit. *Dicimus autem non vnius vtilitatis gratia. oportere musica vti sed multarum nam et doctrine gratia et purificationis* [Ibid.; **Br**, fol. 132ra]

Tertio degendi ocij quietisque causa et remissionis curarum. patet omnibus harmonijs esse vtendum... [Ibid.; **Br**, fol. 132rb]

Quare non inscite id voluit Aristotiles 8° poli. dum inquit. *Quemadmodum gymnastica tale aliquod corpus reddit. Sic et musica talem aliquem morem effic*it *asuefacientem posse recte letari.* vel *ad degendi rationem aliquid confert* vel *ad prudentiam.* [Fol. 17r; **Br**, fol. 127va]

Cochlaeus nennt Aristoteles „auctorem nostre philosophiae" und akzentuiert die Bedeutung, die dessen Ausführungen im VIII. Buch der „Politik" „de ratione musices" zukommt, nämlich für den *mos animi,* für die *disciplina puerorum* und für die *non modica iocunditas futura* derer, die sie erlernen. Damit bereitet Cochlaeus drei Zitate aus Brunis Version vor: (1) die Musaios-Passage (*carmen dulcissimam rem esse mortalibus*), (2) die Aussage über die mehrfache *utilitas* der *musica,* und zwar zunächst mit den beiden Zielrichtungen *doctrine gratia et purificationis,* (3) sodann mit dem ergänzenden Gesichtspunkt *otii causa et remissionis curarum.* Im *Prologus* ergänzt der Autor dann noch eine Parallelisierung von *gymnastica* und ihrer Wohltat für den Körper mit *musica* und ihrer Wirkung, zu erfreuen, wobei durch minimale Eingriffe[51] die eher abtastenden Fragen des Aristoteles zu Beginn von Kap. 5 in eine blanke Feststellung umgemünzt wurden. Diese Sicherheit, mit der Cochlaeus seinen Aristoteles zitiert, und der Nimbus, mit dem er ihn umgibt, unterstreichen, wie zentral für den Autor unter Berufung auf *philosophia* die Verknüpfung von legitimierenden Argumenten für Musik wie Musiklehre und ästhetischen Erfahrungen oder Verheißungen ihrer *iocunditas,* also *delectatio,* war.

Hier nun sei ein letztes Beispiel angeschlossen, das jenes ist, welches die vorliegenden Betrachtungen überhaupt ausgelöst hat. Ein gewichtiger, noch unedierter und so gut wie unbekannter **anony-**

---

[51] Es handelt sich um zweimalige Preisgabe der Fragepartikel *an* (dem Zitat geht der Satz voraus: „An magis putandum est ad virtutem tendere musicam, vt potentem", und nach *letari* folgt „An ad degendi rationem aliquid confert, & ad prudentiam").

mer Traktat (niedergeschrieben 1476 oder kurz davor) über den *modus componendi* **aus der Handschrift Regensburg Th 98** (p. 338) beginnt mit dem Satz: „*Natura delectabilissim*um est musica, ut inquit Philosophus octavo Polliticorum". Die Fortsetzung führt nun allerdings in der singulären Quelle zu einer bislang nicht lösbaren Crux, für die zwei Möglichkeiten erwogen wurden: „maxime autem hoc (1) contingit huic partiens[?] <ea> (2) convenit huic particulae[?], que de armoniis <...?...>, que in componendo mensuralia carmina principalissime respiciuntur. Natura enim dyapenthe, dyapason aut dyatessaron nobis intrant..." Die erste Version versucht die Vermutung festzuhalten, daß jene Aussage, die *musica* sei das von Natur her Allererfreulichste, vor allem (*maxime*) „demjenigen aufgeht, der <die Dinge> mitteilt, die von den *harmoniae* <gelten>, welche beim Herstellen von Mensuralmusik vorrangig zu beachten sind". Der Folgesatz, ebenfalls und wohl bewußt korrespondierend mit *natura* beginnend, spricht davon, daß uns von Natur her Quinte, Oktave und Quarte besonders eingehen, und weist mit der Erwähnung der drei (alten) Hauptkonsonanzen auf den baldigen Übergang zur Mehrstimmigkeitslehre (*contrapunctus* und *modus componendi*) hin, die dann mit der üblichen Einteilung der Konsonanzen (hier *armoniae*) ansetzt. Die Alternativlösung[52] modifiziert im Sinn von „...dies betrifft vor allem den Teil der Lehre, der...". Doch unabhängig davon, ob an eine *Person* gedacht ist, der diese naturgegebene Erfreulichkeit von Musik vor allem angesichts von Mehrstimmigkeit aufgeht, oder an jenes *Lehrgebiet*, das dazu führt: Die Applikation des Aristotelischen Dictums aus dem Incipit auf einen bestimmten Bereich der *musica* ist offenkundig, und daß dies in einem seinerzeit erstaunlich umfassenden Satzlehre-Traktat (der bis zur Vierstimmigkeit führt und chronologisch vor Tinctoris' „Liber de arte contrapuncti" liegt) geschieht, läßt folgern, daß Aristoteles hier in den Dienst einer geradezu programmatischen Hervorhebung des ästhetischen Reichtums, der *delectatio*, mehrstimmiger Musik gestellt wird, deren *mirabile incrementum* dann Tinctoris auf seine Weise hervorhob[53].

Wie ersichtlich wurde, finden sich Berufungen auf Buch VIII der Aristotelischen „Politik" in musiktheoretischen Traktaten des 15. Jahrhunderts auffallend häufig und sind nachgerade selbstverständ-

---

[52] Sie wurde durch Herrn Dr. Michael Bernhard (München) vorgeschlagen.
[53] Cf. den Prologus zum *Proportionale musices* (um 1473/74), CSM 22/IIa, p. 10.

lich. Gleichwohl verbirgt die nur summarisch wahrgenommene
Häufigkeit beträchtliche und, wie ausschnittweise gezeigt, diffizil zu
beurteilende Unterschiede bereits in den Zitatvorlagen, sodann im
Umgang mit ihnen, aber auch in den argumentativen Zielen und
Motiven der Verfasser. Detailuntersuchungen, wie sie dieser Beitrag anregen soll, können zum Verständnis der einzelnen Texte
und Autoren wie zu dem der Aristoteles-Rezeption in der Musiktheorie beitragen. In Auswahl, Einsatz, Pointierung und Instrumen-
talisierung der musikbezogenen Äußerungen des Philosophen aus
„Politik" VIII spiegelt sich aber auch ein Stück musikalisch-ästheti-
schen Selbstverständnisses der ihn rezipierenden Ära.[*]

---

[*]   Auf zwei Veröffentlichungen, die dem Verf. erst während der Umbruchherstel-
lung bekannt und zugänglich wurden, sei nachträglich speziell für das oben auf p. 284-
286 Behandelte hingewiesen:
(1) Der (nur eine!) „Tractatus" des Egidius Carlerius und der „Complexus" des Johannes Tinctoris liegen mit Einführung und Kommentar kritisch (neu) ediert vor in: J. D.
CULLINGTON, R. STROHM (ed.), *On the Dignity & the Effects of Music. Egidius Carlerius.
Johannes Tinctoris. Two fifteenth-century treatises*, London 1996 (Institute of Advanced Musical Studies. Study Texts 2).
(2) Einen exemplarischen Anstoß zur Schärfung des intertextuellen Verständnisses
musiktheoretischer Schriften (der auch die Aristoteles-Zitate aus Text 13 berührt) gibt
C. PAGE, „Reading and Reminiscence: Tinctoris on the Beauty of Music", in: *Journal of
the American Musicological Society* 49 (1996), p. 1-31, bes. p. 6-10.

MUSICA UND *METAPHYSICA*

DIE MUSIK IM WELTBILD DES JOHANNES SCOTUS ERIUGENA

Klaus Wolfgang Niemöller

Als 1927 Jacques Handschin die Musikanschauung des Johannes Scotus Eriugena erstmals eingehender behandelte[1], hat er bereits bestimmte Grundlinien und zentrale Begriffsfelder namhaft gemacht. So hat er bereits darauf hingewiesen, daß die Musik in die Weltsicht einer Einheit des Weltganzen einbezogen ist und immer wieder in diesem Zusammenhang auf sie Bezug genommen wird. Der Einheitsgedanke äußert sich vor allem im Begriff der *harmonia*. Handschin hat hier besonders auf den Bereich der kosmischen *harmonia* abgehoben, die Sphärenharmonie. Musik und Sphärenharmonie beruhen gleichermaßen auf den pythagoreischen Voraussetzungen harmonischer Proportionen der Zahlen (*numerorum concordia proportionis*). Die Sphärenharmonie soll hier nur mit einem generellen Hinweis berührt werden. Die Position von Johannes Scotus in der Tradierung der Parallelisierung von Planetensystem und Tonsystem ist nach Barbara Münxelhaus' Pythagoras-Arbeit[2] an anderer Stelle im Zusammenhang der Raum-Thematik abgehandelt worden[3]. Der naturphilosophische Ansatz – als solcher – ist offenkundig und wesentlich. Kürzlich hat Stephen Gersh eine semiotische Interpretation des Begriffs *harmonia* und seiner verschiedenen Relationen im Rahmen der *ordines naturales*, insbesondere auch der kosmologischen und mathematischen vorgelegt[4]; die Schriften von Johannes Scotus stehen dabei mehrfach im Mittelpunkt seiner Untersuchungen.

---

[1] J. HANDSCHIN, „Die Musikanschauung des Johannes Scotus (Erigena)", in: *Deutsche Vierteljahresschrift für Literaturwissenschaft und Geistesgeschichte* 5 (1927), p. 316-341.

[2] B. MÜNXELHAUS, *Pythagoras musicus. Zur Rezeption der pythagoreischen Musiktheorie als quadrivialer Wissenschaft im lateinischen Mittelalter*, Bonn-Bad Godesberg 1976 (Orpheus-Schriftenreihe 19), p. 199sqq.

[3] K. W. NIEMÖLLER, *Weltraum-Musik und Klangraum im mittelalterlichen Musikschrifttum*, in: J. A. AERTSEN, A. SPEER (ed.), *Raum und Raumvorstellungen im Mittelalter*, New York, Berlin 1997 (Miscellanea Mediaevalia 25), p. 702-725, hier p. 711.

[4] S. GERSH, *Concord in Discourse. Harmonics and Semiotics in Late Classical and early Medieval Platonism*, Berlin, New York 1996 (Approaches to Semiotics 125).

Die naturphilosophische Einordnung erfährt jedoch ihre theologische Einbindung, und zwar über den Gedanken der Schöpfung Gottes. Wenn immer wieder auf den biblischen Topos hingewiesen wird, nach dem – laut „Liber sapientiae" 11, 21 – Gott alles nach Maß, Zahl und Gewicht geordnet hat, so kann die pythagoreisch-platonische Ontologie als Basis aus dem Wissen über Musik in das theologisch begründete Weltbild hineingenommen werden. So hebt auch Johannes Scotus in seiner philosophischen Hauptschrift „Periphyseon" („De divisione naturae libri V")[5], die zwischen 860 und 866 entstand, hervor, daß Gott alles durch eine schöne und unaussprechbare Harmonie zu einer Eintracht gebracht hat: „Haec enim (sc. oppositorum oppositio) omnia pulchra ineffabilique harmonia in unam concordiam colligit atque componit"[6]. Werner Beierwaltes übersetzte 1991 *in una concordia* als „in Eine Fügung"[7]. Mit diesem Zitat soll deutlich werden, daß der musikwissenschaftliche Ansatz[8] in die philosophische Interpretation eingebunden ist. Beierwaltes hat 1984 in seiner Besprechung der Edition die Schrift „Periphyseon" in ihrer inhaltlichen Ausrichtung charakterisiert als „Konstruktion eines theologischen Systems, welches sich selbst als unmittelbare Einheit mit der Philosophie versteht und als solches zentrale Philosopheme des Neuplatonismus – theologisch verdeckt – in den theologischen Grundgedanken integriert"[9]. Eine solche theologische Interpretation von „Periphyseon" hat 1996 schließlich Dirk Ansorge vorgelegt[10].

Der Aufbau des umfangreichen Werkes in seinen fünf Büchern insgesamt ist daher auch für das Verständnis der Bezüge zur Musik

---

[5]   Zitiert werden die Bücher I-III nach der kritischen Ausgabe von *Periphyseon I-III*, ed. I. P. SHELDON-WILLIAMS, Dublin 1968, 1972, 1981 (Scriptores Latini Hiberniae 7, 9, 11), Buch I bei abweichender Lesart auch nach der Ausgabe *Periphyseon I*, ed. E. A. JEAUNEAU, Turnhout 1996 (CCCM 161); die Bücher IV-V nach der Ausgabe von *De divisione naturae*, ed. H. J. FLOSS, PL 122, Paris 1863. Cf. *Johannis Scoti Eriugenae Periphyseon Indices Generales*, ed. G.-H. ALLARD, Montréal, Paris 1983.

[6]   *Periphyseon* I 72, p. 206, 33sqq.

[7]   W. BEIERWALTES, „Der Harmonie-Gedanke im frühen Mittelalter", in: *Zeitschrift für philosophische Forschung* 45 (1991), p. 1-21, hier: p. 10. Wiederabdruck des Aufsatzes in: W. BEIERWALTES, *Eriugena. Grundzüge seines Denkens*, Frankfurt 1994, p. 159-179.

[8]   Über den älteren Forschungsstand informiert immer noch umfassend: H. HÜSCHEN, „Eriugena", in: *MGG* 3 (1954), col. 1492-1496.

[9]   *Zeitschrift für Kirchengeschichte* (1984), p. 261-263, hier: p. 261.

[10]   D. ANSORGE, *Johannes Scottus Eriugena: Wahrheit als Prozeß. Eine theologische Interpretation von „Periphyseon"*, Innsbruck, Wien 1996 (Innsbrucker theologische Studien 44).

unerläßlich[11]. Im I. Buch wird die Möglichkeit einer Erkenntnis Gottes als erster *species naturae* erörtert. In erster Linie wird Gott aus seinem schöpferischen Wirken erkannt. Im II. Buch stellt Johannes Scotus eine fünffache *divisio naturae* vor, aus der biblischen Begründung von den *causae primordiales*. In unserem Zusammenhang ist die *natura humana* von Bedeutung. Das Wesen Gottes spiegelt sich in der Seele des Menschen insbesondere in den höheren Vermögen: Intellekt, Vernunft und (innerer) Sinn. Sie werden bezüglich der Musik noch zu thematisieren sein. Im III. Buch wird vor allem die Entsprechung belangreich, die das schöpferische Wirken Gottes in den Zahlen findet. Naturgemäß findet hier die Musik ihren *locus*. Das IV. Buch ist vornehmlich dem Erkenntnisvermögen des Menschen gewidmet, die Einheit der Wirklichkeit zu vollziehen. Das V. Buch – das umfangreichste – ist der Wiederherstellung der Schöpfung gewidmet. Unter den Exempla aus der Natur wird auch auf die Harmonie der Himmelsbewegung, die *musica mundana* Bezug genommen.

Vor diesem universellen Hintergrund sollen aus musikwissenschaftlicher Sicht einige ausgewählte Gedankengänge etwas näher beleuchtet werden. Zu den theologischen Grundgedanken gehört auch der Harmonie-Gedanke. Beierwaltes[12] hat ausdrücklich die Verbindung mit dem musiktheoretischen Begriff thematisiert: „Der philosophische Begriff begründet den musikalischen und schließt ihn auf, der musikalische kann wieder auf den philosophischen Grundzug zurückbezogen werden." Daß der Harmonie-Gedanke von seinen Anfängen an im Horizont des Begriffes *Einheit* oder des *Einen* steht, ist auch für Johannes Scotus zutreffend. Gegensätzliches, so führt er in dem obigen Zitat-Zusammenhang aus, wonach Gott alles in einer Harmonie zur Einheit bringt, nämlich *opposita*, *contraria* und deshalb *dissona*, fügt sich so zu einer *universitatis harmonia*. Beierwaltes sieht daher „die aus der Einheit entspringende Wirklichkeit insgesamt als die Dimension des Vielen, Mannigfaltigen, Einzelnen und von einander Differenten". Die Einheit realisiert sich nun in der zahlhaft strukturierten Schöpfung. Einheit ist dabei das Prinzip der Zahl, wobei Zahlhaftigkeit zunächst qualitativ zu denken ist. Daraus vermag auch das zahlhafte Wesen der Musik abgeleitet zu werden. Die innere Ordnung insgesamt, aber auch die

---

[11] Ibid., 19sq.
[12] BEIERWALTES, *Harmonie-Gedanke* [Anm.7], p. 12sq.

Unterscheidbarkeit der Einzelelemente beruhen auf der Zahlenge-
setzlichkeit. Gott ist als „Gegensatz der Gegensätze" (*oppositorum
oppositio*) als der Ursprung und zugleich als die Aufhebung der Gegensätze zu begreifen. Am Ende der Geschichte kommt es zu einer
vollkommenen Einheit alles Gegensätzlichen, zu einer Harmonie
der Welt, die zu ihren Schöpfungsursprüngen zurückkehrt. Auch
die Musik wird bei der Rückkehr zur Schöpfung, ähnlich wie unter
den anderen *diciplinae* Arithmetik auf die Zahl Eins, die Geometrie
auf den Punkt, auf ihren Ursprung, den *tonus*, als eigentliche Wesenheit zurückgeführt[13]. Eriugena verdeutlicht diese eschatologische
Sicht der Harmonie durch eine Analogie zur Musik[14]. Die Schönheit (*pulchritudo, formositas*) und „Süße" der Musik beruht ausschließlich auf den rational erfaßbaren Intervallkonstellationen der verschiedenen Stimmen untereinander. Entscheidend ist jedoch, daß
Johannes Scotus diese Analogie zur Musik dezidiert unter den
Grundgedanken der Einheit stellt (*concordia, conveniens adunatio*), der
Harmonie der gesamten Schöpfung (*totius creaturae harmonia*). Denn
ungeachtet des Bezuges auf Musik als einer (klingenden) Erscheinung der Welt (*musicum modulamen*) hebt Johannes Scotus ausdrücklich hervor, daß der Grund von Harmonie nicht aus den verschiedenen Klängen (*soni*) von Orgelpfeifen, Lyra-Saiten oder Flöten-
Klang besteht, sondern es ist aufgegeben zu verstehen (*intelligi*), daß
es die Proportionen und die verhältnishaften Beziehungen überhaupt sind, die eine Erkenntnis der Schönheit bewirken, so wie sich
eben hohe, tiefe und mittlere Töne durch *proportionalitates* zu einer
gewissen gegenseitigen *symphonia* fügen. In diesem Kontext erhält

---

[13] *Periphyseon* V 4, col. 869: „Quid de Musica? Nonne et ipsa a principio sui incipit,
quod vocant tonum, et circa symphonias, sive simplices, sive compositas, movetur, quas
denuo resolvens, tonum sui, videlicet principium, repetit, quoniam ipso ipsa tota vi?"
[14] *Periphyseon* V 36, col. 965-966: „[...] perspicerem universae naturae adunationem
ex diversis sibique oppositis copulari, musicis rationibus admonitus, in quibus conspicor,
nihil aliud animo placere pulchritudinemque efficere, nisi diversarum vocum rationabilia intervalla, quae inter se invicem collata musici modulaminis efficiunt dulcedinem.
Ubi mirabile quiddam datur intelligi, et solo mentis contuitu vix comprehensibile, quod
non soni diversi, verbi gratia, fistularum organi, vel chordarum lyrae, seu foraminum
tibiae, qui quoddammodo sensibus percepti, in numero rerum esse videntur, harmonicam efficiunt suavitatem, sed proportiones sonorum et proportionalitates, quas sibi
invicem collatas, solius animi interior percipit et diiudicat sensus. [-] sive intelligat qui
sonis auscultat, quid in iis dulcedinem et pulchritudinem efficiat, sive non intelligat, inest
tamen omnibus interior sensus, quem rata rerum collatio conveniensque adunatio non
latet. [-] quando video graves acutosque sonos eorumque medios quandam symphoniam inter se invicem in proportionibus et proportionalitatibus suis efficere."

dann auch die Definition der *Musica* im I. Buch rückblickend ihren Verstehenszusammenhang[15]. Sie befindet sich in dem Kapitel über die *loca*, die Bedeutungsorte. Die meisten finde man *in disciplinis liberalibus*. Nach der näheren Erläuterung für die Dialektik werden auch die anderen *artes* mit ihren jeweiligen Definitionen aufgeführt; die Musik nach Arithmetik und Geometrie: „Die Musik ist eine Disziplin, die durch das Licht des Verstandes die Harmonie von allem zu unterscheiden sucht, was in Bewegung oder erkennbarem Zustand aus natürlichen Proportionen besteht." Der Musikbegriff beinhaltet so mit der generellen Grundlage rationaler Erkennntis von Zahlverhältnissen viel mehr als eine wic auch immer geartete erklingende Musik (von der an dieser Stelle konkret überhaupt nicht die Rede ist); *omnium harmonia* stellt bereits hier den universellen und zentralen Harmoniebegriff in den Mittelpunkt. Damit korrespondiert diese Definition der *Musica diciplina* als *Ars liberalis* im I. Buch auch in ihrem Gehalt mit der obigen Analogie-Verwendung der Musik bezüglich der *harmonia* im eschatologischen Zusammenhang des VI. Buches. Musik wird – gerade weil sie zu den *numerabiles intra artes liberales* zählt – zu einem speziellen Paradigma der *harmonia*.

Fragt man in diesem Kontext nach weiteren Aspekten der Musikanschauung von Johannes Scotus, so gewinnt der Blick auf ein anderes Werk an Bedeutung: die „Annotationes in Marcianum"[16], die Glossen zu Martianus Capellas „De nuptiis Philologiae et Mercurii". Wie Marie-Elisabeth Duchez 1980 aufgezeigt hat[17], schlägt

---

[15] Da die Textversionen der drei Editionen [Anm. 5] etwas voneinander differieren, seien alle drei Definitionstexte von *Periphyseon* I 27 mitgeteilt. PL, col. 475: „Musica est omnium, quae sunt sive in motu sive in statu scibili, naturalibusque proportionibus, harmoniam rationis lumine dignoscens disciplina."–SHELDON-WILLIAMS, p. 112, 9-10: „Musica est omnium quae sunt in motu scibili naturalibus proportionibus armoniam rationis lumine dinoscens disciplina."–JEAUNEAU, p. 48, 143-145: „Musica est omnium quae sunt siue in motu siue in statu in naturalibus proportionibus armoniam rationis lumine dinoscens disciplina." Das *sive in statu* erscheint allerdings zweifelhaft, wenn es in *Periphyseon* III 8, p. 94, 21-22 heißt: „[...] cum musica semper in motu sit quemadmodum geometria in statu".

[16] *Annotationes in Marcianum*, ed. C. E. LUTZ, Cambridge/ Mass. 1939 (The Medieval Academy of America 34).

[17] M.-E. DUCHEZ, „Jean Scot Érigène premier lecteur du 'De institutione musica' de Boèce?", in: W. BEIERWALTES (ed.), *Eriugena. Studien zu seinen Quellen*, Heidelberg 1980 (Abhandlungen der Heidelberger Akademie der Wissenschaften. Philosophisch-historische Klasse, Jahrgang 1980, 3. Abhandlung), p. 165-187, hier: p. 174sqq. Cf. auch R. ERICKSON, „Eriugena, Boethius and the Neoplatonism of 'Musica' and 'Scolica enchiriadis'", in: N. K. BAKER, B. R. HANNING (ed.), *Musical Humanism and its Legacy*. Essays

sich in den Formulierungen über die Terminologie und die Definitionen indirekt eine Kenntnis der „Institutio musica" des Boethius nieder. Wohl erst seit den dreißiger Jahren des 9. Jahrhunderts überliefert, ist sie bei den Musiktheoretikern in unterschiedlichem Grade wirksam geworden[18]. Während Aurelianus Reomensis, ein Zeitgenosse von Johannes Scotus, Boethius in seinen Theoremen eindeutig aufgreift, hat Johannes Scotus die „Musica" des Boethius niemals ausdrücklich zitiert, ebensowenig hat er Boetius als eine der *auctoritates* erwähnt. Gleichwohl findet man zahlreiche Bezüge auf Boethius. Das gilt auch für die „Annotationes". Es gibt keine explizit übernommen Textpassagen, jedoch besteht unübersehbar eine gewisse Analogie in der Terminologie. Dies soll an einer Gegenüberstellung des Capella-Textes[19] und den „Annotationes" verdeutlicht werden.

Martianus Capella, *De nuptiis Philologiae*, p. 60, 3-14	Johannes Scotus, *Annotationes in Marcianum*, p. 65, 60,5-11
„[...] subinde, quae ex ore virgo effuderat, colligebant in suum unaquaeque illarum necessarium usum *facultatem*que corripiens. ipsae etiam Musae, praesertim Urania Calliopeque, innumera gremio *congessere* volumina. in aliis quippe distinctae ad tonum ac deductae *paginae*, in aliis circuli lineaeque hemisphaeriaque cum trigonis et quadratis multiangulaeque formae pro theorematum vel elementorum diversitate formatae; dehinc pictura animalium membra multigenum *in unam speciem* complicabat. erant etiam libri, qui sonorum mela signaque numerorum et cantandi quaedam opera praeferebant."	FACULTATEM instrumenta. Facultas artis est omne instrumentum quo discitur et docebitur. Ideo URANIA ET CALLIOPE collegerunt libros pre ceteris quia doctiores erant. Praesul est Urania caelestis musicae, Calliopea artificialis musice praesul. CONGESSERE id est collegere ad differentiam toni. PAGINULAE dicuntur in musica ubi tropi in altitudinem ascendunt pro differentiam tonorum. IN UNAM SPECIEM hoc est in unam mundi imaginem. Ut enim

---

in Honor of C. V. Palisca, Stuyvesant, N.Y. 1992 (Festschrift Series 11), p. 53-78.

[18] H. Möller, „Die Grundlegung der europäischen Musikkultur (bis ca. 1100)", in: H. Möller, R. Stephan (ed.), *Die Musik des Mittelalters*, Laaber 1991 (Neues Handbuch der Musikwissenschaft 2), p. 33-215, hier: p. 168.

[19] Martianus Capella, *De nuptiis Philologiae et Mercurii*, ed. A. Dick, Leipzig 1969 (Bibliotheca Scriptorum Graecorum et Romanorum Teubneriana).

una imagine totus mundus in regionibus et animalibus in una quadam
specie compraehenditur aspicienti-
umque oculis manifestatur, sic tota
musica in una imagine describitur
per tonos et tropos caeterosque
modos et horum singula super no-
tatos numeros et litteras et notas."

Facultas ist so nach Johannes Scotus im Sinne des Vermögens der intellektuellen Methodik (*instrumentum*) zu verstehen. Die Lehre steht daher im Vordergrund für die Musen Urania und Calliope. Und dann gibt Johannes Scotus mit der Zuordnung von Urania und Calliope als *praesules* musikalischer Bereiche zugleich eine bemerkenswerte Klassifikation der Musik, denn diese Zweiteilung in *musica caelestis* und *musica artificialis* entspricht nicht der dreifachen Klassifikation der Musik bei Boethius in *musica mundana, musica humana, musica instrumentalis*. Hier scheint Johannes Scotus zu einer eigenständigen Formulierung gekommen zu sein. Er begnügt sich also nicht mit der unmittelbaren Kommentierung des Wortes *facultas (artis)*, sondern interpretiert auch inhaltlich den nachfolgenden Satz, in dem bei Martianus Capella beide Musen ohne sachliche Differenzierung benannt sind, in Bezug auf die Musik und gibt noch zu einem zweiten Wort eine Kommentierung: Es sammeln auch die Musen selbst *innumera volumina*, darunter in einigen im Bezug auf den *tonus* unterschiedene und abgeleitete Seiten. Das Wort *paginae* erscheint dann wieder von Johannes Scotus kommentiert als *paginulae*. So nenne man sie in der Musik, wo die *tropi* zur Höhe aufsteigen zur Unterscheidung der *toni*. Zu fragen ist, ob Johannes Scotus bereits eine inhaltliche Differenzierung von *tropus/tonus* meint, oder ob er sich auf die Synonyma bei Boethius bezieht: „modi, quos eosdem tropos vel tonos nominant"[20]. Mit den *tropi*—schließt M.-E. Duchez—beziehe sich Johannes Scotus auf eine Kenntnis der Oktavgattungen, wie sie Boethius in zwei Tabellen mit dem Umfang des *systema teleion* gibt („descriptio continens ordinem modorum [troporum, tonorum] atque differentiam")[21]; das *pro differentia tonorum* bezöge sich dann auf die Unterscheidung von

---

[20] *Boetii de institutione musica libri quinque*, ed. G. FRIEDLEIN, Leipzig 1867, IV 15, p. 341, 19-22.
[21] Ibid., IV 16, p. 343.

Ganzton und Halbton in der Diatonik innerhalb der Tropi[22]. Der signifikante Ersatz von *pagina* bei Martianus Capella durch *paginulae* seitens Johannes Scotus bezieht sich deshalb wahrscheinlich auf die Spalten dieser Tabellen, eine Anspielung also auf Boethius. Aus der Gleichsetzung von *tropi* und *toni* bei Boethius gewinnt Johannes Scotus eine Definition des einen Terminus durch den anderen.

Die Kommentierung von *in unam speciem* bezieht Johannes Scotus auf „das eine Bild der Welt". Die ganze Welt – mit ihren Regionen und Lebewesen – wird in einer einzigen Sicht vor den Augen der Betrachtenden manifest: „Ebenso wird die gesamte Musik in einem (einzigen) Bild beschrieben", und zwar „durch Intervalle (*toni*), und Skalen (*tropi)* sowie durch die übrigen Regeln (*modi)* und deren einzelne (Elemente) über die beschriebenen Zahlen und Buchstaben und Noten." Auch in einer anderen Glose betont Johannes Scotus: „ex numeris et modis tota musica conficitur"[23]. Mehrfach wird hier auf Boethius terminologisch Bezug genommen: Dem „Beschreiben" (der Musik in einem Bild) entspricht bei Boethius die *descriptio*; sie ist in Form der Tabelle ein „Bild". *Descriptio* (bei Boethius) wie *imago* (bei Johannes Scotus) beziehen sich sachlich auf *toni, tropi, modi* und ihre Elemente von Skalen und Intervallen. Diese umfassen letztlich alles das (*tota musica*), was die Theorie der *musica speculativa* ausmacht. Auch Johannes Scotus stellt so die Bedeutung der *musica speculativa seu theorica* heraus, ohne sich den Problemen der Praxis, z.B. dem Verhältnis von Oktavgattungen zu den Kirchentönen zu widmen. Dies entspricht dem *musicus*, und als solchen bezeichnet sich Johannes Scotus in einer Glose selbst: „NOBIS id est musicis"[24], womit er durchaus seine Fachkenntnisse andeutet. Wie der Vergleich des Bildes von der Einheit der Welt (*in unam mundi imago*) mit der Einheit der Musik (*tota musica*) zeigt, rückt Johannes Scotus seine Musikbetrachtungen, die er an eine philosophische Schrift anschließt, seinerseits in einen philosophischen Zusammenhang. Diese Einheit in der Totalität wird auch verdeutlicht durch die Teilung der Musik in *musica caelestis* und *musica artificialis*. Einheit der Welt – auch im kosmologischen Sinne – als Ganzes und ihre *divisio*

---

[22]   An anderer Stelle (*Periphyseon* III 33, p. 252, 15-18) heißt es über die Proportion 9:8: „in musicis uero tonus vocatur". Cf. ferner III 32, p. 244, 26-29: „duobus siquidem modis armoniae uocum periti tonos dicunt: nam et diastemata, hoc est sonorum interualla, et analogias, hoc est eorum proportiones, tonos appellant".

[23]   *Annotationes*, p. 490.

[24]   Ibid., p. 212.

weisen so unmittelbar auf das große Hauptwerk von Johannes Scotus hin: „De divisione naturae", korrekter „Periphyseon".

Die offensichtliche Boethius-Rezeption in den „Annotationes" zu Martianus Capella mündet auch in eine Auseinandersetzung über die Gewichtung von *sensus* und *ratio*, die Boethius als Hilfsmittel (*instrumenta*) des Vermögens bezeichnet, die Unterschiede hoher und tiefer Töne abzuwägen[25]. Sinneswahrnehmung und Verstandesarbeit, die bereits in der oben behandelten Defintion der Musik entscheidend hervortritt (*rationis lumen*)[26], sind Begriffe, die im Bezug auf Musik besonders an zwei Stellen bei Johannes Scotus noch näher zu beleuchten sind. Im IV. Buch fragt der *discipulus* nach einer angeblichen Unterscheidung von zwei Seelen, einer, die die körperlichen Bedürfnisse regelt nach einem äußeren Sinn (*exterior sensus*), und einer anderen, die *in ratione et intellectu* besteht[27]. In der Antwort des Magisters werden sie alle einer „ganzen" Seele zugeordnet, wobei der *sensus* insbesondere auf das körperliche Wahrnehmungsvermögen bezogen ist. Wie Johannes Scotus etwas später detailliert ausführt, ist seine Kraft im Bereich des Hörens fähig, unterschiedliche, aber zugleich ertönende Stimmen aufzufassen und zu unterscheiden[28]. Während der äußere Sinn dem körperlichen Wesen des Menschen zugeordnet wird (*corporeus sensus*), besteht die Seele aus (innerem) Sinn, Verstand und Intellekt[29]. Hier ist noch einmal Bezug zu nehmen auf die oben bereits unter anderem Gesichtspunkt behandelte eschatologische Sicht der *harmonia*, wie sie in der Analogie der Musik dargestellt wird[30]. Alle drei Begriffe des menschlichen Erkenntnisvermögens *ratio – intellectus – sensus* werden hier noch einmal – kausal miteinander verknüpft – in die Dar-

---

[25] BOETHIUS, *De institutione musica* [Anm.20] V 2, p. 352: „Armonica est facultas differentias acutorum et gravium sonorum sensu ac ratione perpendens. Sensus enim ac ratio quasi quaedam facultatis armonicae instrumenta sunt."

[26] Cf. Anm. 15.

[27] *Periphyseon* IV 5, col. 754: „Videris, ut opinor, duas animas in uno homine subsistere arbitrari: unam quidem, quae corpus administrat et vivificat et nutrit et auget, et per corporeos sensus sensibilia sentit [...], alteram vero in ratione et intellectu subsistentem [...]."

[28] *Periphyseon* IV 10, col. 785: „Quid de virtute audiendi dices? Tantas quippe voces simul sonantes, et inter se discrepantes simul potest auditus in seipsum haurire atque discerner."

[29] *Periphyseon* V 11, col. 786: „(homo) constat enim ex corpore, hoc est ex formata materia sensibili et anima, hoc est sensu, et ratione, et intellectu."

[30] Cf. Anm. 14.

stellung der Musik einbezogen, wie Textausschnitte zeigen: *diversarum vocum rationabilia intervalla – ubi mirabile quidam datur intelligi – proportionalitates, quas [...] animi interior percipit et dijudicat sensus.*

Die immer wieder mit Vergleichen zur Musik verdeutlichte Erkenntnisfähigkeit des Menschen durch *sensus* und *ratio* begegnet auch wieder an der Stelle, die seit Handschin im Hinblick auf die frühe Mehrstimmigkeit, das *Organum*, diskutiert wird. Bevor darauf abschließend eingegangen wird, sei explizit auf die erkenntnistheoretischen Aspekte verwiesen, ehe sie im Kontext des *Organums* in den Hintergrund treten, denn auch hier sind *sensus* und *ratio* in den Argumentationszusammenhang eingebunden. Da ist zunächst wiederum von den verschiedenen Tönen die Rede, die einzeln oder getrennt voneinander wahrgenommen werden können (*separatim sentiuntur*), dann von den vernunftmäßigen Regeln der *ars musica* (*rationabiles regulae*). Es entsteht aus allen diesen Passagen in den verschiedenen Büchern der Eindruck, daß Johannes Scotus in Verbindung mit Musik konsequent beide Erkenntnisweisen in ihrer gegenseitigen Ergänzung berücksichtigt und damit die Musik selbst in alle philosophisch-theologischen Theoreme integriert.

Die berühmt gewordene und viel diskutierte Stelle mit dem Terminus *organicum melos* ist jedoch in erster Linie eine Ausführung zur *harmonia* des Weltalls, das wie bei musikalischen Verhältnissen durch Gott zu einer Einheit (*universitatis concordia*) gefügt ist und daraus ihre Schönheit (*pulchritudo*) gewinnt[31]. Denn dieser Text befindet sich im Kontext der Analyse des Schöpfungsbegriffes, einer *creatio ex nihil*, aus dem göttlichen Nichts im Sinne des dialektischen Über-Seins. Das schließt nicht nur Ähnlichkeitsstrukturen in der geschaffenen Welt ein, sondern auch das dem Ursprünglichen Unähnliche und Gegensätzliche. Infolgedessen kommt auch in der fraglichen Textstelle das Adjektiv *dissonans* vor, bezogen auf die einzeln betrachteten Unterteilungen der Natur. Man kann zwar verstehen,

---

[31] *Periphyseon* III 6; p. 68, 27-38: „Proinde pulcritudo totius uniuersitatis conditae similium et dissimilium mirabili quadam harmonia constituta est ex diuersis generibus uariisque formis differentibus quoque substantiarum et accidentium ordinibus in unitatem quandam ineffabilem compacta. Vt enim organicum melos ex diuersis uocum qualitatibus et quantitatibus conficitur dum uiritim separatimque sentiuntur longe a se discrepantibus intentionis et remissionis proportionibus segregatae, dum uero sibi inuicem coaptantur secundum certas rationabilesque artis musicae regulas per singulos tropos naturalem quandam dulcedinem reddentibus, ita uniuersitatis concordia ex diuersis naturae unius subdiuisionibus a se inuicem dum singulariter inspiciuntur dissonantibus iuxta conditoris uniformem uoluntatem coadunata est.“

daß im Handwörterbuch der musikalischen Terminologie das Zitat der Textpassage erst mit dem Stichwort *organicum melos* beginnt[32], jedoch entfällt dabei der entscheidende Zusammenhang, der den Rahmen für die Analogie zu musikalischen Verhältnissen darstellt[33]. Die Relevanz von übergreifenden philosophischen Kontexten und fachwissenschaftlicher Bestimmtheit schlägt sich auch in den Übersetzungen von Beierwaltes und Bernhard nieder, wozu nur ein Beispiel zur Verdeutlichung erwähnt sei: *sentire* ist so philosophisch „wahrnehmen", musikwissenschaftlich (im Zusammenhang mit Tönen) „hören". Ob nun diese Analogie zwischen der Schönheit und der Harmonie der Welt mit dem Term *organicum melos* als ein Zeugnis für die frühe Mehrstimmigkeit gewertet werden kann, ist sehr kontrovers diskutiert worden. Handschins Auffassung, es handele sich um ein „gewaltiges Zeugnis für die mehrstimmige Kunst der Zeit", ist vor allem 1977 von Ernst Ludwig Waeltner entschieden widersprochen worden[34]. Nachdem bereits Fritz Reckow vor einer „Einengung" in der Interpretation gewarnt hatte, plädiert Werner Beierwaltes[35] mit dem Hinweis darauf, daß zu den simultan erklingenden Tönen auch das Moment der für die Musikdefinition konstitutiven Bewegtheit (*motus*) einzubeziehen ist, so daß hier eine Übereinstimmung mit der welthaften *harmonia* besteht, für eine Interpretation, die auch den Begriff der Mehrstimmigkeit nicht ausschließt. Wenn schließlich in einem 1995 durch Mariken Teeuwen edierten Exkurs des aus einer Metzler Handschrift überlieferten Kommentars von Johannes Scotus zu Martianus Capella unter der Überschrift „De armonia caelestium motuum siderumque sonis" als *exemplum* auf die unterschiedlich tiefen und hohen Stimmen „in choro, ubi multi simul cantantes" verwiesen wird, kann durchaus auf eine Kenntnis von Mehrstimmigkeit seitens Johannes Scotus geschlossen werden[36]. Auch wenn sich die

---

[32] F. RECKOW: „Organum", in: *Handwörterbuch der musikalischen Terminologie*, Wiesbaden (1971), p. 5.

[33] Vollständig zitiert wird er von M. BERNHARD, „Das musikalische Fachschrifttum im lateinischen Mittelalter", in: F. ZAMINER, *Geschichte der Musiktheorie*, Band 3, Darmstadt 1990, p. 37-103, hier: p. 89.

[34] E. L. WAELTNER: *Organicum melos. Zur Musikanschauung des Iohannes Scottus (Eriugena)*, München 1977 (Bayerische Akademie der Wissenschaften. Veröffentlichungen der musikhistorischen Kommission 1).

[35] BEIERWALTES, *Harmonie-Gedanke* [Anm.7], p. 17sq.

[36] M. TEEUWEN, „Harmonie der hemelsferen. Een klassiek thema geïnterpreted door Johannes Scotus Eriugena", in: *Millennium. Tijdschrift voor Middeleeuwse studies* 9, 2

Streitfrage nicht definitiv lösen läßt, schließt der philosophische
Gesamtkontext die Fragen nach der *harmonia*, den Weltstrukturen
und den analogen Musikstrukturen gemäß der Zahlengesetzlich-
keit, sowie nach deren Erkenntnisfähigkeit durch *sensus* und *ratio*
ebenso ein wie den Versuch einer neuartigen Sicht von *organicum
melos*. Vielleicht können solcherart die Eigentümlichkeiten des philosophischen Denkens von Johannes Scotus zu einem vertieften
Verständnis der darin eingebundenen Äußerungen zur Musik beitragen.

(1995), p. 117-132, hier p. 131.

„SPECULUM MUSICAE" ALS SPIEGEL
DER PHILOSOPHIE

Jan A. Aertsen

I. *Einleitung*

Manche mittelalterliche Schrift beginnt mit der Beteuerung, der
Verfasser bringe nichts Neues vor, er habe nur auf dringende Bitten
der *fratres* oder *socii* einige Gedanken niedergeschrieben. Im Kreise
dieses Symposiums erfahre ich jetzt eine ähnliche Stimmung, allerdings mit dem Unterschied, daß es sich bei mittelalterlichen Autoren meistens um einen literarischen Topos handelt – *theorice humi-
liter expositus* schreibt Dietrich von Freiberg in der Vorrede eines
Werkes („De origine rerum praedicamentalium"), das ein Meister-
stück der theoretischen Vernunft darstellt[1] –, während in meinem
Fall die Beteuerung eine prosaische Wahrheit ausdrückt. Hinsichtlich des Bereiches der *musica* besitze ich keine besondere Sachkom-
petenz, und nur auf die Bitte meines *socius* Frank Hentschel wage
ich es, etwas zu diesem Symposium beizusteuern.

Wenn man sich einem Wagestück aussetzt, versucht man sein
Unterfangen zu rationalisieren. In meinem Versuch bediente ich
mich der folgenden Überlegung. Das Symposium handelt von der
Wechselwirkung zwischen zwei Gebilden, *philosophia* und *musica*.
Wenn mein Beitrag sich auf die Philosophie richtet, dann wird die
Aufmerksamkeit auf das umfassendere Glied des Verhältnisses ge-
lenkt: Philosophie ist ja nach der traditionellen Umschreibung „die
Erkenntnis der menschlichen und göttlichen Dinge"[2]. Philosophie
und *musica* verhalten sich zueinander, so schien es mir, wie ein Ganzes zu einem Teil. Änderungen und Umformungen im Philosophie-
verständnis werden deshalb nicht ohne Rückwirkungen auf das
Verständnis der *musica* als Teilwissenschaft sein.

Mit dieser Erwartung habe ich mich einem der wichtigsten und

---

[1]   DIETRICH VON FREIBERG, *De origine rerum praedicamentalium*, ed. L. STURLESE, Hamburg 1983 (Opera omnia 3), prooemium, p. 137.
[2]   Cf. ISIDOR VON SEVILLA, *Etymologiae sive origines*, ed. W. M. LINDSAY, Oxford 1911,
II, 24, 1.

dem umfangreichsten musikalischen Traktat des Mittelalters, dem vor 1330 verfaßten „Speculum musicae" des Jacobus von Lüttich, zugewandt, erlebte dann aber eine Überraschung. In Buch I, Kap. 8 erhebt Jacobus die Frage: „Welchem Teil der Philosophie (*pars philosophiae*) wird die *musica* unterstellt?" In seiner Antwort folgt er der aristotelischen Einteilung der Philosophie. Sie gliedert sich in einen theoretischen und einen praktischen Teil; die musikalische Wissenschaft fällt unter beide, obgleich hauptsächlicher unter den ersten als den letzten Teil. Die theoretische Philosophie wird in Physik, Mathematik und Metaphysik eingeteilt, und Jacobus unterstellt die *musica* allen drei Teilen[3]. *Musica* hat die gleiche Universalität wie die Philosophie, sie erstreckt sich gleichsam auf alle Dinge: „auf Gott und die Geschöpfe, unkörperliche und körperliche Dinge, himmlische und menschliche Dinge, die theoretischen und praktischen Wissenschaften"[4]. Jacobus' „Speculum" vertritt die auffällige These, die *musica* sei nicht eine Sonderwissenschaft, sondern sei mit der Philosophie deckungsgleich.

Wie kommt Jacobus zu diesem (das Selbstbewußtsein des Philosophen erschütternden) Schluß? Seine Universalisierung der *musica* wird durch den Gedanken ermöglicht, daß die drei von Boethius unterschiedenen Arten von Musik – *musica instrumentalis, musica humana* und *musica mundana* – noch um eine vierte Art, die himmlische oder göttliche Musik, zu erweitern sei. Deshalb versucht Jacobus in Kap. 11 die Notwendigkeit dieser Erweiterung nachzuweisen, um dann im nächsten Kapitel diese neue Musikart der Metaphysik zuzuordnen.

Mit verschiedenen Gründen versucht Jacobus zu zeigen, es sei nicht unvernünftig, eine vierte Art von Musik, die himmlische oder

---

[3] JACOBUS VON LÜTTICH, *Speculum musicae*, ed. R. BRAGARD, Rom 1955, I, 8, p. 28sq.: „Philosophia vel scientia, cum in theoricam dividatur et practicam, musicalem scientiam, quantum ad utramque dictam partem, sub se comprehendit; principalius tamen et generalius musica sub theorica scientia continetur quam sub practica. Et cum sint tres partes principaliores scientiae theoricae, ut patet <V°> [*lege*: VI°] Metaphysicae (scilicet naturalis, quae res motui et materiae sensibili coniunctas et secundum esse et secundum intellectum considerat; mathematica, quae res contuetur per intellectum a motu et materia sensibili separatas, non tamen secundum esse; et metaphysica, quae res, non tantum per intellectum, sed etiam quantum ad esse, seiunctas a motu et sensibili materia speculatur), musica in sua sumpta generalitate, quantum ad distinctas suas species, omnibus his partibus tribus supponitur".

[4] Ibid., I, 1, p. 11: „Musica enim, generaliter sumpta, obiective quasi ad omnia se extendit, ad Deum et ad creaturas, incorporeas et corporeas, coelestes et humanas, ad scientias theoricas et practicas".

göttliche, anzunehmen. Sein erstes Argument gründet sich auf die allgemeine Bestimmung der *musica*, die er Robert Kilwardbys Schrift „De ortu scientiarum" entnommen hat. *Musica* ist die Erkenntnis der harmonischen Zusammenstimmung (*modulatio*) der Dinge, die durch irgendeine Zusammenstimmung einander angepaßt sind[5]. Diese harmonische *modulatio* solle nicht auf die natürlichen und körperlichen Dinge beschränkt werden; sie bezieht sich auch auf die rein geistigen Wesen, welche die Beweger der Himmelssphären sind, und auf den ersten Beweger[6]. Die göttliche Musik betrachtet die *proportio, ordo* und *concordia* der Himmelbeweger zueinander und zum ersten Beweger. Wenn Boethius, so Jacobus, die Weltenmusik weiter verfolgt hätte, hätte er sie auch auf die bewegenden Intelligenzen bezogen[7].

Ein weiteres Argument für die Notwendigkeit einer göttlichen Musik gründet Jacobus auf die göttliche Lobpreisung (*laus divina*). Wenn bereits den Pilgern dieser vergänglichen Welt eine Art von Musik zuerteilt worden ist, durch die in der streitenden Kirche Gott in sich und in seinen Heiligen gepriesen wird, dann wird doch nicht die triumphierende Kirche der unvergänglichen Welt einer Art von Musik beraubt sein? Auch im himmlischen Bereich, wo Gott ununterbrochen gelobt wird, hat die *musica* ihren Ort[8].

---

[5] Ibid., I, 11, p. 37: „Dictum est supra, quod musica, generaliter sumpta, extendit se ad cognitionem harmonicae modulationis rerum quarumcumque aliqua modulatione invicem coaptarum". Cf. Robert Kilwardby, *De ortu scientiarum*, ed. A. G. Judy, London 1976, c. 28, n. 132.

[6] Ibid., I, 11, p. 38: „Adhuc, ut videtur, non debet harmonica modulatio musicam generaliter respiciens ad solas <arctari> res naturales et corporales, quae mundanam et humanam musicam respiciunt, sonos et voces, quae instrumentalem, sed ad intelligentias orbium motrices, etiam ad primum motorem, quia mundana musica de orbibus tractat coelestibus, qui a motoribus moventur separatis, idest ab intelligentiis, quae, secundum Philosophum, motrices dicuntur orbium".

[7] Ibid., I, 11, p. 38sq.: „Et forsitan, si Boethius de musica mundana prosecutus in speciali fuisset, ipsum ad motorem orbium coelestium extendisset. Haec enim fuit Aristoteli via, per motum in cognitionem devenire substantiarum separatarum. Quid igitur inconveniens, si harmonicam modulationem generaliter sumptam extendamus, non solum ad res corporales, naturales et substantiales numeratas, sed etiam ad metaphysicales, inter quas invicem numeratas et collatas attenditur quaedam habitudo cuiusdam connexionis, ordinis, concordiae vel proportionis, ut contineatur non solum sub duabus partibus philosophiae theoricae, sed sub tribus".

[8] Ibid., I, 11, p. 39: „Tertio confirmatur idem inspiciendo ad divinas referendas laudes. Provisum est viatoribus mundi huius transitorii de quadam musicae specie, qua, in Ecclesia hac Militante, Deus in se et in Sanctis suis collaudetur, et, ut amplius hoc faciant, Ecclesiae ministri distributiones recipiunt temporales. Privabiturne mundi alterius incorruptibilis illa Triumphalis Ecclesia quadam musicae specie competente illius

Die himmlische oder göttliche *musica* betrachtet die harmonische Zusammenstimmung der *res transcendentes*[9]. Unter den „transzendenten Dingen" versteht Jacobus die von der Materie getrennten Substanzen und vor allem (*maxime*) Gott, die er mit den *res metaphysicales* gleichsetzt, weil diese nicht nur begrifflich, sondern auch seinsmäßig von Bewegung und der sinnhaften Materie getrennt (*separatae*) sind[10]. Die wissenschaftstheoretische Zuordnung der vierten Musikart ist damit klar. Sie ist dem höchsten Teil der Philosophie unterzustellen, der „Metaphysik" heißt, insofern sie von denjenigen Dingen, welche die Naturdinge übersteigen, handelt, und „göttliche Wissenschaft", insofern sie sich auf Gott als die ausgezeichnetste der *res transcendentes* bezieht[11]. *Musica,* am Anfang des Mittelalters eine der quadrivialen Disziplinen, wird bei Jacobus zu einer Wissenschaft, die man „meta-musica" nennen könnte.

In Jacobus' Darstellung der Verfassung dieser Metamusik lassen sich bestimmte Spannungen nachweisen, die eng mit dem mittelalterlichen Philosophieverständnis im allgemeinen zusammenhängen. In diesem Sinne erweist sich sein „Speculum musicae" als ein Spiegel der Philosophie. Zunächst wende ich mich mithin der mittelalterlichen *philosophia* zu, glücklich, wieder „terra cognita" betreten zu können.

Die Frage „Was ist Philosophie im Mittelalter?" ist zu umfassend, als daß sie hier pauschal beantwortet werden könnte[12]. Das Mindeste, das gesagt werden kann, ist, daß die Antwort auf diese Frage differenziert sein muß. Im mittelalterlichen Philosophieverständnis sind grundsätzlich zwei Perioden zu unterscheiden, deren

---

Ecclesiae civibus, qui inappreciabiles adeo recipiunt distributiones? Minime. In Ecclesia igitur illa coelesti, musica locum suum tenet, qua Deus a civibus illis incessanter collaudatur".

[9] Ibid. I, 11, p. 38: „Ergo ad res dilatat se transcendentes et divinas". Ibid. I, 12, p. 40: „Musica coelestis vel divina numerum inspicit rerum transcendentium".

[10] Ibid., I, 12, p. 40: „Res autem transcendentes res sunt metaphysicales"; p. 45: „Res autem, <quas> ad hanc musicae speciem pertinere dixi, sunt res metaphysicales, res transcendentes, a motu et materia sensibili separatae, etiam secundum esse".

[11] Ibid., I, 12, p. 40: „Metaphysica enim dicitur a 'meta', quod est 'trans', et 'physis', 'natura', quia de rebus est res naturales, id est mobiles, transcendentibus. [...] Sed quia rerum metaphysicalium nobiliores et perfectiores sunt substantiae separatae [...] et maxime Deus [...], ideo ab illis rebus haec musicae species nuncupatur, ut divina dicatur. [...] metaphysica scientia dicitur divina".

[12] Sie war Thema des letzten Weltkongresses für mittelalterliche Philosophie (Erfurt 1997), cf. J. A. AERTSEN, A. SPEER (ed.), *Was ist Philosophie im Mittelalter?*, Berlin, New York (Miscellanea Mediaevalia 26), im Druck.

Zäsur etwa um 1200 anzusetzen ist. Die erste Periode kann mit dem Namen eines Denkers, dem des Boethius, charakterisiert werden. Sein Einfluß erreicht einen Höhepunkt im 12. Jahrhundert, das aber zugleich durch eine neue Invasion der griechischen Philosophie den Anfang vom Ende des boethianischen Zeitalters in sich trägt. Grundlegend für die zweite Periode ist mehr eine Institution als eine Person: Es ist das Zeitalter der neuen Bildungsanstalt der Universität[13]. 1200 gilt als das Jahr des eigentlichen Gründungsaktes der angesehensten Universität, der zu Paris. In den nächsten zwei Abschnitten will ich Grundzüge und Binnenspannungen des Philosophieverständnisses in beiden Zeitaltern aufzeigen, um dann im letzten Abschnitt von dort aus zu Jacobus' von Lüttich Metamusik zurückzukehren.

II. Das boethianische Zeitalter

1. Im 12. Jahrhundert hat Petrus Abaelardus Boethius als „den größten Philosophen der Lateiner" gefeiert[14]. Die Bezeichnung ist nicht unzutreffend, wenn man die Hinzufügung „der Lateiner" in Rechnung stellt. Boethius hat die Philosophie, nach Wort und Wesen griechisch, dem lateinischen Westen, für den in der Karolingerzeit der Name „Europa" aufkam, zugänglich gemacht. Die Latinität gab dem Abendland gegenüber dem griechischen Osten und der arabisch-islamischen Welt eine eigene Identität. In der Zeit des Boethius war die Teilung der antiken *oikumene* in einen lateinischen und einen griechischen Teil fast vollständig geworden[15]. Er, der als einer der letzten Römer noch mit der ganzen griechischen Philosophie bekannt war, sah es als seine Aufgabe an, das griechische Erbe an die lateinische Welt zu vermitteln. An mehreren Stellen in seinen Schriften legt er seine Absicht dar, die Schätze der griechischen

[13] Cf. W. KLUXEN, „Institution und Ideengeschichte. Zur geschichtlichen Bedeutung der mittelalterlichen Universität", in: M. J. F. M. HOENEN et al. (ed.), *Philosophy and Learning. Universities in the Middle Ages*, Leiden et al. 1995, p. 3-16.

[14] PETRUS ABAELARDUS, *Theologia 'Scholarium'*, ed. E. M. BUYTAERT, C. J. MEWS, Turnhout 1987 (Opera theologica 3, Corpus Christianorum, Continuatio Mediaevalis 13), I, 199, p. 404: „Restat denique ad maximum illum latinorum philosophum, Boetium scilicet, descendere".

[15] Cf. P. RICHÉ, *Éducation et culture dans l'Occident barbare, VIe-VIIIe siècles*, Paris 1962, p. 83.

Wissenschaft und Philosophie ins Lateinische zu übersetzen[16]. Er hat die Grundlagen der mittelalterlichen Philosophie geliefert[17].

Boethius hat das Bild der Philosophie im Mittelalter nachhaltig geprägt durch seine Trostschrift, seine Schriften zum Quadrivium, sein Übersetzungsprojekt der platonischen und aristotelischen Texte, dessen Verwirklichung auf die logischen Schriften des Aristoteles beschränkt blieb, und sein „theologisches" Programm. In einer Reihe von Traktaten (den s.g. „Opuscula sacra") hat er versucht, zentrale Lehren des christlichen Glaubens rational zu begründen. Das Prinzip der Rationalität hat Boethius insbesondere auf die Lehre von der Trinität angewandt, seiner Ansicht nach („De fide catholica") „die Burg unserer Religion"[18]. Seine Schrift „De trinitate", in der er die Lehre von der Dreieinheit „aus den innersten Lehren der Philosophie" erklären will[19], war für das Philosophieverständnis im Mittelalter bestimmend.

Zur Vorbereitung seiner Darstellung schickt Boethius im zweiten Kapitel eine Dreiteilung der theoretischen Philosophie voraus. Es ist ja ein methodologischer Grundsatz, daß der Gegenstand auf eine ihm angemessene Weise betrachtet werden muß. Die Teile der Philosophie werden gemäß den spezifischen Eigenschaften der Objekte jeder Disziplin unterschieden, die Boethius mit je zwei Stichworten andeutet: Bewegung (motus) und Abstraktheit. „Abstrakt" ist hier in einem ontologischen Sinne zu verstehen, d.h. als Getrenntheit von der Materie. Die Naturphilosophie handelt von dem, was in Bewegung und nicht abstrakt ist. Sie betrachtet die Formen der Körper, die nicht in Wirklichkeit von den Körpern getrennt werden können, zusammen mit dem Stoff. Die Mathematik handelt von dem, was nicht in Bewegung und nicht abstrakt ist. Sie betrachtet die Formen der Körper ohne Stoff und mithin auch ohne

---

[16] Cf. Boethius, In librum Aristotelis ΠΕΡΙ ΕΡΜΗΝΕΙΑΣ Commentariorum secunda editio, ed. K. Meiser, Leipzig 1880, lib. 2, p. 79.

[17] Die Bedeutung des Boethius für die mittelalterliche Philosophie ist in der Forschung noch immer nicht hinreichend erkannt worden. So wird erstaunlicherweise in einem Monument der deutschen Gelehrsamkeit, dem Historischen Wörterbuch der Philosophie, zum Lemma „Philosophie, Mittelalter" (T. Kobusch, tom. 7, col. 633-656) der Name Boethius überhaupt nicht erwähnt. Eine gute Bibliographie zur Nachwirkung des Boethius, allerdings nur bis zum 12. Jahrhundert, enthält S. Gersh, Middle Platonism and Neoplatonism in the Latin Tradition II, Notre Dame, Ind. 1986, p. 647-651.

[18] Boethius, De fide catholica, ed. u. übers. v. M. Elsässer, in: A. M. S. Boethius, Die Theologischen Traktate, Hamburg 1988, p. 46-63, hier: p. 48.

[19] Id., De trinitate, in: ibid., prol., p. 2: „ex intimis [...] philosophiae disciplinis".

Bewegung. Da diese Formen aber in der Materie sind, können sie von den Körpern nicht getrennt werden. Die Theologie schließlich handelt von dem, was ohne Bewegung und abstrakt ist. Diese Einteilung der Philosophie ist zugleich eine Rangordnung. Die Theologie ist die Erste Philosophie, weil sie die unbewegliche und unstoffliche Substanz Gottes betrachtet[20].

2. Das Philosophieprogramm des Boethius enthält latente Spannungen und Unbestimmtheiten, die erst in der Aneignung seines Erbes zutage treten. Das erste Problem betrifft das Verhältnis zwischen dem System der sieben *artes liberales,* das sich im Neuplatonismus des 3. und 4. Jahrhunderts zum Bildungskanon herausgebildet hatte[21], und der Philosophie. Sind die quadrivialen Fächer, z.B. die *musica,* eine *Vorstufe* der Philosophie oder ein *Teil* derselben[22]? Im platonischen Bildungsideal, wie es im VII. Buch der „Politeia" dargestellt wird, bilden die mathematischen Disziplinen eine Propädeutik für das Studium der Philosophie. In der Vorrede zur „Arithmetica" schreibt Boethius, „daß niemand in den Lehren der Philosophie zur höchsten Vollkommenheit gelangen kann, ohne den Adel solcher Erkenntnis auf einem sozusagen vierfältigen Wege (dem *quadrivium*) des Forschens erlangt zu haben"[23]. Auch der Ort der *musica* wird somit durch ihren „Weg"-Charakter bestimmt.

In Boethius' Dreiteilung der Philosophie in „De trinitate" gehört jedoch die Mathematik zum mittleren Teil. Die Dreiteilung der Philosophie in Physik, Mathematik und Theologie geht auf die Ausführungen des Aristoteles im VI. Buch der „Metaphysik" zurück und basiert auf einem anderen Philosophiekonzept[24]. Es gibt eine

---

[20]   Ibid., c. 2, p. 6/8: „Nam cum tres sint speculativae partes, *naturalis,* in motu inabstracta ἀνυπεξαίρετος (considerat enim corporum formas cum materia, quae a corporibus actu separari non possunt, quae corpora in motu sunt ut cum terra deorsum ignis sursum fertur, habetque motum forma materiae coniuncta), *mathematica,* sine motu inabstracta (haec enim formas corporum speculatur sine materia ac per hoc sine motu, quae formae cum in materia sint, ab his separari non possunt), *theologica,* sine motu abstracta atque separabilis (nam dei substantia et materia et motu caret)".

[21]   Cf. I. HADOT, *Arts libéraux et philosophie dans la pensée antique,* Paris 1984, bes. c. 4.

[22]   Cf. L. SCHRADE, „Die Stellung der Musik in der Philosophie des Boethius als Grundlage der ontologischen Musikerziehung", in: *Archiv für Geschichte der Philosophie* 41 (1932), p. 368-400.

[23]   BOETHIUS, *De institutione arithmeticae,* ed. G. FRIEDLEIN, Leipzig 1867, I, proem., p. 7: „Haud quemquam in philosophiae disciplinis ad cumulum perfectionis evadere, nisi cui talis prudentiae nobilitas quodam quasi quadruvio vestigatur".

[24]   ARISTOTELES, *Metaphysik* VI,1 (1026a 13-16). Zum Verhältnis der Einteilung des

Vielzahl der Philosophien, die zwar eine Ordnung besitzen, aber dennoch eine Eigenständigkeit und eigene Prinzipien haben. Ein das Verständnis der Dreiteilung der Philosophie komplizierender Faktor war die Tatsache, daß im boethianischen Zeitalter zwei der drei Philosophien, die Physik und die Erste Philosophie, fast unbekannt waren.

Die Denker im boethianischen Zeitalter haben auf unterschiedliche Weise versucht, das Problem zu lösen. Exemplarisch möchte ich einen Ausweg vorführen.

In der Karolingerzeit entwirft Alcuinus, der Berater Karls des Großen, in seiner „Disputatio de vera philosophia" das Ideal christlicher Weisheit. Merkmale seines Entwurfs sind die Identifizierung der *artes liberales* mit der Philosophie und die propädeutische Funktion der Philosophie für das Studium der heiligen Schrift. „Philosophie" bezeichnet das weltliche, durch die sieben freien Künste erwerbbare Wissen. Die „wahre Philosophie" bezieht sich auf das dem Menschen von Gott offenbarte Wissen, das Alcuinus die „himmlische" oder „göttliche Weisheit" nennt. Die Weisheit hat sich einen Tempel gebaut; er wird durch die sieben Säulen der Freien Künste getragen, die zur himmlischen Weisheit hinaufführen. Durch dieses Bild legitimierte Alcuinus das Studium der *artes liberales* innerhalb des christlichen Bildungsstrebens[25].

Die Identifizierung der Freien Künste mit der Philosophie und ihre propädeutische Funktion lassen sich bis ins 12. Jahrhundert finden. In seinem Gedicht „Fons philosophiae" beschreibt Gottfried von St. Viktor seinen Studiengang, der sich in zwei Teile gliedert. Zuerst studiert er jede der sieben *artes liberales*, bis er schließlich „zum Höchsten in *philosophischer* Hinsicht" gelangt. Dann wendet er sich der „Weisheit" zu, eine Wende, die er als „*theologisch*" bezeichnet, weil sein Studium sich jetzt auf die hl. Schrift richtet[26].

Boethius zum aristotelischen Text: R. MᶜINERNY, *Boethius and Aquinas*, Washington, D.C. 1990, p. 126sq.

[25] ALCUINUS, *Disputatio de vera philosophia*, PL 101, col. 849C-854A, hier: col. 852D-853D.

[26] GOTTFRIED VON ST. VIKTOR, *Fons philosophiae*, ed. P. MICHAUD-QUANTIN, Namur et al. 1956 (Analecta mediaevalia Namurcensia 8), v. 465sq.: „Tunc ad summum denique me philosophiam | Verti, theologiam scilicet sophiam". Engl. Übersetzung von E. A. SYNAN, *The Fountain of Philosophy*, Toronto 1972.

3. Gerade die Unterscheidung zwischen „Philosophie" und „Theologie" bildet das zweite Problem im Erbe des Boethius. Der Begriff *theologia* bleibt im boethianischen Zeitalter zweideutig. Er bezeichnet bald unter dem Einfluß des Sprachgebrauchs des Ps.-Dionysius Areopagita die hl. Schrift oder die Lehre Gottes, bald gemäß der Wissenschaftseinteilung des Boethius den höchsten Teil der drei Philosophien[27]. Welches ist das Verhältnis zwischen der philosophischen Theologie und einer auf Offenbarung gegründeten Theologie? Boethius reflektiert in „De trinitate" nicht auf diese Frage, sondern die implizite Voraussetzung in seiner Darlegung ist, daß die theologisch-philosophische Betrachtungsweise der Lehre von der Trinität angemessen sei. Seine Darstellung suggeriert die Identität einer auf Offenbarung und einer auf Vernunft beruhenden Begründung. „Theologie" steht bei Boethius in Beziehung zum höchsten Vermögen der theoretischen Vernunft.

Die Schrift „De trinitate" wurde im 12. Jahrhundert in der Schule von Chartres mehrfach kommentiert[28]. Thierry von Chartres folgt in seinem Kommentar der boethianischen Einteilung der drei Philosophien. Er versteht „Theologie" als eine theoretische Wissenschaft, welche die *universitas rerum* in der Einfachheit und Einheit ihres göttlichen Prinzips betrachtet. Durch einen mathematischen Beweis mit Hilfe der Begriffe *unitas*, *aequalitas* und *connexio* versucht er, eine Offenbarungswahrheit wie die Trinität als eine spekulative Vernunftwahrheit zu begründen[29]. Die Differenzierung zwischen einer auf Offenbarung und einer auf Vernunft beruhenden Prinzipienreflexion wurde im 12. Jahrhundert nicht thematisiert.

III. *Das Zeitalter der Universität*

1. Das Denken seit dem 13. Jahrhundert unterscheidet sich sowohl nach Form wie nach Inhalt von demjenigen des boethianischen

---

[27] Cf. U. Köpf, *Die Anfänge der theologischen Wissenschaftslehre im 13. Jahrhundert*, Tübingen 1974, p. 11-13.

[28] N. M. Häring, *Commentaries on Boethius by Thierry of Chartres and his School*, Toronto 1971.

[29] Thierry von Chartres, *Tractatus de sex dierum operibus*, ed. N. M. Häring, in: ibid., p. 553-575, hier: n. 30 sqq., 568sq. Zu Thierrys Theologieverständnis: A. Speer, *Die entdeckte Natur. Untersuchungen zu Begründungsversuchen einer 'scientia naturalis' im 12. Jahrhundert*, Leiden et al. 1995, p. 282-288.

Zeitalters. Zwei Momente sind dafür verantwortlich: die Entstehung der Universität, die zu der mittelalterlichen Gestalt von Wissenschaft wird, und die Eröffnung neuer philosophischer Horizon-
te. Das vollständige *corpus aristotelicum* und die Werke arabischer
Gelehrter wurden dem lateinischen Westen durch Übersetzungen
zugänglich gemacht. Im Zeitalter der Universität verfügte das Mittelalter schließlich über die „drei Philosophien" Physik, Mathematik und Metaphysik[30].

Die Universität unterteilte sich in Fakultäten, in deren Gliederung sich ein verändertes Wissenschaftsmodell widerspiegelt. Die
größte Fakultät war die der *Artes,* deren Name eigentlich irrefüh-
rend ist, da die Freien Künste im Unterricht nicht mehr zentral
waren. Die zweite Aristotelesrezeption hatte den traditionellen Bildungskanon gesprengt. Einen guten Einblick in die Studienordnung
der Artesfakultät in Paris – nach Albert dem Großen die *civitas philosophorum*[31] – bietet ein in unserem Jahrhundert entdeckter „Studienführer", der zwischen 1230 und 1240 von einem anonymen
Magister abgefaßt wurde. Der Führer faßte nach der Anordnung
des Lehrstoffs die Antworten auf die im Examen am häufigsten
gestellten Fragen zusammen. Er gliedert den Lehrstoff nach einem
platonisch-augustinischen Einteilungsschema in *philosophia naturalis,*
philosophia moralis und *philosophia rationalis.* Die Naturphilosophie
wird ihrerseits gemäß dem aristotelischen Modell der drei Philosophien in Metaphysik, Mathematik (d.h. das Quadrivium) und Physik geteilt[32]. Aus diesem Führer ergibt sich, daß die Schriften des
Aristoteles die Grundlage des sechsjährigen Studiums bilden. Die
Artesfakultät hatte sich zu einer Fakultät herausgebildet, in der die
Philosophie zum ersten Mal einen eigenen institutionellen Ort und
eine relative Autonomie erhalten hat.

Neben der juristischen und medizinischen Fakultät besaß die
Universität eine theologische. „Theologie" heißt hier ein auf Offenbarung gegründetes Wissen. Zugleich erhebt die *sacra doctrina*
den Anspruch, eine universitäre Disziplin zu sein, d.h. eine *scientia,*

---

[30]   Für eine allgemeine Einführung in die Wende des 13. Jahrhunderts ist grundlegend: F. VAN STEENBERGHEN, *La philosophie au XIIIe siècle,* Louvain, Paris ²1991.
[31]   ALBERT DER GROßE, *De natura loci,* ed. P. HOSSFELD, Münster 1980 (Opera omnia
5, 2), tract. III, c. 2, p. 34.
[32]   C. LAFLEUR, *Le 'Guide de l'etudiant' d'un maître anonyme de la faculté des arts de Paris au
XIIIe siècle,* Québec 1992, p. 28-33.

die sich von den anderen Wissenschaften durch ihren Gegenstand und ihre Prinzipien unterscheidet[33].

2. Die kritische Distanz im 13. Jahrhundert zum boethianischen Philosophieverständnis und Wissenschaftsmodell dokumentiert der Kommentar zu „De trinitate" des Boethius, den Thomas von Aquin während seiner ersten Pariser Professur (ca. 1255) in der Form von *quaestiones* verfaßte. Zwei Aspekte dieses Kommentars – im 13. Jahrhundert eine Seltenheit – sind in unserem Zusammenhang wichtig.

In q. 5, art. 1 stellt Thomas die Frage: „Ist die Einteilung der theoretischen Wissenschaft in diese drei Teile, Naturphilosophie, Mathematik und 'göttliche Wissenschaft', angemessen?" Der dritte Einwand lautet: „Im allgemeinen wird die Philosophie in die sieben Freien Künste eingeteilt, unter denen weder die Naturphilosophie noch die göttliche Wissenschaft, sondern allein die rationale Philosophie (d.h. die Logik) und die Mathematik enthalten sind"[34]. In seiner Antwort verneint Thomas die Gleichstellung der *artes liberales* mit der Philosophie und betont die propädeutische Funktion der Freien Künste. Sie „teilen die theoretische Philosophie nicht hinreichend ein: Die sieben werden vielmehr [...] unter Übergehung etlicher anderer zusammen aufgezählt, weil diejenigen, die Philosophie lernen wollten, in diesen zuerst unterrichtet wurden". Durch das Trivium und Quadrivium „wird der Geist auf die anderen philosophischen Lehrfächer vorbereitet"[35].

Thomas führt noch eine weitere Überlegung an, die den Unterschied zwischen *ars* und *scientia* hervorhebt. Die *artes liberales* heißen deswegen „Künste, weil sie nicht allein Erkenntnis beinhalten, sondern auch ein Werk (*opus*), das aus der Vernunft selbst unmittelbar hervorgeht, wie etwa Syllogismen bilden, einen Vortrag gestalten, zählen, messen, Melodien bilden, den Lauf der Gestirne berechnen.

---

[33] Cf. M.-D. CHENU, *La théologie comme science au XIIIe siècle*, Paris ³1957.

[34] THOMAS VON AQUIN, *Super Boetium de Trinitate*, ed. Leonina, Rom 1992 (Opera omnia L), q. 5, a. 1 obi. 3, p. 137: „Communiter diuiditur philosophia in septem artes liberales, inter quas neque naturalis neque diuina continetur, set sola rationalis et mathematica".

[35] Ibid., q. 5, a. 1 ad 3, p. 139: „Septem liberales artes non sufficienter diuidunt philosophiam theoricam, set ideo, ut dicit Hugo de s. Victore in III sui Didascalicon, pretermissis quibusdam aliis, septem connumerantur quia hiis primum erudiebantur qui philosophiam discere uolebant. [...] Et ita his quasi quibusdam uiis preparatur animus ad alias philosophicas disciplinas".

Die anderen Wissenschaften, wie die göttliche Wissenschaft und die Physik, beinhalten kein Werk, sondern ausschließlich Erkenntnis"[36]. Offensichtlich macht Thomas einen Unterschied, den er jedoch nicht herausarbeitet, zwischen z.B. *musica* als *ars* und als *scientia*. Nur insofern sie eine Wissenschaft ist, gehört sie zur theoretischen Philosophie[37].

Ein zweites kritisches Moment im Boethius-Kommentar des Thomas ist in q. 5, art. 4 zu finden, die von der „göttlichen Wissenschaft" handelt. In seiner Antwort unterscheidet er zwei grundsätzlich verschiedene Arten der Theologie. Es gibt die „philosophische Theologie", die auch „Metaphysik" genannt wird und den höchsten Teil der Philosophie bildet, und die christliche Theologie, die „Theologie der heiligen Schrift" heißt[38]. Das thomasische zweifache Theologieverständnis enthält eine implizite Kritik an Boethius. Boethius präsentiert eine Dreiteilung der theoretischen Philosophie, mit der Absicht, die katholische Glaubensaussage, Gott sei dreieinig, rational zu erhellen. Aber Thomas zeigt in seinem Kommentar, daß der Theologiebegriff des Boethius in der Schwebe bleibt. Die philosophische Theologie erschließt nicht jene Wissensart, die dem Thema der Untersuchung angemessen wäre. Daß Gott dreieinig ist, ist keine von der Philosophie erreichbare Einsicht, sondern beruht auf göttlicher Offenbarung[39].

Diese Differenzierung der Theologie veranlaßt eine weiterführende Frage, die nach dem Wesen der Ersten Philosophie. Während in Griechenland Philosophie durch die Gegenüberstellung von Logos und Mythos entstanden ist, hat das lateinische Mittelalter die Eigenart der Philosophie in ihrem Unterschied zur christlichen Theologie (die selbst ein Logos ist) reflektiert. Vor allem *theologi* ha-

---

[36] Ibid.: „Vel ideo hae inter ceteras scientias artes dicuntur, quia non solum habent cognitionem, set opus aliquod quod est immediate ipsius rationis, ut constructionem sillogismi uel orationem formare, numerare, mensurare, melodias formare et cursus siderum computare. Alie uero scientie uel non habent opus set cognitionem tantum, sicut scientia diuina et naturalis".

[37] Cf. Thomas' Ausführungen ibid., q. 5, a. 3 ad 6 zur *musica* als *scientia media*, insofern sie mathematische Prinzipien auf Naturdinge anwendet.

[38] Ibid., q. 5, a. 4, p. 154: „Sic ergo theologia siue scientia diuina est duplex: una in qua considerantur res diuine non tamquam subiectum scientie, set tamquam principia subiecti, et talis est theologia quam philosophi prosequntur, que alio nomine metaphisica dicitur; alia uero que ipsas res diuinas considerat propter se ipsas ut subiectum scientie, et hec est theologia que in sacra Scriptura traditur".

[39] Cf. ibid., q. 1, a. 4.

ben die Frage nach der Eigenart der Ersten Philosophie gestellt, die, gerade weil sie die Erste ist, für das Philosophieverständnis grundlegend ist.

Nach dem Pariser „Studienführer" handelt die Metaphysik von „denjenigen Dingen, die am meisten die Natur übersteigen (*de maxime transcendentibus naturam*), nämlich den göttlichen"[40]. Diese theologische Bestimmung folgt der Deutung der Ersten Philosophie, welche bei den griechischen Aristoteleskommentatoren vorherrschend war und von Boethius dem Mittelalter vermittelt worden ist. Die Metaphysik handelt vom ontologisch Ersten, das die stoffliche Welt transzendiert. Die Erste Philosophie ist als Theologie Wissenschaft des Transzendenten.

In q. 5, art. 4 seines Boethius-Kommentars erörtert Thomas von Aquin auch die Frage nach dem *proprium subiectum*, d.h. dem eigentümlichen Gegenstand der Metaphysik, durch den sich diese Wissenschaft von den anderen philosophischen Disziplinen unterscheidet. Er legt dar, ihr Gegenstand sei nicht das göttliche Seiende, sondern das Seiende im allgemeinen und die Eigenschaften, die dem Seienden als solchen zukommen. Die Metaphysik handelt von den *communissima*, die auch *transcendentia* heißen[41].

Dieser Terminus hat im 13. Jahrhundert einen neuen philosophischen Sinn erhalten. Dasjenige, was überstiegen wird, sind die allgemeinsten Gattungen der Dinge wie „Substanz", „Quantität", „Qualität" usw., die Aristoteles „Kategorien" genannt hatte. *Transcendentia* wie „Seiendes", „Eines", „Wahres" und „Gutes" transzendieren die Kategorien, nicht im Sinne, daß sie eine gesonderte Wirklichkeit jenseits der Kategorien bezeichnen, sondern wegen ihrer prädikativen Allgemeinheit. Sie können von allem, was ist, ausgesagt werden. Die Lehre von den *transcendentia* expliziert die Grundstrukturen der Wirklichkeit[42].

Das griechische Metaphysikkonzept wird im 13. Jahrhundert (dem „zweiten Anfang der Metaphysik") umgeformt[43]; die Erste

---

[40] C. LAFLEUR, *Le 'Guide de l'etudiant'* [Anm. 32], p. 33.

[41] Cf. J. A. AERTSEN, „Was heißt Metaphysik bei Thomas von Aquin?", in: I. CRAEMER-RUEGENBERG, A. SPEER (ed.), *Scientia und Ars im Hoch- und Spätmittelalter*, Berlin, New York 1994 (Miscellanea Mediaevalia 22), p. 217-239.

[42] Zur philosophischen Bedeutung der Transzendentalienlehre cf. J. A. AERTSEN, *Medieval Philosophy and the Transcendentals: The Case of Thomas Aquinas*, Leiden et al. 1996.

[43] L. HONNEFELDER, „Der zweite Anfang der Metaphysik. Voraussetzungen, Ansätze und Folgen der Wiederbegründung der Metaphysik im 13./14. Jahrhundert", in: J.

Philosophie ist nach der Deutung des Thomas in seinem Boethius-Kommentar primär eine Seinswissenschaft. Diese Stellungnahme heißt nicht, daß die Metaphysik die Frage nach dem (göttlichen) Transzendenten ausblendet, sondern daß der bestimmende Gesichtspunkt bei der Beantwortung dieser Frage die Allgemeinheit ist, nicht die Transmaterialität. Laut Thomas ist die Metaphysik die *scientia communis*[44].

VI. *Jacobus von Lüttich: Die onto-theologische Verfassung der Metamusik*

1. Das Metaphysikkonzept, das den Ausführungen des Jacobus von Lüttich im ersten Buch seines „Speculum musicae" zugrunde liegt, hat eine deutlich theologische Prägung. Metaphysik ist die Wissenschaft, welche die *res transcendentes* betrachtet. Der terminus *transcendentia* hat bei ihm nicht den neuen philosophischen Sinn, den er im 13. Jahrhundert erhalten hatte, sondern bezeichnet, wie im Pariser Studienführer, dasjenige, was die stofflichen oder natürlichen Dinge übersteigt, d.h. das Göttliche.

Dementsprechend hat auch Jacobus' Metamusik eine theologische Verfassung. Sie handelt von der Musikart, die „göttlich" heißt, insofern sie sich auf Gott bezieht, oder „himmlisch", insofern sie sich auf die anderen unstofflichen Substanzen richtet, d.h. die himmlischen Geister, wie die Engel und die *homines sancti*[45]. Für jene Geister ist diese *musica* nicht nur Objekt der Betrachtung, sondern sie besitzen sie auch *subiective* auf die vollkommenste Weise, weil sie Gott nicht in einem Spiegel und durch Rätselbilder sehen, sondern von Angesicht zu Angesicht[46]. Sie betrachten die *concordia*, die Ein-

---

P. BECKMANN et al. (ed.), *Philosophie im Mittelalter. Entwicklungslinien und Paradigmen*, Hamburg 1987, p. 165-186.

[44] THOMAS VON AQUIN, *In XII libros Metaphys. expositio*, ed. M.-R. CATHALA, R. M. SPIAZZI, Turin 1950, prol., p. 1sq.

[45] JACOBUS VON LÜTTICH, *Speculum musicae* [Anm. 3], I, 12, p. 40sq.: „Ideo ab illis rebus haec musicae species nuncupatur, ut divina dicatur, in quantum Deum respicit.[...] Sed coelestis dicitur, ut alias quis a prima substantias respicit separatas [...], cuiusmodi sunt angeli boni et homines sancti".

[46] Ibid., p. 41: „Adhuc ab illis coeli civibus haec musicae species coelestis nuncupatur, non tantum quia de illis est obiective, sed quia in eis est subiective; ipsi enim perfectissime hanc habent musicam, qui iam non in speculo et in aenigmate per aliquod extrinsecum repraesentatum Deum contemplantur, sed immediate facie ad faciem Dei intuentur".

heit und die Gleichheit der drei göttlichen Personen. Im himmlischen Bereich strahlt jedes Verhältnis (*proportio*), jeder Wohlklang (*concordia*), jede Konsonanz (*consonantia*) und jede Melodie (*melodia*)[47].

Die göttliche Musik erstreckt sich auf die Gottesschau und die Trinität. Aber gehören diese Themen noch zur Betrachtung der Metaphysik oder der Metamusik? Was ist die Reichweite der menschlichen theoretischen Vernunft? Eine explizite Antwort auf diese Frage gibt Jacobus nicht. Er bemerkt, daß himmlische Bürger diese Musikart auf vollkommene Weise besitzen; sie sind die „besten Musiker" (*optimi musici*). Wir dagegen besitzen sie unvollkommen, insofern dem Pilger auf Erden eine Erkenntnis der göttlichen Substanz und der anderen getrennten Substanzen durch die *Scriptura sancta, fides catholica, sana doctrina* und die *philosophia* gestattet ist[48].

Jacobus listet nur auf und stellt verschiedenartige Prinzipien der menschlichen Erkenntnis einfach nebeneinander. Daraus können wir einen weiteren Schluß hinsichtlich des theologischen Charakters seiner Metamusik ziehen. Sie ist theologisch, nicht nur weil sie auf einem theologischen Verständnis der Ersten Philosophie fußt, sondern auch weil philosophische Theologie und christliche Theologie eine unreflektierte Einheit bilden, die auf das Theologieverständnis im boethianischen Zeitalter zurückverweist.

2. In Jacobus' Ausführungen finden wir jedoch zugleich ein andersartiges Metaphysikkonzept, das den universalen Charakter dieser Wissenschaft hervorhebt. Metaphysik unterscheidet sich dadurch von den anderen philosophischen Disziplinen, daß sie das Seiende als Seiendes betrachtet. Nach der bekannten Aussage Heideggers liegt die theo-ontologische Verfassung der Metaphysik dem ganzen abendländischen Denken auf eine ihm verborgene Weise zugrunde[49].

---

47 Ibid., p. 43: „Nam ibi patet et relucet omnis proportio, omnis concordia, omnis consonantia, omnis melodia, et, quaecumque ad musicam requiruntur, sunt ibi conscripta".

48 Ibid., p. 43: „Hanc autem, de qua nunc loquimur, musicae speciem, etsi cives illi coelestes perfecte habeant, nos tamen viatores aliqualiter imperfecte habere possumus, quantum nobis viatoribus permissum est de divinis et aliis substantiis separatis cognoscere per Scripturam Sanctam, per fidem catholicam, per doctrinam sanam, per philosophiam".

49 M. HEIDEGGER, Einleitung zu: „Was ist Wahrheit?", in: *Wegmarken*, Frankfurt/M 1967, p. 207-209.

Die Zwiespältigkeit spiegelt sich auch in Jacobus' Auffassung der Metamusik wider. Diese Wissenschaft erstreckt sich nicht nur auf die von der Materie getrennten Substanzen. Jene Substanzen bilden ihre edelsten Gegenstände, aber die Metamusik kann sich auf alle Seiende erstrecken, in denen der Sinngehalt ihres Objektes gefunden wird. Das Objekt der *musica*, allgemein verstanden, ist die Zahl der Dinge, die sich auf irgendeine Weise zueinander verhalten. Die *musica* erstreckt sich also auf das *ens numeratum*, insofern das Seiende im Verhältnis zu einem anderen steht[50].

Mit diesem Schluß verbindet Jacobus einen weiteren Gedanken. Aristoteles hatte im vierten Buch der „Metaphysik" festgestellt, es gäbe drei Wissenschaften, die sich mit dem ganzen Seienden beschäftigen, nämlich die Philosophie, die Logik und die Sophistik, und er hatte die Unterschiede zwischen ihnen dargelegt. Robert Kilwardby hatte dieses Thema in seiner Schrift „De ortu scientiarum" übernommen. Kap. 58 handelt von den Übereinstimmungen und Unterschieden zwischen *logica, sophistica* und *metaphysica*[51]. Von Robert angeregt, erörtert auch Jacobus das Verhältnis der drei universalen Wissenschaften, fügt jedoch einen bemerkenswert neuen Gedanken hinzu. Er vertritt die These, daß die aristotelische Triade um eine vierte Universalwissenschaft erweitert werden muß, und zwar die *musica*. Der Unterschied zur Metaphysik als *scientia communis* besteht darin, daß die letztere sich auf das wahre Seiende als solches erstreckt, während die *musica* das Seiende betrachtet, insofern es *numeratum* ist[52], da es in einem Verhältnis zu einem anderen steht. Jacobus' These ist eine auffällige Bestätigung seiner Anerkennung der Universalität der *musica*.

---

[50] JACOBUS VON LÜTTICH, *Speculum musicae* [Anm. 3], I, 12, p. 43sq.: „Obiectum autem suum, generaliter sumptum, est numerum rerum quarumcumque non absolute, sed ad aliquid, idest ad invicem comparatarum [...] ut possit extendere se ad quaecumque entia invicem comparata, et hoc est illa sumere pro quacumque habitudine rerum invicem comparatarum. Et, secundum hoc, sicut metaphysica se extendit ad omne ens, in quantum in illo reperitur generalis entis ratio, sic musica ad omne ens numeratum sub illa ratione, quae dicta est, <consideratur>".

[51] ROBERT KILWARDBY, *De ortu scientiarum* [Anm. 5], c. 58, p. 195-201: „De comparatione logicae, sophisticae et metaphysicae penes convenientiam et differentiam".

[52] JACOBUS VON LÜTTICH, *Speculum musicae* [Anm. 3], I, 12, p. 44: „Et cum, secundum Philosophum, tres sint scientiae laborantes circa totum ens, dialectica, sophistica et metaphysica, quam vocat philosophiam, poterit cum his coniungi et musica, sed differenter, quia dialectica arguendo applicat se ad omnem materiam probabilem, sophistica ad omnem materiam apparenter probabilem, metaphysica ad omnem rem veram, in qua rationem entis invenit generalem, sed musica ad rem omnem numeratam, ut est dictum".

Zugleich gibt seine Universalisierung der *musica* Anlaß zu einer wissenschaftstheoretischen Frage. Einerseits unterstellt Jacobus die *musica* jeder der drei theoretischen Wissenschaften, Physik, Mathematik und Metaphysik, da die *musica* sich mit verschiedenen Arten von Harmonie beschäftigt. Dabei ist zu bedenken, daß in der aristotelischen Einteilung Physik und Mathematik keineswegs Teile der Ersten Philosophie sind, sondern Eigenständigkeit der Metaphysik gegenüber besitzen. Andererseits behauptet Jacobus, die *musica* sei eine von der Metaphysik verschiedene Universalwissenschaft. Aber wie kann eine derartig gestaltete Wissenschaft der Musik dennoch *eine* Wissenschaft bilden? Zerfällt sie nicht notwendig in eine Vielheit von Wissenschaften?

Mit dieser Frage schließe ich ab. Es wird, meine ich, deutlich geworden sein, daß Jacobus' „Speculum" nicht nur für den Historiker der *musica*, sondern auch für den der mittelalterlichen Philosophie eine aufschlußreiche Schrift ist, weil es Spannungen im Philosophieverständnis dieses Zeitalters widerspiegelt. Sein „Speculum musicae" hat sich zugleich als ein lehrreicher Spiegel der Philosophie herausgestellt.

FACHÜBERGREIFENDE DENKMUSTER

HARMONY, PART-WHOLE RELATIONSHIPS, AND THE LOGIC OF CONSEQUENCES

André Goddu

Introduction

The invitation to participate in this conference was irresistible for four reasons. First, my interest is in understanding the emergence of modern science. The role of ideas and ideals of harmony in astronomy has been a commonplace theme, but one of those commonplaces that somehow was never adequately fathomed. The relation between ideas of harmony and science seems mysterious and even mystical, and so the connection has remained elusive, unpersuasive, and unsatisfying. Such negative judgments as „elusive, unpersuasive, and unsatisfying" are made from a modern scientific point of view, not from a philosophical, aesthetic, or broader cultural perspective. Nevertheless, there were exact sciences in antiquity and the Middle Ages, and I am focussing on one of those moments where a more adequate empirical description of the phenomena was achieved. I hope indeed to reduce the distance between the broader cultural background and particular scientific achievements, not make the distance even wider. The proposed relation to logic opens up new questions and avenues of research. In the first part of the paper, then, I consider the Copernican Revolution and ideals of harmony.

My second reason was the opportunity to correct a serious mistake in the paper presented at the Mediaevistentagung in 1993[1]. The assertion that the connexive interpretation of implication requires that the antecedent of a true conditional be true was a howler. The connexive interpretation admits the validity of counterfactual implications where the antecedent is obviously false. Fortunately, the conclusions drawn in that paper did not depend on

---

[1] A. GODDU, „Music as Art and Science in the Fourteenth Century", in: I. CRAEMER-RUEGENBERG, A. SPEER (ed.), *Scientia und ars im Hoch- und Spätmittelalter*, Berlin, New York 1994 (Miscellanea Mediaevalia 22), p. 1023-1045, esp. 1041.

that mistake, and I return to the issue below. Corresponding to this correction, the second part of the paper turns to medieval developments in the logic of consequences and their relation to the harmonic conceptions that led Copernicus to the discovery of the order of the planets and to Kepler's discovery of the harmonic law.

The third reason is to raise some questions for further research on whether the dialectical ideas and traditions that inspired or, at least, provided Copernicus his arguments in support of heliocentrism derive from Cologne commentaries on Peter of Spain.

I conclude with a suggestion for both musicologists and logicians to look more closely at the logic of the musical treatises of the Middle Ages. I was especially intrigued by the observation made in the circular sent to prospective participants by Frank Hentschel that the concept of musical consonance can be applied to the knowability of creation: the order of creation makes knowledge possible[2]. The claim has epistemological and metaphysical significance, but as a claim it is grounded in the logic of dialectical topics. I hope to clarify that logical ground today, and thus my fourth reason for finding the invitation irresistible.

The Copernican Revolution and Ideals of Harmony

This essay presents some ideas that are part of a long-term project on the Copernican Revolution in science. For over thirty years the historiography of the Copernican Revolution was dominated by Thomas Kuhn's holistic paradigm theory[3]. According to the theory, competing paradigms are incommensurable, which means that there can be no logical transition from the one to the other. Once we select the new paradigm, there is no going back to the older one. Compromises are also excluded for there can be no process of comparison that would lead to a compromise.

Although Kuhn had studied the Copernican Revolution closely, his own theory did not fit the Copernican Revolution[4]. The misfit

---

[2]   In his article, „Von Denkmustern, Konnotationen und Implikationen," in: *Archiv für mittelalterliche Philosophie und Kultur*, Heft 3, ed. T. BOIADJIEV et al., Sofia 1996, p. 104-118, esp. 118, F. HENTSCHEL expressed it thus: „Als erkennbar erweist sich die Schöpfung aufgrund ihrer Ordnung."

[3]   T. KUHN, *The Structure of Scientific Revolutions*, Chicago 1962.

[4]   T. KUHN, *The Copernican Revolution*, Cambridge, Massachusetts 1957.

was obvious, in fact. One of the major competitors for some seven decades was a geo-heliocentric compromise that combined the best features of geocentric and heliocentric theories. It was obvious that the two theories could be compared. If comparable, then why could there not be a critique that could persuade one of the superiority of one over the other? If a critique was possible, then why should we not be able to evaluate the logic of the critique and the logic of the arguments supporting the competing theories?

In his arguments against geocentrism and in support of heliocentrism, Copernicus placed great emphasis on such criteria as harmony, symmetry, and commensurability. These criteria have been interpreted primarily as aesthetic in nature, and thus as appealing to the emotions in a rhetorical fashion. The links between traditional mathematical and musical conceptions of the universe and Copernicus's arguments, then, tended to be dismissed as not strictly rational, and so his conclusions have often been judged to be nonlogical and even illogical. I shall return to these criticisms below, but a brief look at the Pythagorean background will set up what follows.

The force of the Pythagorean tradition in music lasted several centuries, and, as many of the papers in this collection verify, the force of rational ideals continues to influence western efforts to understand the universe. Music in ancient and medieval western contexts was a branch of mathematics, the branch that examines and studies numerical ratios and proportions. Like astrology, music was regarded as a science that reveals the rational order in the cosmos. As a science, music was thought to provide the fundamental principles of cosmic harmony. In the ratios of simple whole numbers and their multiples lay the relationships between all sorts of natural phenomena, especially astronomical and medical. Numbers were quantities thought to be real, that is, as having spatiotemporal existence. Consequently, the possibility of discovering the musical laws that govern the whole of creation, and especially the celestial universe, intoxicated and motivated mathematicians, music theorists, and astronomers for centuries.

The musical consonances admitted in Pythagorean theory arise out of the *tetraktys* (1, 2, 3, and 4), restricting the consonant intervals to the simple ratios, 2:1, 3:2, 4:3, or to compounds of these ratios. The Pythagorean conception of harmony, however, also required placing a third term, or mean, between two terms of a given ratio,

generating a numerical system that preserved the arithmetic proportion (4:3:2 or 12:9:6) and the harmonic proportion (6:4:3 or
12:8:6). From the combination of these terms (12:9:8:6), all of the
interlocking ratios and the geometric proportion (4:2:1) can be generated, limited by the octave (the extremes 12:6) and by the whole
tone (the means 9:8)[5].

Later Pythagorean thinkers saw in these proportions and their
multiples the mathematical basis for all sorts of natural phenomena.
As a consequence, I do not want to dismiss or even diminish the
rhetorical effect of appeals to harmony. The following doctrines
and beliefs played an enormous role in early modern science:
1) that the numerical proportions that order the universe are the
same as those that govern musical harmonies, 2) the idea that musical laws govern the universe, and 3) the conception of the universe
as a perfect symphony or concord produced by a sympathetic affinity between the parts[6]. These ideas clearly influenced the theories
of Fludd about the universe as a huge cosmic monochord, of
Kepler that the music of the spheres is expressible as a ratio of
planetary speeds, and of Newton about the numerical relations
between music and color[7].

This much is well known. Less well known are the relationships

---

[5] On some of these notions, I am grateful to Frank Hentschel for the correction of
my original version. It goes without saying that he is not responsible for remaining
errors or misunderstanding on my part. See J. HAAR, „Pythagorean Harmony of the
Universe", in: *Dictionary of the History of Ideas*, tom. 4, New York 1973, p. 38-42; GODDU,
Music [n. 1], p. 1026. Regarded from a modern mathematical point of view, the whole
number ratios of Pythagorean harmonic theory start out from the division of the octave
of a string into the ratio 2:1. The ratios of the intervals of the C-major diatonic scale as
produced by the Pythagorean monochord, multiplied together, equal 2. These were the
mathematical proportions that were thought to make music possible. If we take the
intervals of the Pythagorean monochord for the C-major diatonic scale: D:C = 9:8; E:D
= 9:8; F:E = 256:243; G:F = 9:8; A:G = 9:8; B:A = 9:8; C':B = 256:243, and then divide
the product of the numerators by the product of the denominators, the result is 2:
(9x9x256x9x9x9x256) ÷ (8x8x243x8x8x8x243) = 2. See also F. J. SMITH, „A Medieval
Philosophy of Number: Jacques de Liège and the *Speculum Musicae*", in: *Arts Libéraux et
Philosophie au Moyen Age*, Montréal, Paris 1969 (Actes du Quatrième Congrès International de Philosophie Médiévale), p. 1023-1039, esp. 1024-1029; T. LEVENSON, *Measure
for Measure*, New York 1994, p. 110; C. PAGE, *Discarding Images. Reflections on Music & Culture in Medieval France*, Oxford 1993, p. 117-135; J. KASSLER, *Inner Music*, Madison 1995,
p. 28-33.
[6] HAAR, *Pythagorean Harmony* [n. 5], p. 38.
[7] KASSLER, *Inner Music* [n. 5], p. 38-43; LEVENSON, *Measure* [n. 5], p. 24-25 and 112-
114; and J. V. FIELD, *Kepler's Geometrical Cosmology*, Chicago, London 1988, p. 112-126 and
142-163.

between harmonic conceptions and logic. Contrary to the standard reading, I claim that the arguments employing these ideas were based on logical rules. More specifically, my paper explores some connections between ideas of harmony and the logic of consequences, but it bears emphasis that the most striking application of such ideas appears in astronomy. The story here is that harmonic conceptions motivated an interpretation and application of logical doctrines that had been developed in the Middle Ages. The logical doctrines were developed independently of music and astronomy, but ideas of harmony, part-whole relations, and logical consequences were used to provide the logical justification for accepting the heliocentric theory as more probable than its geocentric counterpart. Examinations of Copernicus's arguments have nearly always recognized the emphasis that Copernicus placed on the criteria of harmony and commensurability[8]. Copernicus could not prove the heliocentric theory, but he did construct arguments that provided reasons for preferring the heliocentric over the geocentric view. The arguments constructed by Copernicus relied on standard dialectical techniques as well as on a controversial interpretation of consequences[9].

In recent years scholars have pointed to important empirical connections between music and cosmology[10], music and natural philosophy[11], music and theology and biblical studies[12], and even to connections between music and speculative grammar[13]. The last connection demonstrates a connection between music and logic. Allow me, however, to mention some features of speculative grammar and why I have chosen to leave that topic out of my discussion today. The experts in speculative grammar attempted to derive all

---

[8]   O. GINGERICH, „Introductory Remarks on the Astronomy of Copernicus", in: *Avant, avec, après Copernic*, Paris 1975, p. 101-104; P. L. ROSE, „Universal Harmony in Regiomontanus and Copernicus", in: *Avant, avec, après Copernic*, Paris 1975, p. 153-158.

[9]   A. GODDU, „The Logic of Copernicus's Arguments and his Education in Logic at Cracow", in: *Early Science and Medicine* 1 (1996), p. 28-68.

[10]   HAAR, *Harmony* [n. 5], p. 38-42; KASSLER, *Inner Music* [n. 5], p. 30-48; LEVENSON, *Measure* [n. 5], p. 24-25 and 109-118; and FIELD, *Cosmology* [n. 7], p. 112-126 and 142-163.

[11]   SMITH, *Number* [n. 5], p. 1023-1039; PAGE, *Images* [n. 5], p. 117-135.

[12]   PAGE, *Images* [n. 5], p. 112-139.

[13]   M. HAAS, „Studien zur mittelalterlichen Musiklehre I: Eine Übersicht über die Musiklehre im Kontext der Philosophie des 13. und frühen 14. Jahrhunderts", in: *Aktuelle Fragen der musikbezogenen Mittelalterforschung*, Winterthur 1982, p. 323-456, esp. 381-383.

possible sentence constructions of a particular language from the
inherent features of language such as the primitive semantic elements called modes of signifying. Accordingly, speculative gram-
marians were known as modists (*modistae*). Theirs was a theory especially suited to classification of parts of speech but not very well
suited to constructing the various kinds of sentences that are expressible in a language. Modists analyzed connectives, such as if-
then, as word connectives, but because no sentence has a mode of
signifying, modists gave no account of them as sentential connectives. From a logical point of view, that was a serious weakness,
namely, the study of grammatical syntax apart from logical syntax.
To get to the point, the modists failed to develop an adequate theory of consequence[14].

Because the logic of consequences is central to my suggestions,
I turn from speculative grammar to texts that did develop a more
adequate logic of consequences.

Dialectical Topics and Astronomical Harmony

The logic of consequences is concerned with the relationship between the antecedent and consequent of a conditional proposition.
There are many rules that help us to construct valid consequences,
and a standard source and teaching tool in the Middle Ages for
learning these rules was a handbook by Peter of Spain called the
„Summulae logicales". Peter also wrote a text entitled „Syncate-
goremata", a second important source for the medieval logic of
consequences. In addition to Peter, two texts by William of Sherwood were also important sources for the medieval doctrine of consequences[15]. These authors along with terminist logicians devel-

[14]   Cf. C. Marmo, *Semiotica e linguaggio nella Scolastica: Parigi, Bologna, Erfurt, 1270-1330.
La semiotica dei Modisti*, Rome 1994. See the review by A. Perreiah, in: *Speculum* 71
(1996), p. 978-980.
[15]   Petrus Hispanus, *Syncategoreumata*, ed. L. M. de Rijk and tr. J. Spruyt, Leiden
1992; id., *Tractatus (Summule Logicales)*, ed. L. M. de Rijk, Assen 1972; William of
Sherwood, *Introduction to Logic*, tr. N. Kretzmann, Minneapolis 1966; id., *Treatise on
Syncategorematic Words*, tr. N. Kretzmann, Minneapolis 1968; K. Jacobi, „Drei Theorien
über die Funktion aussagenverknüpfender Zeichen: Die Diskussion des Junktors 'si' bei
Wilhelm von Shyreswood", in: J. P. Beckmann, L. Honnefelder, G. Jüssen et al.
(ed.), *Sprache und Erkenntnis im Mittelalter*, Berlin, New York 1981 (Miscellanea Mediaevalia
13), p. 385-402; A. Maierù, *University Training in Medieval Europe*, tr. D. N. Pryds, Leiden

oped theories that may not be formally rigorous by mathematical standards but that are suited to explaining the consequences that are used in natural language and in different disciplines[16]. One of the contexts and problems that contributed to the development of such broader theories of consequence was the logical status of the so-called paradoxes of strict implication:

(1) from the impossible anything follows, and
(2) the necessary follows from anything[17].

Regarded in a purely formal way, the paradoxes are merely the result of a formal calculus, that is, they follow from certain laws of entailment that we need in order to construct a chain of proofs[18]. For the logician concerned with natural contexts or the requirements of a specific discipline, however, the paradoxes are counterintuitive. William of Sherwood, Peter of Spain, and many medieval logicians complained that because a conclusion is a proposition proved by an argument, and because an argument provides a ground or warrant for believing the conclusion, then it cannot be true to say that from the impossible anything whatever follows or to say that the necessary follows from anything whatever. The inferences leading to conclusions must be confirmed by certain intrinsic, extrinsic, or intermediate topics[19]. These logicians did not conclude, however, that nothing at all follows from the impossible or even the false, because there are contexts where the antecedent of a consequence is a counterfactual and where the truth of the consequence is some sort of hypothetical or causal proposition. From a purely formal truth-functional analysis of counterfactuals we would conclude that they must all be true. Only if we add some semantic criterion, where we must assert some relation between antecedent and consequent, can we judge some counterfactuals to be true and others false[20].

1994, p. 93-116; and E. MORSCHER, „Der Begriff 'consequentia' in der mittelalterlichen Logik", in: *Archiv für Begriffsgeschichte* 15 (1971), p. 133-139.

[16] S. TOULMIN, *The Uses of Argument*, Cambridge 1958, p. 146-210.

[17] I. BOH, „John of Glogovia's Rejection of Paradoxical Entailment Rules", in: *Die Philosophie im 14. und 15. Jahrhundert*, ed. O. PLUTA, Amsterdam 1988, p. 373-383, esp. 373. Cf. A. N. PRIOR, „Logic, Modal", in: P. EDWARDS (ed.), *The Encyclopedia of Philosophy*, tom. 5, New York 1967, p. 5-12.

[18] PRIOR, *Logic* [n. 17], p. 6-7; JACOBI, *Theorien* [n. 15], p. 386-390.

[19] JACOBI, *Theorien* [n. 15], p. 394-396; PETRUS HISPANUS, *Syncategoreumata* [n. 15], p. 230-237.

[20] JACOBI, *Theorien* [n. 15], p. 396.

There are many dialectical topics, rules, or relations that can mediate between a premise and a conclusion and between the antecedent and consequent of a conditional proposition, but let me draw your attention to two topics in particular: the intrinsic topics „from an integral whole" and „from an integral part." Peter of Spain says of these topics:

> An Integral Whole is what is composed of parts having quantity and a part of it is called integral. The topic from Integral Whole is a relation between a thing itself and its part. It is always constructive, for example: „*there is a house, therefore there is a wall.*" The topic here? From an Integral Whole. The Maxim: given an Integral Whole, any part of it is given as well. The Topic from Integral Part is a relation between a thing itself and its whole. It is always destructive. For example, „*there is no wall; therefore there is no house.*" The Topic here? From an Integral Part. The Maxim: given rejection of an Integral Part, its Whole is rejected as well[21].

I emphasize these topics and maxims above all because they play an enormous role in Copernicus's arguments on behalf of heliocentrism and they express the central role that harmony plays in Copernicus's view of the cosmos.

The planets must be in a particular and definite order, but how can we discover that fact? Ptolemaic theory provides no unique principle for the ordering of the planets. When Copernicus placed the sun in the center, he noticed that the planets, including Earth, can be ordered according to their respective sidereal periods, and that this arrangement accounts for the observation of the bounded elongations of Mercury and Venus (because the orbits of these planets are *interior* to Earth's orbit) and for the observation of the retrograde motions of all of the planets and why the superior planets undergo retrograde motion only when in opposition. The part-whole logic of Copernicus's argument takes the following form: The whole is the system of planets centered on the sun and ordered according to sidereal periods (the period of each planet's realign-

---

[21] PETRUS HISPANUS, *Tractatus* [n. 15], p. 64: „Totum integrale est quod est compositum ex partibus habentibus quantitatem et pars eius dicitur integralis. Locus a toto integrali est habitudo ipsius ad suam partem. Et est semper constructivus. Ut '*domus est; ergo paries est.*' Unde locus? A toto integrali. Maxima: posito toto integrali, ponitur quelibet eius pars. Locus a parte integrali est habitudo ipsius ad suum totum. Et est semper destructivus. Ut '*paries non est; ergo domus non est .*' Unde locus? A parte integrali. Maxima: destructa parte integrali, destruitur et suum totum." *Language in Dispute: The Summulae Logicales*, tr. F. P. DINNEEN, Amsterdam 1990, p. 56-57.

ment with a given star), and the parts are the orbits of each of the planets around the sun. Even so, Copernicus's conception of harmony here was a very general one, namely, that the parts of the system are commensurable, that is, the planets are ordered in a definite way according to one principle, sidereal periods. Still, Copernicus did not discover any mathematical law or ratios that reduced the entire system to one harmonic principle. That discovery comes later, as we shall see.

There is yet another important clue here, however, for the logical connection between musical harmony and astronomy, namely, the logical ground for asserting the knowability of the order and motions of the planets. Just as in medieval logic and the doctrine of dialectical topics where logical or real relations supply the ground linking antecedent and consequent and linking the steps in an argument, so also ideas of system contributed to the belief that the order of creation makes knowledge of creation possible[22]. Because God created both nature and human reason, some authors argued, then it must be possible for the human mind to understand nature[23]. There must be a harmonious relationship between the human mind and nature, such that when we discover a reason or explanation for known but otherwise inexplicable facts, we must be accessing or approaching the organizing principle behind creation itself.

Copernicus criticized Ptolemaic astronomers above all for their failure to produce a harmonious system. His arguments rely especially on part-whole relationships and on the criterion of relevance between the antecedent and consequent of hypothetical propositions in astronomy. He complained bitterly about the scandalous result that after a thousand years, mathematical astronomers still could not decide in what unique order God had arranged the planets[24].

---

[22] HENTSCHEL [n. 2], p. 118: „Als erkennbar erweist sich die Schöpfung aufgrund ihrer Ordnung."

[23] NICOLAUS COPERNICUS, De Revolutionibus libri sex , ed. R. GANSINIEC, in: Opera omnia, tom. 1-2, Warsaw 1973-78, tom. 2, p. 4, lines 33-37: „Hanc igitur incertitudinem mathematicarum traditionum de colligendis motibus sphaerarum orbis cum diu mecum reuoluerem, coepit me taedere, quod nulla certior ratio motuum machinae mundi, qui propter nos ab optimo et regularissimo omnium opifice conditus esset, philosophis constaret, qui alioqui rerum minutissima respectu eius orbis tam exquisite scrutarentur." GEORG JOACHIM RHETICUS, Narratio prima, tr. E. ROSEN, in: id., Three Copernican Treatises, 2d ed., New York 1959, p. 137; LEVENSON, Measure [n. 5], p. 114.

[24] COPERNICUS, De Revolutionibus [n. 23], tom. 2, p. 4, 33-37: „Hanc igitur incer-

Rheticus too appealed to the divinely created order of nature
and to Copernicus as the astronomer who had discovered the correct tuning principles of the cosmic instrument[25]. Rheticus implicitly compared the systems of Copernicus's opponents to an instrument made by God that had no tuning principles whatsoever and
that produced a cosmic cacophony. As a matter of fact, Rheticus
was mistaken about Copernicus's achievement, but Kepler was
persuaded that heliocentrism provided the right clues and direction
for discovering empirically the correct tuning principles of the cosmic instrument[26]. At first, the arguments by Copernicus and
Rheticus struck me as rhetorical and persuasive rather than dialectical and probable, but I have since come to see them as grounded
on the assumption of the harmonious relationship between the
mind and the universe, that is to say, on the very notion of a
proportio linking God, nature, and the human mind.

Copernicus appealed to God as the best and most systematic
Artisan of all as the reason why we should be able to understand
the movements of the world machine with greater certainty[27]. Evidently picking up on that theme, Rheticus appealed to God's skill
as a craftsman in constructing a system that reduces an almost infi-
nite number of appearances to the one motion of the earth[28]. They
implicitly use the topic from efficient cause and its maxim, „that is
good whose efficient cause is good as well"[29]. Copernicus and
Rheticus implied that there is harmony between the mind and nature and that the mind, therefore, possesses the capacity to know
nature. Indeed, God created the world for our sake, says Coperni-

---

titudinem mathematicarum traditionum de colligendis motibus sphaerarum orbis cum
diu mecum reuoluerem, coepit me taedere, quod nulla certior ratio motuum machinae
mundi [...]." GODDU, *Logic* [n. 9], p. 43-61. For instance, Copernicus criticized Ptolemy
for attributing a characteristic of the parts to the whole: *De Revolutionibus*, tom. 2, p. 11,
20-24: „Quam ob causam ante omnia puto necessarium, vt diligenter animaduertamus,
quae sit ad caelum terrae habitudo, ne dum excelsissima scrutari volumus, quae nobis
proxima sint ignoremus, ac eodem errore quae telluris sint attribuamus caelestibus."
This is the fallacy of using the topic from integral part *constructively.* See GODDU, *Logic* [n.
9], p. 54-55.

[25] RHETICUS, *Treatises* [n. 23], p. 138-139.
[26] FIELD, *Cosmology* [n. 7], p. 145-179.
[27] COPERNICUS, *De Revolutionibus* [n. 23], tom. 2, p. 4, 33-37: „[...] ab optimo et
regularissimo omnium opifice conditus esset [...]"
[28] RHETICUS, *Treatises* [n. 23], p. 137.
[29] PETRUS HISPANUS, *Tractatus* [n. 15], p. 67: „[...] cuius causa efficiens bona est,
ipsum quoque bonum est." Translation by DINNEEN [n. 21], p. 59.

cus[30]. These suggest topics from dignity, purpose, final cause, but above all they rest on the assumption of proportionality, of a universe created according to a regulative principle, and that principle is none other than the analogy between the order and motions of the planets under the control of the sun and the proportionality of the parts of a painting or the ratios of a well-tuned instrument.

The inference is, at first glance, theological in character, and its warrant and backing rely on a tradition of allusions to divine, artistic, and musical ordering principles. On second glance, the inference relies on the belief that the mind has a natural capacity and affinity for explanations such that when it discovers them, it finds them pleasing and beautiful and so is moved to assent to their truth. Indeed, Copernicus's appeal to the order of nature and the human mind's capacity to see it was an explanation of why Copernicus was persuaded that he had discovered the truth. The key, however, was not the beauty of the theory itself. There are many beautiful but probably false theories. The key was the agreement between a beautiful theory and minutely precise data. In a rationally constructed universe, such agreement, so Copernicus, Rheticus, and Kepler believed, could not be accidental. The effectiveness and persuasiveness of a part-whole analysis rests on the primacy of the whole, whether it be a style of portraiture, a musical tone-system, or a planetary system. An analysis that reveals the ordering principle, capturing the harmony and commensurability of the parts in relation to the whole must be right, or so they thought.

As I mentioned earlier, it was left to Kepler to discover the harmonic law, and what a remarkable discovery it was. Copernicus discovered that the orbits of the planets constitute a system or whole that is regulated by the sun. Copernicus's „harmonic" conception is that there is a common principle (sidereal periods) ordering the planets linearly from the shortest to the longest sidereal periods. The harmonic law discovered by Kepler is that the square of the orbital period of a planet divided by the cube of a planet's mean distance from the sun is a constant. The whole system, then, is bound by that law, regulating the orbital period and mean distance of each planet. Each individual orbit is linked harmonically to the whole. The part-whole relationship serves as a warrant for

---

[30] COPERNICUS, *De Revolutionibus* [n. 23], tom. 2, p. 4, 33-37: „[...] qui propter nos ab optimo et regularissimo omnium opifice conditus esset [...]"

Kepler's conclusion that the Copernican system is ordered and regulated by one harmonic law.

A Cologne Connection?

In the concluding section, I return to the question of the Cologne background to Copernicus's logic. In the analysis of Copernicus's logic published in the journal „Early Science and Medicine", I argued for the possibility that Copernicus was acquainted with the logical views of John of Glogovia, especially because of John's reliance on the criterion of relevance in his evaluation of consequences. I am still persuaded that Copernicus's peculiar emphasis on relevance points to John of Glogovia as the likeliest source, but the fact is that the evidence is not conclusive. What is more, it is clear that throughout the Middle Ages there were many logicians who questioned the paradoxes of strict implication and advocated a semantic interpretation of consequences[31].

More to the point, Professor Markowski has shown that after a period in which the faculty at Cracow had concentrated on syllogistic, they returned to dialectic and the discussion of topics around 1475. That return to dialectic nearly coincides with the appearance in the 1480s of works on logic from Cologne[32]. It is very likely that John of Glogovia was acquainted with and influenced by these works. As Professor Braakhuis has made clear, Cologne philosophical works tend to be somewhat synthetic about reporting the differences of opinion between different philosophical schools. Synthesis also characterizes the philosophical works of John of Glogovia. What is more, a number of Cologne works on logic raise objections

---

[31] A. GODDU, „Consequences and Conditional Propositions in John of Glogovia's and Michael of Biestrzykowa's Commentaries on Peter of Spain and their Possible Influence on Nicholas Copernicus", in: *Archives d'histoire doctrinale et littéraire du moyen âge* 62 (1995), p. 137-188, esp. 161-163 and 167-173. JACOBI, *Theorien* [n. 15], p. 388 and 396-397; MAIERÙ, *University Training* [n. 15]; E. J. ASHWORTH, „Traditional Logic", in: C. B. SCHMITT, Q. SKINNER, S. KESSLER (ed.), *The Cambridge History of Renaissance Philosophy*, Cambridge 1988, p. 143-172, here p. 169.

[32] M. MARKOWSKI, „Die wissenschaftlichen Verbindungen zwischen der Kölner und der Krakauer Universität im Mittelalter", in: A. ZIMMERMANN (ed.), *Die Kölner Universität im Mittelalter*, Berlin, New York 1989 (Miscellanea Mediaevalia 20), p. 274-286, esp. 284-285.

to the paradoxical entailment rules[33], and they do so in a way that may have influenced the teaching of logic in Cracow that Copernicus received while he was a student there between 1491 and 1495. That is a question for further research.

What we can immediately say, however, is that there was a philosophical environment conducive to the sorts of arguments that Copernicus later produced, but it was Copernicus's contribution to apply the inference-warrants developed in discussions of dialectical topics to the solution of problems in astronomy. Such achievements may motivate more logicians to examine, not logical theory, but the actual use of logic in the various disciplines. On that note I conclude with an appeal to musicologists and logicians to examine works in music and the other mathematical arts and sciences and to help us understand the dialectic between musical practice and musical theory and the logic of the arguments supporting new theoretical explanations devised to account for new music[34]. They may provide a model of what Copernicus later accomplished for astronomy. The idea that links such discussions together, as Kepler was so articulate in expressing, is the agreement between theory and data that are minutely precise[35]. That is an argument that has its roots not in theories of idealized logic but in explanations of working logic, where „we must judge each field of substantial arguments by its own relevant standards"[36].

To return to the central themes of this paper: The warrants for accepting the heliocentric theory as true were (1) the agreement between the theory and precisely accurate data and (2) that the theory provided an explanation of the data. The backing for the warrants was the belief that such agreement and explanation could not be accidental. The order of creation makes knowledge possible –

---

[33]   H. A. G. BRAAKHUIS, „School Philosophy and Philosophical Schools: The Semantic-Ontological Views in the Cologne Commentaries on Peter of Spain, and the 'Wegestreit'", in: ibid., p. 1-18, esp. 13-14.

[34]   At the Tagung, Max Haas informed me that several musical treatises contain arguments that apparently depend on the use of topics. He has recruited Klaus Jacobi of Freiburg and me to examine these arguments more closely.

[35]   FIELD, Cosmology [n. 7], p. 143; cf. N. JARDINE, The Birth of History and Philosophy of Science, Cambridge 1984, p. 252-257. The standard of precision demanded by Kepler was probably the most exacting in history up to that time.

[36]   TOULMIN, Uses [n. 16], p. 234. Compare MAIERÙ, University Training [n. 15], p. 106-107. I am indebted to Dino Buzzetti of the University of Bologna for alerting me to the relevance of Toulmin's views to the medieval use of dialectical topics.

that is an assumption about the consonance and harmony of the universe in relation to the human mind. The dialectical topics used as inference-warrants and backed by the assumption of consonance and harmony are, I suggest, what link medieval musical theory to early modern astronomy.

JEHAN DES MURS AND HIS MILIEU

Lawrence Gushee

The study of the polyphonic music of the fourteenth century has to an important extent been oriented about the great figures of Philippe de Vitry, Guillaume de Machaut and Francesco Landini, about whose lives and careers we are relatively well informed. But biographical knowledge has been less helpful than one might have imagined in dealing with the traditional musicological problems of, in de Vitry's case, attribution, and, for Machaut, chronology.

Be that as it may, it has been nevertheless clear that the early part of the century, in France at any rate, was one of those times when the understanding of what was possible in music was drastically altered, going, remarkably enough, hand-in-hand with a new way of understanding the theory of music. The major writer on music theory in France, indeed the only figure about whom we know anything substantial, was Jehan des Murs[1]. Although his principal creative work was in astronomy, arithmetic, and practical geometry, his stature as a writer on music was such as to elevate him to the Pantheon of musical ,,authorities" for many generations to come[2].

Des Murs' penchant for dating and localizing his works and the lucky survival of a number of documents that once belonged to him

---

[1]   A number of versions of the French form of the name have been used in recent discussions, with ,,Jean de Murs" predominating. A consideration of the evidence below regarding the connection between Julian des Murs, from whom we have a number of signed documents in his own hand, and Jehan, as well as the account roll from Fontevraud, will, I trust convince the reader that the slightly different – but, in fact, more grammatical – form ,,des Murs" is the correct one. The fourteenth-century catalogue of the library of Charles V also uses this form. As for my preference for the obsolete spelling ,,Jehan", I suppose I would have the reader always be aware that we are speaking of a person who lived a good many years ago. Of course, the whole issue can be avoided by always using the Latin form, ,,Johannes de Muris"; I decided not to.

[2]   Philippe de Vitry has been credited with the authorship of an important work on the theory of music. The arguments in S. FULLER, ,,A Phantom Treatise of the Fourteenth Century? The Ars Nova", in: *Journal of Musicology* 4 (Winter 1985/1986), p. 23-50, to the effect that there was no such treatise, are persuasive.

or passed through his hands have made it possible to be rather well-informed about the milestones of his life. Important questions still beg for an answer, however: generally, regarding the shape and meaning of his life's work; particularly, of the relationship between his work in theory of music and in the more pervasively numerate sciences of astronomy and arithmetic. This essay is mostly a response to the first of these questions; a deeper understanding of the second must in part rest on a new look at the manuscript tradition of his several works on music.

An overview of des Murs' works show them to be perplexingly sporadic or uneven. In fact it makes one question the very notion of career at a time when there was no such thing as a „professional scientist" (or composer). Part of the explanation may rest on personal characteristics or quirks which we can only suspect; but surely another part had to do with special features of the medieval university, especially in Paris. Theology and the philosophy that supported theology were the jewels in the crown of that remarkable and still relatively young institution; taking a subaltern but significant place were studies in medicine and law.

But this did not mean that someone like des Murs was doomed to work in isolation, to be a „lone wolf". Everywhere he went, he could find persons–sometimes, perhaps, rather few–with university training and a gift for numbers coupled with an „astronomical imagination", with whom he could engage in intellectual give-and-take. I think it appropriate to call this a „scientific network."

„Scientific network" implies links of communication between individuals outside of formal institutional structures, although, to be sure, such individuals may well have been formed by those structures and, on occasion, worked within them[3]. Today, for example, exchange of the most interesting or important results of research often takes place through private correspondence or conversation

---

[3]   This is not to deny the importance of what might be called a virtual or diachronic network, i.e. the engagement with the same ideas or problems over several centuries by scholars in the same discipline. Here the communication goes in one direction only, with commentary or marginal glosses representing a conversation with someone incapable of answering. It's indeed striking how durable some works on astronomy–to mention just one of the sciences–were, with sixteenth-century printings of two to three hundred year old classics, e.g. the „Sphere" of John of Sacrobosco, or the „Arithmetica speculativa" of Jehan des Murs. To be sure, astronomy in the days prior to the telescope had necessarily to collect its data over quite long stretches of time.

and so-called „pre-papers" circulated within a limited circle prior to appearance in professional journals, much less university courses, seminars, and textbooks. Also, all experienced scholars develop a sense of who the other serious and trustworthy workers are in a particular field[4].

In early 14th-century France, there were several general factors which may be seen as favoring such networks of personal communication: first, perhaps, a certain overproduction of *magistri artium* with respect to the number of teachers actually needed for the University of Paris to function[5]. Secondly, the required books – and consequently, lectures – were far from exhausting topics of scholarly and academic interest, particularly in new or esoteric disciplines. Although they were not ignored, they were literally „extra-curricular" and presented only sporadically.

Magistri artium, to be sure, had many other possibilities for a career, as bureaucrats in the service of royalty and nobility, or – if one may dare use the term „bureaucrat" in this connection – episcopal sees or collegiate churches, often entailing a prebend. Thus, in my hypothetical imagination, a network of individuals who had come to know each other as friends or scholars with a common interest during their student years prior to the licentiate, but who were then obliged to seek a living outside the capital or the university[6].

---

[4] I owe a debt for this idea – as well as for an interest in fourteenth-century astronomy generally – to the late DEREK J. DE SOLLA PRICE, who expounded his idea of the „invisible college" in his Pegram Lectures of 1962, published as *Little Science, Big Science*, New York 1963. The quasi-exponential growth of publication in the sciences has, understandably, been accompanied by a substantial literature speculating about the manner in which the results of scientific work are disseminated. I have deemed it unnecessary in this essay to explore it.

[5] I believe that the notion of „over-production" is supported by the statistics offered in M. TANAKA, *La Nation anglo-allemande de l'Université de Paris à la fin du moyen âge*, Paris 1990 (Mélanges de la Bibliothèque de la Sorbonne 20).

[6] Of particular interest is the fascinating work of H. MILLET, *Les Chanoines du chapitre cathédral de Laon, 1272-1412*, Rome 1982 (Collection de l'École française de Rome 56). She comments with regard to the body of canons in Laon: „ce qui nous semblait être une mosaïque inorganisée de situations variées est en fait l'assemblage de deux familles distinctes d'individus d'inégale importance. Le groupe de priviligiés, nettement minoritaire, est aussi caractérisé par ses origines lointaines et son peu d'attirance pour les lauriers universitaires, tandis que les non-nobles doivent en général à leur réussite intellectuelle d'avoir fait carrière dans le siècle. La masse de ces derniers, où les Laonnois forment un groupe particulièrement original, n'est pas confuse mais s'ordonne de manière hiérarchique selon l'échelle des grades obtenus à l'univerisité." A „Lumpenintelligentsia"?

The number of those deeply interested in astronomy must have been limited by the esoteric nature of the skills and equipment involved[7]. Where traditional quadrivial astronomy might suffice for the ability to calculate the date of Easter or for understanding the astronomical references in sacred books and literature, the mastery of the tables for the precise prediction of conjunctions and oppositions, as well as solar and lunar eclipses, required both sophistication and an up-to-date reading list that must have been beyond the majority of *magistri artium*. Would this not have resulted in a certain *esprit de corps*?

In the thirty years since interest was reawakened in Jehan des Murs, thanks to Guy Beaujouan[8], many others have made important contributions to our understanding of this fascinating personage, each in the context of their own interests. They include myself[9], Ulrich Michels[10], Emmanuel Poulle, with his important article in the *Dictionary of Scientific Biography*, and especially his „Jean de Murs et les tables alphonsines"[11], Hubert L. L. Busard[12], Ghislaine L'Huillier[13], Christine Gack-Scheiding[14], and Marie-Madeleine Saby[15]. Des Murs also frequently puts in an appearance in the work

---

[7] Astronomers (or astrologers, there being no useful or consistent distinction at the time) employed instruments which must have smacked of magic to the uninitiated: the astrolabe, known in Christian Europe since the 12th century, the old and new quadrants, the armillary sphere, the saphea, and the turquetus. Their manipulation naturally required explanatory texts and, I dare say, hands-on instruction from a master. See E. POULLE, *Instruments astronomiques du moyen âge*, Paris 1983 (Astrolabica 3), for excellent illustrations of these instruments as well as brief explanations of their use.

[8] While conducting research in Paris during the academic year 1964-65 I became aware of the research of Prof. Beaujouan, in particular his discovery and elucidation of the MS Escorial O.II.10, formerly in the possession of des Murs. He agreed provisionally to a joint publication of all of the autograph notes in the manuscript, a project which has never come to fruition.

[9] L. GUSHEE, „New Sources for the Biography of Johannes de Muris", in: *Journal of the American Musicological Society* 22, 1 (1969), p. 3-26.

[10] U. MICHELS, *Die Musiktraktate des Johannes de Muris*, Wiesbaden 1970 (Beihefte zum Archiv für Musikwissenschaft 8).

[11] E. POULLE, „John of Murs", in: *Dictionary of Scientific Biography*, tom. 7, New York 1973; and „Jean de Murs et les tables alphonsines", in: *Archives d'histoire doctrinale et littéraire du moyen âge* 47 (1980), p. 241-271.

[12] H. L. L. BUSARD, „Die 'Arithmetica speculativa' des Johannes des Muris", in: *Scientiarum Historia* 13 (1971), p. 103-132.

[13] G. L'HUILLIER, *Le Quadripartitum numerorum de Jean de Murs*, Paris 1990 (Mémoires et Documents publiés par la Société de l'École des Chartes 32).

[14] C. GACK-SCHEIDING, *Johannes de Muris, Epistola super reformatione antiqui kalendarii*, Hannover 1995 (Studien und Texte [der MGH] 11).

[15] M.-M. SABY, „Mathématique et métrologie parisiennes au début du XIVe siècle:

on 14th-century science of Marshall Clagett, Edward Grant, and others, with special focus on Nicole Oresme[16].

So far as Jehan's writings on music are concerned, we now have editions of the so-called „Notitia", thanks to Michels, and no fewer than three of „Musica speculativa" edited by Falkenroth, Fast, and Witkowska-Zaremba[17]. These manifest substantial disagreement in principles of textual criticism and evaluation of the various sources, not to speak of the relationship one to another of the various writings on music.

Although by any reasonable measure this recent work by historians of science and historians of music and music theory is abundant, our synthetic understanding of des Murs still leaves much to be desired. Important questions of biography, manuscript transmission, relationship to other scholars and intellectuals of the fourteenth century, and above all, of the connections between his writings on music and those on astronomy, arithmetic and geometry, still call out for answers.

This relatively brief essay obviously can only begin to address some of these points: to take another look at Johannes' biography – incidentally correcting a few errors in my own contribution published in 1969; to consider the contexts, both institutional and interpersonal, of his work, with preliminary attention to the persons to whom des Murs loaned books; and, finally, to consider briefly the possible relationship between des Murs and Nicole Oresme.

le calcul du volume de la mer d'airain, de Jean de Murs" in: *Archives d'histoire doctrinale et littéraire du moyen âge* 66 (1991), p. 197-213.

[16] Cf. E. GRANT, *Nicole Oresme and the Kinematics of Circular Motion (Tractatus de commensurabilitate vel incommensurabilitate motuum celi)*, Madison, Milwaukee, London 1971 (The University of Wisconsin Publications in Medieval Science 15).

[17] U. MICHELS, *Johannis de Muris: Notitia artis musicae*, American Institute of Musicology, 1972 (Corpus Scriptorum de Musica 17); C. FALKENROTH, *Die Musica Speculativa des Johannes de Muris*, Stuttgart 1992 (Beihefte zum AfMW 34); S. FAST, *Musica (speculativa) Johannis de Muris*, Ottawa, Canada 1994 (Wissenschaftliche Abhandlungen 61); E. WITKOWSKA-ZAREMBA, *Musica Muris i nurt spekulatywny w muzykografii sredniowiecznej*, Warszawa 1992 (Studia Copernicana 32). MICHELS, *Die Musiktraktate* [n. 10] surveys all works of Jehan des Murs, not only those on music.

Biographical Questions

A brief article by L'Huillier[18] suggests that a Johannes de Muris implicated, along with his father, in a murder at Meaux in 1310, might be identical with the astronomer. If this be true, his date of birth, conventionally placed ca. 1300, would have been between 1290 and 1295. She recognizes two major difficulties with the theory: first, that it flies in the face of the astronomer's declaration that he was a Norman from the diocese of Lisieux[19]; second, the relative frequency of the *cognomen* in the 14th century: she cites another Jehan des Murs from Savoie, as well as Henri de Murs (the father mentioned above) of Meaux, Pierre de Murs (1334), and Rolland de Murs (1341).

The danger of false identification is greater than suggested by L'Huillier. I offer a listing of a number of individuals with something close to the Latin name „de Muris", or the French „des Murs", gathered incidentally, not as the result of a deliberate search.

Johannes de Murs (1321, Le Puy: magister, phisicus)
U. Rouchon, „Inventaire des meubles d'un chanoine du Puy", in: *Bulletin historique et philologique* 1925, p. 7-12.

Jean de Muro (ca. 1324: canon of St. Pierre de Liège)
E. Poncelet, *Chartes de la collégiale de St. Pierre de Liège*, Bruxelles 1906 (Académie royale des sciences, des lettres et des beaux-arts de Belgique. Commission royale d'histoire. Publications in-octavo).

Johannes de Muro (1328: magister, inquisitor in sénéchausée of Limoges and Poitiers)
Ch.-V. Langlois, *Inventaire d'anciens comptes royaux*, Paris 1899 (Recueil historiens de la France, Documents financiers 3), p. 351.

Jean du Mur (1328: „rapporteur à la chambre des enquêtes" [Guillois, Cazelles])
A. Guillois, *Recherches sur les Maîtres des Requêtes de l'Hôtel des origines à 1350*, Paris 1909, p. 274.

---

[18]   G. L'HUILLIER, „Aspects nouveaux de la biographie de Jean de Murs" in: *Archives d'histoire doctrinale et littéraire du moyen âge* 47 (1980), p. 273-276.
[19]   GUSHEE, *New Sources* [n. 9], p. 6.

Joannes le Meur (1330: matricularius eccl. Ebroic. [17th c. transcript unclear, could be Muris])
Paris, Bibliothèque nationale, lat. 12884, fol. 452.

Jean du Mur (1336, 1337: „passe à la Grand Chambre [du Parlement]", „mestre", but grouped with the *laici.*)
R. Cazelles, *Lettres closes, lettres „De par le roi" de Philippe de Valois*, Paris 1958, p. 69 and n. 2.

Jehan du Mur (1339: Mons, in the court of count of Hainaut)
L. Devillers, ed., *Cartulaires des Comtes de Hainaut*, Bruxelles 1881 (Commission royale d'histoire. Collection de chroniques belges inédites 23/1), p. 80.

Jean du Mur (+ ante jan. 1343: property purchased from his widow by Robert Le Coq.)
R. Cazelles, *La société politique et la crise de la royauté sous Philippe de Valois*, Paris 1958, p. 256.

Jehan des Murs (1347-48: account of „eaux et forêts" of Jeanne d'Evreux, „dou bois Jehan des Murs ou lieu dit Escorchebuef")
A. Lognon, ed., *Documents relatifs au comté de Champagne*, tom. 3, Paris 1901, p. 385.

Jehan des Murs (1349: Saintonge, chevalier bachelier)
Ibid., tom. 1, Paris 1901.

Johannes de Muris (1349: „militem, debitorem certorum Ythalicorum")
J. Viard, *Documents parisiens du règne de Philippe VI de Valois extraits des registres de la chancellerie*, Paris 1899-1900, no. 2083.

Johannes (de) Murs (1358: Savoie)
L'abbé Trepier, „Jean de Murs ou un savoyard méconnu du XIVe siècle", in: *Mémoires de l'académie de Savoie, 2e série, 12 (1872)*, Chambéry 1872, p. lxxxi-ciii.

Jehan du Mur (1362, 1366, 1379-80: Artois, forestier du bois de Wasselau-les-Aire)
J.-M. Richard, ed., *Inventaire-sommaire des Archives Départementales antérieures à 1790. Pas-de-Calais, Archives civiles, série A*, Arras 1878, 1887, nos. A.90, 702, 720, 734, 780.

Jean des Murs (1378: donor of a wood to Ste. Catherine de la Coûture, Paris. Actually „des Mares" in JJ 114, no. 138)
LEBEUF, *Histoire de la ville et de tous les diocèses de Paris*, Paris 1883, tom. 4, p. 170.

Jehan Dumur (between 1321 and 1413: procureur of the king at the Chatelet)
L. Battifol, „Le Chatelet de Paris vers 1400", in: *Revue historique* 61 (1896), p. 225-283, here p. 255.

Obviously, caution is indicated in identifying any instance of the name „Jehan de(s) Murs" or „Johannes de Muris" (or close to them) with the subject of this essay. For myself, the only serious candidates are the persons associated with the Chambre des Requêtes or the Parlement. Be that as it may, it seems to me that L'Huillier's somewhat tentative identification of the astronomer with the young person of Meaux would require some rather strong supporting evidence to be accepted.

Date and place of birth

In my 1969 discussion of Besseler's estimate for the date of birth of des Murs of ca. 1290, I suggested that it was probably too early, intimating that ca. 1300 would be more reasonable[20]. The evidence for this was not strong, chiefly that des Murs' earliest work was from 1318 – although this can no longer stand (see below) – and an age of 18 or 20 would not have been unreasonable for someone not yet a *magister*.

However, Andrew Wathey and I agree that in the calendar of the Escorial MS, fol. 10r, opposite December 14th, Johannes noted that he saw a lunar eclipse at 7 p.m. in Paris in the year 1312. This would surely justify the suggestion of a date of birth around 1295 or earlier[21]. And this may make more reasonable the veritable ex-

---

[20]   H. BESSELER, „Johannes de Muris", in: *Die Musik in Geschichte und Gegenwart*, tom. 7, cols. 105-115 and GUSHEE, *New Sources* [n. 9], p. 5.
[21]   Wathey visited the Escorial library in the spring of 1997 and spent some time with the de Muris manuscript, communicating this information to me by E-mail in May, 1997. My own transcription is „Anno Domini 1312, fuit hic eclipsis lunarum [?] hora septima post meridiem Parisius; ego vidi."

plosion of important work between 1317 and 1321. Speculations regarding the „normal" or average age at which one became a *magister artium* seem to me of little value in judging any individual case; I know of no rule forbidding the granting of the degree to an older student[22].

There are a few additional details to bring to the attention of interested researchers, which may eventually be helpful in resolving the question of date (and indeed place) of birth. The first comes from an explicit to a set of tables in a manuscript of 15th-century German origin, now Biblioteca apostolica vaticana, Palatinus latinus 446[23]. Some of the text of this MS is shared with the larger work – perhaps Johannes' most original and personal early work – sometimes entitled „Patefit" after the first word of its preface, and found in a number of MSS[24].

The text of the explicit, from fol. 219r, as I read it in 1965, runs (rather ungrammatically):

> „et hac tabula cum quo canone anno 1304 ordinatus Parisius magister Johannes de Muris de terra Normandie oriundus cuius terra jacet ultra Parisius prope mac̄ de q̃".

Given the late date and the German origin of the manuscript, not to speak of problems with the text, one would really need some convincing supporting evidence to take seriously the date of 1304. Likewise for the remark regarding a possible place of origin, except that by a leap of imagination, one might see a possible connection with a memorandum from the Escorial manuscript (fol. 218v) of the

---

[22] TANAKA, *La Nation anglo-allemande* [n. 5], p. 65 believes that the age of 14 supposedly set as the minimum for the baccalaureate in mid-century is a copyist's error for „19".

[23] This MS is, unfortunately, not described in L. SCHUBA, *Die Quadriviums-Handschriften der Codices Palatini Latini in der Vatikanischen Bibliothek*, Wiesbaden 1992, perhaps because the first 80 or so folios consist of sermons. The library of the University of Illinois does not own this volume; but Prof. Howard Smither of the University of North Carolina was kind enough to consult the work on my behalf.

[24] According to POULLE, *John of Murs* [n. 11], p. 133, these MSS comprise, at the least, two in the Bibl. Amploniana, Erfurt (Q. 360 and Q. 371, both from the 14th century), a lost MS, Metz 285, and British Library, Royal 12.C.XVII. Poulle also lists an abbreviation of the full „Patefit" found in Lisbon, Ajuda 52-VI-25, fols. 1-14v, which is perhaps related to the Vatican MS just mentioned. Poulle does not give a date for the work; however, in view of the fact that the lists of conjunctions comprise the years 1321 through 1396, and that the work is designed as a substitute for working with the real canons and tables of planetary motion – which des Murs appears to have written in 1321 – that year seems a reasonable date for the „Patefit".

observation of a solar eclipse made by des Murs on Friday, June 24 1321 at Bernay. The locale is there specified with the phrase: „apud Bernagum supra manors eq(?)orum"[25].

One possible interpretation of this expression rests on the fact that Bernay was the site of an important horse fair, at least in the 19th century[26], thus the locale might be a horse corral or stable. In any event, Bernay was in the diocese of Lisieux in the 14th century[27], and would be a plausible candidate for the birthplace of des Murs.

Another piece of evidence of rather greater moment may eventually help in pinning down a date of birth: a memorandum in the top margin of fol. 4r of the Escorial manuscript (this is the first page of the principal text). On the microfilm I first studied it was only possible to see that something had been written there but not what it was. In 1971, however, I had a small ultra-violet lamp with me when I visited the library at El Escorial and was able to read the following: „Mag[iste]r Reginaldus de Augnon accomodavit mihi istic librum quando eramus socii in artibus. Surg(?)a e[st] Amore. In civit(ate) Pari[siense]"[28].

If the person who loaned the book to Jehan des Murs can be identified in a datable document, then this might help give a date for the youth of Jehan des Murs. So far it has not been possible to do so, unless this be the Renaudo Daugnon, „armigerus Silvanectensis diocesis", who was granted a papal indulgence in 1336. The status of „armigerus" obviously presents a serious obstacle to making one of these two persons, although it must be said that both

---

[25] Surmounting the letter „q" is a v-shaped sign with the right-hand member longer and curved at the end. The sign does not appear in the other examples of Jehan's cursive hand, e.g. on fol. 219v (entirely in cursive), nor do I find it listed in CAPPELLI's *Dizionario di abbreviature*, 5th ed., Milan 1954.

[26] *Encyclopaedia Britannica*, 11th ed., New York 1910, s.v. „Bernay": „Large numbers of Norman horses are sold in Lent, at the fair known as the *Foire fleurie*, and there is also a trade in grain." The contemporary Baedeker guide to north-eastern France also mentions a horse market, giving the time of year more specifically as Mi-carême.

[27] *Recueil des historiens de la France. Pouillés, tom. 2 (Province de Rouen)*, p. 251 (Pouillé rédigé vers 1350).

[28] Square brackets indicate the expansion of an abbreviated form. The parentheses of „Surg(..)a" indicate the presence of a mark of abbreviation attached to the letter „g" which makes little sense in the context. More importantly, the fact that the book belonged to another student may mean that certain notes, for example those on fol. 218r, come from him. I understand *socius* more or less as „fellow student", although the range of possible meanings of the word is rather broad. See O. WEIJERS, *Terminologie des universités au XIIIᵉ siècle*, Rome 1987 (Lessico Intellettuale Europeo 39), p. 265-267.

elements of the name are uncommon. If they prove to be one and the same, „Daugnon" might well refer to the tiny village of Ognon only 20 km to the north of Senlis[29].

Earliest scientific work

My 1969 essay set forth March 13 1318 as the first sure date in Johannes' biography. This came from the date of the observation of the vernal equinox made while Johannes, „studens in facultate artium", was living in Evreux „pro tempore." Poulle 1980 argues convincingly that this has to be 1319[30]. In any event, the work in which this biographical datum is found–the „Expositio intentionis Regis Alfonsii"–actually stems from the banner year of 1321, when Johannes produced four other works, including the first one on music, the „Artis musice noticia profunde figurande tam mensurabilis quam plane ad omnem modum discantandi non solum per integra sed usque ad minimas fractiones", to give the prolix description – hardly a title–as set down by des Murs.

But if we have lost 1318, we have gained 1317, the firm date–according to Poulle and Gack-Scheiding, of the work preserved in two MSS in Vienna (5292 and 5273 of the 15th and 16th centuries, respectively) and called there „Kalendarii Joannis de Muris de observantia termini pascalis" and beginning „Autores calendarii nostri". This work still uses the old tables of Toulouse which Jehan was to abandon in favor of the Alfonsine tables, by 1321 if not a bit earlier.

One would like to know, of course, which masters guided the young des Murs in these first steps of his astronomical career; un-

---

[29] *Benoît XII. Lettres communes analysées d'après les registres dits d'Avignon et du Vatican*, ed. J. M. VIDAL, Paris 1903-1906 (Bibliothèque des Écoles françaises d'Athènes et de Rome) –Indulta, dispensationes et privilegia, anni II (1336), tom. I, p. 332 (nos. 3707-8): „Avenione, 19 mart. Renaudo Daugnon, armigero Silvanect. di., indulgetur ut confessor quem elegerit possit ei semel in articulo mortis plenam remissionem peccatorum concedere, durante peregrinatione quam ipse armiger ad sepulcrum Domini et alia oratoria Terrae Sanctae facere intendere", and (same date and place): „Eidem armigero, conceditur ut sepulcrum et oratoria supradicta visitare valeat, dummodo nulla deferat que in profectum hostium redundare valeat." Might this have had something to do with the establishment of a Franciscan mission in Jerusalem in 1336?

[30] This requires the emendation of „anno imperfecto" to „anno perfecto", „imperfecto" being understood as a mistake of Jo. B. of Cambrai, the otherwise unknown 15th-century scribe of the unique MS, Paris BN lat. 7281.

fortunately, there's very little to go on. One likely candidate – at least with regard to the character of his scientific work – is Guillaume de Saint-Cloud, whose handful of works (three or four) come from the turn of the century. What is striking is his „firm resolve to establish his calendar on a purely astronomical basis", obliging him to contradict „the ecclesiastical calendrical computation, emphasizing its inadequacy and errors"[31]. This would be an apt description of the first brief work by des Murs from 1317.

However, the brief mention of Guillaume in Jehan's „Expositio" of 1321, while admiring, alludes to no personal contact: *Scriptum est itaque quod Guillelmus de Sancto-Clodoaldo, vir magnus nomine atque re, studens in astrorum scientia, cupiens aliqua ignota vel occulta ad viam veritatis reducere...*[32], and, indeed, as Poulle points out, the citations of Guillaume's observations by others are merely testimony to the important position he occupied in the astronomical world ca. 1300.

Nonetheless, it's worth mentioning that Guillaume dedicated his calendar to Marie of Brabant, widow of Philippe III (le Hardi) and made a French translation for her daughter-in-law, Jeanne de Navarre, wife of Philippe IV (the Fair). This Jeanne de Navarre was the grandmother of Jeanne de Navarre, the wife of Philippe d'Evreux, king of Navarre, in whose presence Jehan des Murs observed the solar eclipse of May 14 1333[33].

Des Murs in mid-career

A renewed discussion of the chronology of des Murs' life and works during the 1320s and 1330s, while clearly necessary, can not be undertaken within the framework of this essay[34]. Nonetheless, some

---

[31]   E. POULLE, „William of Saint-Cloud", in: *Dictionary of Scientific Biography*, tom. 13/14, New York, 1973, p. 390. Poulle seems to me more austere than necessary in not mentioning the possibility of a connection either in this article or in that on Jehan des Murs.

[32]   POULLE, *Jean de Murs* [n. 11], p. 261.

[33]   GUSHEE, *New Sources* [n. 9], p. 15. This apparent interest in astronomical matters on the part of French women of the highest rank is surely intriguing.

[34]   The „Tabellarische Zusammenstellung der Muris-Traktate" presented in MICHELS, *Die Musiktraktate* [n. 10], p. 15, was quite useful as a springboard to further inquiry. Now, some 27 years later, it requires extensive revision with respect to dating, number of sources, and important works not included as well as minor works of doubtful authorship which are included.

general remarks are necessary in order to approach the question of who may have belonged to the circle of des Murs' friends and scientific acquaintances.

A consideration of his list of works shows that most of them were completed[35] between 1317 and 1325, including the two major works on music, the so-called „Noticia", and the two versions of „Musica speculativa". Also belonging in this group of works in all likelihood is the „Arithmetica speculativa", based – as was „Musica speculativa" – on the work of Boethius and readily understandable as a product of university teaching. Like the work on music, it is well represented in manuscripts of German or Eastern European origin[36].

It's at this point that des Murs left Paris to take up a position of some sort at the famous monastery/convent of Fontevraud for several years. The expectative benefice granted to him by a 1329 letter of John XXII, calls him *clericus Lexoviensis diocesis*, which may mean that he had returned to his Norman home territory. In any event, he had moved to Evreux in by 1332-1333, then on to Paris by the end of 1336, taking up residence in the College de Sorbonne[37], and apparently entering into the service of Philippe de Navarre in 1337[38].

No new works appear to have come from Jehan's pen before the return to Paris; afterwards, there appears to be a resumption of creative work. But the three works listed by Michels from the late 1330s comprise but a handful of pages; in addition, two of them may well come from 1321, the peak year of des Murs' early writing. On the other hand, he may well have been hard at work on two massive books, one an „Ars mensurandi", the other, his longest and

---

[35] Des Murs is unusually prone to include dates in the explicits of his works; other contemporaries, such as Jehan de Lignières, do not follow this practice at all.

[36] There seems in fact to be no known MS of French provenance, and the two published versions come from Venice (1513) and Mainz (1538).

[37] For all these details see GUSHEE, „New Sources" [n. 9].

[38] In GUSHEE, „New Sources" [n. 9], p. 26, Jehan's service with the king of Navarre was stated, on the basis of two late copies of *livrées* (Paris, BN, coll. Clairambault 833 and fr. 7855) to have extended from 1338 to 1342. However, another copy of the *livrées* of Philippe de Navarre (n.a.fr. 9175) has lists for 1337 through 1342, beginning at fol. 637r. Des Murs is found in all these lists. In addition, this copy is more complete than the others, including one Magister Pierre Chenaut, to make up a complement of 20 *clercs*, thus eliminating the discrepancy found between the 19 names of Clairambault 833 and fr. 7855, and the 20 recipients of a „fourrure de roux vair" mentioned in the statement of funds allocated. Also, the number of clercs in each year is 1337 and 1338: 20, 1339: 21, 1340: 26, 1341: 24, 1342: 30, not as stated in note 51 of the article cited above.

in some ways most diverse work, the „Quadripartitum numerorum", completed in 1343 at Mézières-en-Brenne.

Escorial O.II.10

The details above are intended to aid in the interpretation of the
galimatias of autograph notes concerning astronomical observations,
financial transactions, book loans, etc. in this fascinating MS loaned
by Reginaldus Daugnon to Jehan des Murs, and apparently never
returned. Since this took place when the two men were both *socii in
artibus*, as stated in the inscription of fol. 4r, one might assume a
date for the transfer of ca. 1320 or somewhat before[39].

But there's no reason to assume that all notes were made at the
time a particular astronomical observation or monetary transaction
took place. For example, the expression *ego vidi* in the memorandum of the lunar eclipse of 1312 suggests that Jehan was remember-
ing something that had occurred in the past. And clearly there can
be a number of layers on any given page. For example, the first
note on fol. 218v, reporting the solar eclipse observed at Bernay on
Friday, June 26 1321 is in a cursive hand unlike most of the notes in
the MS, but very likely the same as can be seen on fol. 219v from
Fontevraud in 1326 and 1327. Other notes on fol. 218v, however,
are in the customary hand in which the letters are made up of
rather short, abrupt strokes.

There are some patterns in the MS with respect to the dates of
the memoranda. For example, the calendar of John of Holywood
[Johannes de Sacrobosco] (fol. 4r-10r) contains calendrical annotations from 1321-1325 as well as a large part of the notes regarding
bursae paid to the proctors of the Sorbonne. Most of the accounts
of astronomical observations (or the calculations thereof) are found
at the end. Glosses or comments on the texts included in the MS
are, naturally enough, to be found in the vicinity of the relevant
passage.

---

[39]   L'HUILLIER, *Quadripartitum* [n. 13], lists other MSS in the Bibliothèque nationale
with annotations in des Murs' hand: lat. 7198 (p. 36, n. 4) and lat. 15461 (p. 35). I mention the latter MS in *New Sources*, p. 22, n. 43, in addition to lat. 16646 (identified by
Léopold Delisle), and – as possible – lat. 16204 and lat. 16211. To this should be added,
of course, lat. 7380, as discussed by S. Victor (*v. infra* n. 89), and lat. 7434, lat. 16206.
There may be others as yet unexamined.

The last work in the volume – a treatise on eclipses with appropriate tables[40] – concludes on fol. 217r. The verso has at the very top an inscription in the same hand as found on fol. 217v and at other places in the MS. It reads: „Johannes de muris fecit istud dolium musti ad tringinta duo et habet folium vinee in superiori parte sui ut apparet in figura. Ergo bibatis ad potus aequales." Indeed, at the bottom of the page is the beginning of a drawing of a barrel. One could speculate that this was the work of Reginaldus Daugnon, left unfinished when he loaned the book to Jehan.

Folios 218 through 226 of the Escorial MS constitute an extremely complex collection of miscellaneous notes, almost all astronomical, and mostly in either of the two hands of Jehan des Murs[41]. From the visible wear and tear on fol. 226v, one gathers that it was once the back cover of the book. Assuming that des Murs would not have wanted to write a record of his book loans on the outside cover, fol. 225v seems a reasonable choice. The first layer on this page was probably a drawing representing an eclipse. Next may have come two cursive notes, one at the top in pale ink noting the length of the year according to Alfonsus, as stated by John of Saxony[42].

The cursive note at the bottom of the page is in a more spindly hand and darker ink, rather like that at the top of fol. 218v, and seems to have a sign pointing to the eclipse calculation for September 3d 1327, which occupies all of the facing page (fol. 226r). The note begins „Per istam eclipsin expertus fui quia ecclesia Fontis Ebrardi est sub eodem meridiano cum civitate parisiensi" and concludes, „feci meam experientiam per aldebaram ad altitudinem 14 gradus (...) et per alfa(rd.?) ad altitudinem 38 gradus (...) in inicium

---

[40] It begins *Ut annos arabum et menses et per consequens etatem lune*, and is probably the same as the anonymous work catalogued in L. THORNDIKE and P. KIBRE, *A Catalogue of Incipits of Mediaeval Scientific Writings in Latin*, rev. ed., Cambridge, Massachusetts 1963, col. 1613, with two MSS listed (Montpellier 323 and Vienna ONB 5371). A work on the same subject with a closely related incipit is found in Erfurt Amplon. Q. 369.

[41] Tables on fol. 220v and 221r are in a different hand, perhaps that of the *dolium* note on fol. 217v. Also a long note on 220r beginning „Inveni in quodam romancio de gestis" and the English names for compass points on 222v appear to be by yet other writers.

[42] The length of the tropical year given is 365.5.49.15.43.42, a value which is incorrect, but the reference to John of Saxony and Alfonsus seems unequivocal („J. de Saxo[nia] d[ici]t q[uo]d ista est anni q[uantita]s s[ecundum] Alfons[us]; sed n[on] video b[e]n[e]").

eclipsis". In other words, des Murs established the time of his observation by two of the important fixed stars. If this annotation antedates the list of book loans – which seems to me more likely than the contrary – the latter consequently must come after September 3 1327.

The book loans, however, were not recorded in one list. They appear to comprise a block of 17 entries (plus later additions) occupying the top half and the right-hand two thirds of the page. Immediately following this group come 13 lines of entries, in which des Murs appears to adopt a practice of beginning each one with the word *item*. The last three of these are moved over slightly to the right to avoid the pre-existing caption – not in des Murs' hand – *figura eclipsis lunaris*. Surrounding this principal block are some half a dozen short lists, some of them evidently cued to the principal list[43]. Finally, a few loans are recorded on fol. 223v. It seems unlikely that these shorter lists – with the possible exception of fol. 223v – would be earlier than the main list.

The datable works do not contradict the notion that the list was drawn up after September 1327. For example, the sixth entry mentions the „Arbor Boetii", a short diagram of fractions dated in the explicit 1324 „in domo scolarium de Sorbona" and the thirteenth is des Murs' musical treatise beginning „Omnem doctrinam", i.e. the „Musica speculativa" of 1323 or 1325. This may be identical with the „commentum super musicam" which was loaned to Philippe de Vitry, according to the third entry.

That the list extends to the time that Jehan spent in Mézières-en-Brenne, i.e 1342-1344, may be indicated by the 29th entry, which records the loan of a silver cup to Magister Robert Cavelier, who was the treasurer of the newly-founded chapter of the collegiate church in Mézières[44]. Six entries further down, we find a record of a loan to N. de Ultricuria, surely the famous Nicholas d'Outre-

---

[43] See the plate on p. 371. What I believe to be the first group of 17 book loan entries begins in an appreciable larger hand, „Fr Jacobus de Spinoll" and goes to „Magr. J. de T(ur)re". Also on this page are some miscellaneous annotations of sums owed or paid – at the very top of the page (,,J. scriptor meus" etc.) and at the left hand margin (,,ego tradidi magr. J. Anglico" etc.) – which appear to come from 1336-37 – as well as a list of household goods about three-quarters of the way down the page.

[44] GUSHEE, *New Sources* [n. 9], p. 18-20.

court. The omission of the title *magister* is striking, since des Murs is punctilious in giving the titles of the persons to whom he loaned books or other objects, whether *magister, frater,* or *dominus.* D'Outrecourt's unorthodox opinions began to come under serious attack in 1340 and were definitively condemned at a trial in 1346 at Avignon. Among other sanctions, the trial stripped Nicholas of his title, which would make its omission by des Murs quite appropriate.

A terminus for the various entries in the lists might be provided by dates of death, or at any rate by dates earlier than that of Philippe de Vitry (1361). At the moment, the only one known is that of Denis Le Grant, who after having been made bishop of Senlis in 1350, passed away two years later[45]. Since this is after the presumed date of death of des Murs, it hardly advances the state of the question. In any event, it seems – barring further analysis – that the list extends over some two decades, from 1327 onwards, and quite possibly from all of the places where des Murs lived in that period.

There are some two dozen individuals to whom Jehan loaned books or other objects[46]. The number of works is close to sixty, not counting several collections of *ymagines* and some scientific paraphernalia (*emisperium de stugno*)[47]; some of them are very short, e.g. *folium de musica et mansionibus lune.* Not surprisingly, there is a preponderance of works on astronomy or astrology, ca. two dozen, with smaller numbers on arithmetic or geometry, music, and medicine[48]. Some twelve works by Jehan des Murs himself, perhaps including a few duplicates, are included.

The discipline represented by books borrowed seems in some cases to correspond with what we know to have been the scholarly specialty of a borrower. Thus Firmin de Beauval, Jehan's collaborator in the calendar reform sponsored by Clement VI, borrowed five works on astronomy. In one or two instances, the kind of works

---

[45] R. HOPPIN, S. CLERCX, „Notes biographiques sur quelques musiciens français du XIVe siècle", in: *Les Colloques de Wégimont II – L'Ars Nova* (Bibl. de la Faculté de Philosophie et Lettres de l'Université de Liège 149), Paris 1959, p. 63-92, here p. 71-72.

[46] The reason for the indefiniteness conveyed by „some" is that it is not always clear that a Frater Jacobus de Spinollo is the same as Dominus Jacobus, or that a J. de Constantia is Johannes de Constantia.

[47] It is not always possible to tell whether an item is a duplicate of another.

[48] There is only one book of a general character, the „Didascalicon" of Hugh of St. Victor, and two liturgical books, a gradual and a small psalter.

borrowed may help to identify an individual. In general, however, both the range of subject-matter represented by these items from Jehan's library, and the range of occupations and status in the borrowers confirms the breadth of interests that characterizes des Murs' scientific production.

Of the two dozen or slightly more individuals listed, ten can be identified with reasonable certainty and another half dozen with considerable reserve. This is not so bad, considering the fragmentary nature of most surviving records from the earlier part of the century, or perhaps more to the point, the fragmentary nature of modern editions of the records. In due course, given the present interest in the prosopography of 14th century French intellectuals and clerics of high status, more identifications are to be expected[49].

In the ensuing pages, we will pass in review the persons from the first category above, mentioning only in passing those who can be found in works of reference: Philippe de Vitry, Nicholas d'Outrecourt, Firmin de Beauval. Of these, only d'Outrecourt was an academic careerist, if one may say it.

The name leading off the principal list[50] is Frater Jacobus de Spinollo, who borrowed an otherwise unidentified *Perspectivam Philippi*[51] and the first book of Jehan's *Arismetica nova*, then a bit later a *Rationes de divisione*. A bit further down in the list we find a Dominus Jacobus. It seems possible that all of these, including the later „frater minor" is identical with the Franciscan Jacobus de Spinello, the author of a „Quaestio in Sententias" from around 1349[52]:

---

    49 For example MILLET, *Les Chanoines*, [n. 6].

    50 In fact the writing seems to be larger and in a darker ink than that of the subsequent items.

    51 For example, no such work is listed in D. C. LINDBERG, *A Catalogue of Medieval and Renaissance Optical Manuscripts*, Toronto 1975 (Subsidia Mediaevalia 4), unless it be that on p. 114 (no. 207), a so-called „Sermo pulcherrimus de oculis" by Philippus (Aldobrandinus?/de Roderia?). This work, however, is listed under Opthalmology, not Optics.

    52 The sole known copy of this work is found in Madrid, Universidad 118.2.42, fol. 107v-122v according to V. DOUCET, *Commentaires sur les Sentences: supplément au répertoire de M. Frédéric Stegmueller*, Firenze 1954, p. 46, no. 389b. The date is probably derived from a reference in CUP II, p. 624. Could this be the same person as the Jacobus de Spinallo, monk of the monstery of St. Rémi of Reims, O.S.B., granted an expectative benefice in 1329 (*Jean XXII. Lettres communes analysées d'apres les registres dits d'Avignon et du Vatican*, ed. G. MOLLAT, (Bibliothèque des Ècoles françaises d'Athenes et de Rome), no. 47832, December 19 1329)? U. Chevalier, on the other hand, lists a Franciscan „Jacques de Spinello" from around 1362; he seems a more likely candidate.

Dominus Dionysius Legrant borrowed, perhaps on two occasions – in addition to a number of other works – a group of works very like the Escorial MS. Item 10 reads „Tabulas tholetanas, Speram, Compotum, Astrolabium, Theoricam planetarum, etc." and item 76 reads „Algorismum, Speram, Compotum". The order of works of the first third of the Escorial MS is (roughly): Calendarium; Tabulae Gerlandi; Johannis de Sacrobosco: Algorismus, Spera, Computus; Roberti Grosseteste: De quadrante; Messehalle: Prohemium in Astrolabium; Gerardi Cremonensis: Theorica planetarum, and the latter half consists of the Toledan tables with canons of Azarchel (Al-Zarkali). Other works in which he took an interest were the „Summa musice" of Jehan des Murs, beginning „Princeps philosophorum", the Almagest of Ptolemy, and two works on astrology.

Quite probably this is the Denis Le Grant who was a „clers de chapelle" of Philippe de Valois in 1328 and received an expectative benefice in the church of Angers by the king's recommendation in 1329[53]. Many years later, in 1348, he styles himself in a fiscal document once in the royal accounting office „premier chapelain du Roy notre sire"[54]. Finally, he was rewarded with the see of Senlis in 1350; his enjoyment of this honor was cut short by death in 1352.

Gace de la Buigne, who succeeded Denis as first chaplain of the king, had strong words of praise for him in his work „Le Roman des Deduis"[55]. Hoppin and Clercx suggest rather strongly that Denis Le Grant (alias Dyonisius Magnus) is the person mentioned in the well-known lists of musicians in the two motets „Sciencie laudabili – Musicalis sciencia" (as Dyonisius Normannus) and „Appollinis eclipsatur – Zodiacum signis" (as Dionisius Magnus). This seems not at all unlikely. It's worth pointing out, in my opinion, that broad interests in rather sophisticated quadrivial subject matter, often cited to single out Philippe de Vitry as an exceptional individual, a foreshadowing of the „Renaissance man" some have said, may be

[53] See Paris, BN, fr. 7855, fol. 417 (Philippe de Vitry was also a member of the king's establishment at this time), and *Joh. XXII Litterae communes*, [n. 52], no. 45382, January 13 1329 (for Dyonisio dicto Legrant).

[54] See ARCHON, *Histoire ecclésiastique de la chapelle des Rois de France*, Paris 1704, 1711, tom. 2, p. 249.

[55] A. BLOMQUIST (ed.), *Gace de la Buigne: Le Roman des Deduis*, Karlshamn 1951 (Studia Romanica Holmiensia 3), p. 314: „Un aucteur qui fut de grant pris / Qui fu evesque de Senlis / Fist une chace de faucons / ... Et ot a nom Denis le Grant."

typical of a certain type of educated cleric in this period.

Magister J. de Turre borrowed four works on medicine[56]. While the *cognomen* is frequently encountered, it's at least plausible that the person involved was Magister Johannes de Turre, who appears as a master in medicine in Parisian university records for 1322, then appears as a teacher in the medical faculty at Montpellier in 1335[57]. Possibly, however, we should expand the initial letter to „Jordanus", since Johannes de Turre was the son of a Jordanus de Turre, a quite prolific author on medical subjects. But the age of Johannes makes him a better fit with the chronological limits of the list of book loans as we understand it.

Dominus Adam de Gravia we suppose, despite his title, to be the same as Magister Adam de la Greve, a colleague of Jehan des Murs among the *clercs* of Philippe de Navarre from 1337 onwards. Like J. de Turre, he also borrowed the „Lilium medicine"[58]. Perhaps this is the same person who in 1319, while the rector of the parish church of Senantes, was granted an expectative benefice in the chapter of St. Germain l'Auxerrois in Paris. In 1325, now entitled *magister*, he was made a canon at Chartres[59] despite the expectative benefice.

We might finally mention Magister Johannes de Constantia, lumping together the Magister J. de Constantia who borrowed a „Libellus dignitatum" and the „Arbor Boecii", with the full-fledged Magister Johannes de Constantia who borrowed (and returned) „Johannes de Cecilia", no doubt Johannes de Sicilia, the author of an „Expositio super canones tabularum Arzachelis" (i.e. the Toledan tables), active in Paris at the end of the thirteenth century. My supposition is that Johannes de Constantia is the person who figures repeatedly in the relatively copious surviving documents from the Anglo-German nation between 1333 and 1357. In the earlier year, he becomes *licenciatus* under Magister Bertoldo (also de

---

[56] Namely, „Lilium medicine", „De celidonia", „De perlis", and „De 15 stellis lapidibus".

[57] CUP II, no. 813 and E. WICKERSHEIMER, *Dictionnaire biographique des médecins en France au moyen âge*, tom. 3 (supplément), Paris 1979, p. 189 and 497 (for the relationship to Jordanus).

[58] This was a recently written work by Bernardus de Gordonio of Montpellier. Half a dozen manuscripts are still extant.

[59] *Joh. XXII Litterae communes* [n. 52], no. 9176 (April 3 1319) and no. 21641 (February 23 1325). It is clear that these two documents concern one and the same person.

Constantia); in 1357 he is proctor of the nation[60].

As one example of an identification that seems dubious, yet is worth registering as a possibility, I would offer Magister Robertus Douchet. He could well be the Robertus Doucet, *clericus*—not designated *magister*—of the diocese of Chartres, granted in 1331 a benefice at Le Mans on the recommendation of the king[61]. Would he be the same as the Robertus Dulcis, now a *magister in artibus*, who received the charge—for a rather pitiful 20 pounds a year—of the parish church of St. Nicholas de Beaumont[62] in the diocese of Evreux some six years later?[63] And could he then be identical with the Robert Ledoux (Dulcis) recorded by Glorieux as a *socius* of the Sorbonne in 1342 finishing his studies in theology and requesting a canonry at St. Michel of Beauvais? This Dulcis received his baccalaureate in theology in 1346, but in 1349, not yet having received his license, petitioned for permission to read theology in Chartres[64]. In any event, a Magister Douchet borrowed two works of des Murs, his „Arbor Boecii", and a work on geometry[65] and the record thereof is among what we have assumed to be the later entries[66].

I assume that the loan of a book implies friendship. Even today, when books are relatively inexpensive and the personal library of a scholar may be many times larger than those we know about from

---

[60] All references are to H. DENIFLE, E. CHATELAIN, *Auctarium Universitatis Parisiensis*, tom. 1, Paris 1894. After receiving the license in 1333 (16.38), Johannes was one of the five *magistri* who elected the proctor in 1337 (18.17). I take it that the *Dominus* Johannes de Constantia who determined and received the license in 1343 is a different person (60.43; 66.19). Finally, Magister Johannes reappears in 1356 and 1357, not only as proctor, but as the director of studies of Ulricus de Sancto Gallo (192.33; 221, 222, 223).

[61] *Joh. XXII Litterae communes* [n. 52], no. 54923 (September 11 1331).

[62] Quite possibly today's Beaumont-le-Roger, which has a 14th-century church in honor of St. Nicholas, and is about 35km to the west of Evreux.

[63] *Benoît XII*. [n. 29], no. 4311 (August 28 1337).

[64] P. GLORIEUX, *Aux origines de la Sorbonne*, tom. 1, Paris 1965, p. 326.

[65] Was this one of des Murs' known works under another title, e.g. „De arte mensurandi", or a hitherto unknown work? If the former, then the loan probably would have come after ca. 1340. Cf. *infra*, n. 89.

[66] Since all such identifications involve probabilities, it might not be out of place to be explicit about certain assumptions—very rough and certainly arguable—held by me. Taking the adult population of the territory we now call France at around 10 million, surely the ecclesiastical „personnel" would not be much larger than two percent, or 200,000. The percentage of individuals with an academic degree and with an interest in scientific subjects could hardly be much greater than one percent of that number, or 2,000. „Robert" is a relatively common name, but combined with a *cognomen* of low to moderate frequency, such as „Dulcis", the chances that two persons with the same combination of names are to be found in that group seem to me to be low.

the Middle Ages, one hesitates to loan a book to anyone outside of
the circle of close acquaintances. Strictly speaking, perhaps, such a
loan by des Murs does not mean that the borrower is part of a
„network“, lacking further evidence as to serious interest, even ex-
tending to scientific writing on the part of the borrower. On the
other hand, while one could well suggest that two persons of about
the same age, living at least for some periods in the same city and
having the same interests, must have been acquainted, without the
testimony of the Escorial MS we might not wish to say with certainty that des Murs shared his concepts of music theory with
Phillipe de Vitry[67].

Deserving further discussion in another place is the degree to
which the circle of des Murs' friends, acquaintances, or scientific
collaborators, was also from Normandy, even the diocese of Lisieux. My guess would be that only a very few, if any, of des Murs'
(hypothetical) fellow-students in the cathedral school at Lisieux,
would have gone on to share his relatively esoteric interests. On the
other hand, although the *natio* at the University of Paris is understood to be more a corporation of professors than a fraternity of
students[68], it probably played some role in establishing relationships
between students of the same region, language, or dialect, if only
because they would have gathered around professors of Norman
origin.

Des Murs' later career and death

About a year after his arrival in Mézières-en-Brenne – which one
might be pardoned for describing, then as now, as „in the middle
of nowhere“ – des Murs completed his longest and most varied
work, the „Quadripartitum numerorum“. Its colophon is the most
elaborate of any of his books: „Actum anno Domini Jesu Christi
1343, novembris 13a die, orto jam Sole initio sagitarii, exeunte Luna
quoque in libra in fine prime faciei, secundum veritatem tabularum

---

[67] Important to the further discussion of this question will be a deciphering and
interpretation of the group of texts found in Paris BN, lat. 7378A, fol. 58sq.
[68] Cf. WEIJERS, *Terminologie* [n. 28], p. 56sqq.

illustris principis Alfonsi regis Castelle que composite sunt ad meridiem tholetanum"[69].

In the autumn of 1344, Clement VI requested des Murs and Firmin de Beauval to come to Avignon for the purpose of remedying defects of the *numerus aureus*, essential in the medieval calculation of the date of Easter. A work on calendar reform in general, and of the Golden Number in particular, was completed in the following year and has recently been published in a modern edition[70].

There exist at least three works apparently of later date, which have been attributed, not without contest, to Jehan des Murs. One is a letter to Clement VI on an unfavorable conjunction of 1357 and a favorable one of 1365. Opinion is divided on the date of the letter: Poulle thinks only that it was (necessarily) written prior to Clement's death; Gack-Scheiding gives plausible reasons for believing that it was written in 1347, whereas Michels believes only that it was written *before* that year[71].

The second and third works have dated explicits. One is a simple table for determining the date of the new moon in BL Sloane 3124, the unique source, which according to the explicit „fuit composita et ordinata Parisius per Magistrum Johannem de Muris et plures alios magistros in astrologia expertos ad mandatum Domini Clementis Pape Sexti anno quinto"[72]. The fifth year of Clement's pontificate includes parts of 1346 and 1347. The other is a short treatise contesting the accuracy of the Alfonsine tables, allegedly from 1348 according to only one of the several manuscripts. Poulle rejects this as a work of des Murs since the point of view runs counter to the acceptance, even admiration, elsewhere expressed by him towards the Alfonsine tables[73].

---

[69] L'HUILLIER, *Quadripartitum* [n. 13], p. 590. L'Huillier points out a „léger décalage" between the asserted and the actual positions of the sun and moon.

[70] GACK-SCHEIDING, *Epistola* [n. 14].

[71] An important part of Gack-Scheiding's argument depends on the order in which the conjunctions are described, the favorable one of 1365 first, then the unfavorable one of 1357. One might suggest that Johannes' could have wished to present the good news first. In any event, the letter is found in only one MS, BN lat. 7443. (I have not had a careful look at this.)

[72] London BL, Sloane MS 3124, fol. 8v. Clearly, these other „magistri experti in astrologia" would constitute part of the „network" of which des Murs was a part.

[73] POULLE, *John of Murs* [n. 11]. He does not observe that in one of the MSS, Paris BN Lat. 7281, an anonymous annotator of the period attributes the work to Geoffroy de Meaux. My opinion (*New Sources*, p. 20) that „it would not have been out of character for Johannes de Muris to have written such a work" rests on the in-

It has been said that the designation of Philippe de Vitry as bishop of Meaux in the poem accompanying the „Quadripartitum numerorum" means that des Murs lived at least until 1351, the date of de Vitry's elevation to that see. L'Huillier's discussion, however, leaves little doubt that this was added after the fact by the copyist of only one of the five MSS containing the entire work[74]. It is nonetheless the case that this short but eloquent hexameter poem is further testimony to the closeness of the two men.

Finally, the text printed by Thomas Rymer in his collections of extracts from the so-called „French rolls"[75], requires correction, thus confirming my earlier suspicion: the entry for the 1357 safe-conduct is actually „Julianus des Muris cum tribus hominibus equitibus. Datur apud Westminster xxvi die Junii"[76]. In other words, Julianus, not Johannes, was one of a number of courtiers and royal servants who accompanied King John to England during his captivity subsequent to the debacle of Poitiers in 1356. This could explain, if explanation be necessary, the presence in England (see below) of a manuscript once in the possession of Jehan des Murs[77].

While it might be thought too easy to invoke the Black Death as the cause for Jehan's disappearance from the historical record after 1348, the reality of this pan-European disaster hardly constitutes a *deus ex machina*. One regrets that only a few scraps have survived from the records of the chapter of the collegiate church in Mézières-en-Brenne, which might have recorded the demise of the

---

stances in which he observed a discrepancy between the tabular and the observed values.

[74] L'HUILLIER, *Quadripartitum* [n. 13], p. 13, with acknowledgement of the prior discussion of this matter in POULLE, *John of Murs* [n. 11]. I had already expressed considerable doubt regarding the authenticity of the passage in my 1969 article [n. 9], p. 9.

[75] T. RYMER, *Foedera, conventiones etc.*, 4th ed., London 1816-69, tom. 3, p. 358.

[76] London, Public Record Office, C 76/35 (Treaty Rolls), 31 Edward III, p. 13 of the roll. The date given by Rymer is also ten days too early. Gack-Scheiding's statement, *Epistola* [n. 14], p. 55, that the person involved was Johannes („Eine Verwechslung mit Julianus ist ausgeschlossen, da die Quellen zwischen Julianus und Johannes deutlich unterscheiden") should accordingly be corrected.

[77] It's worth noting that the calendar of BL Royal 12.C.XVII has what appears to be an addition in English in the calendar, against October 19th. Also, the Escorial MS has on fol. 222v a compass rose with sixteen points of direction given in that language in a hand not otherwise represented in the MS. One has the impression, however, that it was drawn on the page prior to the other notes, which are in the hand of Jehan des Murs.

illustrious astronomer or his replacement[78]. Failing the discovery of further evidence, we would not be unjustified in assuming that des Murs died in 1348 or 1349, before his sixtieth year.

L'Huillier characterized his career as mediocre, writing that after 1321 „il mène une vie modeste, tantôt en Normandie, tantôt à Paris" and that besides benefices from Le Bec (expectative, to be sure) and Mézières, „sa vie n'est marquée d'aucun honneur officiel"[79]. Perhaps she had in mind the altogether exceptional careers of such figures as Philippe de Vitry or Nicole Oresme. To the extent that des Murs' connections are Norman, i.e the house of Evreux and the Harcourt family, the documentation of his career is thinner than that for those with close connections to the royal court, or who spent most of their time in Paris. On the other hand, his scientific achievement was far from trivial, although of a rather unphilosophical character when compared with the great Oresme from the next generation. Poulle's assessment may be closest to the mark: „ironie mordante, conviction passionée, rédaction rapide et peu soignée"[80]. Perhaps these traits would not have helped to advance the academic career which he appears to have begun so productively in the early 1320s.

Julian des Murs and the connection with Nicole Oresme

It might be best at the outset to consider the evidence that the Julian des Murs who figures prominently in royal accounts and other records from 1347 until his death in 1368 is directly associated with Jehan des Murs.

The conclusive proof is found in Cambridge, University Library Mm.IV.43, a large parchment manuscript of 304 folia and two flyleaves – there were originally 322 folia – the principal contents of which is the „De judiciis astrorum" of Haly Abenragel, but ends with the treatise on astronomy by Raimundus Lull, finished according to the colophon, in 1298. The Escorial booklist does note a

---

[78] Evidently, the right of nomination of the canons of the church was the prerogative of Alix of Harcourt.

[79] L'HUILLIER, Aspects nouveaux [n. 18], p. 275. Perhaps she would not be so definite today, after the work of editing the Quadripartitum.

[80] POULLE, Jean de Murs [n. 11], p. 246.

„Liber de judiciis" but it is further described as *in turpi littera et mala*, which most certainly does not apply to this MS. Perhaps the comment was intended to distinguish the poor copy from a good one which remained in Jehan's possession, for there can be no doubt that the Cambridge volume was once in the hands of Jehan des Murs.

The evidence is comprised in a number of memoranda in the quite unmistakeable hand of Jehan des Murs[81] at different points in the MS. For example, on fol. 316r we find a note on the entrance of the sun into three zodiacal signs in the year 1321. On the verso is a finished drawing and instructions for finding the sine of 15 degrees, *kardaga* in Arabic[82]. At the top of the page is a lengthy note in Jehan's cursive hand which appears to refer to the king of Navarre. Another possibly datable note – unfortunately partly cut away by the binder's knife – can be found on fol. 201r; it cites the year 1328.

The connection between Jehan and Julian, however, is established by two notes in a different hand on fol. 316r, just mentioned. One concerns the birth date of Charles V on January 21 1337, the other, the future duke of Burgundy on January 15 1342. In between the two notes we find the notarial signature of Julian des Murs, as established by a receipt from 1365[83].

Somewhat less than certain, but nevertheless quite plausible, is the identification of Julian des Murs with the „Julian" mentioned in a fragmentary account roll from Fontevraud. We read „A Julian le clerc mestre Joh. des Murs pour aler a Bellomer, 25s". The roll is not explicitly dated, but lacking evidence to the contrary, we can reasonably place it in the late 1320s[84].

---

[81] Cf. S. VICTOR, „Johannes de Muris' Autograph of the De arte mensurandi" in: *Isis* 61, part 3 (1970), p. 389-395. Victor's conclusions are repeated in L'HUILLIER, *Quadripartitum* [n. 13], p. 46.

[82] It is very like a similar diagram in BL Royal 12.D.VI, fols. 69v-71, which may have a note by Johannes on fol. 70r. This is in addition to the BL copy of des Murs' so-called Patefit found in Royal 12.C.XVII. Cf. GUSHEE, *New Sources* [n. 9], p. 21sq.

[83] The document is a receipt for a sum of money paid to „nostre ame et feal clerc et secretaire Maistre Julian des Murs" by order of Charles V, now Paris BN, pièces originales 2083, no. 47404, pièce 7. Cf. GUSHEE, *New Sources* [n. 9], p. 23 and plate III.

[84] Angers, Archives de Maine-et-Loire, 101.H.390. This is a bundle of two rolls, the first being a record of grain and other food receipts, the second a record of receipts and expenditure running from one All Saints' Day to the next. „Bellomer" is presumably Belhomer, a priory of Fontevraud in the diocese of Chartres.

It requires no great stretch of the imagination to connect this „Julian" with the „Julian" to whom Jehan des Murs owed 25 *sous*, according to a memorandum in the Escorial MS, fol. 3v, from 5 December 1336. A bit more imagination, however, is needed to interpret the fact that Julian appears in his own right only in 1349, as „maistre et gouverneur des enffanz de la chapelle du Roy"[85], an important post he was to occupy at least until 1354. One possibility is that he remained Jehan's *clerc* until the (hypothetical) date of the latter's death, sometime in 1348, by which time he was no longer a young man. Although his designation as *magister* (from the diocese of Lisieux) in 1349 does not imply any degree of maturity, his election as *rector* of the University of Paris at the end of 1350 surely does[86].

It would unduly prolong this essay to offer all the details of Julian des Murs' later career. Suffice it to say that he served as notary and secretary to the dauphin, then the king between 1358 and 1364. He was also a canon of the churches of Evreux and Beauvais, before being received as a canon of Notre-Dame of Paris on November 8 1360, a post he gave up three years later in favor of a prebend at Rouen, where he was also curé of the church of St. Maclou. He died on September 16 1368 and was buried in St. Maclou[87] – all in all, then, a career that amply deserves the word „distinguished".

Julian's tenure at Rouen overlapped with that of Nicole Oresme, who became a canon of the cathedral a year earlier, becoming dean of the chapter in 1364. He was evidently in residence for the rest of the decade, until he began translating works of Aristotle into

---

[85]   A receipt to the changeur of the royal treasury – still bearing Julian's seal – dated April 2 1348 is preserved in Paris BN, Pièces originales 2083, no. 47405, pièce 2. Since Easter – the date marking the beginning of a new year – was on April 20th in 1349, the year of the document is actually 1349.

[86]   The designation of magister and the diocese of origin come from a petition from the university to the Pope for benefices from May 1349 (CUP II, 640). According to WEIJERS, *Terminologie* [n. 28], p. 188sq., in Paris, the *rector* was originally the head of the faculty of arts, elected by the proctors of the four nations. By the middle of the 13th century, however, he had become rector of the university. Although the rector had considerable power and responsibility, his term was brief, three or four months only.

[87]   For evidence of his prebends cf. CUP II, p. 640 and III, p. 7, in addition to Paris AN, LL 106a, p. 297. There are many documents testifying to his civil career, such as D. SECOUSSE, *Recueil de pièces servant de preuves*, Paris 1755, p. 71sqq.; *Ordonnances des Rois de France de la troisième race jusqu'en 1514, tom.* III, pp. 391, 534; Paris BN, Pièces originales 2083, no. 47405; Paris AN, JJ 92, fol. 36v. Cf. L. DELISLE, *Mandements et actes divers de Charles V*, Paris 1874.

French for Charles V. While he retained the deanship at Rouen, he was in residence in Paris during the 1370s, finally moving to Lisieux – he had been named bishop of the diocese in 1377 – in 1380. He died there in July 1382[88].

These details are included to establish that Oresme and Julian des Murs would have been in close contact in Rouen for some five years, and to *suggest* that some of the books owned by Julian may have been given or willed to Oresme. This would allow us to extrapolate a chain of ownership of Paris BN, lat. 7380, a manuscript of Jehan des Murs' „De arte mensurandi" with profuse corrections, additions, and annotations in the author's hand, as has been established by the work of Marshall Clagett and Stephen Victor[89].

Annotations in two different hands on the last page inform us regarding the provenance of the book:

> *Iste liber est Henrici de Fontanis qui eum habuit ex dono venerabilis*
> *viri magistri Henrici Oresme junioris condam nepotis excellentissimi*
> *doctoris magistri Nicolai Oresme olim episcopi Lexoviensis*

> *Nunc Orontii Finei Delphinatis ex permutatione*
> *alterius libri cum Joanne de Castro Doctore Theologo*
> *[bursario] collegii Magistri Gervasii Christiani*

Henri Oresme, Nicole's nephew, is described in a document of 1378-79 as a long-term student at Paris in the faculties of arts and law[90]. He wound up as canon of the church of Bayeux, and owned his uncle's own copy of his French translations of Aristotle on Economics and Politics, now MS 223 of the municipal library of Avranches. Henri de Fontanis – to judge by a document of 1387 – was from the diocese of Bayeux, and chaplain of the chapel of St. Hilary in that church[91]. While it is of course possible that Henri

---

[88] This summary is drawn from E. GRANT, *Nicole Oresme: De proportionibus proportionum and Ad pauca respicientes*, Madison (Wisconsin) 1966, p. 3-10.

[89] VICTOR, *Autograph* [n. 80], p. 395. It was at one time thought that the work had been left incomplete, then finished by Nicole Oresme. Victor gives grounds for why the first part (fols. 1-21) of the work was left unfinished by an unknown author, with the continuation (fols. 22-83) being by des Murs. The end of the eighth chapter – in a section which Victor believes to have been written by a „Scribe C" who is not des Murs – reads „Explicit demonstracio equalitatis linee recte ad circumferenciam circuli, et per consequens proportio recti ad curvum quam plurimi negaverunt. Anno 1340." (fol. 64r). Also, the paper parts of the MS are datable by watermarks to ca. 1340.

[90] CUP III, p. 272 [Rotulus particulares Univ. Par.]: „Item Henrico Oresme, cler., qui diu Parisius studuit in fac. arcium et decr."

[91] CUP III, p. 458 [Rotulus nationis Normanniae]: „cler. Baiocens. dioec., mag.

Oresme came by the manuscript by another means, I suggest that it was given or willed to him by his uncle, so that the chain of ownership (starting from the other direction) was Jehan des Murs – Julian des Murs – Nicole Oresme – Henri Oresme – Henri des Fontaines. Oronce Fine, the last known owner prior to the acquisition of the MS by the royal library, is a quite well-known mathematician of the 16th century.

That Oresme knew the works of Jehan des Murs seems likely enough; how many, how well, and how favorably is another matter[92]. It is interesting that in his youth he apparently spent substantial time in attempting to become proficient in astrology: „...in my youth I believed and gave assent just as many did, but I was never able to discover the truth ... I often studied astrology and pondered their books, I talked with the authors ..."[93]. Certainly one of those authors could reasonably be assumed to have been des Murs.

His youthful enthusiasm turned to passionate and life-long antagonism. Oresme attacked the occult sciences on several levels and in Latin and French both. His most abstract assault is that in his lengthy treatise, „De commensurabilitate vel incommensurabilitate motuum celi"[94], which could be understood as directly responding to des Murs' presentation in the „Quadripartitum" of a problem

---

in art., scol. Parisius in theol. in quinto sue auditionis anno, capellano capellanie S. Hilarii in eccl. Baiocens., fundate."

[92] Oresme refers to Jehan des Murs in his „De proportionibus proportionum", ch. 4 (GRANT, *De proportionibus* [n. 87], p. 298, 495) with respect to the latter's treatment of means in continuous proportionality: „Et Euclidis non docuit nisi tantum de una, et habetur ex nona sexti, sed reverendus magister Johannes de Muris docebat invenire quotlibet sicut credo." He may be the only person apart from Aristotle, Averroes, and Euclid to be mentioned in this lengthy work. As an aside, it should be mentioned that Oresme presented his short work, „Algorismus proportionum", to Philippe de Vitry (as a modern personification of Pythagoras!), cf. E. GRANT, „Part I of Nicole Oresme's 'Algorismus proportionum'" in his *Studies in Medieval Science and Natural Philosophy*, London 1981, section I, p. 328.

[93] I've juxtaposed two passages as given by S. CAROTI, „Nicole Oresme's Polemic against Astrology in his 'Quodlibeta'", in: P. CURRY, Astrology, Science and Society, Woodbridge (Suffolk) 1987, p. 75-93. „et in iuventute credebam et assentiebam sicut et multi, sed numquam potui veritatem invenire" [*Quodlibeta* from Florence, Biblioteca Medicea Laurenziana, MS Ashburnham 210, fol. 47r]; „...sepe in astrologia studui et codices eorum revolvi et cum actoribus contuli..." [S. CAROTI (ed.), *Questio contra divinatores horoscopios*, in: *Archives d'histoire doctrinale et littéraire du moyen âge* 43 (1976), p. 201-310, here p. 310]. Cf. also B. HANSEN, *Nicole Oresme and the Marvels of Nature*, Toronto 1985 (Studies and Texts 68), p. 4, note 6 and elsewhere.

[94] Edited by E. GRANT, *Kinematics* [n. 16].

much in fashion around mid-century: whether, if the orbits of two (or more) bodies are in an irrational proportion, they will ever make a conjunction in exactly the same location[95].

Des Murs' position in chapter 14 is that it is impossible to know planetary motions with sufficient exactness to dispense with the need for constant corrections through observation. Then, at the end of chapter 24, he explodes in something approaching a tirade. As to whether the planetary motions are rationally commensurable or not, he can not be sure. It's enough for the astrologer that he can predict the conjunctions of planets and stars, in such a way that the senses can't demonstrate the contrary. (While this seems like a rather convoluted way of putting it, it avoids ranking the knowledge gained from the senses over that gained from intellect.) He gives two instances of assertions about which the senses have nothing to offer: that a continuum can be infinitely divided, and that a sphere resting on a plane touches it in a (geometrical) point. But in knowing this, one is not deprived of the organ of sense[96].

Oresme in his relatively brief but closely reasoned work on the

---

[95] The problem surfaces in the first part of Book IV of the „Quadripartitum numerorum", cf. ed. L'HUILLIER[n. 13], ch. 14 (p. 490) and especially chapters 24-30 (p. 501-511). On the mid-century interest in the problem, ibid. p. 27. GRANT, *Kinematics* [n. 16] gives full attention to the problem in des Murs and Oresme, and includes both Latin text and English translation of chapters 12 through 28 of the „Quadripartitum". I find Grant's translation forced, if not misleading, in one important point, the last phrase of the chapter. He construes the phrase „nec tamen in hoc sciendo organo sensus privor" as „By [relying only on] the organ of sense, however, I am deprived of this knowledge." This refuses the obvious translation, taking „organo" as a standard ablative of separation, „I am deprived of the organ of sense".

[96] I have compressed the fascinating and complex train of thought found in the full passage, which I take from L'HUILLIER, *Quadripartitum* [n. 13], p. 502: „Et loquor michi quod nemo vixit nec vivit nec vivet qui septem planetas, ymo tres tantum possit in eodem puncto circuli conjungere, supposito adhuc quod latitudines non haberent, sed sub ecliptica inseparabiliter moverentur, addito etiam quod motus eorum precisissime sint conclusi, quod tamen nunquam erit. Tamen indubitanter assero quod si umquam conjuncti fuerint septem planete in eodem puncto signiferi aut quavis alia dispositione, ad situm consimilem neccessario reducentur, rerum naturis currentibus sicut solent, dum tamen sicut ante dixi, circuli vel motus eorum incommensurabiles non ponantur. Sed utrum hoc an illud umquam fuit, non sentio me securum. Sufficit tamen astrologo quod conjunctiones planetarum et siderum sic predicat quod sensus ostendere contrarium non valent. Est enim bene doctrinati requiescere, dum intellectus sensui satisfacit. Quod qui querit ultra non est de gremio sensatorum. Nolo tamen quin scientiam sensus superet intellectus. In plerisque potest vis anime rationalis ad que nequit virtus attingere sensitiva. Numquam enim sensus me docuit quod continuum in semper divisibilia dividatur aut quod spera posita super planum tangat ipsum in puncto, nec tamen in hoc sciendo organo sensus privor."

commensurability or incommensurability of heavenly motions was unequivocal regarding the relationship between the pragmatic approach of the astrologer (or astronomer) and the strict mathematical approach he employs. For instance, (in Grant's translation): „In this little book, my purpose is to consider exact and punctual aspects of mobiles that are moved circularly. I do not, however, propose to deal with aspects near a point which is usually the intention of astronomers, who care only that there be no sensible discrepancy"; and again, „An astronomer is satisfied if he knows that a conjunction is in a certain degree, or minute, or second, and so forth, even though he does not know in what point of a particular minute; or, he is content when an error is visually undetectable through use of an instrument"[97].

Where Jehan des Murs was unwilling to commit himself on the issue[98], Oresme is both definite and poetic: „Thus, a mixture of elements is better than the best element; the sky is more wonderful than if the stars were distributed [evenly] everywhere; the whole universe is more perfect because there are corruptible things — and even monsters — in it; a song with its consonances varied is sweeter than if it were made entirely from the best consonance, i.e. an octave ..."[99].

The relationship between the two men on the basis of chronology — as well as on that of the sequence of the argument — must be that des Murs' work was a direct influence on Oresme, and not only on the treatise on commensurability. It is interesting that Grant, who was at first inclined to discount des Murs as an influence on Oresme, was eventually to accept fully the idea that one of

---

[97] GRANT, *Kinematics* [n. 16], p. 178: „Intentio in hoc libello est loqui de precisis et punctualibus aspectibus mobilium circulariter motorum, et non de aspectibus prope punctum de quibus communiter intendunt astrologi qui non curant nisi quod not sit sensibilis defectus ..." and p. 246: „Sufficit tamen astrologo quod coniunctio sit in tali gradu, vel in tali minuto, vel secundo, et cetera, licet ignoret in quo puncto illius minuti; aut sufficit quod error ipsius astrologi non deprehendatur per visum cum aliquo instrumento."

[98] On the contrast in attitude, cf. especially GRANT, *Kinematics*, [n. 16], p. 95, note 40.

[99] Ibid., p. 313, in the concluding „Oratio Geometrie": „Unde mixtum ex elementis melius est optimo elemento; et celum insignius quam si essent stelle ubique per totum; ymo universum est perfectius propter corruptibilia et etiam propter monstra; cantusque consonantiis [„disonantiis" in one MS!] variatus dulcior quam si fieret continue optima consonantia, scilicet dyapason." I have made a few changes in Grant's translation.

Oresme's life-long intellectual concerns was inspired by des Murs[100]. A personal contact between the two men, perhaps even as master and pupil, is not impossible in the period 1336-1342 and possibly also 1345/6-1348. In any event, however, a knowledge of the works of des Murs could have come either from copies in circulation after his death or through Julian des Murs, who was very much on the Parisian scene during the very decade in which Oresme is thought to have written most of his Latin scientific works in the 1350s[101].

The temptation to write the history of scientific ideas in terms of important authors and the various mutations of the concepts that preoccupied them is strong. It is also important – when circumstances permit – to consider the detailed context, both personal and institutional, in which those authors lived and conceived their works. In the case of Jehan des Murs, the survival of a number of manuscripts that were once in his possession, together with his habit of dating his works, do permit a deeper consideration of context than is usually the case. Further work with the Escorial MS and those in Paris, London, and Cambridge – together with others that may be identified – and exploitation of prosopographical data bases now under construction, may yet allow filling in the outlines of the present sketch to produce a life-sized painting.

---

[100] Cf. ibid., p. 103: „And yet apart from Theodosius, whose relevant 'De diebus et noctibus' was probably not available, only Johannes de Muris has emerged thus far as a potentially genuine precursor to Oresme. Despite their very different objectives, attitudes, and even techniques, it may have been Johannes de Muris who first generated and set in motion an interest in the problem of celestial commensurability and incommensurability that was to preoccupy Oresme in many treatises and that would remain an intense and abiding interest all his life." The entire discussion on pp. 97-103 is important, also suggesting that Oresme's „Ad pauca respicientes" and „De proportionibus proportionum" show the influence of des Murs.

[101] ... stretching the decade by a few years before and after, making the period 1348, the year of his entry into the College de Navarre as a student in theology, to 1362, when he became canon of the cathedral church of Rouen. Cf. ibid., p. 5. This opinion goes against the earlier views of Menut and Denomy, cf. GRANT, De proportionibus [n. 87], p. 5sq.

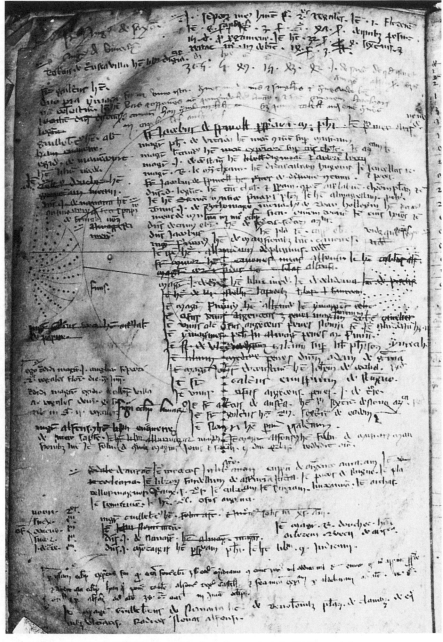

Real Biblioteca de San Lorenzo de El Escorial,
Ms. O.II.10, Fol. 225v.

BIBLIOGRAPHIE

Die vorliegende Bibliographie enthält die in den Aufsätzen zitierte Primär- und Sekundärliteratur; sie verzichtet dabei lediglich auf wenige, für einen allgemeinen Überblick, dem die Bibliographie dienen soll, als zu speziell erachtete Quellen.

Die in eckigen Klammern hinter einzelnen Primärquellen angegebenen Kürzel sind dem *Lexicon musicum Latinum* entnommen; sie sollen dem Leser die Orientierung im Korpus mittelalterlicher musiktheoretischer Schriften erleichtern.

Die Namensformen mittelalterlicher Autoren folgen den Richtlinien der *Personennamen des Mittelalters*, Wiesbaden 1989 (Regeln für die alphabetische Katalogisierung: RAK 6). Die nicht latinisierten Namensformen, wie sie in den Aufsätzen verwendet werden, sind über den Index zu erschließen.

I. *Primärquellen*

ADAM FULDENSIS, *De musica*, GS 3, p. 329-381. [**Adam Fuld.**]

ADELARDUS BATHENSIS, *De eodem et diverso*, ed. H. WILLNER, Münster 1903 (Beiträge zur Geschichte der Philosophie des Mittelalters 4, 1), p. 1-34.

Id., *Quaestiones naturales*, ed. M. MÜLLER, Münster 1934 (Beiträge zur Geschichte der Philosophie des Mittelalters 31, 2), p. 1-69.

Id., „*Ut testatur Ergaphalau*", ed. C. BURNETT in: id. (ed.) *Adelard of Bath. An English Scientist and Arabist of the Early Twelfth Century*, London 1987, p. 143sq.

ALBERTUS MAGNUS, *Analytica Posteriora*, ed. A. BORGNET, Paris 1890 (Opera omnia 2).

Id., *De anima*, ed. C. STROICK, Münster 1968 (Opera omnia 7, 1).

Id., *De caelo et mundo*, ed. P. HOSSFELD, Münster 1971 (Opera omnia 5, 1).

Id., *De Ecclesiastica Hierarchia*, ed. A. BORGNET, Paris 1892 (Opera omnia 14).

Id., *De natura loci*, ed. P. HOSSFELD, Münster 1980 (Opera omnia 5, 2).

Id., *Ethica*, ed. W. KÜBEL, Münster 1972, 1987 (Opera omnia 14, 1+2).

Id., *Metaphysica*, ed. B. GEYER, Münster 1960, 1964 (Opera omnia 16, 1+2).

Id., *Physica*, ed. P. HOSSFELD, Münster 1987, 1993 (Opera omnia 4, 1+2).

Id., *Super Dionysium De caelesti hierarchia*, ed. P. SIMON, W. KÜBEL, Münster 1993 (Opera omnia 36, 1).

Id., *Super Dionysium De divinis nominibus*, ed. P. SIMON, Münster 1972 (Opera omnia 37, 1).

Id., *Super Dionysii mysticam theologiam et epistulas*, ed. P. SIMON, Münster 1978 (Opera omnia 37, 2).

ALCUINUS, FLACCUS, *Disputatio de vera philosophia*, PL 101, col. 849C-854A.

ALIA MUSICA, ed. J. CHAILLEY, Paris 1964 (Publications de l'Institut de Musicologie 6). [**Alia mus.**]

AMALARIUS METENSIS, *Liber officialis*, ed. I. M. HANSSENS, in: *Amalarii episcopi opera liturgica omnia*, tom. 1, Vatikanstadt 1906 (Studi e Testi 139).

AMBROSIUS MEDIOLANENSIS, *Hexaemeron*, PL 14, col. 133-288.

ANONYMUS, *De communibus artium liberalium*, ed. C. LAFLEUR mit J. CARRIER, in: id., „Un instrument de révision destiné aux candidats à la licence de la Faculté des arts de Paris, le 'De communibus artium liberalium' (vers 1250?)", in: *Documenti e Studi sulla Tradizione Filosofica Medievale* 5 (1994), p. 129-203.

ANONYMUS, *Natura delectabilissimum est musica, ut inquit Philosophus octavo Polliticorum*, Regensburg, Bischöfliche Zentralbibliothek, Th 98.

ANONYMUS, *Tractatus de musica* „Quatuor sunt quibus indiget ecclesia", Erlangen, Universitätsbibliothek, Codex 66.

ANONYMUS, *Tractatus de organo cod. Vaticani*, ed. F. ZAMINER, in: id., *Der Vatikanische Organumtraktat (Ottob. lat. 3025). Organum-Praxis der frühen Notre Dame-Schule und ihre Vorstufen*, Tutzing 1959 (Münchner Veröffentlichungen zur Musikgeschichte 2). [**Org. Vatic.**]

ANONYMUS BARTHA 1937, *Pro themate presentis operis*, ed. D. VON BARTHA, in: id., „Studien zum musikalischen Schrifttum des 15. Jahrhunderts", in: *Archiv für Musikforschung* 1 (1936), p. 180-199. [**Trad. Holl. V**]

ANONYMUS CARTHUSIENSIS MON. (?) (Anon. I, CS 2), CS 2, p. 434-469. [**Anon. Carthus.**]

ANONYMUS CISTERCIENSIS MON., *Tractatus de musica*, ed. F. J. GUENTNER, 1974 (CSM 24), p. 23-41. [**Anon. Cist. I**]

ANONYMUS PANNAIN (ANONYMUS SCHNEIDER), *Tractatus de musica*,

London, British Library, Egerton 2888. [**Anon. Pannain**]

ANONYMUS RIPOLL 109, ed. C. LAFLEUR, *Le „guide de l'étudiant" d'un maître anonyme de la faculté des arts de Paris au XIIIe siècle*. Édition critique provisoire du ms. Barcelona, Arxiu de la Corona d'Aragó, Ripoll 109, Québec 1992.

ANONYMUS 4, ed. F. RECKOW, in: id., *Der Musiktraktat des Anonymus 4*, Stuttgart 1967 (Beihefte zum Archiv für Musikwissenschaft 4). [**Anon. Couss. IV**]

ANONYMUS 12, *Tractatus Cantus Figurati* („Quoniam per magis noti notitiam"), ed. J. PALMER, 1990 (CSM 35), p. 41-82. [**Anon. Couss. XII**]

ARIBO SCHOLASTICUS, *De musica*, ed. J. SMITS VAN WAESBERGHE, 1951 (CSM 2). [**Aribo**]

ARISTOTELES, *Analytica posteriora*, ed. alt. trans. Ioan. et Gerardi; ed. prima transl. Iacobi et Moerb., ed. L. MINIO-PALUELLO, B. G. DOD, Brügge, Paris 1968 (Aristoteles latinus IV 1-4).

Id., *De anima*, ed. W. D. ROSS, Oxford 1956.

Id., *De generatione et corruptione*, trans. vetus, ed. J. JUDYCKA, Leiden 1986 (Aristoteles latinus IX 1).

Id., *De sensu et sensato*, trans. vetus, London, British Library, Royal 21.G.2.

Id., *Metaphysica*, trans. Iacobi (vetustissima) et composita (vetus), ed. G. VUILLEMIN-DIEM, Brüssel, Paris 1970 (Aristoteles latinus XXV 1-1^a).

Id., *Metaphysica*, recens. et trans. Guillelmi de Moerbeka, ed. G. VUILLEMIN-DIEM, Leiden, New York, Köln 1995 (Aristoteles latinus XXV 3.2).

Id., *Physica*, trans. vetus, ed. F. BOSSIER, J. BRAMS, Leiden, New York 1990 (Aristoteles latinus VII 1.2).

Id., *Politicorum siue de Republica libri octo. Leonardo Aretino interprete cum D. Thomae Aqvinatis explanatione*, Venedig 1568.

Id., *Politicorum libri octo*. Cum vetusta translatione Guilelmi de Moerbeka, ed. F. SUSEMIHL, Leipzig 1872.

Id., *Politica (Libri I.-II.)*. Translatio prior imperfecta interprete Guillelmo de Moerbeka(?), ed. P. MICHAUD-QUANTIN, Brügge, Paris 1961 (Aristoteles latinus XXIX 1).

Id., *Politik*, ed. A. DREIZEHNTER, in: id., *Aristoteles Politik. Eingeleitet, kritisch herausgegeben und mit Indices versehen*, München 1970 (Studia et Testimonia Antiqua 7).

ARISTOXENOS, Αρμονικά στοιχεῖα, ed. H. S. MACRAN: in: id., *The*

376 BIBLIOGRAPHIE

Harmonics of Aristoxenus, Oxford 1902, Nachdr. Hildesheim, Zürich, New York 1990.

AUCTOR AD HERENNIUM, *De ratione dicendi*, ed. F. MARX, Leipzig 1964 (*M. Tulli Ciceronis Scripta quae manserunt omnia*, tom. 1).

AUCTORITATES ARISTOTELIS, ed. J. HAMESSE, in: ead., *Les Auctoritates Aristotelis, un florilège médiéval:* Étude historique et édition critique, Louvain, Paris 1974 (Philosophes médiévaux 17).

AUGUSTINUS, AURELIUS, *De civitate dei*, ed. B. DOMBART, A. KALB, Turnhout 1955 (CCSL 47+48).

Id., *De genesi ad litteram* (CSEL 28, 1), p. 3-503.

Id., *De musica*, PL 32, col. 1081-1193. [**August.**]

Id., *De musica*, ed. G. FINAERT, F.-J. THONNARD, Paris 1947 (Bibliothéque Augustinienne, Oeuvres de Saint Augustin; 1re serie: Opuscules 7, Dialogues Philosophiques 4: La musique). [**August.**]

Id., *De musica*, ed. G. MARZI, Florenz 1979 (Collana di classici della filosofia cristiana 1). [**August.**]

Id., *De ordine*, PL 32, col. 977-1020.

Id., *De quantitate animae*, PL 32, col. 1035-1080.

AURELIANUS REOMENSIS, *Musica disciplina*, ed. L. GUSHEE, 1975 (CSM 21). [**Aurelian**]

AVERROES CORDUBENSIS, *Commentarium Magnum in Aristotelis De anima libros*, ed. F. S. CRAWFORD, Cambridge/Mass. 1953 (Corpus Philosophorum Medii Aevii).

BARTHOLOMEUS ANGLICUS, *De proprietatibus rerum*, ed. H. MÜLLER, in: id., „Der Musiktraktat in dem Werke des Bartholomaeus Anglicus De proprietatibus rerum", *FS Hugo Riemann zum 60. Geb.*, Leipzig 1909, p. 245-255.

BEDA VENERABILIS, *De natura rerum*, in: PL 90, col. 187-278.

BERNARDUS CARNOTENSIS, *Glosae super Platonem*, ed. P. E. DUTTON, in: id., *The „Glosae super Platonem" of Bernard of Chartres, edited with an Introduction*, Toronto 1991 (Pontifical Institute of Mediaeval Studies. Studies and Texts 107).

BERNARDUS SILVESTRIS, *Commentum in Martianum Capellam*, ed. É. JEAUNEAU, in: id., „Note sur l'Ecole de Chartres", in: *Studi medievali*, ser. 3, Jg. 5, 2 (1964), p. 855-864. (Nachdr. in: id., „*Lectio Philosophorum". Recherches sur l'Ecole de Chartres*, Amsterdam 1973, p. 39-48.)

BERNO AUGIENSIS, *Prologus in tonarium*, GS 2, p. 62-79. [**Berno prol.**]

BOETHIUS, ANICIUS MANLIUS TORQUATUS SEVERINUS, *De fide catholica*, ed. u. übers. v. M. ELSÄSSER, in: Id., A. M. S. BOETHIUS, *Die Theologischen Traktate*, Hamburg 1988, p. 46-63.

Id., *De institutione arithmetica libri duo. De institutione musica libri quinque*, ed. G. FRIEDLEIN, Leipzig 1867, Nachdr. Frankfurt/M 1966. (Engl. Übers.: C. M. BOWER, *Anicius Manlius Severinus Boethius, Fundamentals of Music,* translated, with Introduction and Notes, New Haven, London 1989 [Music Theory Translation Series]). [**Boeth. arithm./Boeth. mus.**]

Id., *De trinitate*, PL 64, col. 1247-1256.

Id., *De trinitate,* ed. H. F. STEWART, E. K. RAND, S. J. TESTER, London, Cambridge 1962.

Id., *De trinitate*, ed. u. übers. v. M. ELSÄSSER, in: id., A. M. S. BOETHIUS, *Die Theologischen Traktate*, Hamburg 1988, p. 2-27.

Id., *In librum Aristotelis* ΠΕΡΙ ΕΡΜΗΝΕΙΑΣ *Commentariorum secunda editio,* ed. K. MEISER, Leipzig 1880.

CASSIODORUS, FLAVIUS MAGNUS AURELIUS, *Institutiones*, ed. R. A. B. MYNORS, Oxford 1937, Nachdr. Oxford 1961, 1963. [**Cassiod. inst.**]

CICERO, MARCUS TULLIUS, *De inventione*, ed. E. STRÖBEL, Stuttgart 1965 (*M. Tulli Ciceronis Scripta quae manserunt omnia,* tom. 2).

CLEMENS SCOTTUS, *Ars grammatica,* ed. J. TOLKIEHN, Leipzig 1928 (Philologus Supplementband 20, fasc. 3).

COMMENTARIUS ANONYMUS IN MICROLOGUM GUIDONIS ARETINI, ed. C. VIVELL, Wien 1917 (Kais. Akademie der Wissenschaften in Wien, philosophisch-historische Klasse, Sitzungsberichte 185/5). [**Comm. Guid.**]

Id., ed. J. SMITS VAN WAESBERGHE, in: id., *Expositiones in Micrologum Guidonis Aretini,* Amsterdam 1957, p. 99-172. [**Comm. Guid.**]

CONRADUS DE ZABERNIA, *Novellus musicae artis tractatus,* ed. K.-W. GÜMPEL, in: id., *Die Musiktraktate Conrads von Zabern,* Wiesbaden 1956 (Akademie der Wissenschaften und der Literatur in Mainz. Abhandlungen der Geistes- und Sozialwissenschaftlichen Klasse, Jahrgang 1956, Nr. 4), p. 184-244. [**Conr. Zab. tract.**]

COPERNICUS, NICOLAUS, *De Revolutionibus libri sex ,* ed. R. GANSINIEC, tom. 1-2, Warschau 1973-1978.

DIONYSIACA (recueil donnant l'ensemble des traductions latines des ouvrages attribués au Denys de l'Aréopage), ed. P. CHEVALLIER, Brügge 1937.

DIONYSIUS CARTUSIANUS, *Commentaria in libros S. Dionysii Areopagitae,*

Tournai 1902 (Opera omnia 16).

DOMINICUS GUNDISSALINUS, *De divisione philosophiae*, ed. L. BAUR, Münster 1903 (Beiträge zur Geschichte der Philosophie des Mittelalters 4, 2-3), p. 1-144.

EGIDIUS CARLERIUS, *Duo tractatuli de musica*, ed. A. SEAY, Colorado Springs 1977 (Colorado College Music Press. Critical Texts 7). [**Eg. Carl. cant./Eg. carl. rit.**]

Id., *Tractatus*, ed. J. D. CULLINGTON, R. STROHM, in: iid., *On the Dignity & the Effects of Music. Egidius Carlerius. Johannes Tinctoris. Two fifteenth-century treatises*, London 1996 (Institute of Advanced Musical Studies. Study Texts 2).

ELIAS SALOMO, *Scientia artis musicae*, GS 3, p. 16-64. [**Elias Sal.**]

ENGELBERTUS ADMONTENSIS, *De musica*, GS 2, p. 287-369. [**Engelb. Adm.**]

EUCLIDES, *Elementa*, ed. E. S. STAMATIS, tom. 1-5, Leipzig 1969-1977 (Bibliotheca Scriptorum Graecorum et Romanorum Teubneriana).

Id., *Elementa* [lat.], ed. H. L. L. BUSARD, in: id., *The Medieval Latin Translation of Euclid's 'Elements'*, Wiesbaden 1987 ('Boethius': Texte und Abhandlungen zur Geschichte der exakten Wissenschaften 15).

FRANCO DE COLONIA, *Ars cantus mensurabilis*, ed. G. REANEY, A. GILLES, 1974 (CSM 18). [**Franco Col.**]

GACE DE LA BUIGNE, *Le Roman des Deduis*, ed. A. BLOMQUIST, Karlshamn 1951 (Studia Romanica Holmiensia 3).

GERSON, Johannes, *De examinatione doctrinarum*, ed. P. GLORIEUX, in: id., *Jean Gerson. Oeuvres complètes* 9: *L'oeuvre doctrinale*, Paris 1973, p. 458-475.

GLOSSA MAIOR IN INSTITUTIONEM MUSICAM BOETHII, ed. M. BERNHARD, C. M. BOWER, München 1993-1998 (Bayerische Akademie der Wissenschaften. Veröffentlichungen der Musikhistorischen Kommission 9-12). [**Gloss. Boeth. mus.**]

GODEFRIDUS de SANCTO VICTORE, *Fons philosophiae*, ed. P. MICHAUD-QUANTIN, Namur et al. 1956 (Analecta mediaevalia Namurcensia 8). (Engl. Übers.: E. A. SYNAN, *The Fountain of Philosophy*, Toronto 1972.)

GUALTERUS ODENDUNUS, *Summa de speculatione musicae*, ed. F. F. HAMMOND, 1970 (CSM 14). [**Walt. Odingt.**]

GUIDO ARETINUS, *Epistola de ignoto cantu*, GS 2, p. 43-50. [**Guido ep.**]

Id., *Micrologus*, ed. J. SMITS VAN WAESBERGHE, 1955 (CSM 4). (Engl. Übers. in: W. BABB, *Hucbald, Guido and John on music*, New Haven, London 1978; franz. Übers. in: M.-N. COLETTE, J.-C. JOLIVET, *Gui d'Arezzo, Micrologus. Traduction et commentaires*, Paris 1993.) [**Guido micr.**]

Id., *Regulae rhythmicae*, ed. J. SMITS VAN WAESBERGHE, E. VETTER, Buren 1985 (Divitiae musicae artis A.IV). [**Guido reg.**]

GUIDO SANCTI DIONYSII, *Tractatus de tonis*, ed. S. VAN DE KLUNDERT, in: id., *Guido von Saint-Denis. Tractatus de tonis. Edition und Studien zur Lehre vom „effectus tonorum"*, Diss. Utrecht 1996.

GUILELMUS DE CONCHIS, *Glosae super Platonem*, ed. É. JEANEAU, Paris 1965 (Textes philosophiques du moyen âge 13).

Id., *Glosae super Prisciani Institutiones*, ed. É. JEAUNEAU, in: id., „Deux rédactions des gloses du Guillaume de Conches sur Priscien", in: *Recherches de théologie ancienne et médiévale* 27 (1960), p. 212-247. (Nachdr. in: id., „*Lectio Philosophorum"*. *Recherches sur l'Ecole de Chartres*, Amsterdam 1973, p. 333-370.)

Id., *Philosophia*, ed. G. MAURACH, Pretoria 1980.

Id., *Dragmaticon*, ed. I. RONCA, Turnhout (CCCM 167; im Druck).

Id., *Glosae super Boethium de consolatione Philosophiae*, ed. J. M. PARENT, in: id, *La doctrine de la création dans l'école de Chartres. Étude et textes*, Paris, Ottawa 1938 (Publications de l'Institut d'Études Médiévales d'Ottawa 8), p. 122-136.

GUILELMUS DE SHYRESWOOD, *Introduction to Logic*, übers. v. N. KRETZMANN, in: id., *William of Sherwood's Introduction to Logic*, Minneapolis 1966.

Id., *Treatise on Syncategorematic Words*, übers. v. N. KRETZMANN, in: id., *William of Sherwood's Treatise on Syncategorematic Words*, Minneapolis 1968.

GUILLERMUS DE PODIO, *Ars musicorum*, Valencia 1495. [**Guill. Pod.**]

GUNZO GRAMMATICUS DIACONUS NOVARENSIS, *Epistola ad Augienses Fratres*, PL 136, col. 1283-1302.

HIERONYMUS DE MORAVIA, *Tractatus de musica*, ed. S. M. CSERBA, Regensburg 1935 (Freiburger Studien zur Musikwissenschaft, 2. Reihe, 2. Heft). [**Hier. Mor.**]

HORATIUS FLACCUS, QUINTUS, *De arte poetica liber*, ed. S. BORZSÁK, in: *Q. Horati Flacci Opera*, Leipzig 1984 (Bibliotheca Scriptorum Graecorum et Romanorum Teubneriana), p. 292-312.

HUCBALDUS ELNONENSIS, *De harmonica institutione*, ed. Y. CHARTIER, in: id., *L'Oeuvre musicale d'Hucbald de Saint-Amand*, Saint-Laurent,

Québec 1995 (Cahiers d'Etudes médiévales. Cahier spécial 5). **[Hucbald.]**

HUGO DE SANCTO VICTORE, *Didascalicon. De studio legendi*, ed. C. H. BUTTIMER, Washington 1939.

Id., *Opera propaedeutica: Practica geometriae, De grammatica, Epitome Dindimae in philosophiam*, ed. R. BARON, Notre Dame 1966 (Publications in Mediaeval Studies 20).

HUGOLINUS DE URBE VETERE, *Declaratio musicae disciplinae*, tom. 1-3, ed. A. SEAY 1959-1962 (CSM 7). **[Ugol. Urb.]**

HUGUCCIO, *Liber derivationum*, Erlangen, Universitätsbibliothek, Codex 401.

IACOBUS LEODIENSIS, *Speculum musicae*, tom. 1-7, ed R. BRAGARD, 1955-1973 (CSM 3). **[Iac. Leod. spec.]**

IOHANNES AEGIDIUS DE ZAMORA, *Ars musica*, ed. M. ROBERT-TISSOT, 1974 (CSM 20). **[Ioh. Aeg.]**

Id., *Ars musica*, GS 2, p. 369-393. **[Ioh. Aeg.]**

IOHANNES BOEN, *Musica*, ed. W. FROBENIUS, in: id., *Johannes Boens Musica und seine Konsonanzlehre*, Stuttgart 1971 (Freiburger Schriften zur Musikwissenschaft 2). **[Ioh. Boen mus.]**

IOHANNES COCHLAEUS, *Musica*, Köln 1507.

IOHANNES DE GARLANDIA, *De mensurabili musica*, ed. E. REIMER, Wiesbaden 1972 (Beihefte zum Archiv für Musikwissenschaft 10). **[Ioh. Garl. mens.]**

IOHANNES DE GROCHEIO, *De musica*, ed. E. ROHLOFF, in: id., *Die Quellenhandschriften zum Musiktraktat des Johannes de Grocheio*, Leipzig s.a. **[Ioh. Groch.]**

IOHANNES DE MURIS, *Epistola super reformatione antiqui kalendarii*, ed. C. GACK-SCHEIDING, in: ead: *Johannes de Muris, Epistola super reformatione antiqui kalendarii. Ein Beitrag zur Kalenderreform im 14. Jahrhundert*, Hannover 1995 (Monumenta Germaniae Historica. Studien und Texte 11).

Id., *Expositio intentionis Regis Alfonsii*, ed. E. POULLE, in: id.: „Jean de Murs et les tables alphonsines", in: *Archives d'histoire doctrinale et littéraire du moyen âge* 47 (1980), p. 241-271.

Id., *Musica speculativa*, ed. C. FALKENROTH, in: id., *Die Musica Speculativa des Johannes de Muris*, Stuttgart 1992 (Beihefte zum Archiv für Musikwissenschaft 34). **[Ioh. Mur. spec.]**

Id., *Musica speculativa*, ed. S. FAST, in: id., *Musica (speculativa) Johannis de Muris*, Ottawa 1994 (Musicological Studies 61). **[Ioh. Mur. spec.]**

Id. *Musica speculativa*, ed. E. WITKOWSKA-ZAREMBA, in: id., *Musica Muris i nurt spekulatywny w muzykografii sredniowiecznej*, Warschau 1992 (Studia Copernicana 32). [**Ioh. Mur. spec.**]

Id., *Notitia artis musicae*, ed. U. MICHELS, 1972 (CSM 17). [**Ioh. Mur. not.**]

Id., *Quadripartitum numerorum*, ed. G. L'HUILLIER, in: ead., *Le Quadripartitum numerorum de Jean de Murs*, Paris 1990 (Mémoires et Documents publiés par la Société de l'École des Chartes 32).

IOHANNES DICTUS COTTO SIVE AFFLIGEMENSIS, *De musica cum tonario*, ed. J. SMITS VAN WAESBERGHE, Rom 1950 (CSM 1). [**Ioh. Cott. mus./Ioh. Cott. ton.**]

IOHANNES KECK, *Introductorium musicae*, GS 3, p. 319-329. [**Ioh. Keck**]

IOHANNES SARISBERIENSIS, *Metalogicon*, ed. J. B. HALL, Turnhout 1991 (CCCM 98).

Id., *Policratici sive De nugis curialium et vestigiis philosophorum libri VIII*, ed. C. I. WEBB, tom. 1-2, London 1909, Nachdr. Frankfurt/M 1965.

Id., *Policratus*, ed. K. S. B. KEATS-ROHAN, Turnhout 1993 (CCCM 118).

IOHANNES SCOTUS ERIUGENA, *Expositiones in Ierarchiam coelestem*, ed. J. BARBET, Turnhout 1975 (CCCM 31).

Id., *Periphyseon I*, ed. É. A. JEAUNEAU, Turnhout 1996 (CCCM 161).

Id., *Periphyseon I-III*, ed. I. P. SHELDON-WILLIAMS unter Mitarbeit von L. BIELER, tom. 1-3, Dublin 1968-1981 (Scriptores Latini Hiberniae 7, 9, 11).

Id., *Periphyseon IV*, ed. É. A. JEAUNEAU unter Mitarbeit von M. A. ZIER, mit engl. Übers. von J. J. O'MEARA und I. P. SHELDON-WILLIAMS, Dublin 1995 (Scriptores Latini Hiberniae 13).

Id., *De divisione naturae* [= Periphyseon], PL 122, col. 439-1022.

Id., *Annotationes in Marcianum*, ed. C. E. LUTZ, Cambridge/Mass. 1939 (The Medieval Academy of America 34).

IOHANNES TINCTORIS, *Complexus viginti effectuum nobilis artis musicae*, ed. A. SEAY, 1975 (CSM 22, 2), p. 165-177. [**Ioh. Tinct. eff.**]

Id., *Complexus viginti effectuum nobilis artis musicae*, ed. J. D. CULLINGTON, R. STROHM, in: iid., *On the Dignity & the Effects of Music. Egidius Carlerius. Johannes Tinctoris. Two fifteenth-century treatises*, London 1996 (Institute of Advanced Musical Studies. Study Texts 2). [**Ioh. Tinct. eff.**]

382   BIBLIOGRAPHIE

Id., *Proportionale musices*, ed. A. SEAY, 1978 (CSM 22/2a). [**Ioh. Tinct. pr.**]

Id., *Liber de natura et proprietate tonorum*, ed. A. SEAY, 1975 (CSM 22, 1), p. 65-104. [**Ioh. Tinct. nat.**]

Id., *De inventione et usu musicae*, ed. K. WEINMANN, in: id., *Johannes Tinctoris (1445-1511) und sein unbekannter Traktat „De inventione et usu musicae"*, Regensburg 1917. [**Ioh. Tinct. inv.**]

IOHANNES VALENDRINUS, *Opusculum monocordale*, ed. F. FELDMANN, *Musik und Musikpflege im mittelalterlichen Schlesien*, Breslau 1938, Nachdr. Hildesheim, New York 1973, p. 157-188. [**Trad. Holl. I**]

IORDANUS DE NEMORE, *De elementis arithmetice artis*, ed. H. L. L. BU-SARD, Stuttgart 1991 ('Boethius': Texte und Abhandlungen zur Geschichte der Mathematik und der Naturwissenschaften 22, 1).

ISIDORUS DE SEVILLA, *Etymologiarum sive originum libri XX*, ed. W. M. LINDSAY, tom. 1-2, Oxford 1911. [**Isid. etym.**]

LADISLAUS DE ZALKA, *Pro themate praesentis operis*, ed. D. VON BART-HA, in: id., *Das Musiklehrbuch einer ungarischen Klosterschule in der Handschrift von Fürstprimas Szalkai (1490)*, Budapest 1934 (Musicologia Hungarica 1). [**Lad. Zalk.**]

LIBER SPECIERUM, ed. J. SMITS VAN WAESBERGHE, in: id., *Expositiones in Micrologum Guidonis Aretini*, Amsterdam 1957, p. 31-58. [**Lib. spec.**]

MACROBIUS, AMBROSIUS THEODOSIUS, *Commentarii in Somnium Scipionis*, ed. J. WILLIS, Leipzig 1963, Nachdr. 1970, 1994 (Bibliotheca Scriptorum Graecorum et Romanorum Teubneriana). [**Macrob.**]

MARCHETTUS DE PADUA, *Lucidarium musicae planae*, GS 3, p. 64-121. [**March. luc.**]

Id., *Lucidarium musicae planae*, ed. J. HERLINGER, Chicago, London 1985. [**March. luc.**]

Id., *Pomerium in arte musicae mensuratae*, ed. G. VECCHI, 1961 (CSM 6). [**March. pom.**]

MARTIANUS MINNEUS FELICUS CAPELLA, *De nuptiis Philologiae et Mercurii*, ed. A. DICK, Leipzig 1969 (Bibliotheca Scriptorum Graecorum et Romanorum Teubneriana). [**Mart. Cap.**]

Id., *De nuptiis Philologiae et Mercurii*, ed. J. WILLIS, Leipzig 1983 (Bibliotheca Scriptorum Graecorum et Romanorum Teubneriana). [**Mart. Cap.**]

MUSICA ENCHIRIADIS, ed. H. SCHMID, in: id., *Musica et Scolica En-*

chiriadis una cum aliquibus tractatulis adiunctis, München 1981 (Bayerische Akademie der Wissenschaften. Veröffentlichungen der Musikhistorischen Kommission 3). (Engl. Übers.: R. ERICKSON, *Musica Enchiriadis and Scolica Enchiriadis. Translated, With Introduction and Notes*, New Haven, London 1995). [**Mus. Ench.**]

NICOLAUS ORESMIUS, *Algorismus proportionum* [Teil 1], ed. E. GRANT, in: id., *Studies in Medieval Science and Natural Philosophy*, London 1981 (Collected Studies 142). (= „Part I of the *Algorismus proportionum* of Nicole Oresme", in: *Isis* 56 [1965], p. 327-341.)

Id., *Questio contra divinatores horoscopios*, ed. S. CAROTI, in: *Archives d'histoire doctrinale et littéraire du moyen âge* 43 (1976), p. 201-310.

Id., *Quodlibeta*, Florenz, Biblioteca Medicea Laurenziana, Ashburnham 210.

Id., *Tractatus de commensurabilitate vel incommensurabilitate motuum celi*, ed. E. GRANT, in: id., *Nicole Oresme and the Kinematics of Circular Motion*, Madison, Milwaukee, London 1971 (The University of Wisconsin. Publications in Medieval Science 15).

PETRUS ABAELARDUS, *Theologia 'Scholarium'*, ed. E. M. BUYTAERT, C. J. MEWS, Turnhout 1987 (Opera theologica 3, CCCM 13), p. 309-549.

PETRUS COMESTOR, *Historia scholastica*, PL 198, col. 1050-1722.

PETRUS DE ALVERNIA, *In libros politicorum expositio*, ed. R. M. Spiazzi, Turin, Rom 1951. [Fortsetzung des Kommentars von Thomas von Aquin]

PETRUS HISPANUS, *Tractatus*, ed. L. M. DE RIJK, in: id., *Peter of Spain (Petrus Hispanus Portugalensis). Tractatus called afterwards Summule logicales*, Assen 1972 (Wijsgerige Teksten en Studies 22). (Engl. Übers.: F. P. DINNEEN, in: id., *Language in Dispute: The Summulae Logicales*, Amsterdam 1990.)

Id., *Expositio libri de anima*, ed. P. M. ALONSO, Madrid 1952 (Obras filosóficas 3. Consejo superior de investigaciones cientificas. Instituto de Filosofia „Luis Vives", Ser. A, Núm. 4), p. 87-401.

Id., *Syncategoreumata*, ed. L. M. DE RIJK, übers. v. J. SPRUYT, Leiden, New York, Köln 1992 (Studien und Texte zur Geistesgeschichte des Mittelalters 30).

PLATON, *Phaedo*, ed. E. A. DUKE, W. F. HICKEN, W. S. M. NICOLL et al., Oxford 1995, (Platon, Opera 1). (Dt. Übers.: F. SCHLEIERMACHER, *Platon, Phaidon, Politeia*, ed. W. F. OTTO, E. GRASSI, G. PLAMBÖCK, Hamburg 1958 [Sämtliche Werke 3]).

Id., *Timaeus a Calcidio translatus commentarioque instructus*, ed. J. H.

Waszink, London, Leiden 1962 (Plato latinus 4).

Pseudo-Dionysius Areopagita, *De divinis nominibus,* ed. B. R. Suchla, Berlin, New York 1990 (Corpus Dionysiacum 1. Patristische Texte und Studien 33). (Dt. Übers.: B. R. Suchla, *Pseudo-Dionysius Areopagita, Die Namen Gottes,* Stuttgart 1988 [Bibliothek der griechischen Literatur 26]).

Id., *De coelesti hierarchia, De ecclesiastica hierarchia, De mystica theologia, Epistulae,* ed. G. Heil, A. M. Ritter, Berlin, New York 1991 (Corpus Dionysiacum 2. Patristische Texte und Studien 36). (Dt. Übers.: G. Heil, *Pseudo-Dionysius Areopagita, Über die himmlische Hierarchie. Über die kirchliche Hierarchie,* Stuttgart 1986 [Bibliothek der griechischen Literatur 22]; A. M. Ritter, *Pseudo-Dionysius-Areopagita, Über die Mystische Theologie und Briefe,* Stuttgart 1994 [Bibliothek der griechischen Literatur 40].)

Id., *De mystica theologia,* transl. Sarraceni, in: Albertus Magnus, *Super Dionysii mysticam theologiam et epistulas,* ed. P. Simon, Münster 1978 (Opera omnia 37, 2).

Quatuor principalia musicae, CS 4, p. 200-298. [**Quat. princ.**]

Quintilianus, Marcus Fabius, *Ausbildung des Redners. Zwölf Bücher. Zweiter Teil, Buch VII-XII,* übers. von H. Rahn, Darmstadt 1975 (Texte zur Forschung 3).

Regino Prumiensis, *Epistola de armonica institutione,* GS 1, p. 230-247. [**Reg. Prum.**]

Id., *Epistola de armonica institutione,* ed. M. Bernhard, in: id., *Clavis Gerberti,* Teil 1, München 1989 (Bayerische Akademie der Wissenschaften. Veröffentlichungen der Musikhistorischen Kommission 7), p. 39-73. [**Reg. Prum.**]

Remigius Autissiodorensis, *Commentum in Martianum Capellam,* tom. 1-2, ed. C. E. Lutz, Leiden 1962, 1965. [**Remig. Aut.**]

Rheticus, Georg Joachim, *Narratio prima,* übers. v. E. Rosen, in: id., *Three Copernican Treatises,* New York ²1959.

Richardus de Sancto Victore, *Liber exceptionum,* ed. J. Chatillon, Paris 1958 (Textes philosophiques du moyen âge 5).

Id., *De gratia contemplationis libri quinque (Benjamin major),* PL 196, col. 63-202.

Robertus Grosseteste, *Commentarius in Posteriorum Analyticorum Libros,* ed. P. Rossi, Florenz 1981 (Corpus Philosophorum Medii Aevi. Testi e studi 2).

Id., *De artibus liberalibus,* ed. L. Baur, in: id., *Die Philosophischen Werke des Robert Grosseteste, Bischofs von Lincoln,* Münster 1912 (Beiträge zur

Geschichte der Philosophie des Mittelalters 9), p. 1-7. (Ital. Übers.: P. Rossi, in: id., *Roberto Grossatesta. Metafisica della luce*, Mailand 1986, p. 97-105).

Id., *De generatione sonorum*, ed. L. Baur, in: id., *Die Philosophischen Werke des Robert Grosseteste, Bischofs von Lincoln*, Münster 1912 (Beiträge zur Geschichte der Philosophie des Mittelalters 9), p. 7-10.

Id., *Hexaëmeron*, ed. R. C. Dales, S. Gieben, Oxford 1982 (Auctores Britannici Medii Aevi 6).

Robert Kilwardby, *De ortu scientiarum*, ed. A. G. Judy, London, Toronto 1976 (Auctores Britannici Medii Aevi 4).

Scholia in eos Beati Dionysii Libros qui exstant, PG 4, col. 15-576 (Nachdr.: Turnhout 1984).

Scolica Enchiriadis, ed. H. Schmid, in: id., *Musica et Scolica Enchiriadis una cum aliquibus tractatulis adiunctis*, München 1981 (Bayerische Akademie der Wissenschaften. Veröffentlichungen der Musikhistorischen Kommission 3). (Engl. Übers.: R. Erickson, *Musica Enchiriadis and Scolica Enchiriadis. Translated, With Introduction and Notes*, New Haven, London 1995). [**Scol. Ench.**]

Summa musicae, GS 3, p. 190-248. [**Ps.-Mur. summa**]

Summa musicae, ed. C. Page, in: id., *Summa Musice. A thirteenth-century manual for singers*, Cambridge, New York et al. 1991 (Cambridge Musical Texts and Monographs), p. 139-211. [**Ps.-Mur. summa**]

Summa philosophiae, ed. L. Baur, in: id., *Die Philosophischen Werke des Robert Grosseteste, Bischofs von Lincoln*, Münster 1912 (Beiträge zur Geschichte der Philosophie des Mittelalters 9), p. 275-643.

Summula. Tractatus metricus de musica glossis commentarioque instructus, ed. E. Vetter, Buren 1988 (Divitiae Musicae Artis A 8a). [**Summ. Guid.**]

Tertium principale, v. Quatuor principalia.

Theodoricus Carnotensis, *Tractatus de sex dierum operibus*, ed. N. M. Häring, in: id., *Commentaries on Boethius by Thierry of Chartres and his School*, Toronto 1971, p. 553-575.

Id., *Commentum super Boethii librum De Trinitate*, ed. N. M. Häring, in: id., ibid., p. 479-528.

Theodoricus Teutonicus de Vriberg, *De origine rerum praedicamentalium*, ed. L. Sturlese, Hamburg 1983 (Opera omnia 3), p. 135-201.

Thomas de Aquino, *Expositio Libri Posteriorum*, Rom 1989 (Opera omnia, Leonina, tom. I*.2).

Id., *Super Boetium de Trinitate*, Rom 1992 (Opera omnia, Leonina, tom. L).

Id., *In octo libros de physico auditu sive physicorum Aristotelis commentaria*, ed. P. F. ANGELI, M. PIROTTA, Neapel 1953.

Id., *In XII libros Metaphysicorum expositio*, ed. M.-R. CATHALA, R. M. SPIAZZI, Turin 1950.

WOLSTANUS WINTONIENSIS, *The Life of St. Æthelwold*, ed. M. LAPIDGE, M. WINTERBOTTOM, Oxford 1991.

II. *Sekundärquellen*

1. *Monographien / Aufsätze*

AEBLI, H., *Denken: das Ordnen des Tuns I: Kognitive Aspekte der Handlungstheorie, II: Denkprozesse*, Stuttgart 1980-1981.

AERTSEN, J. A., „Was heißt Metaphysik bei Thomas von Aquin?", in: I. CRAEMER-RUEGENBERG, A. SPEER (ed.), *Scientia und Ars im Hoch- und Spätmittelalter*, Berlin, New York 1994 (Miscellanea Mediaevalia 22), p. 217-239.

Id., *Medieval Philosophy and the Transcendentals: The Case of Thomas Aquinas*, Leiden, New York, Köln 1996.

ALLARD, G.-H., *Johannis Scoti Eriugenae Periphyseon Indices Generales*, Montréal, Paris 1983.

ANSORGE, D., *Johannes Scottus Eriugena: Wahrheit als Prozeß. Eine theologische Interpretation von „Periphyseon"*, Innsbruck, Wien 1996 (Innsbrucker theologische Studien 44).

ASHWORTH, E. J., „Traditional Logic", in: C. B. SCHMITT, Q. SKINNER, S. KESSLER (ed.), *The Cambridge History of Renaissance Philosophy*, Cambridge 1988, p. 143-172.

BARKER-BENFIELD, B. C., *The Manuscripts of Macrobius's Commentary on the Somnium Scipionis*, Oxford University D. Phil. thesis, 1975.

BARTHA, D. VON, *Das Musiklehrbuch einer ungarischen Klosterschule in der Handschrift von Fürstprimas Szalkai (1490)*, Budapest 1934 (Musicologia Hungarica 1).

Id., „Studien zum musikalischen Schrifttum des 15. Jahrhunderts", in: *Archiv für Musikforschung* 1 (1936), p. 59-82, 176-199.

BATTIFOL, L., „Le Chatelet de Paris vers 1400", in: *Revue historique* 61 (1896), p. 225-283.

BECKER, O., „Frühgriechische Mathematik und Musiklehre", in:

Archiv für Musikwissenschaft 14 (1957), p. 156-164.

BEIERWALTES, W. *Proklos. Grundzüge seiner Metaphysik*, Frankfurt/M ²1979.

Id., „Der Harmonie-Gedanke im frühen Mittelalter", in: *Zeitschrift für philosophische Forschung* 45 (1991), p. 1-21.

Id., *Eriugena. Grundzüge seines Denkens*, Frankfurt/M 1994.

BERNHARD, M., „Glosses on Boethius' *De institutione musica*," in: A. BARBERA (ed.), *Music Theory and its Sources: Antiquity and the Middle Ages*, Notre Dame 1990 (Notre Dame Conferences in Medieval Studies 1), p. 136-149.

Id., „Überlieferung und Fortleben der antiken lateinischen Musiktheorie im Mittelalter", in: F. ZAMINER (ed.), *Rezeption des antiken Fachs im Mittelalter*, Darmstadt 1990 (Geschichte der Musiktheorie 3), p. 7-35.

Id., „Das musikalische Fachschrifttum im lateinischen Mittelalter", in: ibid., p. 37-103.

Id., „Boethius im mittelalterlichen Schulunterricht", in: M. KINTZINGER, S. LORENZ, M. WALTER (ed.), *Schule und Schüler im Mittelalter. Beiträge zur europäischen Bildungsgeschichte des 9. bis 15. Jahrhunderts*, Köln, Weimar, Wien 1996 (Beihefte zum Archiv für Kulturgeschichte 42), p. 11-27.

BESSELER, H., Artikel „Johannes de Muris", in: *MGG*.

BIELITZ, M., *Musik und Grammatik. Studien zur mittelalterlichen Musiktheorie*, München, Salzburg 1977 (Beiträge zur Musikforschung 4).

BISCHOFF, B., „Eine verschollene Einteilung der Wissenschaften" in: *Archive d'histoire doctrinale et littéraire du moyen âge* 25 (1958), p. 5-20.

Id., *Mittelalterliche Studien. Ausgewählte Aufsätze zur Schriftkunde und Literaturgeschichte*, tom. 1, Stuttgart 1966.

BOH, I., „John of Glogovia's Rejection of Paradoxical Entailment Rules", in: O. PLUTA (ed.), *Die Philosophie im 14. und 15. Jahrhundert*, Amsterdam 1988, p. 373-383.

BOLL, F., „Die Lebensalter. Ein Beitrag zur antiken Ethologie und zur Geschichte der Zahlen", in: *Neue Jahrbücher für das klassische Altertum, Geschichte und deutsche Literatur und für Pädagogik* 16 (1913), p. 89-145.

BORNSCHEUER, L., *Topik. Zur Struktur der gesellschaftlichen Einbildungskraft*, Frankfurt/M 1976.

BOWER, C. M., „Boethius' *De institutione musica*: A Handlist of Manuscripts," in: *Scriptorium* 42, 2 (1988), p. 205-251.

BRAAKHUIS, H. A. G., „School Philosophy and Philosophical Schools: The Semantic-Ontological Views in the Cologne Commentaries on Peter of Spain, and the 'Wegestreit'", in: A. ZIMMERMANN (ed.), *Die Kölner Universität im Mittelalter*, Berlin, New York 1989 (Miscellanea Mediaevalia 20), p. 1-18.

BRUNER, J. S., R. R. OLVER, P. M. GREENFIELD et al., *Studien zur kognitiven Entwicklung*, Stuttgart 1971.

BRUNHÖLZL, F., *Geschichte der lateinischen Literatur des Mittelalters 1: Von Cassiodor bis zum Ausklang der karolingischen Erneuerung*, München 1975.

BURBACH, H.-J., *Studien zur Musikanschauung des Thomas von Aquin*, Regensburg 1966 (Kölner Beiträge zur Musikforschung 34).

BURNETT, C., „Adelard, Music and the Quadrivium", in: id. (ed.), *Adelard of Bath. An English Scientist and Arabist of the Early Twelfth Century*, London 1987, p. 69-86.

Id., „European Knowledge of Arabic Texts referring to Music: Some New Material", in: *Early Music History* 12 (1993), p. 1-17.

BUSARD, H. L. L., „Die 'Arithmetica speculativa' des Johannes des Muris", in: *Scientiarum Historia* 13 (1971), p. 103-132.

Id., *The First Translation of Euclid's 'Elements' commonly ascribed to Adelard of Bath*, Toronto 1983 (Pontifical Institute of Medieval Studies. Studies and Texts 64).

BUSSE BERGER, A. M., *Mensuration and Proportion Signs. Origins and Evolution*, Oxford 1993.

CALDWELL, J., „Music in the Faculty of Arts", in: *The History of the University of Oxford*, tom. 3 (The Collegiate University, ed. J. McCONIA), Oxford 1986, p. 201-212.

CALLUS, D. A., „Robert Grosseteste as Scholar", in: D. A. CALLUS (ed.), *Robert Grosseteste, Scholar and Bishop*. Essays in Commemoration of the Seventh Centenary of His Death, Oxford 1955, p. 1-69.

CAROTI, S., „Nicole Oresme's Polemic against Astrology in his 'Quodlibeta'", in: P. CURRY (ed.), *Astrology, Science and Society*, Woodbridge (Suffolk) 1987, p. 75-93.

CARRUTHERS, M., *The Book of Memory. A Study of Memory in Medieval Culture*, Cambridge 1990 (Cambridge Studies in Medieval Literature 10).

CAZELLES, R., *Lettres closes, lettres „De par le roi" de Philippe de Valois*, Paris 1958.

Id., *La société politique et la crise de la royauté sous Philippe de Valois*, Paris 1958.

CHARLES-SAGET, A., *L'Architecture du Divin. Mathématique et Philosophie chez Plotin et Proclus*, Paris 1982.

CHENU, M.-D., *La théologie comme science au XIIIe siècle*, Paris ³1957.

Id., *La théologie au douzième siècle*, Paris 1957, ³1976.

CLERCX, S. und R. HOPPIN, „Notes biographiques sur quelques musiciens français du XIVe siècle", in: *Les Colloques de Wégimont II – L'Ars Nova* (Bibl. de la Faculté de Philosophie et Lettres de l'Université de Liège 149), Paris 1959, p. 63-92.

COURCELLE, P. P., *La Consolation de philosophie dans la tradition litteraire*, Paris 1967.

CROMBIE, A. C., *Robert Grosseteste and the Origins of Experimental Science 1100-1700*, Oxford 1953.

DALES, R. C., „Robert Grosseteste's Scientific Works", in: *Isis* 52 (1961), p. 381-402.

DELLA SETA, F., „Proportio. Vicende di un concetto tra scholastica e Umanesimo", in: F. DELLA SETA u. F. PIPERNO (ed.), *Et in cantu et in sermone. For Nino Pirrotta on his 80th Birthday*, Florenz 1989 (Italian Medieval and Renaissance Studies 2), p. 75-99.

DEUSEN, N. VAN, *Theology and Music at the Early University. The Case of Robert Grosseteste and Anonymous IV*, Leiden, New York, Köln, 1995 (Brill's Studies in Intellectual History 57).

DONATI, S., A. SPEER, Artikel „Physik/Naturphilosophie", in: *Lex-MA*.

DOUCET, V., *Commentaires sur les Sentences: supplément au répertoire de M. Frédéric Stegmueller*, Florenz 1954.

DRONKE, P., *Fabula. Explorations into the Use of Myth in Medieval Platonism*, Leiden, Köln 1974.

DUCHEZ, M.-E., „Jean Scot Érigène premier lecteur du 'De institutione musica' de Boèce?", in: W. BEIERWALTES (ed.), *Eriugena. Studien zu seinen Quellen*, Heidelberg 1980 (Abhandlungen der Heidelberger Akademie der Wissenschaften. Philosophisch-historische Klasse, Jahrgang 1980, 3. Abhandlung), p. 165-187.

DÜRING, I., *Aristoteles. Darstellung und Interpretation seines Denkens*, Heidelberg 1966.

ECO, U., *Kunst und Schönheit im Mittelalter*, übers. von G. MEMMERT, München 1993, ³1995.

EGGEBRECHT, H. H., „Opusmusik", in: id., *Musikalisches Denken. Aufsätze zur Theorie und Ästhetik der Musik*, Wilhelmshaven 1977 (Taschenbücher zur Musikwissenschaft 46), p. 219-242.

EHLERS, J., „Die hohen Schulen", in: P. WEIMAR (ed.), *Die Renais-*

sance der Wissenschaften im 12. Jahrhundert, Zürich, München 1981, p. 57-85.

ELFORD, D., „William of Conches", in: P. DRONKE (ed.), *A History of Western Twelfth-century Philosophy*, Cambridge 1988, p. 308-327.

ELLINWOOD, L., „Ars musica", in: *Speculum* 20 (1945), p. 290-299.

ERICKSON, R., „Eriugena, Boethius and the Neoplatonism of 'Musica' and 'Scolica enchiriadis'", in: N. K. BAKER, B. R. HANNING (ed.), *Musical Humanism and its Legacy*. Essays in Honor of C. V. Palisca, Stuyvesant, N.Y. 1992 (Festschrift Series 11), p. 53-78.

ETTER, H., „Die Bevölkerung vom Münsterhof", in: J. SCHNEIDER, D. GUTSCHER, H. ETTER, J. HANSER (ed.), *Der Münsterhof in Zürich. Bericht über die vom städtischen Büro für Archäologie durchgeführten Stadtkernforschungen 1977/78* II, Olten, Freiburg i. Br. 1982 (Schweizer Beiträge zur Kulturgeschichte und Archäologie des Mittelalters 10), p. 179-212.

FEILZER, H., *Jugend in der mittelalterlichen Ständegesellschaft. Ein Beitrag zum Problem der Generationen*, Wien 1971.

FELDMANN, F., *Musik und Musikpflege im mittelalterlichen Schlesien*, Breslau 1938, Nachdr. Hildesheim, New York 1973.

FIELD, J. V., *Kepler's Geometrical Cosmology*, Chicago, London 1988.

FLADT, E., *Die Musikauffassung des Johannes de Grocheo im Kontext der hochmittelalterlichen Aristoteles-Rezeption*, München, Salzburg 1987 (Berliner Musikwissenschaftliche Arbeiten 26).

FLASCH, K., *Das philosophische Denken im Mittelalter. Von Augustin zu Macchiavelli*, Stuttgart 1986.

FLETCHER, J. M., „The Faculty of Arts", in: *The History of the University of Oxford*, tom. 1 (The Early Schools, ed. J. I. CATTO), Oxford 1984, p. 269-399.

Id., „Developments in the Faculty of Arts 1370-1520", in: ibid, tom. 2 (Late Medieval Oxford, ed. J. I. CATTO, R. EVANS), Oxford 1992, p. 315-345.

Id., „The Faculty of Arts", in: ibid., tom. 3 (The Collegiate University, ed. J. CCONICA), Oxford 1986, p. 157-199.

FLÜELER, C., *Rezeption und Interpretation der Aristotelischen Politica im späten Mittelalter*, Amsterdam, Philadelphia 1992 (Bochumer Studien zur Philosophie 19).

FOLKERTS, M., „*Boethius"* Geometrie II, Wiesbaden 1970 ('Boethius': Texte und Abhandlungen zur Geschichte der exakten Wissenschaften 9).

FOWLER, B., „Manuscript Admont 608 and Engelbert of Admont

(c. 1250-1331)", in: *Archives d'histoire doctrinale et littéraire du moyen âge* 44 (1977), p. 149-242, 45 (1978), p. 225-306, 50 (1983), p. 195-222.

FRITZ, K. VON, „Die Entdeckung der Inkommensurabilität durch Hippasos von Metapont", in: O. BECKER (ed.), *Zur Geschichte der griechischen Mathematik*, Darmstadt 1965 (Wege der Forschung 33), p. 271-307. (Engl. Fassung: „The Discovery of Incommensurability by Hippasos of Metapontum", in: *Annals of Mathematics* 46 [1945], p. 242-264.)

FROBENIUS, W., „*Numeri armonici*. Die Zahlen der 'Timaios'-Skala in der Musiktheorie des 14. Jahrhunderts", in: W. ERZGRÄBER (ed.), *Kontinuität und Transformation der Antike im Mittelalter*, Sigmaringen 1989 (Veröffentlichung der Kongreßakten zum Freiburger Symposion des Mediävistenverbandes), p. 245-260.

Id., „Methoden und Hilfsmittel mittelalterlicher Musiktheorie und ihr Vokabular", in: O. WEIJERS (ed.), *Méthodes et instruments du travail intellectuel au moyen âge*, Turnhout 1990, p. 121-136.

FULLER, S., „A Phantom Treatise of the Fourteenth Century? The Ars Nova", in: *Journal of Musicology* 4 (1985/1986), p. 23-50

FURTH, H. G., *Intelligenz und Erkennen. Die Grundlagen der genetischen Erkenntnistheorie Piagets*, Frankfurt/M 1972.

GABRIEL, A. L., *Garlandia. Studies in the History of the Mediaeval University*, Frankfurt/M 1969.

Id., „Preparatory Teaching in the Parisian Colleges during the Fourteenth Century", in: ibid., p. 97-124.

GACK-SCHEIDING, C., *Johannes de Muris, Epistola super reformatione antiqui kalendarii. Ein Beitrag zur Kalenderreform im 14. Jahrhundert*, Hannover 1995 (Monumenta Germaniae Historica. Studien und Texte 11).

GAGNÉ, J., „Du 'Quadrivium' aux 'scientiae mediae'", in: *Arts Libéraux et Philosophie au Moyen Age*, Montréal, Paris 1969 (Actes du Quatrième Congrès International de Philosophie Médiévale), p. 975-986.

GERICKE, H., *Mathematik im Abendland*, Wiesbaden ³1992.

GERSH, S., *Middle Platonism and Neoplatonism: the Latin tradition*, Notre Dame 1986.

Id., *Concord in Discourse. Harmonics and Semiotics in Late Classical and early Medieval Platonism*, Berlin, New York 1996 (Approaches to Semiotics 125).

GHELLINCK, J. DE, „Iuventus, gravitas, senectus", in: *Studia mediae-*

valia in honorem admodum reverendi Patris Raymundi Josephi Martin, Brügge 1948, p. 39-59.

GIBSON, M., „The Study of the *Timaeus* in the Eleventh and Twelfth Centuries", in: *Pensiamento* 25 (1969), p. 183-194.

GINGERICH, O., „Introductory Remarks on the Astronomy of Copernicus", in: *Avant, avec, après Copernic*, Paris 1975, p. 101-104.

GODDU, A., „Music as Art and Science in the Fourteenth Century", in: I. CRAEMER-RUEGENBERG, A. SPEER (ed.), *Scientia und ars im Hoch- und Spätmittelalter*, Berlin, New York 1994 (Miscellanea Mediaevalia 22), p. 1023-1045.

Id., „Consequences and Conditional Propositions in John of Glogovia's and Michael of Biestrzykowa's Commentaries on Peter of Spain and their Possible Influence on Nicholas Copernicus", in: *Archives d'histoire doctrinale et littéraire du moyen âge* 62 (1995), p. 137-188.

Id., „The Logic of Copernicus's Arguments and his Education in Logic at Cracow", in: *Early Science and Medicine* 1 (1996), p. 28-68.

GOERING, J., „When and where did Grosseteste study theology?", in: J. MCEVOY (ed.), *Robert Grosseteste: New Perspectives on his Thought and Scholarship*, Turnhout 1995 (Instrumenta Patristica 27), p. 17-51.

GRABMANN, M., „Die wissenschaftlichen Bestrebungen im ehemaligen Cisterzienserstift Kloster Heilsbronn", in: *Sammelblatt des Historischen Vereins Eichstätt* 23 (1908), p. 90-100.

GRANT, E., *Nicole Oresme: De proportionibus proportionum and Ad pauca respicientes*, Madison, Milwaukee, London (The University of Wisconsin Publications in Medieval Science 9) 1966.

Id., *Nicole Oresme and the Kinematics of Circular Motion (Tractatus de commensurabilitate vel incommensurabilitate motuum celi)*, Madison, Milwaukee, London 1971 (The University of Wisconsin Publications in Medieval Science 15).

GRÉCO, P., „Le progrès des inférences itératives et des notions arithmétiques chez l'enfant et de l'adolescent", in: J. PIAGET (ed.), *La formation des raisonnements récurrentiels*, Paris 1963 (Études d'épistémologie génétique 17), p. 142-281.

GREGORY, T., *Platonismo medievale: studi e ricerche*, Rom 1958 (Studi storici 26-27).

Id., „The Platonic inheritance", in: P. DRONKE (ed.), *A History of Western Twelfth-Century Philosophy*, Cambridge 1988, p. 54-80.

GÜMPEL, K.-W., *Die Musiktraktate Conrads von Zabern*, Wiesbaden 1956

(Akademie der Wissenschaften und der Literatur in Mainz. Abhandlungen der Geistes- und Sozialwissenschaftlichen Klasse, Jahrgang 1956, Nr. 4).

GUSHEE, L., „New Sources for the Biography of Johannes de Muris", in: *Journal of the American Musicological Society* 22, 1 (1969), p. 3-26.

Id., „Questions of Genre in Medieval Treatises on Music", in: W. ARLT, E. LICHTENHAHN, H. OESCH (ed.), *Gattungen der Musik in Einzeldarstellungen. Gedenkschrift Leo Schrade. Erste Folge*, Bern, München 1973, p. 365-433.

Id., Artikel „Musica enchiriadis", in: *NGrove*.

Id., Artikel „Wulfstan of Winchester", in: ibid.

HAAR, J., Artikel „Pythagorean Harmony of the Universe", in: *Dictionary of the History of Ideas*, tom. 4, New York 1973.

HAAS, M., „Musik zwischen Mathematik und Physik: Zur Bedeutung der Notation in der 'Notitia artis musicae' des Johannes de Muris (1321)", in: *Festschrift für Arno Volk*, Köln 1974, p. 31-46.

Id., „Musik und Affekt im 14. Jahrhundert: Zum Politik-Kommentar Walter Burleys", in: *Schweizer Jahrbuch für Musikwissenschaft*, Neue Folge I (1981), p. 9-22.

Id., „Studien zur mittelalterlichen Musiklehre I: Eine Übersicht über die Musiklehre im Kontext der Philosophie des 13. und frühen 14. Jahrhunderts", in: *Aktuelle Fragen der musikbezogenen Mittelalterforschung*, Winterthur 1982 (Forum musicologicum. Basler Beiträge zur Musikgeschichte 3), p. 323-456.

Id., „Die Musiklehre im 13. Jahrhundert von Johannes de Garlandia bis Franco", in: F. ZAMINER (ed.), *Die mittelalterliche Lehre von der Mehrstimmigkeit*, Darmstadt 1984 (Geschichte der Musiktheorie 5), p. 89-159.

Id., Artikel „Mittelalter", in: *MGG²*.

HABERMAS, J., *Theorie des kommunikativen Handelns* 1: *Handlungsrationalität und gesellschaftliche Rationalisierung*, Frankfurt/M 1981.

HADOT, I., *Arts libéraux et philosophie dans la pensée antique*, Paris 1984.

HADOT, P., Artikel „Philosophie; I.F. Die Einteilung der Philosophie in der Antike", in: *HWP*.

HANDSCHIN, J., „Die Musikanschauung des Johannes Scotus (Erigena)", in: *Deutsche Vierteljahresschrift für Literaturwissenschaft und Geistesgeschichte* 5 (1927), p. 316-341.

Id., „Die Rolle der Nationen in der Musikgeschichte", in: *Schweizerisches Jahrbuch für Musikwissenschaft* 5 (1931), p. 1-42.

Id., „The 'Timaeus' Scale", in: *Musica Disciplina* 4, 1 (1950), p. 3-42.

HANSEN, B., *Nicole Oresme and the Marvels of Nature*, Toronto 1985 (Studies and Texts 68).

HÄRING, N. M., *Commentaries on Boethius by Thierry of Chartres and his School*, Toronto 1971.

HAUG, W., „Die Zwerge auf den Schultern der Riesen. Epochales und typologisches Geschichtsdenken und das Problem der Interferenzen", in: R. HERZOG, R. KOSELLECK (ed.), *Poetik und Hermeneutik XII: Epochenschwelle und Epochenbewußtsein*, München 1987, p. 167-194.

HEDWIG, K., *'Sphaera Lucis'. Studien zur Intelligibilität des Seienden im Kontext der mittelalterlichen Lichtspekulation*, Münster 1980 (Beiträge zur Geschichte der Philosophie und Theologie des Mittelalters N.F. 18).

HENTSCHEL, F., „Von Denkmustern, Konnotationen und Implikationen," in: *Archiv für mittelalterliche Philosophie und Kultur*, Heft 3 (1996), p. 104-118. (Bulg. Übers.: ibid., p. 247-262).

HILEY, D., „Musik im mittelalterlichen Regensburg", in: M. ANGERER, H. WANDERWITZ, E. TRAPP (ed.), *Regensburg im Mittelalter*, tom. 1: *Beiträge zur Stadtgeschichte vom frühen Mittelalter bis zum Beginn der Neuzeit*, Regensburg 1995, p. 311-322.

HIRTLER, E., *Die Musik als scientia mathematica von der Spätantike bis zum Barock*, Frankfurt/M, Berlin, Bern et al. 1995 (Europäische Hochschulschriften 36/137).

HOENEN, M. J. F. M., J. H. J. SCHNEIDER, G. WIELAND (ed.), *Philosophy and Learning. Universities in the Middle Ages*, Leiden, New York, Köln 1995 (Education and Society in the Middle Ages and Renaissance 6).

HOFFMANN, H., *Buchkunst und Königtum im ottonischen und frühsalischen Reich*, Stuttgart 1986 (Schriften der Monumenta Germaniae Historica 30).

HOFMEISTER, A., „Puer, iuvenis, senex. Zum Verständnis der mittelalterlichen Altersbezeichnungen", in: *Papsttum und Kaisertum. Forschungen zur politischen Geschichte und Geisteskultur des Mittelalters. Paul Kehr zum 65. Geburtstag*, München 1926, p. 287-316.

HONNEFELDER, L., „Der zweite Anfang der Metaphysik. Voraussetzungen, Ansätze und Folgen der Wiederbegründung der Metaphysik im 13./14. Jahrhundert", in: J. P. BECKMANN et al. (ed.), *Philosophie im Mittelalter. Entwicklungslinien und Paradigmen*, Hamburg 1987, p. 165-186.

HUGLO, M. und C. MEYER, *The Theory of Music*, tom. 3: *Manuscripts from the Carolingian Era up to c. 1500 in the Federal Republic of Germany*, München 1986 (RISM B III³).

HUMPHREY, I., *De „de institutione musica libri V" d'Anicius Manlius Torquatus Severinus Boethius du Manuscrit Paris, Bibliothèque Nationale, latin 7200 (IXè siècle)*, École pratique des hautes études (à la Sorbonne), Paris 1993 (Magisterarbeit).

HÜSCHEN, H., Artikel „Eriugena", in: *MGG*.

JACOBI, K., „Drei Theorien über die Funktion aussagenverknüpfender Zeichen: Die Diskussion des Junktors 'si' bei Wilhelm von Shyreswood", in: J. P. BECKMANN, L. HONNEFELDER, G. JÜSSEN et al. (ed.), *Sprache und Erkenntnis im Mittelalter*, Berlin, New York 1981 (Miscellanea Mediaevalia 13), p. 385-402.

JARDINE, N., *The Birth of History and Philosophy of Science*, Cambridge 1984.

JEANEAU, É., „L'usage de la notion d'*integumentum* a travers les gloses de Guillaume de Conches", in: *Archives d'histoire doctrinale et littéraire du moyen âge* 24 (1957), p. 35-100.

Id., *Lectio philosophorum. Recherches sur l'École de Chartres*, Amsterdam 1973.

JECK, U. R., „Philosophie der Kunst und Theorie des Schönen bei Ps.-Dionysios Areopagites", in: *Documenti e studi sulla tradizione filosofica medievale* 7 (1996), p. 1-38.

JOURDAIN, C., „Des commentaires inédits de Guillaume de Conches et de Nicolas Triveth sur la Consolation de la Philosophie de Boèce", in: id., *Excursions historiques et philosophiques a travers le moyen âge*, Paris 1888, Nachdr. Frankfurt/M 1966, p. 31-68.

KADEN, C. „Tonsystem und Mehrstimmigkeitslehre der *Musica enchiriadis*", in: M. KINTZINGER, S. LORENZ, M. WALTER (ed.), *Schule und Schüler im Mittelalter. Beiträge zur europäischen Bildungsgeschichte des 9. bis 15. Jahrhunderts*, Köln, Weimar, Wien 1996 (Beihefte zum Archiv für Kulturgeschichte 42), p. 75-87.

KASSLER, J., *Inner Music. Hobbes, Hooke and North on Internal Character*, Madison 1995.

KER, N. R., „Oxford College Libraries before 1500", in: J. IJsewijn, J. PAQUET (ed.), *The Universities in the Late Middle Ages*, Löwen 1978, p. 293-311.

KESSELRING, T., *Jean Piaget*, München 1988 (*Beck'sche Reihe Grosse Denker* 512).

KING, V. H., *An investigation of some astronomical excerpts from Pliny's Natural History found in manuscripts of the earlier Middle Ages*, Oxford University, B.Litt. thesis 1969.

KOBUSCH, T., Artikel „Philosophie, Mittelalter", in: *HWP*.

KÖPF, U., *Die Anfänge der theologischen Wissenschaftslehre im 13. Jahrhundert*, Tübingen 1974.

KRAUTWURST, F., Artikel „Heilsbronn", in: *MGG*.

Id., „Anmerkungen zum Artikel *Heilsbronn* in *MGG*, Sachteil, Band 4 (1996)", in: *Neues Musikwissenschaftliches Jahrbuch* 5 (1996), p. 209-214.

KUHN, T., *The Copernican Revolution*, Cambridge/Mass. 1957.

Id., *The Structure of Scientific Revolutions*, Chicago 1962.

Id., *Die Entstehung des Neuen. Studien zur Struktur der Wissenschaftsgeschichte*, ed. L. KRÜGER, übers. v. H. VETTER, Frankfurt/M ⁵1997.

LAFLEUR, C., „Les 'guides de l'étudiant' de la Faculté des arts de l'Université de Paris au XIIIᵉ siècle", in: M. J. F. M. HOENEN, J. H. J. SCHNEIDER, G. WIELAND (ed.), *Philosophy and Learning. Universities in the Middle Ages*, Leiden, New York, Köln 1995 (Education and Society in the Middle Ages and Renaissance 6), p. 137-185.

LAIRD, W. R., „Robert Grosseteste on the Subalternate Sciences", in: *Traditio* 43 (1987), p. 147-169.

LE GOFF, J., *Die Intellektuellen im Mittelalter*, übers. von C. KAYSER, München ²1994.

LEONARDI, C., „I codici di Marziano Capella", dans: *Aevum* 33 (1959), p. 433-489; 34 (1960), p. 411-425.

LEVENSON, T., *Measure for Measure*, New York 1994.

LEWIS, D., *Konventionen. Eine sprachphilosophische Abhandlung*, Berlin, New York 1975.

L'HUILLIER, G., *Le Quadripartitum numerorum de Jean de Murs*, Paris 1990 (Mémoires et Documents publiés par la Société de l'École des Chartes 32).

Ead., „Aspects nouveaux de la biographie de Jean de Murs" in: *Archives d'histoire doctrinale et littéraire du moyen âge* 47 (1980), p. 273-276.

LINDBERG, D. C., *A Catalogue of Medieval and Renaissance Optical Manuscripts*, Toronto 1975 (Subsidia Mediaevalia 4).

MAGEE, J., *Boethius on Signification and Mind*, Leiden 1989 (Philosophia Antiqua 52).

MAIERÙ, A., *University Training in Medieval Europe*, übers. v. D. N. PRYDS, Leiden 1994.

MARENBON, J., *From the Circle of Alcuin to the School of Auxerre: Logic, Theology and Philosophy in the Early Middle Ages*, Cambridge, London, New York et al. 1981.

Id., „Carolingian thought" in: R. MCKITTERICK (ed.), *Carolingian culture: emulation and innovation*, Cambridge 1994, p. 171-192.

MARKOWSKI, M., „Die wissenschaftlichen Verbindungen zwischen der Kölner und der Krakauer Universität im Mittelalter", in: A. ZIMMERMANN (ed.), *Die Kölner Universität im Mittelalter*, Berlin, New York 1989 (Miscellanea Mediaevalia 20), p. 274-286.

MARMO, C., *Semiotica e linguaggio nella Scolastica: Parigi, Bologna, Erfurt, 1270-1330. La semiotica dei Modisti*, Rom 1994.

MARTIN, C., „The Vulgate Text of Aquinas's Commentary on Aristotle's Politics", in: *Dominican Studies* 5 (1952), p. 35-64.

MCEVOY, J., „The Chronology of Robert Grosseteste's Writings on Nature and Natural Philosophy", in: *Speculum* 58 (1983), p. 614-655.

Id., *The Philosophy of Robert Grosseteste*, Oxford 1982.

Id., „The Sun as 'res' and 'signum': Grosseteste's Commentary on 'Ecclesiasticus' ch. 43, vv. 1-5", in: *Recherches de Théologie ancienne et médiévale* 41 (1974), pp. 38-91.

MCINERNY, R., *Boethius and Aquinas*, Washington, D.C. 1990.

MCKEON, C. K., *A Study of the 'Summa philosophiae' of the Pseudo-Grosseteste*, New York 1948 (Columbia Studies in Philosophy 10).

MERLAN, P., *From Platonism to Neoplatonism*, Den Haag 1968.

METTENLEITER, D., *Musikgeschichte der Stadt Regensburg*, Regensburg 1865.

MICHELS, U., *Die Musiktraktate des Johannes de Muris*, Wiesbaden 1970 (Beihefte zum Archiv für Musikwissenschaft 8).

MÖLLER, H., „Die Grundlegung der europäischen Musikkultur (bis ca. 1100)", in: H. MÖLLER, R. STEPHAN (ed.), *Die Musik des Mittelalters*, Laaber 1991 (Neues Handbuch der Musikwissenschaft 2), p. 33-215.

MORSCHER, E., „Der Begriff 'consequentia' in der mittelalterlichen Logik", in: *Archiv für Begriffsgeschichte* 15 (1971), p. 133-139.

MÜNXELHAUS, B., *Pythagoras musicus. Zur Rezeption der pythagoreischen Musiktheorie als quadrivialer Wissenschaft im lateinischen Mittelalter*, Bonn-Bad Godesberg 1976 (Orpheus-Schriftenreihe 19).

NIEMÖLLER, K. W., *Weltraum-Musik und Klangraum im mittelalterlichen*

Musikschrifttum, in: J. A. AERTSEN, A. SPEER (ed.), *Raum und Raumvorstellungen im Mittelalter*, New York, Berlin 1997 (Miscellanea Mediaevalia 25), p. 702-725.

O'MEARA, D., *Pythagoras Revived*, Oxford 1989.

ORME, N., *English Schools in the Middle Ages*, London 1973.

PABST, B. *Prosimetrum. Tradition und Wandel einer Literaturform zwischen Spätantike und Spätmittelalter*, Köln, Weimar, Wien 1994.

PAGE, C., *Discarding Images. Reflections on Music & Culture in Medieval France*, Oxford 1993.

Id., „Reading and Reminiscence: Tinctoris on the Beauty of Music", in: *Journal of the American Musicological Society* 49 (1996), p. 1-31.

PARKES, M. B., „The Influence of the Concepts of *Ordinatio* and *Compilatio* on the Development of the Book", in: J. J. G. ALEXANDER, M. T. GIBSON (ed.), *Medieval Learning and Literature. Essays presented to Richard William Hunt*, Oxford 1976, p. 115-141.

Id., „The Provision of Books", in: *The History of the University of Oxford*, tom. 2 (Late Medieval Oxford, ed. J. I. CATTO, R. EVANS), Oxford 1992, p. 407-483.

PEDEN, A. M., „De semitonio: some medieval exercises in arithmetic", in: *Studi Medievali* 3ª serie 35 (1994), p. 367-403.

PEDERSON, O., „Du quadrivium à la physique. Quelques apercus de l'évolution scientifique au Moyen Âge", in: J. KOCH (ed.), *Artes Liberales. Von der antiken Bildung zur Wissenschaft des Mittelalters*, Leiden, Köln 1959, p. 107-123.

PEREIRA, M., „Il cielo sulla terra. Dalla 'Tabula smaragdina' alla quintessenza alchemica", in: *Cieli e terre nei secoli XI e XII. Orizzonti, percezioni, rapporti*. Atti della XIII Settimana Internazionale di studio. Mendola, 22-26 agosto 1995, Mailand (Miscellanea del Centro di Studi Medioevali), im Druck.

PHILLIPS, N., Artikel „Musica enchiriadis", *MGG²*.

PIAGET, J., *Die Bildung des Zeitbegriffs beim Kinde*, Frankfurt/M 1974.

PIETZSCH, G., „Die Pflege der Musik an den Universitäten bis zur Mitte des 16. Jahrhunderts", in: *Mitteilungen des Vereines für Geschichte der Deutschen in Böhmen* 73 (1935), p. 20-41, 105-118.

PINBORG, J., *Die Entwicklung der Sprachtheorie im Mittelalter*, Münster 1967 (Beiträge zur Geschichte der Philosophie des Mittelalters 32, 2).

PIRROTTA, N., „'Musica de sono humano' and the Musical Poetics of Guido of Arezzo", in: id., *Music and Culture in Italy from the*

Middle Ages to the Baroque. A Collection of Essays, Cambridge 1984, p. 1-12.

POULLE, E., „Jean de Murs et les tables alphonsines", in: *Archives d'histoire doctrinale et littéraire du moyen âge* 47 (1980), p. 241-271.

Id., *Instruments astronomiques du moyen âge*, Paris 1983 (Astrolabica 3).

Id., Artikel „John of Murs", in: *DSB*.

Id., Artikel „William of Saint-Cloud", in: ibid.

PRÉAUX, J., „Les manuscrits principaux du 'De nuptiis Philologiae et Mercurii' de Martianus Capella", in: G. CAMBIER, C. DEROUX, J. PRÉAUX (ed.), *Lettres latines du Moyen âge et de la Renaissance*, Brüssel 1978 (Collection Latomus 158), p. 76-128.

PRIOR, A. N., Artikel „Logic, Modal", in: P. EDWARDS (ed.), *The Encyclopedia of Philosophy*, tom. 5, New York 1967.

RECKOW, F., „Organum-Begriff und frühe Mehrstimmigkeit. Zugleich ein Beitrag zur Bedeutung des 'Instrumentalen' in der spätantiken und mittelalterlichen Musiktheorie", in: W. ARLT, H. OESCH (ed.), *Forum Musicologicum* I, Bern 1975, p. 31-167.

Id., „Zur Formung einer europäischen musikalischen Kultur im Mittelalter. Kriterien und Faktoren ihrer Geschichtlichkeit", in: C.-H. MAHLING, S. WIESMANN (ed.), *Bericht über den Internationalen Musikwissenschaftlichen Kongreß Bayreuth 1981*, Kassel, Basel, London 1984, p. 12-29.

Id., Artikel „Organum", in: *HmT*.

Id., Artikel „Organum", in: *NGrove*.

RIBEIRO DO NASCIMENTO, C. A., „Le statut épistémologique des 'sciences intermédiaires' selon s. Thomas d'Aquin", in: *La Science de la nature: théorie et pratique*, Montreal, Paris 1974 (Cahiers d'Études Médiévales 2), p. 33-95.

RICHÉ, P., *Éducation et culture dans l'Occident barbare, VIe-VIIIe siècles*, Paris 1962.

RIETHMÜLLER, A., „Die Musiksoziologie des Aristoteles", in: A. RIETHMÜLLER und F. ZAMINER (ed.), *Die Musik des Altertums*, Laaber 1989 (Neues Handbuch der Musikwissenschaft 1), p. 216-237.

ROOS, H., „Die Stellung der Grammatik im Lehrbetrieb des 13. Jahrhunderts", in: J. KOCH (ed.), *Artes liberales. Von der antiken Bildung zur Wissenschaft des Mittelalters*, Leiden, Köln 1959 (Studien und Texte zur Geistesgeschichte des Mittelalters 5), p. 94-106.

ROSE, P. L., „Universal Harmony in Regiomontanus and Copernicus", in: *Avant, avec, après Copernic*, Paris 1975, p. 153-158.

RUSSELL, J. C., „Some Notes Upon the Career of Robert Grosseteste", in: *Harvard Theological Review* 48 (1955), p. 199-211.

SABY, M.-M., „Mathématique et métrologie parisiennes au début du XIVe siècle: le calcul du volume de la mer d'airain, de Jean de Murs" in: *Archives d'histoire doctrinale et littéraire du moyen âge* 66 (1991), p. 197-213.

SACHS, K.-J., *Mensura fistularum. Die Mensurierung der Orgelpfeifen im Mittelalter*, tom. 1-2, Murrhardt 1970, 1980.

Id., „Tradition und Innovation bei Guido von Arezzo", in: W. ERZGRÄBER (ed.), *Kontinuität und Transformation der Antike im Mittelalter*, Sigmaringen 1989 (Veröffentlichung der Kongreßakten zum Freiburger Symposion des Mediävistenverbandes), p. 233-244.

Id., „Musikalische Elementarlehre im Mittelalter", in: F. ZAMINER (ed.), *Rezeption des antiken Fachs im Mittelalter*, Darmstadt 1990 (Geschichte der Musiktheorie 3), p. 105-161.

SANNINO, A., „Metafisica teologia e filosofia naturale in Roberto Grossatesta", in: *Studi filosofici* 14-15 (1991/1992), p. 125-143.

SCHMIDT, M. A., *Scholastik*, Göttingen 1969 (Die Kirche in ihrer Geschichte II.G).

SCHRADE, L., „Die Stellung der Musik in der Philosophie des Boethius als Grundlage der ontologischen Musikerziehung", in: *Archiv für Geschichte der Philosophie* 41 (1932), p. 368-400.

SCHRIMPF, G., „Bernhard von Chartres, die Rezeption des 'Timaios' und die neue Sicht der Natur", in: G. WIELAND (ed.), *Aufbruch – Wandel – Erneuerung. Beiträge zur „Renaissance" des 12. Jahrhunderts*, Stuttgart 1995 (9. Blaubeurer Symposion vom 9. bis 11. Oktober 1992), p. 181-210.

SCHROEDER, J., „Bibliothek und Schule der Abtei Echternach um die Jahrtausendwende", in: *Publications de la section historique de l'Institut Grand-Ducal de Luxembourg* 91 (1977), p. 203-377.

SCHUBA, L., *Die Quadriviums-Handschriften der Codices Palatini Latini in der Vatikanischen Bibliothek*, Wiesbaden 1992.

SHELBY, L. R., „The Geometrical Knowledge of Mediaeval Master Masons", in: *Speculum* 47 (1972), p. 395-421.

SMITH, F. J., „A Medieval Philosophy of Number: Jacques de Liège and the *Speculum Musicae*", in: *Arts libéraux et philosophie au moyen âge*. Actes du Quatrième Congrès International de Philosophie Médiévale, Montréal, Paris 1969, p. 1023-1039.

SMITS VAN WAESBERGHE, J., „Guido of Arezzo and musical improvisation", in: *Musica Disciplina* 5 (1951), p. 55-63.

Id., *Musikerziehung* (= Musikgeschichte in Bildern 3, 3), Leipzig 1969.

SOLLA PRICE, D. J. DE, *Little Science, Big Science* (Pegram Lectures of 1962), New York 1963.

SOUTHERN, R. W., *Robert Grosseteste: The Growth of an English Mind in Medieval Europe*, Oxford 1986 (^{2}1992).

Id., *Platonism, scholastic method and the School of Chartres*. The Stenton Lecuture 1978, Reading 1979.

SPEER, A., *Die entdeckte Natur. Untersuchungen zu Begründungsversuchen einer „scientia naturalis" im 12. Jahrhundert*, Leiden, New York, Köln 1995 (Studien und Texte zur Geistesgeschichte des Mittelalters 45).

Id., „Zwischen Naturbeobachtung und Metaphysik. Zur Entwicklung und Gestalt der Naturphilosophie im 12. Jahrhundert", in: G. WIELAND (ed.), *Aufbruch – Wandel – Erneuerung. Beiträge zur „Renaissance" des 12. Jahrhunderts*, Stuttgart 1995 (9. Blaubeurer Symposion vom 9. bis 11. Oktober 1992), p. 155-180.

Id., „Physics or Metaphysics? Some Remarks on Theory of Science and Light in Robert Grosseteste", in *Veritas*, 41, 163 (1996), p. 411-422.

STEINER, G., *Mathematik als Denkerziehung. Eine psychologische Untersuchung über die Rolle des Denkens in der mathematischen Früherziehung. Mit einer Einführung von Hans Aebli*, Stuttgart 1973.

TEEUWEN, M., „Harmonie der hemelsferen. Een klassiek thema geïnterpreted door Johannes Scotus Eriugena", in: *Millennium. Tijdschrift voor Middeleeuwse studies* 9, 2 (1995), p. 117-132.2

THEILER, W., „Bau und Zeit der Aristotelischen Politik", in: *Museum Helveticum* 9 (1952), p. 65-78 (Nachdr. in: F.-P. HAGER [ed.], *Ethik und Politik des Aristoteles*, Darmstadt 1972 [Wege der Forschung 208], p. 253-274).

THORNDIKE, L. und P. KIBRE, *A Catalogue of Incipits of Mediaeval Scientific Writings in Latin*, überarb. Aufl., Cambridge/Mass. 1963.

TOGNOLO, A., „Il 'De artibus liberalibus' di Roberto Grossatesta", in: *Arts Libéraux et Philosophie au Moyen Age*, Montréal, Paris 1969 (Actes du Quatrième Congrès International de Philosophie Médiévale, Montréal), p. 593-597.

TOULMIN, S., *The Uses of Argument*, Cambridge 1958.

TRAUB, A., „Zur Kompositionslehre im Mittelalter", in: *Beiträge zur Gregorianik* 17 (1994), p. 55-90.

TREPIER, L'ABBÉ F., „Jean de Murs ou un savoyard méconnu du XIVe siècle", in: *Mémoires de l'académie de Savoie, 2e série, 12 (1872)*, Chambéry 1872.

VANNI ROVIGHI, S., „La fenomenologia della sensazione in sant'Agostino", in: *Rivista di filosofia neoscolastica* 54 (1962), p. 18-32. (Nachdr. in: ead., *Studi di filosofia medievale. Da Sant'Agostino al XII secolo*, Mailand 1978 [Scienze filosofiche 19], tom. 1, p. 3-21.)

VAN STEENBERGHEN, F., *La philosophie au XIIIe siècle*, Louvain, Paris ²1991.

VICTOR, S., „Johannes de Muris' Autograph of the De arte mensurandi" in: *Isis* 61, part 3 (1970), p. 389-395.

WAELTNER, E. L., *Organicum melos. Zur Musikanschauung des Iohannes Scottus (Eriugena)*, München 1977 (Bayerische Akademie der Wissenschaften. Veröffentlichungen der musikhistorischen Kommission 1).

WAERDEN, B. L. VAN DER, „Die Harmonielehre der Pythagoreer", in: *Hermes. Zeitschrift für klassische Philologie*, 78, 2 (1943), p. 163-199.

WALKER, P. D., „Ficino's 'spiritus' and Music", in: *Annales musicologiques. Moyen Age et Renaissance* 1 (1953), p. 131-150.

WALTER, M., „Kirchenmusik und Zeitrechnung im Mittelalter", in: *Mediaevistik* 5 (1992), p. 169-186.

Id., „Musik und Sprache: Voraussetzungen ihrer Dichotomisierung", in: id. (ed.), *Musik und Text. Neue Perspektiven der Theorie*, München 1992 (Materialität der Zeichen A/10), p. 7-31.

Id., *Grundlagen der Musik des Mittelalters. Schrift–Zeit–Raum*, Stuttgart, Weimar 1994.

Id., „*Sunt preterea multa quae conferri magis quam scribi oportet*. Zur Materialität der Kommunikation im mittelalterlichen Gesangsunterricht", in: M. KINTZINGER, S. LORENZ, M. WALTER (ed.), *Schule und Schüler im Mittelalter. Beiträge zur europäischen Bildungsgeschichte des 9. bis 15. Jahrhunderts*, Köln, Weimar, Wien 1996 (Beihefte zum Archiv für Kulturgeschichte 42), p. 111-143.

WEIJERS, O., *Terminologie des universités au XIIIe siècle*, Rom 1987 (Lessico Intellettuale Europeo 39).

Ead., *La 'disputatio' à la Faculté des arts de Paris (1200-1350 environ)*, Turnhout 1995 (Studia Artistarum 2).

WEISHEIPL, J. A., „Curriculum of the Faculty of Arts at Oxford in the early Fourteenth Century", in: *Mediaeval Studies* 26 (1964), p. 143-185.

Id., „Classification of the Sciences in Medieval Thought", in: *Mediaeval Studies* 27 (1965), p. 54-90.

Id., „The Nature, Scope, and Classification of the Sciences", in: D. C. LINDBERG (ed.), *Sciences in the Middle Ages*, Chicago 1978, p. 461-482.

WHITE (PEDEN), A. M., *Glosses composed before the twelfth century in Manuscripts of Macrobius's Commentary on the Somnium Scipionis*, Oxford University D. Phil. thesis, 1981.

Ead., „Boethius in the Medieval Quadrivium", in: M. GIBSON (ed.), *Boethius. His Life, Thought and Influence*, Oxford 1981, p. 162-205.

YUDKIN, J., „The Influence of Aristotle on French University Music Texts", in: A. BARBERA (ed.), *Music Theory and Its Sources: Antiquity and the Middle Ages*, Notre Dame, Indiana 1990 (Notre Dame Conferences in Medieval Studies 1), p. 173-189.

ZAMINER, F., *Der Vatikanische Organumtraktat (Ottob. lat. 3025). Organum-Praxis der frühen Notre Dame-Schule und ihre Vorstufen*, Tutzing 1959 (Münchner Veröffentlichungen zur Musikgeschichte 2).

2. *Lexika / Reihen (geordnet nach den verwendeten Kürzeln)*

CCCM: *Corpus Christianorum Series Latina. Continuatio Mediaevalia*, Turnhout 1971sqq.

CCSL: *Corpus Christianorum Series Latina*, Turnhout 1954sqq.

CS: *Scriptores de musica medii aevi*, ed. C.-E. DE COUSSEMAKER, tom. 1-4, Paris 1864-76, Nachdr. Hildesheim 1963.

CSEL: *Corpus Scriptorum Ecclesiasticorum Latinorum*, Wien 1866sqq.

CSM: *Corpus Scriptorum de Musica*, ed. American Institute of Musicology 1950sqq.

DSB: *Dictionary of Scientific Biography*, ed. C. C. GILLISPIE, New York 1970-1980.

GS: *Scriptores ecclesiastici de musica sacra potissimum*, ed. M. GERBERT, tom. 1-3, St. Blasien 1784, Nachdr. Mailand 1931, Hildesheim, Zürich, New York 1990.

HmT: *Handwörterbuch der musikalischen Terminologie*, ed. H. H. EGGEBRECHT, Stuttgart 1971sqq.

HWP: *Historisches Wörterbuch der Philosophie*, völlig neubearbeitete Ausgabe des 'Wörterbuchs der Philosophischen Begriffe' von Rudolf Eisler, ed. J. RITTER, Darmstadt 1971sqq.

LexMA: *Lexikon des Mittelalters*, München, Zürich 1980sqq.

LmL: *Lexicon musicum Latinum Medii Aevi*, ed. M. BERNHARD, München 1992sqq.

MGG: *Musik in Geschichte und Gegenwart, Allgemeine Enzyklopädie der Musik*, ed. F. BLUME, Kassel, Basel 1949sqq.

MGG²: *Musik in Geschichte und Gegenwart, Allgemeine Enzyklopädie der Musik, begründet von F. Blume*, 2. neubearb. Aufl., ed. L. FINSCHER, Kassel, Basel, New York et al. 1994sqq.

NGrove: *New Grove Dictionary*, ed. S. SADIE, London 1980.

PG: *Patrologia Graeca*, ed. J.-P. MIGNE, Paris 1857sqq.

PL: *Patrologia Latina*, ed. J.-P. MIGNE, Paris 1844sqq.

INDEX

1. *Handschriften*

2. *Personen*

3. Sachen

STUDIEN UND TEXTE ZUR GEISTESGESCHICHTE DES MITTELALTERS

50. Etzkorn, G. J. *Iter Vaticanum Franciscanum*. A Description of Some One Hundred Manuscripts of the Vaticanus Latinus Collection. 1996. ISBN 90 04 10561 1

51. Sylwanowicz, M. *Contingent Causality and the Foundations of Duns Scotus' Metaphysics*. 1996. ISBN 90 04 10535 2

52. Aertsen, J.A. *Medieval Philosophy and the Transcendentals*. The Case of Thomas Aquinas. 1996. ISBN 90 04 10585 9

53. Honnefelder, L., R. Wood, M. Dreyer (Eds.). *John Duns Scotus*. Metaphysics and Ethics. 1996. ISBN 90 04 10357 0

54. Holopainen, T. J. *Dialectic and Theology in the Eleventh Century*. 1996. ISBN 90 04 10577 8

55. Synan, E.A. (Ed.). *Questions on the* De Anima *of Aristotle by Magister Adam Burley and Dominus Walter Burley* 1997. ISBN 90 04 10655 3

56. Schupp, F. (Hrsg.). *Abbo von Fleury:* De syllogismis hypotheticis. Textkritisch herausgegeben, übersetzt, eingeleitet und kommentiert. 1997. ISBN 90 04 10748 7

57. Hackett, J. (Ed.). *Roger Bacon and the Sciences*. Commemorative Essays. 1997. ISBN 90 04 10015 6

58. Hoenen, M.J.F.M. and Nauta, L. (Eds.). *Boethius in the Middle Ages*. Latin and Vernacular Traditions of the *Consolatio philosophiae*. 1997. ISBN 90 04 10831 9

59. Goris, W. *Einheit als Prinzip und Ziel*. Versuch über die Einheitsmetaphysik des *Opus tripartitum* Meister Eckharts. 1997. ISBN 90 04 10905 6

60. Rijk, L.M. de (Ed.). *Giraldus Odonis O.F.M.*: Opera Philosophica. *Vol. 1.: Logica.* Critical Edition from the Manuscripts. 1997. ISBN 90 04 10950 1

61. Kapriev, G. *...ipsa vita et veritas*. Der "ontologische Gottesbeweis" und die Ideen-welt Anselms von Canterbury. 1998. ISBN 90 04 11097 6

62. Hentschel, F. (Hrsg.). *Musik – und die Geschichte der Philosophie und Naturwissenschaften im Mittelalter*. Fragen zur Wechselwirkung von 'musica' und 'philosophia' im Mittelalter. 1998. ISBN 90 04 11093 3